KB181989

이것이
SQL Server다
실습으로 체험하고 바로 운영한다

SQL Server 2016 | Q&A를 위한 네이버 카페 운영

지은이 우재남 5288893@hanafos.com

서강대학교에서 정보시스템 전공으로 석사 과정을 마치고, 줄곧 다양한 IT 관련 분야에서 실무를 경험하며 대학에서 데이터베이스, 운영체제, 프로그래밍 등의 과목을 강의해왔다. 현재는 디티솔루션의 공간데이터베이스 연구소장으로 재직 중이며, 공간정보와 IT의 융합 학문인 유시티 IT 분야의 공학박사 학위도 취득했다. 자신이 체험한 다양한 IT 실무 경험과 지식을 최대한 쉽고 빠르게 수강생과 독자에게 전달하는 것을 강의와 집필의 모토로 삼고 있다.

저서(한빛미디어/한빛아카데미)

『IT CookBook for Beginner, C 언어 기초』(2008)

『뇌를 자극하는 SQL Server 2012(1권: 기본편)』(2013)

『뇌를 자극하는 SQL Server 2012(2권: 관리/응용편)』(2014)

『뇌를 자극하는 Redhat Fedora: 리눅스 서버 & 네트워크, 3판』(2014)

『IT CookBook, Android Studio를 활용한 안드로이드 프로그래밍』(2015)

『이것이 리눅스다』(2015)

『뇌를 자극하는 Windows Server 2012 R2』(2016)

『이것이 MySQL이다』(2016)

공역(한빛미디어)

『Head First HTML and CSS(개정판)』(2013)

이것이 SQL Server다

초판 1쇄 발행 2016년 7월 10일
초판 4쇄 발행 2022년 4월 25일

지은이 우재남 / **펴낸이** 김태헌
펴낸곳 한빛미디어(주) / **주소** 서울시 서대문구 연희로2길 62 한빛미디어(주) IT출판부
전화 02-325-5544 / **팩스** 02-336-7124
등록 1999년 6월 24일 제25100-2017-000058호 / **ISBN** 978-89-6848-292-2 93000

총괄 전정아 / **책임편집** 이미향 / **기획** 박민아 / **편집** 이순옥 / **진행** 김선우
디자인 강은영 / **전산편집** 이기숙
영업 김형진, 김진불, 조유미 / **마케팅** 박상용, 송경석, 한종진, 이행은, 고광일, 성화정 / **제작** 박성우, 김정우

이 책에 대한 의견이나 오탈자 및 잘못된 내용에 대한 수정 정보는 한빛미디어(주)의 홈페이지나 아래 이메일로
알려주십시오. 잘못된 책은 구입하신 서점에서 교환해 드립니다. 책값은 뒤표지에 표시되어 있습니다.

한빛미디어 홈페이지 www.hanbit.co.kr / 이메일 ask@hanbit.co.kr
Q/A 카페 cafe.naver.com/thisismysql

지금 하지 않으면 할 수 없는 일이 있습니다.
책으로 펴내고 싶은 아이디어나 원고를 메일(writer@hanbit.co.kr)로 보내주세요.
한빛미디어(주)는 여러분의 소중한 경험과 지식을 기다리고 있습니다.

이것이
SQL Server다
실습으로 체험하고 바로 운영한다

SQL Server 2016 | Q&A를 위한 네이버 카페 운영

우재남 지음

HB 한빛미디어
Hanbit Media, Inc.

필자가 데이터베이스를 처음 접하게 된 이야기를 먼저 해 볼까 한다. 꽤 오래 전 필자가 학생일 때 규모가 큰 시스템 개발회사의 일을 개인적으로 맡아서 한 적이 있었는데, 그 인연을 계기로 그 회사에 입사했다. 운이 좋은 건지 나쁜 건지 알 수 없었으나 그곳에 가자마자 좀 규모가 있는 프로젝트의 PM(프로젝트 관리자)이라는 중요한 업무를 맡게 되었다. 그런데 문제는 필자가 수업에서 이론으로만 배웠던 데이터베이스 환경에서 개발해야 한다는 점이었다. 솔직히 그때는 너무 막막했다. 프로젝트를 바로 진행해야 하는 상황에서 하루 이틀 공부한다고 실제 데이터베이스를 운영할 수 있을 것 같지는 않았다. 그렇다고 PM인 필자가 일을 맡긴 고객에게 "저는 데이터베이스는 잘 모르는데요."하고 말할 입장도 아니었다. 그때, 필자에게 너무나 고마운 회사 선배가 있었다. 필자는 그 선배로부터 채 한나절이 되지 않는 짧은 시간에 해당 데이터베이스 툴의 설치부터 기본적인 운영과 관리, 간단한 백업까지를 모두 배웠다. 그 당시에는 그 선배가 우리나라에서 데이터베이스를 가장 잘하는 사람으로 느낄 정도로 쉽고 빠르게 가르쳐 줬다. 물론, 그 짧은 시간에 세부적인 내용까지는 배우지 못했지만, 실무에서 데이터베이스를 운영해본 적이 없는 필자에게 실제로 데이터베이스를 다룰 수 있는 기본적인 방법과 자신감을 심어주기에는 충분했다. 그 덕분에 처음 맡은 프로젝트를 무사히 성공적으로 마칠수 있었다.

이 책은 앞에서 말한 필자의 '회사 선배'와 같은 역할을 할 수 있도록 집필하였다. 그때의 필자와 같이 데이터베이스에 대한 지식이 거의 전무한 독자가 최대한 빠른 시간 안에 SQL Server를 설치하고 데이터베이스를 기본적으로 운영할 수 있도록 도와주는 것이 이 책이 존재하는 이유다.

그래서 이 책은 기존의 SQL Server 운영자나 다른 데이터베이스 사용자보다는 처음으로 데이터베이스를 접하는 사용자를 기준으로 집필하였다. 이를 위해서 이론적인 이야기는 되도록 배제하고, 실무와 가깝게 구성하되 이해를 돕기 위해 최대한 단순화시킨 실무형 〈실습〉을 통해서 자연스럽게 SQL Server를 이해하고 운영할 수 있도록 구성하려고 노력하였다. SQL

Server를 처음 접하는 독자라면 이 책을 끝내는 시점에서 스스로 한 단계 업그레이드된 자신을 발견하게 될 것이다. 어쩌면 'SQL Server가 이렇게 쉬운 것이었던가!'라고 생각하게 될지도 모르겠다. 만약 그렇게 된다면 필자는 더할 나위 없이 기쁠 것이다.

필자는 실무에서 SQL Server 및 오라클을 운영한 경험으로 대학에서 데이터베이스와 관련된 과목을 강의하고 있다. 그런데 3학년 이상의 학생을 보더라도 데이터베이스와 관련된 과목을 두 과목 정도는 수강했음에도 불구하고, 필자가 기대하는 만큼의 데이터베이스와 관련된 실력을 별로 갖추지 못한 것 같다. 아마도 그 이유는 학생들이 단지 '학습'으로 데이터베이스를 공부했기 때문일 것으로 추론한다.

이 책은 이론적인 학습방법을 탈피해서 SQL Server를 짧은 시간에 운영할 수 있도록 구성했고, SQL Server에 독자의 흥미와 관심을 유발하려 했다. 특히, 책의 앞부분인 3장 'SQL Server 전체 운영 실습'을 통해서 미리 짧은 시간에 전반적인 운영을 경험할 수 있도록 구성하였다. 이 과정을 통해서 입문자라 하더라도 SQL Server의 운영에 대한 전반적인 개념과 자신감을 얻게 될 것이다(이 부분이 앞에서 이야기한 '회사 선배'와 같은 역할을 하게 될 것이다). 그 이후부터는 3장에서 훑어보았던 내용을 하나하나 상세히 실습함으로써 더욱 자신감을 얻게 될 것이다. 그리고 이 책의 마지막까지 공부한 후에는 충분히 훌륭한 SQL Server 개발자로서의 자질을 갖추게 될 것이다.

이 책은 SQL Server 2016을 다루지만 SQL Server 2016의 새로운 기능 소개에 그치지는 않는다. SQL Server 및 데이터베이스를 학습하기 위한 책이며, 내용 중에 SQL Server 2016의 새로운 기능을 자연스럽게 포함시켜 놓았다. 만약 SQL Server 2016의 새로운 기능만을 원한다면 마이크로소프트의 웹사이트나 다른 사이트에서 쉽게 정보를 얻을 수 있을 것이다. 또한 이 책은 데이터베이스 입문자를 위해 구성하였으며 SQL Server의 관리적 측면이나 고급 응용 부분은 다루지 않는다. 향후 데이터베이스 관리자 및 고급 데이터베이스 개발자로서 SQL Server를 더 심도있게 학습하고자 한다면 『뇌를 자극하는 SQL Server 2012 (관리/응용편)』을 계속 학습하면 된다.

끝으로 집필에 집중할 수 있도록 다방면으로 지원해주신 한빛미디어 임직원 여러분께 감사합니다. 특히, 신경을 많이 써주시는 전태호 이사님과 송성근 팀장님께 감사의 마음을 드립니다.

제가 좋은 강의를 할 수 있도록 아낌없는 조언과 지원을 해 주시는 교수님들께도 언제나 감사의 마음을 잊지 않고 있습니다. 또한, 저의 미천한 지식으로 강의를 하지만, 항상 열정적이고 진지하게 들어주는 학생들에게도 감사와 사랑의 마음을 전합니다.

2016년 어느 날 이른 새벽 연구실에서...
우재남

■ 독자의 수준에 맞춰 기본적인 내용으로 구성하였다

데이터베이스 입문자가 반드시 알아야 할 내용으로 구성하였다. 이 책은 입문자도 아무런 막힘없이 혼자서 충분히 학습할 수 있으며, 대학이나 학원의 데이터베이스 입문이나 기초 과목의 한 학기 강의 분량으로 구성하였다. 이 책만으로도 데이터베이스 및 SQL Server의 기본적인 운영이 가능하도록 집필하였다.

■ 처음 데이터베이스를 접하거나, SQL Server를 시작하는 독자도 실무 SQL Server 데이터베이스 운영을 막힘 없이 실습할 수 있다

데이터베이스, SQL Server를 처음 접하거나 단지 이론으로만 학습한 입문자는 실제 업무에 두려움이 앞서기 마련이다. 이 책은 다양한 실습 예제를 통해 현업에서 이뤄지고 있는 데이터베이스 개발과 운영을 모두 체험해볼 수 있게 구성하였으므로, 실무에서 바로 적용이 가능하다. 실습 예제에는 저자의 실무 경험과 고급 운영자들의 기술이 고스란히 녹아 있으며, 특히 데이터베이스 튜닝의 핵심인 인덱스 부분에는 저자의 노하우를 모두 담았다.

■ 기존 책과 차별화된 구성으로 빈틈없이 학습하고 점검할 수 있다

'학습 로드맵'을 통해 책 전체의 큰 그림을 보여줌으로써 각 주제의 연관성과 더불어 데이터베이스 개발자/데이터베이스 관리자/고급 응용프로그래머가 알아야 할 내용을 한눈에 파악할 수 있다. 또한, 3장에서는 'SQL Server 전체 운영 실습'을 통해서 이 책에서 다루는 전반적인 내용 및 실제 응용 프로그램과 연동하는 기본적인 내용을 미리 살펴볼 수 있다.

■ 카페를 통해 지속적으로 서비스를 제공한다
http://cafe.naver.com/thisissql

네이버 카페를 통해 지면에 수록하지 못한 내용을 PDF 파일로 제공하며, 연습문제의 정답, 책을 학습하는 데 필요한 소스 및 설치 파일과 링크를 제공한다. 아울러 Q/A, 동영상 강의의 링크 등을 비롯해 다양한 서비스를 제공한다. 책을 다 본 후에도 계속 살아 숨쉬는 카페를 최대한 활용하기 바란다. 필자는 10년 전에 집필한 책에 관한 질문에도 답변하고 있다.

■ 책의 모든 내용을 저자 직강의 무료 동영상 강의로 제공한다

데이터베이스 입문자를 위해서 최대한 쉽게 쓰려고 노력했지만, 그럼에도 불구하고 어렵게 느껴진다면 동영강 강의를 활용하기 바란다. 20여 년의 실무와 강의 경력을 지닌 저자가 책의 모든 내용을 동영상 강의로 제공하므로, 오프라인 강의를 듣는 것과 같은 효과를 갖게 될 것이다.

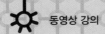

■ **유튜브(youtube)에서 인터넷 강의를 만나보세요.**

2016년 초판발행본은 무료 인터넷 강의 쿠폰을 책에 동봉하여, 한빛미디어 웹사이트에서 스트리밍(Streaming) 방식으로 서비스했습니다. 그러나 2018년 2쇄 발행본부터는 인터넷 강의를 유튜브(Youtube)에서 서비스합니다. 이제 PC뿐 아니라 스마트폰, 태블릿 등 어느 디바이스에서나 제약 없이 인터넷 강의를 들으실 수 있습니다.

① 한빛미디어(www.hanbit.co.kr)에 접속한 후 『이것이 SQL Server다』를 검색하고 클릭하세요.

② 책소개 페이지 중간에 〈바로가기 링크 안내〉에서 동영상 강의 바로가기 〉〉를 클릭하면 『이것이 SQL Server다』 유튜브 페이지로 연결됩니다.

※ 한빛미디어 유튜브 페이지(http://www.youtube.com/user/HanbitMedia93)에 바로 접속한 후, 재생목록에서 『이것이 SQL Server다』 강의를 찾으셔도 됩니다.

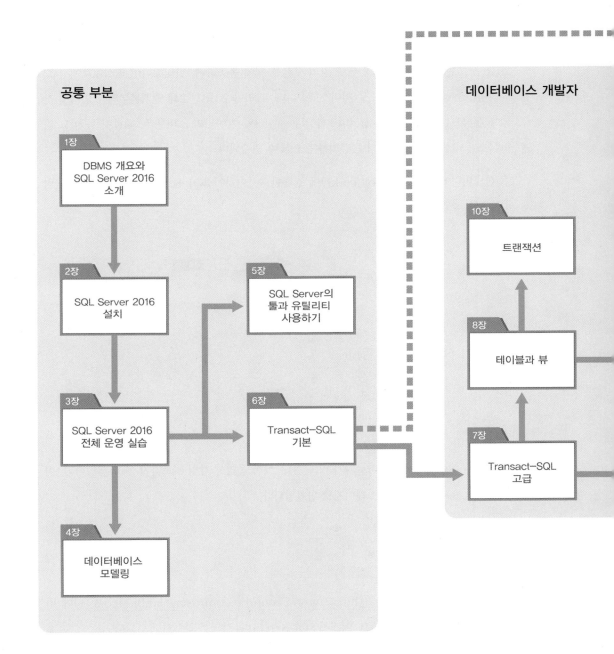

공통 부분

1장
DBMS 개요와
SQL Server 2016
소개

2장
SQL Server 2016
설치

3장
SQL Server 2016
전체 운영 실습

4장
데이터베이스
모델링

5장
SQL Server의
툴과 유틸리티
사용하기

6장
Transact-SQL
기본

데이터베이스 개발자

10장
트랜잭션

8장
테이블과 뷰

7장
Transact-SQL
고급

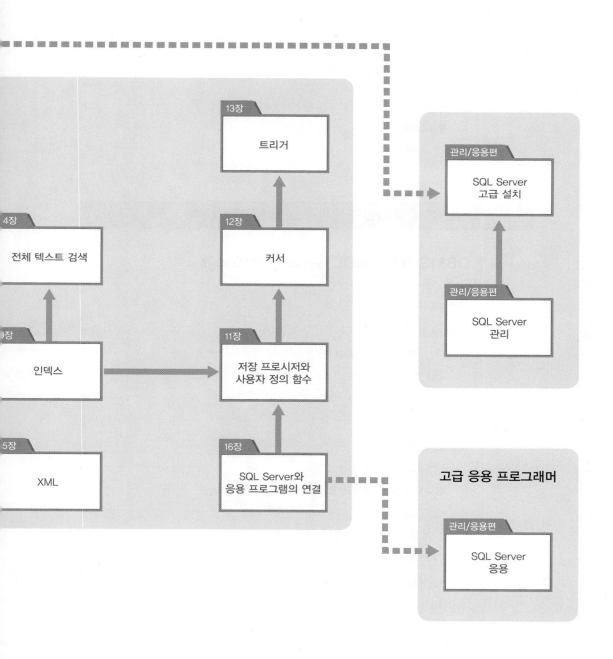

목차

지은이 글 ··· iv

이 책의 특징 ·· vii

동영상 강의 ··· ix

학습 로드맵 ··· x

PART 1 SQL 설치 및 DB 구축과정 미리 실습하기

CHAPTER 1 DBMS 개요와 SQL Server 2016 소개

학습 목표 ··· 4

1.1 DBMS 개요 ·· 5

　1.1.1 데이터베이스의 정의와 특징 ··· 5

　1.1.2 데이터베이스의 발전 ·· 7

　1.1.3 DBMS 분류 ·· 9

　1.1.4 SQL 개요 ·· 12

1.2 SQL Server 소개 ··· 14

　1.2.1 SQL Server의 개요와 변천사 ··· 15

　1.2.2 SQL Server의 보편적인 특징 ··· 17

　1.2.3 SQL Server 2012의 특징 ··· 22

　1.2.4 SQL Server 2014의 특징 ··· 27

　1.2.5 SQL Server 2016의 새로운 특징 ····································· 29

1.3 SQL Server 2016의 에디션과 기능 비교 ······························· 30

연습 문제 ··· 33

CHAPTER 2 SQL Server 2016 설치

학습 목표 ·· 36

2.1 SQL Server 2016 설치 전 준비사항 ························· 37

   2.1.1 하드웨어 요구사항 ······································· 37

   2.1.2 소프트웨어 요구사항 ···································· 38

2.2 SQL Server 2016 설치 실습 ······························· 39

2.3 SQL Server 2016 샘플 데이터베이스 설치 ··············· 54

2.4 SQL Server 2016 한 번에 설치하기 ······················ 58

   2.4.1 명령어로 추가 인스턴스 설치 ························· 58

2.5 SQL Server 2016 제거 ·································· 60

2.6 SQL Server 2016 최신 서비스 팩 설치 ··················· 64

2.7 설치 후에 확인할 사항 ······························· 65

연습 문제 ·· 67

CHAPTER 3 SQL Server 2016 전체 운영 실습

학습 목표 ·· 70

3.1 요구사항 분석과 시스템 설계와 모델링 ··················· 71

   3.1.1 정보시스템 구축 절차 요약 ·························· 71

   3.1.2 데이터베이스 모델링과 필수 용어 ···················· 72

3.2 SQL Server 2016을 이용한 데이터베이스 구축 절차 ······· 76

   3.2.1 데이터베이스 생성 ······································ 76

3.2.2 테이블 생성 ·· 80

3.2.3 데이터 입력 ·· 85

3.2.4 데이터 활용 ·· 87

3.3 테이블 외의 데이터베이스 개체의 활용 ··································· 95

3.3.1 인덱스 ··· 96

3.3.2 뷰 ·· 100

3.3.3 저장 프로시저 ·· 103

3.3.4 트리거 ·· 105

3.4 데이터베이스 백업 및 관리 ··· 108

3.4.1 백업과 복원 ··· 108

3.4.2 온라인 설명서 사용법 ··· 114

3.5 SQL Server와 응용 프로그램의 연결 ····································· 118

연습 문제 ·· 129

PART 2 SQL Server 기본

CHAPTER 4 데이터베이스 모델링

학습 목표 ·· 134

4.1 프로젝트의 진행 단계 ·· 135

4.2 데이터베이스 모델링 ··· 137

4.2.1 데이터베이스 모델링 개념 ·· 137

4.2.2 데이터베이스 모델링 실습 ··· 138

연습 문제 ·· 153

CHAPTER **5 SQL Server의 툴과 유틸리티 사용하기**

학습 목표 ··· 156

5.1 SQL Server Management Studio ·· 157

   5.1.1 SQL Server Management Studio의 실행 ································· 157

   5.1.2 [서버에 연결] 창 ··· 157

   5.1.3 SQL Server Management Studio의 화면 구성 ························ 162

5.2 프로파일러 ··· 181

연습 문제 ·· 187

CHAPTER **6 Transact-SQL 기본**

학습 목표 ··· 190

6.1 SELECT 문 ··· 191

   6.1.1 원하는 데이터를 가져와 주는 기본적인 〈SELECT ... FROM〉 ·············· 191

   6.1.2 특정한 조건의 데이터만 조회하는 〈SELECT ··· FROM ··· WHERE〉 ······· 207

   6.1.3 GROUP BY와 HAVING과 집계 함수 ····································· 221

   6.1.4 WITH 절과 CTE ·· 234

   6.1.5 T-SQL의 분류 ·· 245

6.2 데이터의 변경을 위한 SQL 문 ·· 247

6.2.1 데이터의 삽입: INSERT ·· 247

6.2.2 데이터의 수정: UPDATE ··· 254

6.2.3 데이터의 삭제: DELETE ··· 255

6.2.4 조건부 데이터 입력, 변경: MERGE ·· 257

연습 문제 ··· 261

CHAPTER 7 Transact-SQL 고급

학습 목표 ·· 264

7.1 SQL Server의 데이터 형식 ··· 265

7.1.1 SQL Server에서 지원하는 데이터 형식의 종류 ································· 265

7.1.2 변수의 사용 ··· 275

7.1.3 데이터 형식과 관련된 시스템 함수 ·· 277

7.2 조인 ··· 303

7.2.1 INNER JOIN ·· 304

7.2.2 OUTER JOIN ·· 314

7.2.3 CROSS JOIN ·· 318

7.2.4 SELF JOIN ·· 319

7.2.5 UNION, UNION ALL, EXCEPT, INTERSECT ······································· 320

7.3 SQL 프로그래밍 ··· 322

7.3.1 IF ... ELSE ... ·· 323

7.3.2 CASE ·· 325

7.3.3 WHILE과 BREAK, CONTINUE, RETURN ··· 330

7.3.4 GOTO ··· 333

7.3.5 WAITFOR ··· 333

7.3.6 TRY/CATCH, RAISEERROR, THROW 334

7.3.7 EXEC(동적 SQL) 337

연습 문제 339

PART 3 SQL Server 데이터베이스 객체

CHAPTER 8 테이블과 뷰

학습 목표 344

8.1 테이블 345

8.1.1 테이블 만들기 345

8.1.2 제약 조건 359

8.1.3 스파스 열 376

8.1.4 임시 테이블 380

8.1.5 테이블 삭제 383

8.1.6 테이블 수정 383

8.1.7 메모리 액세스에 최적화된 테이블 399

8.1.8 스키마 404

8.2 뷰 408

8.2.1 뷰의 개념 408

8.2.2 뷰의 장점 410

8.2.3 뷰의 종류 419

연습 문제 422

CHAPTER **9** **인덱스**

학습 목표 ··· 424

9.1 인덱스의 개념 ··· 425

9.2 인덱스의 종류와 자동 생성 ·· 428

    9.2.1 인덱스의 종류 ·· 428

    9.2.2 자동으로 생성되는 인덱스 ·· 429

9.3 인덱스의 내부 작동 ··· 436

    9.3.1 B-Tree ··· 436

    9.3.2 페이지 분할 ·· 437

    9.3.3 클러스터형 인덱스와 비클러스터형 인덱스의 구조 ···················· 440

    9.3.4 클러스터형 인덱스와 비클러스터형 인덱스가 혼합되어 있을 경우 ····· 448

9.4 인덱스 생성/변경/삭제 ·· 455

    9.4.1 인덱스 생성 ·· 455

    9.4.2 인덱스 변경 ·· 459

    9.4.3 인덱스 제거 ·· 460

9.5 결론: 인덱스를 생성해야 하는 경우와 그렇지 않은 경우 ···················· 483

연습 문제 ··· 490

CHAPTER **10** **트랜잭션**

학습 목표 ··· 492

10.1 데이터베이스 트랜잭션 로그 파일과 트랜잭션의 관계 ······················ 493

10.1.1 데이터베이스의 기본 구조와 SQL 작동 방식 ·················· 493

10.1.2 트랜잭션의 개념과 작동 방식 ································· 497

10.2 트랜잭션 ·· 511

10.2.1 트랜잭션의 특성 ·· 511

10.2.2 트랜잭션의 문법과 종류 ····································· 512

연습 문제 ··· 524

CHAPTER 11 저장 프로시저와 사용자 정의 함수

학습 목표 ··· 526

11.1 저장 프로시저 ·· 527

11.1.1 저장 프로시저의 개요 ······································ 527

11.1.2 저장 프로시저의 특징 ······································ 541

11.1.3 저장 프로시저의 종류 ······································ 543

11.2 저장 프로시저의 작동 ·· 545

11.2.1 일반 T-SQL의 작동 방식 ···································· 546

11.2.2 저장 프로시저의 작동 방식 ·································· 549

11.2.3 WITH RECOMPILE 옵션과 저장 프로시저의 문제점 ··········· 553

11.3 사용자 정의 함수 ·· 559

11.3.1 사용자 정의 함수의 생성/수정/삭제 ·························· 559

11.3.2 함수의 종류 ··· 562

11.3.3 그 외 함수와 관련된 알아둘 내용 ···························· 566

연습 문제 ··· 572

CHAPTER 12 커서

학습 목표 ·· 574

12.1 커서의 기본 ······································· 575

   12.1.1 커서의 개요 ································· 575

   12.1.2 커서의 처리 순서 ························· 576

12.2 커서의 활용 ······································· 584

   12.2.1 커서의 성능과 일반적인 쿼리의 성능 비교 ·· 584

   12.2.2 커서의 내부 작동 방식 ···················· 586

연습 문제 ·· 598

CHAPTER 13 트리거

학습 목표 ·· 600

13.1 트리거의 개념 ····································· 601

   13.1.1 트리거의 개요 ····························· 601

   13.1.2 트리거의 종류 ····························· 603

   13.1.3 트리거의 사용 ····························· 604

13.2 기타 트리거에 관한 사항 ························· 615

   13.2.1 다중 트리거 ······························· 615

   13.2.2 중첩 트리거 ······························· 615

   13.2.3 재귀 트리거 ······························· 616

   13.2.4 지연된 이름 확인 ·························· 618

13.2.5 트리거의 작동 순서 ··· 618

연습 문제 ··· 627

PART 4 SQL Server 활용

CHAPTER 14 전체 텍스트 검색

학습 목표 ··· 632

14.1 전체 텍스트 검색 개요 ·· 633

14.2 전체 텍스트 인덱스와 전체 텍스트 카탈로그 ···················· 635

14.2.1 전체 텍스트 인덱스 ··· 635

14.2.2 전체 텍스트 카탈로그 ·· 636

14.2.3 전체 텍스트 인덱스 채우기 ·· 637

14.2.4 중지 단어 및 중지 목록 ·· 638

14.2.5 전체 텍스트 검색을 위한 쿼리 ··· 638

14.3 전체 텍스트 검색 서비스의 작동 ·· 642

연습 문제 ··· 655

CHAPTER 15 XML

학습 목표 ··· 658

15.1 XML 기본 ··· 659

15.1.1 XML의 기본 구조 ·· 659

15.1.2 XML 데이터 형식 ·· 660

15.1.3 형식화된 XML과 XML 스키마 ································· 662

15.2 XML 활용 ··· 667

15.2.1 XML 인덱스 ·· 667

연습 문제 ··· 672

CHAPTER 16 SQL Server와 응용 프로그램의 연결

학습 목표 ··· 674

16.1 외부에서 SQL Server와 응용 프로그램의 연결 ·········· 675

연습 문제 ··· 689

찾아보기 ··· 690

SQL Server 설치 및 DB 구축과정 미리 실습하기

1부에서는 DBMS의 개요와 SQL Server가 어떤 기능을 제공하는지 살펴본 후에, SQL Server를 설치한다. 설치 후, SQL Server를 운영하기 위한 전체과정을 간략하게 미리 체험하는 시간을 갖는다.

DBMS 개요와
SQL Server 2016 소개

이제 데이터베이스라는 용어는 IT 분야 외에도 널리 사용되고 있다. 우리가 살고 있는 정보화 사회에서는 대부분의 삶이 데이터베이스와 직·간접적으로 연관되어 있다고 생각해도 무방할 정도이다 (SNS 메시지, 버스나 지하철에서 사용하는 교통카드, 편의점에서 사 먹은 삼각김밥 등의 정보도 모두 데이터베이스에 들어간다고 생각하면 된다).

이 책은 데이터베이스와 관련된 내용을 다룬다. 데이터베이스에 대한 정의는 바라보는 시각에 따라서 여러 가지로 정의할 수 있는데 간단히 정의하면 '대용량의 데이터 집합을 체계적으로 구성해 놓은 것' 정도로 말할 수 있을 것이다. 그리고, 데이터베이스 관리 시스템DBMS: Database Management System은 이러한 데이터베이스를 관리해 주는 시스템 또는 소프트웨어를 일컫는다.

이 책에서 다룰 SQL Server는 DBMS 소프트웨어의 일종으로 Microsoft 사에서 제작한 툴이다. 우리는 책 전반에 걸쳐서 SQL Server를 사용하고 다루는 법을 배우겠지만, 우선 이번 장에서는 이 DBMS에 대한 개략적인 내용과 SQL Server에 대해 소개한다.

이번 장은 이론적인 내용이 좀 많아서, 처음 학습하는 입장에서 좀 지루할 수도 있으나 책 전체를 이해하기 위한 기본적인 내용을 실었으니 간략하게나마 기억하자.

이 장의 핵심 개념

1장에서는 데이터베이스를 처음 접하는 사용자를 위해 데이터베이스의 개념과 이 책에서 사용할 SQL Server를 소개한다. 1장에서 다루는 핵심 개념은 다음과 같다.

1. 데이터베이스를 간단히 정의하면 '대용량의 데이터 집합을 체계적으로 구성해 놓은 것'이다.

2. DBMS의 유형은 크게 계층형Hierarchical DBMS, 망형Network DBMS, 관계형Relational DBMS, 객체지향형Object-Oriented DBMS, 객체관계형Object-Relational DBMS 등으로 분류된다.

3. SQLStructured Query Language은 관계형 데이터베이스에서 사용되는 언어다.

4. SQL Server는 Microsoft 사에서 제작한 DBMS 소프트웨어로 2016 버전은 2016년 6월에 정식 버전이 발표되었다.

5. SQL Server 2016에는 주요 에디션으로 Enterprise, Standard 두 가지가 있고, 특수 에디션으로 Web 에디션과 무료로 사용할 수 있는 Express가 있다

이 장의 학습 흐름

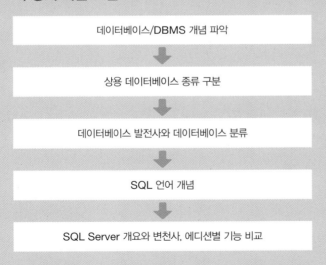

데이터베이스/DBMS 개념 파악

↓

상용 데이터베이스 종류 구분

↓

데이터베이스 발전사와 데이터베이스 분류

↓

SQL 언어 개념

↓

SQL Server 개요와 변천사, 에디션별 기능 비교

1.1 DBMS 개요

1.1.1 데이터베이스의 정의와 특징

데이터베이스를 '데이터의 집합'이라고 정의한다면 DBMS는 이 데이터베이스를 관리/운영하는 역할을 한다. 또한, 데이터베이스는 여러 명의 사용자나 응용 프로그램이 공유하고 동시에 접근이 가능해야 한다. 그래서, Microsoft 사의 엑셀Excel 프로그램은 데이터의 집합으로 사용될 수는 있기 때문에 DBMS와 비슷하게 보일 수도 있지만, 대용량을 관리하거나 여러 명의 사용자가 공유하는 개념은 아니므로 DBMS라 부르지 않는다.

또, 데이터베이스는 '데이터의 저장 공간' 자체를 의미하기도 한다. 특히, SQL Server에서는 '데이터베이스'를 자료가 저장되는 디스크 공간(주로 파일로 구성됨)으로 취급한다.

⚠ 종종 다른 책이나 소프트웨어에서는 데이터베이스를 DBMS와 혼용해서 같은 용어처럼 사용하기도 한다. 바라보는 시각에 따라서 그렇게 취급하는 것이 틀리지는 않지만, 이 책에서 데이터베이스는 '데이터의 집합' 또는 '데이터의 저장 공간'으로 다룰 것이며, DBMS는 데이터베이스를 운영하는 '소프트웨어'를 의미하는 것으로 하겠다.

다음 그림은 데이터베이스/DBMS/사용자/응용 프로그램의 관계를 간단히 보여준다.

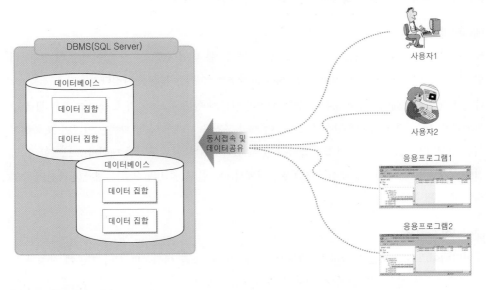

[그림 1-1] DBMS 개념도

[그림 1-1]에 표현되어 있듯이 DBMS는 데이터베이스를 관리하는 역할을 하는 소프트웨어 개념이다. 여러 명의 사용자나 응용 프로그램이 DBMS가 관리하는 데이터에 동시에 속하고 데이터를 공유하게 된다. 즉, DBMS에는 사용되는 데이터가 집중되어서 관리되고 있다.

[그림 1-1]에서는 DBMS를 SQL Server로 표현했지만, SQL Server 외에도 많이 사용되는 DBMS는 다음 표와 같다.

DBMS	제작사	운영체제	최신 버전 (2016년 기준)	기타
SQL Server	Microsoft	Windows	2016	
Oracle	Oracle	Unix, Linux, Windows	12c	상용 시장 점유율 1위
DB2	IBM	Unix, Linux, Windows	10	메인프레임 시장 점유율 1위
MySQL	Oracle	Unix, Linux, Windows	5.7	오픈 소스(무료)
Access	Microsoft	Windows	2015	PC 용
SQLite	SQLite	Android, iOS	3.9	모바일 전용, 오픈 소스(무료)

[표 1-1] 많이 사용되는 DBMS

DBMS 또는 데이터베이스는 다음과 같은 몇 가지 중요한 특징이 있다.

데이터의 무결성

데이터베이스 안의 데이터는 어떤 경로를 통해 들어왔든 데이터에 오류가 있어서는 안 된다. 이런 무결성Integrity을 위해 데이터베이스는 제약 조건Constrain이라는 특성을 가진다.

예를 들어, 학생 데이터에서 모든 학생은 학번이 반드시 있어야 하며, 각 학생의 학번은 서로 중복되면 안 되는 제약 조건이 있을 수 있다. 이 제약 조건을 지키게 되면, 학번만 안다면 그 학생이어떤 학생인지 정확히 한 명의 학생을 추출할 수 있다. 즉, 학번은 무결한 데이터로 보장할 수 있기에 성적증명서, 재학증명서 등을 자동발급기에서 출력할 때, 학번만으로도 정확히 자신의 증명서를 출력할 수 있다.

데이터의 독립성

데이터베이스의 크기를 변경하거나 데이터 파일의 저장소를 변경하더라도, 기존에 작성된 응용 프로그램은 전혀 영향을 받지 않아야 한다. 즉, 서로 의존적 관계가 아닌 독립적인 관계여야 한다.

예를 들어, 데이터베이스를 새 디스크에 저장해도 기존에 사용하던 응용 프로그램은 아무런 변경 없이 계속 사용되어야 한다.

보안

데이터베이스 안의 데이터는 아무나 접근할 수 있는 것이 아니라, 데이터를 소유한 사람이나 데이터 접근이 허가된 사람만이 데이터에 접근할 수 있어야 한다. 또, 접근할 때도 사용자의 계정에 따라서 권한이 달라져야 한다. 고객 정보의 유출 사고가 자주 발생되는 상황에서 보안Security은 더욱 중요한 데이터베이스의 이슈가 되었다.

데이터 중복의 최소화

동일한 데이터가 중복되어 저장되는 것을 방지한다.

학교의 예를 들면, 학생 정보를 이용하는 교직원(학생처, 교무처, 과사무실 등)이 여러 명일 수 있다. 이때, 엑셀을 사용한다면 각 직원마다 별도의 엑셀 파일을 사용해야 한다. 그렇게 되면 한 명의 학생 정보가 각각의 엑셀 파일에 중복되어 관리된다. 이를 데이터베이스에 통합하면 하나의 테이블에 저장해 공유하여 사용할 수 있으므로 데이터 중복을 최소화할 수 있다.

응용 프로그램 제작 및 수정이 쉬워짐

기존 파일시스템을 사용할 때는 각각 파일의 포맷에 맞춰 개발해야 하는 응용 프로그램을 데이터베이스를 이용하면 통일된 방식으로 작성할 수 있고, 유지보수도 쉬워진다.

데이터의 안전성 향상

대부분의 DBMS가 제공하는 백업/복원 기능을 이용하면 데이터가 깨지는 문제가 발생했을 때 원상으로 복원 또는 복구하는 방법이 명확해진다.

1.1.2 데이터베이스의 발전

초창기의 컴퓨터에는 데이터베이스라는 개념이 없었다. 몇 단계의 과정을 거쳐 데이터베이스를 사용하게 되었다.

오프라인으로 관리

아주 오래 전부터 데이터는 관리되었을 것이다. 즉, 컴퓨터가 없던 시기에도 회사를 운영하려면 수입과 지출이 있었을 것이고, 그것을 종이에 연필로 기록했을 것이다. 물론 아직도 종이에 수입/지출을 직접 기록하고 관리하는 분야나 회사도 있다.

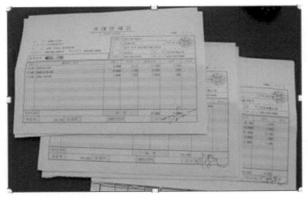

[그림 1-2] 종이 장부

파일시스템의 사용

컴퓨터를 사용하면서 종이에 기록하던 내용을 컴퓨터 파일에 기록하고 저장하게 되었다. 메모장이나 엑셀을 활용해서 컴퓨터에 저장하고, 다양한 응용 프로그램을 이용해 파일에 저장된 내용을 읽고 쓰게 된 것이다. 그래서 컴퓨터에 저장된 파일의 내용은 읽고, 쓰기가 편하게 약속된 형태의 구조를 사용한다.

```
제목 없음 - 메모장
파일(F)  편집(E)  서식(O)  보기(V)  도움말(H)

userID    name       birthYear    addr mobile1 mobile2 height mDate
------    ----       ---------    ---- ------- ------- ------ -----
BBK       바비킴       1973         서울  010     0000000 176    2013-05-05
EJW       은지원       1972         경북  011     8888888 174    2014-03-03
JKW       조관우       1965         경기  018     9999999 172    2010-10-10
JYP       조용필       1950         경기  011     4444444 166    2009-04-04
KBS       김범수       1979         경남  011     2222222 173    2012-04-04
KKH       김경호       1971         전남  019     3333333 177    2007-07-07
LJB       임재범       1963         서울  016     6666666 182    2009-09-09
LSG       이승기       1987         서울  011     1111111 182    2008-08-08
SSK       성시경       1979         서울  NULL    NULL    186    2013-12-12
YJS       윤종신       1969         경남  NULL    NULL    170    2005-05-05
```

[그림 1-3] 데이터가 파일에 저장된 형태

파일시스템에는 대개 하나의 응용 프로그램마다 하나의 데이터 파일이 할당된다. 즉, 어떤 기능을 구현하려면 기능의 개수만큼 데이터 파일의 숫자가 생겨야 한다. 이것은 초기에는 큰 문제가 되지 않지만, 시간이 지나서 데이터의 양이 많아지면 데이터의 중복으로 인한 불일치가 발생한다.

예를 들어, '회원 정보'가 수록된 파일에는 회원이름, 회원주소, 회원연락처, 회원가입일, 취미 등이 기록될 것이다. 또, 회원이 물건을 구매한 '구매 정보'가 수록된 파일에도 마찬가지로 회원이름, 회원주소, 연락처, 구매한 물건, 가격, 수량 등이 기록되어야 할 것이다.

만약 회원이 이사를 가거나 연락처가 바뀌게 되면 '회원 정보'와 '구매 정보'를 모두 변경해야 한다. 그런데 깜박 잊고 한 곳만 수정하게 되면, 나중에 시간이 지난 후에는 두 정보가 일치하지 않는 것을 발견하게 되더라도 어느 주소가 올바른 주소인지를 알아내기가 어렵다.

이러한 불일치가 파일시스템의 큰 문제점 중 한 가지다. 그러나 이러한 문제점에도 불구하고 파일시스템은 소량의 데이터를 처리하기에는 처리속도가 DBMS보다 훨씬 빠르며, 별도의 추가비용이 들지 않기에 아직도 많이 사용된다.

데이터베이스 관리 시스템

파일시스템의 단점을 보완하고 대량의 데이터를 보다 효율적으로 관리하고 운영하기 위해서 사용하기 시작한 것이 데이터베이스 관리 시스템DBMS, DataBase Management System이다.

DBMS는 데이터의 집합인 '데이터베이스'를 잘 관리하고 운영하기 위한 시스템 또는 소프트웨어를 말한다. DBMS에 데이터를 구축하고 관리하고 활용하기 위해 사용되는 언어가 SQLStructured Query Language이다. SQL을 사용해서 DBMS를 통해 중요한 정보를 입력하고 관리하고 추출할 수 있게 된다.

1.1.3 DBMS 분류

DBMS의 유형은 크게 계층형Hierarchical DBMS, 망형Network DBMS, 관계형Relational DBMS, 객체지향형Object-Oriented DBMS, 객체관계형Object-Relational DBMS 등으로 분류된다.

현재 사용되는 DBMS 중에는 관계형 DBMS가 가장 많은 부분을 차지하며, 일부 멀티미디어 분야에서 객체지향형이나 객체관계형 DBMS가 활용되고 있는 추세다.

우리가 배울 SQL Server와 더불어서 Oracle, DB2, MySQL, Access 등은 모두 관계형 DBMS이므로, 이 책에서 다루는 내용도 모두 관계형 DBMSRDBMS를 기준으로 한다.

계층형 DBMS

처음으로 나온 DBMS 개념으로 1960년대에 시작되었는데, [그림 1-4]와 같이 각 계층은 트리^{Tree} 형태이며, 1:N 관계를 갖는다. 즉, 그림과 같이 사장 1명에 부서 3개가 연결된 구조다.

계층형 DBMS^{Hierarchical DBMS}의 문제는 처음 구축한 이후에는 그 구조를 변경하기가 상당히 까다롭다는 것이다. 또, 주어진 상태에서의 검색은 매우 빠르지만, 접근의 유연성이 부족해서 임의의 검색은 어려움이 따른다.

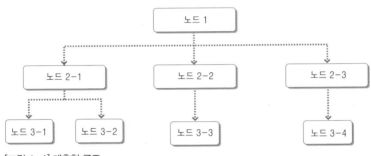

[그림 1-4] 계층형 구조

망형 DBMS

망형 DBMS^{Network DBMS}는 계층형 DBMS의 문제점을 개선하기 위해 1970년대에 시작되었으며, 1:1, 1:N, N:M(다대다) 관계가 지원되어, 효과적이고 빠른 데이터 추출이 가능해졌다. 하지만, 계층형과 마찬가지로 매우 복잡한 내부 포인터를 사용하고, 프로그래머가 모든 구조를 이해해야만 프로그램의 작성이 가능하다는 단점이 여전히 존재한다.

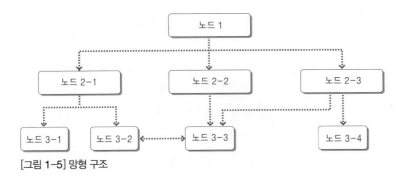

[그림 1-5] 망형 구조

관계형 DBMS

관계형 DBMS^{RDBMS, Relational DBMS}의 시초는 1969년 코드^{E.F.Codd}라는 학자가 수학 모델을 근거로 하여 고안하면서 시작되었다. RDBMS의 핵심 개념은 "데이터베이스는 테이블^{Table}이라는 최소 단위로 구성된다. 그리고 테이블은 하나 이상의 열로 구성된다."라고 생각하면 된다.

⚠ 테이블을 릴레이션^{Relation}, 엔티티^{Entity} 라고도 부른다.

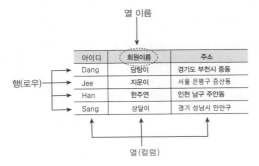

[그림 1-6] 관계형 구조

관계형 DBMS에서는 모든 데이터는 테이블에 저장되므로, 테이블이라는 구조가 RDBMS의 가장 기본적이고 중요한 구성이 된다. 그러므로 테이블만 잘 이해한다면 RDBMS의 기본적인 것을 이해한 것이라고 말할 수 있다.

테이블은 데이터를 효율적으로 저장하기 위한 구조다. 정보를 하나의 테이블이 아닌 여러 개의 테이블에 나눠서 저장하면, 불필요한 공간의 낭비를 줄이고, 데이터 저장의 효율성을 높일 수 있다. 또, 이렇게 나뉜 테이블의 관계^{Relation}를 기본 키^{Primary Key}와 외래 키^{Foreign Key}를 사용해서 맺어줌으로써 두 테이블을 부모와 자식의 관계로 묶어 줄 수 있다.

이후에 부모 테이블과 자식 테이블을 조합해서 결과를 얻고자 할 경우에는 SQL의 조인^{JOIN} 기능을 이용하면 된다.

관계형 DBMS의 장점은 다른 DBMS에 비해서 업무가 변화될 경우에 쉽게 변화에 순응할 수 있는 구조로, 유지보수 측면에서도 편리하다는 것이다. 또한, 대용량 데이터를 잘 관리하고 데이터 무결성^{Integration}을 보장하므로 데이터에 동시에 접근하는 응용 프로그램을 사용할 경우 RDBMS는 적절한 선택이 될 수 있다.

반면, 관계형 RDBMS의 가장 큰 단점은 시스템 자원을 많이 차지해서 시스템이 전반적으로 느려지는 데 있다. 그러나 최근에는 하드웨어의 급속한 발전으로 인해 이러한 단점은 많이 보완되고 있다.

1.1.4 SQL 개요

구조화된 질의 언어 SQL^{Structured Query Language}은 관계형 데이터베이스에서 사용되는 언어로, '에스큐엘' 또는 '시퀄'이라 읽는다.

중국의 문화, 사회, 경제 등을 배우고자 한다면 중국어부터 익혀야 하는 것처럼, 우리가 공부하고자 하는 RDBMS(그중 SQL Server)를 배우고자 한다면, SQL을 반드시 익혀야 한다. SQL이 데이터베이스를 조작하는 '언어'지만 일반적인 프로그래밍 언어(C, C++, JAVA, C# 등)와는 특성이 다르다.

SQL은 국제 표준화 기관에서 표준화 된 내용을 계속 발표해 왔는데, SQL에는 다음과 같은 특징이 있다.

- **DBMS 제작회사와 독립적이다**

  SQL은 모든 DBMS 제작회사에 공통적으로 공개되고, 각 제작회사는 이 표준 SQL에 맞춰서 DBMS를 개발하게 된다. 그러므로 표준 SQL은 대부분의 DBMS 제품에서 공통으로 호환된다.

- **다른 시스템으로의 이식성이 좋다**

  SQL 표준은 서버용, 개인용, 휴대용 장비에서 운영되는 DBMS마다 상호 호환성이 뛰어나다. 따라서 한 번 사용된 SQL이 다른 시스템으로 이식하는 데 문제가 없다.

- **표준이 계속 발전한다**

  SQL 표준은 SQL-86, SQL-89, SQL-92, SQL:1999, SQL:2003, SQL:2008, SQL:2011 등 개선된 표준안이 지속적으로 발표되어 왔으며, 지금도 개선된 안이 연구되고 보완되고 있다.

- **대화식 언어다**

  기존 프로그래밍 언어는 프로그램 작성, 컴파일 및 디버깅, 실행이라는 과정을 거쳐야만 그 결과를 확인할 수 있었으나, SQL은 이와 달리 바로 질의하고 결과를 얻는 대화식 언어로 구성되어 있다.

- **분산형 클라이언트/서버 구조다**

  SQL은 분산형 구조인 클라이언트/서버 구조를 지원한다. 즉, 클라이언트에서 질의하면 서버에서 그 질의를 받아서 처리한 후, 다시 클라이언트에게 전달하는 구조다.

주의할 점은 모든 DBMS의 SQL 문이 완벽하게 동일하지는 않다는 것이다. 즉, 많은 회사가 되도록 표준 SQL은 준수하려고 노력하지만 각 회사의 DBMS마다 특징이 있기에 현실적으로 완전히 통일하기는 어렵다. 그래서 각 회사는 표준 SQL을 지키면서도 자신의 제품에 특화된 SQL을 사용한다. 이를 Oracle에서는 PL/SQL이라고 부르고, SQL Server에서는 T-SQL, MySQL에서는 그냥 SQL로 부른다.

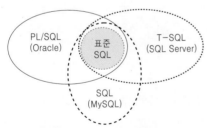

[그림 1-7] 표준 SQL과 각 회사의 SQL

[그림 1-7]과 같이 각 회사의 제품은 모두 표준 SQL을 사용하면 공통으로 사용할 수 있고, 각 회사 제품의 특성에 맞춘 호환되지 않는 SQL 문도 있다. 6장과 7장에서 표준 SQL 및 SQL Server의 T-SQL에 대해 상세히 다룬다.

1.2 SQL Server 소개

Microsoft 사는 2016년 6월에 SQL Server 2016 RTM(정식) 버전을 출시하였다.

SQL Server 2016은 이전 버전에 비해 향상된 기능이 많고, 특히 대용량 데이터베이스와 메모리 데이터베이스를 운영하는 기술이 많이 포함되었다. 하지만, 이 책을 보고 있는 대부분의 독자는 SQL Server를 처음 다루거나 그다지 많이 사용한 적이 없을 것이라고 생각된다. SQL Server에 생소한 독자에게 SQL Server 2016의 좋아진 기능들을 나열해 보았자 그다지 감흥이 오지 않을 것 이다. 게다가 알지도 못하는 부분이 첫 장에 나오면 학습 효과는 오히려 반감될 수 있다.

1장의 내용은 SQL Server를 처음으로 배우는 독자에게는 크게 중요한 것은 아니므로, SQL Server의 기존 사용자가 아니라면 간단히 훑어보는 정도로 보아도 좋다. 2장부터 나오는 설치를 진행하고, 추후에 어느 정도 SQL Server에 익숙해지면 1장을 다시 편안하게 읽는 것이 더 좋은 학습 방법일 수 있다. 그렇게 되면 SQL Server 2016가 기존 버전에 비해 좋은 기능은 무엇인지를 자연스럽게 익힐 수 있으리라 생각한다.

이 책은 SQL Server 2016의 특징에 대해서만 기술하는 것이 아니라 데이터베이스를 처음 접하는 독자가 데이터베이스를 학습하기 위한 도구로써 SQL Server 2016을 사용하는 것에 초점을 맞추었다. 그리고 SQL Server 2016의 새로운 특징은 필요할 때마다 책의 전체에서 자연스럽게 설명하여 독자가 SQL Server 2016뿐 아니라 SQL Server 및 DBMS에 최대한 부담 없이 접근할 수 있게 할 것이다.

1.2.1 SQL Server의 개요와 변천사

지금 이 책을 보는 독자라면 SQL Server가 무엇인지 공부하고자 하는 독자이거나, 학교에서 강의를 위해서 보고 있는 독자, 또는 기존에 SQL Server를 사용해본 일부 실무자들이 대부분일 것이다. SQL Server를 처음 접해보든, 이미 어느 정도 SQL Server를 사용해보았든, 아무튼 SQL Server가 무엇인지 알고 싶거나 SQL Server와 관련된 일을 하고 있을 것이다.

SQL Server는 Microsoft 사에서 제작한 DBMS이다. DBMS는 대량의 데이터를 관리하기 위한 소프트웨어이며, SQL Server는 많은 DBMS 소프트웨어 중 하나다. 우선, SQL Server의 변천을 간단하게 알아보자.

[표 1–2]에 SQL Server의 변천을 버전별로 간략하게 나타냈다.

일자	제품명 (버전)	플랫폼	기타
1989년	1.0	OS/2	Ashton-Tate/Microsoft SQL Server 라는 이름으로 출시
1990년	1.1	OS/2, Windows 3.0	
1991년	1.11		
1992년	4.2	OS/2, Windows 3.0	
1995년	6.0	Windows NT	SQL95 라고 명명. 복제 및 스크롤 가능한 커서 구현
1996년	6.5	Windows NT	인터넷, 데이터웨어하우징 기능 추가. ANSI SQL 표준 준수
1998년 말	7.0	Windows	대규모 지원을 위한 엔진 구조 변경
2000년	2000 (8.0)	Windows	
2005년	2005 (9.0)	Windows	대폭 변경된 설치 방식 코드명 : Yukon(유콘)
2008년 8월	2008 (10.0)	Windows	코드명 : Katmai(카트마이)
2010년 5월	2008 R2 (10.5)	Windows	코드명 : Kilimanjaro(킬리만자로)
2012년 3월	2012 (11.0)	Windows Vista 이후	코드명 : Denali(디날리) Window XP에 설치 안 됨
2012년 3월	2012 (11.0)	Windows Vista 이후	코드명 : Denali(디날리) Window XP에 설치 안 됨
2014년 3월	2014 (12.0)	Windows 7 이후 Windows Server 2008 R2 이후	코드명 : SQL14 인메모리(In-Memory) 데이터베이스 지원
2016년 6월	2016 (13.0)	Windows 8 이후 Windows Server 2012 이후	64bit 플랫폼만 지원 Linux 지원(2017년 예정)

[표 1-2] SQL Server의 변천사

이 책에서는 SQL Server 2016(버전 13.0)를 다룬다. 만약 SQL Server 2005 이후 버전을 사용하는 독자라도 특별히 SQL Server 2016에서만 지원되는 기능이 아니라면 대부분의 실습이 가능하겠지만, 이 책의 내용을 완전히 실습하고 이해하려면 되도록 SQL Server 2016을 사용할 것을 적극 권장한다.

⚠ 운영체제를 Windows 7을 사용한다면 SQL Server 2014의 32bit(=x86) 버전을 사용해서 이 책을 학습해도 좋다. Windows 7에 SQL Server 2014의 설치도 별로 다르지 않다.

1.2.2 SQL Server의 보편적인 특징

다음 내용은 SQL Server의 보편적인 특징을 요약한 것이다. 일반적으로 SQL Server 2008, 2008 R2, 2012, 2014, 2016에 공통되는 특징으로 보면 된다.

필자가 바라보는 SQL Server의 버전별 차이는 다음 그림과 같다.

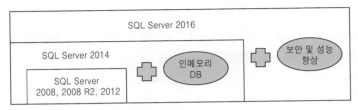

[그림 1-8] SQL Server 버전별 기능 차이 개요

SQL Server는 2005 버전에서 화면 인터페이스 등이 획기적으로 개선된 이후로, 2008, 2008 R2, 2012 버전을 거쳐 데이터베이스의 내부 기능이 추가되고 안정화되었다. SQL Server 2012 버전에 인메모리In-Memory 데이터베이스 기술이 합쳐진 것이 SQL Server 2014 버전이다. SQL Server 2014 버전의 인메모리 기술이 더욱 확장되고 안정화되었으며, 다양한 보안기능 등이 추가된 SQL Server 2016 버전이 완성되었다.

SQL Server 2008, 2008 R2, 2012, 2014, 2016 등의 공통적인 특징을 요약하자면 '신뢰성 TRUSTED, 생산성PRODUCTIVE, 지능적INTELLIGENT' 세 가지다.

이제 각각이 어떠한 세부적인 기능을 갖는지 알아보자.

⚠ 이 책에서 설명하는 SQL Server의 장점은 Microsoft사에서 주장(?)하는 SQL Server의 대용량, 대기업적 사용에 관한 특징을 요약한 것이다. 이러한 특징은 지금 학습하는 기본편의 내용과는 별로 관계가 없다. 따라서, 내용이 이해되지 않더라도 대략 훑어보기만 해도 된다.

신뢰성

SQL Server는 최고 수준의 보안과 신뢰성Trusted을 제공하며, 시스템의 규모에 따른 신축성을 제공한다.

① 정보의 보호 측면

- **투명한 데이터의 암호화**

  SQL Server 자체에서 데이터 파일 및 로그파일의 암호화를 수행해 허가되지 않은 사용자로부터 데이터를 보호할 뿐 아니라, 물리적으로 파일이 유출되더라도 파일로부터 데이터를 확인할 수 없게 암호화한다. 이를 투명한 데이터의 암호화TDE, Transparent Data Encryption라고 부른다.

[그림 1-9] 투명한 데이터 암호화 개념(그림출처: Microsoft)

- **키 관리 기능의 확장**

  SQL Server는 암호화 및 키 관리를 위한 종합적인 솔루션을 제공함으로써, 데이터 기밀 유지에 대한 전반적인 문제를 예방할 수 있다.

- **감사**

  DDL 문으로 감사Auditing를 설치하고 관리하면서 더욱 종합적인 데이터의 감사가 가능하다.

② 고가용성 측면

데이터베이스 미러링 기능을 통해 저렴한 고가용성High Available 데이터베이스를 구현할 수 있다.

- **로그 스트림 압축**

  미러링에서 상호 전달되는 로그 스트림Log Stream이 자동으로 압축되어서 네트워크상에 전달되는 양이 줄어들어 효율적으로 운영할 수 있다.

- **데이터 페이지의 자동 복구**

  데이터 페이지 오류(오류번호 823, 824) 문제를 데이터베이스 미러링을 구성할 때는 상호 자동 복구된다.

③ 시스템의 중지 없는 CPU의 추가

CPU 및 메모리의 추가를 SQL Server가 작동 중인 상태에서 가능하다Hot Add CPU. 이는 현재의 서비스를 중단하지 않은 상태에서 시스템 자원의 확장이 가능함을 의미한다.

④ 성능과 확장성 측면

- **리소스 관리자**

  리소스 관리자Resource Governor는 특정 업무가 하드웨어 자원을 모두 차지하는 것을 방지한다. 그럼으로써 실수 또는 고의의 잘못된 사용자의 쿼리에 의해서 전체 시스템에 문제가 생기는 것을 예방할 수 있다.

- **예측 가능한 쿼리 플랜**

  쿼리 플랜을 잠가 놓을 수 있는 기능을 사용함으로써 서버를 업그레이드하거나 새 제품을 배치하더라도 모든 하드웨어에 걸쳐 안정적인 쿼리 플랜Query Plan을 실행할 수 있다.

- **데이터 압축**

  자체적으로 제공되는 데이터 압축을 통해 데이터 저장 공간의 크기를 줄일 수 있으며, 효율성 측면에서도 성능 저하를 최소화할 수 있다.

- **백업 압축**

  데이터 백업 시에 압축 옵션을 제공함으로써, 백업되는 데이터의 크기를 획기적으로 줄이며, 작아진 데이터 전송으로 인해 백업 속도도 상당히 빠르다.

생산성

SQL Server는 관리를 위한 시간과 비용을 최소화할 수 있게 지원되며, 개발자는 .Net Framework 및 Visual Studio를 활용하여 응용 프로그램을 손쉽고 강력하게 개발할 수 있다.

① 관리성

- **정책 관리**

  정책 관리Policy-Based Management는 하나 이상의 SQL Server 인스턴스를 관리하기 위한 정책 기반 시스템이다. 이를 통해서 시스템 구성 정책을 준수하게 하고, 나아가 시스템 관리의 일관성 및 효율성을 추구하게 된다.

- **효율적인 설치**

  능률적이고 효율적인 설치를 제공한다.

- **데이터 컬렉션**

  SQL Server의 '성능과 관련된 데이터'를 수집하는 기능Data Collection을 수행한다. 즉, SQL Server에 언제 무슨 일이 일어났는지에 대한 기록을 모은다. 이를 통해서 관리자는 시스템의 문제점을 파악하고, 자원 할당 등의 근거로 활용할 수 있다.

② 빠른 개발 환경의 지원

- **ADO.NET Entity Framework**

  개발자는 데이터베이스의 열과 테이블을 대상으로 직접 프로그래밍 작업을 수행하는 것이 아니라, '고객' 또는 '주문' 등과 같은 높은 수준의 추상적 엔티티를 사용하여 데이터를 표현함으로써 프로그래밍을 생산적으로 하고 싶어 한다. ADO.NET Entity Framework에서는 개발자가 그러한 엔티티와 관련하여 관계형 데이터를 대상으로 프로그래밍을 수행할 수 있다.

- **LINQ(언어 통합 쿼리)**

  개발자는 기존의 SQL 구문 대신에 C#이나 VB.NET 등의 프로그래밍 언어를 이용해 데이터에 대한 쿼리를 수행할 수 있다.

③ 다양한 데이터 형식의 지원

- **DATETIME/ DATE/TIME**

  SQL Server는 다양한 날짜 및 시간 데이터 형식을 지원한다.

- **HIERARCHY ID**

  HierachyId는 계층 트리의 노드를 대표하는 값을 저장할 수 있다.

- **FILESTREAM 데이터와 FILETABLE**

  대량의 바이너리 데이터가 데이터베이스 내부가 아닌 Windows의 NTFS 파일시스템에 직접 저장될 수 있게 한다. 이를 통해 저장의 효율이 획기적으로 향상된다.

- **통합되고 뛰어난 성능의 전체 텍스트 검색**

  SQL Server 내부에 통합된 전체 텍스트 검색은 뛰어난 성능을 보장한다.

- **스파스 열**

  스파스 열Sparse Column은 수많은 null 값을 가진 테이블은 저장 공간을 그다지 많이 차지하지 않고 SQL Server 데이터베이스에 저장할 수 있다.

- **큰 사용자 정의 타입**

  SQL Server UDT(사용자 정의 타입)에 대한 8KB 제한 없이, UDT를 사용자가 원하는 크기로 늘릴 수 있다.

- **공간 데이터 타입**

  지리정보시스템GIS에서 사용되는 Spatial 데이터 형식을 제공한다. 이를 통해 공간 데이터의 저장을 효율화하며, RDBMS의 제한을 뛰어넘게 되었다.

지능적

SQL Server는 필요한 사용자에게 지능적Intelligent 정보를 제공하는 포괄적인 솔루션을 제공한다.

① 각종 데이터의 통합

- **테이블의 파티션 분할**

  SQL Server는 파티션 분할된 대용량 테이블을 사용함으로써 성능이 향상된다.

- **스타 조인 쿼리 최적화**

  SQL Server의 스타 조인 쿼리 최적화 기능은 데이터웨어하우스 조인 패턴을 인식함으로써 쿼리 응답 시간을 줄여준다.

- **GROUPING SETS**

  GROUPING SETS는 서로 다르게 그룹화된 행의 UNION ALL과 동등한 단일 결과 세트를 만들어내서 집계 쿼리 및 보고가 더욱 빠르고 쉽게 이루어지게 한다.

- **변경 데이터 추적**

  SQL Server는 데이터 변경 추적[CDC, Change Data Capture] 기능을 통해, 변경된 데이터를 추적하고 데이터의 일관성을 보장해주는 역할을 할 수 있다.

- **MERGE SQL 구문**

  MERGE SQL 문을 사용해, 개발자는 행의 존재 여부를 확인하고 삽입 또는 업데이트를 실행하는 등의 일반적인 데이터웨어하우스 작업 상황을 더욱 효과적으로 처리할 수 있다.

② 관련 보고서 제공

- **Reporting Services의 기능**

  Reporting Services 기능을 통해 사용자가 관련 정보를 즉시 액세스하여 해당 업무 분야의 현황을 깊이 있게 파악할 수 있고, 이를 통해 더 정확하고 신속하게 합리적인 의사 결정을 내릴 수 있다.

- **Microsoft 오피스와 통합**

  SQL Server Reporting Services가 Microsoft Office SharePoint와 긴밀하게 통합되어 엔터프라이즈 보고서와 기타 비즈니스 현황 자료를 중앙에서 배포하고 관리할 수 있다.

1.2.3 SQL Server 2012의 특징

SQL Server 2012에서는 많은 기능이 추가되기도 하고 기존 기능도 많이 발전하였다. 그중에서 Microsoft에서 강조하는 SQL Server 2012의 특징은 다음 세 가지다.

- 미션 크리티컬 비즈니스 환경에 신뢰도 보장
- 현상 돌파의 통찰력
- 상황에 맞는 클라우드 활용

미션 크리티컬 비즈니스 환경에 신뢰도 보장

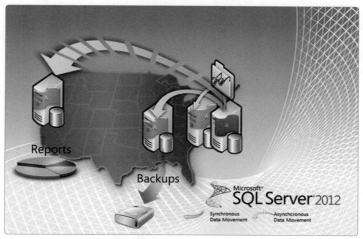

[그림 1-10] SQL Server 2012 AlwaysOn을 통한 가용성 향상(그림출처: Microsoft)

① 중요업무에 필요한 가용성과 보호기능

시간과 비용 낭비없이 서버에서 클라우드로 기업이 원하는 가동 시간과 데이터 보호 기능을 제공한다.

- SQL Server AlwaysOn이라는 새로운 고가용성 솔루션을 통해 문제가 발생했을 때 신속하게 장애조치가 수행될 수 있게 지원한다.
- 여러 개의 보조 데이터베이스를 구성할 수 있는 옵션과 애플리케이션을 신속하게 장애조치 및 복구하는 기능을 통해 애플리케이션 가용성을 높이고 데이터를 보호한다.
- 통합된 구성과 모니터링 도구를 이용하여 간편하게 고가용성 솔루션을 배포하고 관리한다.

② 초고속 성능

혁신적이며 예측 가능한 성능을 지원한다.

- 새로운 ColumnStore Index를 통해 스타 조인 및 유사 쿼리에서 최대 100배 향상된 속도를 제공한다.
- 전체 텍스트 검색 기능을 획기적으로 개선했다.
- 압축 기능을 통해 증가하는 데이터 저장 공간을 약 50%까지 줄임으로써 입출력 성능을 향상시켰다.
- Resource Governor는 SQL Server의 다양한 작업 부하에 대해 일관된 성능을 보장한다.
- 친숙하고 사용이 편리한 관리 도구를 이용하여 쿼리 실행 계획을 분석한다.

③ 조직 보안 및 규정 준수

기본적으로 제공되는 보안 및 IT 제어 기능을 제공한다.

- 기본 암호화 기능을 통해 데이터를 보호한다.
- 감사 복원, 필터링, 사용자 지정 감사 기능을 통해 감사에 대한 관리 효율성을 높인다.
- 데이터베이스 스키마의 복잡성을 줄였다.
- 사용자 정의 서버 역할User-Defined Audit은 데이터 액세스에 할당된 권한을 간편하게 관리한다.
- 구성 관리자를 통해 필요한 서비스만을 활성화하여 공격 부위를 최소화한다.

현상 돌파의 통찰력

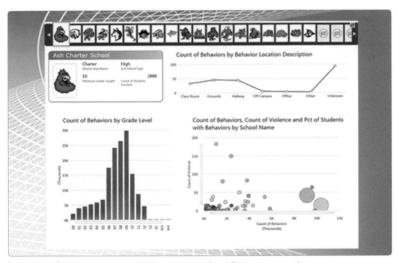

[그림 1-11] SQL Server 2012 Power View(그림출처: Microsoft)

① 신속한 데이터 탐색 및 시각화

신속한 데이터 탐색 및 시각화를 통해 대량의 데이터를 조사하여 깊은 통찰력을 제공한다.

- 대화형 그래픽 인터페이스를 제공하는 빠른 속도의 Power View를 통해 전사적으로 통찰력을 검색하고 공유한다.
- 고급 분석 기능을 내장한 PowerPivot을 통해 빠른 속도로 많은 데이터를 처리할 수 있다.

② 확장 가능한 Managed Self Service BI

SharePoint 협업을 통해 인텔리전스 사용 범위를 기업 전체로 확대한다.

- BI Sematic Model을 통해 조직들은 소규모의 BI 솔루션을 큰 조직적 BI 요구에 맞게 확장할 수 있다.
- IT 부서가 최종 사용자 활동 및 데이터 소스 사용량을 모니터링하고 서버로부터 성능 메트릭을 수집할 수 있게 지원한다.
- 뛰어난 최종 사용자 분석 도구를 배포하는 SQL Server는 기존 OLAP와 보고 큐브를 간편하게 구축하고 관리함으로써 종단 간 BI를 지속적으로 제공한다.

③ 신뢰할 수 있는 일관된 데이터

전체 비즈니스 데이터를 한 눈에 파악할 수 있게 하고 통합, 정제 및 관리를 통해 데이터 신뢰성을 보장한다.

- SQL Server 2012에 내장된 SSIS, MDS, DQS를 활용하여 Windows Azure Marketplace DataMarket을 비롯해 여러 곳으로 분산되어 있는 데이터 소스를 통합, 관리한다.
- SSIS는 모든 규모의 조직들이 정보 관리 업무의 효율성 및 생산성을 높여주는 기능을 이용해 정보관련 업무를 조작할 수 있게 해줌으로써 쉽게 데이터 통합을 시작할 수 있게 지원한다.
- 새로운 SQL Server DQS^{Data Qulity Service}는 고객이 조직적으로 지식을 활용할 수 있게 데이터 품질을 보증한다.
- MDS^{Master Data Service}는 데이터 통합작업에 이용되는 마스터 데이터 구조를 손쉽게 관리하며, 엑셀용 MDS 추가 기능을 통해 최종 사용자가 중앙 데이터를 간편하게 관리하고 유지할 수 있다.

④ 완벽한 데이터웨어하우스 솔루션

데이터웨어하우스는 적은 비용으로 대규모 확장을 지원하여 확장성과 유연성을 제공한다.

- 저렴한 비용으로 뛰어난 성능을 제공하여 데이터웨어하우스 비용이 절감된다.
- 15,000개 파티션으로 확장되는 분할 테이블 및 Remote Blob Storage와 같은 기본 데이터베이스 기능들을 이용해 데이터웨어하우스를 확장한다.
- 최대 256개의 코어를 지원하는 확장성을 제공한다.
- 수백 TB 크기로 확장 가능한 Parallel Data Warehouse와 MPP(대량 병렬 처리) 아키텍처를 통해 높은 성능을 유지한다.

상황에 맞는 클라우드 활용

[그림 1-12] SQL Server 2012 클라우드 환경(그림출처: Microsoft)

① 주문형 확장

유연한 배포 옵션을 통해 서버에서 클라우드로 필요 시 확장이 가능하다.

- SQL Server 2012와 상호 운용이 가능한 배포 옵션을 제공하는 Microsoft 클라우드 제품을 통해 운영 효율성을 꾀할 수 있다.
- 기존 서버, 클라우드에서 사용할 수 있는 공통 아키텍처를 활용하여 배포 환경의 한계를 넘어서는 확장이 가능하다.
- SQL Server 2012와 SQL Azure의 Microsoft 사설 및 공용 클라우드 제품들을 통해 필요 시 가상화된 용량과 셀프 서비스 어플라이언스Appliance 및 사용량 측정 기능을 이용한다.
- 클라우드 데이터베이스 서비스인 SQL Azure를 통해 소규모에서 대규모로 확장할 수 있다.

② 빠른 솔루션 출시 시간

어플라이언스와 사설/공용 클라우드 서비스를 통해 복잡성을 줄이고 솔루션 출시 시간을 단축할 수 있다.

- SQL Server 어플라이언스는 모든 하드웨어 및 소프트웨어 구성 요소를 설계, 조정 및 테스트에 소요되는 시간을 줄임으로써 솔루션 출시 시간을 단축한다.
- 다양한 규모의 데이터 웨어하우징, 비즈니스 인텔리전스, 사설 클라우드, 통합 및 트랜잭션 프로세싱을 위한 어플라이언스를 이용해 우선순위가 높은 작업들을 신속하게 처리한다.
- SQL Azure를 이용하면 물리적 관리 또는 인프라 투자없이 수분 내에 데이터베이스를 준비하고 제공할 수 있다.

③ 최적화된 생산성

단일 도구를 이용해 서버와 클라우드 전반에 걸쳐 IT 팀과 개발자의 생산성을 최적화한다.

- 차세대 웹, 엔터프라이즈 및 데이터 인식 모바일 애플리케이션을 구축하는 개발자들은 SQL Server Data Tools에서 제공하는 통합 데이터베이스를 통해 개발 수준을 높일 수 있다.
- 동일한 개발 도구, 프레임워크 및 T-SQL 기반 모델을 이용해 데이터베이스 또는 비즈니스 인텔리전스 솔루션을 구축, 배포 및 관리한다.
- 단일 콘솔인 SSMS^{SQL Server Management Studio}를 통해 서버, 사설 클라우드 및 공용 클라우드까지 데이터베이스 자산을 배포 및 확장하여 효율적으로 관리할 수 있다.

④ 어디서나 모든 데이터를 확장

광범위한 개발자 기술을 통해 데이터의 범위를 서버와 클라우드 전체로 확장한다.

- 데이터센터와 클라우드의 데이터베이스 간 양방향 데이터 동기화를 제공하는 클라우드 서비스인 SQL Azure Data Sync가 새로운 시나리오를 지원한다.
- 널리 사용되는 웹 표준에서 구축된 공개 프로토콜인 OData를 통해 웹, 장치 및 데스크톱에서 사용자 경험을 향상시키는 일관된 공개 데이터 피드를 제공한다.
- XML 데이터, Windows 파일 및 공간 정보를 포함하여 관계형 데이터와 비관계형 데이터를 관리하고 확장한다.
- .Net, C/C++, Java, PHP 등 다양한 플랫폼에서 임의의 업계 표준 API(ADO, NET, ODBC, JDBC, PDO, ADO)를 이용해 SQL Server와 SQL Azure 애플리케이션에 연결함으로써 다른 환경으로 확장한다.

1.2.4 SQL Server 2014의 특징

SQL Server 2014는 앞에서 소개한 SQL Server 2012의 특징을 100% 포함한다. SQL Server 2014의 가장 큰 특징은 인메모리^{In-Memory} 기술의 도입이다. 인메모리 기술은 기존 디스크에서 처리되던 데이터를 메모리(=RAM)에서 처리되도록 하는 기술로, 기존 쿼리의 처리 속도를 획기적으로 개선할 수 있다.

⚠ 한국 Microsoft는 2014년 4월 SQL Server 2014를 출시하며 인메모리 기술을 소개했다. 그때 한국 Microsoft에서는 "3박4일 걸렸던 데이터 처리를 1~2분만에 처리할 수 있도록 도와준다"고 표현했다. 조금 과장된 표현일 수도 있으나, 메모리와 디스크의 처리 속도를 비교한다면 충분히 가능한 얘기로 보인다. 8장에서 인메모리 기술의 속도 차이를 실습해볼 것이다.

기존 버전과 SQL Server 2014의 비교는 다음 표를 확인해보자. 기존 SQL Server 2012보다 개선된 주요한 것은 인메모리 관련된 기능 및 Microsoft Azure 재해 복구 등이다.

기능		SQL Server 버전			
		2014	2012	2008 R2	2008
성능	인메모리 OLTP	●			
	인메모리 ColumnStore	●	●		
	SSD로 버퍼 풀 확장	●			
	리소스 관리자	●	●	●	●
가용성	AlwaysOn	●	●		
	가상화 지원 및 실시간 마이그레이션	●	●	●	
보안	투명한 데이터 암호화	●	●	●	●
	백업 암호화 지원	●			
	세부 감사	●	●	●	●
	업무 분리	●	●		
클라우드 준비	Microsoft Azure에 백업	●	●		
	Microsoft Azure에 재해 복구	●			
	Microsoft Azure에 갤러리의 최적화된 VM 이미지	●	●		
관리 및 프로그래밍 기능	Distributed Replay	●	●		
	정책 기반 관리	●	●	●	
	개선된 프로그래밍 기능	●	●	●	●
BI 및 분석	PowerPivot for Excel	●	●	●	
	서버로서 관리되는 통합 서비스	●	●		
	Apache Sqoop을 통한 Hadoop 커넥터	●	●	●	●
	표 형식 BI 의미 체계 모델	●	●	●	
	마스터 데이터 서비스	●	●	●	
	데이터 품질 서비스	●	●		

[표 1-3] SQL Server의 버전별 기능 비교(표 출처: Microsoft)

위 표에는 나오지 않았지만, SQL Server 2014에서는 복제본 추가 마법사를 통해서 AlwaysOn을 더욱 쉽게 설정할 수 있다. 논리 프로세서는 Windows Server를 통해서 640개까지 지원하며, 가상 컴퓨터는 최대 64개의 논리 프로세서를 지원한다.

1.2.5 SQL Server 2016의 새로운 특징

SQL Server 2016에 새로 추가되거나 강화된 기능은 다음과 같다.

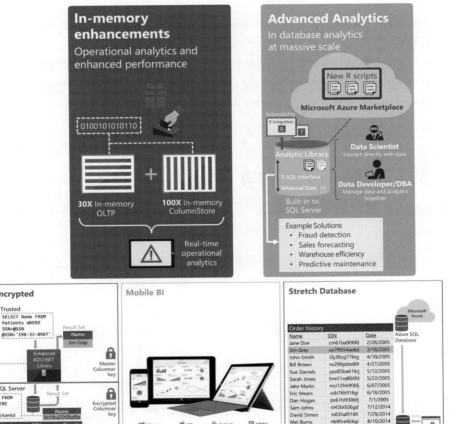

[그림 1-13] SQL Server 2016의 특징(그림출처: Microsoft)

- 강화된 인메모리 성능으로 최대 30배 빠른 트랜잭션, 디스크 기반 관계형 데이터베이스보다 100배 이상 빠른 쿼리 및 실시간 운영 분석이 가능하다.
- 새로운 상시 암호화Always Encrypted 기술을 통해 응용 프로그램 변경없이 해당 응용 프로그램의 마스터 키로 사내 데이터 센터on-Premises 및 클라우드에서 특정 데이터를 보호할 수 있다.
- Stretch Database 기술을 통해 빈도에 관계없이 OLTP 데이터를 응용 프로그램을 변경하지 않고 안전한 방식으로 Microsoft Azure로 확장하여 즉시 사용 가능한 고객의 기존 데이터를 더 많이 보관할 수 있다.
- 기본 제공되는 고급 분석을 통해 코어 SQL Server 트랜잭션 데이터베이스에서 고급 분석 알고리즘을 직접 빌드하고 실행할 수 있어 확장성과 성능이 향상된다.
- 모바일 장치에서 Windows, iOS, Android 용 기본 앱으로 풍부한 시각화가 가능해 비즈니스 이해를 높일 수 있다.
- PolyBase를 사용한 T-SQL 쿼리로 관계형 데이터 및 비관계형 데이터 관리를 간소화할 수 있다.
- 더 빠른 하이브리드 백업, 높은 가용성 및 재해 복구 시나리오로 사내 데이터센터 데이터베이스를 Microsoft Azure로 백업 및 복원하고 SQL Server AlwaysOn 시나리오를 Azure에 배치할 수 있다.

1.3 SQL Server 2016의 에디션과 기능 비교

SQL Server 2016에는 주요 에디션으로 Enterprise, Standard 두 가지가 있고, 특수 에디션으로 Web 에디션과 무료로 사용할 수 있는 Express가 있다.

Enterprise 에디션은 가장 상위의 에디션으로 SQL Server 2016의 모든 기능이 들어 있다. Express는 무료로 다운로드하여 사용할 수 있다. 이와는 별도로 Developer, Evaluation 에디션이 있는데, 두 에디션 모두 Enterprise 에디션과 완전히 동일하다. 다만, Developer 에디션은 말 그대로 개발용으로만 라이센스가 허가된 것이고, Evaluation 에디션은 날짜 제한이 있는 평가 용도일 뿐이다.

이 책에서는 SQL Server 2016의 모든 기능이 들어 있는 SQL Server 2016 Enterprise와 동일한 Evaluation(평가판) 에디션을 사용한다. 단, 날짜만 180일(약 6개월) 제한이 있는데 이 책을 학습하는 시간으로는 충분하다.

다음 표는 주요한 에디션별로 기능 차이의 주요한 항목을 추린 것이다.

기능	Enterprise	Standard
코어의 최대 개수	OS가 지원하는 최대 개수	코어 24개
최대 DB 크기	524PB	524PB
최대 지원 메모리	OS가 지원하는 크기	128GB
기본 OLTP	●	●
프로그래밍 기능 & 개발 툴 (T-SQL, CLR, 데이터 형식, 파일 테이블)	●	●
관리 효율성 (Management Studio, 정책 기반 관리)	●	●
엔터프라이즈 데이터 관리 (데이터 품질 서비스, 마스터 데이터 서비스)	●	
셀프 서비스 비즈니스 인텔리전스 (Power View, PowerPivot)	●	
기업 비즈니스 인텔리전스 (의미 체계 모델, 고급 분석)	●	
고급 보안 (고급 감사, 투명한 데이터 암호화)	●	
인메모리 컬럼스토어	●	
인메모리 OLTP	●	
AlwaysOn 고가용성	고급	기본
StreamInsight	고급	표준

[표 1-4] SQL Server 2016 에디션별 지원하는 주요 기능 요약(출처: Microsoft)

위 표에서 보는 바와 같이 Enterprise 에디션을 사용해야 SQL Server 2016의 모든 기능을 사용할 수 있다.

처음에 언급했듯이 이번 장을 읽었는데도 무슨 말인지 잘 알지 못해도 관계없다. 2장부터 본격적으로 SQL Server 2016을 설치 및 운영을 학습하다 보면 1장은 자연스럽게 이해될 것이다.

이제 본격적인 SQL Server 2016을 학습하자.

여기서 잠깐

SQL Server Express 에디션은 Microsoft 사이트(http://www.microsoft.com/en-us/server-cloud/products/sql-server-editions/sql-server-express.aspx)에서 무료로 다운로드하여 사용할 수 있으며, 재배포도 가능하다. 또한, SQL Server Express with Advanced Services를 다운로드하면 확장된 기능까지도 무료로 사용할 수 있다. 비록, 이 책에서는 Enterprise 에디션을 사용하지만, 소규모나 데이터베이스 입문자가 무료로 사용하기에 꽤 쓸만한 소프트웨어다.

1. DBMS 제조사와 제품을 알맞게 연결하라(중복가능).

> Oracle, IBM, Microsoft, Apple

(1) SQL Server　　　　　　　　　(2)Oracle Database

(3) DB2　　　　　　　　　　　　(4) MySQL

(5) Access

2. DBMS 또는 데이터베이스의 중요한 특징이다. 이 중 거리가 먼 것은?

(1) 데이터 무결성　　　　　　　　(2) 데이터 상호의존성

(3) 보안　　　　　　　　　　　　(4) 중복의 최소화

(5) 응용 프로그램 제작이 쉬워짐　(6) 데이터의 안전성 향상

3. 파일시스템이 DBMS보다 좋은 점은 무엇인가?

4. 멀티미디어 데이터를 다루기에 적절한 DBMS 유형을 모두 골라라.

(1) 계층형Hierarchical DBMS　　　　　　(2) 망형Network DBMS

(3) 관계형Relational DBMS　　　　　　　(4) 객체지향형Object-Oriented DBMS

(5) 객체관계형Object-Relational DBMS

5. SQL의 특징이 아닌 것을 모두 골라라.

(1) DBMS 제작회사에 종속적이다.　(2) 다른 시스템으로 이식성이 좋다.

(3) 표준이 계속 발전　　　　　　　(4) 절차식 언어

(5) 분산형 클라이언트/서버 구조

6. SQL Server 2016이 출시되기 이전의 바로 앞 세 가지 버전은?

7. SQL Server 2016 에디션 Standard, Web, Enterprise, Express 중에서 기능이 많은 것부터 나열하라.

SQL Server 2016 설치

1장에서 DBMS와 SQL Server 2016에 대한 기본적인 개요를 파악했으니, 이제 본격적으로 설치해보자. SQL Server 2016의 설치는 대부분의 Windows 응용 프로그램과 마찬가지로 마우스만 클릭할 줄 알면 설치할 수 있을 정도로 쉽다. 설치 과정에서 잘 모르는 부분이 있을 경우, 그냥 〈다음〉을 클릭하더라도 무난히 마칠 수 있다. 그렇지만 실무에서 고려해야 할 시스템 성능이나 제공될 서비스의 종류에 따라서 좀 더 고려해야 할 사항도 많이 있다. 2장에서는 SQL Server 2016을 설치하는 방법을 실습을 통해 차근차근 익힐 수 있다.

이 장의 핵심 개념

2장에서는 다양한 SQL Server 설치법을 확인한다. 2장에서 다루는 핵심 개념은 다음과 같다.

1. SQL Server 2016은 64bit만 제공되며, Windows 8 이후 또는 Windows Server 2016 이후의 버전에 설치된다.

2. SQL Server부터 설치하고 AdventureWorks라는 샘플 데이터베이스를 별도로 다운로드한 후, 설치해서 사용해야 한다.

3. SQL Server는 그래픽 모드의 설치뿐 아니라, 명령어로도 설치가 가능하다.

4. SQL Server을 제거하는 방법은 다른 Windows용 응용 프로그램과 마찬가지로 제어판을 사용한다.

5. SQL Server의 정식 버전 이후에 서비스 팩이 출시되면 설치하는 것을 권장한다.

이 장의 학습 흐름

SQL Server 설치 전 관련 하드웨어/소프트웨어 요구사항 파악

⬇

GUI 모드에서 SQL Server 설치

⬇

샘플 데이터베이스 설치

⬇

명령어 모드에서 SQL Server 설치

⬇

SQL Server 제거

⬇

SQL Server의 명령어 모드 설치

⬇

설치 후 관련 폴더 확인

2.1 SQL Server 2016 설치 전 준비사항

SQL Server 2016을 설치하기 위한 기본적인 준비사항을 확인하자.

2.1.1 하드웨어 요구사항

SQL Server 2016을 설치하기 위한 CPU 및 RAM의 요구사항은 다음 표와 같다. 표를 보면 최소 요구사항이 그다지 높지 않지만, 현실적으로 SQL Server 2016을 제대로 운영하려면 '권장' 이상이 되어야 할 것이다(최소 요구사항 이하더라도 설치 및 운영이 가능할 수도 있다).

에디션	CPU	CPU 속도	RAM
Enterprise Standard	x64 CPU (Intel 또는 AMD 사의 CPU는 대부분 설치됨)	최소: 1.4GHz 이상 권장: 2.0GHz 이상	최소: 1GB 이상 권장: 4GB 이상
Web	위와 같다.		
Express	x64 CPU (Intel 또는 AMD 사의 CPU는 대부분 설치됨)	최소: 1.4GHz 이상 권장: 2.0GHz 이상	최소: 512MB 이상 권장: 1GB 이상

[표 2-1] SQL Server 2016 설치를 위한 하드웨어 요구사항

⚠ SQL Server 2016부터는 32bit(= x86 = x32) CPU를 지원하지 않는다.

참고로, 이 책에서 사용할 평가판[Evaluation Edition]은 최상위의 Enterprise 에디션과 동일하며, 사용기간에 제한(180일)이 있을 뿐이다.

하드디스크는 설치를 진행하려면 최소 6GB 이상(설치 파일을 다운로드할 경우에는 총 10GB 이상)의 여유 공간이 있어야 하며, 실무에서 SQL Server 2016을 운영하려면 데이터가 저장될 공간뿐 아니라 임시 저장 공간까지 확보되어야 하므로 훨씬 더 많은 여유 공간이 필요하다.

> **여기서 잠깐**
>
> ✿
>
> 학습을 목적으로 SQL Server 2016을 사용하는 독자라면 원활한 설치/운영을 위해서 6GB 이상의 디스크 여유 공간을 확보해 두고 진행하는 것을 권장한다. 물론, 실제 운영할 목적이라면 용도에 따라서 몇 TB(테라바이트) 이상의 디스크 공간이 요구될 수도 있다.

2.1.2 소프트웨어 요구사항

부록에 포함된 SQL Server 2016 Enterprise 평가판을 설치하기 위한 각 운영체제별 소프트웨어 필수 요구사항은 아래 표와 같다.

64bit 운영체제		공통 요구사항
서버용 OS	Windows Server 2012 Windows Server 2012 R2 Windows Server 2016	.NET Framework 3.5 SP1 추가 설치 필요
PC용 OS	Windows 8 Windows 8.1 Windows 10	

[표 2-2] SQL Server 2016을 설치하기 위한 운영체제별 필수 설치 요소

모든 운영체제에는 .Net Framework 3.5 SP1을 추가로 설치해야 하는데, [제어판] 〉〉 [프로그램 기능]에서 추가 설치하면 된다(잠시 후 실습에서 진행한다).

또한 SQL Server 2016에서는 32bit 운영체제를 지원하지 않는다. 그리고 위 표에 나와 있지 않은 Windows 7에는 SQL Server 2016이 설치되지 않는다.

⚠ Windows 7 또는 x86(=32bit)용 Windows 8/8./10 운영체제를 사용해야 하는 독자는 SQL Server 2014의 x86 버전을 사용해서 이 책을 공부해도 된다. 이 책의 내용은 SQL Server의 기본적인 내용이 대부분이므로 SQL Server 2014를 사용해도 SQL Server 2016의 새로운 일부 기능을 제외하고, 책과 동일하게 학습이 가능하다. SQL Server 2014의 x86 버전의 설치도 SQL Server 2016의 설치와 별반 다르지 않다.

이 책에서 사용되는 SQL Server 2016 Enterprise 평가판은 현재 일반적으로 많이 사용되는 운영 체제(Windows 8, 8.1, 10 / Windows Server 2012, 2012 R2, 2016)에서 설치가 가능하다.

여기서 잠깐

실무에서 SQL Server 2016을 운영한다면 당연히 Windows Server 2012나 Windows Server 2012 R2 또는 Windows Server 2016에서 설치하여 사용할 것이다. 이 책에서는 독자의 환경을 고려해서 보 편적인 OS인 Windows 10 환경에서 실습을 진행하겠다. 하지만, 64bit(=x64)용 Windows 8/8.1/10 / Windows Server 2012, 2012 R2, 2016 중에서 어떤 것을 사용해도 이 책을 공부하는 데 문제가 없다.

2.2 SQL Server 2016 설치 실습

이제 본격적으로 설치를 진행하자. 지금 실습하는 필자의 컴퓨터 사양은 Intel Core i5(4세대), 메모리 4GB, Windows 10이다. 여기에 SQL Server 2016 평가판을 설치할 것이다.

실습1

SQL Server 2016 Evaluation Edition(평가판)을 설치하자. 앞에서도 얘기했듯이 평가판의 기능은 SQL Server 2016 Enterprise Edition과 완전히 같다.

step 0

0-1 SQL Server 2016을 설치하려면 운영체제에 Administrator 또는 관리자 권한이 있는 사용자로 로그온해야 한다(일반 사용자는 SQL Server 2016을 설치할 권한이 없다).

step 1

운영체제의 업데이트를 실행하자.

1-1 먼저 현재 운영체제의 버전을 확인하자. Windows의 [제어판] 》 [시스템 및 보안] 》 [시스템]에서 서비스 팩 버전을 확인할 수 있다. 현재 필자는 64bit용 Windows 10 Pro가 설치된 상태다.

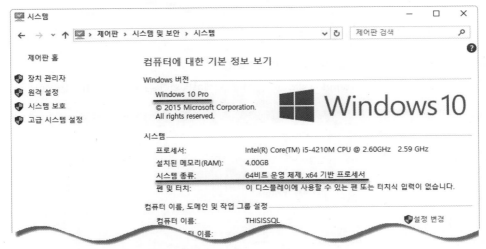

[그림 2-1] Windows 10의 컴퓨터 기본 정보 확인

이 책을 집필하는 시점에서 SQL Server 2016이 설치 가능한 운영체제는 [표 2-2]에 나와 있다. 독자의 운영체제가 64bit이면서 [표 2-2]에 충족해야 한다.

⚠ Windows 7 또는 x86(=32bit)용 Windows 8/8.1/10 사용자는 SQL Server 2014의 x86용 버전을 설치하면 된다.

1-2 대부분의 운영체제에서 [Windows 업데이트] 기능이 자동으로 설정되어 있지만, SQL Server 2016을 설치하기 전에 강제로 업데이트를 한 번 시켜주는 것이 좋다.

⚠ [Windows Update]가 성공적으로 수행되면 대부분의 SQL Server 2016의 소프트웨어 사전 요구사항이 해결된다. 처음 Windows Update를 수행하면 재부팅 후에 Windows Update를 몇 번 다시 수행해야 할 수도 있다.

▶ Windows 10 또는 Windows Server 2016
Windows [시작] 버튼 〉〉 [설정] 〉〉 [업데이트 및 복구]에서 〈업데이트 확인〉을 클릭해서 업데이트한다.

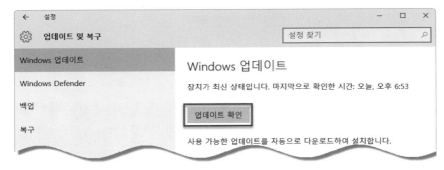

[그림 2-2] Windows 10의 Windows 업데이트

▶ Windows 8/8.1 또는 Windows Server 2012/2012 R2
[제어판] 〉〉 [시스템 및 보안] 〉〉 [Windows 업데이트]에서 〈업데이트 확인〉을 클릭해서 업데이트한다.

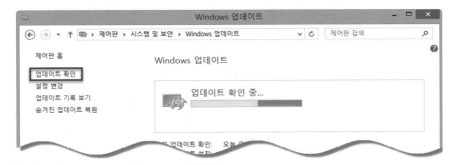

[그림 2-3] Windows 8.1의 Windows 업데이트

step 2

SQL Server 2016을 설치하기 전에 Microsoft .Net Framework 3.5 SP1을 설치하자.

2-1 [제어판] 〉〉 [프로그램] 〉〉 [Windows 기능 켜기/끄기]를 선택한다.

2-2 [Windows 기능 켜기/끄기] 창에서 '.NET Framework 3.5(.NET 2.0 및 3.0 포함)'이 체크되어 있는지 확인한다. 이미 체크되어 있다면 〈취소〉를 클릭해서 창을 닫고, 체크되어 있지 않으면 체크한 후 〈확인〉을 클릭해서 설치한다.

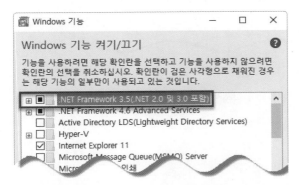

[그림 2-4] .NET Framework 3.5 설치 (이미 설치된 상태)

step 3

각 운영체제의 요구사항을 모두 설치했다면, 이번에는 SQL Server 2016 평가판을 다운로드하자.

⚠ 앞으로 이 책에서 사용되는 웹 사이트의 링크가 변경되거나 없어졌을 수도 있다. 그러한 경우를 대비해서 책에서 사용하는 모든 파일과 최신 링크를 이책의 사이트(http://cafe.naver.com/thisissql) 자료실에 등록하였다. 실습할 때 파일이 잘 찾아지지 않으면 책의 사이트에 접속하여 다운로드 한다.

3-1 https://www.microsoft.com/ko-kr/evalcenter/evaluate-sql-server-2016에 접속해서 'ISO'를 선택한 후, 〈계속 하려면 등록〉을 클릭해서 다운로드한다(다운로드 링크가 변경될 수도 있다. 그럴 경우 책의 사이트 http://cafe.naver.com/thisissql를 참고하자).

⚠ 다운로드를 하려면 Microsoft ID로 로그인해야 한다. Microsoft ID(=Live ID = MSN ID)가 없다면 무료로 가입할 수 있다.

⚠ Windows 7 또는 x86(=32bit)용 Windows 8/8.1/10 사용자는 https://www.microsoft.com/ko-kr/evalcenter/evaluate-sql-server-2014에서 SQL Server 2014의 32bit용 ISO 파일 다운로드한다.

[그림 2-5] SQL Server 2016 평가판 다운로드 1

3-2 다운로드 언어를 '한국어'로 선택하고 〈동의함〉을 클릭해서 다운로드를 시작하자. 네트워크 상황에 따라서 다운로드가 오래 걸릴 수 있다.

[그림 2-6] SQL Server 2016 평가판 다운로드 2

3-3 다운로드한 확장명 *.iso인 파일은 CD 또는 DVD 이미지 파일이며, CD 또는 DVD로 레코딩할 수 있다. 하지만, 이 파일의 크기는 2.3GB 정도이므로 CD로는 레코딩할 수 없으며, DVD로만 레코딩할 수 있다. 굳이 DVD로 레코딩할 필요없이 Windows의 가상 드라이브로 연결해서 사용하면 된다. 다운로드한 파일을 더블클릭하면 E:₩ 등의 가상 드라이브로 연결된다.

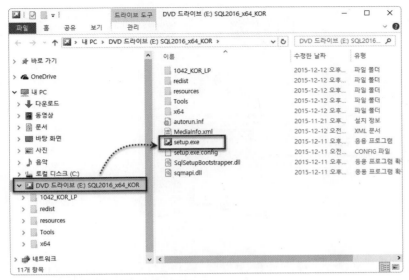

[그림 2-7] ISO 파일의 가상 드라이브 연결

이제는 SQL Server 2016 설치를 시작한다.

4-1 DVD 드라이브의 setup.exe를 더블클릭해서 설치를 진행한다.

4-2 잠시 후에 [SQL Server 설치 센터] 창이 나오면, 왼쪽에서 [설치]를 클릭한 후 〈새 SQL Server 독립 실행형 설치 또는 기존 설치에 기능 추가〉를 클릭한다.

[그림 2-8] 설치 시작

4-3 [제품 키]에서 〈무료 버전 지정〉을 클릭하고, 'Evaluation(평가판)'을 선택한 후, 〈다음〉을 클릭한다. 이는 SQL Server 2016 Enterprise 평가판을 설치하겠다는 의미다.

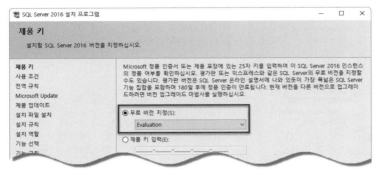

[그림 2–9] 평가판 선택

4-4 [사용 조건]에서 〈동의함〉을 체크하고, 〈다음〉을 클릭한다.

[그림 2–10] 사용 조건 동의

4-5 [Microsoft Update] 창에서는 'Microsoft Update를 통해 업데이트 확인(권장)'을 체크하면 출시 시점의 SQL Server 2016 이후에 업데이트할 내용이 있으면 업데이트한다. 체크하지 말고 〈다음〉을 클릭한다. 또, [제품 업데이트] 창이 나오면 'SQL Server 제품 업데이트 포함'의 체크도 끄고 〈다음〉을 클릭한다.

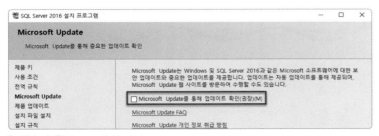

[그림 2–11] Microsoft Update

⚠ 실무라면 〈Microsoft Update〉 및 〈SQL Server 제품 업데이트〉를 체크하는 것이 좋다. 하지만, 이 책을 학습 중인 독자는 체크할 경우 시간이 지난 후에 책과 내용이 달라질 수 있으니 체크를 생략한 것이다.

4-6 [설치 파일 설치] 화면이 나온다. 업데이트할 파일 및 필요한 파일을 적용하는 부분이다. 추가로 설치할 것이 없으면 〈설치〉를 클릭하지 않아도 잠시 기다리면 자동으로 다음 화면으로 넘어간다.

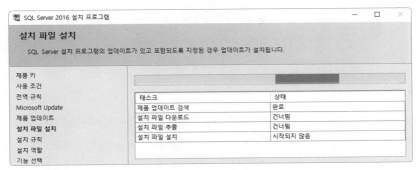

[그림 2-12] 설치 파일 설치

4-7 [설치 규칙] 창이 다시 나타난다. Windows 방화벽 부분에 경고가 나와도 별 문제가 아니므로, 그냥 무시하고 〈다음〉을 클릭한다.

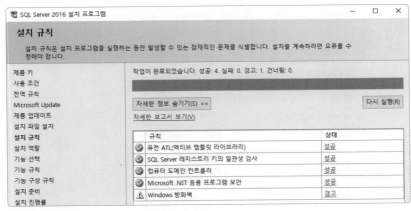

[그림 2-13] 설치 규칙

여기서 잠깐

[설치 지원 규칙]의 개념은 SQL Server 2005부터 도입되었다. 이 기능은 먼저 이 컴퓨터에 SQL Server의 설치 기능 여부를 확인한 후에 설치를 진행하므로, 설치가 끝날 때쯤에 문제가 발생하는 불편함을 방지할 수 있다.

4-8 [설치 역할]에서 기본적으로 선택된 'SQL Server 기능 설치'가 선택된 상태에서 〈다음〉을 클릭한다.

⚠ [설치 역할] 창은 SQL Server 2016의 정식 버전에서는 생략되었다. 그냥 넘어가자.

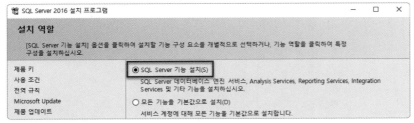

[그림 2-14] 설치 역할

4-9 [기능 선택]에서는 필요한 부분만 골라서 설치하면 된다. 이 책과 동일하게 실습하려면 다음 그림과 같이 〈데이터베이스 엔진 서비스〉, 〈검색을 위한 전체 텍스트 및 의미 체계 추출〉, 〈클라이언트 도구〉 등 총 3개만 선택하면 된다. 선택이 모두 끝나면 〈다음〉을 클릭한다.

⚠ SQL Server 2016부터는 '관리 도구'를 별도로 설치해야 한다. 잠시 후 **4-18**에서 진행한다.

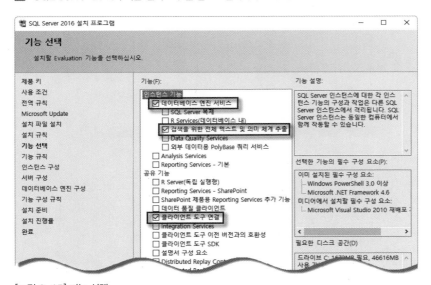

[그림 2-15] 기능 선택

4-10 [기능 규칙]에서 모두 성공으로 나오면 〈다음〉을 클릭하고 넘어간다.

⚠ [기능 규칙] 창은 특별히 설치한 것이 없으면 자동으로 넘어가서 창이 보이지 않는다.

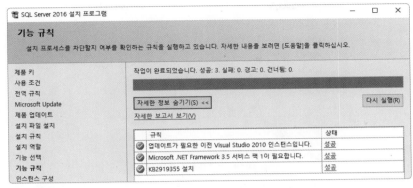

[그림 2-16] 기능 규칙

4-11 [인스턴스 구성]에서 지금은 처음 설치하는 것이므로 기본인 '기본 인스턴스'가 체크된 상태에서 〈다음〉을 클릭한다.

기본 인스턴스 ID(인스턴스 이름)은 디폴트로 MSSQLSERVER가 된다. 기억해 놓자. 이전에 설치된 다른 인스턴스가 있다면 별도로 인스턴스 이름을 지정할 수도 있지만, 우리는 하나만 설치할 것이므로 기본 인스턴스로 설치하는 것이다. 또, 설치되는 디렉터리도 확인하자.

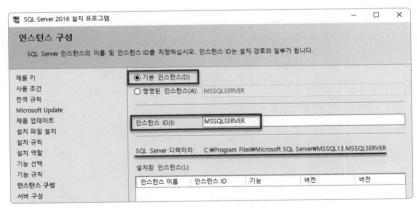

[그림 2-17] 인스턴스 구성

4-12 [서버 구성]에서는 그대로 두고 〈다음〉을 클릭한다.

⚠ 'SQL Server 데이터베이스 엔진 서비스에 볼륨 유지 관리 작업 수행 권한 부여'를 체크하면 성능은 좀 향상되지만, 보안이
취약해질 수 있다. 보안에 큰 문제가 없는 시스템 환경이라면 체크하는 것도 괜찮다.

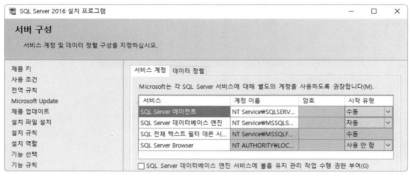

[그림 2-18] 서버 구성

4-13 [데이터베이스 엔진 구성]의 디폴트인 'Windows 인증 모드'가 선택된 상태에서, 〈현재 사용자 추가〉
를 클릭해서 윈도우 사용자를 SQL Server 관리자로 지정하자. Windows Server에서는 Administrator로
SQL Server 2016을 설치하는 것이 좋고, Windows 8/8.1/10의 경우에는 관리자 권한이 있는 일반 계정
이면 된다. 〈다음〉을 클릭한다.

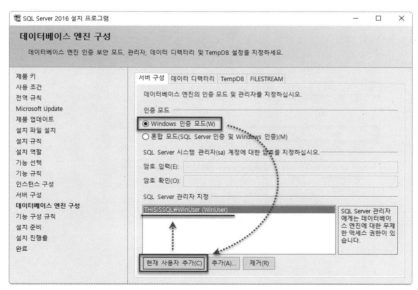

[그림 2-19] 데이터베이스 엔진 구성의 서버 구성

⚠ SQL Server 2016부터는 임시 데이터베이스인 tempdb를 설치하는 시점에 구성할 수 있다. tempdb는 데이터베이스 성능에 많은 영향을 미치므로 시스템의 상황에 맞춰 적절하게 구성하는 것이 필요하다. tempdb 관한 상세한 내용은 『뇌를 자극하는 SQL Server 2012(2권, 관리/응용편)』을 참고하자.

4-14 [기능 구성 규칙]에서도 설치를 위한 규칙을 확인한다. 경고나 건너뜀이 나와도 무시하면 된다. 〈다음〉을 클릭한다.

⚠ [기능 구성 규칙] 창도 특별히 설치하거나 문제점이 없으면 자동으로 넘어가서 창이 보이지 않는다.

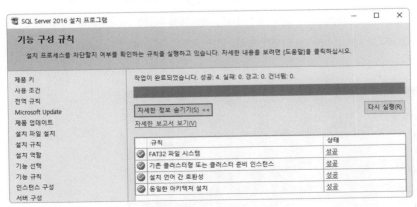

[그림 2-20] 기능 구성 규칙

4-15 [설치 준비]에서는 지금까지 설정한 내용이 요약해서 보여진다. 별 이상이 없다면 〈설치〉를 클릭해서 진행한다.

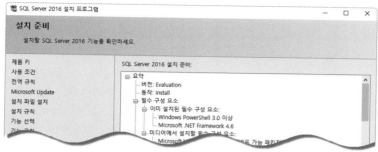

[그림 2-21] 설치 준비

4-16 [설치 진행률]이 나온다. 컴퓨터의 성능 및 설치 옵션에 따라서 몇 십 분 이상이 걸릴 수도 있다.

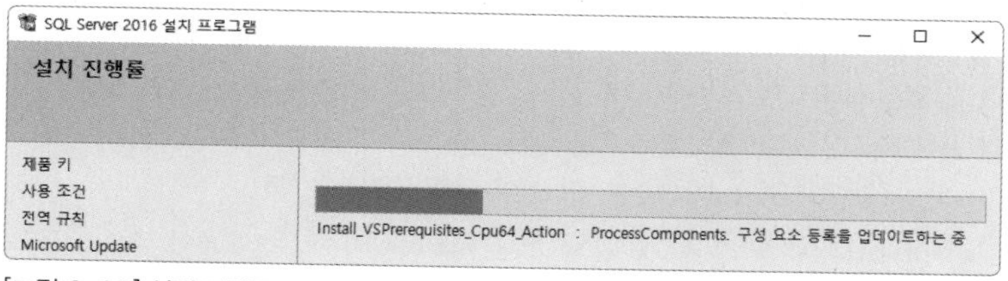

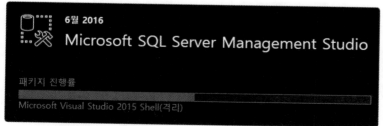

[그림 2-22] 설치 진행률

4-17 설치가 완료되면 기능이 설치된 상태가 성공인지 확인한 후 〈닫기〉를 클릭한다. [SQL Server 설치 센터] 창도 닫는다.

4-18 SQL Server Management Studio (SSMS)는 별도로 설치해야 한다. 웹 브라우저를 열고 http://msdn.microsoft.com/en-us/library/mt238290.aspx에 접속해서 파일을 다운로드한다. 다운로드한 파일은 SSMS-Setup-KOR.exe(약 867MB)인데 파일 크기는 조금 달라질 수 있다.(링크가 변경되어 다운로드가 안 되면 책의 사이트(http:/cafe.naver.com/thisissql) 자료실에서 다운로드하자).

[그림 2-23] SSMS 설치 진행 화면

4-19 다운로드한 파일을 실행한 후 〈설치〉를 클릭해서 설치를 진행한다. 잠시 설치가 진행된다. 설치가 완료되면 창을 닫는다. 이렇게 해서 SQL Server 2016의 설치가 완료되었다.

4-20 Windows [시작] 메뉴의 [모든 앱]을 살펴보면 [Microsoft SQL Server 2016]이 등록된 것을 확인할 수 있다.

[그림 2-24] SQL Server 2016 메뉴

---

step 5

설치가 완료되었으니, SQL Server 2016에 접속하자.

5-1 Windows의 [시작] 》 [모든 앱] 》 [Microsoft SQL Server 2016] 》 [SQL Server Management Studio]를 선택하자. 처음에는 시간이 약간 걸린다.

[그림 2-25] SQL Server Management Studio 실행 화면

5-2 [서버에 연결] 창이 나온다. 아래 그림과 같이 서버 유형은 데이터베이스 엔진으로 선택하면 된다. 서버 이름은 기본 인스턴스만 설치한 상태이므로, 컴퓨터 이름이 서버 이름으로 되어 있다. 인증은 설치 시에 'Windows 인증'으로 했으므로, Windows 인증으로 접속하면 된다. Windows 인증으로 접속한다는 것은 현재의 접속된 Windows 사용자의 권한으로 접속한다는 의미다. 독자는 현재 접속한 Windows 사용자로 SQL Server 2016을 설치했으므로, 현재의 사용자가 SQL Server의 관리자가 된다. 〈연결〉을 클릭하자.

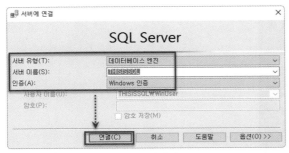

[그림 2-26] SQL Server 2016에 연결

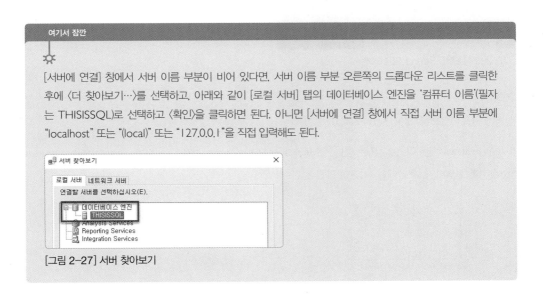

여기서 잠깐

[서버에 연결] 창에서 서버 이름 부분이 비어 있다면, 서버 이름 부분 오른쪽의 드롭다운 리스트를 클릭한 후에 〈더 찾아보기…〉를 선택하고, 아래와 같이 [로컬 서버] 탭의 데이터베이스 엔진을 '컴퓨터 이름'(필자는 THISISSQL)로 선택하고 〈확인〉을 클릭하면 된다. 아니면 [서버에 연결] 창에서 직접 서버 이름 부분에 "localhost" 또는 "(local)" 또는 "127.0.0.1"을 직접 입력해도 된다.

[그림 2-27] 서버 찾아보기

5-3 SQL Server에 연결되지 않고 아래와 같이 오류 메시지가 발생할 수 있다.

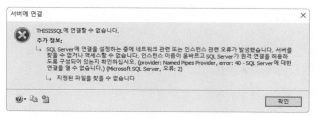

[그림 2-28] 연결이 안 될 경우 조치법 1

그럴 경우에는 Windows의 [시작] 〉〉 [모든 앱] 〉〉 [Microsoft SQL Server 2016] 〉〉 [SQL Server 구성 관리자]를 실행한 후, SQL Server 서비스 중에서 'SQL Server (MSSQL Server)'의 상태가 중지되어 있다면, 선택 후 마우스 오른쪽 버튼을 클릭하고 [시작]을 선택한다.

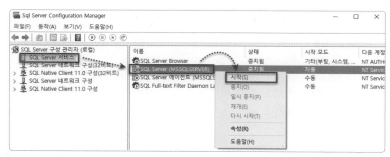

[그림 2-29] 연결이 안 될 경우 조치법 2

그리고 다시 [서버에 연결] 창에서 〈연결〉을 클릭하자. 앞으로도 컴퓨터를 부팅한 후에 SQL Server에 접속이 안 된다면 이 방식을 잘 기억했다가 사용하자.

5-4 성공적으로 연결되면, 아래 그림과 같은 SQL Server Management Studio가 나타난다. 현재 SQL Server의 버전을 확인해보면 13.0.1601.5로 표시된다. 앞 번호 13.0은 SQL Server 2016의 버전을 의미한다. 필자가 이 책을 집필하는 시점에는 아직 SQL Server 2016의 서비스 팩이 나오지 않았지만, 서비스 팩을 설치하면 마지막 번호(1601.5)의 숫자가 높아진다.

[그림 2-30] Microsoft SQL Server Management Studio

SQL Server 2005는 버전 9.0(또는 90), SQL Server 2008은 버전 10.0(또는 100), SQL Server 2008 R2는 버전 10.5(또는 105), SQL Server 2012는 버전 11.0(또는 110), SQL Server 2014는 버전 12.0(또는 120), SQL Server 2016은 버전 13.0(또는 130)으로 구분한다.

5-5 메뉴의 [파일] 〉〉 [끝내기]를 선택해서 Microsoft SQL Server Management Studio를 닫는다.

2.3 SQL Server 2016 샘플 데이터베이스 설치

SQL Server 2016에서 사용할 샘플 데이터베이스는 직접 인터넷에서 다운로드해서 설치해야 한다. SQL Server 2005부터 사용되던 중요한 샘플 데이터베이스인 AdventureWorks 데이터베이스가 SQL Server 2016에서도 계속 지원된다. 이제 AdventureWorks 데이터베이스를 다운로드해서 설치하자. 지금 설치할 AdventureWorks 데이터베이스는 이 책에서도 앞으로 종종 사용될뿐 아니라, SQL Server 2016의 도움말에서도 많은 예시로 설명되고 있으므로 꼭 설치하는 것이 좋다.

실습2

샘플 데이터베이스 AdventureWorks를 다운로드해서 설치하자.

step 1

웹 브라우저를 실행해서 http://www.microsoft.com/en-us/download/details.aspx?id=49502에 접속하자.

1-1 〈Download〉를 클릭한다.

⚠ SQL Server 2016의 예제 데이터베이스를 다운로드한 화면이나 관련 파일은 변경될 수 있다. 즉, 독자가 이 책을 보는 시점에서의 파일과 필자의 파일이 약간 다를 수도 있다. 책을 집필하는 시점의 예제 데이터베이스 파일은 AdventureWorks2016CTP3.bak 파일이다. 이 파일을 책의 사이트 http://cafe.naver.com/thisissql/에 등록해 놓을 것이므로, 파일이 바뀌어서 책대로 진행되지 않는다면 사이트에서 다운로드하자.

SQL Server 2014를 사용 중이라면 책의 사이트에서 AdventureWorks2014.bak를 다운로드하면 된다.

[그림 2-31] 예제 데이터베이스 다운로드 1

1-2 다운로드할 파일인 AdventureWorks 2016 백업 파일(파일명: AdventureWorks2016CTP3. bak, 79.2MB)을 클릭해서 저장한 후, "C:₩Program Files₩Microsoft SQL Server₩MSSQL13. MSSQLSERVER₩MSSQL₩Backup" 폴더로 옮겨 놓자.

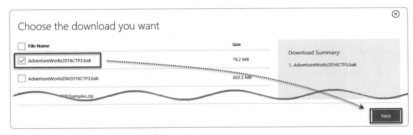

[그림 2-32] 예제 데이터베이스 다운로드 2

---

step 2 ──

다운로드한 예제 데이터베이스를 사용하자.

2-1 SQL Server Management Studio를 실행해서 왼쪽 [개체 탐색기]에서 '데이터베이스'를 선택하고 마우스 오른쪽 버튼을 클릭한 후, [데이터베이스 복원]을 선택한다.

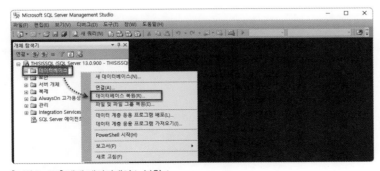

[그림 2-33] 예제 데이터베이스 복원 1

2-2 [데이터베이스 복원] 창에서 '장치'를 선택한 후 〈…〉를 클릭해서 다운로드한 AdventureWorks2016 CTP3.bak 파일을 선택하면 데이터베이스가 확인된다. 〈확인〉을 클릭하면 데이터베이스가 복원된다. 복원되었다는 메시지창이 나오면 〈확인〉을 클릭한다.

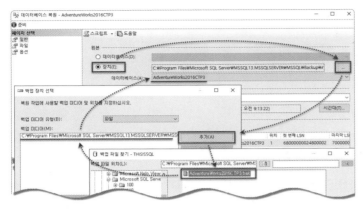

[그림 2-34] 예제 데이터베이스 복원 2

2-3 SQL Server Management Studio의 개체 탐색기 아래의 데이터베이스 부분에서 '+'를 눌러서 확장하면, 아래 그림과 같이 AdventureWorks2016CTP3 데이터베이스가 복원된 것을 확인할 수 있다.

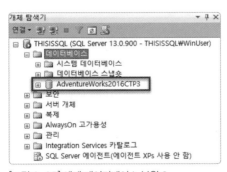

[그림 2-35] 예제 데이터베이스 복원 3

2-4 AdventureWorks2016CTP3의 이름을 AdventureWorks로 변경하자. 'AdventureWorks2016CTP3' 에서 마우스 오른쪽 버튼을 클릭한 후 [이름 바꾸기]를 선택해서 AdventureWorks로 변경하자.

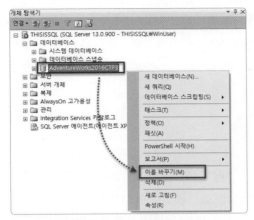

[그림 2-36] 예제 데이터베이스 이름 변경 1

⚠ 지금 AdventureWorks2016 데이터베이스 이름을 AdventureWorks로 변경한 이유는, 이전 버전의 SQL Server 도움말의 샘플 코드에서 사용되는 이름이 주로 AdventureWorks이기 때문이다. SQL Server 2016 전용의 도움말에 서는 AdventureWorks2012 또는 AdventureWorks2016 이름으로 사용되기도 한다. 아무 이름이나 관계없으므로 앞으로 독자가 혼동하지만 않으면 된다.

step 3

최종적으로는 다음과 같다. SQL Server Management Studio를 종료한다.

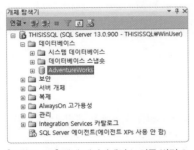

[그림 2-37] 예제 데이터베이스 이름 변경 2

이렇게 SQL Server 인스턴스와 예제 데이터베이스를 설치해 놓았다면, 앞으로 이 책을 학습하기 위한 기본적인 환경구축이 완료된 것이다. 이제는 부가적으로 명령 프롬프트상 설치, 제거, 업그레이드에 대해서 간단히 살펴보자.

2.4 SQL Server 2016 한 번에 설치하기

앞에서 기본적으로 SQL Server 2016을 설치하는 방법을 확인해봤다. 이번에는 앞에서 했던 설정
들을 모두 생략하고 그냥 하나의 명령어만으로 모두 일괄적으로 설치하는 방법을 실습하겠다. 특별
한 것이 있다기보다는 명령 행의 옵션에서 그래픽 환경에서 설치 시의 설정을 모두 문장으로 지정하
는 것뿐이다.

2.4.1 명령어로 추가 인스턴스 설치

SQL Server는 한 컴퓨터에 여러 번 설치가 가능하고 각각이 별도로 동작한다. 이를 인스턴스^{Instance}
라 부른다. 앞에서 우리는 1개의 기본 인스턴스(이름: MSSQLSERVER)를 설치했고, 지금은 추가
로 ONEBANG이라는 인스턴스를 추가로 설치하려고 한다. 지금 설치하는 ONEBANG 인스턴스
는 다음 〈실습 4〉에서 제거할 것이며 책에서 사용되지는 않으므로, 설치하지 않아도 된다.

> ⚠ 이 책은 1개의 인스턴스만 사용하지만, 실무에서는 여러 개의 인스턴스를 사용할 수 있다. 여러 개의 인스턴스의 사용과 관련
> 해서는 『뇌를 자극하는 SQL Server 2012 (2권, 관리/응용편)』을 참고하자.

실습3

ONEBANG이라는 이름의 추가 인스턴스를 명령어 하나만으로 설치하자.

step 0

이번 실습에서 설치할 ONEBANG이라는 인스턴스는 이번 실습 후의 다음 실습에서 삭제할 것이다. 그러
므로, 이 인스턴스는 이 책을 공부하기 위해 필요한 인스턴스가 아니므로 이번 실습은 수행하지 않아도 무
방하다.

step 1

Windows의 [시작]에서 마우스 오른쪽 버튼을 클릭한 후 [명령 프롬프트]를 선택해서 명령 프롬프트를
연다.

step 2

명령 프롬프트에서 가상으로 연결된 DVD 드라이브(필자는 E:)로 이동한 한 후에, 다음 명령을 입력한다.
이는 기본적인 데이터베이스엔진만 설치하는 명령어다. 띄어쓰기나 글자가 하나라도 틀리면 안 되므로 주
의한다.

```
setup.exe /q /ACTION=Install /FEATURES=SQLEngine /INSTANCENAME=ONEBANG /IAcceptSQ
LServerLicenseTerms=true /AGTSVCACCOUNT="NT Authority\SYSTEM"  /SQLSVCACCOUNT="NT
Authority\SYSTEM"  /SQLSYSADMINACCOUNTS="NT Authority\SYSTEM"
```

⚠ 명령어 입력 시에 Enter를 사용해서 줄을 바꾸면 안 되며, 그냥 띄어쓰기만 주의해서 한 줄로 입력해야 한다(명령 프롬프트 창에서 칸이 한 줄에 모자라면 자동으로 다음 줄에 써진다).

[그림 2-38] 명령 프롬프트에서 설치

step 3

한동안 내부적으로 자동 설치가 진행된다. 설치가 완료되면 명령 프롬프트 창에서 다시 'DVD드라이브:\>' 프롬프트가 나타난다.

step 4

설치가 잘 되었는지 확인하자. SQL Server Management Studio의 등록된 서버에서 확인할 수도 있지만 이번에는 다른 방법으로 설치되었는지 확인하자.

4-1 Windows의 [시작] 〉〉 [모든 앱] 〉〉 [Microsoft SQL Server 2016] 〉〉 [SQL Server 구성 관리자]를 선택해서 실행한다.

4-2 [SQL Server Configuration Manager] 창에서 왼쪽의 [SQL Server 서비스]를 클릭한 후에, 오른쪽에서 방금 설치한 "SQL Server (ONEBANG)"이 보이는지 확인하자.

[그림 2-39] 실행 확인

4-3 설치된 것이 확인되었으면 [SQL Server Configuration Manager] 창을 닫는다. [SQL Server Configuration Manager]의 자세한 사용법은 5장에서 다룬다.

> **여기서 잠깐**
>
>
>
> 〈실습 3〉에서 살펴본 명령 행으로 SQL Server 2016을 설치하는 방법은 Windows Server Core에 SQL Server 2016을 설치하는 데 그대로 활용할 수 있다. 더 상세한 명령 행으로 설치하는 옵션은 http://msdn. microsoft.com/ko-kr/library/hh231669(v=SQL.130).aspx를 참고하자.

2.5 SQL Server 2016 제거

SQL Server 2016을 제거하는 방법은 다른 윈도우용 응용 프로그램과 마찬가지로 제어판을 사용하면 된다.

실습4

SQL Server 2016을 제거하자.

step 0

이번 실습은 앞의 ONEBANG 인스턴스를 설치한 독자만 수행하자.

step 1

조금 전에 설치한 '컴퓨터 이름₩ONEBANG' 인스턴스를 제거하자. [제어판] 〉〉 [프로그램 제거] 실행한다.

step 2

또는 'Microsoft SQL Server 2016(64비트)'을 선택하고, 마우스 오른쪽 버튼을 클릭해서 〈제거/변경〉를 선택한다.

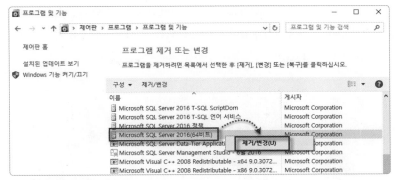

[그림 2-40] 프로그램 및 기능

2-1 옵션 중에서 '제거'를 선택한다.

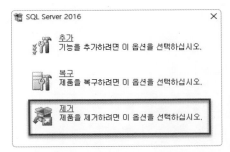

[그림 2-41] 옵션 선택

2-2 [전역 규칙] 창이 나오면, 〈확인〉을 클릭한다.

2-3 잠시 기다리면 [SQL Server 2016 제거] 창이 나온다. 기능을 제거할 인스턴스를 ONEBANG으로 선택하고 〈다음〉을 클릭한다.

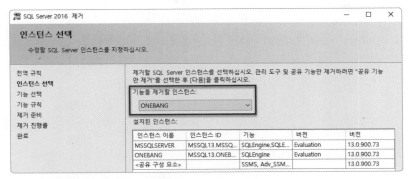

[그림 2-42] SQL Server 2016 제거 1

2-4 [기능 선택] 창에서 ONEBANG 인스턴스의 데이터베이스 엔진 서비스만 체크가 되도록 하고, 나머지 공유 기능에 대한 내용은 체크가 안 되게 아래 그림과 같이 설정하고 〈다음〉을 클릭한다(공유 기능은 기본 인스턴스에서 사용하므로 제거하면 안 된다).

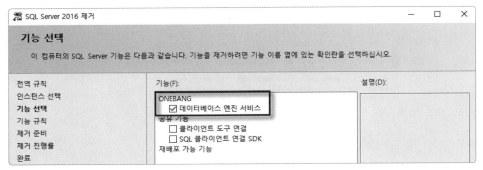

[그림 2-43] SQL Server 2016 제거 2

2-5 [기능 규칙] 창에서 〈다음〉을 클릭한다.

2-6 [제거 준비] 창에서 제거할 목록을 확인하고 〈제거〉를 클릭한다.

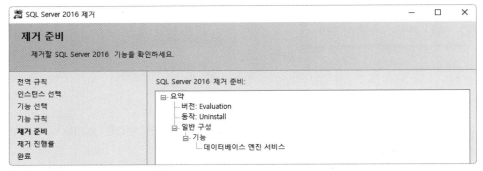

[그림 2-44] SQL Server 2016 제거 3

2-7 [제거 진행률] 창에서 잠시 동안 제거가 진행된다. 제거가 완료된 후에 〈다음〉이 활성화되면 클릭한다.

2-8 별 문제가 없다면 [완료] 창이 나오고, 'SQL Server 2016 제거가 완료되었습니다.' 메시지를 확인할 수 있다. 그러면 ONEBANG 인스턴스에 대한 제거가 잘 진행된 것이다. 〈닫기〉를 클릭해서 제거를 마친다.

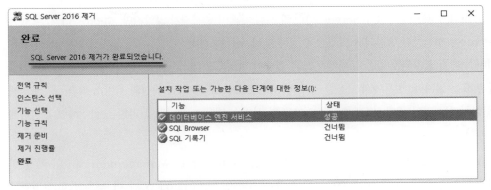

[그림 2-45] SQL Server 2016 제거 4

step 3

'ONEBANG'인스턴스가 확실히 제거되었는지 확인하자.

3-1 Windows의 [시작] 》 [모든 앱] 》 [Microsoft SQL Server 2016] 》 [SQL Server 구성 관리자]를 선택해서 실행한다.

3-2 [SQL Server Configuration Manager] 창에서 왼쪽의 [SQL Server 서비스]를 클릭한 후에, 오른쪽에서 방금 제거한 "SQL Server (ONEBANG)"이 보이지 않으면 된다.

[그림 2-46] SQL Server 2016 제거 확인

3-3 제거된 것을 확인했으면 [SQL Server Configuration Manager] 창을 닫는다.

2.6 SQL Server 2016 최신 서비스 팩 설치

SQL Server 2016의 정식판이 처음 출시되었을 때 버전은 13.0.1601.5이다. 필자가 이 책을 집필하는 시점에서는 아직 SQL Server 2016의 서비스 팩이 출시되지 않았지만, Microsoft 사는 SQL Server는 개선점이 발견되면 그것을 수정한 후에 꾸준히 서비스 팩을 제작해서 배포한다. 이 책은 서비스 팩이 설치되지 않은 상태에서 모든 실습이 진행되고 있으므로 굳이 서비스 팩을 업그레이드할 필요는 없지만, 실무에서 사용할 경우에는 SQL Server 2016의 최신의 서비스 팩을 다운로드해서 설치하는 것이 좋다. SQL Server 2016의 서비스 팩은 다운로드한 파일을 실행하면 간편하게 설치할 수 있다.

SQL Server 2016의 서비스 팩을 설치한 후에는 SQL Server Management Studio에서 버전을 확인할 수 있다. 서비스 팩을 설치하면 마지막 번호인 '1601.5'가 더 높은 번호로 변경될 것이다.

[그림 2-47] SQL Server 2016의 버전 확인 (그림은 서비스 팩 설치 이전의 버전임)

여기서 잠깐

SQL Server 2016 최신 서비스 팩은 http://www.microsoft.com/korea/sqlserver/나, http://www.microsoft.com/korea/downloads/에 접속하면 다운로드할 수 있다.

2.7 설치 후에 확인할 사항

SQL Server 2016을 설치한 바로 다음에, 확인봐야 할 사항이 몇 가지 있다. 우선 설치된 폴더를 확인하자. 이 책에서는 2개의 인스턴스를 설치했다. 처음에는 기본 인스턴스인 MSSQLSERVER 를 설치하고, 명령어로 ONEBANG 추가 인스턴스를 설치했다. 탐색기를 열어서 'C:\Program Files\Microsoft SQL Server' 폴더를 보면 다음 그림과 같이 되어 있을 것이다(앞에서 ONEBANG 인스턴스를 제거했지만 폴더는 남아 있을 것이다).

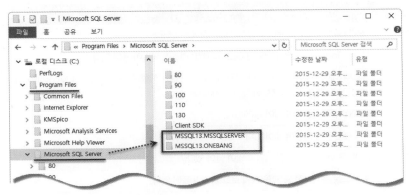

[그림 2-48] 인스턴스가 설치된 폴더 확인

80 폴더는 이전 버전인 SQL Server 2000과, 90 폴더는 SQL Server 2005와, 100 폴더는 SQL Server 2008, 110 폴더는 SQL Server 2012와 호환을 위해서 존재하는 폴더이며, SQL Server 2016이 공통으로 사용할 폴더는 130 폴더 아래에 있다. 그 폴더의 역할을 다음과 같다.

폴더	역할
COM	복제 및 서버 측 COM 개체 관련 파일
DTS	SQL Server Integration Services 관련 파일
KeyFile	SQL Server 보안, 인증 관련 파일
License Terms	SQL Server 최종 사용자 사용권 계약서 저장
SDK	소프트웨어 개발 라이브러리 파일
Setup Bootstrap	설치 관련 도움말 및 로그 기록 파일
Shared	모든 SQL Server 인스턴스 간에 공유되는 구성 요소
Tools	클라이언트 구성 요소 및 예제 데이터베이스 스크립트 파일

[표 2-3] 130 폴더의 하위 폴더

그리고 MSSQL13.MSSQLSERVER, MSSQL13.ONEBANG 폴더는 각각의 인스턴스 폴더다. 개의 인스턴스를 설치했으므로, 데이터베이스 엔진과 관련된 폴더가 2개 생성되었다.

⚠ MSSQL13.ONEBANG 폴더는 앞에서 제거한 인스턴스의 빈 폴더이므로 그냥 삭제해도 무방하다.

MSSQL13.MSSQLSERVER 폴더를 확장하면 MSSQL 폴더가 나오고 그 아래 여러 개의 폴더를 확인할 수 있다. 각 폴더의 용도는 다음과 같다.

폴더	용도
Backup	데이터를 백업하는 경우에 기본적으로 지정되는 폴더다.
Binn	SQL Server의 실행과 관련된 DLL 파일 및 리소스 파일이 들어 있다.
DATA	시스템 데이터베이스의 데이터 파일 및 로그 파일이 생성된 폴더다. 추후 데이터베이스를 생성할 때 디폴트로 이 폴더에 해당 파일이 생성된다.
FTData	FullText와 관련된 파일이 들어 있다.
Install	설치와 관련된 파일이 들어 있다.
JOBS	SQL Server의 예약된 작업 파일이 들어 있다.
Log	설치 또는 운영과정 중 오류 등의 로그 파일이 들어 있다.

[표 2-4] MSSQL 폴더의 하위 폴더

이 중에서 독자가 가끔 접근하게 될 폴더는 데이터 파일과 로그 파일이 들어 있는 DATA 폴더, 백업된 파일이 들어가는 Backup 폴더, 오류 로그 등이 들어 있는 Log 폴더 정도다. 나머지는 직접 접근할 일이 거의 없을 것이다.

이제 설치를 마쳤으므로, 본격적으로 SQL Server를 사용해보겠다.

1. 다음 중 SQL Server 2016 Enterprise 평가판의 설치가 가능한 운영체제를 모두 골라라.

> Windows XP, Windows Vista, Windows 7, Windows 8, Windows 8.1, Windows 10, Windows Server 2003, Windows Server 2008, Windows Server 2008 R2, Windows Server 2012, Windows Server 2012 R2, Windows Server 2016, Unix, Linux

2. Windows Server에 SQL Server 2016을 설치하기 위해서 추가 설치해야 되는 것은?

   (1) Windows Server 서비스팩
   (2) 인터넷 익스플로러 이상
   (3) .NET Framework 3.5 SP1
   (4) IIS[Internet Information Service]

3. 다음 중 틀린 것을 모두 찾아보자.

   (1) SQL Server 2016 Enterprise 평가판은 기간의 제한이 없이 사용할 수 있다.
   (2) SQL Server 2016 Express Edition은 무료로 사용할 수 있다.
   (3) SQL Server 2016은 64비트용만 제공된다.
   (4) SQL Server 2016의 예제 데이터베이스는 ISO 파일 안에 포함되어 있다.
   (5) SQL Server 2016은 1대의 컴퓨터에 멀티인스턴스를 지원한다.

4. Windows 인증과 SQL Server 인증 중에서 보안에 더 강력한 것은?

5. SQL Server 2016은 내부적으로 13.0으로 불린다. 나머지 버전의 내부적인 버전을 써라.

   (1) SQL Server 2008
   (2) SQL Server 2008 R2
   (3) SQL Server 2012
   (4) SQL Server 2014

6. SQL Server의 예제 데이터베이스 이름은?

SQL Server 2016 전체 운영 실습

2장에서 SQL Server 2016의 설치를 완전히 익혔을 것이다. 설치를 위해서 이것저것 설명하기는 했지만, 다른 Windows 응용 프로그램과 마찬가지로 SQL Server 2016도 설치 자체는 별로 어려울 것이 없다.

이제 본격적으로 SQL Server 2016을 배워보자. SQL Server 2016을 제대로 운영하려면 최소한 이 책을 어느 정도 공부해야만 가능한 일이다. 하루 아침에 될 일이 아니다. 하지만, 지금 당장 SQL Server 2016로 데이터베이스를 구축해야 한다거나, 단지 SQL Server 2016을 응용 프로그램과 연동하기 위한 목적으로 사용할 독자, 또는 일단 SQL Server 2016을 무조건 사용해보고 싶은 독자라면 좀 더 빠른 학습 방법을 원할 것이다.

3장에서는 SQL Server 2016을 처음부터 끝까지 간략하게 한번 훑어본다. SQL Server 2016을 하루라도 빨리 사용하고 싶어하는 독자를 위한 장이라 할 수 있다. 물론, 꼭 SQL Server 2016을 급히 배울 필요가 없는 독자라도, 이 장을 학습한 후에는 기본적으로 SQL Server 2016을 사용할 수 있을 것이고, 나아가 다른 프로그래밍 언어와 SQL Server 2016을 상호 연동하는 방법을 익히게 될 것이다. 지금부터 배우는 내용을 통해 앞으로 SQL Server 2016을 다른 곳에서 살펴보게 될 때 더욱 쉽고 친숙하게 느끼게 될 것이다.

이 장의 핵심 개념

3장에서는 이 책 전체에서 배울 내용을 미리 전체적으로 학습한다. 3장에서 다루는 핵심 개념은 다음과 같다.

1. 데이터베이스 관련 용어는 데이터, 테이블, DB, DBMS, 열 등이 있다.

2. 데이터베이스 구축 절차는 데이터베이스 생성, 테이블 생성, 데이터 입력, 데이터 조회/활용의 순서로 진행된다.

3. 테이블 외의 데이터베이스 개체로는 인덱스, 뷰, 저장 프로시저, 트리거, 커서 등이 있다.

4. 백업은 현재의 데이터베이스를 다른 매체에 보관하는 작업을 말하며, 복원은 다른 매체에 백업된 데이터를 이용해서 원상태로 돌려놓는 작업이다.

5. SQL Server의 많은 기능을 설명해주는 Book Online을 활용하는 것이 좋다.

6. SQL Server를 응용 프로그램과 연동하는 것은 실무에서 많이 사용되는 방식이다.

이 장의 학습 흐름

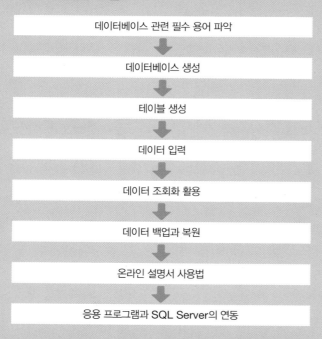

데이터베이스 관련 필수 용어 파악

↓

데이터베이스 생성

↓

테이블 생성

↓

데이터 입력

↓

데이터 조회화 활용

↓

데이터 백업과 복원

↓

온라인 설명서 사용법

↓

응용 프로그램과 SQL Server의 연동

이 장에서는 실제 내용을 아주 간략하게 진행한다. 실무에서 발생하는 상황과 매우 비슷한 설정을 할 것이다. 실무에서는 훨씬 더 복잡하고, 많은 예외 상황이 발생하겠지만, 그러한 점은 무시한다. SQL Server 2016을 '처음으로' 실무에 적용해볼 독자를 위해 최대한 '단순화'시킨 프로젝트를 진행한다.

기존에 SQL Server를 운영해보았거나 여타 DBMS 프로그램을 사용해본 독자라면, 일부 과장해서 표현하거나 생략된 부분을 발견할 수도 있을 것이다. 이러한 과장이나 생략은 오류가 아닌 '처음' 학습하는 독자의 이해를 돕기 위한 설정이므로 혹시 발견하더라도 이해하고 넘어가주기 바란다. 세부 내용은 해당 장에서 상세히 살펴본다.

독자가 접했다고 가정한 실무 상황은 다음과 같다.

현재 독자는 인터넷 쇼핑몰을 운영하는 회사의 데이터베이스 관리자(DBA)로 취업했다. 지금 회사는 새로운 쇼핑몰 사이트를 단시간 내에 오픈해야 하는 아주 중요한 시점에 있다.

이제 본격적으로 회사의 데이터베이스를 구축하고 운영해보자. 더불어 쇼핑몰 웹 서비스를 하기 위한 응용 프로그램과 SQL Server 2016의 연동에 대해서도 알아보자.

3.1 요구사항 분석과 시스템 설계와 모델링

3.1.1 정보시스템 구축 절차 요약

정보시스템을 구축하려면 일반적으로 분석, 설계, 구현, 시험, 유지보수의 5단계를 거친다.

먼저 분석 단계는 구현하려는 프로젝트의 가장 첫 번째 단계로, 시스템 분석 또는 요구사항 분석이라고도 부른다. 요구사항 분석은 현재 우리가 '무엇을What' 할 것인지를 결정하는 단계다. 이 단계에서는 사용자의 인터뷰와 업무조사 등을 수행해야 하며, 프로젝트의 첫 단추를 끼우는 중요한 단계이므로 오랜 시간 심혈을 기울여야 한다. 또한, 분석의 결과로서 많은 문서를 작성해야 한다.

그다음에 진행하는 것은 설계 단계다. 설계는 주로 시스템 설계 또는 프로그램 설계라 부르는데, 우리가 구축하고자 하는 시스템을 '어떻게How' 할 것인지는 결정하는 단계다.

사실 시스템 설계가 끝나면 결과 문서를 프로그래머(또는 코더)에게 넘겨 주기만 하면 프로그래머가 설계서에 나온 그대로 프로그램을 작성하면 된다.

그래서 시스템 설계가 끝나면 가장 큰 작업이 끝난 것으로 간주된다. 대부분의 프로젝트에서 이 분석과 설계의 과정이 전체 공정의 50% 이상을 차지하게 된다.

이에 대한 얘기는 4장에서 좀 더 살펴보겠다.

3.1.2 데이터베이스 모델링과 필수 용어

분석과 설계 과정에서 가장 중요한 과정 중 하나가 '데이터베이스 모델링'이다. 데이터베이스 모델링이란 현실세계에서 사용되는 데이터를 SQL Server에 어떻게 옮겨 놓을 것인지를 결정하는 과정이라고 생각하면 된다.

⚠ 실제로 데이터베이스 모델링 방법은 4장에서 실습을 통해서 배운다.

우리가 구현하고자 하는 인터넷 쇼핑몰에서는 사람(또는 회원)이 필요하다. 그렇다면 이 '사람'을 어떻게 SQL Server에 넣을 것인가? 사람의 몸을 컴퓨터에 넣을 수는 없기 때문에 사람을 나타낼 수 있는 특성(속성)을 추출해서 SQL Server에 넣어야 하는 것이다.

예를 들어, 어떤 사람의 신분을 증명하기 위해서는 신분증에 이름, 주민번호, 주소 등의 정보가 있는 것과 비슷한 개념이다. 또한, 우리가 판매할 제품들도 마찬가지다. 제품을 컴퓨터에 넣을 수는 없으므로 제품의 이름, 가격, 제조일자, 제조회사, 남은 수량 등을 SQL Server에 저장해야 한다.

그런데 저장할 정보는 그냥 단편적으로 저장하는 것이 아니라 테이블Table이라는 형식에 맞춰서 넣어야 한다.

지금 얘기한 사람과 제품에 대한 정보를 테이블에 구현하면 [그림 3-1]과 같다. 테이블의 구조는 그림과 같은 구조를 갖는다.

⚠ 지금은 아래 테이블을 바로 표현했지만, 이 테이블이 나오기 위해서는 다소 복잡한 절차를 거쳐야 한다. 4장에서 다시 확인하겠다.

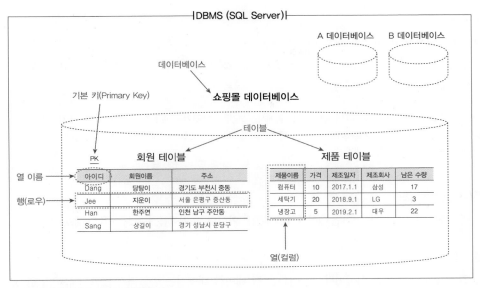

[그림 3-1] 테이블의 구조와 관련 용어

테이블 외에 몇 가지 용어가 나왔다. 이에 대해서 살펴보자. 처음 접한 독자들은 좀 어렵게 느껴질 수도 있겠지만, 이 책을 공부하기 위해 우선적으로 알아야 할 내용이므로 잘 읽어보자.

데이터

당탕이, 컴퓨터, 2019.2.1과 같이 하나하나의 단편 적인 정보를 뜻한다. 즉, 정보는 있으나 아직 체계화되지 못한 상태를 말한다.

테이블

회원이나 제품의 데이터를 입력하기 위해, 표 형태로 표현한 것을 말한다. 지금은 인터넷 쇼핑몰을 구현하기 위해서, 회원에 대한 정보를 보관할 회원 테이블과 제품정보를 보관할 제품 테이블 두 개의 테이블을 만들었다.

데이터베이스(DB)

테이블이 저장되는 저장소를 말한다. 그림과 같이 원통모양으로 주로 표현한다. 현재는 그림상에 3개의 데이터베이스가 보인다. 각 데이터베이스는 서로 다른 고유한 이름을 가지고 있어야 한다. 우리가 사용하게 될(또는 만들게 될) 데이터베이스는 쇼핑몰 데이터베이스다.

DBMS

DataBase Management System의 약자로 데이터베이스를 관리하는 시스템 또는 소프트웨어를 말한다. 2장에서 설치한 SQL Server 2016이 바로 DBMS이며, 그림에서는 DBMS가 3개의 데이터베이스를 관리하고 있다.

⚠️ DBMS나 DB에 대한 정의를 컴퓨터 학자나 다른 툴에서는 의견을 달리하기도 한다. 학문적으로 얘기하면 자꾸 얘기가 길어질 수 있으므로, DB는 데이터(테이블)의 저장소를 말하며, DBMS는 DB를 관리하는 소프트웨어 정도로 이해하면 이 책을 공부하는 데 무리가 없을 것이다.

열(= 컬럼 = 필드)

각 테이블은 열로 구성된다. 회원 테이블의 경우에는 아이디, 회원이름, 주소 등 3개의 열로 구성된다.

열 이름

각 열을 구분하기 위한 이름이다. 열 이름은 각 테이블 내에서는 중복되지 않고 고유해야 한다. 회원 테이블의 아이디, 회원이름, 주소 등이 열 이름이다.

데이터 형식

열의 데이터 형식을 말한다. 회원 테이블의 회원이름 열은 당연히 숫자 형식이 아닌, 문자 형식이어야 한다. 또한, 제품 테이블의 가격 열은 숫자(특히, 정수) 형식이어야 한다. 가격에 '비쌈' 같은 글자가 들어가서는 안 되기 때문이다. 이 데이터 형식은 테이블을 생성할 때 열 이름과 함께 지정해줘야 한다. 잠시 후에 살펴보자.

행(= 로우 = 레코드)

실질적인 데이터를 말한다. 예를 들어, 'Jee/지운이/서울 은평구 증산동'이 하나의 행 데이터이다. 회원 테이블의 예로 '회원이 몇 명인지'는 '행 데이터가 몇 개 있는지'와 동일한 의미다. 이 예에서는 4건의 행 데이터, 즉 4명의 회원이 있다.

기본 키 열

기본 키^{Primary Key} (또는 주키) 열은 각 행을 구분하는 유일한 열을 말한다. 기본 키 열은 중복되어서는 안 되며, 비어 있어서도 안 된다. 또, 각 테이블에는 기본 키가 하나만 지정되어 있어야 한다. [그림 3-1]에서는 회원 테이블의 기본 키가 아이디 열에 지정되어 있다. 만약, 기본 키를 회원이름 열에 지정하면 어떻게 될까? 기본 키는 각 행을 구분하는 유일한 열이라고 했는데 '지운이'라는 이름만으로 그 사람이 서울 은평구 증산동에 산다는 것을 확신할 수 있는가? 만약, '지운이'라는 이름이 또 있다면? 현실적으로 이름이 같은 사람은 얼마든지 있을 수 있기 때문에, 회원이름 열은 기본 키로 지정하기에 부적합하다. 그렇다면 주소 열은 어떨까? 마찬가지로 주소만 가지고 그 사람이 유일한 사람이라는 것을 알 수는 없다. 같은 집에 여러 사람이 살 수도 있기 때문이다.

마지막으로 아이디 열은 어떤가? 쇼핑몰 사이트에 가입해본 독자라면 회원 가입 시에 아이디를 만들면서 〈아이디 중복 확인〉을 클릭해 보았을 것이다. 즉, 아이디는 중복되지 않게 지정해야 한다. 또한, 쇼핑몰 사이트에 회원가입 시에 아이디를 만들지 않고 가입할 수 없다. 결국, 모든 회원의 아이디가 다르며, 또한 모든 회원은 아이디를 가지고 있는가? 답은 'YES'이므로 '아이디'는 기본 키로 설정하기에 아주 적절하다. 그 외에도 회원 테이블에 주민등록번호나 E-Mail 열이 있다면 그것들 역시 중복되지 않고 비어있지도 않으므로 기본 키로 지정이 가능하다.

외래 키 필드

두 테이블의 관계를 맺어주는 키를 말한다. 이에 대한 내용은 그림상에는 표현되어 있지 않다. 외래 키Foreign Key는 8장에서 상세히 설명한다.

SQL

DBMS에서 무슨 작업을 하고 싶다면 어떻게 해야 할까? "어이~ SQL Server야~~ 테이블 하나 만들어 볼래?"라고 사람끼리 하는 언어로 말할 수 없을 것이다. DBMS에 무슨 작업을 하고 싶다면 DBMS가 알아듣는 말로 해야 할 것이다. 그것이 구조화된 질의 언어인 SQLStructured Query Language이다. 즉, SQL은 사람과 DBMS가 소통하기 위한 말(언어)이다. 6장, 7장에서 SQL 문법에 대해서 상세히 배우며, 3장에서는 꼭 필요한 간단한 내용만 먼저 사용해 본다.

이 외에도 앞으로 새로운 용어가 많이 등장할 것이다. 필요한 용어는 학습을 진행하면서 그때마다 소개하겠지만, 위 용어는 기본적으로 반드시 필요한 것이므로 잘 이해해야 학습에 무리가 없다.

3.2 SQL Server 2016을 이용한 데이터베이스 구축 절차

이론적인 얘기만 하니 조금 이해가 안 될 수도 있고, 또 좀 지루했을 것이다. 지금부터는 [그림 3-1]에 표현된 것을 SQL Server 2016에서 직접 구축해보겠다.

현재는 데이터베이스 모델링(4장에서 소개)이 완료된 상태로 가정한다. 그래서 [그림 3-1]과 같이 테이블의 구조를 결정할 수가 있었다. 모델링이 완성된 후에, 실제로 데이터베이스를 구축하는 가장 기본적인 순서는 다음 순서를 따르면 된다. 이제는 각 단계를 하나씩 직접 진행해보자.

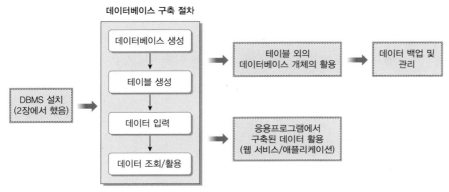

[그림 3-2] 데이터베이스 구축/관리 및 활용의 전반적인 절차

3.2.1 데이터베이스 생성

[그림 3-1]의 인터넷 쇼핑몰을 구축하기 위한 '쇼핑몰' 데이터베이스를 생성하자.

실습1

'쇼핑몰'(ShopDB) 데이터베이스를 생성해보자.

step 0

SQL Server Management Studio(이하 줄여서 SSMS라고도 부르겠다. 잘 기억하자)를 실행하자.

0-1 Windows의 [시작] 〉〉 [모든 앱] 〉〉 [Microsoft SQL Server 2016] 〉〉 [SQL Server Management Studio]를 클릭해서 SSMS를 실행한다.

0-2 [서버에 연결] 창이 나온다. 아래와 동일하게 된 것을 확인하되 서버 이름에는 독자의 컴퓨터 이름이 들어 있을 것이다(현재 필자의 컴퓨터 이름은 'THISISSQL'이다) 설정이 확인되었으면 〈연결〉을 클릭한다.

⚠️ 만약, 서버 이름 부분에 아무것도 안 써있으면, 드롭다운 버튼을 클릭해서 기본 인스턴스인 '컴퓨터 이름'으로 변경하자. 혹은 'localhost', '(local)', '127.0.0.1', 'PC의 IP주소' 중에서 한 가지를 써도 연결된다. 〈연결〉을 클릭했는데, 오류메시지가 나온다면 2장 실습1 의 5-3을 확인하자.

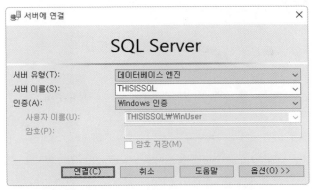

[그림 3-3] 서버에 연결

☼

SQL Server Management Studio를 줄여서 SSMS라 부르기로 했다. SSMS를 처음 사용하는 독자에게는 익숙하지 않은 화면이므로 미리 이 책에서 주로 사용될 SSMS 화면을 잠깐 살펴보고 넘어가자.

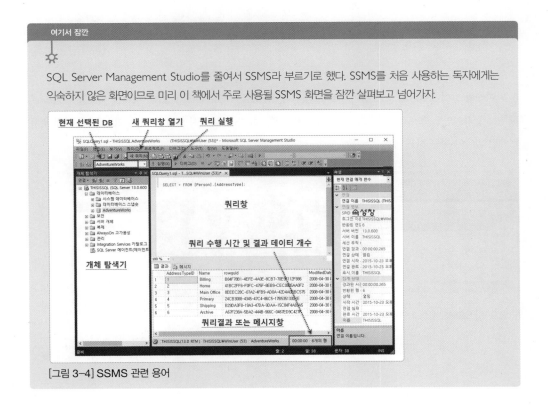

[그림 3-4] SSMS 관련 용어

이 책에서 주로 사용할 내용을 우선 기억해 두자.

- **현재 선택된 DB**: '사용 가능한 데이터베이스'라고도 부르는데, SQL Server는 여러 개의 데이터베이스를 관리한다고 얘기했다. 그중에서 현재 사용하고자 하는(= 선택된) 데이터베이스가 보인다. 드롭다운 버튼을 눌러서 변경할 수 있다.

- **새 쿼리창 열기**: 쿼리(SQL)를 입력할 수 있는 새로운 쿼리창을 연다.

- **쿼리 실행**: 쿼리창에 입력된 쿼리문을 실행한다.

- **개체 탐색기**: SQL Server 내부에 있는 개체의 목록을 보여준다. 앞으로 이 개체 탐색기에서 많은 작업을 하게 될 것이다.

- **쿼리창**: 쿼리(SQL)를 직접 입력하는 곳으로, 6장부터는 이 책에서 가장 많이 사용되는 창이다.

- **쿼리결과 또는 메시지창**: 쿼리창에 SQL을 입력하고 〈!실행〉 아이콘을 클릭하면 그 결과 또는 결과 메시지가 출력되는 창이다.

- **쿼리 수행 시간 및 결과 데이터 개수**: SQL을 수행해서 결과가 나오기까지 소요된 시간(시:분:초)과 SQL 실행 결과 행 데이터의 개수를 보여준다.

- **속성 창**: 〈x〉를 클릭해서 닫는 것이 화면을 넓게 쓸 수 있어 편리하다. 필요할 경우 메뉴의 [보기] 》 [속성 창]을 선택하면 된다.

0-3 아래와 같이 SSMS의 초기 창이 나타날 것이다. SSMS는 SQL Server 2016 서버를 사용할 수 있도록 해주는 클라이언트 프로그램이라고 생각하면 된다. 즉, SSMS가 반드시 SQL Server 2016이 설치된 컴퓨터에만 있어야 하는 것은 아니다.

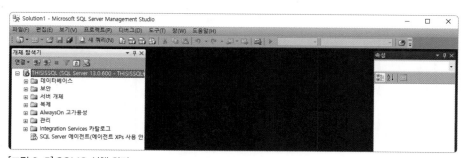

[그림 3-5] SSMS 실행 화면

데이터베이스를 생성하자. [그림 3-1]의 쇼핑몰(ShopDB) 데이터베이스를 생성하자.

⚠ 데이터베이스에 관한 상세한 내용은 이 책의 범위를 벗어난다. 향후에 더 깊은 내용이 필요하다면 『뇌를 자극하는 SQL
　Server 2012 (2권, 관리/응용편)』을 참고하자. 지금은 이 책을 학습할 수 있는 수준으로 간단하게 데이터베이스를 생성할
　것이다.

1-1 SSMS의 개체 탐색기에서 [데이터베이스]를 선택한 후, 마우스 오른쪽 버튼을 클릭하고 [새 데이터베이
스]를 선택한다.

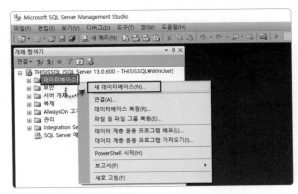

[그림 3-6] 데이터베이스 생성 1

1-2 [새 데이터베이스] 창에서 데이터베이스 이름을 'ShopDB'로 하면, 아래쪽 논리적 이름 부분에 자동으
로 ShopDB와 ShopDB_log가 입력된다. 〈확인〉을 클릭한다.

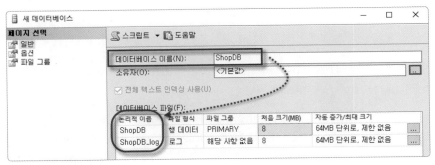

[그림 3-7] 데이터베이스 생성 2

1-3 개체 탐색기의 데이터베이스에서 '+'를 클릭해서 확장하면, 쇼핑몰 데이터베이스(ShopDB)가 생성된 것을 확인할 수 있다.

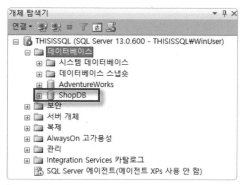

[그림 3-8] 데이터베이스 생성 3

이렇게 해서 [그림 3-1]의 원통모양의 쇼핑몰 데이터베이스가 생성되었다. 그 안에는 아직 아무것도 들어 있지 않다.

3.2.2 테이블 생성

[그림 3-1]과 같이 쇼핑몰 데이터베이스 안에 회원 테이블과 제품 테이블을 생성하자.

실습2

테이블을 생성하자.

step 0

테이블을 생성하기 전에 [그림 3-1]에는 나타나 있지 않는 각 열의 영문 이름 및 데이터 형식을 결정하자. 이 과정은 원래 데이터베이스 모델링(특히 물리적 모델링) 시에 결정된다.

⚠ 한글 Windows 운영체제에서 한글판 SQL Server 2016을 설치했다면, 개체(데이터베이스, 테이블, 열 등) 이름을 모두 한글로도 가능하지만, 개체의 이름은 되도록 영문을 사용하고 행 데이터의 값(실제 데이터 내용)만 한글을 사용하자. 실무에 서는 각 개체의 이름을 한글로 쓰는 경우는 거의 없으며, 만약 개체의 이름을 한글로 사용하게 되면 호환성 등 추후에 문제가 발생할 소지가 많다.

0-1 회원 테이블(memberTBL)의 데이터 형식을 아래와 같이 지정하자.

열 이름(한글)	영문 이름	데이터 형식	길이	NULL 허용
아이디	memberID	문자(CHAR)	8글자 (영문)	X
회원이름	memberName	문자(NCHAR)	5글자 (한글)	X
주소	memberAddress	문자(NCHAR)	20글자 (한글)	O

[표 3-1] 회원 테이블 정의

데이터 형식 및 길이에 대한 상세한 내용은 7장에서 살펴보겠다. 지금은 그냥 영문(숫자, 기호 포함)을 입력하는 데이터 형식에는 CHAR가 있고, 한글도 입력하려면 앞에 'N'을 붙인 NCHAR가 있다는 정도만 기억해두자. 참고로, 'NULL 허용'은 아무것도 입력하지 않는 것을 허용하는지 여부를 나타낸다.

0-2 제품 테이블(productTBL)의 데이터 형식을 지정하자.

열 이름(한글)	영문 이름	데이터 형식	길이	NULL 허용
제품이름	productName	문자(NCHAR)	4글자 (한글)	X
가격	cost	숫자(INT)	정수	X
제조일자	makeDate	날짜(DATE)	날짜형	O
제조회사	company	문자(NCHAR)	5글자 (한글)	O
남은 수량	amount	숫자(INT)	정수	X

[표 3-2] 제품 테이블 정의

정수를 나타내는 INT와 날짜를 나타내는 DATE 형식을 추가로 사용하였다.

위 설계대로 회원 테이블(memberTBL)을 만들어보자.

1-1 SSMS의 개체 탐색기에서 [데이터베이스] ≫ [ShopDB] ≫ [테이블]을 선택한 후, 마우스 오른쪽 버튼 클릭하고 [새로 만들기] ≫ [테이블]을 선택한다.

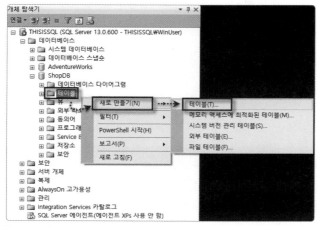

[그림 3-9] 테이블 생성 1

1-2 앞 [표 3-1]에 나온 회원 테이블의 내용을 우선 입력한다. 데이터 형식은 직접 써주거나, 드롭다운으로 선택할 수 있다. 또, 아이디(memberID)와 회원이름(memberName)은 'Null 허용' 체크를 OFF시킨다.

열 이름	데이터 형식	Null 허용
memberID	char(8)	☐
memberName	nchar(5)	☐
memberAddress	nchar(20)	☑
		☐

THISISSQL.ShopDB - dbo.Table_1*

[그림 3-10] 테이블 생성 2

⚠ SSMS의 오른쪽에 [속성] 창이 있다면 지금은 필요 없으므로 닫는다. 필요하면 메뉴의 [보기] ≫ [속성 창]을 선택하거나 F4 키를 누르면 된다.

혹시, 열의 정의를 잘못 입력했다면, 해당 열을 선택한 후에 마우스 오른쪽 버튼을 클릭하고 [열 삭제]를 선택하면 열 정보가 삭제된다.

1-3 [그림 3-1]을 보면 아이디(memberID) 열을 기본 키로 설정하기로 되어 있다. 아이디(memberID) 열을 선택한 후에, 마우스 오른쪽 버튼을 클릭하고 [기본 키 설정]을 선택해서 기본 키로 지정한다.

[그림 3-11] 테이블 생성 3

기본 키로 지정하고 나면, memberID 열 앞에는 열쇠 모양의 아이콘이 표시될 것이다.

1-4 저장 버튼을 클릭하거나, SSMS 메뉴의 [파일] 〉〉 [Table_1 저장]을 클릭한 후에, [이름 선택] 창에서 memberTBL로 테이블 이름을 저장하자. 최종적으로 아래와 같이 되어 있다. 테이블 이름 오른쪽의 닫기 (x)버튼을 클릭해서 닫는다.

[그림 3-12] 회원 테이블 생성 완료

⚠ 테이블 이름 앞에 'dbo'라는 것이 자동으로 붙는데, 이것을 '스키마'라고 부른다. 스키마의 내용은 8장에서 살펴본다. 지금은 그냥 '테이블 이름 앞에 자동으로 붙는 것' 정도로만 생각하자.

step 2

같은 방식으로 [표 3-2]의 제품 테이블(productTBL)을 독자가 직접 만들고 저장하자. 결과는 아래와 같다. 테이블 이름 오른쪽의 닫기(x)버튼을 클릭해서 닫는다.

THISISSQL.ShopDB...- dbo.productTBL ×		
열 이름	데이터 형식	Null 허용
productName	nchar(4)	☐
cost	int	☐
makeDate	date	☑
company	nchar(5)	☑
amount	int	☐
		☐

[그림 3-13] 제품 테이블 생성 완료

생성한 테이블을 확인해보자. ShopDB의 [테이블]에서 '+'를 클릭해서 확장하면, 두 개의 테이블이 생성된 것을 확인할 수 있다. 테이블이 모두 보이지 않으면 [테이블]에서 마우스 오른쪽 버튼을 클릭하고 [새로 고침]을 선택한다.

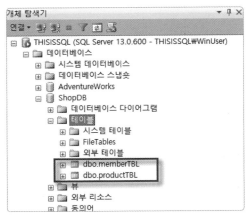

[그림 3-14] 생성된 테이블 확인

이로써 [그림 3-1]의 쇼핑몰 데이터베이스(ShopDB)의 회원 테이블과 제품 테이블의 생성이 완료되었다. 아직은 데이터가 입력되지 않았으므로 이어서 데이터를 입력하자.

⚠ 지금 SSMS의 개체 탐색기에서 그래픽 모드로 생성한 테이블은 SQL 문인 CREATE TABLE …로도 동일하게 생성할 수 있다. 이는 6장과 8장에서 상세히 알아보겠다.

3.2.3 데이터 입력

생성한 테이블에 실제 행 데이터를 입력할 순서다. [그림 3-1]의 각 테이블에 데이터를 입력하자.

실습3

행 데이터를 입력하자.

step 1

회원 테이블의 데이터를 입력하자.

1-1 개체 탐색기의 [데이터베이스] 〉〉 [ShopDB] 〉〉 [테이블] 〉〉 [dbo.memberTBL]을 선택한 후, 마우스 오른쪽 버튼을 클릭하고 [상위 200개 행 편집]을 선택한다.

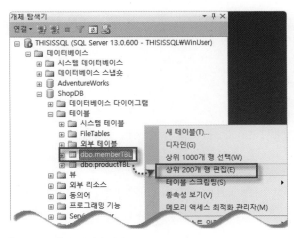

[그림 3-15] 행 데이터 입력 1

1-2 [그림 3-1]의 데이터를 입력한다. 입력된 결과는 다음과 같다(다른 칸으로 이동하려면 [Tab] 키를 사용하면 편리하다).

memberID	memberName	memberAddress
Dang	당탕이	경기 부천시 중동
Jee	지운이	서울 은평구 증산동
Han	한주연	인천 남구 주안동
Sang	상길이	경기 성남시 분당구
NULL	*NULL*	*NULL*

[그림 3-16] 행 데이터 입력 2

행에 데이터를 입력하는 중에 빨간색 동그란 느낌표가 데이터 옆에 나타나도 그냥 무시한다. 또한, 입력한 행 데이터는 입력하는 즉시 저장되므로 따로 저장할 필요가 없으며, NULL이라고 써진 것은 아무것도 없다는 의미이므로 이것도 무시하자. 입력이 끝났으면 테이블 입력 창의 닫기(x) 버튼을 클릭해서 입력 창을 닫는다.

만약, 중간에 데이터를 잘못 입력했다면 아래와 같이 삭제할 행의 앞부분에서, 마우스 오른쪽 버튼을 클릭하고 [삭제]를 선택하면 된다. 그리고 삭제에 대한 경고 메시지가 나오면 〈예〉를 클릭해서 삭제한다.

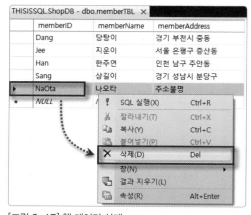

[그림 3-17] 행 데이터 삭제

⚠ 데이터를 입력하는 SQL은 INSERT INTO …을, 삭제하는 SQL은 DELETE …을 사용하면 된다. 역시 6장에서 상세히 배운다.

step 2

동일한 방식으로 제품 테이블(productTBL)에 데이터를 입력한다. 입력된 결과는 아래와 같다.

THISISSQL.ShopDB - dbo.productTBL ✕				
productName	cost	makeDate	company	amount
컴퓨터	10	2017-01-01	삼성	17
세탁기	20	2018-09-01	LG	3
냉장고	5	2019-02-01	대우	22
NULL	NULL	NULL	NULL	NULL

[그림 3-18] 행 데이터 입력 3

step 3

입력이 끝났으면 테이블 입력 창의 닫기(✖) 버튼을 클릭해서 입력 창을 닫는다.

이렇게 해서 인터넷 쇼핑몰을 운영하기 위한 [그림 3-1]의 데이터베이스 구축은 기본적으로 완료되었다. 간단히 마쳤지만 실무에서 대용량의 데이터베이스를 구축할 때도 흐름 자체는 지금 한 것과 동일하다. 단지, 복잡한 몇 가지만 더 고려하면 된다. 그 사항들은 앞으로 이 책에게 계속 나오게 될 것이다.

3.2.4 데이터 활용

입력한 데이터를 그대로 두고 활용하지 않는다면 데이터를 구축한 의미가 없을 것이다. 이제는 이렇게 입력된 데이터를 활용하는 방법을 살펴보자.

실습4

데이터를 활용한다는 것은 주로 'SELECT' 문을 사용한다는 의미다. SELECT는 앞으로 계속 나오게 될 것이며, 특히 6장에서 더 자세히 살펴보자.

step 0

SQL 문을 직접 입력할 수 있는 쿼리창을 하나 열자.

0-1 SSMS의 왼쪽 상단의 〈새 쿼리〉 아이콘을 클릭하거나, 개체 탐색기에서 기본 인스턴스(필자는 THISISLINUX)가 선택된 상태에서 마우스 오른쪽 버튼을 클릭하고 [새 쿼리]를 클릭한다.

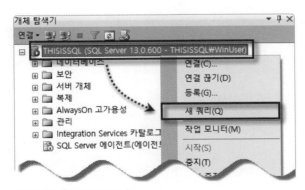

[그림 3-19] 새 쿼리창 열기 1

0-2 먼저, 꼭 처리할 것은 왼쪽 상단의 master로 되어 있는 데이터베이스를 앞에서 생성한 ShopDB로 선택한다. 이것은 앞으로 쿼리창에 입력할 SQL 문이 선택된 ShopDB에 적용된다는 의미다. 처음 SQL Server를 사용 시에 자주 하는 실수이므로 유의하자.

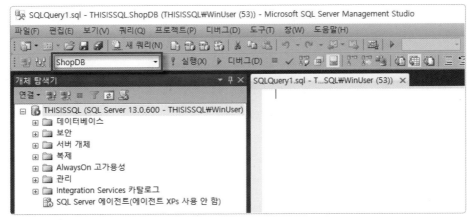

[그림 3-20] 새 쿼리창 열기 2

0-3 기존에 사용하던 창이 계속 열려있다면 아래 그림과 같이 그 창의 탭을 클릭한 후에 닫기(x)를 눌러 창을 닫으면 된다.

	productName	cost	makeDate	company	amount
▶	컴퓨터	10	2017-01-01	삼성	17
	세탁기	20	2018-09-01	LG	3
	냉장고	5	2019-02-01	대우	22
*	*NULL*	*NULL*	*NULL*	*NULL*	*NULL*

[그림 3-21] 기존 사용하던 창 닫기

몇 가지 기본적인 SELECT 문을 사용해보자.

1-1 회원 테이블의 모든 데이터를 조회해보자.

```
SELECT * FROM memberTBL;
```

SQL의 실행 방법은 쿼리창에 문법에 맞는 SQL을 입력한 후에, 툴바의 〈!실행〉 아이콘을 클릭하거나 F5
키를 누르면 된다. 또는, SSMS 메뉴의 [쿼리] 》 [실행]을 선택해도 된다. 어떤 것이든 독자가 편한 것을
사용하자.

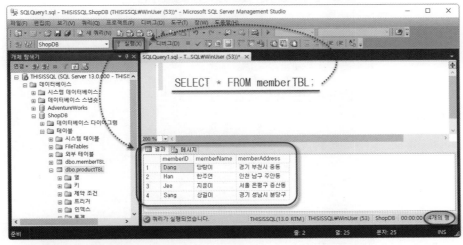

[그림 3-22] SELECT 활용 1

⚠ 만약, 입력한 SQL이 정확한데도 "개체 이름 'xxxxx'이(가) 잘못되었습니다."라는 오류메시지가 나온다면 [그림 3-20]과
같이 데이터베이스의 선택을 해주지 않아서인 경우가 대부분이다. 그러므로 쿼리창을 열어 사용하고자 하는 데이터베이스가
선택되었는지 먼저 확인하는 습관을 갖는 것이 좋다.

쿼리창에서 SQL 문을 입력하면 예약어는 자동으로 파란색깔로 표시된다. 예제로 사용한 'SELECT', 'FROM' 은 이미 SQL 문에서 약속된 예약어이므로 파란색으로 표시되는 것이다.

또한, SQL Server 2008부터는 IntelliSense 기능을 제공해주는데, 이는 글자의 일부만 입력해도 그와 관련 있는 글자가 나타나는 것이다. 아래 예에서 "me"만 입력해도 'memberTBL'이 자동으로 선택된다. 이 상태에 서 Tab 키를 누르면 자동으로 'memberTBL'이 완성된다. 잘 활용하면 입력도 빨라지고 오타도 많이 줄어드 는 장점이 있다.

[그림 3-23] IntelliSense 기능 1

만약, IntelliSense 기능을 사용하고 싶지 않다면 SSMS 메뉴의 [도구] 》 [옵션]을 선택하고, [텍스트 편집기] 》 [Transact-SQL] 》 [IntelliSense] 에서 'IntelliSense 사용' 체크를 끈다. 하지만, 특별한 경우가 아니라면 IntelliSense 기능을 사용하는 것이 더 편리하다.

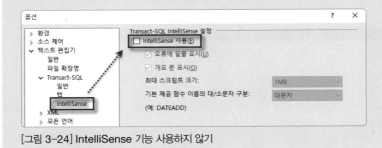

[그림 3-24] IntelliSense 기능 사용하지 않기

우선, SQL은 대소문자를 구분하지 않는다(예외도 있다). 하지만 이 책에서는 독자가 읽기 편하도록 되도록 예약어를 대문자로 사용하겠다.

SELECT의 기본 형식은 **SELECT 열이름 FROM 테이블 이름 WHERE 조건** 형식을 갖는다(6장에서 계속 언급할 것이다). '*'는 모든 열을 의미한다. 그러므로 **SELECT * FROM memberTBL**은 '회원 테이블의 모든 열을 보여줘라' 정도의 의미다. 그 결과가 아래쪽 [결과] 창에 나타나게 된다. 또한, 우측 하단에는 현재 결과가 몇 건인지를 표시해준다. 이 경우에는 4건밖에 없으므로 한눈에 보이지만, 수천/수만 건일 경우에는 결과 창의 오른쪽 아래를 통해서 데이터의 건수를 확인하는 것이 더 빠르다.

마지막에 세미콜론(;)은 입력해도 되고 없어도 관계없지만, 되도록 문장의 끝에는 넣어주는 것이 좋다. 예외적으로 꼭 있어야 하는 경우도 있는데, 나중에 다시 언급하겠다. 또한, 각 문장이 끝나면 그다음 줄에 'GO'를 써주는 것이 좋다. 예를 들면 아래와 같이 해주는 것이 바람직하다.

```
SELECT * FROM memberTBL;
GO
```

GO를 써주면 GO 이전의 문장을 완전하게 종료해주며, GO 이후에 나오는 문장은 완전히 새로운 시작으로 취급한다. 그러므로 대부분 하나의 문장만 수행하는 경우에는 GO를 사용하지 않아도 된다. 그러나 여러 문장을 한꺼번에 수행할 때는 GO를 꼭 써줘야 하는 경우도 있다. 이는 앞으로 계속 SQL을 사용하면서 익혀보자.

1-2 회원 테이블 중에서 이름과 주소만 출력하자. 기존 SQL을 지우고 새로 입력한 후 실행하자.

```
SELECT memberName, memberAddress FROM memberTBL;
```

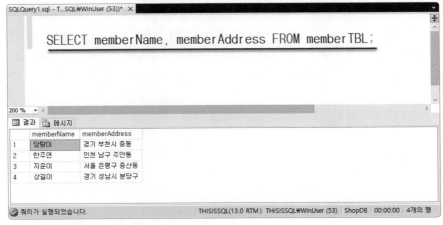

[그림 3-25] SELECT 활용 2

1-3 '지운이'에 대한 정보만 추출해보자. 이번에는 앞의 SQL을 지우지 말고 다음 줄에 이어서 쓴 후에 실행하자.

SELECT * FROM memberTBL WHERE memberName = '지운이' ;

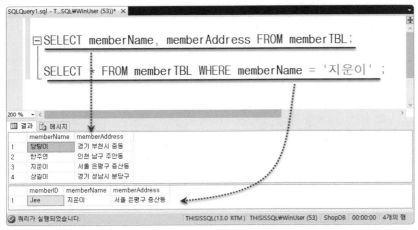

[그림 3-26] SELECT 활용 3

위 결과를 보니 좀 이상하다. 지금 우리가 실행하려고 했던 SQL은 두 번째 줄의 **SELECT * FROM memberTBL WHERE memberName = '지운이'**에 대한 결과만을 원했는데, 결과 창을 자세히 보니 그 위에 써있는 **SELECT memberName, memberAddress FROM memberTBL**의 결과까지 동시에 실행된 두 개의 결과가 나왔다.

이는 쿼리창에서 실행했을 때, 그 쿼리창에 있는 모든 SQL 문을 수행하기 때문이다. 필자는 지금 SELECT만 있고 몇 줄 안 되므로 별 문제가 없지만, 데이터를 변경하는 SQL을 사용하거나, 또 코드가 길어진다면 데이터에 문제가 발생할 수 있으므로 주의해야 한다. 바로 이어서 이를 방지하는 방법을 살펴보자.

1-4 이번에는 실행할 두 번째 쿼리 부분만을 마우스로 드래그해서 선택한 후에 〈!실행〉 아이콘을 클릭하거나, F5 키를 눌러 실행하자.

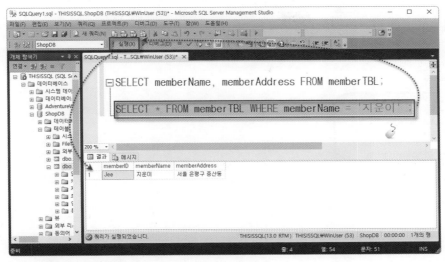

[그림 3-27] SELECT 활용 4

선택된 부분만 실행된다. 앞으로는 기존에 사용한 SQL을 지우지 말고, 실행하고자 하는 SQL만 마우스로 드래그해서 선택한 후에 실행하는 방법을 사용하자.

WHERE 절을 사용하면 조건을 지정할 수 있다. 지금은 회원이름(memberName)이 '지운이'인 회원의 모든 열을 보고자 하는 SQL이다.

step 2 ───

SQL 문으로 새로운 테이블을 하나 더 생성하자.

2-1 기존 SQL 문은 모두 지우고, 아래의 간단한 테이블을 생성하는 SQL을 실행하자.

```
CREATE TABLE "my testTBL" (id INT);
```

```
메시지 :
명령이 완료되었습니다.
```

이 구문은 테이블을 생성해주는 SQL이다. 테이블 이름에 띄어쓰기가 허용된 점에 주목하자.

⚠ 중간에 공백(space)이 있는 개체의 이름을 사용할 때는 큰따옴표(" ") 또는 대괄호([ ])로 묶어줘야 하나의 이름으로 인식한다. 그리고 '--'(하이픈 연속 2개)가 앞에 붙으면 그 줄은 모두 주석(Remark)처리가 되어서 그 줄은 SQL Server가 무시한다.

2-2 개체 탐색기를 살펴보면, 방금 생성한 'my testTBL'이 보이지 않는다.

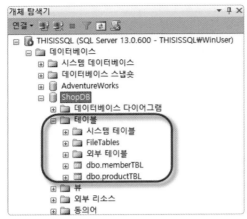

[그림 3-28] 개체 탐색기에는 적용이 안 됨

이유는 쿼리창에서 CREATE 문으로 개체를 생성하면, 개체 탐색기에 자동으로 적용되지 않는다.

2-3 테이블 등을 쿼리창에서 SQL 문으로 생성한 후에 개체 탐색기에서 바로 확인하고 싶다면, 아래와 같이 해당 개체그룹을 선택한 후에, 마우스 오른쪽 버튼을 클릭하고 [새로 고침]해야 한다.

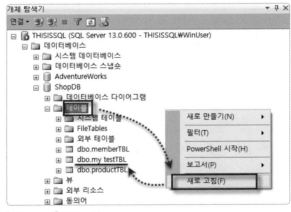

[그림 3-29] 새로 고침

처음 SQL Server를 사용하면 자주 실수하는 부분이므로 이것도 잊지 말자. 즉, 개체가 있어야 하는데 보이지 않는다면 먼저 개체 탐색기에서 [새로 고침]한 후에 확인하자.

⚠ [새로 고침]을 하지 않더라도 SSMS를 종료 후에 다시 실행하면 새로 생성한 테이블이 보일 것이다.

테이블을 삭제해보자. 'my TestTBL'을 삭제한다. DROP TABLE 문을 사용하면 된다. 또는 개체 탐색기에서 해당 테이블을 선택한 후 마우스 오른쪽 버튼을 클릭하고 [삭제]를 선택해도 된다.

```
DROP TABLE [my TestTBL];
```

⚠ 개체 탐색기에서 [my testTBL]이 보인다고 해서, 삭제가 안 된 것은 아니다. 단지 개체 탐색기에 아직 적용되지 않아서 보이는 것일 뿐, SQL 문을 실행하면 실제 데이터베이스에는 바로 적용된다.

삭제 후에도 마찬가지로 개체 탐색기에서 확인하려면 [새로 고침]을 해야 한다.

어떤가? 이 정도면 할 만하지 않은가? 좀 과장해서 얘기하면 이 정도면 데이터베이스의 대부분을 한 것이나 마찬가지다. 실무에서도 테이블과 열이 이보다 많고 행 데이터의 양이 많을 뿐 지금 우리가 한 것과 데이터베이스를 구축하는 것은 별반 차이가 없다.

비유를 하자면, 이 정도면 독자는 물에 빠져 죽지는 않을 정도의 수영 실력은 갖춘 셈이다. 이제부터는 좀 더 멋지고 빠르게 수영하는 방법을 배우게 될 것이다. 그리고 실내 수영장이 아닌 바다나 강가에서 수영하는 법도 배우게 될 것이다. 궁극적으로 어느 상황에서든지 훌륭한 수영선수(데이터베이스 개발자 또는 관리자)가 되는 것이 앞으로 남은 과제다.

3.3 테이블 외의 데이터베이스 개체의 활용

[그림 3-1]에는 데이터베이스 안에 '테이블'만 표현되어 있다. 테이블은 데이터베이스의 가장 기본적이고 중요한 개체임에는 확실하지만, 테이블만을 가지고 실무에서 데이터베이스를 운영하지는 않는다. 자동차에서 가장 중요한 것을 '엔진'으로 본다면, 엔진 외에도 바퀴, 운전대, 기어, 사이드 미러 등도 있어야만 실제 자동차의 운행이 가능한 것과 마찬가지다.

테이블 외에 다른 중요한 데이터베이스 개체로는 인덱스, 저장 프로시저, 함수, 트리거, 커서 등이 있다. 이들에 대해서는 앞으로 각 장에서 상세히 살펴보게 될 것이며, 지금은 그중 몇 가지를 간단히 살펴보자.

3.3.1 인덱스

인덱스Index는 9장에서 상세히 배운다. 지금은 인덱스가 무엇인지 개념만 파악해보자.

인덱스란 대부분의 책의 제일 뒤에 붙어 있는 '찾아보기(또는 색인)'와 같은 개념이다(이 책의 가장 뒷부분에 '찾아보기'를 생각하면 된다). 즉, 책의 내용 중에서 특정 단어를 찾고자 할 때, 책의 첫 페이지부터 마지막까지 한 페이지씩 전부를 찾아보는 것보다는 책 뒤의 '찾아보기'를 보고 색인에 나와 있는 페이지로 찾아가는 것이 훨씬 빠를 것이다.

지금 우리가 실습하는 데이터는 양이 몇 건 되지 않으므로 인덱스가 있든 없든 별 문제가 되지 않지만, 실무에서 사용되는 많게는 수천만~수억 건의 데이터에서 인덱스가 없이 전체 데이터를 찾아본다는 것은 SQL Server 입장에서는 엄청나게 부담스러운(시간이 오래 걸리는) 일이 될 것이다. 실제로 실무에서도 이 인덱스를 잘 활용하지 못해서 시스템의 성능이 전체적으로 느린 경우가 아주 흔하게 있다.

여기서 잠깐

데이터베이스 튜닝Tuning이란 데이터베이스 성능을 향상시키거나 응답하는 시간을 단축시키는 것을 말한다. 특히 쿼리에 대한 응답을 줄이기 위해서 가장 집중적으로 보는 부분 중 하나가 '인덱스'이다. 즉, 인덱스를 적절히 활용하고 있느냐에 따라서 시스템의 성능이 몇 배, 심하게는 몇 십 배 이상 차이가 날 수가 있다.

인덱스는 테이블의 열 단위에 생성이 된다(물론, 복합 인덱스도 있지만 지금은 그냥 하나의 열에 하나의 인덱스를 생성할 수 있다고 생각하자). 우리는 아직 별도의 인덱스를 생성한 적이 없지만, 우리도 모르게 이미 회원 테이블(memberTBL)의 아이디(memberID)에는 인덱스가 생성되어 있다. 열을 기본 키로 설정하면 자동으로 인덱스가 생성된다.

실습5

인덱스를 간단히 사용해보자.

작은 데이터로 실습하고 있기 때문에 인덱스가 있든 없든 쿼리에 대한 응답속도는 몇 초도 되지 않는다. 예를 들어 **SELECT * FROM productTBL WHERE prodName = '세탁기'**를 실행하면, 전체 제품이 현재 [그림 3-1]에 3개만 들어있으므로 그 3개를 읽어서 '세탁기'에 해당하는 행을 가져온다. 그런데 제품이 100만 개라면 100만 행을 읽어서 그중에서 해당하는 1개 행을 가져오게 된다. 이는 SQL Server의 입장에서는 엄청나게 부하가 많이 걸리는 일을 한 것이다. 이렇게 되면, 결과가 나오기는 하겠지만 그 결과를 보기 위해서 SQL Server가 매번 하드디스크를 '긁어대는' 소리를 내며 한참 동안 읽는 것을 꾹 참고 기다려야 할 것이다. 이를 해결하기 위한 것이 바로 '인덱스'다.

⚠ 지금은 하드디스크보다는 SSD를 주로 사용하기에 예전보다는 훨씬 응답속도가 빨라졌지만, 100만 건을 읽는다면 그래도 어느 정도 시간이 걸릴 것이다.

---

step 0

인덱스의 사용여부를 확인하기 위해서는 데이터의 양이 어느 정도 있어야 의미가 있다. 데이터가 적당히 있는 테이블을 우선 생성하자.

0-1 기존 쿼리창을 닫고 새 쿼리창을 연다. 그리고 현재 데이터베이스를 'ShopDB'로 변경한다.

```
USE   ShopDB;
```

⚠ 앞으로 쿼리창을 닫을 때, 다음과 같이 저장하겠냐는 메시지 창이 나오면 〈아니오〉를 클릭한다. 특별한 경우가 아니라면 이 책에서 입력한 쿼리를 저장할 일은 별로 없다.

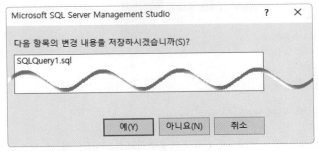

[그림 3-30] 쿼리 내용을 저장하지 않음

⚠ 이미 언급했으나 쿼리창에 쿼리를 입력한 후에, 해당 쿼리를 마우스로 드래그해서 선택한 후 〈!실행〉 아이콘을 클릭해야 한다. 그렇지 않다면 쿼리창에 기존의 내용을 모두 지운 후, 실행할 쿼리만 입력하고 〈!실행〉 아이콘을 클릭해야 한다. 처음 SQL Server를 사용할 경우에 자주 실수하는 부분이므로 다시 언급했다.

0-2 아래 쿼리를 실행해서 약 500여 건의 데이터가 있는 indexTBL을 생성하자(아래 쿼리의 내용은 6장에서 살펴볼 것이고, 지금은 그냥 샘플DB인 AdventureWorks에서 대량의 데이터를 복사해서 indexTBL을 생성한다는 정도로만 알면 된다).

```
SELECT Name, ProductNumber, ListPrice, Size INTO indexTBL
    FROM AdventureWorks.Production.Product;
GO
SELECT * FROM indexTBL;
```

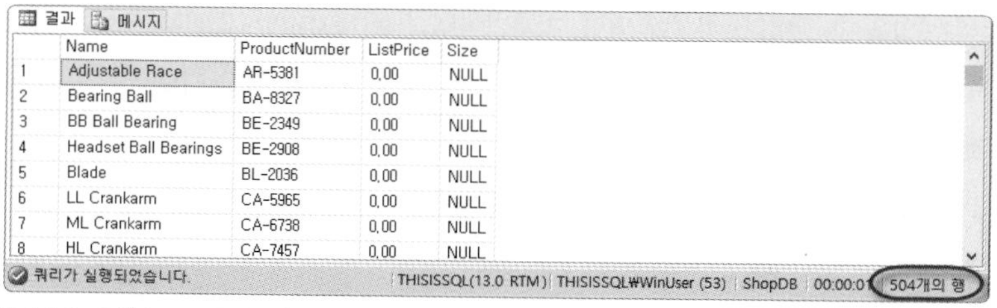

[그림 3-31] indexTBL의 생성 및 확인

step 1

먼저 인덱스가 없는 상태에서 쿼리가 어떻게 작동하는지를 확인하자.

1-0 실행된 쿼리가 인덱스를 사용하는지 여부를 알려면 '실행 계획'을 확인하면 된다. 메뉴의 [쿼리] 》 [실제 실행 계획 포함]을 선택하자. 그러면 해당 아이콘이 켜진다(아이콘을 직접 클릭해서 켜도 된다).

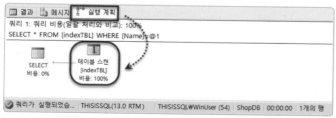

[그림 3-32] 실제 실행 계획 포함

1-1 productTBL에서 모니터에 대한 내용을 조회해보자.

```
SELECT * FROM indexTBL WHERE Name = 'Minipump';
```

1-2 잠시 후에, 결과가 나오면 [실행 계획] 탭을 클릭해서 쿼리가 어떻게 작동했는지 확인하자.

[그림 3-33] 인덱스 생성 전의 실행 계획 확인

실행 계획의 내용에 대한 상세한 사항은 나중에 다시 언급할 것이다. 지금은 '테이블 스캔Table Scan'이라는 것에 주목하자. 이 뜻은 인덱스를 사용하지 않고, 테이블 전체를 검색Scan했다는 뜻이다. 즉, 504건을 모두 읽어서 1개의 결과를 찾아냈다고 생각하면 된다. 현재는 인덱스가 없으니, 당연히 테이블의 전체 내용을 검색해서 찾을 수밖에 없을 것이다.

테이블 스캔(Table Scan)의 예를 들면, 현재 이 책의 제일 뒤의 찾아 보기가 없다고(인덱스가 없다고) 가정하고, 책의 내용 중에서 'trigger'와 관련된 내용을 찾아야 한다면 어떻게 해야 할까? 당연히 책의 처음부터 끝까지 전체를 뒤져봐야(테이블을 검색해야) 한다. 이것이 '테이블 검색'이다. 즉, 전체 테이블의 모든 행 데이터를 다 읽어보는 것을 말한다. 지금은 데이터 건수가 겨우 500여 건밖에 되지 않지만, 대량의 데이터(수십만~수억 건)이 들어 있었다면 많은 시간 및 시스템에 과부하를 초래했을 것이다.

step 2

아래 SQL을 실행해서 제품 테이블(productTBL)의 제품 이름(prodName) 열에 인덱스를 생성해보자.

```
CREATE INDEX idx_indexTBL_Name ON indexTBL(Name);
```

⚠ SELECT 문의 경우에는 성공적으로 실행되면, 아래 결과 창에 해당 데이터가 보인다. 하지만, CREATE 문의 경우에는 새로운 개체를 생성하는 것이므로 성공했을 경우에는 아래 결과 창(실제는 메시지)에 '명령이 완료되었습니다'라고 나온다. 이 메시지가 아니라면 SQL 문이 수행되지 않은 것이다.

이제 인덱스 이름 idx_indexTBL_Name은 indexTBL 테이블의 Name 열에 생성된 색인이 된다. 사실 인덱스의 이름은 별로 중요하지 않지만, 지금처럼 이름만으로 어느 테이블의 어느 열에 설정된 인덱스인지를 알 수 있도록 지정해주는 것이 좋다(idx는 InDeX의 약자를 의미한다).

2-1 앞의 **1-1**번에서 조회했던 것과 동일한 내용을 다시 조회해보자.

```
SELECT * FROM indexTBL WHERE Name = 'Minipump';
```

2-2 결과는 동일하게 1건이 출력되겠지만, 그 내부적인 작동은 인덱스를 만들기 전과 인덱스를 만든 후에는 큰 차이가 있다.

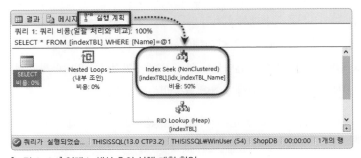

[그림 3-34] 인덱스 생성 후의 실행 계획 확인

다른 것은 9장에서 상세히 살펴보고, 'Index Seek'(인덱스를 사용했다는 의미)라는 말에 주목하자. 이는 인덱스를 사용해서 결과를 찾아냈다는 의미다.

결론적으로, 인덱스를 생성하기 전인 **1-1**번에서의 쿼리는 이 책의 제일 뒤의 찾아보기가 없는 상태에서 trigger 단어를 검색하는 것(즉, 책의 전체 페이지를 찾아본 것)과 같고, 인덱스를 생성한 후인 **2-1**번에서의 쿼리는 이 책 뒤의 찾아보기가 있는 상태에서 찾아보기에서 먼저 trigger 단어를 찾아 본 후에, 거기에 써 있는 페이지를 바로 펴서 검색한 것과 같은 의미다.

즉, **2-1**에서의 결과는 **1-1**에 비해서 엄청나게 적은 수고를 통해서 결과를 얻었다. 그러므로 인덱스를 생성한 후에 조회하는 것이 데이터의 양에 따라서 심하게는 몇 십 배 이상 빠를 수도 있다(지금은 데이터 양이 겨우 500여건 밖에 되지 않으므로 독자가 체감으로는 별로 느끼지 못했을 것이다).

2-3 메뉴의 [쿼리] 》 [실제 실행 계획 포함]을 다시 선택해서 실행계획 보기를 끄자.

실무에서는 지금의 실습과 같이 필요한 열에는 꼭 인덱스를 생성해야 한다. 하지만, 인덱스는 잘 사용하면 좋은 '약'이 되지만, 잘못 사용하거나 함부로 남용한다면 '독'이 될 수 있으므로 세심한 주의가 필요하다. 그러한 내용은 9장에서 살펴보겠다.

3.3.2 뷰

뷰Ｖｉｅｗ란 가상의 테이블이라고 생각하면 된다(그래서 뷰를 '뷰 테이블'이라고도 부르지만 엄밀히 말하면 정확한 말은 아니다) 즉, 사용자의 입장에서는 테이블과 동일하게 보이지만, 뷰는 실제 행 데이터를 가지고 있지 않다. 그 실체는 없는 것이며, 진짜 테이블에 링크ᴸⁱⁿᵏ된 개념이라고 생각하면 된다. 그래서 뷰를 SELECT 시에는 결국 진짜 테이블의 데이터를 조회하는 것과 동일한 결과가 되는 것이다.

예를 들면, 기존에 구축된 쇼핑몰을 운영하다가 회원의 주소를 변경해주는 작업이 많이 발생했다고 가정해보자. 그래서 새로운 아르바이트생을 고용해서 회원의 다른 정보는 그대로 두고 '주소'만 변경하는 일을 시키려 한다. 그런데 아르바이트생에게 회원 테이블(memberTBL)을 사용할 권한을 준다면 회원의 주소 외에 주민등록번호, 전화번호, 결혼여부 등의 중요한 개인정보를 열람하게 된다. 그럴 경우 고의든 실수든 개인정보 유출이라는 심각한 상황이 발생할 수도 있다.

⚠ 우리는 테이블을 간단히 만들기 위해서 실제 회원 테이블에 주민등록번호 등의 열은 생성하지 않았지만, 실제 상황이라면 회원 테이블에 더 많은 열을 생성해야 할 것이다.

이럴 때, 두 가지 방법을 생각해 낼 수 있다. 하나는 회원의 주민등록번호 등의 중요한 정보를 뺀 아이디와 주소만 있는 테이블을 다시 생성한 후에 데이터를 다시 입력하는 것이다. 이미 있는 데이터를 다시 입력하는 소모적인 작업이 될 것이며, 더 큰 문제는 동일한 데이터가 두 테이블에 존재하게 되는 것이다. 즉, 아이디 'Dang' 의 주소가 이미 회원 테이블에 존재하는데 새로 만든 테이블에도 존재하게 되어서, 나중에는 중복된 주소가 서로 다르다면 어느 주소가 정확한 주소인지를 알아낼 수 없는 심각한 문제가 발생할 소지가 있다.

이러한 문제를 해결하기 위해 뷰를 사용할 수가 있다. 아이디와 주소만 있는 뷰를 생성하면 된다. 뷰는 실체가 있는 것이 아니라, 회원 테이블의 링크 개념이므로 실제 데이터는 회원 테이블에만 존재하게 되므로 데이터의 중복이 발생하지 않는다. 또한, 아르바이트생은 뷰에만 접근 권한을 줘서 회원들의 주민번호는 아예 볼 수가 없다. 즉, 아래 그림과 같은 구조가 된다.

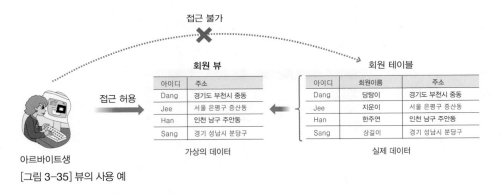

[그림 3-35] 뷰의 사용 예

실습6

기본적인 뷰의 사용법을 실습하자.

step 0

기존의 쿼리창을 닫고, SSMS의 왼쪽 상단의 〈새 쿼리〉 아이콘을 클릭해서 새 쿼리창을 연 후에, 왼쪽 상단에서 현재 데이터베이스를 'ShopDB'로 변경한다.

[그림 3-36] 현재 데이터베이스 선택

step 1

회원이름과 주소만 존재하는 뷰를 생성하자. 뷰 이름은 uv_memberTBL로 주자. uv를 붙이는 것은 User View를 의미한다.

```
CREATE VIEW uv_memberTBL
AS
 SELECT memberName, memberAddress FROM memberTBL;
```

눈치가 빠른 독자는 이미 알아챘겠지만, 뷰의 실체는 SELECT 문이다. 우리가 뷰(uv_memberTBL)에 접근하게 되면 뷰를 생성할 때 입력한 SELECT 문이 그때 작동하는 것이다.

step 2

아르바이트생이 뷰(uv_memberTBL)를 조회해보자. 아르바이트생은 이게 뷰인지 테이블인지 알 필요도 없이 그냥 다른 테이블과 동일하게 사용하면 된다.

```
SELECT * FROM uv_memberTBL;
```

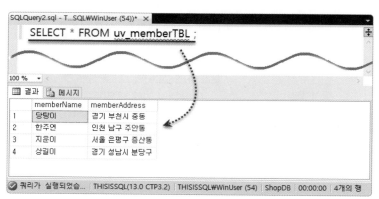

[그림 3-37] 뷰의 조회

이제부터는 안심하고 아르바이트생에게 주소변경 작업을 맡기면 된다.

뷰를 완전히 이해하지 못했어도 걱정하지 않아도 된다. 뷰에 대한 상세한 내용은 8장에서 다룬다.

3.3.3 저장 프로시저

저장 프로시저Stored Procedure란 SQL Server에서 제공해주는 프로그래밍 기능을 말한다. 즉, SQL 문을 하나로 묶어서 편리하게 사용하는 기능이다. 물론, SQL을 묶는 개념 외에 다른 프로그래밍 언어와 같은 기능을 담당할 수도 있다. 실무에서는 SQL 문(주로 SELECT)을 매번 하나하나 수행하기보다는 저장 프로시저로 만들어 놓은 후에 저장 프로시저를 호출하는 방식을 많이 사용한다. 직접 실습을 통해서 이해하자.

실습7

간단한 저장 프로시저를 실습하자.
매번 회원 테이블 '당탕이'의 정보와, 제품 테이블의 '냉장고'의 정보를 동시에 조회한다고 가정하자.

step 0

현재 데이터베이스가 'ShopDB'인지 확인한다.

step 1

지금까지 배운 SQL 문으로는 아래와 같이 동시에 수행하게 될 것이다.

```sql
SELECT * FROM memberTBL WHERE memberName = '당탕이';
SELECT * FROM productTBL WHERE productName = '냉장고';
```

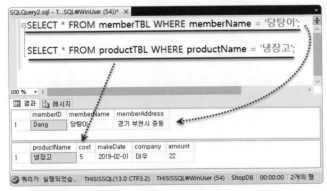

[그림 3-38] 여러 테이블의 조회

매번 이 두 줄의 긴(?) SQL을 입력해야 한다면 상당히 불편할 것이며, 오타나 SQL의 문법을 잊어버려서 틀릴 소지도 다분하다(물론 실제로는 두 줄이 아닌 몇 백 줄이더라도 동일한 얘기다).

이 두 쿼리를 하나의 저장 프로시저로 만들자.

2-1 myProc라는 이름의 저장 프로시저를 만들자.

```
CREATE PROCEDURE myProc
AS
    SELECT * FROM memberTBL WHERE memberName = '당탕이';
    SELECT * FROM productTBL WHERE productName = '냉장고';
GO
```

2-2 앞으로는 방금 생성한 저장 프로시저를 실행하기만 하면 된다. 저장 프로시저는 'EXECUTE 저장 프로시저_이름'으로 실행하면 된다.

```
EXECUTE  myProc;
```

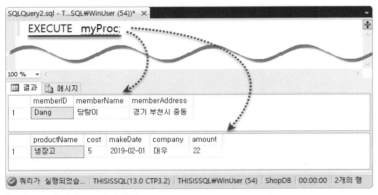

[그림 3-39] 저장 프로시저 실행

여기서 잠깐

지금까지 사용해 왔듯이 데이터베이스 개체를 만들기 위해서는 **CREATE 개체종류 개체이름 ~~** 형식을 사용했다. 즉, **CREATE TABLE 테이블_이름 ~~** , **CREATE VIEW 뷰_이름 ~~**,'**CREATE PROCEDURE 저정프로시저_이름 ~~** 과 같이 사용하면 된다.

반대로 데이터베이스 개체를 삭제하려면 **DROP 개체종류 개체이름**으로 간단히 사용하면 된다.

예를 들어, 실습에서 생성한 저장 프로시저를 삭제하려면 **DROP PROCEDURE myProc**라고만 사용하면 된다.

저장 프로시저는 실무에서 많이 사용되는 개체다. 상세한 내용은 11장에서 살펴보겠다.

3.3.4 트리거

트리거^{Trigger}는 테이블에 부착되어서, 테이블에 INSERT나 UPDATE 또는 DELETE 작업이 발생되면 실행되는 코드를 말한다. 다른 개체에 비해서 개념이 조금 어려워서 처음에는 잘 이해가 안 될 수도 있다. 트리거의 상세한 내용은 13장에서 다시 알아보고, 지금은 간단한 사례를 통해서 트리거의 용도를 확인하자.

예를 들어, 이번에는 '당탕이'가 가입했던 회원에서 탈퇴하는 경우를 생각하자. 회원에서 탈퇴하면, 간단히 회원 테이블(memberTBL)에서 당탕이의 정보를 삭제하면 된다(즉, 당탕이의 행 데이터를 지우면 된다). 그런데 나중에 회원에서 탈퇴한 사람이 누구누군지 정보를 어떻게 알 수 있을까? 원칙적으로 당탕이는 이미 데이터베이스에 존재하지 않기 때문에 알 수 있는 방법이 없다.

그래서 당탕이의 행 데이터를 삭제하기 전에 그 내용을 다른 곳에 먼저 복사해 놓으면 된다. 그런데 이것을 매번 수작업으로 할 경우 지우기 전에 다른 곳에 복사해 놓아야 한다는 것을 깜박 잊을 수도 있으므로 이것도 믿을 수가 있는 방법은 아니다.

회원 테이블(memberTBL)에 삭제작업이 일어날 경우에 삭제되기 전에 미리 다른 곳에 삭제될 데이터를 '자동으로' 저장해주는 기능이 있다면 그런 실수를 하지 않게 될 것이다. 즉, 사용자는 더 이상 행 데이터를 삭제하기 전에 다른 곳에 저장해야 하는 업무적 부담에서 벗어나게 될 뿐 아니라, 삭제된 모든 사용자는 완벽하게 별도의 곳에 저장되어 있을 것이다.

이것이 트리거의 대표적인 쓰임이다.

⚠ 지금 예로 들은 트리거를 DML 트리거라고 부르며, 그 외에 DDL 트리거, 로그온 트리거 등도 있다. 가장 일반적인 트리거인 DDL 트리거는 13장에서, 그 외의 관리용으로 사용되는 DDL 트리거 및 로그온 트리거는 『뇌를 자극하는 SQL Server 2012(2권, 관리/응용편)』을 참고하자.

실습8

가장 일반적으로 사용되는 DML트리거의 용도를 실습해보자.

step 0

먼저 데이터를 입력하고 수정하고 삭제하는 SQL 문을 연습해보자. 〈실습 3〉과 같이 SQL Server Management Studio의 개체 탐색기에서도 가능하지만, 실무적으로는 지금 배울 SQL을 훨씬 많이 사용하게 될 것이다(상세한 것은 6장에서 나올 것이며 지금은 기본적인 것만 연습해보자). 먼저, 새 쿼리창을 열고, SSMS 왼쪽 상단의 현재 데이터베이스가 'ShopDB'인지 확인한다.

0-1 회원 테이블에 새로운 회원 'Figure/연아/경기도 군포시 당정동'을 새로 입력하자.

```
INSERT INTO memberTBL VALUES ('Figure', '연아', '경기도 군포시 당정동');
```

별로 어려울 것은 없다. **SELECT ∗ FROM memberTBL**로 데이터가 잘 입력되었는지 확인하자.

0-2 이번에는 이름이 '연아'인 회원의 주소를 '서울 강남구 역삼동'으로 변경해보자.

```
UPDATE memberTBL SET memberAddress = '서울 강남구 역삼동' WHERE memberName = '연아';
```

SELECT ∗ FROM memberTBL로 데이터가 잘 변경되었는지 확인해보자.

0-3 '연아'가 회원탈퇴했다고 생각하고, 회원 테이블에서 삭제해보자.

```
DELETE memberTBL WHERE memberName = '연아';
```

SELECT ∗ FROM memberTBL로 데이터가 잘 삭제되었는지 확인해보자. 그런데 '연아'가 예전에 회원이었다는 정보는 그 어디에도 기록되어 있지 않다. 혹시 '연아'가 나중에라도 이 쇼핑몰의 회원이었다는 증명을 요구한다면 증명해줄 방법이 없다.

step 1

위와 같은 사례를 방지하기 위해서 회원 테이블에서 행 데이터를 삭제할 경우에 다른 테이블에 지워진 데이터와 더불어 지워진 날짜까지 기록해보자.

1-0 먼저, 지워진 데이터를 보관할 테이블(deletedMemberTBL)을 만들자. 이번에는 SQL로 만들어보자(테이블을 생성하는 상세한 내용은 8장에서 배운다).

```
CREATE TABLE deletedMemberTBL
    ( memberID char(8) ,
      memberName nchar(5) ,
```

```
        memberAddress   nchar(20),
        deletedDate date  -- 삭제한 날짜
    );
```

1-1 회원 테이블(memberTBL)에 DELETE 작업이 일어나면 백업테이블(deletedMemberTBL)에 지워진 데이터가 기록되는 트리거를 생성하자.

```
CREATE TRIGGER trg_deletedMemberTBL  -- 트리거 이름
ON memberTBL -- 트리거를 부착할 테이블
AFTER  DELETE  -- 삭제 후에 작동하게 지정
AS
        -- deleted 테이블의 내용을 백업테이블에 삽입
        INSERT INTO deletedMemberTBL
                SELECT memberID, memberName, memberAddress, GETDATE() FROM deleted;
```

문법이 좀 어렵다. 세부 내용은 13장에서 배우고, 지금부터는 memberTBL에 삭제(delete) 작업이 일어나면 삭제된 행이 deletedMemberTb에 저장된다고만 알면 된다.

step 2

회원 테이블의 데이터를 삭제해보고 삭제된 데이터가 백업 테이블에 들어가는지 확인하자.

2-0 먼저 회원 테이블에 데이터가 4건 들어 있는지 확인하자. 아마도 4건의 데이터가 보일 것이다.

```
SELECT * FROM memberTBL;
```

2-1 이 중에서 '당탕이'를 삭제해보자.

```
DELETE memberTBL WHERE memberName = '당탕이';
```

그런데 메시지 창을 보면 SQL은 1건을 실행했는데, 총 2개의 행이 영향을 받았다는 메시지가 나올 것이다. 이는 DELETE 문에 의해서 지워진 행 1개와 트리거에 의해서 새로 입력된 행 1개를 각각 의미한다.

[그림 3-40] 메시지 창

2-2 회원 테이블에는 삭제되고, 백업테이블에는 자동으로 들어갔는지 확인해보자.

```
SELECT * FROM memberTBL;
SELECT * FROM deletedMemberTBL;
```

회원 테이블(memberTBL)에서 삭제된 행이 트리거에 의해서 자동으로 백업 테이블(deletedMemberTBL)
에 들어가 있는 것을 확인할 수 있다. 더불어 deletedMemberTBL 테이블에는 삭제된 날짜
(deletedDate)까지 자동으로 입력되어 있다.

	memberID	memberName	memberAddress	
1	Han	한주연	인천 남구 주안동	
2	Jee	지운이	서울 은평구 증산동	
3	Sang	상길이	경기 성남시 분당구	

	memberID	memberName	memberAddress	deletedDate
1	Dang	당탕이	경기 부천시 중동	2015-12-30

쿼리가 실행되었습... | THISISSQL(13.0 CTP3.2) | THISISSQL\WinUser (54) | ShopDB | 00:00:00 | 4개의 행

[그림 3-41] 데이터 확인

이 정도면 트리거를 사용하는 기본적인 용도는 파악했을 것이다.

지금 다룬 것 외에도 데이터베이스 개체에는 커서, 사용자 정의 함수 등이 더 있다. 이런 내용은 각
장에서 확인하겠다.

3.4 데이터베이스 백업 및 관리

백업Backup은 데이터베이스 관리 측면에서 가장 중요한 주제 중 하나다. 간단한 시나리오를 통해서
백업의 필요성을 확인하자.

3.4.1 백업과 복원

백업은 현재의 데이터베이스를 다른 매체에 보관하는 작업을 말하며, 복원은 데이터베이스에 문제
가 발생했을 때 다른 매체에 백업된 데이터를 이용해서 원상태로 돌려놓는 작업을 말한다.

단적으로 얘기해서 데이터베이스 관리자DBA,DataBase Administrator가 해야 할 가장 중요한 일을 꼭 한 가
지만 뽑으라면, 이 백업과 복원을 들 수 있겠다. 하드디스크가 깨져서 중요한 데이터를 잃어버린 경
험을 해본 독자라면 백업의 필요성을 느낄 것이다. 하물며, 회사의 중요 정보가 보관되어 있는 서버
의 디스크가 깨졌을 때 그 내용을 모두 잃어버린다면… 생각만 해도 끔찍하다.

간단한 백업과 복원을 실습하자.

쇼핑몰 데이터베이스를 백업받은 후에, 실수로 데이터를 모두 삭제했을 경우에 원상태로 복원시켜보자.

실제로 백업을 받는다면, 현재의 데이터베이스가 저장된 디스크에 백업을 받는다는 것은 별 의미가 없다. 디스크가 깨진다면, 어차피 백업을 받은 것까지 다 날아가기 때문이다. 그러므로 백업은 테이프^{tape}나 다른 디스크에 백업을 받아야만 의미가 있다.

0-1 독자는 테이프 장치나 별도의 디스크를 준비하기가 어려울 것이므로, 그냥 Windows 탐색기에서 'C:₩백업장치₩' 폴더를 만들어서 이 폴더를 테이프나 다른 디스크라고 가정하자.

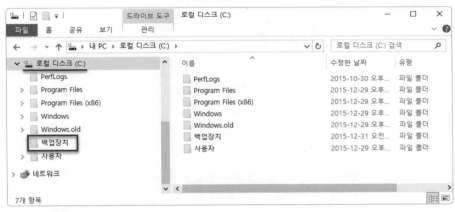

[그림 3-42] 백업용 폴더 생성

0-2 현재의 데이터를 확인해본다.

```
USE ShopDB;
SELECT * FROM productTBL;
```

계속 실습을 따라서 진행한 독자는 3개의 데이터가 보일 것이다. 사실 몇 개이든 관계는 없다. 단지 개수만 기억하자.

쇼핑몰 데이터베이스(ShopDB)를 백업하자.

1-1 SSMS의 개체 탐색기에서 [데이터베이스] 〉〉 [ShopDB]를 선택한 후, 마우스 오른쪽 버튼을 클릭하고 [태스크] 〉〉 [백업]을 클릭한다.

[그림 3-43] 데이터베이스 백업 1

1-2 데이터베이스를 'ShopDB'로 선택하고 나머지는 디폴트로 둔다. 대상에서 〈제거〉를 클릭해서 기존의 백업할 위치를 제거하고 〈추가〉를 클릭한다.

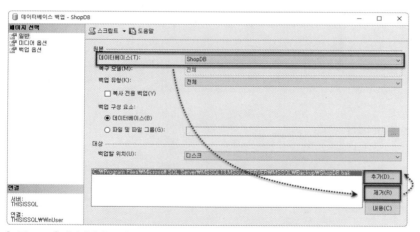

[그림 3-44] 데이터베이스 백업 2

1-3 백업할 파일을 "C:\백업장치\ShopDB.bak"으로 직접 입력하고, 〈확인〉을 클릭한다.

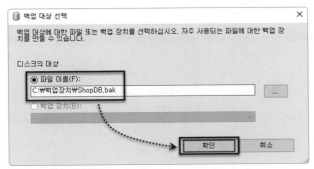

[그림 3-45] 데이터베이스 백업 3

1-4 최종적으로 [대상] 부분에 아래와 같이 백업할 위치가 설정되어 있으면 된다.

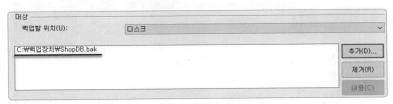

[그림 3-46] 데이터베이스 백업 4

1-5 [데이터베이스 백업] 창에서 〈확인〉을 클릭하면 백업이 진행되고, 완료되었다는 메시지 박스가 나올 것이다. 〈확인〉을 클릭해서 메시지 창을 닫는다.

`step 2`

Windows 탐색기로 C:\백업폴더\를 확인하면 백업된 파일(ShopDB.bak)을 확인할 수 있다.

`step 3`

사고를 발생시키자. productTBL의 모든 데이터를 삭제하자.

```
DELETE FROM productTBL;
```

큰 사고다. 삭제가 완료된 후에는 데이터를 살릴 방도는 없다. 당연히 아래의 SQL은 아무런 데이터를 보여줄 수 없을 것이다(0건의 데이터가 조회된다).

```
SELECT * FROM productTBL;
```

백업받은 데이터를 복원^{Restore}시켜서, 실수로 삭제된 productTBL을 원상복구시키자.

4-1 사용 중인 DB는 복원할 수 없으므로, 우선 현재 데이터베이스를 ShopDB에서 다른 DB로 변경해야 한다.

```
USE tempDB;
```

tempDB 외에 다른 데이터베이스를 현재 데이터베이스로 해도 관계는 없다(또한, 현재 쿼리창 외에 다른 쿼리창이 열려 있고 거기에서 ShopDB를 사용 중에 있어도 안 된다).

4-2 SSMS의 개체 탐색기에서 [데이터베이스]를 선택한 후, 마우스 오른쪽 버튼을 클릭하고 [데이터베이스 복원]을 선택한다.

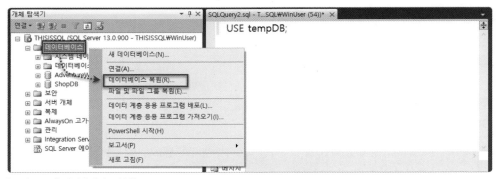

[그림 3-47] 데이터베이스 복원 1

4-3 [데이터베이스 복원] 창에서 장치를 클릭한 후 〈…〉을 클릭한다. [백업 지정] 창에서 〈추가〉를 클릭해서 'C:₩백업장치₩ShopDB.bak'을 더블클릭한다. 그러면 [백업 장치 선택] 창의 '백업 미디어'에 C:₩백업장치₩ShopDB.bak이 설정된다. 〈확인〉을 클릭해서 [백업 장치 선택] 창을 닫는다.

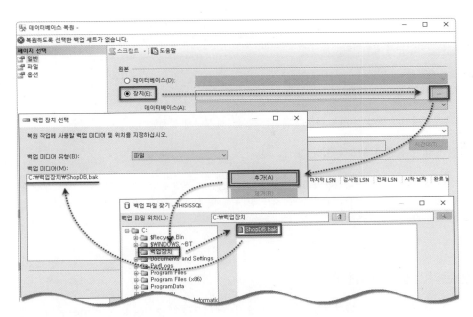

[그림 3-48] 데이터베이스 복원 2

4-4 다시 [데이터베이스 복원] 창에서 아래와 같이 '복원' 부분이 자동으로 체크되고, 데이터베이스가 'ShopDB'로 선택되었으면 〈확인〉을 클릭한다.

[그림 3-49] 데이터베이스 복원 3

4-5 복원이 되었다는 메시지가 나올 것이다. 〈확인〉을 클릭한다.

⚠ 만약 복원이 안 되고 오류가 발생하면 SSMS를 종료하고, 다시 실행한 후 **4-2**부터 다시 진행해보자.

데이터가 잘 복원되었는지 확인한다.

```
USE ShopDB;
SELECT * FROM productTBL;
```

원래대로 3개의 데이터가 보일 것이다. 이로써 완전한 데이터의 복구가 성공했다.

백업과 복원에 대한 간단한 실습을 했다.

⚠ 백업과 복원은 훨씬 중요한 얘기가 더 많이 있고, 실무에서는 다양한 경우가 발생할 수 있다. 백업과 복원은 데이터베이스 관리자에게 워낙 중요한 주제이므로, 데이터베이스 관리자가 되기 위해서는 상세히 학습할 필요가 있다. 백업/복원의 상세한 내용은 [뇌를 자극하는 SQL Server 2012 (2권, 관리/응용편)]을 참고하자.

3.4.2 온라인 설명서 사용법

앞으로 SQL Server를 잘 사용하려면 SQL Server 2016에서 제공하는 Books Online (온라인 설명서 또는 도움말)을 활용할 수 있어야 한다. 워낙 방대한 내용이라서 하나씩 읽어보기가 어려우므로, 그때그때 필요한 주제를 찾을 수 있어야 한다.

실습10

온라인 설명서를 사용해보자.

step 0

우리는 2장에서 SQL Server 2016 설치할 때 '설명서 구성 요소'를 설치하지 않았다(2장 '[그림 2-15] 기능 선택' 확인). 그러므로 추가로 도움말을 설치하자.

0-1 SSMS 메뉴의 [도움말] 〉〉 [도움말 콘텐츠 추가 및 제거]를 선택한다.

0-2 [Microsoft 도움말 뷰어 2.2 – 카탈로그]가 실행된다.

0-3 설치 소스가 〈온라인〉으로 선택된 상태에서, SQL Server와 관련된 항목 오른쪽의 〈추가〉를 클릭한다.

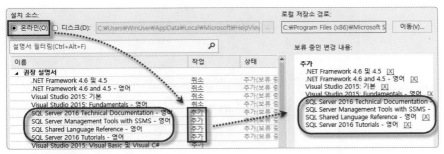

[그림 3-50] 도움말 설치 1

0-4 SQL Server 2016은 한글 도움말을 지원하지 않으므로 한글 도움말을 추가로 사용하려면 아래로 스크롤해서 'SQL Server 2012용 온라인 설명서' 등도 〈추가〉하자. 선택이 완료되었으면 〈업데이트〉를 클릭한다.

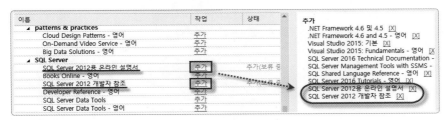

[그림 3-51] 도움말 설치 2

0-5 한동안 도움말의 다운로드와 설치가 진행된다. 업데이트가 완료되면 [Microsoft 도움말 뷰어 2.2 – 카탈로그]를 닫는다.

`step 1`

독자가 가장 많이 사용하게 될 주제 단어로 검색하는 방법을 익혀보자. 예로, 뷰를 생성하는 'CREATE VIEW' 문에 대한 정보를 얻어보자.

1-1 SSMS 메뉴의 [도움말] 〉〉 [도움말 콘텐츠 추가 및 제거]를 클릭한다.

1-2 [Microsoft 도움말 뷰어] 창이 나오면 좌측 하단의 '인덱스'를 클릭하고, 좌측 상단 빈 칸에 'CREATE VIEW'를 입력하면 해당되는 단어가 검색된다. 그 단어를 클릭하면 오른쪽 창에 설명이 나오며, 아래로 스크롤하면 문법, 예제 등 상세한 정보를 확인할 수 있다.

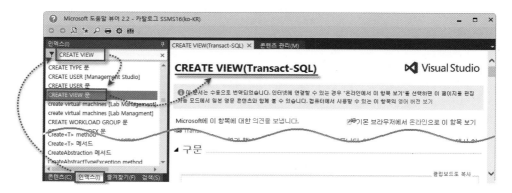

[그림 3-52] SQL Server 2016 도움말 활용 1

⚠ 도움말의 내용이 초보자를 위한 쉬운 구성이 아니기에 처음에는 그다지 도움이 되지 않지만, 중급자 이상이 된다면 도움말이 없이는 SQL Server 2016을 사용하기 어려울 정도로 많은 정보를 제공해준다.

1-3 [Microsoft 도움말 뷰어]를 닫는다.

step 2

이번에는 작업 중에 도움말을 얻어보자.

2-1 SSMS의 개체 탐색기에서 [데이터베이스] >> [ShopDB]를 선택한 후, 마우스 오른쪽 버튼을 클릭하고 [속성]을 선택해서 속성창이 나타나게 한다.

2-2 속성창에서 해당 페이지를 선택하고, '도움말'을 클릭하거나 F1 키를 누르면 해당 상황의 도움말이 나온다.

⚠ 만약 '컴퓨터에서 요청한 콘텐츠를 찾을 수 없습니다' 화면이 나오면 본문 중 '콘텐츠를 온라인으로 보거나'에서 [온라인]을 클릭하면 해당 도움말 웹 페이지가 열린다. 또, Windows 10의 경우 현재 SQL Server 2016과 약간의 충돌로 도움말이 실행되지 않을 수도 있다. 그냥 넘어가자.

[그림 3-53] SQL Server 2016 도움말 활용 2

2-3 〈취소〉를 클릭해서 [데이터베이스 속성] 창을 닫는다.

step 3

이번에는 인덱스에 나오지 않는 용어를 찾아보자. 예로 'logon 트리거'라는 용어를 찾아보자.

우선, 인덱스에서 좌측 상단에 입력해보고 해당 내용이 색인 목록에 보이지 않는다면, 좌측 하단의 검색을 클릭해서 해당 단어를 입력한 후 Enter 키를 누르면 된다. 해당되는 내용이 검색된다. 그러면 왼쪽 창에 검색된 목록이 나오고 각각을 클릭하면 오른쪽에 설명이 나온다.

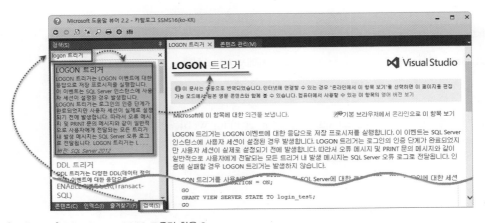

[그림 3-54] SQL Server 2016 도움말 활용 3

3.5 SQL Server와 응용 프로그램의 연결

이 책은 데이터베이스 자체에 대한 것이므로 다른 응용 프로그램(C#, Visual Basic, Java 등)과는 주제가 다르기는 하지만, 이번에는 앞에서 구축한 쇼핑몰 데이터베이스가 실제로 다른 응용 프로그램과 연계되어 사용하는 방법을 간단히 살펴보자.

여기서 잠깐

지금 응용 프로그램과 SQL Server 2016의 연동에 관련된 것은 실무에서 어떻게 활용되는지에 대해 감(?)을 잡기 위해 아주 간략한 내용으로 살펴보는 것이다. 실제로 데이터베이스를 응용 프로그램과 연동하는 방법이나 ASP.NET의 문법 등에 관한 사항은 이 책의 범위를 벗어난다. 16장에서는 Visual Basic .Net을 이용한 기본 연결법을, 『뇌를 자극하는 SQL Server 2012 (2권, 관리/응용편)』에서는 고급 응용 프로그램 연동법을 다루기는 하겠지만, 역시 프로그래밍 문법에 대해서는 언급하지 않는다. 프로그래밍과 관련된 세부 내용은 다른 관련 서적이나 웹 사이트를 참고한다.

웹 서비스는 ASP.NET, JSP, PHP 등 다양한 기술을 이용해서 한다. 우리는 무료 프로그램인 Microsoft Visual Studio Express 2015 for Web을 이용해서 웹과 데이터베이스를 연동시키는 방법을 실습하자.

실습11

SQL Server에서 구축한 쇼핑몰 데이터베이스를 웹에서 서비스하자.

step 0

무료 개발 툴인 [Microsoft Visual Studio Express 2015 for Web]을 설치하자.

0-1 SSMS가 실행되어 있다면 종료한다.

0-2 http://www.visualstudio.com/products/visual-studio-express-vs에 접속한 후 'Express for Web'을 다운로드하자.

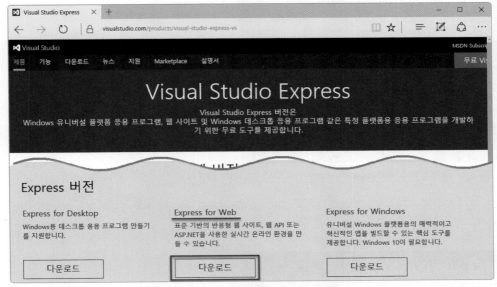

[그림 3-55] Microsoft Visual Studio Express 2015 for Web 다운로드

⚠ 다운로드 사이트의 링크는 변경될 수 있으므로, 책의 사이트인 http://cafe.naver.com/thisissql에서 다운로드해도 된다. 또, 이 책에서는 Visual Studio Express 2015 버전을 사용하지만, 2012나 2013 버전을 사용해도 된다.

0-3 다운로드한 vns_full_KOR.exe(204 KB)를 실행한 후, 첫 화면에서 〈다음〉을 클릭한다.

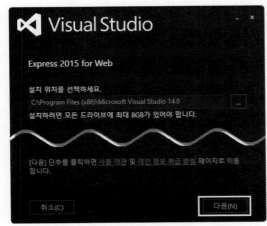

[그림 3-56] Microsoft Visual Studio Express 2015 for Web 설치 1

0-4 두번째 화면에서 〈설치〉를 클릭하면 한동안 다운로드 및 설치가 진행된다.

[그림 3-57] Microsoft Visual Studio Express 2015 for Web 설치 2

0-5 만약 설치 중에 재부팅 메시지가 나오면 컴퓨터를 재부팅하자. 재부팅 후에 설치가 계속 진행된다. 또, 설치가 최종 완료된 후 〈지금 다시 시작〉 버튼이 나오면 눌러서 재부팅한다.

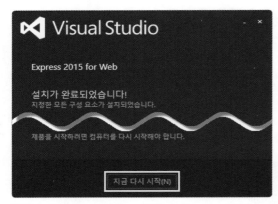

[그림 3-58] Microsoft Visual Studio Express 2015 for Web 설치 3

step 1

ASP.NET 웹 응용 프로그램을 작성하자.

1-0 Windows [시작] ≫ [모든 앱] ≫ [Express for Web]을 선택한다. [시작합니다] 창이 나오면 '나중에 로그인'을 클릭한다.

[그림 3-59] Microsoft Visual Studio Express 2015 for Web 처음 실행

⚠ Microsoft Visual Studio Express 2015는 기본적으로 30일 동안 사용할 수 있다. 만약, 그 이상을 사용하고자 한다 면 로그인한다. 단, Microsoft MSN ID가 필요하지만 무료로 가입할 수 있다.

1-1 한동안 준비 화면이 나온 후에 시작 페이지가 나온다.

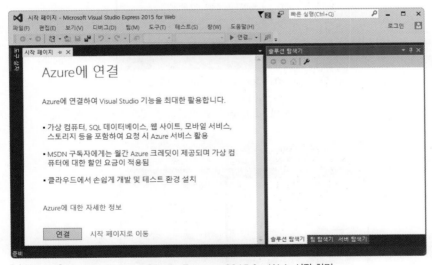

[그림 3-60] Microsoft Visual Studio Express 2015 for Web 시작 화면

1-2 메뉴의 [파일] 》 [새 웹 사이트]를 클릭한 후, 템플릿은 'Visual Basic'이 선택된 상태에서 'ASP.NET Web Forms 사이트'를 선택하고 〈확인〉을 클릭한다.

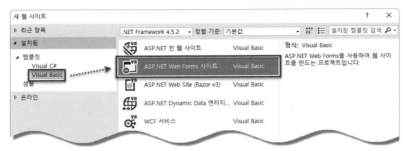

[그림 3-61] Microsoft Visual Studio Express 2015 for Web 웹 사이트 구축 1

잠시 후에 자동으로 기본 웹사이트가 구성될 것이다.

1-3 기본적인 틀에 대한 코드가 자동으로 완성된다. 우리는 필요 없으므로 코드를 모두 지운다.

1-4 하단부의 '디자인'을 클릭해서 디자인 모드로 변경하고, '도구상자'를 클릭해서 확장한다.

[그림 3-62] Microsoft Visual Studio Express 2015 for Web 웹 사이트 구축 2

1-5 도구 상자에서 '데이터' 부분을 확장한 후 'SqlDataSource'를 오른쪽 빈 곳으로 끌어다 놓는다.

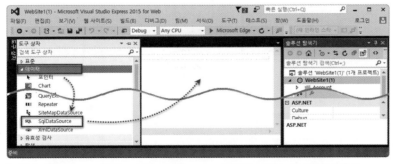

[그림 3-63] Microsoft Visual Studio Express 2015 for Web 웹 사이트 구축 3

1-6 디자인 창의 [SqlDataSource] 우측 [데이터 소스 구성]을 클릭한다(만약, 안 보이면 '>'를 클릭해서 확장한다).

[그림 3-64] Microsoft Visual Studio Express 2015 for Web 웹 사이트 구축 4

1-7 [데이터 연결 선택]에서 〈새 연결〉을 클릭하고, 'Microsoft SQL Server'를 선택한 후, 〈계속〉을 클릭한다.

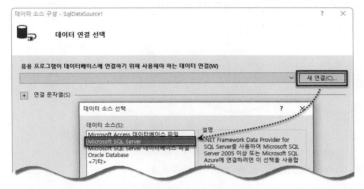

[그림 3-65] Microsoft Visual Studio Express 2015 for Web 웹 사이트 구축 5

1-8 [연결 추가] 창에서 아래 그림과 '서버 이름' 부분에는 직접 "localhost"라고 입력한 후, '데이터베이스 이름 선택 또는 입력' 부분에서는 'ShopDB'를 선택하고 〈확인〉을 클릭한다.

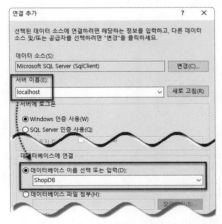

[그림 3-66] Microsoft Visual Studio Express 2015 for Web 웹 사이트 구축 6

1-9 다시 [데이터 연결 선택]이 나오면 '컴퓨터이름.ShopDB.dbo'로 되어 있을 것이다. 〈다음〉을 클릭한다.

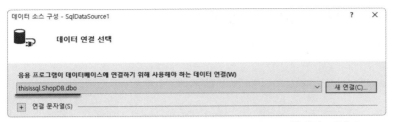

[그림 3-67] Microsoft Visual Studio Express 2015 for Web 웹 사이트 구축 7

1-10 [응용 프로그램 구성 파일에 연결 문자열 저장]에서도 디폴트로 두고, 〈다음〉을 클릭한다(연결 문자열 이름은 "ShopDBConnectionString"으로 자동 저장된다).

[그림 3-68] Microsoft Visual Studio Express 2015 for Web 웹 사이트 구축 8

1-11 [Select 문 구성]에서는 '테이블 또는 뷰의 열 지정'이 선택된 상태에서, '이름' 부분은 "memberTBL"을 선택한다. 그리고 '열' 부분에서는 " * "를 체크된 상태에서 〈다음〉을 클릭한다.

⚠ 아래쪽의 'SELECT 문' 부분에 자동 완성된 SQL 문이 보일 것이다. 즉, 지금은 제일 위의 '사용자 지정 SQL 문 또는 저장 프로시저 지정'을 체크하고 직접 SELECT * FROM [memberTBL]이라고 입력해 주는 것과 동일하다.

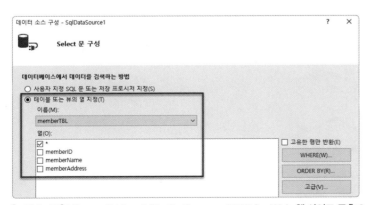

[그림 3-69] Microsoft Visual Studio Express 2015 for Web 웹 사이트 구축 9

1-12 [쿼리 테스트] 창에서 〈쿼리 테스트〉을 클릭해서 쿼리가 정상적으로 실행되는지 확인한 후에 〈마침〉을 클릭해 창을 닫는다.

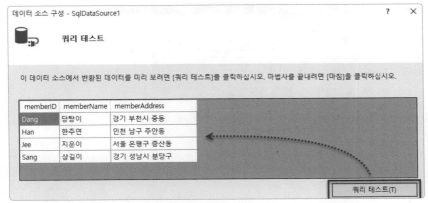

[그림 3-70] Microsoft Visual Studio Express 2015 for Web 웹 사이트 구축 10

이렇게 완료되면, 'ShopDBConnectionString'이라는 연결 문자열을 통해서 ASP.NET과 SQL Server 2016이 서로 연결이 설정되었다. 계속 진행해보자.

step 2

웹 서비스를 하기 위한 프로그램을 완성하자.

2-1 다시 도구 상자의 '데이터' 부분의 'ListView'를 오른쪽 빈 곳에 끌어다 놓자.

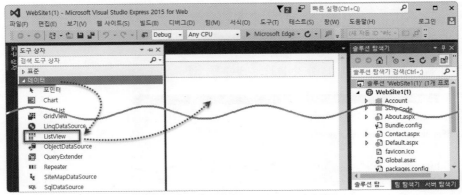

[그림 3-71] Microsoft Visual Studio Express 2015 for Web 웹 사이트 구축 11

2-2 아래 그림과 같이 데이터 소스 'SqlDataSource1'을 선택한 후, 'ListView 구성'을 클릭한다(ListView 작업 부분이 안보이면 '>'를 클릭해서 확장한다).

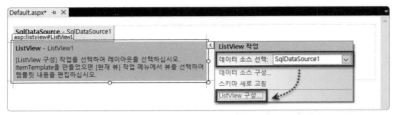

[그림 3-72] Microsoft Visual Studio Express 2015 for Web 웹 사이트 구축 12

2-3 [ListView 구성] 창에서 아래 그림과 같이 적절한 레이아웃을 설정하고, 〈확인〉을 클릭한다(보이는 모양을 선택하는 것이므로 무엇을 하든 별 관계없다).

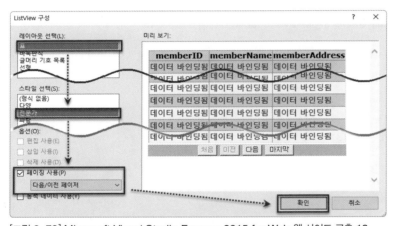

[그림 3-73] Microsoft Visual Studio Express 2015 for Web 웹 사이트 구축 13

2-4 최종 디자인창은 아래 그림과 비슷한 것이 나왔을 것이다.

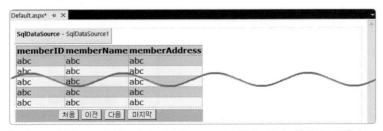

[그림 3-74] Microsoft Visual Studio Express 2015 for Web 웹 사이트 구축 14

2-5 메뉴의 [파일] 〉〉 [모두 저장]을 선택해 지금까지 한 것을 모두 저장한다.

step 3

실제 웹 서비스가 되는 것을 확인해보자. 메뉴의 [파일] 〉〉 [브라우저에서 보기]를 선택하면 아래와 같이 웹 브라우저가 실행되고, SQL Server의 데이터들이 웹 브라우저에서 보이게 될 것이다.

⚠ IIS (웹 서버 소프트웨어)가 설치되어 있지 않아도, Visual Studio에서는 IIS Express를 제공해주므로 웹 서비스를 테스트할 수 있다.

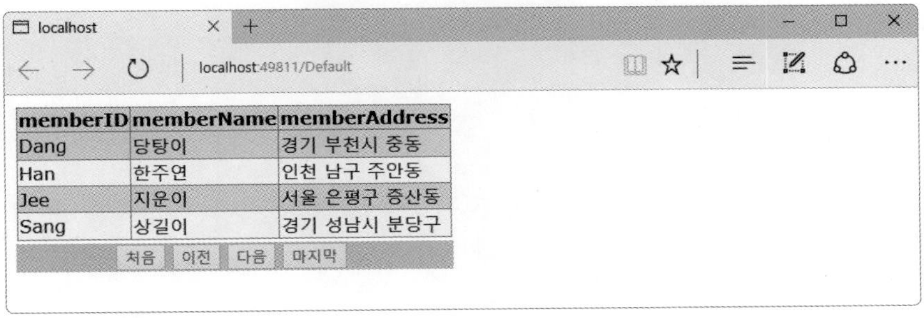

memberID	memberName	memberAddress
Dang	당탕이	경기 부천시 중동
Han	한주연	인천 남구 주안동
Jee	지운이	서울 은평구 증산동
Sang	상길이	경기 성남시 분당구

처음 이전 다음 마지막

[그림 3-75] 웹사이트 접속 화면

지금은 데이터가 몇 건 없기 때문에 〈다음〉, 〈이전〉 등의 버튼이 비활성화되어 있지만, 실제로 많은 양의 데이터를 사용하게 된다면 이 버튼들이 모두 활성화 된다.

또한, Microsoft Visual Studio Express 2015에 대한 사용법에 익숙해 진다면 현재의 단순한 화면을 좀 더 보기 좋게 구성할 수 있을 것이다.

step 4

웹 브라우저 및 Visual Studio Express 2015를 종료한다.

지금은 웹서버(IIS)나 DNS 서버를 설정하지 않아서 주소(예를 들면 http://localhost:49811/Default. aspx)가 좀 생소하게 보이겠지만, 실제로 웹 서버를 정상적으로 구축한 후에는 http://도메인이름(예를 들면 http://www.hanbit.co.kr)과 같은 주소를 사용해서 SQL Server의 데이터를 웹을 통해 접근한다.

기능이 좀 더 확장된 응용 프로그램과 SQL Server의 연동에 관해서는 SQL Server 2016에 대해서 자세히 공부한 후에, 16장에서 다시 살펴보겠다.

이상으로 SQL Server 2016을 기본적으로 사용하는 방법과 SQL Server 2016와 응용 프로그램을 연동하는 방식을 개략적이지만 전반적으로 살펴보았다. 당연히 아직 생소한 용어와 개념이 많이 나와서 100% 이해하지 못했을 수도 있다. 그래도 앞으로 이 책을 보는 데 아무런 상관이 없다. 오히려, 지금 이번 장만 읽고도 모두 이해된 독자라면 이 책을 보기에는 실력이 너무 뛰어난 독자일 것이다.

4장부터는 3장에서 무작정 실행해 보았던 내용을 상세하게 파악하는 시간을 갖게 될 것이다. 이 책의 전부를 다 본 후에, 다시 이 장을 읽어보자. 그때는 정말 쉽다는 느낌이 들 것이며, 그렇게 된 독자는 충분히 SQL Server 2016에 대한 실력이 갖춰진 것이다.

1. 다음은 어떤 용어를 설명하고 있는 것인지 기술해보자.

   (1) 데이터를 입력하기 위해서 표 형태로 표현된 것

   (2) 테이블이 저장되는 저장소

   (3) 데이터베이스를 관리하는 시스템 또는 소프트웨어

   (4) 각 행을 구분하는 유일한 열. 중복되어서는 안 되며 비어 있어도 안 됨

2. 다음은 데이터베이스의 전체적인 구축 과정이다. 순서대로 나열하자.

   > 테이블 생성, DBMS 설치, 데이터베이스 개체의 활용, 데이터 백업 및 관리, 데이터베이스 생성

3. SSMS에서 데이터베이스를 생성하는 과정을 설명해보자.

4 'myTable'이라는 테이블에 'age'라는 열이 있다고 가정하자. 여기서 나이(age)가 20살 이상인 행을 조회하는 쿼리를 작성하자.

5. 다음의 용어를 간략하게 설명해보자.

   (1) 인덱스

   (2) 뷰

   (3) 저장 프로시저

   (4) 트리거

6. 백업과 복원의 절차를 간단히 기술해보자.

7. SQL Server 2016의 데이터베이스를 활용하기 위해 Microsoft의 무료로 사용할 수 있는 개발자용 응용 프로그램 이름을 기술하라.

SQL Server 기본

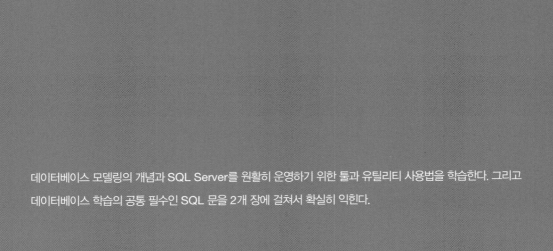

데이터베이스 모델링의 개념과 SQL Server를 원활히 운영하기 위한 툴과 유틸리티 사용법을 학습한다. 그리고
데이터베이스 학습의 공통 필수인 SQL 문을 2개 장에 걸쳐서 확실히 익힌다.

데이터베이스 모델링

SQL Server는 관계형 데이터베이스 관리 시스템RDBMS, Relational DataBase Management System이므로 3장까지 마친 독자는 이미 RDBMS 대해 기본적인 개념과 사용법을 익힌 것이다.

4장에서는 데이터베이스 모델링이란 무엇인지 알아보겠다. 기존에 데이터베이스의 이론적인 책을 본 적이 있고, 데이터베이스 모델링에 대한 경험이 있는 독자는 그냥 넘어가도 좋다.

데이터베이스 모델링을 쉽게 생각하면, 건축 분야의 설계도를 작성하는 것으로 비교할 수 있다. 실제로 건물을 짓는 각종 시공기법도 중요하지만 건물을 설계하는 것도 그에 못지 않게 중요하듯, 데이터베이스 모델링은 매우 중요하기도 하고, 결코 쉽지 않은 분야다.

데이터베이스의 이론적인 측면이나, 데이터베이스 모델링에 대한 각 주제만으로도 이미 많은 책이 나와 있으며 그 분량 또한 만만하지 않을 것이다. 좋은 설계도를 만들기 위해서는 다양한 건축 경험이 필요한 것과 마찬가지로, 좋은 데이터베이스 모델링을 하기 위해서는 많은 학습과 더불어 오랜 실무경험이 있어야 한다.

이 책은 데이터베이스 이론서도 아니고, 또 데이터베이스 모델링을 주제로 한 책도 아니지만 데이터베이스 입문자를 위한 최소한의 개념 정도는 파악하고 넘어가겠다. DBMS 이론이나 데이터베이스 모델링에 관해 더 자세한 내용은 다른 책이나 인터넷 사이트를 참고하자.

이 장의 핵심 개념

4장에서는 데이터베이스 모델링에 대한 개념을 살펴보고, 간단히 모델링 절차를 실습한다. 4장에서 다루는 핵심 개념은 다음과 같다.

1. 프로젝트 진행 단계는 폭포수 모델이 대표적으로, 계획/분석/설계/구현/테스트/유지보수 등의 단계를 거친다.

2. 데이터베이스 모델링이란 현 세계에서 사용되는 작업이나 사물들을 DBMS의 데이터베이스 개체로 옮기기 위한 과정을 말한다.

3. SQL Server에는 자체적으로 데이터 모델링 툴을 제공한다.

이 장의 학습 흐름

프로젝트 진행 단계와 폭포수 모델 개념 파악

↓

데이터베이스 모델링 실습

↓

모델링 툴 실습

4.1 프로젝트의 진행 단계

프로젝트Project란 '현실세계의 업무를 컴퓨터 시스템으로 옮겨놓는 일련의 과정'이라고 할 수 있다. 더 쉽게 말하면 '대규모의 프로그램을 작성하기 위한 전체 과정'이라고 이야기할 수도 있다.

초창기의 컴퓨터 프로그램은 몇몇 뛰어난 프로그래머에 의해서 작성되었다(프로그래밍을 공부해본 독자라면 아마도 프로그램은 누구와 같이 작성하는 것보다는 혼자서 작성하는 것을 주로 해보았을 것이다). 초기에는 이렇게 혼자서 프로그램을 작성하는 것이 별 문제가 되지 않았으나, 근래에 들어서면서부터 프로그램 규모가 커지고, 예전과 달리 사용자들도 요구하는 사항이 더욱 복잡해지면서 문제가 발생하기 시작했다.

그런데도 소프트웨어 분야에서는 아직도 큰 규모의 프로그램 작업(이것을 프로젝트라고 부른다)을 수행할 때도 옛날과 같은 방식으로 몇몇 우수한 프로그래머에게 의존하는 형태를 취해 왔다. 그 결과 프로젝트가 참담한 실패로 이어지는 경우가 너무 많이 발생되었고, 제작기간이 지연되는 등 많은 문제에 노출되었다.

이것은 집을 짓는 것이 비유할 수 있다. 옛날에 초가집이나 목조건물을 지을 때는 몇 명의 우수한 기술자로도 충분히 가능했지만, 현대의 몇 십층 또는 백 층 이상의 건물을 몇 명의 우수한 기술자만으로 지을 수는 없는 것과 같은 이치다.

건물을 지으려면 정확한 계획과 분석, 그리고 설계도 작업을 마친 후에 실제로 건물을 짓는 시공작업을 해야만 한다. 만약, 누군가 100층짜리 건물을 지어달라는데 계획도 세우기 전에 벽돌부터 쌓는다는 것은 '아무 준비가 안 된 미련한 일'이라고 생각할 것이다. 벽돌을 이미 10층까지 쌓았는데, 벽돌 건물이 아닌 콘크리트 건물로 지어야 한다는 걸 깨닫는다면? 어쩔 수 없이 무너뜨린 후에 다시 처음부터 작업을 해야 한다. 비용과 시간이 엄청나게 낭비되어서 결국 제시간에 건물을 지을 수 없을 뿐만 아니라, 열심히 일한 대가로 공사를 망친 비난만 받게 될 것이다. 그래서 건물을 지을 때는 바보가 아닌 이상 그 누구도 설계도가 나오기 전에 벽돌을 쌓지는 않는다.

그런데 '아무 준비가 안 된 미련한 일'을 소프트웨어 분야에서는 계속 진행해 왔던 것이다. 누가 어떤 프로그램을 작성해 달라고 요청하면 계획하고 분석하기보다는 '코딩'부터 하는 습관에 길들어져 있었다. 그래서 매일 밤을 새서 열심히 프로그램을 짠 결과가 결국 잘못되어 –벽돌을 다시 무너뜨리고 다시 시작하듯이– 프로그램을 삭제하고 처음부터 다시 프로그램을 짜야 하는 상황이 많이 발생되었다. 그 원인은 바로 분석과 설계 작업을 등한시 하는 소프트웨어 분야의 고질적인 문제점 때문이었다.

결론적으로 이러한 문제점을 해결하기 위해서 '소프트웨어 개발 방법론'이 나타났다. 이 방법론은 없던 것에서 생겼다기보다는 다른 공학 분야의 것을 소프트웨어 분야에 가져와서 적합하게 수정한 것이라고 보면 된다. 이러한 분야를 '소프트웨어 공학'이라고 부르게 된 것이다.

소프트웨어 공학에서 제시하는 소프트웨어 개발 모델은 많이 있지만, 가장 오래되고 전통적으로 사용되는 것은 폭포수 모델Waterfall Model이다. 아래 그림을 보자.

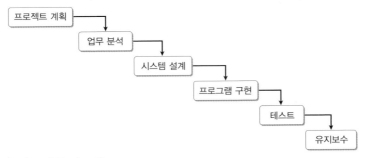

[그림 4-1] 폭포수 모델

말 그대로 폭포가 떨어지듯이 각 단계가 끝나면 다음 단계로 진행하는 것이다. 이 폭포수 모델의 장점은 각 단계가 명확히 구분되어서 프로젝트의 진행 단계가 명확하다는 점이다. 이 모델의 가장 큰 단점은 폭포에서 내려가기는 쉬워도 다시 거슬러 올라가기는 어려운 것과 마찬가지로 문제점이 발생될 경우는 다시 앞 단계로 거슬러 올라가기가 어렵다는 점이다. 또한, 문제점이 초기 단계인 업무 분석이나 시스템 설계에서 나오기보다는 대부분 프로그램 구현 단계나 테스트 단계에서 나오게 된다. 그러면 대부분 업무 분석 단계로 거슬러 올라가서 다시 시작해야 하는 단점이 있다(물론, 이를 보완한 소프트웨어 개발 모델도 많이 있다).

여기서 가장 핵심적인 단계는 업무 분석(줄여서 분석이라고도 부른다)과 시스템 설계(그냥 설계라고도 부른다)다. 경우에 따라서 다르지만, 대부분의 소프트웨어 프로젝트는 이 두 단계를 합쳐서 전체 공정의 최소 50% 이상을 할당해야 한다. 이 두 단계의 비율을 자꾸 줄일수록 프로젝트가 실패할 확률이 높아지는 것이 필자가 경험한 바다. 대부분 실패하는 프로젝트는 주로 프로그램 구현에 비중을 많이 두는 경우다. 단순히 생각하면 프로그램 구현(코딩)이 가장 중요한 듯하지만, 그건 몇 백 줄짜리 프로그램을 짜는 경우에만 해당되며, 복잡한 시스템을 구현하기 위해서 구현(코딩)은 분석과 설계에 비해서는 그다지 중요한 작업이 아니다. 100층짜리 건물을 지을 때, 벽돌을 예쁘게 쌓거나 빨리 쌓는 것이 전체 건물을 완성하기 위해서 그다지 중요한 작업이 아닌 것과 같은 원리다.

더 이상의 관련된 내용은 '소프트웨어 공학'이나 '시스템 분석 및 설계'와 관련된 책을 참고하도록 하고, 우리가 살펴볼 데이터베이스 모델링은 분석과 설계 단계에서 가장 중요한 작업 중 하나라는 점만 기억하자.

4.2 데이터베이스 모델링

4.2.1 데이터베이스 모델링 개념

데이터베이스 모델링(또는 데이터 모델링)은 현 세계에서 사용되는 작업이나 사물을 DBMS의 데이터베이스 개체로 옮기는 과정이라고 말할 수 있다. 더 쉽게 이야기하면 현실에서 쓰이는 것을 테이블로 변경하는 작업이라고 생각해도 좋다. 아래 그림을 보자.

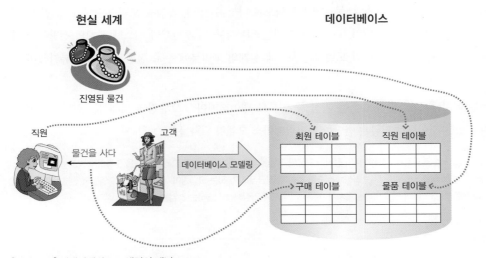

[그림 4-2] 데이터베이스 모델링의 개념

위 그림을 보면 쉽게 데이터베이스 모델링이 어떤 것인지 알 수 있다. 그림에서 현실세계의 고객, 물건, 직원 등은 데이터베이스의 각각의 테이블이라는 개체로 변환이 된다(물론, 일부는 테이블 외의 다른 개체로도 변환되기도 한다).

또한, 주의해서 볼 점은 현실세계의 실체가 없는 '물건을 산다'라는 행위도 테이블로 변환된다는 점이다. 그렇다면 이러한 데이터베이스 모델링의 정답은 있는가? 즉, 현실세계를 데이터베이스 개체로 변환하기 위한 정확한 답은 있는가?

그렇지는 않다. 데이터베이스 모델링은 모델링을 하는 사람이 어떤 사람이냐에 따라서 각기 다른 결과가 나올 수밖에 없다. 그렇지만 중요한 점은 좋은 모델링과 나쁜 모델링이 존재한다는 점이다. 즉, 정답은 없더라도 좋은 답안은 있다.

데이터베이스 모델링은 상당히 어려운 작업이다. 그 이유는 구현하고자 하는 업무에 대한 폭넓고 정확한 지식이 필요하고, 데이터베이스 시스템에 대한 깊은 지식과 경험도 요구되기 때문이다.

그래서 모델링을 담당하는 사람은 다양한 프로젝트 경험과 데이터베이스 관련지식이 있는 사람이 담당하는 것이 일반적이다. 만약, 모델링이 잘못 된다면 나중에 열심히 만든 프로그램이 결국 아무 짝에도 쓸모 없는 결과를 낳을 수도 있기 때문이다.

4.2.2 데이터베이스 모델링 실습

데이터베이스 모델링은 크게 3단계를 거쳐서 완성시키는 것이 보편적이다.

개념적 모델링, 논리적 모델링, 물리적 모델링으로 나눌 수 있다. 개념적 모델링은 주로 [그림 4-2]의 업무 분석 단계에 포함되며, 논리적 모델링은 업무 분석의 후반부와 시스템 설계의 전반부에 걸쳐서 진행된다. 그리고 물리적 모델링은 시스템 설계의 후반부에 주로 진행된다(이 분류가 절대적인 것은 아니다).

우리는 데이터베이스를 학습하는 과정 중 일부로 데이터베이스 모델링에 대해서는 약간의 개념만 익히고 있는 것이므로 지금은 간단한 데이터베이스 모델링 절차를 실습해보자.

⚠ 원칙적으로는 정규화, 비정규화 등의 정확히 구분된 작업을 해야 하지만 지금은 그러한 것들을 분류하지 않고 그냥 자연스럽게 데이터베이스 모델링을 하는 과정을 실습할 것이다. 지금 필자가 하는 모델링이 데이터베이스 모델링의 전부는 아니며, 데이터베이스 모델링의 전체 흐름을 독자가 이해하기 쉽도록 가정해서 실습하는 것임을 기억하자.

실습1

우리는 지금 새로운 쇼핑몰을 오픈했다고 가정하자. 지금부터 우리 매장을 찾는 고객의 명단을 기록하고, 또 물건을 구매할 때 구매한 내역도 기록하겠다. 이러한 업무를 데이터베이스 모델링해보자.

step 1

고객의 방문한 내역은 다음과 같이 기록될 것이다. 이 기록이 메모장 또는 엑셀에 기록되어 있다고 가정하자.

고객 방문 기록

고객 이름	출생년도	주소	연락처	구매한 물건	단가(천원)	수량
이승기	1987	서울	011-111-1111			
김범수	1979	경남	011-222-2222	운동화	30	2
김범수	1979	경남	011-222-2222	노트북	1000	1
김경호	1971	전남	019-333-3333			
조용필	1950	경기	011-444-4444	모니터	200	1
바비킴	1973	서울	010-000-0000	모니터	200	5
윤종신	1969	경남	안 남김			
김범수	1979	경남	011-222-2222	청바지	50	3
임재범	1963	서울	016-666-6666			
바비킴	1973	서울	010-000-0000	메모리	80	10
성시경	1979	경남	안 남김	책	15	5
은지원	1978	경북	011-888-8888	책	15	2
임재범	1963	서울	016-666-6666			
은지원	1978	경북	011-888-8888	청바지	50	1
바비킴	1973	서울	010-000-0000	운동화	30	2
은지원	1978	경북	011-888-8888			
은지원	1978	경북	011-888-8888	책	15	1
바비킴	1973	서울	010-000-0000	운동화	30	2
조관우	1965	경기	018-999-9999			

당연히 고객은 여러 번 방문할 수도 있고, 방문해서 아무것도 사지 않고 갈수도 있다.

---

step 2

기록된 내용에서 물건을 구매한 적이 없는 고객을 위쪽으로 다시 정렬해보자.

고객 방문 기록

고객 이름	출생년도	주소	연락처	구매한 물건	단가(천원)	수량
이승기	1987	서울	011-111-1111			
김경호	1971	전남	019-333-3333			
윤종신	1969	경남	안 남김			
임재범	1963	서울	016-666-6666			
임재범	1963	서울	016-666-6666			
은지원	1978	경북	011-888-8888			
조관우	1965	경기	018-999-9999			
김범수	1979	경남	011-222-2222	운동화	30	2
김범수	1979	경남	011-222-2222	노트북	1000	1
조용필	1950	경기	011-444-4444	모니터	200	1
바비킴	1973	서울	010-000-0000	모니터	200	5
김범수	1979	경남	011-222-2222	청바지	50	3
바비킴	1973	서울	010-000-0000	메모리	80	10
성시경	1979	경남	안 남김	책	15	5
은지원	1978	경북	011-888-8888	책	15	2
은지원	1978	경북	011-888-8888	청바지	50	1
바비킴	1973	서울	010-000-0000	운동화	30	2
은지원	1978	경북	011-888-8888	책	15	1
바비킴	1973	서울	010-000-0000	운동화	30	2

이렇게 무엇이 들어있는 칸을 진한 색으로 보니 전체 테이블이 L자 모양의 테이블이 되었다. 이러한 것을 L자형 테이블이라는 용어를 쓴다. L자형 테이블의 문제는 공간의 낭비에 있다. 위 표에서도 구매한 물건 정보 부분이 많이 비어 있는데도, 그 공간을 사용하지 않고 있다.

step 3

L자형 테이블을 빈칸이 있는 곳과 없는 곳으로 분리해보자. 그러면 아래와 같이 고객 방문 기록이 고객 테이블과 구매 테이블로 테이블이 분리된다.

고객 테이블

고객 이름	출생년도	주소	연락처
이승기	1987	서울	011-111-1111
김경호	1971	전남	019-333-3333
윤종신	1969	경남	안 남김
임재범	1963	서울	016-666-6666
임재범	1963	서울	016-666-6666
은지원	1978	경북	011-888-8888
조관우	1965	경기	018-999-9999
김범수	1979	경남	011-222-2222
김범수	1979	경남	011-222-2222
조용필	1950	경기	011-444-4444
바비킴	1973	서울	010-000-0000
김범수	1979	경남	011-222-2222
바비킴	1973	서울	010-000-0000
성시경	1979	경남	안 남김
은지원	1978	경북	011-888-8888
은지원	1978	경북	011-888-8888
바비킴	1973	서울	010-000-0000
은지원	1978	경북	011-888-8888
바비킴	1973	서울	010-000-0000

구매 테이블

구매한 물건	단가(천원)	수량
운동화	30	2
노트북	1000	1
모니터	200	1
모니터	200	5
청바지	50	3
메모리	80	10
책	15	5
책	15	2
청바지	50	1
운동화	30	2
책	15	1
운동화	30	2

잘 분리되었다. 이제는 빈 부분이 없어졌다. 즉, 공간을 절약할 수가 있다. 그런데 고려해야 할 사항이 두 가지가 생겼다. 우선 고객 테이블에서 똑같은 정보가 중복된다는 것이다. 즉, 여러 번의 물건을 산 고객의 정보는 동일한 정보가 여러 번 기록되어 있다. 그럴 필요는 없으므로 중복된 고객을 하나만 남기자.

3-1 고객 테이블의 중복을 없앤다. 중복을 없애니 고객이 10명이 되었다. 그런데 우리는 각각의 고객을 구분해야 한다. 그래서 고객 이름을 고객을 구분할 수 있는 구분자로 설정하겠다. 이런 구분자를 기본 키PK, Primary Key라고 부른다. 다시 얘기하면 각 행을 구분하는 유일한 값이 기본 키이다. 기본 키의 조건은 중복되지 않고 비어있지 않아야 한다(기본 키에 대한 내용은 8장에서 상세히 다룬다).

⚠️ 실제로는 고객 테이블의 이름은 중복되어서 같은 이름의 고객이 있을 수 있으므로 PK로 사용하기가 적당하지 않다. 그래서, 인터넷 쇼핑몰에 회원 가입 시에 회원ID를 생성하고 가입하는 것이다. 당연히 이미 해당 아이디가 있으면 가입하지 못할 것이다. 즉, 회원ID를 회원을 구분할 수 있는 구분자인 기본 키로 사용하는 것이다. 지금은 그냥 단순화를 위해서 이름은 중복되지 않는다고 생각하자.

고객 테이블

고객 이름	출생년도	주소	연락처
이승기	1987	서울	011-111-1111
김경호	1971	전남	019-333-3333
윤종신	1969	경남	안 남김
임재범	1963	서울	016-666-6666
은지원	1978	경북	011-888-8888
조관우	1965	경기	018-999-9999
김범수	1979	경남	011-222-2222
조용필	1950	경기	011-444-4444
바비킴	1973	서울	010-000-0000
성시경	1979	경남	안 남김

PK

3-2 이번에는 구매 테이블만 보니 누가 구매한 것인지를 알 수가 없다. 그래서 구매 테이블의 앞에 회원을 구분할 수 있는 회원의 기본 키로 설정된 이름을 넣어주자. 아래와 같이 구매 테이블이 완성되었다. 주의할 점은 구매 테이블의 고객이름은 중복되었다고 중복을 없애면 안 된다. 즉, 구매 테이블의 각각의 행은 별도의 구매한 내역이므로 삭제하면 안 된다.

구매 테이블

고객 이름	구매한 물건	단가(천원)	수량
김범수	운동화	30	2
김범수	노트북	1000	1
조용필	모니터	200	1
바비킴	모니터	200	5
김범수	청바지	50	3
바비킴	메모리	80	10
성시경	책	15	5

고객 이름	구매한 물건	단가(천원)	수량
은지원	책	15	2
은지원	청바지	50	1
바비킴	운동화	30	2
은지원	책	15	1
바비킴	운동화	30	2

step 4

테이블의 구분이 잘 되었다. 그런데 고객 테이블과 구매 테이블은 밀접한 관련이 있는 테이블이다. 즉, 구매 테이블 만으로는 고객에게 배송할 수가 없다. 고객의 주소와 연락처는 고객 테이블에 있기 때문이다. 그래서 이 두 테이블의 업무적인 연관성을 맺어줘야 한다. 이를 '관계Relation'라고 부른다.

여기서 두 테이블 중에서 부모 테이블과 자식 테이블을 결정해보자. 부모와 자식을 구분하는 방법 중에서 주Master가 되는 쪽은 부모로, 상세Detail이 되는 쪽을 자식으로 설정할 수 있다.

그렇다면 고객과 물건(구매한 내역) 중에서 어느 것이 주가 되는가? 아래의 문장을 보자.

"고객은 물건(구매한 내역)을 소유한다." 또는 "물건(구매한 내역)은 고객을 소유한다."

어느 것이 더 자연스러운가? 당연히 전자가 훨씬 자연스러운 표현이다. 그러므로, 고객 테이블이 부모 테이블이 되고 구매 테이블이 자식 테이블이 되면 된다.

좀 더 모델링하다 보면 이렇게 나누는 방법이 자연스럽게 습득된다. 그래서 주로 기준이 하나인 것과 하나의 기준이 여러 개의 기록을 남기는 것으로 부모 테이블과 자식 테이블을 구분할 수도 있다.

예를 들어, 학생 테이블과 과목 테이블을 생각하면 학생 한 명이 여러 개의 과목을 신청할 수 있으므로 부모는 학생 테이블이 되고 과목 테이블은 자식 테이블로 설정하면 된다. 이러한 관계를 테이블의 일대다(1:N) 관계라고 지칭하고, 일대다 관계가 관계형 데이터베이스에서 가장 보편적인 테이블 간의 관계다.

4-1 여기서 부모 테이블인 고객 테이블과 자식 테이블인 구매 테이블의 관계를 맺어주는 역할은 기본 키PK, Primary Key와 외래 키FK, Foreign Key를 설정함으로써 이뤄진다. 이미 고객 테이블에서 기본 키를 고객 이름으로 설정했다. 그러므로 자식 테이블의 외래 키는 부모 테이블의 기본 키와 일치되는 구매 테이블의 고객 이름으로 설정해야 한다.

외래 키가 갖는 의미는 외래 키를 가지고, 부모 테이블로 찾아가면 유일하게 하나의 정보를 얻을 수 있을 수 있다는 것이다. 예를 들어 아래 그림에서 구매 테이블의 외래 키인 '김범수'를 가지고 고객 테이블의 '김범수'를 찾아가면 그 김범수의 정보는 유일한 한 명의 정보(주소, 연락처 등)만을 얻을 수 있다.

PK ── 고객 테이블

고객 이름	출생년도	주소	연락처
이승기	1987	서울	011-111-1111
김경호	1971	전남	019-333-3333
윤종신	1969	경남	안 남김
임재범	1963	서울	016-666-6666
은지원	1978	경북	011-888-8888
조관우	1965	경기	018-999-9999
김범수	1979	경남	011-222-2222
조용필	1950	경기	011-444-4444
바비킴	1973	서울	010-000-0000
성시경	1979	경남	안 남김

FK △ 구매 테이블

고객 이름	구매한 물건	단가(천원)	수량
김범수	운동화	30	2
김범수	노트북	1000	1
조용필	모니터	200	1
바비킴	모니터	200	5
김범수	청바지	50	3
바비킴	메모리	80	10
성시경	책	15	5
은지원	책	15	2
은지원	청바지	50	1
바비킴	운동화	30	2
은지원	책	15	1
바비킴	운동화	30	2

여기서 잠깐

부모 테이블과 자식 테이블을 결정할 때 주의할 점은 인간이 사물보다 소중하므로 고객 테이블이 부모가 된다는 논리를 가지고 결정해서는 안 된다. 특히, 처음 모델링을 할 경우에 그러한 성향이 강한 듯하다.

지금의 사례와 반대로 물건이 부모 테이블이 되는 경우도 무척 많다. 예로 물품 종류에 대한 정보가 기록된 '물품종류 테이블'과 물품을 판매한 직원의 '물품 판매 직원 기록 테이블'이 있다면 '물품 종류' 하나당 여러 명의 직원이 판매할 수 있으므로 부모 테이블은 '물품 종류 테이블'이 될 것이고, 자식 테이블은 '물품 판매 직원 기록 테이블'이 될 것이다.

4-2 이렇게 관계가 맺어진 후에는, 제약 조건이라는 관계가 자동으로 설정된다(제약 조건의 종류 및 설정법은 8장에서 자세히 배운다ㄴ).

예를 들어 '존밴이'라는 사람이 모니터를 1개 구매하려고 한다고 생각해보자. 구매 테이블에는 존밴이/모니터/200/1이라는 행이 하나 추가되어야 한다. 그런데 구매 테이블의 FK로 설정된 '존밴이'가 고객 테이블에 없다. 그러므로 이 행은 PK, FK 제약 조건에 위배되므로 추가될 수가 없다(이를 참조 무결성이라고도 부른다). 따라서 '존밴이'가 물건을 구매하기 위해서는 먼저 부모 테이블인 고객 테이블에 '존밴이'의 정보를 입력해야 한다(이것은 우리가 인터넷 쇼핑몰에서 물건을 구매할 때 회원으로 가입이 되지 않았는데, 물건을 구매할 수가 없는 것과 같은 이치다).

또한, 부모 테이블(고객 테이블)의 '김범수'가 회원탈퇴를 한다고 가정해보자. 이는 '김범수'행을 삭제하는 것이다. 그런데 김범수는 자식 테이블(구매 테이블)에 구매한 기록이 있기 때문에 삭제되지 않는다. 부모 테이블의 데이터를 삭제하려면 자식 테이블에 연관된 데이터부터 삭제해야만 삭제가 가능하다.

step 5

이제는 완성된 고객 테이블과 구매 테이블의 테이블 구조를 정의하자. 즉, 열 이름, 데이터 형식, Null 여부 등을 결정하는 과정이다.

테이블 이름	열 이름	데이터 형식	Null 허용	기타
고객 테이블	고객이름	문자 (최대 3글자)	X	PK
	출생년도	숫자 (정수)	X	
	주소	문자 (최대 2글자)	X	
	연락처	문자 (최대 12글자)	O	
구매 테이블	고객이름	문자 (최대 3글자)	X	FK
	구매한물건	문자 (최대 3글자)	X	
	단가	숫자 (정수)	X	
	수량	숫자 (정수)	X	

두 개의 테이블과 각 테이블에는 4개의 열이 정의되었다. 그리고 Null 허용은 연락처에만 없는 데이터가 있을 수 있다. 데이터 형식도 실제 들어 있는 값을 기준으로 정하였다. 지금은 데이터 형식을 필자가 대략 임의로 설정하였으나, 필요하다면 이름이 4자 이상인 경우도 있으므로 고객이름의 데이터 형식을 더 크게 변경하는 것도 고려할 수 있다.

이번에는 SQL Server에서 제공해주는 간단한 데이터베이스 모델링 툴의 사용법을 익혀보자.

SQL Server는 간단한 모델링 툴 제공해 준다. 이를 이용해서 〈실습 1〉에서 정의한 테이블을 다이어그램으로 만들어보자.

step 1

우선 모델링 연습용 데이터베이스를 만들자.

1-1 SQL Server Management Studio의 개체 탐색기 [데이터베이스]에서 마우스 오른쪽 버튼을 클릭하고, [새 데이터베이스]를 선택한다.

[그림 4-3] 새 데이터베이스 생성 1

1-2 [새 데이터베이스]창에서 데이터베이스 이름을 "ModelDB"로 입력하고 〈확인〉을 클릭한다.

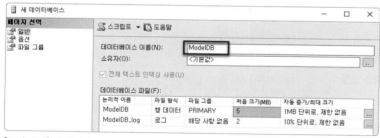

[그림 4-4] 새 데이터베이스 생성 2

step 2

데이터베이스 다이어그램을 작성한다.

2-1 개체 탐색기에서 데이터베이스를 확장하고, ModelDB를 확장한다. [데이터베이스 다이어그램]에서 마우스 오른쪽 버튼을 클릭하고 [새 데이터베이스 다이어그램]을 선택한다.

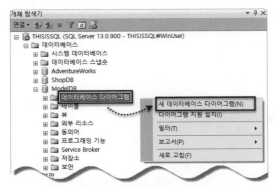

[그림 4-5] 새 데이터베이스 다이어그램 생성

2-2 지원개체를 만들겠냐는 메시지 박스가 나오면 〈예〉를 클릭한다.

2-3 [테이블 추가] 창이 나오면 우선 〈닫기〉를 클릭해서 닫는다.

step 3

새로운 다이어그램을 작성한다.

3-1 오른쪽 빈 공간에서 마우스 오른쪽 버튼을 클릭하고 [새 테이블]을 선택한다.

[그림 4-6] 데이터베이스 다이어그램 사용 1

3-2 [이름 선택] 창에서 테이블 이름을 "고객 테이블"로 입력하고 〈확인〉을 클릭한다.

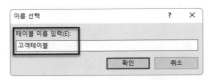

[그림 4-7] 데이터베이스 다이어그램 사용 2

⚠ 지금은 모델링 연습 중이므로, 테이블이름과 열이름에 한글을 그냥 사용하지만 실무에서는 꼭 영문으로 테이블이름 열이름을 지정하는 것이 좋다.

3-3 고객 테이블에서 열 이름, 데이터 형식, Null 허용을 〈실습 1〉의 5번과 같이 입력한다. 여기서 문자는 nchar형을 사용한다. 입력한 결과는 다음과 같다.

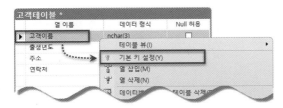

[그림 4-8] 데이터베이스 다이어그램 사용 3

3-4 "고객이름"에서 마우스 오른쪽 버튼을 클릭하고 [기본 키 설정]을 선택한다. 그러면 고객이름 앞에 열 쇠모양의 아이콘이 보인다.

[그림 4-9] 데이터베이스 다이어그램 사용 4

3-5 같은 방식으로 빈 부분에서 마우스 오른쪽 버튼을 클릭하고 [새 테이블]을 선택한 후, 구매테이블을 작성한다. 그 결과는 다음과 같다.

[그림 4-10] 데이터베이스 다이어그램 사용 5

step 4

이번에는 기본키–외래키 관계를 맺어주자.

4-1 구매 테이블의 '고객이름' 열을 마우스로 드래그한 후에 고객 테이블의 '고객이름'에 드롭시킨다.

[그림 4-11] 데이터베이스 다이어그램 사용 6

4-2 [테이블 및 열] 창에서 기본 키가 고객 테이블의 고객이름으로, 외래 키가 구매 테이블의 고객이름으로 설정되었다면 〈확인〉을 클릭한다. [외래 키 관계] 창에서도 〈확인〉을 클릭한다.

[그림 4-12] 데이터베이스 다이어그램 사용 7

4-3 [외래 키 관계] 창에서 다시 〈확인〉을 클릭하면, 두 테이블에 PK/FK 관계가 맺어진 것이 그림상에 확인된다.

[그림 4-13] 데이터베이스 다이어그램 사용 8

4-4 SSMS 메뉴의 [파일] 〉〉 [모두 저장]을 클릭하면 지금까지 설정한 내용이 저장된다. 다이어그램 이름을 물어보는 창이 나오면 적절히 "Model 다이어그램" 정도로 입력한다. 또, 다음 테이블이 데이터베이스에 저장된다는 메시지가 나오면 〈예〉를 클릭한다.

개체 탐색기에서 ModelDB의 테이블을 확장하면 다이어그램에서 생성한 두 테이블이 보일 것이다. 즉, 다이어그램에서 생성한 내용이 그대로 테이블로 생성된 것을 확인할 수 있다.

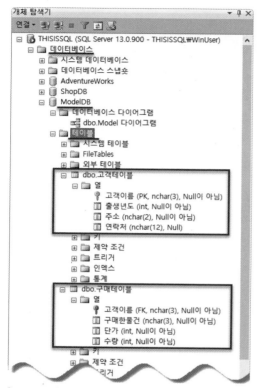

[그림 4-14] 자동 생성된 테이블

이로써 새로운 다이어그램을 만드는 방법을 확인해봤다. 실제 행 데이터를 입력하는 방법은 3장에서 실습해 보았으므로 독자가 3장의 〈실습 3〉을 참고해서 입력하자.

이번에는 기존에 존재하는 테이블을 이용해서 다이어그램을 작성하는 방법을 확인하자.

6-0 AdventureWorks를 사용할 것인데, 우선 소유자를 변경해야 한다. 개체 탐색기에서 [데이터베이스]
〉〉[AdventureWorks]에서 마우스 오른쪽 버튼을 클릭하고 [속성]을 선택한다. [데이터베이스 속성] 창에서
왼쪽 [파일] 페이지를 클릭하고 소유자를 "NT AUTHORITY\SYSTEM"으로 정확히 입력한 후, 〈확인〉을
클릭한다.

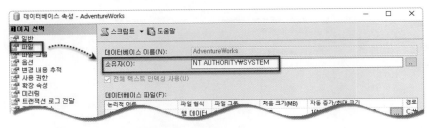

[그림 4-15] AdventureWorks의 파일 소유자 변경

6-1 SQL Server Management Studio의 개체 탐색기에서 [데이터베이스] 〉〉 [AdventureWorks] 〉〉 [데
이터베이스 다이어그램]을 선택한 후, 마우스 오른쪽 버튼을 클릭하고 [새 데이터베이스 다이어그램]을 선
택한다. 지원 개체를 만들겠냐는 메시지 박스가 나오면 〈예〉를 클릭한다.

잠시 후 [테이블 추가] 창이 나오면 다이어그램에 사용하고자 하는 테이블을 선택하고 〈추가〉 버튼을 누
르면 된다. 적절히 몇 개를 선택해서 추가해본다(Shift나 Ctrl을 누른 상태에서 클릭하면 여러 개가 선택
된다). 추가가 끝났으면 〈닫기〉 버튼을 눌러 창을 닫는다.

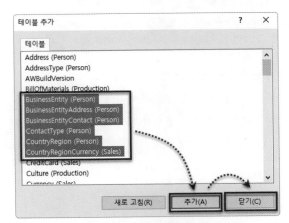

[그림 4-16] 데이터베이스 다이어그램에 테이블 추가 1

6-2 SSMS에 해당 테이블의 관계도가 보일 것이다.

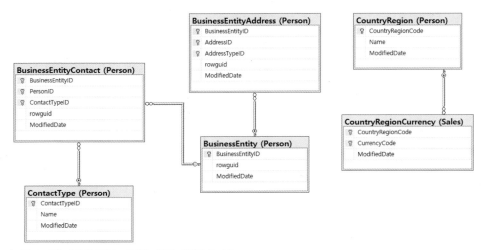

[그림 4-17] 데이터베이스 다이어그램에 테이블 추가 2

이는 고가의 데이터베이스 모델링 툴보다는 좀 부족할 수도 있겠으나, SQL Server를 사용한다면 데이터베이스 모델링 툴이 없더라도 나름대로 좋은 기능을 활용할 수 있다(데이터베이스 모델링 툴의 사용법은 이 책의 범주를 벗어나므로 더 이상 다루지는 않는다).

> **여기서 잠깐**
>
> ☆
>
> 유명한 데이터베이스 모델링 소프트웨어로는 CA 사의 ERwin 제품이 있으나 가격이 고가여서, 최근에는 무료 또는 저가의 모델링 툴인 MySQL Workbench, SQL Power Architect, exERD 등도 많이 사용되고 있다.

이로써 간단하게 데이터베이스 모델링을 마친다. 단순화한 예제였지만, 다른 것들도 이보다 훨씬 복잡할 뿐이지 기본적인 골격은 비슷하다. 또, 서두에서 얘기했지만, 데이터베이스 모델링은 한두 번 해봤다고 잘할 수 있는 성질의 것이 아니므로 많은 관심과 노력이 필요하다. 그래서 실무에서도 데이터베이스 모델링을 잘하는 사람이 드물다.

1. 폭포수 모델의 6단계를 차례대로 나열하자.

2. 데이터베이스 모델링이란 무엇인지 간략하게 설명해보자.

3. 다음과 같이 메모장이나 엑셀로 작성된 기록을 테이블로 변환해보자.

고객번호	고객 이름	주소	연락처	구매한 물건	수량
0001	이승기	서울	011-111-1111		
0002	김범수	경남	011-222-2222	운동화	2
0002	김범수	경남	011-222-2222	노트북	1
0003	김경호	전남	019-333-3333		
0004	조용필	경기	011-444-4444	모니터	1
0005	바비킴	서울	010-000-0000	모니터	5
0006	윤종신	경남	안 남김		
0002	김범수	경남	011-222-2222	청바지	3
0007	임재범	서울	016-666-6666		
0005	바비킴	서울	010-000-0000	메모리	10
0008	성시경	경남	안 남김	책	5
0009	은지원	경북	011-888-8888	책	2
0007	임재범	서울	016-666-6666		
0009	은지원	경북	011-888-8888	청바지	1
0005	바비킴	서울	010-000-0000	운동화	2
0009	은지원	경북	011-888-8888		
0009	은지원	경북	011-888-8888	책	1
0005	바비킴	서울	010-000-0000	운동화	2
0010	조관우	경기	018-999-9999		

4. AdventureWorks 데이터베이스의 모든 테이블을 데이터베이스 다이어그램으로 작성해보자.

SQL Server의 툴과
유틸리티 사용하기

3장에서 데이터베이스의 전체 과정 및 응용 프로그램과 DB를 연동하는 방법을 미리 실습하면서, 이미 조금씩 SQL Server의 툴과 유틸리티를 사용했다.

5장에서는 SQL Server에서 제공하는 여러 가지 툴과 유틸리티의 사용법을 익혀보자. SQL Server 2016은 이전 버전(2005, 2008, 2008 R2, 2012, 2014)의 SQL Server와 비교하면 외형적으로는 그다지 많은 변화가 있지 않다. 따라서 이미 SQL Server를 사용해본 독자라면 그다지 생소하게 느껴지지 않을 것이다. 하지만, SQL Server를 처음 접하는 사용자는 꼭 익혀야 할 기능들이므로 신경 써서 살펴봐야 할 내용이 많이 있다.

이 장의 핵심 개념

5장에서는 SQL Server에서 제공하는 다양한 툴과 유틸리티의 다양한 활용법을 확인한다. 5장에서 다루는 핵심 개념은 다음과 같다.

1. SQL Server Management Studio는 데이터베이스 연결, 인스턴스 관리, 쿼리창 등의 다양한 기능을 제공한다.

2. [서버에 연결] 창에서는 외부에 설치된 SQL Server에 연결하거나, 인증 방법을 바꿔서 연결할 수 있다.

3. SSMS의 개체 탐색기를 통해 대부분의 데이터베이스 작업을 수행할 수 있다.

4. SSMS의 쿼리창은 '쿼리 문장 (SQL 구문)을 입력하고 실행하는 텍스트 에디터'라고 할 수 있다.

5. 프로파일러는 SQL Server의 최적화를 위해서 사용되는 유용한 도구로, 고급 데이터베이스 개발자의 경우에 상당히 자주 사용하는 도구다.

이 장의 학습 흐름

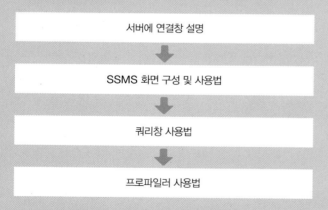

서버에 연결창 설명

↓

SSMS 화면 구성 및 사용법

↓

쿼리창 사용법

↓

프로파일러 사용법

5.1 SQL Server Management Studio

SQL Server Management Studio(줄여서 SSMS)는 SQL Server 2005부터 제공되는 통합된 SQL Server의 클라이언트 툴이다. 지금까지 SSMS를 사용해 왔지만, 이번에는 SSMS의 자세한 사용법을 살펴보겠다.

SSMS는 간단히 말하면 SQL Server 엔진에 접속하기 위한 클라이언트 도구다. 가장 많이 사용되는 기능으로 개체 탐색기에서 서버를 관리하거나, 쿼리창에서 SQL을 입력하고 실행하는 기능이 대표적이다.

5.1.1 SQL Server Management Studio의 실행

SQL Server 2016을 설치한 후에 Windows의 [시작] >> [모든 앱] >> [Microsoft SQL Server 2016] >> [SQL Server Management Studio]를 선택하면 아래와 같은 SQL Server 2016 로고 화면이 나온다.

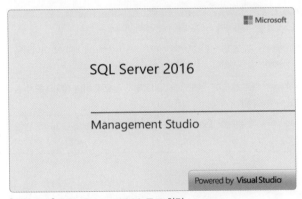

[그림 5-1] SQL Server 2016 로고 화면

5.1.2 [서버에 연결] 창

SSMS를 실행하면 계속 처음에 나오게 될 창이 다음 그림과 같은 [서버에 연결] 창이다. 간단히 얘기하면 접속될 서버와 인증유형을 선택한 후에 접속을 시도하게 된다. 즉, 아무나 SQL Server 2016 엔진에 접속할 수 없고 인증된 사용자만 접속하게 된다는 의미다.

[그림 5-2] 서버에 연결 창

서버 유형

[서버에 연결 창]에서 서버 유형의 드롭다운 버튼을 클릭하면, 서버 유형에는 데이터베이스 엔진, Analysis Services, Reporting Services, Integration Services 등 네 가지 유형이 나타난다. 네 가지 서버 유형을 간단히 소개하면 아래와 같다.

유형	기능
데이터베이스 엔진	관계형 데이터베이스 엔진을 의미하며, SQL Server의 핵심이다.
Analysis Services	SSAS SQL Server Analysis Service로 불리며, OLAP On-Line Analytical Processing과 데이터 마이닝을 지원하는 BI Business Intelligence 솔루션이다.
Reporting Services	SSRS SQL Server Reporting Service로 불리며, 원래의 데이터로부터 필요로 하는 데이터를 추출하여 보고서를 만드는 기능을 한다.
Integration Services	SSIS SQL Server Integration Service로 불리며, 외부로 데이터를 내보내거나 외부의 데이터를 변환하는 과정을 수행한다.

[표 5-1] 4가지 유형의 서버

여기서 잠깐

OLAP On-Line Analytical Processing이란 최종사용자가 의사결정을 얻기 위해서, 데이터베이스에 실시간으로 접근하여서 대화식으로 정보를 추출/분석하는 것을 말한다. OLAP은 다차원 정보에 접근이 가능해야 하는데, 다차원 정보란 예를 들어, '지난 달에 비해서 이번 달의 실적은 어떠한가?' 등 최종 사용자가 이해하는 실제적인 차원의 정보를 의미한다.

⚠ 이 책에서는 SQL Server의 가장 기본이며 핵심인 '데이터베이스 엔진'만을 다루며, 『뇌를 자극하는 SQL Server 2012 (2권, 관리/응용편)』에서 나머지 유형의 일부를 다루므로 참고하자.

서버 이름

SSMS를 통해서 접근하게 될 SQL Server의 이름을 입력 또는 선택하는 부분이다.

직접 SQL Server 엔진이 설치된 컴퓨터의 이름을 입력해도 되며, 해당 서버의 IP 주소를 알고 있을 경우에는 IP 주소를 입력해도 된다. 원격지의 컴퓨터에 접속하기 위해서는 IP 주소를 입력하는 것이 가장 확실한 접속 방법이다.

또한, 이 부분에 (local) 또는 localhost 또는 127.0.0.1이라고 입력하면, 현재 SSMS를 실행하는 컴퓨터에 데이터베이스 엔진이 설치된 것으로 간주하고 접속된다. 대부분의 독자는 현재 SQL Server 엔진이 설치된 컴퓨터에서 직접 SSMS를 실행하게 될 것이므로, (local) 또는 localhost 또는 127.0.0.1이라고 써줘도 무방하다.

앞으로 접속 시에는 현재 컴퓨터 이름(필자는 THISISSQL)을 선택한 후에 접속하면 된다.

그런데 서버 이름에 접속하고자 하는 서버가 보이지 않는다면 드롭다운 버튼을 클릭한 후, 〈더 찾아 보기...〉를 선택하고 아래 그림과 같은 창의 [로컬 서버] 탭에서 해당 서버를 선택하면 된다.

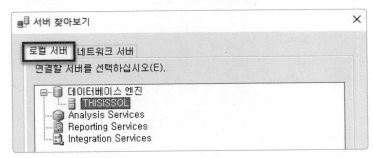

[그림 5-3] 서버 찾아보기 창

만약, 로컬 서버(현재 SSMS를 실행하는 컴퓨터)가 아닌 외부의 서버라면 [네트워크 서버] 탭을 클릭해서 해당 서버를 선택해 주면 된다. 조금 전에 얘기했지만, 외부의 컴퓨터에 접속하는 가장 확실한 방법은 IP 주소를 직접 입력하는 방법이 더 좋다.

지금 독자들은 혹시 외부의 컴퓨터에 SQL Server가 설치되어 있어도 접속되지 않을 것이다. 이유는 아직 보안설정 등을 위한 [SQL Server 구성 관리자]를 설정하지 않았기 때문이다. [SQL Server 구성 관리자]는 이 장의 후반부에 살펴보겠다.

인증

SQL Server에 접속하기 위한 인증방식을 선택하는 부분이다. 이 책에서는 설치 시에 'Windows 인증'으로 설치했다. 그러므로 디폴트인 Windows 인증 모드로 접속하면 된다.

Windows 인증은 SQL Server가 설치된 컴퓨터에서만 SSMS를 사용하거나(대부분 독자의 경우), 또는 Windows 도메인 환경으로 구성된 회사의 내부에서만 SQL Server에 접속하는 환경이라고 생각하면 된다. 이렇게 되면 외부에서는 접근하는 것이 근본적으로 차단되므로 보안이 더욱 강화되는 효과를 갖는다. Microsoft에서도 이 인증모드를 적극 권장한다.

'SQL Server 인증' 모드는 도메인 환경을 사용하지 않거나, 주로 인터넷을 사용하는 외부에서 SQL Server에 접근하고자 하는 경우에 사용하는 환경이다. 단지 사용자 아이디와 비밀번호만으로 SQL Server에 접속하는 것이므로 보안상 그리 바람직하지 않지만, 실질적으로 현업에서는 아직도 많은 SQL Server 접속이 이 모드에서 사용되고 있다.

여기서 잠깐

외부 컴퓨터에서 SQL Server에 'SQL Server 인증'으로 접속하는 방법은 16장에서 실습을 통해 살펴본다. 참고로 'SQL Server 인증'으로 접속하는 기본 사용자로 sa라는 이름의 사용자가 있다(System Administrator의 약자다). 이 사용자는 모든 권한을 가지는 관리자의 역할을 한다. 이 사용자의 비밀번호를 외부에 알려주는 것은 아주 위험한 행동이다. 꼭 sa가 아닌 별도의 사용자를 생성해준 후에 필요한 권한만을 부여한 후 별도의 사용자를 외부에 알려줘야 한다. 보안과 관련된 상세한 내용은 『뇌를 자극하는 SQL Server 2012 (2권, 관리/응용편)』을 참고하자.

사용자 및 비밀번호

현재 인증이 Windows 인증 모드로 되어 있으므로, 사용자는 Windows에 접속한 사용자의 이름이 기본으로 설정되어 있을 것이다. 만약, SQL Server 인증으로 변경한다면, 아래 그림과 같이 별도로 허가된 로그인과 암호를 입력해야 할 것이다. 이 책에서는 대부분 디폴트인 Windows 인증 모드로 접속하게 될 것이다.

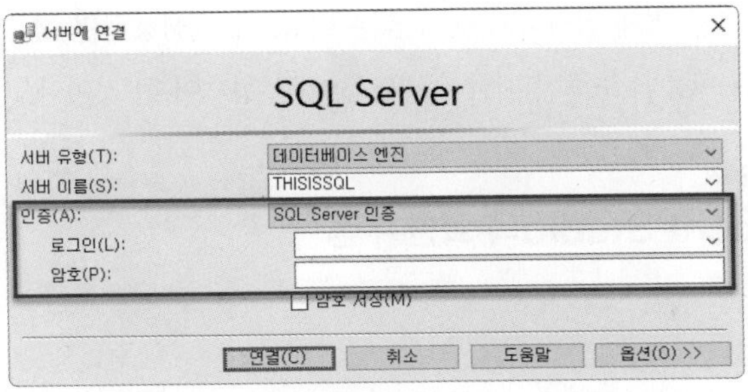

[그림 5-4] SQL Server 인증 모드

연결 속성

오른쪽 아래 〈옵션〉 버튼을 클릭하면, [연결 속성] 탭 및 [추가 연결 매개 변수] 탭이 나타난다. 특별한 경우를 제외하고는 거의 사용할 일이 없는 부분이라서 특별히 신경 쓸 필요는 없다.

연결할 데이터베이스는 특별히 연결하고자 하는 데이터베이스를 지정하는 부분이며, 네트워크 프로토콜은 서버에 접속하기 위한 네트워크를 별도로 지정할 수 있는 부분이다.

[추가 연결 매개 변수] 탭은 연결 문자열을 추가로 직접 입력할 수 있는 창이다. 아마 사용할 일이 거의 없을 것이다.

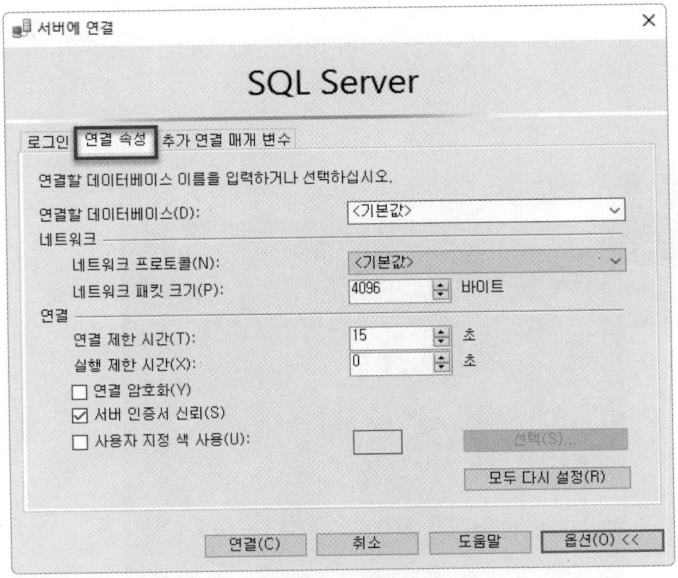

[그림 5-5] 연결 속성

이리저리 설정이 많이 나왔지만, 특별히 다른 서버에 접속하고 싶지 않은 이상, 계속 사용하던 컴퓨터라면 그냥 Windows 인증 모드로 〈연결〉 버튼만 누르면 지금까지와 같이 잘 접속이 될 것이다.

5.1.3 SQL Server Management Studio의 화면 구성

도킹 윈도우

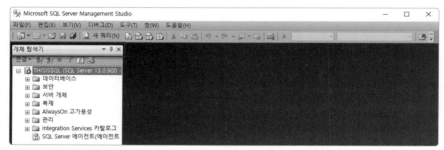

[그림 5-6] SSMS 의 기본 구성 창

처음 나타나는 SSMS의 화면은 위 그림과 같을 것이며, 앞으로 이 구성으로 주로 사용하게 될 것이다. SSMS는 사용자가 화면구성을 유연하고 원하는 대로 구성할 수 있는 기능을 제공한다. [그림 5-6]에 표시된 [개체 탐색기] 부분을 마우스로 드래그하면, 화면이 [그림 5-7]과 같이 바뀐다. 이때 중앙에 나타나는 십자가 모양의 부분 중 에서 원하는 부분(상/하/좌/우)에 가져다 놓으면 각 윈도우의 배치가 새로 바뀐다.

[그림 5-7] 도킹 윈도우

개체 탐색기

개체 탐색기Object Explorer는 SQL Server 개체들을 검색하고 관리하는 강력한 도구다. 앞으로도 이 개체 탐색기를 통해서 많을 일들을 할 수 있고, SQL Server 명령문이나 SQL 구문을 전혀 모르더라도 이 개체 탐색기를 통해서 대부분의 일들을 수행할 수 있을 정도다.

개체 탐색기에서 할 수 있는 역할들을 개략 나열하면 아래와 같다.

- 데이터베이스 및 데이터베이스 개체를 생성하고 관리
- 데이터베이스의 삭제 및 속성 변경
- 보안 관리
- 권한 및 제한사항 조절
- 로그전달/미러링/복제 등의 환경 조절
- 백업의 생성 및 복원의 수행
- 정책 관리, 리소스 관리, 데이터 컬렉션
- SQL Server 로그 기록 조회 및 관리
- SQL Server 에이전트의 관리

이 외에도 더 많은 기능이 있으며, 앞으로 이 책을 사용하면서 가장 많이 사용되는 SSMS의 도구 중의 하나다.

개체 탐색기는 트리 형태로 되어 있어서, 각각의 항목을 '+' 기호를 클릭해서 확장할 수 있다. 아래 그림은 AdventureWorks 데이터베이스의 테이블에 장착된 트리거를 조회한 결과이다(트리거의 내용은 13장에서 다룬다). 계속 '+'를 클릭해서 확장하다가 마지막에서 더블클릭하면, 해당되는 내용의 속성 창이 뜨거나 오른쪽에 쿼리창으로 나타난다.

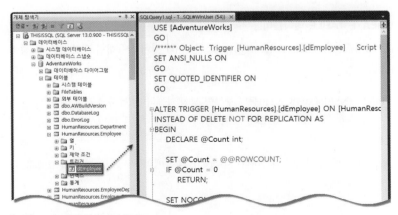

[그림 5-8] 개체 탐색기의 확장

개체 탐색기를 이용해서 SQL 문을 자동 생성해보자.

개체 탐색기는 모든 개체에 대해서 SQL 문을 자동으로 생성하는 기능이 있다. 이 기능을 잘 이용하면 개체 생성을 위한 SQL 구문을 쉽게 파악할 수 있다.

테이블을 만드는 SQL 문을 자동 생성하자.

1-1 3장에서 생성한 ShopDB의 dbo.memberTbl 테이블을 선택한 후, 마우스 오른쪽 버튼을 클릭하고 [테이블 스크립팅] >> [CREATE] >> [새 쿼리 편집기 창]을 선택하면 아래와 같이 새로운 쿼리창에 방금 선택한 테이블을 생성하는 SQL 구문이 나올 것이다(ShopDB가 없으면 AdventureWorks의 아무 테이블이나 사용해도 된다).

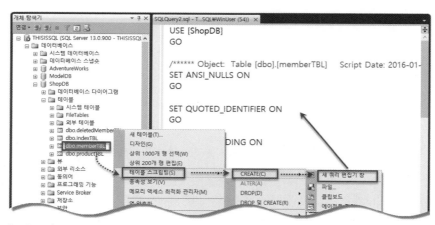

[그림 5-9] 테이블 생성 스크립트 자동 생성

쿼리창을 자세히 보면 **CREATE TABLE 테이블이름 ~~**과 같은 SQL 문이 보인다. 즉, 우리가 3장에서 SSMS의 그래픽 창에서 생성했던 memberTbl을 SQL 문으로는 이와 같이 사용하면 된다(테이블 생성 SQL 문은 8장에서 상세히 다룬다).

1-2 CREATE 외에도 SELECT/INSERT/UPDATE 등의 구문이 생성 가능하다. 독자 스스로 해보자.

다른 개체들도 마찬가지로 SQL 구문의 생성이 가능하다. ShopDB의 뷰에 대해서도 역시 독자 스스로 실습해보자.

실습이 끝나면 열린 쿼리창을 모두 닫는다.

그 외에도 개체 탐색기에 포함된 내용은 워낙 많아서 따로 소개하지는 않고, 앞으로 필요할 때마다 계속 나오게 될 테니 그때마다 필요한 기능을 파악하자.

우선 기본적인 개체 탐색기의 공통적인 사용법은 해당하는 개체를 선택한 상태에서 마우스 오른쪽 버튼을 클릭하면 필요한 메뉴가 나타난다는 점만 잘 기억하자.

쿼리창

데이터베이스를 학습하는 데 가장 먼저 배우게 되는 것은 SQL^{Structured Query Language} 문이다. 3장에서도 사용해보았고, 앞으로도 계속 개체 탐색기와 더불어서 '쿼리창'을 계속 사용하게 될 것이다. 쿼리창을 간단히 표현하면 '쿼리 문장(SQL 구문)을 입력하고 실행하는 텍스트 에디터'라고 표현할 수 있다.

이미 어느 정도 사용에 익숙해졌겠지만, 쿼리창을 사용하는 차례를 정리하면 다음과 같다.

1 〈새 쿼리〉 아이콘을 클릭하거나, 개체 탐색기에서 인스턴스가 선택된 상태에서 마우스 오른쪽 버튼을 클릭하고 [새 쿼리]를 선택해서 쿼리창을 연다.

2 작업할 데이터베이스를 선택한다.

3 SQL 문을 입력한다.

4 〈구문 분석〉 아이콘을 사용해 SQL 문이 문법상 이상이 없는지 확인한다(생략 가능).

5 SQL 구문에 이상이 없다면, 〈!실행〉 아이콘을 클릭하거나, F5 키를 눌러서 SQL 문장을 실행한다.

6 결과 창을 통해서 결과를 확인하거나, 오류가 발생했다면 메시지를 통해서 오류를 확인한다.

> **여기서 잠깐**
>
> 이 책에서는 쿼리, 쿼리문, SQL, SQL 문, T-SQL, T-SQL 문, Transact-SQL 등은 대부분의 상황에서 동일한 의미로 사용된다. 필자도 특별히 구분해야 하는 경우를 제외하고는 문맥에 맞게 필요한 단어를 사용하도록 하겠으니 혼동하지 말자.

사실 차례를 글로 써서 좀 어색해 보이는 것일 뿐, 몇 번 사용해보면 자연스럽게 사용하게 될 것이다.

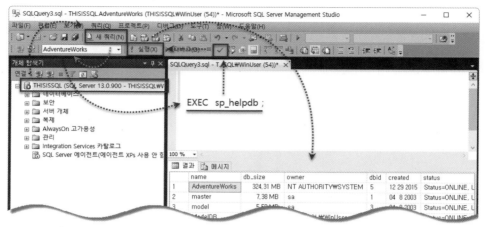

[그림 5-10] 쿼리창의 사용 순서

한번 쿼리창을 연 후에는 계속 SQL 문을 입력해서 사용하면 된다.

실습2

쿼리창을 이용하는 방법을 연습하자.

3장에서도 일부는 이미 실습했지만, 다시 한번 확실히 실습하자.

step 0

열려 있는 쿼리창을 모두 닫는다. 쿼리창 제목 오른쪽 〈x〉를 클릭하거나, SSMS 메뉴의 [파일] 〉〉 [닫기]를
선택하면 된다. 저장하겠냐고 묻는 창이 나오면 〈아니오〉를 선택한다.

[그림 5-11] 쿼리창 닫기

0-1 왼쪽 개체 탐색기에서 기본 인스턴스(컴퓨터 이름)을 선택한 후에, 〈새 쿼리〉 아이콘을 클릭해서 새로
운 쿼리창을 하나 연다.

step 1

아래와 같은 SQL 문을 입력한 후에, 〈!실행〉 아이콘을 눌러서 실행한다.

```
USE AdventureWorks;
GO
SELECT * FROM HumanResources.Employee;
GO
```

오타가 나지 않았다면, 잘 실행되어서 결과를 확인할 수 있을 것이다.

⚠ SQL Server에서 각 SQL 문의 끝에 세미콜론(;)은 써줘도 되고, 대개는 생략해도 무방하다. 하지만, 오라클이나 MySQL
과 같은 DBMS는 SQL 문의 끝에 반드시 세미콜론을 써줘야만 문장의 끝임을 인식한다.

또한, GO 문장은 앞 문장과 뒤 문장을 확실하게 구분해주는 역할을 한다. 경우에 따라서는 반드시 써야 하는 경우도 있지만,
지금의 경우에는 생략해도 관계없다.

step 2

SQL Server 2008부터는 몇 글자만 입력해도 관련된 글자를 미리 나타나는 IntelliSense 기능이 지원되어
서 그 이전보다는 오타가 발생하는 경우가 많이 줄었다. 그런데 데이터베이스의 이름 및 테이블 이름 자체
가 아예 기억이 안 나는 경우가 있을 것이다.

우선, 쿼리를 모두 지운 후에 "USE"만 입력하고 한 칸을 띄운 후에 아래 그림과 이 AdventureWorks 데
이터베이스를 마우스 왼쪽 버튼을 누른 상태에서 쿼리창에 끌어다 놓으면 글자가 자동으로 완성된다.

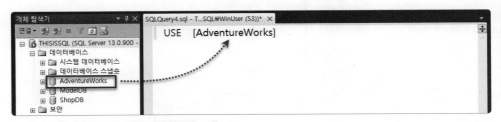

[그림 5-12] 개체를 드래그해서 자동 완성하는 기능

[테이블]을 확장해서 HumanResources.Employee 테이블도 마찬가지로 해본다.

이러한 자동 완성 기능을 사용하면 오타를 줄이면서 훨씬 빠르게 SQL 코딩이 가능하다.

SSMS의 몇 가지 기능을 더 살펴보자.

⚠ 이번에 소개하는 클립보드 링 순환, 쿼리창 확대/축소, 코드 조각 삽입, 코드 감싸기 기능은 SQL Server 2012부터 지원되는 기능이다.

3-1 클립보드 링 순환 기능은 복사를 여러 개 해놓고 돌아가면서 붙여넣기하는 기능이다.

(1) 쿼리창에 다음 3줄을 입력한다.

```
USE tempDB;
USE master;
USE AdventureWorks;
```

(2) 첫 줄을 드래그해서 선택한 후 Ctrl + C를 눌러 복사한다.

(3) 두 번째 줄 및 세 번째 줄도 같은 방식으로 따로따로 복사한다.

(4) 아래 빈 곳에 아무 곳에나 커서를 놓고, SSMS 메뉴 [편집] 》 [클립보드 링 순환]을 선택하면 마지막에 복사한 것이 붙여진다.

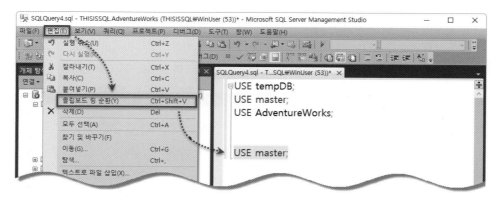

[그림 5-13] 클립보드 링 순환 기능

(5) 다시 SSMS 메뉴 [편집] 》 [클립보드 링 순환]을 선택하면 그 이전에 복사한 줄이 붙여넣기된다. 이렇게 클립보드 링 순환을 선택하면 복사해 놓은 것들이 역순으로 계속 붙여넣는 효과를 낸다. 키보드로는 Ctrl + Shift + V를 눌러도 같은 효과가 난다.

3-2 쿼리창을 확대/축소할 수도 있다. 쿼리창의 왼쪽아래에서 해당 축척을 선택하거나, 직접 입력하면 된다.

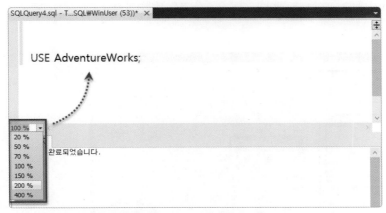

[그림 5-14] 쿼리창의 확대/축소 기능

3-3 코드 조각 삽입 기능도 있는데, 샘플 SQL 코드를 입력해준다. SQL 문법이 기억나지 않을 경우에 사용하면 유용하다. 쿼리창에서 마우스 오른쪽 버튼을 클릭하고 [코드 조각 삽입]을 선택하면 코드의 분류가 나타난다. 아래 예는 코드 조각 중에서 'Table' 〉〉 '테이블 만들기'를 선택한 결과다.

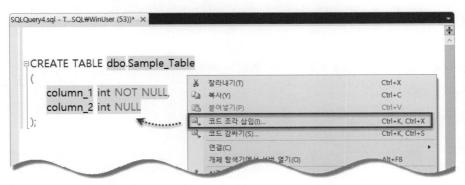

[그림 5-15] 코드 조각 삽입 기능

3-4 코드 감싸기 기능도 있는데, 이는 선택한 구문을 Begin..End, IF, While 등으로 묶어준다. 앞에서 나온 샘플코드를 마우스로 드래그해서 선택한 후, 마우스 오른쪽 버튼을 클릭하고 [코드 감싸기]를 선택하면 Begin, If, While 중에서 선택하는 문이 나올 것이다. 그중 필요한 것을 선택하면 해당 코드가 선택한 코드로 감싸진다.

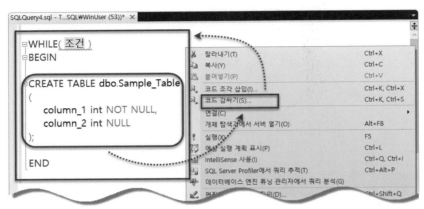

[그림 5-16] 코드 감싸기(While 문 선택한 결과)

step 4

여러 SQL 문을 실행하는 방법을 확인해보자. 앞에서 이미 얘기한 것도 있지만, 초보자가 실수하기 쉬우므로 다시 확인하겠다.

4-1 기존 SQL 문은 모두 지운 후에, 이번에는 테이블을 생성하는 간단한 구문을 입력한 후, 〈!실행〉 아이콘을 클릭해서 실행해보자.

```
USE tempDB;
GO
CREATE TABLE test (id INT);
GO
```

'명령이 완료되었습니다.'라는 정상적인 메시지가 나올 것이다.

4-2 이번에는 앞에서 입력한 구문을 지우지 말고 그 아래에 INSERT 문을 추가한 후에, ⟨!실행⟩ 아이콘을 클릭해서 실행해보자.

```
USE tempDB;
GO
CREATE TABLE test (id INT);
GO

INSERT INTO test VALUES(1);
GO
```

아래와 같은 오류메시지가 나올 것이다.

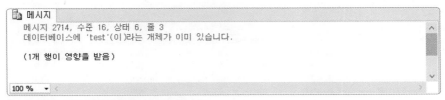

[그림 5-17] 이미 테이블이 있다는 오류 메시지

4-3 왜 이런 오류메시지가 나올까? 우리가 기대하기는 앞에서 이미 실행했던 **USE tempDB** 구문과 **CREATE TABLE test (id INT)** 구문은 생략되고, 마지막에 입력한 **INSERT INTO test VALUES(1)**만 실행되기를 기대했지만, 쿼리창은 다시 제일 첫 문장부터 실행해서 이런 결과가 나온 것이다.

그러므로 첫 줄의 'CREATE ~~' 구문을 다시 실행하게 되어서, 이미 생성한 'test'라는 테이블을 또 생성하려고 하니 오류가 난 것이다.

그리고 마지막에 실행된 'INSERT ~~'구문은 정상적으로 실행되어서, "(1개 행이 영향을 받음)" 메시지도 같이 나온 것이다.

4-4 앞으로는 SQL 문을 사용할 시에는 쿼리창에 써있는 모든 SQL을 실행할 것이 확실하지 않다면, 실행할 부분만을 마우스로 드래그해서 선택한 후에 ⟨!실행⟩ 아이콘을 누르거나, F5를 눌러야 한다.

[그림 5-18] 실행하기를 원하는 부분만 마우스로 선택한 후에 실행

결과를 표 형태 외에 텍스트 형태로도 표시할 수 있다. 어떤 경우에는 텍스트 형태가 더 편리한 경우도 있다.

5-1 아래의 간단한 쿼리 문을 실행해보자(이제는 당연히 실행할 SQL 문은 마우스로 드래그해서 선택한 후에 실행해야 하는 것을 기억할 것이다).

```
USE AdventureWorks;
GO
SELECT * FROM Production.Product;
```

결과는 표 형태로 보일 것이다.

	ProductID	Name	ProductNumber	MakeFlag	FinishedGoodsFlag	Color	SafetyStockLevel	Reorde
1	1	Adjustable Race	AR-5381	0	0	NULL	1000	750
2	2	Bearing Ball	BA-8327	0	0	NULL	1000	750
3	3	BB Ball Bearing	BE-2349	1	0	NULL	800	600
4	4	Headset Ball Bearings	BE-2908	0	0	NULL	800	600
5	316	Blade	BL-2036	1	0	NULL	800	600
6	317	LL Crankarm	CA-5965	0	0	Black	500	375

[그림 5-19] 표 형태의 결과

5-2 아이콘 중에 〈텍스트로 결과 표시〉 아이콘을 클릭하거나, Ctrl + T 단축키를 누른다.

또는 SSMS 메뉴의 [쿼리] 》 [결과 처리 방법] 》 [텍스트로 결과 표시]를 선택해도 된다.

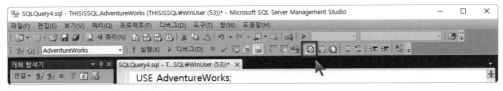

[그림 5-20] 텍스트로 결과 표시 아이콘

5-3 조금 전의 쿼리 문을 다시 실행한다. 결과가 아래 그림과 같이 텍스트 형태로 보일 것이다. 텍스트 형태를 사용해야 하는 경우는 결과를 드래그 해서 복사해서 다른 곳에 사용하는 경우에 편리하게 사용될 수 있다.

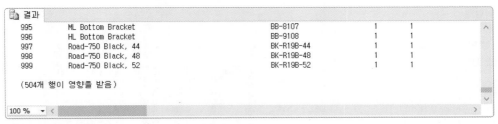

[그림 5-21] 텍스트 결과

5-4 다시 표 형태로 결과를 보기 위해서는 바로 오른쪽 아이콘인 〈표 형태로 결과 표시〉 아이콘을 클릭하거나, Ctrl + D 단축키를 누르면 된다. 또는 SSMS 메뉴의 [쿼리] 》 [결과 처리 방법] 》 [표 형태로 결과 표시]를 선택해도 된다.

step 3

이번에는 쿼리 결과를 텍스트 파일 또는 엑셀 파일로 저장해보자.

6-1 〈표 형태로 결과 표시〉 아이콘을 클릭한 후, 다시 한번 같은 쿼리 문을 실행한다.

6-2 아래쪽 결과에서 마우스 오른쪽 버튼을 클릭하고 [모두 선택]을 선택해서 모두 선택한 후에, 다시 마우스 오른쪽 버튼을 클릭하고 [복사(머릿글 포함)]을 선택한다.

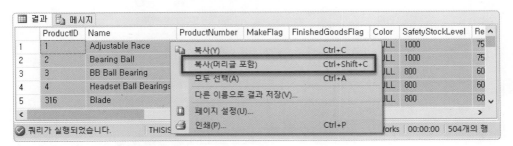

[그림 5-22] 결과를 모두 선택 후 복사

6-3 메모장(notepad.exe)을 실행한 후, 메모장 메뉴의 [편집] >> [붙여 넣기]를 선택하면 쿼리 결과가 모두 들어온다.

첫 줄은 제목 줄(컬럼 이름)으로 되어 있다. 줄이 안 맞는 것처럼 보이지만 탭Tab 문자로 구분되어 있기 때문이다.

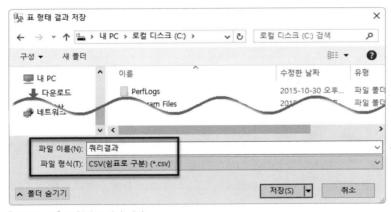

```
📄 제목 없음 - 메모장                                                          —    □    ×
파일(F)  편집(E)  서식(O)  보기(V)  도움말(H)
ProductID    Name       ProductNumber  MakeFlag     FinishedGoodsFlag      Color  SafetyStockLevel
1            Adjustable Race  AR-5381  0        0     NULL  1000  750   0.00   Color  0.00   NULL  NULL
2            Bearing Ball     BA-8327  0        0     NULL  1000  750   0.00          0.00   NULL  NULL
3            BB Ball Bearing  BE-2349  1        0     NULL  800   600   0.00          0.00   NULL  NULL
4            Headset Ball Bearings  BE-2908  0    0     NULL  800   600   0.00          0.00   NULL  NULL
316          Blade   BL-2036  1        NULL     800   600   0.00          NULL          NULL   NULL  NULL
317          LL Crankarm      CA-5965  0        0     Black  500  375   0.00          0.00   NULL  NULL
318          ML Crankarm      CA-6738  0        0     Black  500  375   0.00          0.00   NULL  NULL
319          HL Crankarm      CA-7457  0        0     Black  500  375   0.00          0.00   NULL  NULL
320          Chainring Bolts  CB-2903  0        0     Silver 1000 750   0.00          0.00   NULL  NULL
321          Chainring Nut    CN-6137  0        0     Silver 1000 750   0.00          0.00   NULL  NULL
```

[그림 5-23] 메모장에 모두 복사된 결과

6-4 다시 SSMS의 표 형태의 결과에서 마우스 오른쪽 버튼을 클릭하고 [다른 이름으로 결과 저장]을 선택한다. 저장 창이 나오면, 파일 형식을 'CSV(쉼표로 구분) (*.csv)'로 선택하고, 파일 이름 및 저장 장소는 적절히 입력한 후, 〈저장〉 버튼을 클릭해서 저장한다.

⚠ CSV 파일은 콤마(,)로 셀이 구분되는 형식의 파일로, 엑셀 등에서 쉽게 읽을 수 있다. 또한, 메모장에서도 읽을 수 있다.

[그림 5-24] 표 형태로 결과 저장

6-5 Microsoft 엑셀을 실행해서 [열기] 창의 파일 형식을 '텍스트 파일(*.prn; *.txt; *.csv)'을 선택한 후에, 방금 저장한 csv 파일을 선택한 후, 〈열기〉 버튼을 클릭한다.

⚠️ 엑셀이 설치되어 있지 않은 독자는 무료 오피스 프로그램인 리브레 오피스 (http://ko.libreoffice.org/)를 다운로드해서 설치한 후 실습해도 된다. 리브레 오피스는 Microsoft 오피스 파일(엑셀, 워드, 파워포인트)을 모두 읽고 쓸 수 있으며, HWP 파일 읽기, PDF 저장 기능 등 많은 기능을 무료로 제공해주는 오픈 소스 프로그램이다.

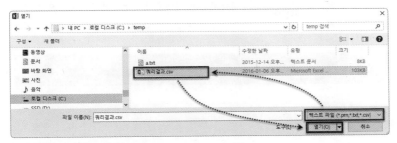

[그림 5-25] 엑셀의 파일 열기 창

6-6 엑셀의 텍스트 마법사가 실행되면 '구분 기호로 분리됨'이 선택된 상태에서 〈다음〉 버튼을 클릭한다.

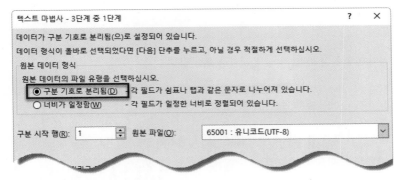

[그림 5-26] 엑셀의 텍스트 마법사 1

6-7 구분기호는 '쉼표'를 선택하고 〈다음〉 버튼을 클릭한다.

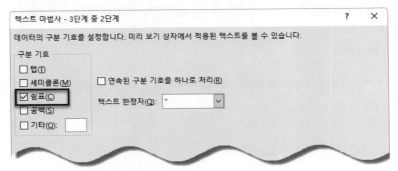

[그림 5-27] 엑셀의 텍스트 마법사 2

6-8 3단계 화면에서는 그냥 〈마침〉 버튼을 클릭한다(경우에 따라서는 이 화면에서 데이터 서식을 상세히 설정해야 하는 경우도 있다).

6-9 이제는 엑셀에서 읽어 들인 결과를 확인할 수 있다. 필요하다면 엑셀파일로 저장한다. (지금은 그냥 저장하지 않고 닫아도 된다.)

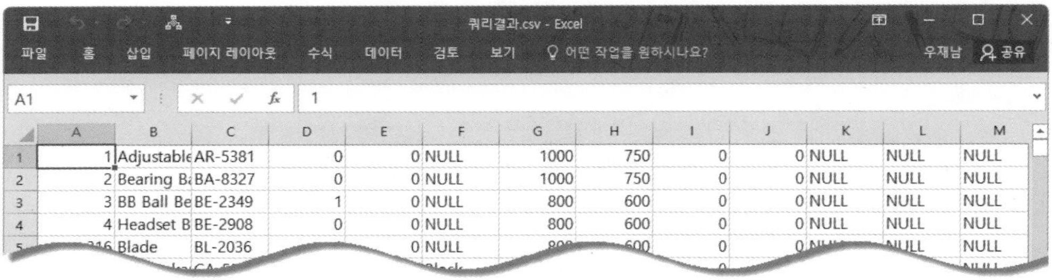

[그림 5-28] 엑셀에서 읽어 들인 결과

`step 7`

이번에는 실행되는 SQL 문이 어떻게 실행되는지 '실행 계획'을 표시해보자.

⚠ 실행 계획은 SQL 문장이 SQL Server 내부적으로 어떻게 작동하는지를 확인하기 위한 것이다. 지금은 별로 사용되지 않겠지만 9장 인덱스 부분에서 자주 사용하게 될 것이므로 지금은 사용법만 익혀 두자.

7-1 아이콘 중에 〈실제 실행 계획 포함〉을 클릭하거나, Ctrl+M 단축키를 누른다. 또는 메뉴의 [쿼리] 》 [실제 실행 계획 포함]을 선택해도 된다.

[그림 5-29] 실제 실행 계획 포함 아이콘

7-2 다시 조금 전의 SQL 문인 **SELECT * FROM Production.Product**를 드래그해서 실행한다.

7-3 아까보다 약간 더 시간이 걸릴 것이다. 결과 중에 [실행 계획] 탭을 클릭하면, 아래 그림과 같이 실행된 SQL이 어떻게 실행되었는지 나타내준다.

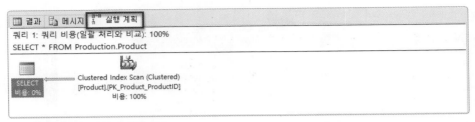

[그림 5-30] 실행된 SQL의 실행 계획

7-4 결과의 그림에 마우스를 올려 놓으면 아래와 같이 상세한 내용이 풍선도움말로 나온다.

이러한 내용은 데이터베이스 튜닝에 필요한 내용들인데, 나중에 좀 더 살펴볼 기회가 있을 것이다.

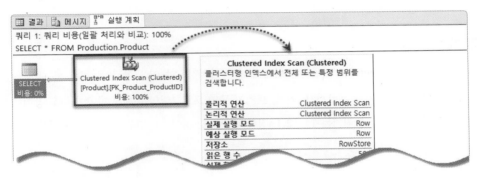

[그림 5-31] 풍선 도움말

step 8

쿼리 결과의 통계를 확인해보자.

8-1 〈클라이언트 통계 포함〉 아이콘을 클릭하거나, 메뉴의 [쿼리] 〉〉 [클라이언트 통계 포함]을 선택한다.

[그림 5-32] 클라이언트 통계 포함 아이콘

8-2 조금 전의 SQL 문인 **SELECT * FROM Production.Product**를 드래그해서 다시 실행한다.

8-3 결과 창의 [클라이언트 통계] 탭을 클릭하면 실행했던 쿼리의 각종 통계가 나온다. 역시 나중에 좀 더 살펴볼 기회가 있을 것이다.

	시도 횟수 1	평균
클라이언트 실행 시간	16:04:25	
쿼리 프로필 통계		
INSERT, DELETE 및 UPDATE 문 수	0	→ 0.0000
INSERT, DELETE 또는 UPDATE 문의 영향을 받은 행 수	0	→ 0.0000
SELECT 문 수	2	→ 2.0000
SELECT 문에서 반환한 행 수	505	→ 505.0000
트랜잭션 수	0	→ 0.0000
네트워크 통계		
서버 왕복 수	3	→ 3.0000
클라이언트에서 보낸 TDS 패킷	3	→ 3.0000
서버에서 받은 TDS 패킷	27	→ 27.0000

[그림 5-33] 클라이언트 통계

디버깅 기능

SQL Server에는 Visual Studio와 비슷한 쿼리에 대한 '디버깅' 기능이 포함되어 있다.

이 디버깅 기능을 통해서 저장 프로시저, 커서, 트리거 등의 프로그램의 문제점 파악이 더욱 용이해 졌다(저장 프로시저, 커서, 트리거는 11,12,13장에서 학습할 것이다). 간단한 실습을 통해서 확인 하자.

실습1

SQL Server의 '디버깅' 기능을 사용하자.

step 0

먼저 기존의 쿼리창이 열려 있으면 모두 닫는다. 저장하겠냐고 묻는 창이 나오면 〈아니오〉를 선택한다.

0-1 좌측 상단의 〈새 쿼리〉아이콘을 클릭해서 새로운 쿼리창을 하나 연다.

0-2 아래의 코드를 입력하자. 변수 선언과 관련해서는 8장에서 배울 것이며, 지금은 그냥 디버깅 기능만 확인하기 위해서 간단히 100과 200을 더해서 결과를 출력해주는 간단한 코드를 사용하는 것이다.

```
USE tempdb;
DECLARE @var1 INT
DECLARE @var2 INT
SET @var1 = 100
SET @var2 = 200
PRINT @var1 + @var2
```

step 1 ───

디버깅을 시작하자.

1-1 〈▶디버그〉 아이콘을 클릭하거나, SSMS 메뉴의 [디버그] 〉〉 [디버깅 시작]을 선택해서 디버깅을 시작한다.

[그림 5-34] 디버깅 1

1-2 화면이 디버깅 모드로 전환되고, 쿼리의 첫 행의 왼쪽에 노란색 화살표가 표시된다. 이는 현재 첫 번째 행을 실행하고 있는 중이라는 의미다.

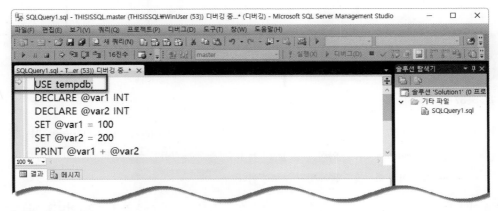

[그림 5-35] 디버깅 2

1-3 SSMS 메뉴의 [디버그] 〉〉 [한 단계씩 코드 실행]을 선택하거나, F11 을 눌러 한 단계씩 실행한다. DECLARE는 선언이라 건너뛰고 첫 번째 SET 문에서 멈출 것이다.

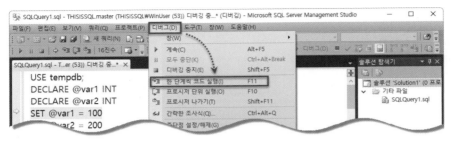

[그림 5–36] 디버깅 3

1-4 다시 F11 키를 눌러 아래와 같이 되게 한다.

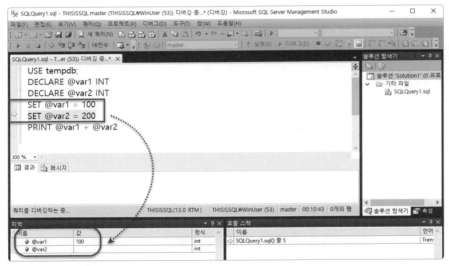

[그림 5–37] 디버깅 4

위 그림을 보면 현재 **SET @var1 = 100**은 이미 실행되었기에 아래쪽의 @var1 변수에 100이 들어 있는 것이 확인되고, **SET @var2 = 200**은 아직 실행 전이기에 (커서가 있는 부분은 실행 바로 직전이다) 아래 쪽의 @var2 변수에는 아직 아무것도 들어 있지 않은 것이다.

1-6 이와 같이 변수의 값을 디버깅을 통해서 추적할 수 있다. 물론, 지금은 아주 간단한 구문이므로 이러한 디버깅 기능을 사용할 필요가 별로 없지만, 복잡하고 긴 줄의 SQL 프로그래밍의 경우에는 프로그램상의 논리적 오류를 이와 같은 방법으로 추적할 수 있다.

1-7 F11 키를 두 번 더 누르면 쿼리의 끝까지 디버깅이 완료되고 아래와 같이 결과 메시지가 출력된다.

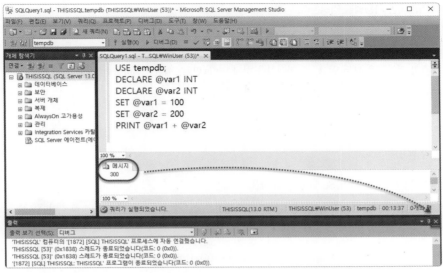

[그림 5-38] 디버깅 5

step 2

오른쪽 아래의 [출력] 창의 〈X〉를 클릭해서 닫는다.

5.2 프로파일러

프로파일러^Profiler는 SQL Server의 최적화를 위해서 사용되는 유용한 도구로, 고급 데이터베이스 개발자의 경우에 상당히 자주 사용하는 도구다.

프로파일러의 주요한 용도는 SQL Server에서 발생하는 각종 이벤트를 추적하고 수집함으로써, 현재 어떤 SQL 문이 서버의 성능을 떨어뜨리는 지를 쉽게 확인이 가능하게 해 줘서, 문제해결에 많은 도움을 준다. 이 책에서도 중간중간 프로파일러를 사용하게 될 것이므로, 지금은 간단한 사용법을 익히자.

실습4

프로파일러의 기본적인 사용법을 익혀본다.

step 0

SSMS에서 기존의 쿼리창을 모두 닫고, 새 쿼리창을 하나 연다(만약, 제일 아래 [출력] 창이 열려 있으면 필요 없으므로 닫는다).

step 1

프로파일러를 우선 실행해보자.

1-1 SSMS 메뉴의 [도구] 〉〉 [SQL Server Profiler]를 실행한다.

1-2 [서버에 연결] 창이 나오면, 서버 이름은 컴퓨터 이름(기본 인스턴스), 인증은 Windows 인증으로 설정되어 있는지 확인하고 〈연결〉 버튼을 클릭한다.

1-3 아래 그림과 같이 [추적 속성]을 설정하는 창이 나온다. [일반] 탭에서 추적 이름을 적당히 넣어 주고, 템플릿 사용에서는 그냥 디폴트인 'Standard(기본값)'을 선택한다(아직 〈실행〉 버튼을 클릭하지 말자).

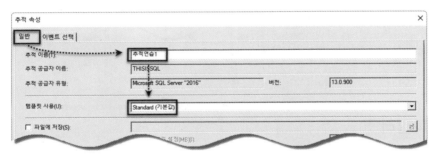

[그림 5-39] 추적 설정 1

1-4 [이벤트 선택] 탭을 클릭하면, 원하는 이벤트를 추가하거나 제외시킬 수 있다. 나중에 필요할 경우에는 보고자 하는 이벤트만을 골라내면 된다. 또한, 〈열 필터〉 버튼은 필터링을 통해서 원하는 범위의 이벤트 값만을 조회할 수 있게 해주며, 〈열 구성〉 버튼은 출력되는 열의 순서를 조절할 수 있게 해준다. 일단은 그대로 두고, 〈실행〉 버튼을 클릭하자.

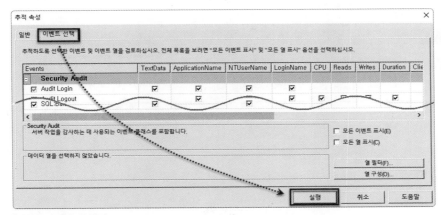

[그림 5-40] 추적 설정 2

1-5 SQL Server 프로파일러가 아래와 같이 실행된다.

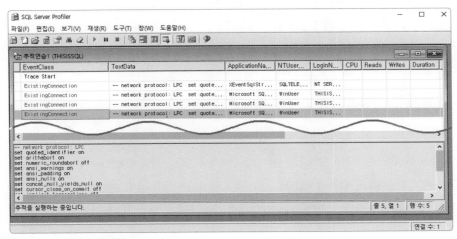

[그림 5-41] 추적 실행 화면 1

SSMS의 쿼리창에서 다음의 쿼리를 수행해본다. 그리고 SQL Server Profiler를 다시 확인해보자.

```
USE AdventureWorks;
GO
SELECT TOP 10 * FROM Person.Address;
```

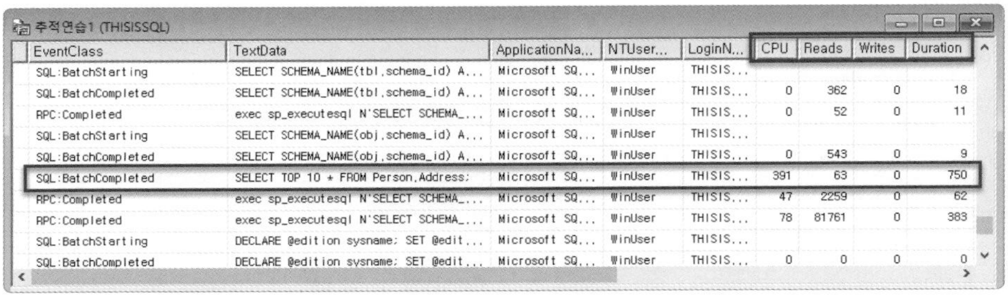

EventClass	TextData	ApplicationNa...	NTUser...	LoginN...	CPU	Reads	Writes	Duration
SQL:BatchStarting	SELECT SCHEMA_NAME(tbl.schema_id) A...	Microsoft SQ...	WinUser	THISIS...				
SQL:BatchCompleted	SELECT SCHEMA_NAME(tbl.schema_id) A...	Microsoft SQ...	WinUser	THISIS...	0	362	0	18
RPC:Completed	exec sp_executesql N'SELECT SCHEMA_...	Microsoft SQ...	WinUser	THISIS...	0	52	0	11
SQL:BatchStarting	SELECT SCHEMA_NAME(obj.schema_id) A...	Microsoft SQ...	WinUser	THISIS...				
SQL:BatchCompleted	SELECT SCHEMA_NAME(obj.schema_id) A...	Microsoft SQ...	WinUser	THISIS...	0	543	0	9
SQL:BatchCompleted	SELECT TOP 10 * FROM Person.Address;	Microsoft SQ...	WinUser	THISIS...	391	63	0	750
RPC:Completed	exec sp_executesql N'SELECT SCHEMA_...	Microsoft SQ...	WinUser	THISIS...	47	2259	0	62
RPC:Completed	exec sp_executesql N'SELECT SCHEMA_...	Microsoft SQ...	WinUser	THISIS...	78	81761	0	383
SQL:BatchStarting	DECLARE @edition sysname; SET @edit...	Microsoft SQ...	WinUser	THISIS...				
SQL:BatchCompleted	DECLARE @edition sysname; SET @edit...	Microsoft SQ...	WinUser	THISIS...	0	0	0	0

[그림 5-42] 추적 실행 화면 2

간단한 문장을 조회했는데도, 추적 이벤트는 많은 것이 발생했다. 이 중에서 앞으로 주의 깊게 보게 될 것은 아래 5가지 항목이다.

- CPU: 이벤트에서 사용한 CPU시간(밀리초)
- Reads: 이벤트 대신 서버에서 수행한 논리적 디스크 읽기 수
- Writes: 이벤트 대신 서버에서 수행한 물리적 디스크 쓰기 수
- Duration: 이벤트에서 사용한 시간
- SPID: 실행하는 프로세스의 ID

너무 많아 복잡해 보이므로, 좀 더 간단한 템플릿을 사용하자.

3-1 SQL Server Profiler 메뉴에서 [파일] 〉〉 [닫기]를 선택해서 기존 추적을 닫는다(추적이 실행 중이라는 메시지가 나와도 무시하고, 〈예〉를 클릭한다).

3-2 메뉴의 [파일] 〉〉 [새 추적]을 선택하고, [서버에 연결] 창이 나오면 마찬가지로 기본 인스턴스에 연결한다.

3-3 추적 이름을 "추적연습2"라고 입력하고, 템플릿 사용을 'TSQL_Duration'을 선택한다. 〈실행〉 버튼을 눌러서 실행하자.

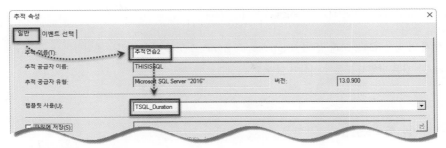

[그림 5-43] 추적 실행 화면 3

step 4

SSMS의 쿼리창에서 아래의 SQL 문을 실행한다.

```
USE AdventureWorks;
GO
SELECT * FROM Production.Product;
GO
SELECT * FROM Production.ProductCostHistory;
GO
SELECT * FROM Sales.Customer;
GO
```

프로파일러를 살펴보자.

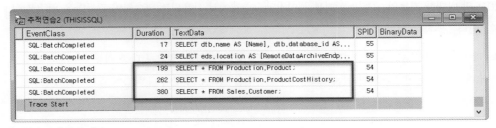

[그림 5-44] 추적 결과

3개의 SELECT 문장 중에서 세 번째인 **SELECT * FROM Sales.Customer**가 Duration이 가장 오래 걸렸다. 이는 대개 조회할 데이터가 많거나, 그렇지 않으면 SQL 문장에 문제가 있어서 그럴 확률이 높다.

지금 예에서는 380밀리초라서 별것이 아니라고 생각할 수도 있지만, 이 쿼리문을 수백 명의 사용자가 매 10초에 1번씩 실행하는 문장이라고 생각하면 아주 심각한 상황이 발생될 수도 있다.

⚠ 각자의 컴퓨터의 성능과 환경에 따라서 Duration은 다르게 나올 것이다.

그러므로, 이렇게 비 정상적으로 오래 걸리는 SQL 문을 의심하고, 튜닝할 필요가 있는 것이다.
(지금 사용한 SQL 문은 당연히 모두가 이상이 없다.)

step 5 ──────────────────────────────────────

또한, 추적을 멈추거나 일시 중지할 수도 있다.

SQL Server Profiler 메뉴의 [파일] 》 [추적 중지] 또는 [추적 일시 중지]를 선택하면 된다. 추적을 중지하게 되면, 추후에 다시 추적을 시작했을 때, 기존의 추적 기록은 모두 사라진다. 추적 일시 중지는 말 그대로 추적을 일시 중지 한 후에, 다시 추적을 하면 이어서 계속 추적하게 된다.

step 6 ──────────────────────────────────────

지금까지 추적한 기록을 저장할 수도 있다. 메뉴의 [파일] 》 [저장]을 선택하면 *.TRC 파일로 저장된다. 이렇게 저장한 내용을 나중에 메뉴의 [파일] 》 [열기]로 다시 열어서 확인할 수도 있다.

step 7 ──────────────────────────────────────

프로파일러 메뉴의 [파일] 》 [끝내기]를 선택해서 프로파일러를 종료한다.

이 정도로 SQL Server 2016의 툴 및 유틸리티의 사용법을 마치고자 한다. 물론, SQL Server 2016의 방대한 기능의 일부만 살펴본 셈이지만, 이 책에서 사용되는 필수적인 것들만을 위주로 살펴보았다.

또, 계속 툴들의 기능만 나열한다면 별로 효과적이지 못할 듯 하다. 앞으로 다른 내용들을 계속 진행하면서 더 필요한 툴이나 유틸리티들은 그때마다 사용법을 살펴보는 것이 더 학습에 효과적일 것이다.

1. 다음 중 틀린 것을 골라보자.

   (1) SQL Server Management Studio는 SQL Server 2016부터 제공되는 통합 클라이언트 툴이다.

   (2) SQL Server 2016의 SQL Server Management Studio를 SQL Server 2005/2008/ 2008R2/2012/2014 엔진에 사용할 수 있다.

   (3) SQL Server Management Studio를 사용할 때는 SQL Server 인증모드로만 접속이 가능하다.

   (4) SQL Server Management Studio에는 개체 탐색기가 포함되어 있다.

2. 다음 중 SSMS의 개체 탐색기에서 할 수 없는 것은?

   (1) 데이터베이스 및 데이터베이스 개체들을 생성하고 관리

   (2) 데이터베이스의 삭제 및 속성 변경

   (3) 백업의 생성 및 복원의 수행

   (4) SQL Server 서비스의 시작 유형을 변경

3. 쿼리의 결과를 텍스트 형태와 표 형태로 전환하는 단축키는?

4. 다음 중 SQL Server 2012, 2014, 2016에서만 사용가능한 기능을 모두 골라라.

   > IntelliSense 기능, 클립보드 링 순환, 쿼리창을 확대/축소, 코드 조각 삽입, CSV로 저장, 실행 계획 확인

5. 다음의 프로파일러의 항목을 각 설명과 연결하자.

   > WRITES, DURATION, CPU, READS

   (1) 이벤트에서 사용한 CPU시간(밀리초)

   (2) 이벤트 대신 서버에서 수행한 논리적 디스크 읽기 수

   (3) 이벤트 대신 서버에서 수행한 물리적 디스크 쓰기 수

   (4) 이벤트에서 사용한 시간

Transact-SQL 기본

SQL 문은 데이터베이스에서 사용되는 일종의 공통 언어다. 한국인에게는 한국어로, 미국인에게는 영어로 얘기해야 서로 의사소통이 되듯이, DBMS에게는 SQL 문으로 질문하고 명령을 지시해야만 DBMS가 알아듣고, 작업을 수행한 후 그 결과 값을 우리에게 준다. 그런데 우리가 학습하는 SQL Server 외에도 많은 DBMS가 있기 때문에 모든 DBMS에서 통용되는 공통의 SQL 표준이 필요하다. 이를 위해 NCITS(국제 표준화 위원회)에서는 ANSI/ISO SQL이라는 명칭의 SQL의 표준을 관리하고 있으며, 이 중에서도 1992년에 제정된 ANSI-92 SQL과 1999년에 제정된 ANSI-99 SQL이라는 명칭의 표준이 대부분의 DBMS 회사에서 적용하는 기준이 되고 있다. 그러나 ANSI-92/99 SQL이 모든 DBMS 제품의 특성을 반영할 수가 없기 때문에, 각 회사들은 ANSI-92/99 SQL의 표준을 준수하면서도 자신들의 제품의 특성을 반영하는 SQL에 별도의 이름을 붙였다. 일례로, SQL Server에서는 Transact-SQL(줄여서 T-SQL)이라고 명명한 SQL 문을 사용하고, Oracle에서는 PL/SQL 이라는 이름의 SQL 문을 사용한다.

결론적으로 Microsoft가 사용하는 Transact-SQL은 대부분의 DBMS에 공통적으로 적용되는 ANSI-92/99 SQL의 내용을 포함하면서 SQL Server의 특징을 반영하는 내용이 포함된, 확장된 SQL이라고 생각하면 되겠다. 앞으로는 Transact-SQL을 간단히 줄여서 T-SQL이라고 부를 것이며, 때로는 문맥에 따라서 SQL이나 쿼리라고 부르기도 할 것이니 혼동하지 말기 바란다.

이 장의 핵심 개념

6장에서는 데이터베이스를 운영하기 위한 기본적인 SQL 문을 학습한다. 6장의 핵심 개념은 다음과 같다.

1. SELECT 문의 기본 구조는 'SELECT 열이름 FROM 테이블이름 WHERE 조건'이다.

2. 책 전체 실습을 위해 쇼핑몰을 간략화 한 sqlDB를 생성하고 사용한다.

3. WHERE 절은 조회하는 결과에 특정한 조건을 줘서, 원하는 데이터만 보고 싶을 때 사용한다.

4. ORDER BY 절은 결과를 정렬해서 출력한다. 하지만, 부하로 인해서 가능하면 사용하지 않는 것이 좋다.

5. GROUP BY 절은 지정된 열을 그룹으로 묶어주는 역할을 하며, 주로 집계 함수와 함께 사용된다.

6. SQL 문은 크게 DML, DDL, DCL로 분류한다.

7. INSERT/UPDATE/DELETE 문은 데이터의 입력/수정/삭제의 기능을 한다.

이 장의 학습 흐름

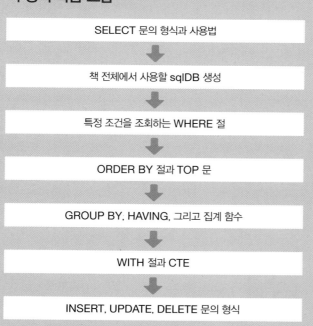

SELECT 문의 형식과 사용법

⬇

책 전체에서 사용할 sqlDB 생성

⬇

특정 조건을 조회하는 WHERE 절

⬇

ORDER BY 절과 TOP 문

⬇

GROUP BY, HAVING, 그리고 집계 함수

⬇

WITH 절과 CTE

⬇

INSERT, UPDATE, DELETE 문의 형식

6.1 SELECT 문

3장에서도 간단히 사용해본 기본적인 SQL 문장 SELECT/INSERT/UPDATE/DELETE에 대해 알아보자. 이 4개만 알아도 SQL 구문을 기본적으로는 사용할 수가 있다. 특히, 관리자보다는 응용 프로그램 개발자에게 이 4개를 잘 사용하는 것이 중요하다.

6.1.1 원하는 데이터를 가져와 주는 기본적인 〈SELECT … FROM〉

SELECT 문은 가장 많이 사용하는 구문이다. 처음에는 쉬운 듯 별 것 아닌 것처럼 보이지만, 갈수록 어렵게 느껴지는 구문이다. SELECT는 한마디로 데이터베이스 내의 테이블에서 원하는 정보를 추출하는 명령이다.

SELECT의 구문 형식

다음은 도움말에 나오는 SELECT의 구문 형식이다.

```
[ WITH { [ XMLNAMESPACES ,] [ <common_table_expression> [,...n] ] } ]
    <query_expression>
    [ ORDER BY { order_by_expression | column_position [ ASC | DESC ] }
  [ ,...n ] ]
    [ <FOR Clause>]
    [ OPTION ( <query_hint> [ ,...n ] ) ]
<query_expression> ::=
    { <query_specification> | ( <query_expression> ) }
    [ { UNION [ ALL ] | EXCEPT | INTERSECT }
        <query_specification> | ( <query_expression> ) [...n ] ]
<query_specification> ::=
SELECT [ ALL | DISTINCT ]
    [TOP (expression) [PERCENT] [ WITH TIES ] ]
    < select_list >
    [ INTO new_table ]
    [ FROM { <table_source> } [ ,...n ] ]
    [ WHERE <search_condition> ]
    [ <GROUP BY> ]
    [ HAVING < search_condition > ]
```

필자가 조금 전에 처음에는 쉽다고 얘기했는데, 위 형식을 보면 처음에도 전혀 쉬워 보이지 않다고 생각하는 독자가 많을 것이다. 위 구문은 SQL Server 2005부터 추가된 WITH 절 때문에 더욱 복잡해졌다(WITH 절 중 XMLNAMESPACES 문은 SQL Server 2014부터 포함되었다).

SELECT 문은 다양한 옵션으로 인해서 전체 구문 형식은 복잡해 보이지만, 실제적으로 요약한 구조는 다음과 같다. 여기서 대괄호([ ])의 내용은 생략할 수 있다.

```
[ WITH <common_table_expression>]
SELECT select_list [ INTO new_table ]
[ FROM table_source ] [ WHERE search_condition ]
[ GROUP BY group_by_expression ]
[ HAVING search_condition ]
[ ORDER BY order_expression [ ASC | DESC ] ]
```

아까보다는 훨씬 단순해졌다. 그래도 좀 복잡해 보인다면 다음과 같이 가장 자주 쓰이는 형식으로 줄이자.

```
SELECT  열이름
FROM  테이블이름
WHERE  조건
```

어떤가? 이 정도면 충분히 해볼 만하게 보일 것이다. 앞으로 쉬운 것부터 하나씩 해가면서, 추가적으로 살을 붙여가는 형식으로 SELECT 문을 정복하자.

여기서 잠깐

SQL Server 최신 버전에서는 되도록 내부적 입출력(I/O)을 줄이는 방식을 사용해서, 쿼리 속도를 향상시키려 노력한다. 단, CPU의 비용이 많이 발생할 수 있는데, 이는 최근의 CPU는 성능이 우수하므로 그다지 큰 영향을 미치지 않는다. 즉, 입출력 속도가 CPU보다 훨씬 늦기 때문에 되도록 CPU에 부담을 넘기는 것이 더 유리하다.

특히 디스크의 속도를 개선하고자 SQL Server 2014부터는 인메모리In-Memory 테이블을 지원해서 메모리 상에서 데이터의 입출력이 가능해졌다.

USE 구문

SELECT 문을 학습하려면 먼저 사용할 데이터베이스를 지정해야 한다. 이번 장에서 주로 사용할 데이터베이스는 잠시 후에 만들게 될 'sqlDB'와 SQL Server의 샘플 DB인 'AdventureWorks'다. 현재 사용하는 데이터베이스를 지정 또는 변경하는 구문 형식은 다음과 같다.

```
USE 데이터베이스_이름;
```

AdventureWorks를 사용하려면 쿼리창에 다음과 같이 입력한다.

```
USE AdventureWorks;
```

이렇게 지정해 놓은 후에는 특별히 다시 USE 문을 사용하거나, 다른 DB를 사용하겠다고 명시하지 않는 이상 모든 SQL 문은 AdventureWorks에서 수행된다. 한마디로 "지금부터 AdventureWorks를 사용하겠으니, 모든 쿼리는 AdventureWorks에서 수행하라"라는 의미다.

여기서 잠깐

T–SQL은 일반적으로 대소문자를 구분하지 않는다. 즉, USE, use, uSE를 모두 동일하게 인식한다. 하지만, 여러 가지 면에서 전체 대문자 또는 소문자 등으로 통일하는 것이 구문을 읽기 쉽게 하며, SQL Server의 성능에도 약간의 도움이 된다.

필자는 독자가 읽기 쉽게 예약어(USE, SELECT 등)는 대문자로, 사용자 정의어(테이블 이름, 열이름) 등은 대소문자를 섞어서 사용하겠다.

또는 아래 그림과 같이 SSMS에서 직접 선택하여 지정할 수도 있다. 먼저, 쿼리창의 내부를 클릭한 후에, AdventureWorks 데이터베이스를 선택하고, 쿼리창의 제목 틀에 마우스를 가져가면 '인스턴스이름.데이터베이스이름'으로 풍선도움말이 나오는 것을 확인할 수 있다.

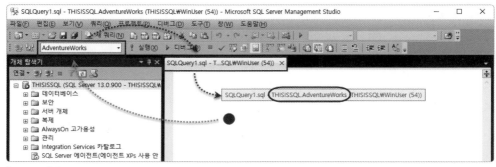

[그림 6-1] 현재 데이터베이스의 변경

만약, 다른 데이터베이스가 지정된 상태에서 조회를 하게 되면 주로 아래와 같은 메시지가 나온다.

```
USE tempdb;
SELECT * FROM HumanResources.Employee;
```

```
메시지 208, 수준 16, 상태 1, 줄 2
개체 이름 'HumanResources.Employee'이(가) 잘못되었습니다.
```

현재 tempdb 데이터베이스에는 HumanResources.Employee라는 테이블이 없기 때문에 나오는 메시지다. 따라서, 이런 경우에는 먼저 데이터베이스 이름을 확인을 하고, 제대로 지정이 되었다면 열 이름이나 테이블 이름의 철자를 확인해보자.

⚠ SQL Server 초보자가 가장 자주 만나는 오류 메시지다. 그러므로 쿼리창을 연 후에 가장 먼저 자신이 작업할 데이터베이스가 선택되어 있는가를 확인하는 습관이 필요하다.

SELECT와 FROM

다시 AdventureWorks 데이터베이스를 선택한 후에, SSMS의 쿼리창에서 간단한 SQL 문을 수행하자.

```
SELECT * FROM HumanResources.Employee;
```

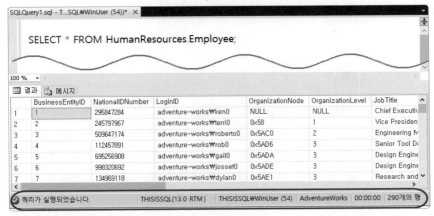

[그림 6-2] 쿼리 수행 결과

결과를 확인할 수 있다. 위 그림의 표시해 놓은 아래쪽 상태 바의 의미를 간단히 살펴보자.

- 쿼리가 실행되었습니다: 정상적으로 쿼리가 실행된 상태를 표시하며, 초록색 아이콘으로 표시된다.
- THISISSQL(13.0 RTM): 현재 쿼리를 수행한 필자의 인스턴스는 THISISSQL이며, 버전은 13.0(2016) 이다.
- THISISSQL₩WinUser(54): 쿼리를 수행한 사용자를 의미한다(필자는 Windows 인증으로 접속했다). 그리고 괄호 안의 번호는 SPID 번호(프로그램 번호라고 생각하면 된다)를 표시하는 데 특별히 신경 쓰지 않아도 된다.
- AdventureWorks: 쿼리가 수행된 데이터베이스다.
- 00:00:00: 쿼리를 수행하는데 걸린 시간:분:초 다. 1초 미만이 걸리면 00:00:00으로 표시된다.
- 290개의 행: 쿼리의 결과 행의 수를 나타낸다. 즉, 조건에 맞는 데이터의 건수로 생각하면 된다.

[메시지] 탭을 클릭하면 '(290개 행이 영향을 받음)'이라는 정상적인 메시지가 보인다. 해당 쿼리에 오류가 있다면 메시지 행에서 어떤 오류가 발생했는지 확인된다.

[그림 6-3] 쿼리가 실행된 결과 메시지

이제, SELECT 문을 하나하나 뜯어보자. 일반적으로 *은 '모든 것'을 의미한다. 그런데 *가 사용된 곳이 열 이름이 나올 곳의 위치이므로, 이곳의 *은 모든 열을 의미한다. FROM 다음은 테이블/뷰 등의 항목이다. 결국 풀어서 쓰면 'HumanResources.Employee 테이블에서 모든 열의 내용을 가져와라는 의미가 된다. 그런데 HumanResources.Employee에서 HunamResources는 스키마 이름이고, Employee는 테이블 이름이며, HumanResources.Employee은 전체 이름을 축소한 것이다.

원래 테이블의 전체 이름은 '인스턴스이름.데이터베이스이름.스키마이름.테이블이름' 형식으로 표현된다. 필자를 예로 든다면, 이 테이블의 전체 이름은 [THISISSQL].AdventureWorks.HumanResources.Employee이므로 원칙적으로는 다음과 같이 사용해야 한다.

```
SELECT * FROM [THISISSQL].AdventureWorks.HumanResources.Employee;
```

⚠ 인스턴스 이름이란 용어가 나오는데, 이것은 설치되고 작동하고 있는 SQL Server의 이름으로 보면 된다. 우리는 SQL Server를 한대만 설치하고 사용하고 있으므로 '인스턴스 이름 = 컴퓨터 이름'으로 생각해도 된다. 하지만, 한 대의 컴퓨터에 여러 개의 SQL Server를 설치했다면 이 인스턴스 이름은 서로 다를 것이다.

필자는 인스턴스 이름을 [ ]로 인스턴스 이름을 묶어줬다. 일반적인 인스턴스 이름은 [ ]로 묶지 않아도 되지만, 하이픈(-)등의 특수 문자가 인스턴스 이름에 들어 있다면 반드시 [ ]로 묶어줘야 한다.

하지만, 인스턴스 이름 및 데이터베이스 이름을 생략하더라도 [그림 6-1]에서 보이 듯이, 현재 쿼리 창의 제목틀에 표시된 '인스턴스이름.데이터베이스이름(필자는 THISISSQL.AdventureWorks)'으로 간주하고 실행된다. 그런데 만약, 스키마 이름까지 생략해서 실행하면 어떻게 될까?

```
SELECT * FROM Employee;
```

아마도 개체 이름이 잘못되었다는 오류 메시지를 보게 될 것이다. SQL Server에서 스키마 이름을 생략하게 되면 아래과 같이 디폴트 스키마인 'dbo'를 자동으로 붙인다.

```
SELECT * FROM [THISISSQL].AdventureWorks.dbo.Employee;
```

그러나 현재의 데이터베이스인 AdventureWorks에는 HumanResources.Employee라는 테이블은 있어도 dbo.Employee라는 테이블이 없으므로 결국 개체 이름이 잘못되었다는 오류 메시지가 나오게 되는 것이다. 결론적으로 스키마 이름이 dbo가 아니라면 스키마 이름은 꼭 붙여야 한다.

SQL Server 2000까지는 스키마 이름과 사용자 이름을 동일하게 취급해서 사용되었지만, SQL Server 2005부터는 스키마 이름과 사용자 이름이 분리되었다. 스키마Schema는 간단히 '테이블의 묶음' 정도로 생각하자. 즉, 데이터베이스 안에서 여러 개의 테이블을 관리할 때, 묶음으로 구분해서 좀 더 관리를 효율적으로 하기 위한 것이다. 스키마는 테이블과 관련이 깊으므로 8장에서 좀 더 살펴보겠다.

이제는 해당 테이블에서 전체 열이 아닌 필요로 하는 열만 가져오자. 다음과 같이 부서 테이블의 이름만 가져와 보자.

```
SELECT  Name  FROM  HumanResources.Department;
```

원하는 부서의 이름만 얻을 수 있다.

[그림 6-4] 쿼리 실행 결과

여러 개의 열을 가져오고 싶으면 콤마(,)로 구분하면 된다. 또한, 열 이름의 순서는 사용자의 마음대로 바꿔도 된다.

```
SELECT  Name, GroupName  FROM  HumanResources.Department;
```

[그림 6-5] 쿼리 실행 결과

SQL Server에서 '――' 이후부터는 주석으로 처리된다. 주로 코드에 설명을 달거나, 잠시 해당 부분의 실행을 막고 싶을 때 사용한다.

```
-- 한줄 주석 연습
SELECT Name, GroupName  -- 이름과 그룹 이름 열을 가져옴
FROM HumanResources.Department;
```

여러 줄 주석은 '/* */'묶는다.

```
/* 블록 주석 연습
SELECT Name, GroupName
FROM HumanResources.Department;
*/
```

주석으로 묶이게 되면 해당 글자들은 모두 초록색으로 보이게 된다.

실습1

데이터베이스 이름, 스키마 이름, 테이블 이름, 필드 이름이 정확히 기억나지 않거나, 또는 각 이름의 철자가 확실하지 않을 때 찾아서 조회하는 방법을 실습하자. 지금 조회하고자 하는 내용이 **AdventureWorks.HumanResources.Department** 테이블의 **Name** 및 **GroupName** 열이라고 가정한다.

step 0

쿼리창을 연다.

step 1

현 인스턴스에 어떤 데이터베이스가 있는지 조회한다.

```
EXECUTE sp_helpdb;
```

	name	db_size	owner	dbid	created	status
1	AdventureWorks	324.31 MB	NT AUTHORITY\SYSTEM	5	12 29 2015	Status=ONLINE, Updateability=READ_WRITE,
2	master	7.38 MB	sa	1	04 8 2003	Status=ONLINE, Updateability=READ_WRITE,
3	model	5.50 MB	sa	3	04 8 2003	Status=ONLINE, Updateability=READ_WRITE,
4	ModelDB	7.00 MB	THISISSQL\WinUser	7	01 5 2016	Status=ONLINE, Updateability=READ_WRITE,
5	msdb	21.25 MB	sa	4	12 10 2015	Status=ONLINE, Updateability=READ_WRITE,
6	ShopDB	7.00 MB	THISISSQL\WinUser	6	12 30 2015	Status=ONLINE, Updateability=READ_WRITE,
7	tempdb	16.00 MB	sa	2	01 7 2016	Status=ONLINE, Updateability=READ_WRITE,

[그림 6-6] 데이터베이스의 이름 조회

⚠️ 저장 프로시저 중에서 접두어에 'sp_'가 붙은 것은 대부분 SQL Server에서 제공해주는 시스템 저장 프로시저다. 이를 실행하기 위해서는 다음과 같은 형식으로 실행하면 된다.

```
EXECUTE 저장프로시저이름 [옵션] ;
```

저장 프로시저에 대한 자세한 사항은 11장에서 다룬다.

step 2

우리가 찾던 데이터베이스 이름이 AdventureWorks인 것 같다. AdventureWorks 데이터베이스를 지정한다.

```
USE AdventureWorks;
```

step 3

현재의 데이터베이스(AdventureWorks)에 있는 테이블의 정보를 조회한다.

```
EXECUTE sp_tables  @table_type = " 'TABLE' " ;
```

	TABLE_QUALIFIER	TABLE_OWNER	TABLE_NAME	TABLE_TYPE	REMARKS	
1	AdventureWorks	dbo	AWBuildVersion	TABLE	NULL	
2	AdventureWorks	dbo	DatabaseLog	TABLE	NULL	
3	AdventureWorks	dbo	ErrorLog	TABLE	NULL	
4	AdventureWorks	dbo	sysdiagrams	TABLE	NULL	
5	AdventureWorks	Demo	DemoSalesOrderDetailSeed	TABLE	NULL	
6	AdventureWorks	Demo	DemoSalesOrderHeaderSeed	TABLE	NULL	
7	AdventureWorks	HumanResources	Department	TABLE	NULL	
8	AdventureWorks	HumanResources	Employee	TABLE	NULL	

[그림 6-7] 테이블 이름 조회

그 중, 찾고자 하는 스키마 이름(TABLE_OWNER)과 테이블 이름(TABLE_NAME)인 HumanResources. Department의 정확한 이름을 찾았다.

step 4

HumanResources.Department 테이블의 열이 무엇이 있는지 확인해보자.

```
EXECUTE sp_columns
    @table_name = 'Department',
    @table_owner = 'HumanResources';
```

	TABLE_QUALIFIER	TABLE_OWNER	TABLE_NAME	COLUMN_NAME	DATA_TYPE	TYPE_NAME	PRECISION	LEN
1	AdventureWorks	HumanResources	Department	DepartmentID	5	smallint identity	5	2
2	AdventureWorks	HumanResources	Department	Name	-9	Name	50	100
3	AdventureWorks	HumanResources	Department	GroupName	-9	Name	50	100
4	AdventureWorks	HumanResources	Department	ModifiedDate	11	datetime	23	16

[그림 6-8] 열 이름 조회

Name과 GroupName 열 이름을 확인했다.

step 5

최종적으로 데이터를 조회한다.

```
SELECT Name, GroupName FROM HumanResources.Department;
```

물론, 지금의 방법 외에 간단히 SSMS의 개체 탐색기를 확인할 수도 있다. 하지만, 이 방법을 잘 알아두면 추후에 자주 유용하게 사용될 수 있을 것이다.

여기서 잠깐

☼

열 이름을 별도의 별칭(Alias)으로 지정할 수도 있다. 열 이름 뒤에 'AS 별칭' 또는 그냥 '별칭'의 형식으로 붙이면 된다. 하지만, 별칭의 중간에 공백이 있다면 꼭 [ ]로 별칭을 감싸줘야 한다. 또, AS는 붙여도 되고 생략해도 된다. 다른 방법으로, "별칭 = 열_이름"으로 해도 된다. 권장하기로는 별칭을 붙일 경우에는 되도록 [ ] 안에 별칭을 사용하기를 권장한다.

```
SELECT DepartmentID AS 부서번호, Name 부서이름, [그룹 이름] = GroupName
FROM HumanResources.Department
```

[그림 6-9] 열 이름 별칭

별칭을 사용하면 결과를 보기가 한결 편해지므로, 필드 제목이 좀 알아보기 힘들거나 계산식에 의해서 복잡한 열 이름이 되는 경우에 사용하면 좋다.

이제는 조건을 지정하는 WHERE 문에 대해서 설명할 차례다. 기존의 AdventureWorks를 가지고 설명해도 관계 없지만, SQL Server를 처음 대하는 대부분의 독자의 입장에서는 AdventureWorks의 구조가 복잡해서 한눈에 보기가 쉽지 않다. 그래서 필자는 아주 간단하고, 보기 쉬운 테이블을 만들어서 주로 그 테이블을 사용하려고 한다. 이는 현실성은 조금 떨어져 보이지만, 조금 어려운 SQL 구문을 이해하는 데는 훨씬 도움이 된다. 테이블의 구조에 부담이 없어져서 SQL 문법에 집중할 수가 있는 효과를 거둘 수 있을 것이다. AdventureWorks도 필요한 경우에는 중간중간 계속 사용하게 될 것이다.

데이터베이스의 생성과 테이블의 생성은 8장에서 학습하겠지만, 3장에서 이미 맛보기로 만들어본 경험이 있으므로 그리 어색하지는 않을 것이다. 혹, 모르는 내용이 나와도 8장에서 자세히 다루므로 다음 실습은 그냥 따라하기만 해도 관계 없다.

sqlDB

회원 테이블(userTbl)

아이디	이름	생년	지역	국번	전화번호	키	가입일
LSG	이승기	1987	서울	011	1111111	182	2008.8.8
KBS	김범수	1979	경남	011	2222222	173	2012.4.4
KKH	김경호	1971	전남	019	3333333	177	2007.7.7
JYP	조용필	1950	경기	011	4444444	166	2009.4.4
SSK	성시경	1979	서울			186	2013.12.12
LJB	임재범	1963	서울	016	6666666	182	2009.9.9
YJS	윤종신	1969	경남			170	2005.5.5
EJW	은지원	1978	경북	011	8888888	174	2014.3.3
JKW	조관우	1965	경기	018	9999999	172	2010.10.10
BBK	바비킴	1973	서울	010	0000000	176	2013.5.5

PK

구매 테이블(buyTbl)

순번	아이디	물품명	분류	단가	수량
1	KBS	운동화		30	2
2	KBS	노트북	전자	1000	1
3	JYP	모니터	전자	200	1
4	BBK	모니터	전자	200	5
5	KBS	청바지	의류	50	3
6	BBK	메모리	전자	80	10
7	SSK	책	서적	15	5
8	EJW	책	서적	15	2
9	EJW	청바지	의류	50	1
10	BBK	운동화		30	2
11	EJW	책	서적	15	1
12	BBK	운동화		30	2

PK   FK

[그림 6-10] 샘플 데이터베이스(테이블의 내용은 필자가 임의로 작성한 것임)

이 구조는 간단히 인터넷 쇼핑몰 업체에서 운영하는 데이터베이스를 단순화한 것이라고 생각하면 된다(4장에서 했던 모델링의 결과와 비슷한 구조다). 대부분의 독자는 인터넷 쇼핑몰에서 물건을 사보았을 것이다. 구매자가 물건을 사기 위해서 회원가입을 하면, 기입한 회원 정보는 회원 테이블(userTbl)에 입력이 된다. 물론, 더 많은 정보를 입력해야 하지만 그냥 간단히 아이디/이름/출생년도/거주지역/휴대폰 국번/휴대폰 전화번호/키/가입일 등만 입력하는 것으로 하자. 회원가입을 한 후에, 인터넷 쇼핑몰에서 물건을 구입하면 회원이 구매한 정보는 구매 테이블(buyTbl)에 기록된다. 그러면 이 쇼핑몰의 배송 담당자는 구매 테이블을 통해서 회원이 주문한 물건을 준비하고, 구매 테이블의 아이디와 일치하는 회원 테이블의 아이디를 찾아서 그 행의 주소로 회원에게 물품을 배송한다.

예로, 배송 담당자는 구매 테이블(buyTbl)의 아이디 'KBS'라는 사람이 구매한 운동화 2개, 노트북 1개, 청바지 3벌을 포장한 후에, 회원 테이블(userTbl)의 'KBS'라는 아이디를 찾는다. 그리고 이름은 '김범수', 주소는 '경남', 연락처는 '011-222-2222'를 포장박스에 적어서 배송하게 될 것이다. 지금 얘기한 이 당연한 (?) 과정을 SQL 문에서도 거의 동일한 방식으로 수행하게 된다. 지금은 그냥 감만 잡아놓고 차근차근 학습해보자.

실습2

앞으로 책의 전 과정에서 사용할 데이터베이스와 테이블을 생성하자.
아직 배우지 않은 문장이 많이 나올 것이므로 잘 이해가 안 가더라도 우선은 똑같이 진행하자. 앞으로 하나씩 계속 배워나갈 것이다.

step 0

기존의 쿼리창을 닫고, 새로운 쿼리창을 연다. 이번에 입력할 쿼리는 앞으로 다른 장에서도 거의 비슷하게 많이 사용될 것이다. 그러므로, 이번 실습에서 입력한 쿼리를 저장해 놓는 것이 나중에 편리할 것이다.

step 1

우선 DB를 만들자.

⚠ 지금부터 입력하는 SQL 문은 추후에 다시 사용할 수 있다. 그러므로 앞 번호의 SQL 문을 지우지 말고, 해당 번호의 SQL 문을 마우스로 드래그한 후에 실행하자.

```
USE tempdb;
GO
CREATE DATABASE sqlDB;
GO
```

⚠ 만약, 전에 sqlDB를 만든 적이 있다면 다음 쿼리문으로 삭제한 후 다시 만들자.

```
USE tempdb;
DROP DATABASE sqlDB;
```

테이블을 만들자.

```
USE sqlDB;
CREATE TABLE userTbl -- 회원 테이블
( userID    CHAR(8) NOT NULL PRIMARY KEY, -- 사용자아이디
  name      NVARCHAR(10) NOT NULL, -- 이름
  birthYear  INT NOT NULL,  -- 출생년도
  addr      NCHAR(2) NOT NULL, -- 지역(경기,서울,경남 식으로 2글자만입력)
  mobile1   CHAR(3), -- 휴대폰의 국번(011, 016, 017, 018, 019, 010 등)
  mobile2   CHAR(8), -- 휴대폰의 나머지 전화번호(하이픈제외)
  height     SMALLINT,  -- 키
  mDate     DATE  -- 회원 가입일
);
GO
CREATE TABLE buyTbl -- 회원 구매 테이블
(  num     INT IDENTITY NOT NULL PRIMARY KEY, -- 순번(PK)
   userID   CHAR(8) NOT NULL --아이디(FK)
   FOREIGN KEY REFERENCES userTbl(userID),
   prodName   NCHAR(6) NOT NULL, --  물품명
   groupName  NCHAR(4)  , -- 분류
   price     INT  NOT NULL, -- 단가
   amount    SMALLINT  NOT NULL -- 수량
);
GO
```

⚠ 문자형 중에서 확실히 한글을 사용하지 않는다면 CHAR, VARCHAR로 지정하고, 한글이 들어갈 수도 있다면 NCHAR, NVARCHAR로 지정한다. 상세한 설명은 잠시 후에 나온다.

또, 회원 가입일인 DATE 형식은 SQL Server 2008부터 지원된다. 그 이전 버전에서는 DATETIME 형식을 사용해야 한다.

데이터베이스 개체의 이름을 식별자identifier라고 한다. 데이터베이스 개체란 SQL Server 서버, 데이터베이스, 테이블, 열, 인덱스, 뷰, 트리거, 프로시저 등과 같은 개체들을 의미한다. SQL Server에서 이러한 개체를 정의할 때는 몇 가지 규칙을 따라야 한다. 즉, 데이터베이스 개체에 이름을 줄 때 따라야 할 규칙이다.

- 제일 앞에 특수문자가 들어오면 안 된다. 단, @, _, # 은 예외다. 예로 abcd, @abcd, _abcd, #abcd 등은 가능하다. 또한, 한글도 가능하지만, 권장하지 않는다.

- 예약어를 사용하면 안 된다. 예로 CREATE TABLE select (...)는 안 된다. select는 예약어.

- 중간에 공백을 사용하려면 대괄호([ ]) 또는 큰따옴표로 묶어야 한다. 되도록 [ ]를 권장한다. 예로 CREATE TABLE [My Table] (...), SELECT * FROM [My Table], SELECT * FROM "학생 테이블" 등은 가능하다.

- 개체에 이름을 줄 때는 되도록 알기 쉽게 주는 것이 좋고 너무 길게 주는 것보다는 짧으면서도 이름만으로도 어떤 것인지 파악할 수 있는 것이 바람직하다. 다음은 좋지 않은 예다.

  ∵ CREATE TABLE abc → 어떤 테이블인지 의미를 파악할 수 없음

  ∵ CREATE TABLE sales ([Price of Production] int, …) → 열 이름이 의미 파악은 쉽게 되지만, 너무 길다.

  ∵ CREATE TABLE test.test (…) → 스키마 이름과 테이블 이름이 같다. 별로 바람직하지 않다.

step 3

앞 [그림 6-10] 같은 데이터를 입력하자(각각의 INSERT 문을 한 줄씩 쓰자).

```
INSERT INTO userTbl VALUES('LSG', '이승기', 1987, '서울', '011', '1111111', 182, '2008-8-8');
INSERT INTO userTbl VALUES('KBS', '김범수', 1979, '경남', '011', '2222222', 173, '2012-4-4');
INSERT INTO userTbl VALUES('KKH', '김경호', 1971, '전남', '019', '3333333', 177, '2007-7-7');
INSERT INTO userTbl VALUES('JYP', '조용필', 1950, '경기', '011', '4444444', 166, '2009-4-4');
INSERT INTO userTbl VALUES('SSK', '성시경', 1979, '서울', NULL , NULL  , 186, '2013-12-12');
INSERT INTO userTbl VALUES('LJB', '임재범', 1963, '서울', '016', '6666666', 182, '2009-9-9');
INSERT INTO userTbl VALUES('YJS', '윤종신', 1969, '경남', NULL , NULL  , 170, '2005-5-5');
INSERT INTO userTbl VALUES('EJW', '은지원', 1972, '경북', '011', '8888888', 174, '2014-3-3');
INSERT INTO userTbl VALUES('JKW', '조관우', 1965, '경기', '018', '9999999', 172, '2010-10-10');
INSERT INTO userTbl VALUES('BBK', '바비킴', 1973, '서울', '010', '0000000', 176, '2013-5-5');
GO
```

```
INSERT INTO buyTbl VALUES('KBS', '운동화', NULL , 30,    2);
INSERT INTO buyTbl VALUES('KBS', '노트북', '전자', 1000, 1);
INSERT INTO buyTbl VALUES('JYP', '모니터', '전자', 200,  1);
INSERT INTO buyTbl VALUES('BBK', '모니터', '전자', 200,  5);
INSERT INTO buyTbl VALUES('KBS', '청바지', '의류', 50,   3);
INSERT INTO buyTbl VALUES('BBK', '메모리', '전자', 80,  10);
INSERT INTO buyTbl VALUES('SSK', '책'    , '서적', 15,   5);
INSERT INTO buyTbl VALUES('EJW', '책'    , '서적', 15,   2);
INSERT INTO buyTbl VALUES('EJW', '청바지', '의류', 50,   1);
INSERT INTO buyTbl VALUES('BBK', '운동화', NULL, 30,    2);
INSERT INTO buyTbl VALUES('EJW', '책'    , '서적', 15,   1);
INSERT INTO buyTbl VALUES('BBK', '운동화', NULL, 30,    2);
GO
```

⚠ 문자형 (char, varchar, nchar, nvarchar)에 데이터를 입력하려면 '로 묶어줘야 한다. 또, 앞 SQL 문에서는 생략했지만, 한글을 입력할 경우에는 그 앞에 대문자 N을 붙여주는 것이 좋다. 예로 '이승기'로 쓰는 것보다는 N'이승기'로 쓰는 것이 좋다. 상세한 이유는 7장에서 설명한다.

---

step 4

데이터를 확인하자. 두 문장을 따로 실행하자.

```
SELECT * FROM userTbl;
SELECT * FROM buyTbl;
```

	userID	name	birthYear	addr	mobile1	mobile2	height	mDate
1	BBK	바비킴	1973	서울	010	0000000	176	2013-05-05
2	EJW	은지원	1972	경북	011	8888888	174	2014-03-03
3	JKW	조관우	1965	경기	018	9999999	172	2010-10-10
4	JYP	조용필	1950	경기	011	4444444	166	2009-04-04
5	KBS	김범수	1979	경남	011	2222222	173	2012-04-04
6	KKH	김경호	1971	전남	019	3333333	177	2007-07-07
7	LJB	임재범	1963	서울	016	6666666	182	2009-09-09
8	LSG	이승기	1987	서울	011	1111111	182	2008-08-08
9	SSK	성시경	1979	서울	NULL	NULL	186	2013-12-12
10	YJS	윤종신	1969	경남	NULL	NULL	170	2005-05-05

[그림 6-11] 회원 테이블(userTbl)

⚠ 회원 테이블의 결과 순서가 입력한 순서와 다른 이유는 userID를 Primary Key로 지정했기 때문에 자동으로 클러스터 인덱스가 생성돼서 입력 시에 userID 열로 정렬이 되기 때문이다. 이에 대해서는 9장에서 자세히 얘기하겠다.

[그림 6-12] 구매 테이블(buyTbl)

step 5

앞으로는 이 책의 많은 부분에서 이 sqlDB를 사용하게 될 것이다. 혹, 실수로 이 DB를 변경되어도 다시 입력하는 번거로움이 없도록 꼭 백업해 두자. 우선 백업할 폴더를 Windows 탐색기에서 생성해 놓는다. (필자의 경우엔 C:₩SQL₩ 폴더를 미리 생성해 놓았다.)

```
USE tempdb;
BACKUP DATABASE sqlDB TO DISK = 'C:\SQL\sqlDB2016.bak' WITH INIT ;
```

메시지:
파일 1에서 데이터베이스 'sqlDB', 파일 'sqlDB'에 대해 344개의 페이지를 처리했습니다 .
파일 1에서 데이터베이스 'sqlDB', 파일 'sqlDB_log'에 대해 6개의 페이지를 처리했습니다 .
BACKUP DATABASE이(가) 350개의 페이지를 0.048초 동안 처리했습니다(56.915MB/초).

step 6

또, '저장' 버튼을 클릭하거나, Ctrl+S를 눌러 지금 입력한 쿼리를 "C:₩SQL₩sql2016.sql"로 저장해 놓자. 그래서, 다음에 필요할 때 약간씩만 수정해서 다시 사용하자.

step 7

열린 쿼리창을 모두 닫는다.

6.1.2 특정한 조건의 데이터만 조회하는 〈SELECT ... FROM ... WHERE〉

기본적인 WHERE 절

Where 절은 조회하는 결과에 특정한 조건을 줘서, 원하는 데이터만 보고 싶을 때 사용하는데, 다음과 같은 형식을 갖는다.

```
SELECT 필드이름 FROM 테이블이름 WHERE 조건식;
```

만약 Where 조건 없이 아래를 조회해보자.

```
USE  sqlDB;
SELECT * FROM userTbl;
```

지금 userTbl은 우리가 10건의 데이터만 넣었지만, 만약 실제로 대형 인터넷 쇼핑몰의 가입회원이라고 생각하면 수백만 명이 될 수도 있다. 그렇다면 전체 데이터가 스크롤 되어 넘어가는 데에도 많은 시간이 걸릴 것이다. 예를 들어, 지금 찾는 이름이 '김경호'라면 수백만 건을 조회한 후에 스크롤해서 찾을 필요는 없다.

```
SELECT * FROM userTbl WHERE name = '김경호';
```

	userID	name	birthYear	addr	mobile1	mobile2	height	mDate
1	KKH	김경호	1971	전남	019	3333333	177	2007-07-07

[그림 6-13] 쿼리 실행 결과

관계 연산자의 사용

1970년 이후에 출생하고, 신장이 182 이상인 사람의 아이디와 이름을 조회해보자.

```
SELECT userID, Name FROM userTbl WHERE birthYear >= 1970 AND height >= 182;
```

'이승기', '성시경' 두 고객만 결과에 나올 것이다.

이번에는 1970년 이후에 출생했거나, 신장이 182 이상인 사람의 아이디와 이름을 조회해보자.

```
SELECT userID, Name FROM userTbl WHERE birthYear >= 1970 OR height >= 182;
```

7명의 결과가 나올 것이다. "…했거나", "… 또는" 등은 'OR' 연산자를 사용하면 된다. "…하고", "… 면서", "… 그리고" 등의 조건은 'AND' 연산자를 이용하면 된다.

이렇듯 조건 연산자(=, 〈, 〉, 〈=, 〉=, ◇ , != 등)과 관계 연산자(NOT, AND, OR 등)을 잘 조합 하면 다양한 조건의 쿼리를 생성할 수 있다.

BETWEEN … AND와 IN( )와 LIKE

이번에는 키가 180 ~ 183인 사람을 조회해보자.

```
SELECT Name, height FROM userTbl WHERE height >= 180 AND height <= 183;
```

동일한 것으로 BETWEEN .. AND를 사용할 수 있다.

```
SELECT Name, height FROM userTbl WHERE height BETWEEN 180 AND 183;
```

키의 경우에는 숫자로 구성되어 있어서 연속적인 값을 가지고 있어서 BETWEEN…AND를 사 용했지만, 지역이 '경남'이거나 '전남'이거나 '경북'인 사람을 찾을 경우에 연속된 값이 아니기 BETWEEN…AND를 사용할 수 없다.

지역이 '경남', '전남', '경북'인 사람의 정보를 확인해보자.

```
SELECT Name, addr FROM userTbl WHERE addr='경남' OR  addr='전남' OR addr='경북';
```

이와 동일하게 연속적인Continuous 값이 아닌 이산적인Discrete 값을 위해 IN ( )을 사용할 수 있다.

```
SELECT Name, addr FROM userTbl WHERE addr IN ('경남','전남','경북');
```

문자열의 내용을 검색하기 위해서는 LIKE 연산자를 사용할 수 있다.

```
SELECT Name, height FROM userTbl WHERE name LIKE '김%';
```

위 조건은 성이 '김'씨이고 그 뒤는 무엇이든(%) 허용한다는 의미다. 즉, '김'이 제일 앞 글자인 것들을 추출한다. 그리고 한 글자와 매치하기 위해서는 '_'를 사용한다. 아래는 맨 앞 글자가 한 글자이고, 그다음이 '종신'인 사람을 조회해준다.

```
SELECT Name, height FROM userTbl WHERE name LIKE '_종신';
```

이 외에도 '%'와 '_'를 조합해서 사용할 수 있다. 조건에 '_용%'라고 사용하면 앞에 아무거나 한 글자가 오고 두 번째는 '용', 그리고 세 번째 이후에는 몇 글자든 아무거나 오는 값을 추출해준다.

예를 들어 "조용필", "사용한 사람", "이용해 줘서 감사합니다" 등의 문자열이 해당될 수 있다.

⚠ %나 _가 검색할 문자열의 제일 앞에 들어가는 것은 SQL Server 성능에 아주 나쁜 영향을 끼칠 수 있다. 예로 name열을 '%용'이나 '_용필' 등으로 검색하면, name열에 인덱스Index가 있더라도 인덱스Index를 사용하지 않고 전체 데이터를 검색하게 된다. 지금은 데이터 양이 얼마되지 않으므로 그 차이를 느낄 수 없겠으나, 대용량 데이터를 사용할 경우에는 아주 비효율적인 결과를 낳게 된다. 인덱스Index에 대해서는 9장에서 상세히 다룬다.

ANY/ALL/SOME와 서브쿼리

서브쿼리SubQuery란 간단히 얘기하면 쿼리문 안에 또 쿼리문이 들어 있는 것을 얘기한다. 예로 김경호보다 키가 크거나 같은 사람의 이름과 키를 출력하려면, WHERE 조건에 김경호의 키를 직접 써줘야 한다.

```
SELECT Name, height FROM userTBL WHERE height > 177;
```

그런데 이 177이라는 키를 직접 써주는 것이 아니라, 이것도 쿼리를 통해서 사용하려는 것이다.

```
SELECT Name, height FROM userTbl
    WHERE height > (SELECT height FROM userTbl WHERE Name = '김경호');
```

후반부의 (SELECT height FROM userTbl WHERE Name = '김경호')은 177이라는 값을 돌려주므로, 결국 177이라는 값과 동일한 값이 되어서, 위 두 쿼리는 동일한 결과를 내주는 것이다.

이번에는 지역이 '경남' 사람의 키보다, 키가 크거나 같은 사람을 추출해보자. [그림 6-10]을 보고 미리 결과를 예측해보자. 경남인 사람은 김범수(키 173)과 윤종신(키 170)이므로 173 또는 170 보다 작은 조용필을 제외한 나머지 9명이 출력되면 된다. 아래를 안보고도 직접 쿼리문을 만들어 보자.

```
SELECT Name, height FROM userTbl
    WHERE height >= (SELECT height FROM userTbl WHERE addr = '경남');
```

위와 동일하게 생각했는가? 그렇다면 실행해보자.

```
오류 메시지:
메시지 512, 수준 16, 상태 1, 줄 1
하위 쿼리에서 값을 둘 이상 반환했습니다. 하위 쿼리 앞에 =, !=, <, <=, >, >= 등이 오거나 하위
쿼리가 하나의 식으로 사용된 경우에는 여러 값을 반환할 수 없습니다.
```

논리적으로 틀린 것은 없는 듯하지만, 오류가 나온다. 오류 메시지를 보니 하위쿼리가 둘 이상의 값을 반환하면 비교연산자(>=)를 쓸 수가 없다고 한다. 즉 **(SELECT height FROM userTbl WHERE mobile1 = '경남')**이 173과 170이라는 두 개의 값을 반환하기 때문에 오류가 나는 것이다. 그래서 필요한 구문이 ANY 구문이다. 아래와 같이 고쳐서 실행해보자.

```
SELECT Name, height FROM userTbl
    WHERE height >= ANY (SELECT height FROM userTbl WHERE addr = '경남');
```

예상한대로 키가 173보다 크거나 같은 사람, 또는 키가 170보다 크거나 같은 사람이 모두 출력될 것이다. 결국 키가 170보다 크거나 같은 사람이 해당된다.

	Name	height
1	바비킴	176
2	은지원	174
3	조관우	172
4	김범수	173
5	김경호	177
6	임재범	182
7	이승기	182
8	성시경	186
9	윤종신	170

[그림 6-14] 쿼리 실행 결과

이번에는 ANY를 ALL로 바꿔서 실행해보자. 7명만 출력되었다. 그 이유는 키가 170보다 크거나 같아야 할 뿐만 아니라, 173보다 크거나 같아야 하기 때문이다. 결국 키가 173보다 크거나 같은 사람만 해당된다.

	Name	height
1	바비킴	176
2	은지원	174
3	김범수	173
4	김경호	177
5	임재범	182
6	이승기	182
7	성시경	186

[그림 6-15] 쿼리 실행 결과

결론적으로 ANY는 서브쿼리의 여러 개의 결과 중 한 가지만 만족해도 되며, ALL은 서브쿼리의 여러 개의 결과를 모두 만족시켜야 된다. 참고로, SOME은 ANY와 동일한 의미로 사용된다.

이번에는 '>= ANY' 대신에 '= ANY'를 사용해보자.

```
SELECT Name, height FROM userTbl
    WHERE height = ANY (SELECT height FROM userTbl WHERE addr = '경남');
```

	Name	height
1	김범수	173
2	윤종신	170

[그림 6-16] 쿼리 실행 결과

정확히 ANY 다음의 서브쿼리 결과와 동일한 값인 173 ,170에 해당되는 사람만 출력되었다.

이는 아래와 동일한 구문이다. 즉 '=ANY (서브쿼리)'는 'IN(서브쿼리)'와 같은 의미다.

```
SELECT Name, height FROM userTbl
    WHERE height IN (SELECT height FROM userTbl WHERE addr = '경남');
```

원하는 순서대로 정렬하여 출력 : ORDER BY

ORDER BY 절은 결과물에 대해 영향을 미치지는 않지만, 결과가 출력되는 순서를 조절하는 구문이다.

먼저 가입한 순서로 회원들을 출력해보자.

```
SELECT Name, mDate FROM userTbl ORDER BY mDate;
```

	Name	mDate
1	윤종신	2005-05-05
2	김경호	2007-07-07
3	이승기	2008-08-08
4	조용필	2009-04-04
5	임재범	2009-09-09
6	조관우	2010-10-10
7	김범수	2012-04-04
8	바비킴	2013-05-05
9	성시경	2013-12-12
10	은지원	2014-03-03

[그림 6-17] 쿼리 실행 결과

기본적으로 오름차순ASCENDING으로 정렬된다. 내림차순DESCENDING으로 정렬하기 위해서는 열 이름 뒤에 DESC라고 적어주면 된다.

```
SELECT Name, mDate FROM userTbl ORDER BY mDate DESC;
```

이번에는 여러 개로 정렬해보자. 키가 큰 순서로 정렬하되, 키가 같을 경우에 이름 순으로 정렬하려면 아래와 같이 사용하면 된다. ASC(오름차순)는 디폴트 값이므로 생략해도 된다.

```
SELECT Name, height FROM userTbl ORDER BY height DESC, name ASC;
```

ORDER BY에 나온 열이 SELECT 다음에 꼭 있을 필요는 없다. 즉, 'SELECT userID FROM userTbl ORDER BY height'와 같은 구문을 사용해도 된다.

참고로 ORDER BY에 사용되는 열의 크기는 전체 8060Byte 이하여야 한다. 위의 예에서 height 열과 name열을 합쳐서 8060byte 이하여야 한다(이 예에서는 겨우 22Byte밖에 안 된다). 또한, ntext, text, image, geography, geometry, xml 등의 형식에는 ORDER BY를 사용할 수 없다.

ORDER BY는 어렵지 않은 개념이므로 이 정도면 충분하다. ORDER BY는 WHERE 절과 같이 사용되어도 무방하다. 그리고 ORDER BY 절은 쿼리문의 제일 뒤에 와야 한다는 것을 잊지 말자.

⚠ ORDER BY 절은 SQL Server의 성능을 상당히 떨어뜨릴 소지가 있다. 꼭 필요한 경우가 아니라면 되도록 사용하지 않는 것이 좋다.

DISTINCT와 TOP(N)과 TABLESAMPLE 절

회원 테이블에서 회원들의 거주지역이 몇 군데인지 출력해보자.

```
SELECT addr FROM userTbl;
```

	addr
1	서울
2	경북
3	경기
4	경기
5	경남
6	전남
7	서울
8	서울
9	서울
10	경남

[그림 6-18] 쿼리 실행 결과

10개 행밖에 안 되는데도 중복된 것을 세는 것이 어렵다. 조금 전에 배운 ORDER BY를 사용해보자.

```
SELECT addr FROM userTbl ORDER BY addr;
```

	addr
1	경기
2	경기
3	경남
4	경남
5	경북
6	서울
7	서울
8	서울
9	서울
10	전남

[그림 6-19] 쿼리 실행 결과

아까보다는 쉽지만 그래도 중복된 것을 골라서 세기가 좀 귀찮다. 또, 몇 만 건이라면 정렬이 되었어도 세는 것을 포기해야 할 것이다. 이때 사용하는 구문이 DISTINCT 구문이다.

```
SELECT DISTINCT addr FROM userTbl;
```

	addr
1	경기
2	경남
3	경북
4	서울
5	전남

[그림 6-20] 쿼리 실행 결과

중복된 것은 1개씩만 보여주면서 출력이 되었다.

이번에는 AdventureWorks DB를 잠깐 사용해보자. Sales.CreditCard 테이블에는 ExpYear(신용카드 유효연도)와 ExpMonth(신용카드 유효월)라는 열이 있는데, 그중에서 유효기간이 얼마 남지 않은 'Vista' 카드의 카드번호 10개를 알고 싶다면 어떻게 해야 할까? 조금 전에 배운 ORDER BY 절을 사용하면 된다.

```
USE AdventureWorks;
SELECT CreditCardID  FROM Sales.CreditCard
    WHERE CardType = 'Vista'
    ORDER BY ExpYear, ExpMonth;
```

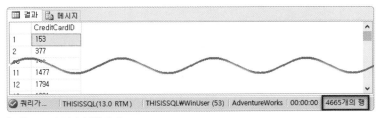

[그림 6-21] 쿼리 실행 결과

위의 결과에서 제일 앞의 10건만 사용하면 된다. 그런데 10건을 보기 위해서 필요 없는 4,655건을 더 출력하였다. 어쩌면 이런 것이 별것 아니라고 생각할 수도 있겠지만, 이러한 조회가 굉장히 자주 일어난다면 SQL Server에 많은 필요없는 부담을 준다. 그래서 상위의 N개만 출력하는 TOP(N) 구문을 사용하면 된다.

```
SELECT TOP(10) CreditCardID FROM Sales.CreditCard
    WHERE CardType = 'Vista'
    ORDER BY ExpYear, ExpMonth;
```

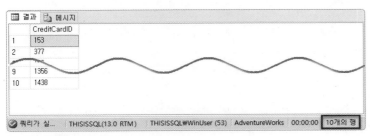

[그림 6-22] 쿼리 실행 결과

딱 원하는 개수만큼 출력되었다. 이는 개수의 문제보다는 SQL Server의 부담을 많이 줄여주는 방법이기도 하다.

> **여기서 잠깐**
>
> 악성 쿼리문이란 서버의 처리량을 많이 사용해서 결국 서버의 전반적인 성능을 나쁘게 하는 쿼리문을 뜻한다. 비유를 하자면 많은 사람(쿼리문)이 표를 끊기 위해서(처리되기 위해) 줄 서 있는데, 어떤 사람(악성 쿼리문)이 계속 판매원에게 필요치 않은 질문을 던져서 뒤에 서있는 다른 많은 사람이 표를 끊는 데 시간이 오래 걸리는 것과 같은 이치다. 지금은 SQL 문의 문법을 배우는 과정이므로 결과만 나온다면 잘 된 것처럼 느껴지겠지만, 실무에서는 얼만큼 효과적으로 결과를 얻느냐가 더욱 중요한 이슈가 된다. 잘못된 악성쿼리를 자꾸 만들지 않도록 더욱 신경을 써서 SQL 문을 만들 필요가 있다. 이는 9장의 인덱스를 배우면서 자세히 살펴보겠다.

TOP 구문은 변수, 수식 및 서브쿼리도 사용할 수도 있다. TOP()에 서브쿼리를 사용해보자.

```
SELECT TOP(SELECT COUNT(*)/100 FROM Sales.CreditCard ) CreditCardID
    FROM Sales.CreditCard
    WHERE CardType = 'Vista'
    ORDER BY ExpYear, ExpMonth;
```

COUNT(＊)는 행의 개수를 반환하는 함수이며, 이것을 100으로 나눈 결과다. 즉, 전체의 100분에 1 (=1%) 개수만 보겠다는 의미다. 결과는 191개 행이 조회될 것이다.

다른 예로 전체 상위 건수의 0.1%만 출력하는 쿼리문을 생각해보자. 그럴 경우에는 TOP(N) PERCENT를 사용하면 된다.

```
SELECT TOP(0.1) PERCENT CreditCardID, ExpYear, ExpMonth
    FROM Sales.CreditCard
    WHERE CardType = 'Vista'
    ORDER BY ExpYear, ExpMonth;
```

	CreditCardID	ExpYear	ExpMonth
1	153	2005	1
2	377	2005	1
3	416	2005	1
4	1085	2005	1
5	1101	2005	1

[그림 6-23] 쿼리 실행 결과

4600여 건의 0.1%인 4.6건(반올림해서 5건)이 출력되었다. 그런데 2005년 1월이 만기일인 카드가 더 있다면 어떻게 해야 할까?

예를 들어, 100명의 학생 중 상위 3%인 3명만 장학금을 주려고 한다고 생각해보자. 그런데 점수의 분포가 100점 1명, 99점 1명, 98점 5명이라면 어떻게 장학금을 줘야 할까? 이런 경우에는 3등 5명에게 모두 장학금을 지급하는 것이 공평할 것이다. TOP(N) PECENT 구문도 이런 경우를 위해서 마지막 출력 값과 동일한 값이 있다면, N%가 넘더라도 출력하는 WITH TIES 옵션이 있다.

```
SELECT TOP(0.1)PERCENT WITH TIES CreditCardID, ExpMonth, ExpYear
    FROM Sales.CreditCard
    WHERE CardType = 'Vista'
    ORDER BY ExpYear, ExpMonth;
```

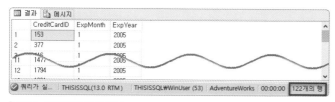

[그림 6-24] 쿼리 실행 결과

마지막 값과 동일한 값을 모두 출력해서 122건이 출력되었다.

TOP 절은 위쪽에 출력되는 개수를 제한하는 방식이지만, 전체에서 무작위로 일정한 샘플 데이터를 추출하고자 하는 경우에는 TABLESAMPLE 절을 사용할 수 있다. 그런데 TABLESAMPLE 절을 사용하는 경우에는 대량의 행이 있을 때 제대로 실행되며, 소량의 행이 있는 테이블에서는 예상대로 실행되지 않는다. 그 이유는 샘플링은 행의 개수로 하는 것이 아니라, 페이지를 기준으로 샘플링하기 때문이다.

또한 그 결과의 개수는 정확한 값이 아닌 근사치로 샘플을 추출한다.

⚠ 페이지Page는 SQL Server 안에서 행 데이터가 저장된 최소의 물리적 단위로 약 8 KB의 크기를 갖는다. 예로 하나의 행 데이터 값이 길다면 한 개 페이지에 몇 건이 들어가지 않겠지만, 행 데이터의 값이 짧다면 한 개 페이지에 여러 건이 들어갈 수 있다. 즉, 페이지마다 저장된 행 데이터의 개수는 조금씩 다를 수 있다.

예를 들어, AdventureWorks의 Sales.SalesOrderDetail 테이블의 5%를 샘플링해서 추출하고 싶다면, 아래와 같이 사용할 수 있다.

```
USE AdventureWorks
SELECT * FROM  Sales.SalesOrderDetail TABLESAMPLE(5 PERCENT);
```

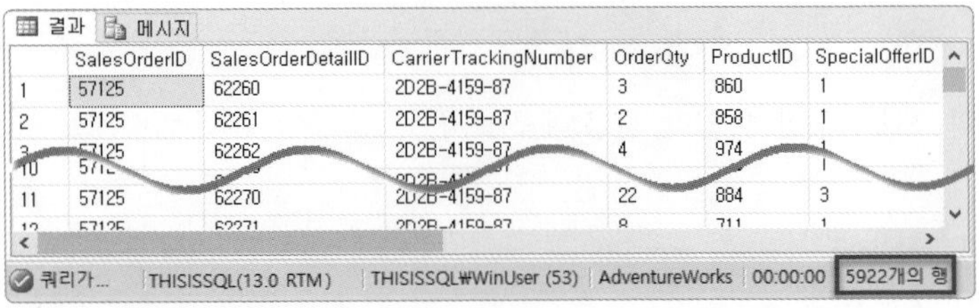

[그림 6-25] 쿼리 실행 결과

Sales.SalesOrderDetail 테이블의 경우 대략 12만 건 정도되므로 5%인 6000건 내외를 샘플링해줄 것이다. 이 구문은 실행 시마다 다른 데이터를 샘플링해주며, 개수도 달라진다. 전체 데이터의 5%를 추출하되, 건수가 5000건이 넘을 경우에는 최대 5000건까지만 출력하고 싶다면 TOP(N)과 같이 사용하면 된다.

```
SELECT TOP(5000) * FROM  Sales.SalesOrderDetail TABLESAMPLE(5 PERCENT);
```

OFFSET과 PATCH

OFFSET은 지정한 행의 수만큼 건너 뛴 후에 출력하는 기능을 한다. 간단히 다음 예를 보자.

⚠ OFFSET과 PATCH는 SQL Server 2012부터 지원된다.

```
USE sqlDB;
SELECT userID, name, birthYear  FROM  userTBL
    ORDER BY birthYear
    OFFSET  4  ROWS;
```

	userID	name	birthYear
1	KKH	김경호	1971
2	EJW	은지원	1972
3	BBK	바비킴	1973
4	KBS	김범수	1979
5	SSK	성시경	1979
6	LSG	이승기	1987

[그림 6-26] 쿼리 실행 결과

전체 회원은 10명인데 그 중에서 4명을 건너뛰고 5번째 행부터 출력되었다. 이는 나이가 어린 6명을 출력하기 위해서 사용할 수 있다. 주의할 점은 OFFSET을 사용하려면 ORDER BY 문이 함께 나와야 한다는 점이다.

FETCH NEXT는 출력될 행의 수를 지정할 수 있다. 다음 예를 보자.

```
SELECT userID, name, birthYear  FROM  userTBL
    ORDER BY birthYear
    OFFSET  4  ROWS
    FETCH NEXT 3 ROWS ONLY;
```

	userID	name	birthYear
1	KKH	김경호	1971
2	EJW	은지원	1972
3	BBK	바비킴	1973

[그림 6-27] 쿼리 실행 결과

위 예를 보면 어렵지 않게 용도를 이해했을 것이다. FETCH NEXT에 3을 지정하면 3개 행만 출력하게 된다. 지금은 데이터가 적어서 큰 효과가 없지만, 대용량의 데이터에서 특정 열로 지정한 후, 몇 번째 행부터 몇 개 행 가져오기를 위해 유용하게 사용될 수 있다.

SELECT INTO

SELECT INTO 구문은 테이블을 복사해서 사용할 경우에 주로 사용된다.

형식:

```
SELECT 복사할열 INTO 새로운테이블 FROM 기존테이블
```

다음은 buyTbl을 buyTbl2로 복사하는 구문이다.

```
USE sqlDB;
SELECT * INTO buyTbl2 FROM buyTbl;
SELECT * FROM buyTbl2;
```

또한, 지정한 일부 열만 복사할 수도 있다.

```
SELECT userID, prodName INTO buyTbl3 FROM buyTbl;
SELECT * FROM buyTbl3;
```

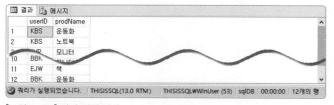

[그림 6-28] 쿼리 실행 결과

그런데 buyTbl은 Primary Key 및 Foreign Key가 지정되어 있다. 그것들도 복사가 될까? SSMS
의 개체 탐색기에서 확인해 보면, PK나 FK 등의 제약 조건은 복사되지 않는 것을 알 수 있다.

⚠ 개체 탐색기의 데이터베이스에서 sqlDB가 안보이면, 데이터베이스를 선택한 상태에서 마우스 오른쪽 버튼을 클릭하고 [새
   로 고침]을 선택한다. 전에도 얘기했지만, 쿼리문으로 데이터베이스나 테이블을 생성시에 개체 탐색기에는 바로 보이지 않을
   수 있다. 그럴 때는 [새로 고침]을 해주면 된다.

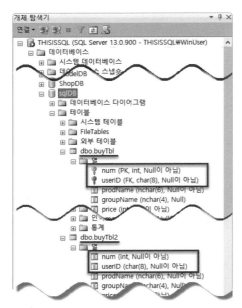

[그림 6-29] SSMS의 개체 탐색기 확인

6.1.3 GROUP BY와 HAVING과 집계 함수

GROUP BY

이제는 SELECT 형식 중에서 GROUP BY, HAVING 절에 대해서 파악해보자.

```
[ WITH <common_table_expression>]
SELECT select_list [ INTO new_table ]
[ FROM table_source ]
[ WHERE search_condition ]
[ GROUP BY group_by_expression ]
[ HAVING search_condition ]
[ ORDER BY order_expression [ ASC | DESC ] ]
```

먼저 GROUP BY 절을 살펴보자. 이 절이 하는 역할은 말 그대로 그룹으로 묶어주는 역할을 한다. sqlDB의 구매 테이블buyTbl에서 사용자userID가 구매한 물품의 개수amount를 보려면 아래와 같이 하면 된다.

```
USE sqlDB;
SELECT userID, amount FROM buyTbl ORDER BY userID;
```

	userID	amount
1	BBK	5
2	BBK	10
3	BBK	2
4	BBK	2
5	EJW	1
6	EJW	2
7	EJW	1
8	JYP	1
9	KBS	3
10	KBS	2
11	KBS	1
12	SSK	5

[그림 6-30] 쿼리 실행 결과

위 결과를 보면 사용자별로 여러 번의 물건 구매가 이루어져서, 각각의 행이 별도로 출력된다. BBK 사용자의 경우에는 5+10+2+2=19개의 구매를 했다. 합계를 낼 때 이렇게 손이나 전자계산기를 두드려서 계산한다면, SQL Server를 사용할 이유가 없을 것이다.

이럴 때는 집계 함수를 사용하면 된다. 집계 함수Aggregate Function는 주로 GROUP BY 절과 함께 쓰이며 데이터를 그룹화Grouping 해주는 기능을 한다. 상세한 내용은 잠시 후에 살펴보자.

위의 결과에서 우리가 원하는 바는 BBK:19개, EJW:4개, JYP:1개, KBS:6개, SSK:5개와 같이 각 사용자userID별로 구매한 개수amount를 합쳐서 출력하는 것이다. 이럴 경우에는 집계 함수인 SUM() 과GROUP BY 절을 사용하면 된다. 즉, 사용자userID별로 GROUP BY로 묶어준 후에 SUM() 함수로 구매 개수amount를 합치면 된다.

```
SELECT userID, SUM(amount)  FROM buyTbl GROUP BY userID;
```

	userID	(열 이름 없음)
1	BBK	19
2	EJW	4
3	JYP	1
4	KBS	6
5	SSK	5

[그림 6-31] GROUP BY 사용 결과

그런데 SUMamount의 결과 열에는 제목이 없다. 전에 배운 별칭alias를 사용해서 결과를 보기 편하자.

```
SELECT userID AS [사용자 아이디], SUM(amount) AS [총 구매 개수]
    FROM buyTbl GROUP BY userID;
```

	사용자 아이디	총 구매 개수
1	BBK	19
2	EJW	4
3	JYP	1
4	KBS	6
5	SSK	5

[그림 6-32] 별칭의 활용

이번에는 구매액의 총합을 출력하자. 구매액은 가격Price * 수량amount이므로, 총합은 SUM()을 사용하면 된다.

```
SELECT userID AS [사용자 아이디], SUM(price*amount) AS [총 구매액]
    FROM buyTbl GROUP BY userID;
```

	사용자 아이디	총 구매액
1	BBK	1920
2	EJW	95
3	JYP	200
4	KBS	1210
5	SSK	75

[그림 6-33] 총 구매액

집계 함수

SUM() 외에 자주 사용되는 집계 함수는 아래 표와 같다.

함수명	설명
AVG()	평균을 구한다
MIN()	최소값을 구한다
MAX()	최대값을 구한다
COUNT()	행의 개수를 센다
COUNT_BIG()	개수를 센다. 단 결과값이 bigint 형이다.
STDEV()	표준편차를 구한다.
VAR()	분산을 구한다

전체 구매자가 구매한 물품의 개수amount의 평균을 구해보자.

```
USE sqlDB;
SELECT AVG(amount) AS [평균 구매 개수] FROM buyTbl ;
```

	평균 구매 개수
1	2

[그림 6-34] 쿼리 실행 결과

평균 구매 개수의 결과가 2가 나왔다. 그런데 사실은 약 2.9166 개이다. 이렇게 결과가 잘못 나온 이유는, 구매 개수amount의 데이터 형식이 정수형이기 때문에 그 연산 결과도 정수형으로 나오게 된 것이다.

이러한 논리적 오류를 범하지 않으려면, 정수형을 실수로 변환해주는 CAST() 또는 CONVERT()

함수를 사용하거나, 간단히 amount에 1.0을 곱해도 된다. CAST()/CONVERT() 함수의 사용법은 7장에서 데이터 형식에 대해서 공부한 후에 자세한 사용법을 알아보자.

```
ELECT AVG(amount*1.0) AS [평균구매개수] FROM buyTbl ;
```

또는 다음과 같이 쓸 수 있다.

```
SELECT AVG(CAST(amount AS DECIMAL(10,6))) AS [평균구매개수] FROM buyTbl ;
```

	평균구매개수
1	2.916666

[그림 6-35] 쿼리 실행 결과

이번에는 각 사용자 별로 한번 구매 시 물건을 평균 몇 개 구매했는지 평균을 내보자. GROUP BY 를 사용하면 된다.

```
SELECT userID, AVG(amount*1.0) AS [평균 구매 개수] FROM buyTbl  GROUP BY userID;
```

	userID	평균 구매 개수
1	BBK	4.750000
2	EJW	1.333333
3	JYP	1.000000
4	KBS	2.000000
5	SSK	5.000000

[그림 6-36] 쿼리 실행 결과

다른 예를 살펴보자. 가장 큰 키와 가장 작은 키의 회원 이름과 키를 출력하는 쿼리를 만들어서 직접 실행해보자.

아래와 같이 작성되었는가? 그런데 오류가 나올 것이다.

```
SELECT Name, MAX(height), MIN(height) FROM userTbl;
```

```
오류 내용:
메시지 8120, 수준 16, 상태 1, 줄 1
열 'userTbl.name'이(가) 집계 함수나 GROUP BY 절에 없으므로 SELECT 목록에서 사용할 수
없습니다.
```

GROUP BY 없이는 별도의 이름 열(name)을 집계 함수와 같이 사용할 수 없다는 메시지다. 그래서 아래와 같이 고쳐보았다.

```
SELECT Name, MAX(height), MIN(height) FROM userTbl GROUP BY Name;
```

	Name	(열 이름 없음)	(열 이름 없음)
1	김경호	177	177
2	김범수	173	173
3	바비킴	176	176
4	성시경	186	186
5	윤종신	170	170
6	은지원	174	174
7	이승기	182	182
8	임재범	182	182
9	조관우	172	172
10	조용필	166	166

[그림 6-37] 쿼리 실행 결과

역시 원하는 결과가 아니다. 그냥 모두다 나왔다.

이런 경우에는 앞에서 배운 서브쿼리와 조합을 하는 것이 제일 수월하다.

```
SELECT Name, height
    FROM userTbl
    WHERE height = (SELECT MAX(height)FROM userTbl)
        OR height = (SELECT MIN(height)FROM userTbl) ;
```

	Name	height
1	조용필	166
2	성시경	186

[그림 6-38] 쿼리 실행 결과

이번에는 휴대폰이 있는 사용자의 수를 카운트하자.

```
SELECT COUNT(*) FROM userTbl;
```

위 쿼리의 결과는 전체 회원인 10명이 나올 것이다. 휴대폰이 있는 회원만 카운트하려면 휴대폰 열 이름(mobile1)을 지정해야 한다. 그럴 경우에 NULL 값인 것은 제외하고 카운트를 한다.

```
SELECT COUNT(mobile1) AS [휴대폰이 있는 사용자] FROM userTbl;
```

	휴대폰이 있는 사용자
1	8

[그림 6-39] 쿼리 실행 결과

이번에는 메시지 탭을 클릭하자.

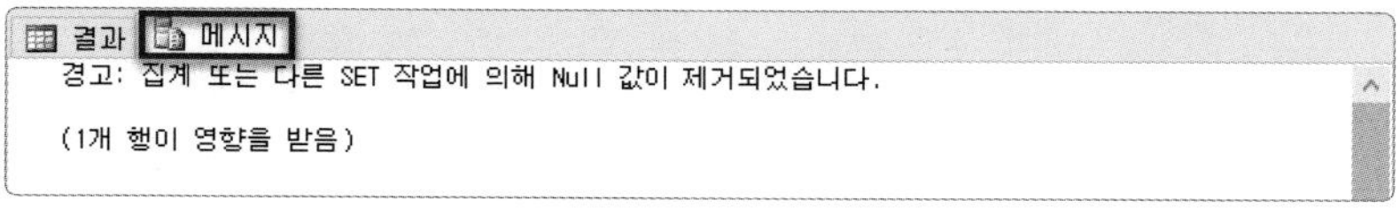

```
⊞ 결과 | 🗐 메시지
   경고: 집계 또는 다른 SET 작업에 의해 Null 값이 제거되었습니다.

   (1개 행이 영향을 받음)
```

[그림 6-40] 메시지

친절하게(?) Null 값이 제거되었다는 메시지까지 나온다. 즉, 휴대폰이 없는 사용자를 제외한 사용
자 8명의 인원수가 정확히 나왔다([그림 6-10]을 보면 성시경과 윤종신만 휴대폰이 없다).

이제는 간단히 성능과 관련된 실습을 해보자.

행의 개수를 세기 위해서는 그냥 간단히 **SELECT * FROM 테이블명**을 수행하면 그 행의 개수를 쿼
리창에서 확인할 수 있다. 하지만, 행의 개수만 알면 된다면 COUNT() 함수를 사용하는 것이 성능
면에서 훨씬 바람직하다.

실습3

COUNT( ) 함수와 그냥 SELECT의 결과를 성능면에서 비교해보자.

step 0

데이터의 건수가 약 2만 여건이 되는 AdventureWorks DB의 Sales.Customer를 사용해보자.

step 1

프로파일러를 사용해보자.

1-1 SSMS 메뉴의 [도구] 〉〉 [SQL Server Profiler] 선택해서 프로파일러를 실행하고, [서버에 연결] 창에
서 〈연결〉 버튼을 클릭한다.

1-2 추적 속성에서 '추적 이름'을 적당히 입력하고, [템플릿 사용]에서 'TSQL_Duration'을 선택하고, 〈실행〉버튼을 클릭한다.

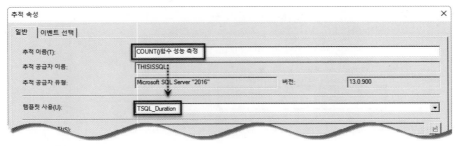

[그림 6-41] 추적 실행

1-3 SSMS의 쿼리창에 다음 SQL 문장을 수행해보자.

```
USE AdventureWorks;
GO
SELECT * FROM Sales.Customer;
GO
SELECT COUNT(*) FROM Sales.Customer;
GO
```

1-4 결과를 보면 첫 번째 쿼리는 우측 하단에 조회된 개수 행이 나오고, 두 번째 쿼리는 COUNT(*)의 결과값이 나온다. 당연히 같은 테이블이므로 둘 다 개수는 같다(1개 차이는 마지막 쿼리의 결과도 개수에 포함되기 때문이다).

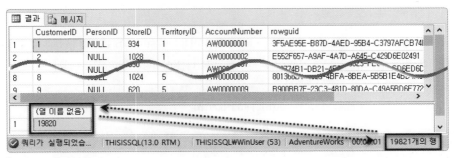

[그림 6-42] 실행 결과

1-5 프로파일러를 보면 그냥 전체를 SELECT한 문장과 COUNT(*)를 사용한 문장의 Duration 차이가 확연히 드러난다.

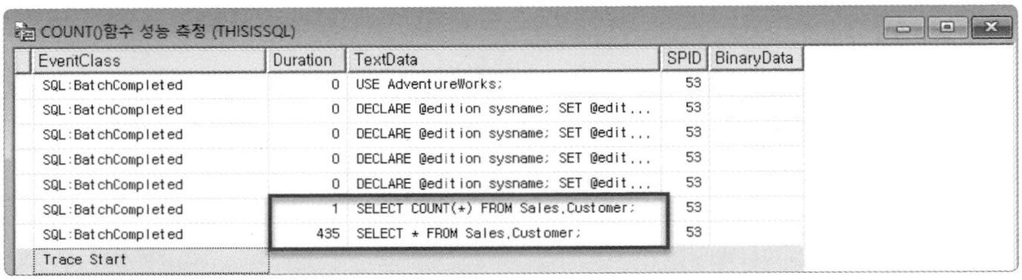

EventClass	Duration	TextData	SPID	BinaryData
SQL:BatchCompleted	0	USE AdventureWorks;	53	
SQL:BatchCompleted	0	DECLARE @edition sysname; SET @edit...	53	
SQL:BatchCompleted	0	DECLARE @edition sysname; SET @edit...	53	
SQL:BatchCompleted	0	DECLARE @edition sysname; SET @edit...	53	
SQL:BatchCompleted	0	DECLARE @edition sysname; SET @edit...	53	
SQL:BatchCompleted	1	SELECT COUNT(*) FROM Sales.Customer;	53	
SQL:BatchCompleted	435	SELECT * FROM Sales.Customer;	53	
Trace Start				

[그림 6-43] 프로파일러 결과

⚠ Duration은 이벤트(이 경우에는 쿼리문)이 실행하는 데 걸리는 시간(밀리초)이므로, 수치가 작을수록 빨리 수행된다는 의미다.

결론적으로 행의 개수를 파악하기 위해서 'SELECT * …' 구문을 사용하는 것은 SQL Server에 많은 부하를 준다. 그러므로 개수를 파악하기 위해서는 직접 테이블을 조회한 후에 사용하는 것보다 필요한 집계 함수를 적절히 사용할 필요가 있다.

예로, 어떤 필드의 값을 전부 합쳐야 하는 응용 프로그램을 만들 경우에, 전체를 조회해서 가져온 후에 다시 그것을 더하는 방법은 바람직하지 않은 방법이다. 간단히 SUM() 함수를 이용해서 조회하는 것이 훨씬 효율적이다.

step 2

SUM() 함수와 다른 방식의 성능을 비교해보자.

2-1 우선, 건수가 많은 임시 테이블을 생성해보자. 아래 구문을 사용하면 #tmpTbl은 약 144건의 임시 테이블이 될 것이다. 이해가 안되도 그냥 임시 테이블에 대량의 데이터를 입력하는 것이라고 생각하자.

```
USE sqlDB;
SELECT num, price, amount INTO #tmpTbl FROM buyTbl;
GO
INSERT INTO #tmpTbl
   SELECT a.price, a.amount FROM #tmpTbl a, #tmpTbl b ;
GO
```

⚠ 임시 테이블은 테이블 이름 앞에 '#' 또는 '##'표시가 붙은 것이다. 이는 이름처럼 임시로 사용하는 테이블이다. 자세한 사항은 8장에서 다룬다.

2-2 먼저, 프로파일러의 메뉴에서 [편집] → [추적 창 지우기]를 선택해서 다시 초기화시키자.

2-3 SUM() 함수를 사용해서 총 구매액을 구해보자. 쿼리창에서 다음을 실행한다.

```
SELECT SUM(price*amount) from #tmpTbl;
```

합계 출력 값이 나왔을 것이다(값 자체는 별로 중요하지 않다). 프로파일러를 보면 상당히 짧은 시간이 걸린 것을 확인할 수 있을 것이다.

2-4 SUM() 함수를 사용하지 않고, 같은 결과를 내보자. 아래 구문은 모두 입력한 후에, 마우스로 모두 선택해서 한번에 실행해야 한다.

⚠️ 다음 구문은 이해하기가 어려울 것이다. 이 구문을 이해하려면 변수 및 프로그래밍 기법을 알아야 한다. 이는 7장의 후반부에 나오는 것들이다. 그래서 이해를 못해도 된다. 단지, SUM()을 구현하기 위해서 복잡한 프로그래밍이 필요하고, 그 성능 또한 함수 하나를 사용하는 것보다 훨씬 떨어진다는 정도로만 이해하자. 7장까지 학습을 마친 후에 이 구문을 보면 훨씬 쉽게 느껴질 것이다.

```
DECLARE @total bigint -- @total은 총구매액을 누적시킬 변수
DECLARE @priceXamount int -- @priceXamount는 각행의 가격과 수량을 곱한 값을 저장할 변수
DECLARE @num int -- @num 은 구매 테이블의 순번열의 증가
DECLARE @count int -- @count는 전체 행 숫자

SET @total=0
SET @num=1

SELECT @count=COUNT(*) FROM #tmpTbl

SET @count = @count + 1

WHILE @count <> @num
BEGIN
    SELECT @priceXamount = price * amount FROM  #tmpTbl
        WHERE num = @num
    SET @num = @num + 1
    SET @total = @total + @priceXamount
END

PRINT @total
```

2-5 테이블의 행의 개수는 겨우 140여 건 뿐이다. 그런데도 프로파일러를 보면 성능차이가 아래와 같이 확연히 난다.

	사용자	총구매액
1	BBK	1920
2	EJW	95
3	JYP	200
4	KBS	1210
5	SSK	75

[그림 6-44] 집계 함수 사용과 하나씩 행을 가져와서 더한 결과의 성능 비교

2-6 프로파일러를 종료한다. 저장할 필요는 없다.

결론적으로 적절히 사용하는 집계 함수는 한건씩 직접 처리하는 것보다 훨씬 좋은 성능을 낸다.

Having 절

앞에서 했던 SUM()을 다시 사용해서 사용자별 총 구매액을 보자.

```
USE sqlDB;
GO
SELECT userID AS [사용자], SUM(price*amount) AS [총구매액]
    FROM buyTbl
    GROUP BY userID ;
```

	사용자	총구매액
1	BBK	1920
2	EJW	95
3	JYP	200
4	KBS	1210
5	SSK	75

[그림 6-45] 쿼리 실행 결과

그런데 이 중에서 총 구매액이 1000 이상인 사용자에게만 사은품을 증정하고 싶다면, 앞에서 배운 조건을 포함하는 WHERE 구문을 생각했을 것이다.

```
SELECT userID AS [사용자], SUM(price*amount) AS [총구매액]
    FROM buyTbl
    WHERE SUM(price*amount) > 1000
    GROUP BY userID ;
```

```
오류 내용:
메시지 147, 수준 15, 상태 1, 줄 3
집계가 HAVING 절이나 SELECT 목록에 포함된 하위 쿼리 내에 없으면 WHERE 절에 나타날 수 없습니
다. 또한 집계 중인 열은 외부 참조입니다.
```

오류 메시지를 보면 집계 함수는 WHERE 절에 나타날 수 없다는 이야기기다. 이럴 때 사용되는 것
이 HAVING 절이다. HAVING은 WHERE와 비슷한 개념으로 조건을 제한하는 것이지만, 집계
함수에 대해서 조건을 제한하는 것이라고 생각하면 된다. 그리고 HAVING 절은 꼭 GROUP BY
절 다음에 나와야 한다. 순서가 바뀌면 안 된다.

```
SELECT userID AS [사용자], SUM(price*amount) AS [총구매액]
    FROM buyTbl
    GROUP BY userID
    HAVING SUM(price*amount) > 1000 ;
```

	사용자	총구매액
1	BBK	1920
2	KBS	1210

[그림 6-46] 쿼리 실행 결과

추가로 총 구매액이 적은 사용자부터 나타내려면 ORDER BY를 사용하면 된다.

```
SELECT userID AS [사용자], SUM(price*amount) AS [총구매액]
    FROM buyTbl
    GROUP BY userID
    HAVING SUM(price*amount) > 1000
    ORDER BY SUM(price*amount) ;
```

ROLLUP( ), GROUPING_ID( ), CUBE( ) 함수

총합 또는 중간합계가 필요하다면 GROUP BY 절과 함께 ROLLUP( ) 또는 CUBE( )를 사용하면
된다. 만약 분류(groupName)별로 합계 및 그 총합을 구하고 싶다면 다음 구문을 사용하자.

```
SELECT num,  groupName, SUM(price * amount) AS [비용]
   FROM buyTbl
   GROUP BY ROLLUP (groupName, num);
```

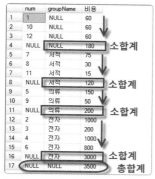

[그림 6-47] ROLLUP()의 결과

중간중간에 num 열이 NULL로 되어 있는 추가된 행이 각 그룹의 소합계를 의미한다. 또 마지막 행
은 각 소합계의 합계, 즉 총합계의 결과가 나왔다.

위 구문에서 num은 Primary Key며, 그룹화가 되지 않는 효과를 위해서 넣어 준 것이다. 만약 소
합계 및 총합계만 필요하다면 아래와 같이 num을 빼면 된다.

```
SELECT groupName, SUM(price * amount) AS [비용]
   FROM buyTbl
   GROUP BY ROLLUP (groupName);
```

	groupName	비용
1	NULL	180
2	서적	120
3	의류	200
4	전자	3000
5	NULL	3500	총합계

[그림 6-48] 쿼리 실행 결과

한눈에 데이터인지 합계인지를 알기 위해서는 GROUPING_ID() 함수를 사용할 수 있다.
GROUPING_ID() 함수의 결과가 0이면 데이터, 1이면 합계를 위해서 추가된 열이라고 보면 된다.

```
SELECT groupName, SUM(price * amount) AS [비용]
        , GROUPING_ID(groupName) AS [추가행 여부]
    FROM buyTbl
    GROUP BY ROLLUP(groupName) ;
```

	groupName	비용	추가행 여부
1	NULL	180	0
2	서적	120	0
3	의류	200	0
4	전자	3000	0
5	NULL	3500	1

[그림 6-49] 쿼리 실행 결과

CUBE() 함수도 ROLLUP()과 비슷한 개념이지만, CUBE()는 다차원 정보의 데이터를 요약하는 데 더 적당하다.

우선, 아래 테이블과 같은 간단한 데이터를 가정해보자.

물품	색상	수량
컴퓨터	검정	11
컴퓨터	파랑	22
모니터	검정	33
모니터	파랑	44

이를 물품별 소합계 및 색상별 소합계를 모두 보고 싶다면 CUBE를 사용할 수 있다.

```
USE sqlDB;
CREATE TABLE cubeTbl(prodName NCHAR(3), color NCHAR(2), amount INT);
GO
INSERT INTO cubeTbl VALUES('컴퓨터', '검정', 11);
INSERT INTO cubeTbl VALUES('컴퓨터', '파랑', 22);
INSERT INTO cubeTbl VALUES('모니터', '검정', 33);
INSERT INTO cubeTbl VALUES('모니터', '파랑', 44);
GO
SELECT prodName, color, SUM(amount) AS [수량합계]
    FROM cubeTbl
    GROUP BY CUBE (color, prodName);
```

[그림 6-50] CUBE의 결과

위 CUBE()의 결과 그림으로 특별히 설명하지 않아도 CUBE()의 결과를 이해할 수 있을 것이다. 이로써 기본적이 SELECT 문의 틀을 살펴 보았다.

형식:

```
[ WITH <common_table_expression>]
SELECT select_list [ INTO new_table ]
[ FROM table_source ]
[ WHERE search_condition ]
[ GROUP BY group_by_expression ]
[ HAVING search_condition ]
[ ORDER BY order_expression [ ASC ¦ DESC ] ]
```

이제는 WITH 절을 살펴보자. WITH 절은 SQL Server 2005부터 적용된 개념으로, SQL을 처음 공부하는 독자라면 조금 어렵게 느껴지고, 또한 깊게 들어갈수록 복잡한 것이 사실이다.

기본적인 개념을 정확히 파악하는 것이 중요하므로 독자가 쉽게 이해할 수 있도록 간단한 예로서 살펴보자.

6.1.4 WITH 절과 CTE

WITH 절은 CTE^{Common Table Expression}을 표현하기 위한 구문이다. CTE는 기존의 뷰, 파생 테이블, 임시 테이블 등으로 사용되던 것을 대신할 수 있으며, 더 간결한 식으로 보여지는 장점이 있다. CTE는 ANSI-SQL99 표준에서 나온 것으로 기존의 SQL은 대부분 ANSI-SQL92가 기준으로 하지만, 최근의 DBMS는 대개 ANSI-SQL99와 호환이 되므로 다른 DBMS에서도 SQL Server와 같거나 비슷한 방식으로 응용된다.

CTE는 비재귀적^{Non-Recusive} CTE와 재귀적^{Recursive} CTE 두 가지가 있다. 아직 무슨 말인지 이해가 어려울 것이다. 계속 예를 보면서 이해하자.

비재귀적 CTE

비재귀적 CTE는 말 그대로 재귀적이지 않은 CTE이다. 단순한 형태이며, 복잡한 쿼리문장을 단순화시키는 데에 적합하게 사용될 수 있다.

우선 비재귀적 CTE의 형식을 보자.

```
WITH CTE_테이블이름(열이름)
AS
(
    <쿼리문>
)
SELECT 열이름 FROM CTE_테이블이름 ;
```

⚠ **SELECT 열이름 FROM CTE_테이블이름** 외에 UPDATE 등도 가능하지만, 주로 사용되는 것은 SELECT다.

위의 형식이 좀 생소해 보일 수도 있지만, 위쪽을 떼버리고 그냥 제일 아래의 **SELECT 열이름 FROM CTE_테이블이름**만 생각해도 된다. 그런데 기존에는 실제 DB에 있는 테이블을 사용했지만, CTE는 바로 위의 WITH 절에서 정의한 CTE_테이블이름을 사용하는 것만 다르다. 즉, 'WITH CTE_테이블이름(열이름) AS…' 형식의 테이블이 하나 더 있다고 생각하면 된다.

쉽게 이해하기 위해서 앞에서 했던 buyTbl에서 총 구매액을 구하는 것을 다시 살펴보자.

```
USE sqlDB;
SELECT userID AS [사용자], SUM(price*amount) AS [총구매액]
    FROM buyTbl  GROUP BY userID;
```

	사용자	총구매액
1	BBK	1920
2	EJW	95
3	JYP	200
4	KBS	1210
5	SSK	75

[그림 6-51] 쿼리 실행 결과

위의 결과를 총 구매액이 많은 사용자 순서로 정렬하고 싶다면 어떻게 해야 할까? 물론, 앞의 쿼리에 이어서 ORDER BY 문을 첨가해도 된다. 하지만, 그럴 경우에는 SQL 문이 더욱 복잡해 보일 수 있으므로 이렇게 생각해보자. 위의 쿼리의 결과가 바로 abc라는 이름의 테이블이라고 생각하면 어떨까? 그렇다면, 정렬하는 쿼리는 아래와 같이 간단해진다.

```
SELECT * FROM abc ORDER BY 총구매액 DESC
```

이것이 CTE의 장점중 하나다. 구문을 단순화시켜 준다. 지금까지 얘기한 실질적인 쿼리문은 아래와 같이 작성하면 된다.

```
WITH abc(userID, total)
AS
(  SELECT userID, SUM(price*amount)
      FROM buyTbl  GROUP BY userID  )
SELECT * FROM abc ORDER BY total DESC ;
```

⚠ 결과 화면의 열 이름에 Alias를 주고 싶다면, 제일 마지막 행을 다음과 같이 사용하면 된다.

```
SELECT userID AS [사용자], total AS [총 구매액] FROM abc ORDER BY total DESC ;
```

	userID	total
1	BBK	1920
2	KBS	1210
3	JYP	200
4	EJW	95
5	SSK	75

[그림 6-52] CTE 쿼리의 결과

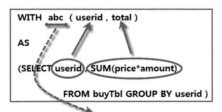

[그림 6-53] CTE 의 작동

[그림 6-53]을 보면 CTE는 제일 아래 행의 SELECT 문만 보면 된다. 그리고 제일 아래의 'FROM abc'에서 abc는 실존하는 테이블이 아니라, 바로 위에서 WITH 구문으로 만든 SELECT의 결과이다. 단, 여기서 'AS (SELECT …'에서 조회하는 열과 'WITH abc (…'과는 개수가 일치해야 한다.

즉, [그림 6-53]에 표현된 네모상자 안의 구문은 결국 abc라는 [그림 6-51]과 같은 테이블이라고 간주하면 된다.

다른 예로 하나 더 연습해보자.

회원 테이블(userTbl)에서 각 지역별로 가장 큰 키를 1명씩 뽑은 후에, 그 사람들 키의 평균을 내보자. 만약, 전체의 평균이라면 집계 함수 AVG(height)만 사용하면 되지만, 각 지역별로 가장 큰 키의 1명을 우선 뽑아야 하므로 얘기가 좀 복잡해진다. 이럴 때 CTE를 유용하게 사용할 수 있다. 한꺼번에 생각하지 말고, 하나씩 분할해서 생각해보자.

1단계 ➡ '각 지역별로 가장 큰 키'를 뽑는 쿼리는 아래와 같다.

```
SELECT addr, MAX(height) FROM userTbl GROUP BY addr
```

2단계 ➡ 위 쿼리를 WITH 구문으로 묶는다.

```
WITH cte_테이블이름(addr, maxHeight)
AS
  ( SELECT addr, MAX(height) FROM userTbl GROUP BY addr)
```

3단계 ➡ '키의 평균'을 구하는 쿼리를 작성한다.

```
SELECT AVG(키) FROM  cte_테이블이름
```

4단계 ➡ 2단계와 3단계의 쿼리를 합친다. 이 예에서는 키의 평균을 실수로 만들기 위해서 키에다 1.0을 곱해서 실수로 변환했다.

```
WITH cte_userTbl(addr, maxHeight)
AS
( SELECT addr, MAX(height) FROM userTbl GROUP BY addr)
SELECT AVG(maxHeight*1.0) AS [각 지역별 최고키의 평균] FROM cte_userTbl;
```

각 지역별 최고키의 평균
1 176.400000

[그림 6-54] 쿼리 실행 결과

이제는 복잡한 쿼리를 작성해야 할 경우에 이러한 단계로 분할해서 생각하면, 이전보다 더 쉽게 SQL 문을 작성할 수 있을 것이다.

CTE는 뷰 및 파생 테이블과 그 용도는 비슷하지만 개선된 점이 많다. 또한, 뷰는 계속 존재해서 다른 구문에서도 사용할 수 있지만, CTE와 파생 테이블은 구문이 끝나면 같이 소멸하게 된다. 즉, 위의 예에서 cte_userTbl은 다시 사용할 수 없다.

⚠ 뷰View에 대해서는 8장 후반부에서 상세히 다룬다.

CTE의 WITH 절은 CTE 외에 다른 쿼리 문법의 옵션에서도 사용된다. 예로 아래와 같은 구문을 실행하면 오류가 난다.

```
SELECT * FROM userTbl
WITH abc(userID, total)
AS
   (SELECT userID, SUM(price*amount)  FROM buyTbl GROUP BY userID )
SELECT * FROM abc ORDER BY total DESC  ;
```

```
오류 내용:
메시지 336, 수준 15, 상태 1, 줄 2
'abc' 근처의 구문이 잘못되었습니다. 이 문이 공통 테이블 식인 경우 세미콜론으로 이전 문을 명시적
으로 종료해야 합니다.
```

그러므로 CTE의 WITH 절이 나올 경우에는 앞의 문장 이후에 GO를 써주거나, 세미콜론(;)으로 확실히 앞 문장과 분리해 줘야 오류가 발생하지 않는다.

```
SELECT * FROM userTbl;
GO
WITH abc(userID, total)
…
```

또는 다음과 같다.

```
SELECT * FROM userTbl ;
WITH abc(userID, total)
…
```

추가로 좀 더 CTE에 대해서 얘기하면 CTE는 다음 형식과 같은 중복 CTE가 허용된다.

형식:

```
WITH
    AAA (컬럼들)
        AS ( AAA의 쿼리문 ),
    BBB (컬럼들)
        AS ( BBB의 쿼리문 ),
    CCC (컬럼들)
        AS ( CCC의 쿼리문 )
SELECT * FROM [AAA 또는 BBB 또는 CCC]
```

그런데 주의할 점은 CCC의 쿼리문에서는 AAA나 BBB를 참조할 수 있지만, AAA의 쿼리문이나 BBB의 쿼리문에서는 CCC를 참조할 수 없다. 즉, 아직 정의되지 않은 CTE를 미리 참조할 수 없다. 다음의 간단한 예를 보면 중복 CTE를 쉽게 알 수 있을 것이다. 출력값은 291이 나올 것이다.

```
WITH
AAA(userID, total)
    AS
        (SELECT userID, SUM(price*amount) FROM buyTbl GROUP BY userID ),
BBB(sumtotal)
    AS
        (SELECT SUM(total) FROM AAA ),
CCC(sumavg)
    AS
        (SELECT sumtotal / (SELECT count(*) FROM buyTbl) FROM BBB)
SELECT * FROM CCC;
```

재귀적 CTE

재귀적 CTE는 다른 것에 비해서 이해하기가 조금 어렵다. 재귀적이라는 의미는 자기자신을 반복적으로 호출한다는 의미를 내포한다. 우리는 간단한 예를 들어서 이해하자. 가장 많은 재귀적인 예는 회사의 부서장과 직원의 관계다.

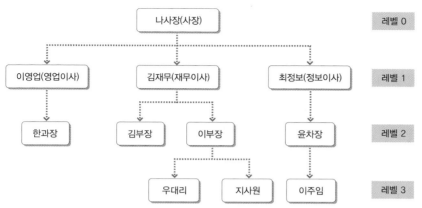

[그림 6-55] 간단한 조직도 예 2012 조판 동일

위의 간단한 조직도 예를 보면 전혀 어려울 것이 없다. 사장인 '나사장'은 레벨이 0이고, 3명의 이사는 레벨이 1, 과장/차장/부장급은 레벨이 2, 나머지 대리/사원급은 레벨이 3로 정해졌다.

이것을 테이블로 만들어보자.

⚠ 실제라면 사번을 기본 키로 해야겠지만, 테이블의 단순화와 이해의 명확성을 위해서 직원 이름을 기본키로 했다.

직원 이름(EMP) – 기본키	상관 이름(MANAGER)	부서(DEPARTMENT)
나사장	없음 (NULL)	(NULL)
김재무	나사장	재무부
김부장	김재무	재무부
이부장	김재무	재무부
우대리	이부장	재무부
지사원	이부장	재무부
이영업	나사장	영업부
한과장	이영업	영업부
최정보	나사장	정보부
윤차장	최정보	정보부
이주임	윤차장	정보부

지금은 데이터가 몇 개 없고, [그림 6-55]에서 트리 구조로 먼저 데이터를 작성했으므로 위의 테이블을 봐도 상관과 부하직원의 관계가 보일 수 있겠지만, 실무에서 많은 직원들이 트리 구조가 없이 위의 테이블만 가지고는 도저히 누가 누구의 상관인지를 파악하기가 어렵다. 특히, 사원번호 등이 코드로 되어 있다면 더욱 그러할 것이다.

우선 재귀적 CTE의 기본 형식은 다음과 같다. 형식만 잘 이해하자.

형식:

```
WITH CTE_테이블이름(열이름)
AS
(
    <쿼리문1 : SELECT * FROM 테이블A >
    UNION ALL
    <쿼리문2 : SELECT * FROM 테이블A JOIN CTE_테이블이름>
)
SELECT * FROM CTE_테이블이름;
```

위의 구문에서 <쿼리문1>을 앵커 멤버Anchor Member:AM이라고 부르고, <쿼리문2>를 재귀 멤버Recursive Member:RM라고 지칭한다.

작동 원리를 살펴보자.

① <쿼리문1>을 실행한다. 이것이 전체 흐름의 최초 호출에 해당한다. 그리고 레벨의 시작은 0으로 초기화된다.

② <쿼리문2>를 실행한다. 레벨을 레벨+1로 증가시킨다. 그런데 SELECT의 결과가 빈 것이 아니라면, 'CTE_테이블이름'을 다시 재귀적으로 호출한다.

③ 계속 ②번을 반복한다. 단, SELECT의 결과가 아무 것도 없다면 재귀적인 호출이 중단된다.

④ 외부의 SELECT 문을 실행해서 앞 단계에서의 누적된 결과(UNION ALL)를 가져온다.

이 정도로 요약할 수 있다. 좀 어렵게 느껴진다면 바로 실습을 통해서 이해하자.

하나의 테이블에서 회사의 조직도가 출력되도록, 재귀적 CTE 를 구현하자.

우선 위의 테이블을 정의하고 데이터를 입력하자.

0-1 테이블을 정의하자.

```
USE sqlDB;
CREATE TABLE empTbl (emp NCHAR(3), manager NCHAR(3), department NCHAR(3));
GO
```

0-2 표와 동일한 데이터를 입력하자.

```
INSERT INTO empTbl VALUES('나사장',NULL,NULL);
INSERT INTO empTbl VALUES('김재무','나사장','재무부');
INSERT INTO empTbl VALUES('김부장','김재무','재무부');
INSERT INTO empTbl VALUES('이부장','김재무','재무부');
INSERT INTO empTbl VALUES('우대리','이부장','재무부');
INSERT INTO empTbl VALUES('지사원','이부장','재무부');
INSERT INTO empTbl VALUES('이영업','나사장','영업부');
INSERT INTO empTbl VALUES('한과장','이영업','영업부');
INSERT INTO empTbl VALUES('최정보','나사장','정보부');
INSERT INTO empTbl VALUES('윤차장','최정보','정보부');
INSERT INTO empTbl VALUES('이주임','윤차장','정보부');
```

재귀적 CTE의 구문 형식에 맞춰서 쿼리문을 만들자. 아직 조인Join을 배우지 않아서 〈쿼리문2〉 부분이 좀 어려울 것이지만, 형식대로 empTbl과 empCTE를 조인하는 방식이다. 어려우면 결과를 위주로 살펴보자.

```
WITH empCTE(empName, mgrName, dept, level)
AS
(
  SELECT emp, manager, department , 0
      FROM empTbl
      WHERE manager IS NULL -- 상관이 없는 사람이 바로 사장
  UNION ALL
  SELECT empTbl.emp, empTbl.manager, empTbl.department, empCTE.level+1
   FROM empTbl INNER JOIN empCTE
      ON empTbl.manager = empCTE.empName
)
SELECT * FROM empCTE ORDER BY dept, level;
```

	empName	mgrName	dept	level
1	나사장	NULL	NULL	0
2	이영업	나사장	영업부	1
3	한과장	이영업	영업부	2
4	김재무	나사장	재무부	1
5	김부장	김재무	재무부	2
6	이부장	김재무	재무부	2
7	우대리	이부장	재무부	3
8	지사원	이부장	재무부	3
9	최정보	나사장	정보부	1
10	윤차장	최정보	정보부	2
11	이주임	윤차장	정보부	3

[그림 6-56] 재귀적 CTE 결과 1

위의 결과는 [그림 6-55]의 조직도 그림과 동일한 결과다. 두 개를 동시에 살펴보면 동일하다는 것을 알 수 있다.

step 2

그래도 [그림 6-55]처럼은 안 보이므로, 쿼리문을 약간 수정해서 [그림 6-55]와 더욱 비슷하게 만들자.

```
WITH empCTE(empName, mgrName, dept, level)
AS
(
  SELECT emp, manager, department , 0
       FROM empTbl
       WHERE manager IS NULL -- 상관이 없는 사람이 바로 사장
  UNION ALL
  SELECT empTbl.emp, empTbl.manager, empTbl.department, empCTE.level+1
   FROM empTbl INNER JOIN empCTE
       ON empTbl.manager = empCTE.empName
)
SELECT replicate(' ㄴ', level) + empName AS [직원이름], dept [직원부서]
   FROM empCTE  ORDER BY dept, level
```

replicate(문자, 개수) 함수는 해당 문자를 개수만큼 반복하는 함수다. 그러므로 레벨에 따라서 'ㄴ'문자를 출력함으로써 트리 구조 형태로 보여지는 효과를 줬다.

	직원이름	직원부서
1	나사장	NULL
2	ㄴ이영업	영업부
3	ㄴ ㄴ한과장	영업부
4	ㄴ김재무	재무부
5	ㄴ ㄴ김부장	재무부
6	ㄴ ㄴ이부장	재무부
7	ㄴ ㄴ ㄴ우대리	재무부
8	ㄴ ㄴ ㄴ지사원	재무부
9	ㄴ최정보	정보부
10	ㄴ ㄴ윤차장	정보부
11	ㄴ ㄴ ㄴ이주임	정보부

[그림 6-57] 재귀적 CTE 결과 2

step 3

이번에는 사원급을 제외한, 부장/차장/과장 급까지만 출력해보자. 레벨이 2이므로 간단히 'WHERE level
< 2'만 〈쿼리문2〉 부분에 추가해주면 된다.

```
WITH empCTE(empName, mgrName, dept, level)
AS
(
  SELECT emp, manager, department , 0
       FROM empTbl
       WHERE manager IS NULL -- 상관이 없는 사람이 바로 사장
  UNION ALL
  SELECT empTbl.emp, empTbl.manager, empTbl.department, empCTE.level+1
    FROM empTbl INNER JOIN empCTE
       ON empTbl.manager = empCTE.empName
     WHERE level < 2
)
SELECT replicate(' ㄴ', level) + empName AS [직원이름], dept [직원부서]
   FROM empCTE  ORDER BY dept, level
```

	직원이름	직원부서
1	나사장	NULL
2	ㄴ이영업	영업부
3	ㄴ ㄴ한과장	영업부
4	ㄴ김재무	재무부
5	ㄴ ㄴ김부장	재무부
6	ㄴ ㄴ이부장	재무부
7	ㄴ최정보	정보부
8	ㄴ ㄴ윤차장	정보부

[그림 6-58] 재귀적 CTE 결과 3

CTE에 대한 것은 이 정도로 마치겠다. 개념이 좀 어렵기도 하고, 배우지 않은 내용까지 포함되어서 더욱 어렵게 느껴졌을 것이다. 그러나 SQL을 좀 더 익힌 후에 다시 본다면 그때는 훨씬 더 쉽게 여겨질 것이다.

이렇게 해서, 아래의 SELECT 문의 기본 형식을 모두 살펴보았다. 처음에 보았을 때는 무슨 암호 (?)처럼 보였던 아래의 형식이 이제는 그렇게 생소하게 보이지는 않을 것이다.

형식:

```
[ WITH <common_table_expression>]
SELECT select_list [ INTO new_table ]
[ FROM table_source ]
[ WHERE search_condition ]
[ GROUP BY group_by_expression ]
[ HAVING search_condition ]
[ ORDER BY order_expression [ ASC ¦ DESC ] ]
```

SELECT 문은 가장 많이 사용되는 쿼리문이며, 가장 쉬우면서도 동시에 가장 어려운 부분이기도 하다.

이 책에서 다룬 내용은 일부일 뿐이므로, 앞으로 실무에서 적용할 더욱 전문적인 고급 SQL을 익히기 위해서는 다른 SQL 책이나 도움말, 인터넷 등을 통해서 더욱 깊게 학습하기 바란다.

이쯤에서 SQL 문의 분류에 대해서 짧게 살펴보고, 계속 기본 SQL 문인 INSERT/UPDATE/DELETE를 익히자.

6.1.5 T-SQL의 분류

SQL 문은 크게 DML, DDL, DCL로 분류한다.

DML

데이터 조작 언어DML, Data Manipulation Language은 데이터를 조작(선택, 삽입, 수정, 삭제)하는 데 사용되는 언어다. DML 구문이 사용되는 대상은 테이블의 행이다. 그러므로 DML을 사용하기 위해서는 꼭 그 이전에 테이블이 정의되어 있어야 한다.

⚠ 단, SELECT INTO는 테이블이 없어도 생성해준다.

SQL 문 중에 SELECT, INSERT, UPDATE, DELETE가 이 구문에 해당된다. 또, 트랜잭션Transaction이 발생하는 SQL도 DML이다.

트랜잭션이란 쉽게 표현하면, 테이블의 데이터를 변경(입력/수정/삭제)할 때 실제 테이블에 완전히 적용하지 않고, 임시로 적용시키는 것을 말한다. 그래서 실수가 있었을 경우에 임시로 적용시킨 것을 취소시킬 수 있게 해준다.

⚠ SELECT도 트랜잭션을 발생시키기는 하지만, INSERT/UPDATE/DELETE와는 조금 성격을 달리하므로 별도로 생각하는 것이 좋다. 트랜잭션은 10장에서 상세히 다룬다.

DDL

데이터 정의 언어DDL, Data Definition Language는 데이터베이스, 테이블, 뷰, 인덱스 등의 데이터베이스 개체를 생성/삭제/변경하는 역할을 한다. 자주 사용하는 DDL은 CREATE, DROP, ALTER 등이다. DDL은 이번 장 이후부터 종종 나오게 될 것이므로 그때마다 다시 살펴보자. 한 가지 기억할 것은 DDL은 트랜잭션을 발생시키지 않는다는 것이다. 따라서 되돌림ROLLBACK이나 완전 적용COMMIT을 시킬 수가 없다. 즉, DDL 문은 실행 즉시 SQL Server에 적용된다.

⚠ 예외로 CREATE TABLE 문 등은 트랜잭션을 발생시키기는 하지만, 특별히 신경 쓰지 않아도 된다.

DCL

데이터 제어 언어DCL, Data Control Language는 사용자에게 어떤 권한을 부여하거나 빼앗을 때 주로 사용하는 구문으로, GRANT/REVOKE/DENY 등이 이에 해당된다.

⚠ 사용자에게 권한을 부여하는 것은 '보안' 부분에 해당되는 이에 대해서는 『뇌를 자극하는 SQL Server 2012 (2권, 관리/응용편)』을 참고하자.

6.2 데이터의 변경을 위한 SQL 문

6.2.1 데이터의 삽입: INSERT

INSERT 문 기본

INSERT는 테이블에 데이터를 삽입하는 명령어다. 어렵지 않고 간단하다. 기본적인 형식은 다음과 같다.

```
INSERT [INTO] <테이블> [(열1, 열2, ... )] VALUES (값1, 값2 ... )
```

⚠ INSERT/UPDATE/DELETE 문도 CTE의 사용이 가능하다. 즉 아래와 같은 형식이 지원된다.

```
[WITH CTE_테이블명() ... ]
INSERT [INTO] <CTE_테이블명> ...
```

INSERT 문은 별로 어려울 것이 없으며, 몇 가지만 주의하면 된다.

우선 테이블 이름 다음에 나오는 열은 생략이 가능하다. 하지만, 생략할 경우에 VALUE 다음에 나오는 값들의 순서 및 개수가 테이블이 정의된 열 순서 및 개수와 동일해야 한다.

```
USE tempDB;
CREATE TABLE testTbl1 (id  int, userName nchar(3), age int);
GO
INSERT INTO testTbl1 VALUES (1, '홍길동', 25);
```

⚠ tempDB는 SQL Server 서비스가 재가동되면(컴퓨터를 재부팅해도 동일) 그 내부의 내용은 모두 삭제된다. 그러므로 지금처럼 임시로 사용하는 것은 괜찮지만, 잠시라도 저장되어야 할 테이블을 tempDB에 생성하는 것은 위험한 일이다.

만약, 위의 예에서 id와 이름만을 입력하고 나이를 입력하고 싶지 않다면, 아래와 같이 테이블 이름 뒤에 입력할 열의 목록을 나열해줘야 한다.

```
INSERT INTO testTbl1(id, userName) VALUES (2, '설현');
```

이 경우 생략한 age에는 NULL 값이 들어간다.

열의 순서를 바꿔서 입력하고 싶을 때는 꼭 열 이름을 입력할 순서에 맞춰 나열해줘야 한다.

```
INSERT INTO testTbl1(userName, age, id) VALUES ('초아', 26,  3);
```

자동으로 증가하는 IDENTITY

테이블의 속성이 IDENTITY로 지정되어 있다면, INSERT에서는 해당 열이 없다고 생각하고 입력하면 된다. IDENTITY는 자동으로 1부터 증가하는 값을 입력해준다. 또, CREATE TABLE에서 DEFAULT 문장으로 기본값을 설정해 놓았을 때, INSERT를 사용시 별도의 값을 입력하지 않고 지정해 놓은 디폴트 값을 그대로 사용하려면 값이 입력될 자리에 "DEFAULT"라고 써주면 된다.

```
USE  tempdb;
CREATE TABLE testTbl2
  (id  int IDENTITY,
    userName nchar(3),
    age int,
    nation nchar(4) DEFAULT '대한민국');
GO
INSERT INTO testTbl2 VALUES ('지민', 25, DEFAULT);
```

그런데 강제로 identity 값을 입력하고 싶다면 아래와 같이 수행하면 된다.

```
SET IDENTITY_INSERT testTbl2 ON;
GO
INSERT INTO testTbl2(id, userName,age,nation) VALUES (11,'쯔위', 18, '대만');
```

주의 사항은 IDENTITY_INSERT를 ON으로 변경한 테이블은 꼭 입력할 열을 명시적으로 지정해줘야 한다. 이 문장을 생략하면 오류가 발생한다.

```
INSERT INTO testTbl2 VALUES (12,'사나', 20, '일본');
```

다시 IDENTITY_INSERT를 OFF로 변경하고 입력하면, id값은 최대값+1부터 자동 입력된다.

```
오류 메시지:
메시지 8101, 수준 16, 상태 1, 줄 1
테이블 'testTbl2'에 있는 ID 열의 명시적 값은 열 목록이 사용되고 IDENTITY_INSERT가 ON일 때
만 지정할 수 있습니다.
```

```
SET IDENTITY_INSERT testTbl2 OFF;
INSERT INTO testTbl2 VALUES ('미나', 21, '일본');
SELECT * FROM testTbl2;
```

	id	userName	age	nation
1	1	지민	25	대한민국
2	11	쯔위	18	대만
3	12	미나	21	일본

[그림 6-59] IDENTITY 사용 결과

열의 이름을 잊어버렸을 때에는 다음과 같이 시스템 저장 프로시저를 사용하면 열의 목록 및 기타 정보를 출력해준다.

```
EXECUTE sp_help 테이블이름;
```

특정 테이블에 설정된 현재의 IDENTITY 값을 확인하려면 아래 형식을 사용하면 된다.

```
SELECT IDENT_CURRENT('테이블이름') ;
```

또는 다음과 같다.

```
SELECT @@IDENTITY ;
```

IDENT_CURRENT는 특정 테이블을 지정해서 그 테이블에 설정된 IDENTITY 값을 확인할 수 있으며, @@IDENTITY는 현재의 세션(쿼리창)에서 가장 최근에 생성된 ID의 값을 확인할 수 있다.

SEQUENCE

이번에는 IDENTITY와 같은 효과를 내기 위해 시퀀스Sequence 개체를 사용해보자. 앞의 testTbl2와 같은 방식을 사용하자.

⚠ SEQUENCE는 오라클에서는 전부터 제공하던 개체인데, SQL Server에서 오라클과 동일한 방식으로 제공하기 위해 SQL Server 2012부터 제공된다.

```
USE  tempdb;
CREATE TABLE testTbl3
(    id int,
     userName nchar(3),
     age int,
     nation nchar(4) DEFAULT '대한민국');
GO
```

시퀀스를 생성하자. 시작값은 1로 증가값도 1로 설정한다.

```
CREATE SEQUENCE idSEQ
    START WITH 1    -- 시작값
    INCREMENT BY 1 ;  -- 증가값
GO
```

데이터를 입력한다. 시퀀스를 입력하려면 "NEXT VALUE FOR 시퀀스이름"을 사용하면 된다.

```
INSERT INTO testTbl3 VALUES (NEXT VALUE FOR idSEQ, '지민' ,25 , DEFAULT);
```

강제로 id열에 다른 값을 입력하고 싶다면, id열에는 아무것도 지정하지 않았으므로 그냥 원하는 값을 입력하면 된다. 그리고 시퀀스의 시작값을 다시 설정해준 후에 계속 시퀀스를 입력하면 된다. 결과는 앞에서 했던 IDENTITY와 동일하다.

```
INSERT INTO testTbl3 VALUES (11, '쯔위' , 18, '대만');
GO
ALTER SEQUENCE idSEQ
    RESTART  WITH 12; -- 시작값을 다시 설정
GO
INSERT INTO testTbl3 VALUES (NEXT VALUE FOR idSEQ, '미나' , 21, '일본');
SELECT * FROM testTbl3;
```

	id	userName	age	nation
1	1	지민	25	대한민국
2	11	쯔위	18	대만
3	12	미나	21	일본

[그림 6-60] SEQUENCE 사용 결과

시퀀스의 활용을 하나 더 살펴보면, 특정 범위의 값이 계속 반복해서 입력되게 할 수도 있다. 예를 들면 100, 200, 300이 반복해서 입력되게 다음과 같이 설정할 수도 있다.

```
CREATE TABLE testTbl4 (id  INT);
GO
CREATE  SEQUENCE cycleSEQ
  START WITH 100
  INCREMENT BY 100
  MINVALUE  100   -- 최소값
  MAXVALUE  300   -- 최대값
  CYCLE ;         -- 반복설정
GO
INSERT INTO testTbl4 VALUES  (NEXT VALUE FOR cycleSEQ);
INSERT INTO testTbl4 VALUES  (NEXT VALUE FOR cycleSEQ);
INSERT INTO testTbl4 VALUES  (NEXT VALUE FOR cycleSEQ);
INSERT INTO testTbl4 VALUES  (NEXT VALUE FOR cycleSEQ);
GO
SELECT * FROM testTbl4;
```

	id
1	100
2	200
3	300
4	100

[그림 6-61] SEQUENCE 활용 1

시퀀스를 DEFAULT와 함께 사용하면 IDENTITY와 마찬가지로 값이 표기를 생략해도 자동으로 입력되도록 설정할 수 있다.

```
USE tempDB;
CREATE SEQUENCE autoSEQ
  START WITH 1
  INCREMENT BY 1 ;
GO
CREATE TABLE testTbl5
( id  int  DEFAULT (NEXT  VALUE  FOR autoSEQ) ,
   userName nchar(3)
) ;
```

```
GO
INSERT INTO  testTbl5(userName)  VALUES  ('지민');
INSERT INTO  testTbl5(userName)  VALUES  ('쯔위');
INSERT INTO  testTbl5(userName)  VALUES  ('미나');
GO
SELECT * FROM testTbl5;
```

	id	userName
1	1	지민
2	2	쯔위
3	3	미나

[그림 6-62] SEQUENCE 활용 2

여기서 잠깐

여러 개의 행을 한꺼번에 입력하는 기능을 SQL Server 2008부터 지원한다.
지금까지는 3건을 입력하려면 아래와 같이 3개의 문장으로 입력했는데.

```
INSERT INTO 테이블이름 VALUES(값1, 값2...);
INSERT INTO 테이블이름 VALUES(값3, 값4...);
INSERT INTO 테이블이름 VALUES(값5, 값6...);
```

다음과 같이 3건의 데이터를 한 문장에서 입력할 수도 있다.

```
INSERT INTO 테이블이름 VALUES  (값1, 값2...) , (값3, 값4...) , (값5, 값6...) ;
```

대량의 샘플데이터 생성

이번에는 샘플 데이터를 입력하는 경우를 생각해보자. 지금까지 했던 방식으로 직접 키보드로 입력하려면 많은 시간이 걸릴 것이다. 이럴 때 INSERT INTO ... SELECT 구문을 사용할 수 있다. 이는 다른 테이블의 데이터를 가져와서 대량으로 입력하는 효과를 낸다.

형식:

```
INSERT INTO 테이블이름 (열이름1, 열이름2, …)
    SELECT 문  ;
```

물론, SELECT 문의 결과 열의 개수는 INSERT를 할 테이블의 열 개수와 일치해야 한다.

AdventureWorks의 데이터를 가져와서 입력해보자.

```
USE tempDB;
CREATE TABLE testTbl6 (id int, Fname nvarchar(50), Lname nvarchar(50));
GO
INSERT INTO testTbl6
  SELECT BusinessEntityID, FirstName, LastName
    FROM AdventureWorks.Person.Person ;
```

결과 메시지:

```
(19972개 행이 영향을 받음)
```

이렇듯 기존의 대량의 데이터를 샘플 데이터로 사용할 때에 INSERT INTO … SELECT 문은 아주 유용하다. 아예, 테이블 정의까지 생략하고 싶다면 앞에서 배웠던 SELECT … INTO 구문을 아래와 같이 사용할 수도 있다.

```
USE tempDB;
SELECT BusinessEntityID AS id, FirstName as Fname, LastName as Lname
      INTO testTbl7
      FROM AdventureWorks.Person.Person ;
```

6.2.2 데이터의 수정: UPDATE

기존에 입력되어 있는 값을 변경하기 위해서는 UPDATE 문을 아래와 같은 형식으로 사용한다.

```
UPDATE 테이블이름
    SET 열1=값1, 열2=값2 …
    WHERE 조건 ;
```

UPDATE도 사용법은 간단하지만, 주의할 사항이 있다. WHERE 절은 생략이 가능하지만 WHERE 절을 생략하면 테이블의 전체의 행이 변경되므로, 웬만해서는 WHERE 절을 꼭 써야 한다.

다음 예는 'Kim'의 전화번호를 '없음'으로 변경하는 예다. 10건이 변경될 것이다.

```
UPDATE testTbl6
    SET Lname = '없음'
    WHERE Fname = 'Kim';
```

실수로 WHERE 절을 빼먹고 **UPDATE testTbl6 SET Lname = '없음'**을 실행했다면, 전체 행의 Lname이 모두 '없음'으로 변경된다. 실무에서도 이러한 실수가 종종 일어날 수 있으므로 주의가 필요하다. 원상태로 복구를 위해서는 많은 복잡한 절차가 필요할 뿐만 아니라, 다시 되돌릴 수 없는 경우도 있다.

가끔은 전체 테이블의 내용을 변경하고 싶을 때 WHERE를 생략할 수도 있는데, 예를 들어 구매 테이블에서 현재의 단가가 모두 1.5배 인상되었다면, 아래와 같이 사용할 수 있다.

```
USE sqlDB;
UPDATE buyTbl SET price = price * 1.5 ;
```

6.2.3 데이터의 삭제: DELETE

DELETE도 UPDATE와 거의 비슷한 개념이다. DELETE는 행 단위로 삭제하는데, 형식은 다음과 같다.

```
DELETE 테이블이름 WHERE 조건 ;
```

WHERE 문이 생략되면 전체 데이터를 삭제한다.

testTbl3에서 'Kim' 사용자가 필요 없다면 다음과 같은 구문을 사용하면 된다.

```
USE tempDB;
DELETE testTbl6 WHERE Fname = 'Kim';
```

이 예에서는 10건의 행이 삭제될 것이다.

10건의 'Kim'을 모두 지우는 것이 아니라 'Kim' 중에서 중 상위 몇 건만 삭제하려면 TOP(N) 구문과 함께 사용하면 된다. 다음은 'Kim' 중에서 상위 5건만 삭제된다.

```
USE tempDB;
DELETE TOP(5) testTbl6 WHERE Fname = 'Kim';
```

이번에는 대용량 테이블의 삭제에 대해서 생각해보자. 만약 대용량의 테이블이 더 이상 필요 없다면 어떻게 삭제하는 것이 좋을까? 실습을 통해서 효율적인 삭제가 어떤 것인지 확인하자. 또, 트랜잭션의 개념도 함께 살펴보자.

대용량의 테이블을 삭제하자.

대용량의 테이블을 3개 생성하자. AdventureWorks에서 약 12만 건이 있는 테이블을 복사해서 사용하겠다.

```
USE tempDB;
SELECT * INTO bigTbl1 FROM AdventureWorks.Sales.SalesOrderDetail;
SELECT * INTO bigTbl2 FROM AdventureWorks.Sales.SalesOrderDetail;
SELECT * INTO bigTbl3 FROM AdventureWorks.Sales.SalesOrderDetail;
GO3
```

SSMS 메뉴의 [도구] 〉〉 [SQL Server Profiler]를 실행해서, 추적 이름은 적절히 넣고, 템플릿 사용을 'TSQL_Duration'으로 선택한 후 〈실행〉을 클릭한다.

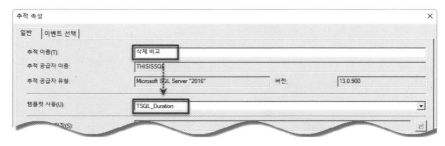

[그림 6-63] 프로파일러 실행

SSMS 쿼리창에서 DELETE, DROP, TRUNCATE 문으로 세 테이블부터 모두 삭제한다. 세 구문 모두 테이블의 행을 삭제한다(단, DROP 문은 테이블 자체를 삭제한다).

```
DELETE FROM bigTbl1;
GO
DROP TABLE bigTbl2;
GO
TRUNCATE TABLE bigTbl3;
```

Profiler를 비교하면 DELETE만 시간이 오래 걸리고 나머지는 짧은 시간이 걸린 것을 확인할 수 있다.

EventClass	Duration	TextData	SPID	BinaryData
SQL:BatchCompleted	0	DECLARE @edition sysname; SET @edition = cast(SERVERPROPERT...	53	
SQL:BatchCompleted	1	DECLARE @edition sysname; SET @edition = cast(SERVERPROPERT...	53	
SQL:BatchCompleted	3	DROP TABLE bigTbl2;	53	
SQL:BatchCompleted	7	SELECT eds.location AS [RemoteDataArchiveEndpoint], eds.nam...	55	
SQL:BatchCompleted	11	SELECT eds.location AS [RemoteDataArch...hiveEndpoint], eds.nam...	55	
SQL:BatchCompleted	12	select case when cfg.configuration_id = 124 -- configu...	55	
SQL:BatchCompleted	21	TRUNCATE TABLE bigTbl3;	53	
SQL:BatchCompleted	32	SELECT dtb.name AS [Name], dtb.database_id AS [ID] FROM mas...	55	
SQL:BatchCompleted	671	DELETE FROM bigTbl1;	53	
Trace Start				

[그림 6-64] 삭제의 수행 속도 비교

DML 문인 DELETE는 트랜잭션 로그를 기록하는 작업 때문에 삭제가 오래 걸린다. 수백만 건 또는 수천만 건의 데이터를 삭제할 경우에 한참 동안 삭제할 수도 있다. DDL 문인 DROP 문은 테이블 자체를 삭제한다. 그리고 DDL은 트랜잭션을 발생시키지 않는다고 했다. 역시 DDL 문인 TRUNCATE 문의 효과는 DELETE와 동일하지만, 트랜잭션 로그를 기록하지 않아서 속도가 무척 빠르다. 그러므로 대용량의 테이블 전체 내용을 삭제할 때는 테이블 자체가 필요 없을 경우에는 DROP으로 삭제하고, 테이블의 구조는 남겨놓고 싶다면 TRUNCATE로 삭제하는 것이 효율적이다. 트랜잭션에 대해서는 10장에서 상세히 알아보겠다.

6.2.4 조건부 데이터 변경 : MERGE

MERGE 문은 하나의 문장에서 경우에 따라서 INSERT, UPDATE, DELETE를 수행할 수 있는 구문이다. MERGE 문의 원형은 다음과 같다.

⚠ MERGE 문은 SQL Server 2008부터 지원된다.

```
[ WITH <common_table_expression> [,...n] ]
MERGE
    [ TOP ( expression ) [ PERCENT ] ]
    [ INTO ] <target_table> [ WITH ( <merge_hint> ) ] [ [ AS ] table_alias ]
    USING <table_source>
    ON <merge_search_condition>
    [ WHEN MATCHED [ AND <clause_search_condition> ]
        THEN <merge_matched> ] [ ...n ]
    [ WHEN NOT MATCHED [ BY TARGET ] [ AND <clause_search_condition> ]
        THEN <merge_not_matched> ]
    [ WHEN NOT MATCHED BY SOURCE [ AND <clause_search_condition> ]
        THEN <merge_matched> ] [ ...n ]
    [ <output_clause> ]
    [ OPTION ( <query_hint> [ ,...n ] ) ]
;
```

역시 별로 간단해 보이지 않는다. 간단한 사례의 실습을 통해서 사용법을 익히자.

실습6

MERGE 구문의 활용을 연습하자.

이번 예의 간단한 시나리오는 다음과 같다.

멤버테이블(memberTBL)에는 기존 회원들이 존재하는데, 이 멤버테이블은 중요한 테이블이라서
실수를 하면 안 되므로 INSERT, DELETE, UPDATE를 직접 사용하면 안 된다. 그래서 회원의 가
입, 변경, 탈퇴가 생기면 변경테이블(changeTBL)에 INSERT 문으로 회원의 변경사항을 입력한
다. 변경테이블의 변경 사항은 신규가입/주소변경/회원탈퇴 3가지 경우가 있다.

변경테이블의 쌓인 내용은 1주일마다, MERGE 구문을 사용해서 변경테이블의 내용이 '신규가입'이
면 멤버테이블에 새로 회원을 등록해주고, '주소변경'이면 멤버테이블의 주소를 변경하고, '회원탈퇴'
면 멤버테이블에서 해당 회원을 삭제한다.

이와 같은 시나리오가 작동되도록 SQL 문을 작성하자.

우선 멤버테이블(memberTBL)을 정의하고, 데이터를 입력하자. 지금은 연습 중이므로 기존 userTBL에서 아이디, 이름, 주소만 가져와서 간단히 만들겠다. 앞에서 배운 SELECT… INTO를 활용하면 된다.

```
USE sqlDB;
SELECT userID, name, addr INTO memberTBL FROM userTbl;
SELECT * FROM memberTBL;
```

	userID	name	addr
1	BBK	바비킴	서울
2	EJW	은지원	경북
3	JKW	조관우	경기
4	JYP	조용필	경기
5	KBS	김범수	경남
6	KKH	김경호	전남
7	LJB	임재범	서울
8	LSG	이승기	서울
9	SSK	성시경	서울
10	YJS	윤종신	경남

[그림 6-65] 멤버테이블

변경테이블(changeTBL)을 정의하고 데이터를 입력하자. 1명의 신규가입, 2명의 주소변경, 2명의 회원탈퇴가 있는 것으로 가정하자. 이런 방식으로 계속 변경된 데이터를 누적해가면 된다.

```
CREATE TABLE changeTBL
( changeType NCHAR(4), -- 변경 사유
  userID   char(8) ,
  name     nvarchar(10) ,
  addr     nchar(2)     );
GO
INSERT INTO changeTBL VALUES
  ('신규가입', 'CHO', '초아', '미국'),
  ('주소변경', 'LSG', null, '제주'),
  ('주소변경', 'LJB', null, '영국'),
  ('회원탈퇴', 'BBK', null, null),
  ('회원탈퇴', 'SSK', null, null) ;
```

1주일이 지났다고 가정하고, 이제는 변경사유(chageType) 열에 의해서 기존 멤버테이블의 데이터를 변경한다. 이 예에서는 5개 행이 영향을 받을 것이다.

```
MERGE memberTBL AS M    -- 변경될 테이블 (target 테이블)
    USING changeTBL AS C    -- 변경할 기준이 되는 테이블 (source 테이블)
    ON M.userID = C.userID   -- userID를 기준으로 두 테이블을 비교한다.
    -- target 테이블에 source 테이블의 행이 없고, 사유가 '신규가입' 이라면 새로운 행을 추가한다.
    WHEN NOT MATCHED AND changeType = '신규가입' THEN
        INSERT (userID, name, addr) VALUES(C.userID, C.name, C.addr)
    -- target 테이블에 source 테이블의 행이 있고, 사유가 '주소변경'이라면 주소를 변경한다.
    WHEN MATCHED AND changeType = '주소변경' THEN
        UPDATE  SET M.addr = C.addr
    -- target 테이블에 source 테이블의 행이 있고, 사유가 '회원탈퇴'라면 해당 행을 삭제한다.
    WHEN MATCHED AND changeType = '회원탈퇴' THEN
        DELETE ;
```

멤버 테이블을 조회해보자. 계획 대로 1개 행이 추가되고, 2개 행은 삭제, 2개 행은 주소가 변경되었다.

```
SELECT * FROM memberTBL;
```

	userID	name	addr
1	EJW	은지원	경북
2	JKW	조관우	경기
3	JYP	조용필	경기
4	KBS	김범수	경남
5	KKH	김경호	전남
6	LJB	임재범	영국
7	LSG	이승기	제주
8	YJS	윤종신	경남
9	CHO	초아	미국

[그림 6-66] 변경된 멤버테이블

이상으로 SQL Server에서 사용되는 기본적인 SQL 문에 대해서 살펴봤다. 다음 장에서는 고급 용도의 SQL 문을 만드는 방법을 알아보겠다.

1. SQL, T-SQL, PL/SQL의 차이점을 설명해보자.

2. "지금부터 AdventureWorks를 사용하겠으니, 모든 쿼리는 AdventureWorks에서 수행하라"를 의미하는 T-SQL 문을 작성해보자.

3. 다음 항목에서 맞는 것은 O, 틀린 것은 X로 표시해보자.

   (1) T-SQL은 대소문자를 구분한다.
   (2) ABC 테이블에서 DEF 열을 가져오라는 구문은 "SELECT ABC FROM DEF"이다.
   (3) 테이블 개체를 접근할 때는 항상 '인스턴스이름.데이터베이스이름.스키마이름.테이블이름' 형식을 갖춰야 한다.
   (4) 주석은 '--' 또는 '/* */'를 사용한다.

4. 데이터베이스 개체의 이름에 대해서 다음 중 맞는 것을 골라보자.

   (1) 제일 앞에 @, _, # 등의 특수문자가 들어가도 된다.
   (2) 예약어를 사용해도 된다.
   (3) 중간에 공백을 사용하려면 괄호() 또는 작은따옴표('')로 묶어야 한다.

5. 다음 쿼리의 의미를 설명해보자.

   (1) SELECT name, height, mDate FROM userTbl WHERE height IN (171, 173, 177)
   (2) SELECT name, height, mDate FROM userTbl WHERE height = ANY (SELECT height FROM userTbl WHERE mobile1='019')
   (3) SELECT DISTINCT addr FROM userTbl
   (4) SELECT userID, SUM(amount) FROM buyTbl GROUP BY userID
   (5) SELECT userID AS [사용자], SUM(price * amount) AS [총구매액] FROM buyTbl GROUP BY userID HAVING SUM(price * amount) > 1000

6. 회원 테이블(userTbl)에서 각 지역별로 가장 큰 키를 1명씩 뽑은 후에, 그것들의 평균을 내는 쿼리를 CTE를 이용해서 작성해보자.

7. DML, DDL, DCL에 대해서 기술해보자.

Transact-SQL 고급

6장에서 T-SQL의 기본 내용을 살펴보았다. 7장에서는 SQL Server에서 제공하는 데이터 형식과 변수의 사용, 대용량 데이터의 저장 방식, SQL Server 프로그래밍을 위한 내용을 살펴본다.

이 장의 핵심 개념

1. SQL Server는 숫자, 문자, 날짜 등의 다양한 데이터 형식을 지원한다.

2. 대용량 데이터를 저장하고 추출할 때는 VARCHAR(MAX), VARBINARY(MAX) 데이터 형식을 사용한다.

3. SQL Server도 변수를 사용할 수 있는데, 앞에 @를 붙여서 사용해야 한다.

4. SQL Server의 데이터 형식 변환 함수에는 CAST( ), CONVERT( ) 등이 있다.

4. SQL Server는 구성 함수, 변환 함수, 커서 함수, 날짜 및 시간 함수, 논리 함수 등의 다양한 스칼라 함수 및 특별한 기능을 하는 순위 함수, 분석 함수 등도 제공한다.

5. SQL Server 2016부터는 데이터 교환을 위한 JSON 데이터 형식을 지원한다.

6. 두 개 이상의 테이블을 묶는 조인은 내부 조인, 외부 조인 등이 있다.

7. SQL Server는 일반 프로그래밍 언어와 비슷한 프로그래밍 문법을 지원한다.

이 장의 학습 흐름

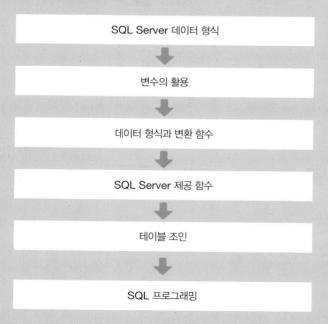

SQL Server 데이터 형식

↓

변수의 활용

↓

데이터 형식과 변환 함수

↓

SQL Server 제공 함수

↓

테이블 조인

↓

SQL 프로그래밍

7.1 SQL Server의 데이터 형식

앞에서 SELECT/INSERT/UPDATE/DELETE 문에 대해서 살펴보았다. 6장의 내용 정도만 충분히 숙지해도, 기본적인 SQL 문은 만들 수 있다. 이제는 지금까지 은연 중에 계속 사용했지만, 특별히 얘기하지 않았던 SQL Server의 데이터 형식^{Data Types}에 대해서 살펴보겠다. 원래 이 부분이 SQL 문을 배우기 전에 나오는 것이 순서라고 생각되나, 처음에 그냥 나열만 해서는 이해하기 어렵고 흥미도 느끼지 못할 것 같아서, SQL 문이 어느 정도 익숙해진 지금에서야 소개한다.

Data Type은 데이터 형식, 데이터형, 자료형, 데이터 타입 등 다양하게 불릴 수 있지만, SQL Server의 도움말에서 '데이터 형식'으로 표기하고 있으므로 필자도 이를 따르겠다.

SELECT 문을 더욱 잘 활용하고 테이블을 효율적으로 생성하려면 데이터 형식을 반드시 이해해야 한다.

7.1.1 SQL Server에서 지원하는 데이터 형식의 종류

SQL Server에서 데이터 형식의 종류는 30개 가까이 된다. 이를 모두 외우는 것은 무리이며, 거의 쓰이지 않는 것도 있으니 그럴 필요도 없다. 또한, 각각의 바이트 수나 숫자의 범위를 외우는 것도 당장 SQL Server를 학습하는 데 큰 도움이 되는 것은 아니다(필요 없다는 얘기가 아니라, 당장 모두 외울 필요가 없다는 의미다).

우선은 꼭 필요한 것만 눈으로 익히는 시간을 가져보자. 잘 사용하지 않는 것은 추후에 다시 이 부분을 참조하거나, 도움말을 찾아보는 것이 좋겠다. 자주 사용되는 것은 이름 앞에 별표(★)를 해 놓았으니 유심히 보자.

숫자 데이터 형식

숫자형 데이터 형식은 정수, 실수 등의 숫자를 표현한다.

데이터 형식	바이트 수	숫자 범위	설명
★BIT	1	0 또는 1 또는 NULL	Boolean 형인 참(True,1), 거짓(False,0)에 사용한다.
★TINYINT	1	0 ~ 255	양의 정수
★SMALLINT	2	−32,768~32,767	정수
★INT	4	약 −21억 ~ +21억	정수
★BIGINT	8	-2^{63} ~ $+2^{63}-1$	정수
★DECIMAL(p,[s])	5~17	$-10^{38}+1$ ~ $+10^{38}-1$	고정 정밀도(p)와 배율(s)을 가진 숫자형이다. 예를 들어 decimal(5,2)는 전체 자릿수를 5자리로 하되, 그 중 소수점 이하를 2자리로 하겠다는 의미다.
NUMERIC	5~17	-10^{38} ~ $+10^{38}-1$	DECIMAL과 동일한 데이터 형식이다.
★FLOAT[(n)]	4~8		n이 25미만이면 4바이트, 25이상이면 8바이트의 크기를 할당한다.
REAL	4		FLOAT(24)와 동일하다.
MONEY	8	-2^{63} ~ $+2^{63}-1$	화폐 단위로 사용한다.
SMALLMONEY	4	약 −21억 ~ +21억	화폐 단위로 사용한다.

DECIMAL, NUMERIC, MONEY, SMALLMONEY 데이터 형식은 정확한 수치를 저장하게 되고, FLOAT, REAL은 근사치의 숫자를 저장한다. 대신 FLOAT, REAL은 상당히 큰 숫자를 저장할 수 있는 장점이 있다.

그러므로, 소수점이 들어간 실수를 저장하려면 되도록 DECIMAL을 사용하는 것이 바람직하다. 예를 들어, −999999.99부터 +999999.99까지의 숫자를 저장할 경우에는 DECIMAL(8,2)로 설정하면 된다.

문자 데이터 형식

데이터 형식	바이트 수	설명
★CHAR[(n)]	0~8000	고정길이 문자형이다. character의 약자다.
★NCHAR[(n)]	0~8000	글자로는 0~4000자. 유니코드 고정 길이 문자형으로, National character의 약자다.
★VARCHAR[(n ǀ max)]	0~2^{31}−1 (2GB)	가변길이 문자형. n을 사용하면 1~8000까지 크기를 지정할 수 있고, max로 지정하면 최대 2GB 크기를 지정할 수 있다. Variable character의 약자.
★NVARCHAR[(n ǀ max)]	0~2^{31}−1	유니코드 가변길이 문자형. n을 사용하면 1~4000까지 크기를 지정할 수 있고, max로 지정하면 최대 2GB 크기를 지정할 수 있다. National Variable character의 약자다.
BINARY[(n)]	0~8000	고정길이의 이진 데이터 값이다.
★VARBINARY[(n ǀ max)]	0~2^{31}−1	가변길이의 이진 데이터 값이다. n을 사용하면 1~8000까지 크기를 지정할 수 있고, max로 지정하면 최대 2GB 크기를 지정할 수 있다. 이미지/동영상 등을 저장하기 위해 사용된다. Variable Binary의 약자다.

⚠ 문자형 데이터에 TEXT, NTEXT, IMAGE 데이터 형식이 있는데, 이는 앞으로 SQL Server에서는 제거될 예정이므로, 대신 VARCHAR(MAX), NVARCHAR(MAX), VARBINARY(MAX)를 사용하자. 참고로 MAX 데이터 형식은 SQL Server 2005부터 지원된다.

CHAR 형식은 고정길이 문자형으로 자릿수가 고정되어 있다. 예를 들어, CHAR(100)에 'ABC' 3바이트만 저장해도, 100바이트를 모두 확보한 후에 앞에 3바이트를 사용하고 뒤의 97바이트는 낭비하게 되는 결과가 나온다. VARCHAR 형식은 가변길이 문자형으로 VARCHAR(100)에 'ABC' 3바이트를 저장할 경우에 3바이트만 사용한다. 그래서 공간을 효율적으로 운영할 수 있다. 하지만, 대용량 데이터베이스를 사용할 때는 4글자 미만을 저장하게 될 경우는 CHAR 형식으로 설정하는 것이 INSERT/UPDATE 시에 더 좋은 성능을 발휘한다.

또, 한글(유니코드)을 저장하기 위해서 CHAR나 VARCHAR 형식으로 정의할 경우에는 2배의 자릿수를 준비해야 한다. 즉, 최대 3글자의 한글을 저장하고자 한다면, CHAR(6) 또는 VARCHAR(6)로 데이터 형식을 지정해야 한다. 한글은 2바이트의 자리를 차지하기 때문이다. 이러한 문제를 간단히 하려면 NCHAR이나 NVARCHAR 형식을 사용하면 된다. 데이터 형식은 한글뿐 아니라 다른 나라 언어의 문제까지 해결해 준다. 예를 들어, NCHAR(3)으로 지정하면 한글, 중국어, 일본어, 프랑스어, 영어 등 모든 언어를 무조건 3글자 저장할 수 있어서 더 단순하고 명확하게 문자 데이터를 입력할 수 있다.

하지만, 한글(유니코드)을 저장하지 않고 영어만 저장할 것이 확실하다면 NCHAR/NVARCHAR 보다, CHAR/VARCHAR가 더 공간을 적게 차지해서 성능향상에 도움이 된다. 예를 들어 회원의 아이디는 영어로만 작성하는 것이 대부분이므로 CHAR/VARCHAR로 지정하는 것이 바람직하겠다. 특히, 대용량 데이터베이스에서는 더욱 그렇다.

날짜와 시간 데이터 형식

데이터 형식	바이트 수	설명
DATETIME	8	날짜는 1753-1-1 ~ 9999-12-31까지 저장되며, 시간은 00:00:00 ~ 23:59:59.997까지 저장된다. 정확도는 밀리초(1/1000초) 단위까지 인식한다. 형식은 'YYYY-MM-DD 시:분:초' 사용된다.
★DATETIME2	6~8	날짜는 0001-1-1 ~ 9999-12-31까지 저장된다. 시간은 00:00:00 ~ 23:59:59. 9999999까지 저장된다. 정확도는 100나노초 단위까지 인식한다. 형식은 'YYYY-MM-DD 시:분:초' 사용된다(DATETIME의 확장형으로 생각하면 됨).
★DATE	3	날짜는 0001-1-1 ~ 9999-12-31까지 저장된다. 날짜 형식만 사용된다. 'YYYY-MM-DD' 형식으로 사용된다.
★TIME	5	00:00:00.0000000 ~ 23:59:59.9999999까지 저장. 정확도는 100나노초 단위까지 인식된다. '시:분:초' 형식으로 사용된다.
DATETIMEOFFSET	10	DATETIME2와 거의 비슷하지만, 표준 시간대를 인식하며 24시간제를 기준으로 하는 시간도 표시해준다. 'YYYY-MM-DD 시:분:초 +표준시간' 형식으로 사용된다.
SMALLDATETIME	4	날짜는 1900-1-1 ~ 2079-6-6까지 저장된다. 정확도는 분 단위까지 인식된다.

⚠ DATETIME2, DATE, TIME, DATETIMEOFFSET 형식은 SQL Server 2008부터 지원되는 데이터 형식이다.

날짜와 시간형 데이터에 대해서는 간단한 예를 통해서 그 차이를 확인하자.

```
SELECT CAST('2020-10-19 12:35:29.123' AS DATETIME) AS 'DATETIME'
SELECT CAST('2020-10-19 12:35:29.1234567 +12:15' AS DATETIME2(7)) AS 'DATETIME2'
SELECT CAST('2020-10-19 12:35:29.1234567 +12:15' AS DATE) AS 'DATE'
SELECT CAST('2020-10-19 12:35:29.1234567 +12:15' AS TIME(7)) AS 'TIME'
SELECT CAST('2020-10-19 12:35:29.1234567 +12:15' AS DATETIMEOFFSET(7)) AS
    'DATETIMEOFFSET'
SELECT CAST('2020-10-19 12:35:29.123' AS SMALLDATETIME) AS 'SMALLDATETIME'
```

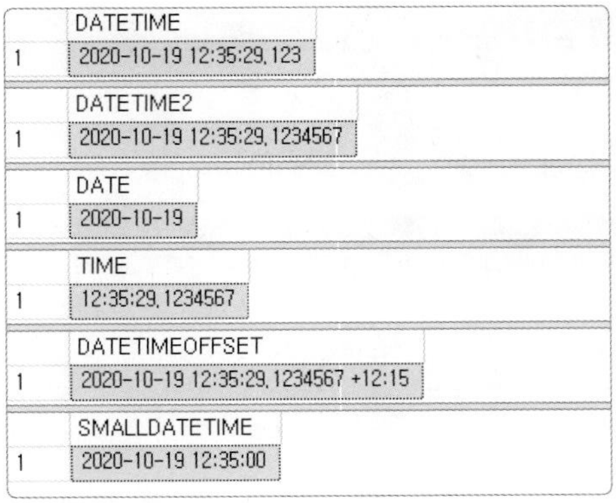

[그림 7-1] 날짜형과 시간형 데이터 비교

기타 데이터 형식

데이터 형식	바이트 수	설명
ROWVERSION	8	VARBINARY(8)과 동일하며, 데이터베이스 내에서 자동으로 생성된 고유 이진 숫자를 표시한다. SQL Server 내부적으로 사용되는 것이라서 신경 쓸 필요는 없다.
SYSNAME	128	NVARCHAR(128)과 동일하며, 데이터베이스 개체의 이름에 사용된다. SQL Server 내부적으로 사용된다.
★CURSOR	1	T-SQL 커서를 변수로 처리한다.
★TABLE	N/A	테이블 자체를 저장한다. 임시 테이블과 비슷한 기능이다.
UNIQUEIDENTIFIER	16	복제Replication에서 사용되는 자료형으로, 유일성을 보장하는 GUID 값을 저장한다.
SQL_VARIANT	N/A	다른 데이터 형식의 저장이 가능한 데이터형이다.
HIERARCHYID	N/A	계층 구조가 있는 테이블을 만들거나 다른 위치에 있는 데이터의 계층 구조를 참조할 수 있다.
★XML	N/A	XML 데이터를 저장하기 위한 형식으로 최대 2GB 저장된다.
★GEOMETRY/ GEOGRAPHY	N/A	공간 데이터 형식으로 선, 점 및 다각형 같은 공간 데이터 개체를 저장하고 조작할 수 있다.

⚠ XML은 SQL Server 2005부터 지원되는 데이터 형식이며, HIERARCHYID, GEOMETRY/GEOGRAPHY는 SQL Server 2008부터 지원되는 데이터 형식이다. XML은 13장에서 다룬다. 공간 데이터를 다루는 GEOMETRY/GEOGRAPHY는 『뇌를 자극하는 SQL Server 2012 (2권, 관리/응용편)』을 참고하자.

ISO 형식의 표준 데이터 형식의 호환성을 위해서, SQL Server에서 다음은 동일한 용어로 사용된다.

SQL Server	ISO 표준 (동의어)
CHAR (n)	Character(n)
VARCHAR (n)	Character Varying(n)
VARBINARY	Binary Varying
DECIMAL	Dec
FLOAT	Double Precision
INT	Integer
NCHAR(n)	National Character (n)
NVARCHAR(N)	National Character Varying (n)
ROWVERSION	Timestamp

예를 들면, 다음과 같이 테이블을 정의할 수 있다.

```
CREATE TABLE  isoTable
(  charData  Character(2),
   varcharData  Character Varying(2),
   varbinaryData  Binary Varying,
   decimalData  Dec,
   floatData  Double Precision,
   intData  Integer,
   ncharData  National Character(2),
   nvarcharData  National Character Varying(2),
   rowversionData  Timestamp  );
```

사용자 정의 데이터 형식

사용자 정의 데이터 형식(또는 사용자 정의 형식)^{UDT, User-Defined Data Type}은 기존의 데이터 형식에 별칭을 붙이는 것으로, 사용의 편의성 때문에 주로 사용한다. 예를 들어, 이름을 저장하는 데이터 형식이 NCHAR(10)이라면 편리하게 myTypeName 등으로 붙일 수 있다.

사용자 정의 데이터 형식은 SSMS의 개체 탐색기에서 [데이터베이스] 》 [해당 데이터베이스] 》 [프로그래밍 기능] 》 [유형] 》 [사용자 정의 데이터 형식]에서 정의할 수 있다.

다음 그림은 myTypeName이라는 이름의 사용자 정의 형식을 10자의 NCHAR 형태로 정의하는 방법이다.

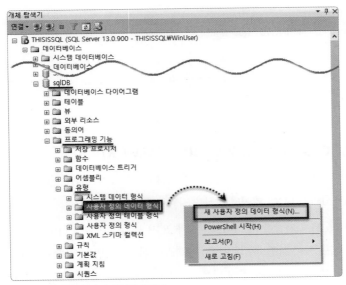

[그림 7-2] 사용자 정의 데이터 형식 1

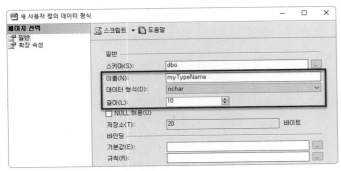

[그림 7-3] 사용자 정의 데이터 형식 2

⚠ 사용자 정의 형식의 최대 크기가 약 21억 바이트를 사용할 수 있다. 또한, 사용자 정의 데이터 형식은 .NET 어셈블리와 관련이 깊다(.NET과 관련된 것은 책의 범위를 벗어나므로 책에서는 언급하지 않는다).

사용자 정의 데이터 형식은 CREATE TYPE 문을 사용해 T-SQL로 지정한다.

형식:

```
CREATE TYPE 사용자정의데이터형식_이름 FROM 기존데이터형식 NULL 또는 NOT NULL;
```

위의 SSMS에서 사용한 예를 CREATE TYPE 문으로 정의하면 다음과 같다.

```
USE sqlDB;
CREATE TYPE myTypeName FROM NCHAR(10) NOT NULL;
```

⚠ SQL Server 2008부터는 테이블 형식의 사용자 정의 데이터 형식도 지원하며, 이를 저장 프로시저의 매개변수로도 사용할 수 있다. 이에 대해서는 11장에서 살펴보자.

VARCHAR(MAX), NVARCHAR(MAX), VARBINARY(MAX)

SQL Server는 대량의 데이터[LOB, Large Object]를 저장하기 위해서 VARCHAR(MAX), NVARCHAR(MAX), VARBINARY(MAX) 데이터 형식을 지원한다.

지원되는 데이터 크기는 $2^{31}-1$Byte까지 저장할 수 있다. 이는 약 2GB 크기의 파일을 하나의 데이터로 저장할 수 있다는 의미다. 예를 들어 장편소설과 같은 큰 텍스트 파일이라면, 그 내용을 전부 NVARCHAR(MAX) 형식으로 지정된 하나의 컬럼에 넣을 수 있고, 동영상 파일과 같은 큰 바이너리파일이라면, 그 내용을 전부 VARBINARY(MAX) 형식으로 지정된 하나의 컬럼에 넣을 수 있다. 다음과 같은 구성이 가능하다.

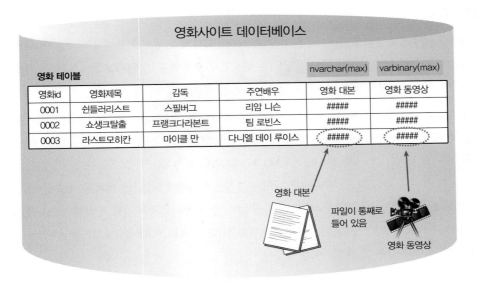

[그림 7-4] MAX데이터 형식의 활용 예

위의 예를 보면 영화 대본 열에는 영화대본 전체가 들어가고, 영화 동영상 열에는 실제 영화 파일 전체가 들어갈 수 있다. 또한 VARCHAR(MAX), NVARCHAR(MAX), VARBINARY(MAX)는 일반적인 VARCHAR(N) 형식과 동일하게 사용이 가능하다. 이에 해당하는 실습은 함수를 몇 개 사용해야 하므로 잠시 후에 관련 함수를 배우고 나서 확인해보자.

여기서 잠깐

☼

LOB 데이터 중에서 이미지, 동영상, 음악 등의 이진데이터를 BLOB^Binary Large Objects라고 부른다. BLOB 데이터를 저장하기 위해서는 varbinary(max) 형식을 사용하면 되는데, varbinary(max)는 최대 크기가 2GB까지의 파일만 저장할 수 있다. 그래서 2GB 크기 이상의 파일을 저장하려면 FILESTREAM을 사용해야 된다. FILESTREAM은 Windows 운영체제의 파일시스템인 NTFS를 사용하기에 파일 크기에 제한이 없으며 저장, 추출 성능 또한 상당히 뛰어나다. 참고로 FILESTREAM은 SQL Server 2008부터 지원되었으며, FILESTREAM을 기반으로 FileTable이라는 테이블은 SQL Server 2012부터 지원한다. SQL Server 2014부터는 '메모리 액세스에 최적화된 테이블^memory-optimized table'이 제공된다. '메모리 액세스에 최적화된 테이블'은 8장에서 다루며, FILESTREAM과 FileTable에 대한 자세한 내용과 실습은 『뇌를 자극하는 SQL Server 2012 (2권, 관리/응용편)』을 참고하자.

유니코드 데이터

문자 데이터를 저장하고 관리할 경우, 각 국가별 코드 페이지가 달라서 서로 호환되지 않는 문제점이 있다. 즉, 데이터베이스에 한국어만 사용할 경우에는 별 문제가 없지만, 한국어/중국어/일본어를 동시에 사용할 경우에는 코드 페이지가 서로 달라서 많은 문제점을 일으키게 된다.

이러한 문제점을 갖고 있는 데이터 형식이 CHAR, VARCHAR, VARCHAR(MAX)다. 방금 얘기했듯이 한 국가의 언어만을 처리하는 데는 이 데이터 형식이 전혀 문제되지 않지만, 여러 언어를 처리한다면 NCHAR, NVARCHAR, NVARCHAR(MAX) 형식을 사용해야 한다. 여기서 n은 National의 약자로 유니코드를 의미한다. 데이터 형식을 사용하게 되면, 전 세계의 어느 언어를 저장하든지 서로 충돌하는 상황이 발생하지 않는 장점이 있다. 유니코드 데이터 형식인 NCHAR, NVARCHAR, NVARCHAR(max)는 CHAR, VARCHAR, VARCHAR(max)와 동일하게 사용하면 되지만, 다음과 같은 몇 가지 차이점이 있다.

- 유니코드 문자를 저장 시에는 내부적으로 더 넓은 공간이 필요하다. 즉, CHAR(4)는 4바이트지만 NCHAR(4)는 8바이트를 내부적으로 차지한다.
- NCHAR의 열의 최대 크기는 8000이 아닌 그의 절반인 4000이다. 유니코드는 2바이트의 공간을 요구하기 때문이다.
- 유니코드의 상수를 지정하기 위해서는 N'문자열'과 같은 형식을 사용한다.
- 유니코드는 문자에만 관련된 얘기이며, 숫자/날짜 등에서는 전혀 신경 쓸 필요가 없다.

데이터베이스를 다른 국가의 언어와 호환할 예정이 아니라면 유니코드와 관련된 내용은 무시해도 된다. 간단히 얘기하면 유니코드는 다양한 국가의 문자를 동시에 저장할 때 사용된다. 그래서 NCHAR 또는 NVARCHAR 형식에 문자를 입력할 때 N'문자열' 형식(꼭 대문자 N이어야 함)을 취하는 것을 권장하는 것이며, N을 생략해도 한글 운영체제에서 한글/영문만 입력하는 데 별 문제가 없다.

⚠ 다음은 자주 틀리는 부분이므로 주의 바란다.

```
USE tempdb;
CREATE TABLE  uniTest( korName  NVARCHAR(10) );
GO
INSERT INTO uniTest VALUES ( N'박신혜'); -- 맞음
INSERT INTO uniTest VALUES ( '박신혜');  -- 맞음
INSERT INTO uniTest VALUES ( n'박신혜'); -- 틀림
```

유니코드와 관련해서 혼란스럽다면, 간단하게 필드에 한글/중국어/일본어 데이터가 입력될 것이라면 NCHAR, NVARCHAR 형식으로 데이터 형식을 지정하고, 영어 및 기호(키보드에서 사용되는 0~9,@,#,$,% 등의 기호)만 들어갈 예정이라면 CHAR, VARCHAR 형식으로 지정하도록 한다는 정도만 기억하고 있으면 된다. 다음은 좋은 예다.

```
CREATE TABLE person (        -- 사용자 테이블
id  int,                     -- 사용자 ID
korName   NVARCHAR(10),      -- 한글 이름 (한글 사용)
engName   VARCHAR(20),       -- 영문 이름 (영어만 사용)
email     VARCHAR(30)        -- 이메일 주소 (영어&기호만 사용)
);
```

7.1.2 변수의 사용

T-SQL도 다른 일반적인 프로그래밍 언어처럼 변수를 선언하고 사용할 수 있다. 변수Variable의 선언과 값의 대입은 다음의 형식을 따른다.

```
변수의 선언:    DECLARE @변수이름 데이터형식 ;
변수에 값 대입: SET @변수이름 = 변수의 값 ;
변수의 값 출력: SELECT @변수이름 ;
```

변수는 일시적으로 사용되는 것이므로 재사용되지 않는다. 즉, 한 번 실행되면 바로 소멸된다.

실습1

변수의 사용을 실습하자.

step 0

SSMS에서 새 쿼리창을 열고, 앞의 실습에서 sqlDB의 데이터가 변경되었을 수도 있으니 백업받은 것을 복원시켜 놓자(C:\SQL\sqlDB2016.bak 파일이 없는 독자는 6장의 〈실습 2〉를 다시 수행하거나, 책의 사이트인 http://cafe.naver.com/thisissql/에서 sqlDB2016.bak을 다운로드해서 C:\SQL\에 저장하자).

```
USE tempdb;
RESTORE DATABASE sqlDB FROM DISK = 'C:\SQL\sqlDB2016.bak' WITH REPLACE;
```

⚠️ RESTORE 구문이 너무 오래 걸리거나, 오류가 발생하는 경우에는 다른 쿼리창에서 sqlDB를 사용하고 있는 경우가 대부분이다. 그럴 때는 모든 쿼리창을 닫고, 〈새 쿼리〉를 클릭해서 새 쿼리창을 연 후에, 다시 RESTORE시켜본다. 그래도 안되면 SQL Server Management Studio를 닫고 다시 실행한 후에 해본다.

step 1

변수를 몇 개 지정하고, 변수에 값을 대입한 후에 출력해본다(전체를 한 번에 선택해서 실행한다).

```
USE sqlDB;
DECLARE @myVar1  INT;
DECLARE @myVar2  SMALLINT,  @myVar3 DECIMAL(5,2);
DECLARE @myVar4  NCHAR(20);

SET @myVar1 = 5 ;
SET @myVar2 = 3 ;
SET @myVar3 = 4.25 ;
SET @myVar4 = '가수 이름==> ' ;

SELECT @myVar1 ;
SELECT @myVar2 + @myVar3 ;

SELECT @myVar4 , Name FROM userTbl WHERE height > 180 ;
```

변수의 값은 일반적인 SELECT... FROM 문과도 같이 사용할 수 있다.

	(열 이름 없음)
1	5

	(열 이름 없음)
1	7.25

	(열 이름 없음)	Name
1	가수 이름==>	임재범
2	가수 이름==>	이승기
3	가수 이름==>	성시경

[그림 7-5] 변수 출력 결과

⚠️ DECLARE로 선언한 변수는 실행 후에 즉시 사라진다. 즉, 다음 두 문장을 한 문장씩 선택해서 따로 실행하면 오류가 발생한다.

```
DECLARE  @myVar1  INT ;
  SET @myVar1 = 5 ;
```

그러므로 DECLARE 변수가 선언되었다면, 그 변수가 사용되는 부분까지 모두 한 번에 드래그해서 선택한 후에 실행해야 하는 것이다. 자주 실수하는 부분이므로 주의하자.

step 2

TOP 구문의 내부에 변수를 사용해본다.

```
DECLARE  @myVar1  INT ;
SET @myVar1 = 3 ;
SELECT TOP(@myVar1) Name, height FROM userTbl ORDER BY height ;
```

	Name	height
1	조용필	166
2	윤종신	170
3	조관우	172

[그림 7-6] TOP( )에 변수 사용

7.1.3 데이터 형식과 관련된 시스템 함수

데이터 형식과 관련된 함수는 자주 사용되므로 잘 기억하자.

데이터 형식 변환 함수

가장 일반적으로 사용되는 데이터 형식 변환과 관련해서는 CAST( ), CONVERT( ), TRY_ CONVERT( ), PARSE( ), TRY_PARSE( ) 함수를 사용한다. CAST( ), CONVERT( )는 형식만 다를 뿐 거의 비슷한 기능을 한다.

⚠ TRY_CONVERT( ), PARSE( ), TRY_PARSE( ) 세 개 함수는 SQL Server 2012부터 지원한다.

TRY_CONVERT( )는 CONVERT( )와 동일하지만 변환에 실패할 경우에 Null 값을 반환한다. PARSE( )와 TRY_PARSE( ) 함수는 문자열에서 날짜/시간 및 숫자 형식으로 변환하는 경우에 사용된다. TRY_PARSE( )도 PARSE( )와 같지만 변환에 실패할 경우에 Null 값을 반환한다.

특히 CAST( )와 CONVERT( )는 자주 사용되는 함수이므로 사용법을 잘 알아두자.

형식:

```
CAST ( expression AS 데이터형식 [ (길이 ) ])

CONVERT ( 데이터형식[(길이)] , expression [ , 스타일 ] )

TRY_CONVERT ( 데이터형식[(길이)] , expression [ , 스타일 ] )

PARSE (문자열 AS 데이터형식)

TRY_PARSE (문자열 AS 데이터형식)
```

사용 예를 보면 좀 더 쉽게 이해될 것이다. 아래는 sqlDB의 구매 테이블(buyTbl)에서 평균 구매 개수를 구하는 쿼리문이다.

```
USE sqlDB ;
SELECT AVG(amount) AS [평균 구매 개수] FROM buyTbl ;
```

결과는 2가 나왔다. 그 이유는 수량amount의 데이터 형식이 정수형(INT)이므로, 정수형과 정수형의 계산 결과는 정수형이 되기 때문이다.

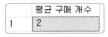

[그림 7-7] 쿼리 실행 결과

이것을 아래와 같이 CAST() 함수나 CONVERT(), TRY_CONVERT() 함수를 사용할 수 있다.

```
SELECT AVG( CAST(amount AS FLOAT) ) AS [평균구매개수]  FROM buyTbl ;
```

또는

```
SELECT AVG( CONVERT(FLOAT, amount) ) AS [평균구매개수]  FROM buyTbl ;
```

또는

```
SELECT AVG( TRY_CONVERT(FLOAT, amount) ) AS [평균구매개수]  FROM buyTbl ;
```

	평균구매개수
1	2.91666666666667

[그림 7-8] 쿼리 실행 결과

이번에는 단가/수량의 결과를 살펴보자. 둘 다 int 형이므로 결과도 int 형이다.

```
SELECT price, amount, price/amount AS [단가/수량] FROM buyTbl ;
```

	price	amount	단가/수량
1	30	2	15
2	1000	1	1000
3	200	1	200
4	200	5	40
5	50	3	16
6	80	10	8
7	15	5	3
8	15	2	7
9	50	1	50
10	30	2	15
11	15	1	15
12	30	2	15

[그림 7-9] 쿼리 실행 결과

결과 중 두 개(5행, 8행)은 정수이기 때문에 정확한 값이 아니다. 이를 CAST() 함수나 CONVERT() 또는 TRY_CONVERT() 함수를 사용해서 실수로 변환하자. 그리고 출력되는 값을 소수점 아래 2자리까지만 출력하자.

```
SELECT price, amount, CAST(CAST(price AS FLOAT)/amount AS DECIMAL(10,2))
    AS [단가/수량] FROM buyTbl ;
```

	price	amount	단가/수량
1	30	2	15.00
2	1000	1	1000.00
3	200	1	200.00
4	200	5	40.00
5	50	3	16.67
6	80	10	8.00
7	15	5	3.00
8	15	2	7.50
9	50	1	50.00
10	30	2	15.00
11	15	1	15.00
12	30	2	15.00

[그림 7-10] 쿼리 실행 결과

여기서 잠깐

CONVERT( ) 함수에서 이진(binary) 데이터와 문자(CHAR, NCHAR) 데이터의 상호 변환도 가능하다. 예로 다음의 쿼리는 "안녕"라는 결과를 출력해준다(SQL Server 2008부터 지원함).

```
SELECT CONVERT(NCHAR(2),0x48C555B1, 0);
```

특별히 문자열을 변환할 경우에는 PARSE( )나 TRY_PARSE( )를 사용할 수 있다.

```
SELECT PARSE( '2019년 9월 9일' AS DATE) ;
```

	(열 이름 없음)
1	2019-09-09

[그림 7-11] 쿼리 실행 결과

PARSE( )가 실패할 경우에는 오류가 발생되지만, TRY_PARSE( )는 정상적으로 실행되고 Null 값을 반환한다.

```
SELECT PARSE('123.45' AS INT) ;
SELECT TRY_PARSE('123.45' AS INT) ;
```

위 첫 문장은 쿼리에서 오류가 발생되지만, 두 번째 문장은 오류는 발생하지 않고 Null을 반환한다. TRY_CONVERT() 및 TRY_PARSE()는 프로그래밍에서 오류의 경우에도 계속 진행하고자 할 경우에 유용하게 사용될 수 있다.

암시적인 형변환

형 변환 방식에는 명시적인 변환과 암시적인 변환 두 가지가 있다. 명시적인 변환이란 위에서 한 CAST() 또는 CONVERT() 함수를 이용해서 데이터 형식을 변환하는 것을 말한다. 암시적인 변환이란 CAST()나 CONVERT() 함수를 사용하지 않고 형이 변환되는 것을 말한다. 다음 예를 보자.

```
DECLARE @myVar1 CHAR(3) ;
SET @myVar1 = '100' ;
SELECT @myVar1 + '200' ; -- 문자와 문자를 더함(정상)
SELECT @myVar1 + 200 ;   -- 문자와 정수를 더함(정상: 정수로 암시적 형 변환)
SELECT @myVar1 + 200.0 ; -- 문자와 실수를 더함(정상: 실수로 암시적 형 변환)
```

	(열 이름 없음)
1	100200

	(열 이름 없음)
1	300

	(열 이름 없음)
1	300.0

[그림 7-12] 쿼리 실행 결과

첫 번째 결과인 '문자 + 문자 = 문자'의 정상적인 결과가 나왔다. 그런데 두 번째와 세 번째는 '문자 + 숫자'라서 서로 더할 수가 없지만, 암시적인 변환이 일어나서 '문자 + 정수 = 정수', '문자 + 실수 = 실수'라는 결과가 나온 것이다. 모두 정상적인 결과다. 이것을 직접 명시적인 변환으로 고치면 다음과 같다.

```
DECLARE @myVar1 CHAR(3) ;
SET @myVar1 = '100' ;
SELECT @myVar1 + '200' ; -- 문자와 문자를 더함(정상)
SELECT CAST(@myVar1 AS INT) + 200 ;   -- 정수로 변환후 연산
SELECT CAST(@myVar1 AS DECIMAL(5,1)) + 200.0 ; -- 실수로 변환후 연산
```

이처럼 암시적인 변환과 명시적인 변환 중에서 어느 것이 더 편리한가? 마치, 암시적인 변환이 코딩 량을 줄여줄 수 있는 것처럼 보일 수도 있지만, 조금 불편하더라도 명시적인 변환을 사용하는 것을 권장한다. 암시적인 변환을 믿고 그냥 사용하게 될 경우에는, 약간의 착오로 결과가 엉뚱하게 나오는 사고(?)가 발생할 소지가 항상 있다.

암시적인 변환과 명시적인 변환과 관련된 표는 SQL Server 2016 도움말에 아래와 같이 되어 있다. 외울 필요는 없으며 혹시 나중에 필요하게 되면 참고하자. 표를 보면 서로 변환되지 않는 데이터 형식도 있다.

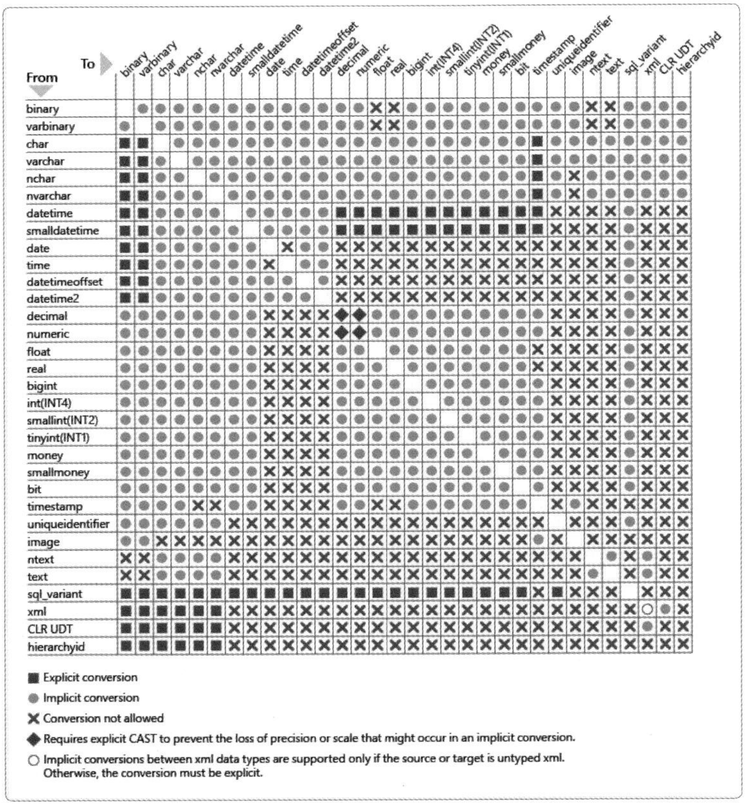

[그림 7-13] SQL Server 2016 도움말의 데이터 형식 변환표 (출처: Microsoft)

그 외에 형 변환을 할 때 주의할 사항은 숫자에서 문자로 변환할 때 문자의 자릿수를 잘 고려해야 한다는 점이다.

```
DECLARE @myVar2 DECIMAL(10,5) ;
SET @myVar2 = 10.12345 ;
SELECT CAST(@myVar2 AS NCHAR(5)) ;
```

```
메시지 8115, 수준 16, 상태 2, 줄 3
expression을(를) 데이터 형식 NVARCHAR(으)로 변환하는 중 산술 오버플로 오류가 발생했습니다.
```

이 오류는 10.12345를 문자로 변환하게 되면 8글자로 변환되므로, 문자형 8자리 이상이 필요해서 나오는 오류다. NCHAR(5)를 NCHAR(8) 이상으로 수정한 후에 사용해야 한다.

또, 한 가지는 실수를 정수로 변환 할 때 자릿수가 잘릴 수 있다는 점을 고려해야 한다.

```
DECLARE @myVar3 DECIMAL(10,5) ;
SET @myVar3 = 10.12345 ;
SELECT CAST(@myVar3 AS INT) ;

DECLARE @myVar4 DECIMAL(10,5) ;
SET @myVar4 = 10.12345 ;
SELECT CAST(@myVar4 AS DECIMAL(10,2)) ;
```

	(열 이름 없음)
1	10

	(열 이름 없음)
1	10.12

[그림 7-14] 쿼리 실행 결과

두 결과는 모두 오류는 아니지만 첫 번째는 결과가 10으로, 두 번째는 결과가 10.12로 자릿수가 잘리는 점에 유의해야 한다.

스칼라 함수

SQL Server는 많은 기본 제공 함수를 포함하고 있다. 기본 제공 함수는 크게 행 집합 함수, 집계 함수, 순위 함수, 스칼라 함수로 분류할 수 있다. 그중 스칼라 함수는 단일 값에 적용되어 단일 값의 결과를 돌려주는 함수다. SQL Server에서 제공하는 기본 제공 스칼라 함수의 종류는 구성 함수, 변환 함수, 커서 함수, 날짜 및 시간 함수, 논리 함수, 수치 연산 함수, 메타데이터 함수, 보안 함수, 문자열 함수, 시스템 함수, 시스템 통계 함수, 텍스트 및 이미지 함수 등으로 나눠진다.

조금 전에 했던 CAST() CONVERT()는 시스템 함수로 분류되고, TRY_CONVERT(), PARSE(), TRY_PARSE() 등은 변환 함수로 분류된다. 그 외에 아직 다루지 않았던 스칼라 함수 중에서 자주 사용되는 것을 소개하겠다. 각각 소개된 함수의 〈예〉 부분을 직접 쿼리창에서 실행해보기 바란다. 그러면 더 이해가 빨리 될 것이다.

⚠ 기본 제공 함수 중에서 집계 함수는 6장에서 Group By 절과 함께 알아봤고, 순위 함수도 이번 장에서 잠시 후에 다룬다.

■ **구성 함수**: 현재 구성에 대한 정보를 알 수 있다.

함수	설명
@@LANGID @@LANGUAGE	현재 설정된 언어의 코드 번호 및 언어를 확인할 수 있다. 　〈예〉 select @@LANGID ; 한국어의 경우에는 29가 출력된다. 다른 언어의 ID는 sp_helplanguage 저장 프로시저를 실행하면 확인할 수 있다.
@@SERVERNAME	현재 인스턴스의 이름을 확인할 수 있다. 　〈예〉 SELECT @@SERVERNAME;
@@SERVICENAME	서비스의 이름을 돌려준다. 　〈예〉 SELECT @@SERVICENAME; 기본 인스턴스인 경우에는 MSSQLSERVER를 들려주고, 명명된 인스턴스의 경우에는 설치할 때 지정한 인스턴스 이름을 돌려준다.
@@SPID	현재 사용자 프로세스의 세션 ID를 반환한다. 　〈예〉 SELECT @@SPID AS 'ID', SYSTEM_USER AS [로그인사용자], 　　　　 USER AS [사용자] ; 현재 세션 ID번호, 로그인 사용자, 사용자를 돌려준다.
@@VERSION	현재 설치된 SQL Server의 버전, CPU 종류, 운영체제 버전의 정보를 알려준다. 　〈예〉 SELECT @@VERSION;

■ **날짜 및 시간 함수**: 날짜 및 시간 입력 값에 대한 함수

함수	설명
SYSDATETIME( ) GETDATE( )	현재의 날짜와 시간을 돌려준다. 〈예〉 SELECT SYSDATETIME(), GETDATE();
DATEADD( )	날짜에 더한 결과를 돌려준다. 〈예〉 SELECT DATEADD(day, 100, '2019/10/10'); 2019년 10월10일부터 100일 후의 날짜를 돌려준다. Day 대신에 year, month, week, hour, minute, second 등이 올 수 있다.
DATEDIFF( )	두 날짜의 차이를 돌려준다. 〈예〉 SELECT DATEDIFF(week, GETDATE(), '2027/10/19'); 현재부터 2027년 10월19일까지 남은 주를 알려준다.
DATENAME( )	날짜의 지정한 부분만 돌려준다. 〈예〉 SELECT DATENAME(weekday, '2022/10/19'); 2022년 10월19일이 무슨 요일인지 알려준다.
DATEPART( )	지정된 날짜의 연 또는 월 또는 일을 돌려준다. 〈예〉 SELECT DATEPART(year , GETDATE()); 현재 연도를 돌려준다.
DAY( ) MONTH( ) YEAR( )	지정된 날짜의 일/월/년을 돌려준다. 〈예〉 SELECT MONTH('2022/10/19'); 2022년 10월19일의 월인 10을 돌려준다.
DATEFROMPARTS( ) DATETIME2FROMPARTS( ) DATETIMEFROMPARTS( ) DATETIMEOFFSETFROMPARTS( ) SMALLDATETIMEFROMPARTS( ) TIMEFROMPARTS( )	문자열을 각각 입력하면 해당하는 데이터 형식의 값을 반환한다. 예를 들어, DATEFROMPARTS( )는 연, 월, 일을 입력하면 DATE 값을 반환한다. 〈예〉 SELECT DATEFROMPARTS('2022' , '10' , '19'); '2022-10-19'을 돌려준다.
EOMONTH( )	입력한 날짜에 포함된 달의 마지막 날을 돌려준다. 〈예〉 SELECT EOMONTH('2019-3-3'); 2019년 3월의 마지막 날짜를 돌려준다. 〈예〉 SELECT EOMONTH(GETDATE(), 3); 오늘 날짜에서 3개월 후의 마지막 날짜를 돌려준다.

■ 수치 연산 함수

함수	설명
ABS( )	수식의 절대값을 돌려준다. 〈예〉 SELECT ABS(-100); 절대값인 100을 돌려준다.
ROUND( )	자릿수를 올려서 돌려준다. 〈예〉 SELECT ROUND(1234.5678, 2), ROUND(1234.5678, -2); 1234.5700과 1200.0000을 돌려준다.
RAND( )	0~1까지의 임의의 숫자를 돌려준다. 〈예〉 SELECT RAND();
SQRT( )	제곱근값을 돌려준다. 〈예〉 SELECT SQRT(10); 10의 제곱근인 약 3.16을 돌려준다.
POWER( )	거듭제곱값을 돌려준다. 〈예〉 SELECT POWER(3,2); 3의 2제곱인 9를 돌려준다.

이 외에도 DEGREES, ACOS, EXP, ASIN, FLOOR, SIGN, ATAN, LOG, SIN, ATN2, LOG10, CEILING, PI, SQUARE, COS, TAN, COT, RADIANS 등이 있다.

■ 메타 데이터 함수: 데이터베이스 및 데이터베이스 개체의 정보를 반환한다.

함수	설명
COL_LENGTH( )	테이블의 컬럼의 길이를 돌려준다. 〈예〉 USE sqlDB; SELECT COL_LENGTH('userTbl', 'name') ; NVARCHAR 형이나 NCHAR 형은 지정한 것보다 2배의 크기가 나온다.
DB_ID( ) DB_NAME( )	DB의 ID 또는 DB의 이름을 돌려준다. 〈예〉 SELECT DB_ID(N'AdventureWorks'); SELECT DB_NAME(5); DB_ID( )는 AdventureWorks DB의 id 번호인 5를 돌려주고, DB_NAME( )은 5번 DB의 이름인 AdventureWorks를 돌려준다(이건 필자의 경우임).
OBJECT_ID( ) OBJECT_NAME( )	Object의 ID 또는 Object의 이름을 돌려준다. 〈예〉 SELECT OBJECT_ID(N'sqlDB.dbo.userTbl'); SELECT OBJECT_NAME(565577053); OBJECT_ID( )는 개체의 ID를 돌려주고, OBJECT_NAME( )은 개체 이름을 돌려준다.

■ **논리 함수**: 논리 연산을 수행한다.

함수	설명
CHOOSE( )	여러 값 중에서 지정된 위치의 값을 반환한다. 〈예〉 SELECT CHOOSE(2, 'SQL' , 'Server', '2016' , 'DVD'); 2번째 문자열인 'Server'를 돌려준다.
IIF( )	파라미터로 수식, 참일 때, 거짓일 때 3개가 사용된다. 〈예〉 SELECT IIF(100 > 200, '맞다' , '틀리다'); 수식이 거짓이므로 '틀리다'를 돌려준다.

■ **문자열 함수**: 문자열을 조작한다. 활용도가 높으므로 잘 알아둔다.

함수	설명
ASCII( ) CHAR( )	문자의 아스키 코드값을 돌려주거나 아스키 코드값의 문자를 돌려준다(0~255 범위). 〈예〉 SELECT ASCII('A'), CHAR(65); 65와 'A'를 돌려준다.
CONCAT( )	둘 이상의 문자열을 연결한다. 이전 버전에서는 대신 "+"로 문자열을 연결하면 된다. 〈예〉 SELECT CONCAT('SQL ' , 'SERVER ' , 2016) SELECT 'SQL ' + 'SERVER ' + '2016'; 'SQL SERVER 2016'을 돌려준다.
UNICODE( ) NCHAR( )	문자의 유니코드값을 돌려주거나 유니코드값의 문자를 돌려준다(0~63365 범위). 〈예〉 SELECT UNICODE('가'), NCHAR(44032); 44032와 '가'를 돌려준다.
CHARINDEX( )	문자열의 시작 위치를 돌려준다. 〈예〉 SELECT CHARINDEX('Server' , 'SQL Server 2016'); 'SQL Server 2016'에서 'Server'가 시작되는 위치인 5를 돌려준다.
LEFT( ) RIGHT( )	왼쪽/오른쪽/지정 위치부터 지정한 수만큼을 돌려준다. 〈예〉 SELECT LEFT('SQL Server 2016', 3), RIGHT('SQL Server 2016', 4); 'SQL Server 2016'에서 왼쪽의 세글자 'SQL'과 오른쪽 네글자 '2016'를 돌려준다.
SUBSTRING( )	지정한 위치부터 지정한 개수의 문자를 돌려준다. 〈예〉 SELECT SUBSTRING(N'대한민국만세', 3, 2); '대한민국만세'에서 3번째부터 2글자인 '민국'을 돌려준다.
LEN( )	문자열의 길이를 돌려준다. 〈예〉 SELECT LEN('SQL Server 2016'); 'SQL Server 2016'의 글자수 15를 돌려준다.
LOWER( ) UPPER( )	소문자를 대문자로, 대문자를 소문자로 변경한다. 〈예〉 SELECT LOWER('abcdEFGH'), UPPER('abcdEFGH'); 'abcdefgh'와 'ABCDEFGH'를 돌려준다.

함수	설명
LTRIM( ) RTRIM( )	왼쪽 공백문자 및 오른쪽 공백문제를 제거해준다. 　〈예〉 SELECT LTRIM(' 　공백앞뒤두개 　'), RTRIM(' 　공백앞뒤두개 　'); '공공백앞뒤두개 　'와 ' 　공백앞뒤두개'를 돌려준다.
REPLACE( )	문자열의 내용을 지정한 것으로 찾아서 바꾼다. 　〈예〉 SELECT REPLACE ('SQL Server 2016', 'Server' , '서버'); 'SQL Server 2016'에서 'Server'를 찾아서 '서버'로 바꾼다.
REPLICATE( )	문자열을 지정한 수만큼 반복한다. 　〈예〉 SELECT REPLICATE ('SQL', 5); 'SQL'을 5번 반복하여 돌려준다.
REVERSE( )	문자열의 순서를 거꾸로 만든다. 　〈예〉 SELECT REVERSE ('SQL Server 2016'); '6102 revreS LQS'를 돌려준다.
SPACE( )	공백을 지정한 수만큼 반복한다. 　〈예〉 SELECT SPACE(5) ; ' '(공백 5개)를 돌려준다.
STR( )	숫자를 문자로 변환한다(CAST나 CONVERT를 대신 사용 권장).
STUFF( )	문자를 지정한 위치의 개수만큼 삭제한 후에, 새로운 문자를 끼워넣는다. 　〈예〉 SELECT STUFF ('SQL 서버 2016', 5, 2, 'Server') 'SQL 서버 2016'의 5번째부터 2글자('서버')를 삭제한 후에 'Server'를 끼워넣는다.
FORMAT( )	지정된 형식으로 출력한다. 표준 형식은 FORMAT(value, format)을 갖는데, value는 출력할 값이고, format은 출력할 형식이다. 　〈예〉 SELECT FORMAT (GETDATE() , 'dd/MM/yyyy') ; 현재 날짜의 "일-월-연도"를 돌려준다.

⚠ DATEFROMPARTS(), DATETIME2FROMPARTS(), DATETIMEFROMPARTS(), DATETIMEOFFSETFROMPARTS(), SMALLDATETIMEFROMPARTS(), TIMEFROMPARTS(), EOMONTH(), CHOOSE(), IIF(), CONCAT(), FORMAT() 함수는 SQL Server 2012부터 지원된다.

그 외에도 더 많은 스칼라 함수가 있지만, 아직 배우지 않은 내용이 많아서 별도로 소개해도 큰 도움이 될 것 같지는 않다. 이 정도로 마치고 필요할 때마다 설명하겠다. 또한, SQL Server 2016부터는 JSON과 관련된 스칼라 함수도 지원하는데, 이는 잠시 후에 살펴보겠다.

함수에 대해서 어느 정도 익혔으므로 함수도 활용할 겸해서 MAX 지정자를 실습해보자.

실습2

max 형의 데이터 형식을 이용해서 대량의 데이터를 입력하자.

max 형의 데이터를 정의한다.

```
USE tempDB;
CREATE TABLE maxTbl
  ( col1 VARCHAR(MAX),
    col2 NVARCHAR(MAX));
```

기존의 각각 1,000,000(백만)개 문자의 대량 데이터를 입력하자.

```
INSERT INTO maxTbl VALUES( REPLICATE('A',1000000),  REPLICATE('가',1000000));
```

입력된 값을 크기를 확인해보자.

```
SELECT LEN(col1) AS [VARCHAR(MAX)], LEN(col2)AS [NVARCHAR(MAX)] FROM maxTbl;
```

	VARCHAR(MAX)	NVARCHAR(MAX)
1	8000	4000

[그림 7-15] 쿼리 실행 결과

그런데 예상한 대로 되지 않았다. 입력된 값은 MAX로써 2GB까지 들어갈 수 있도록 지정했으나, 결과는 SQL VARCHAR는 8000문자, NVARCAHR는 4000문자만 들어간 것이 확인된다.

VARCHAR(MAX) 및 NVARCHAR(MAX) 데이터 형식에 8000바이트가 넘는 양을 입력하려면 입력할 문자를 CAST() 함수나 CONVERT() 함수로 형 변환시킨 후에 입력해야 한다.

```
DELETE FROM maxTbl;
INSERT INTO maxTbl VALUES(
    REPLICATE( CAST('A' AS VARCHAR(MAX)) ,1000000 ) ,
    REPLICATE( CONVERT(VARCHAR(MAX) , '가' ) ,1000000) ) ;
SELECT LEN(col1) AS [VARCHAR(MAX)], LEN(col2)AS [NVARCHAR(MAX)] FROM maxTbl;
```

	VARCHAR(MAX)	NVARCHAR(MAX)
1	1000000	1000000

[그림 7-16] 쿼리 실행 결과

step 5

이번에는 입력된 데이터의 내용을 수정해보자. 'A'는 'B'로, '가'는 '나'로 변경하자. 시간이 좀 걸릴 것이다.

```
UPDATE maxTbl SET col1 = REPLACE( (SELECT col1 FROM maxTbl),'A','B'),
                 col2 = REPLACE( (SELECT col2 FROM maxTbl),'가','나') ;
```

step 6

데이터가 잘 변경되었는지 확인해보자. 그냥 SELECT를 하면 앞부분만 보이므로 SUBSTRING() 함수나 REVERSE() 함수를 써서 뒤쪽 부분이 바뀌었는지 확인해보자.

```
SELECT REVERSE((SELECT col1 FROM maxTbl)) ;
SELECT SUBSTRING((SELECT col2 FROM maxTbl),999991, 10) ;
```

(열 이름 없음)
1	BBBBBBBBBBBBBBBBBBBBBBBBBBBBBBBBBBBBBBBBBBBBBBB...

(열 이름 없음)
1	나나나나나나나나나나

[그림 7-17] 뒤쪽 부분 데이터의 확인

step 7

이제는 데이터를 변경하는 함수인 STUFF()와 UPDATE에서 제공해주는 열이름.WRITE()를 이용해서 데이터를 변경하자. 어느 것의 성능이 좋은지도 확인하자.

먼저, SSMS 메뉴의 [도구] 》 [SQL Server Profiler]를 선택해서 SQL Server 프로파일러를 실행한 후, 〈연결〉 버튼을 클릭해 연결한다. [추적 속성] 창에서 추적 이름은 적절히 입력하고, 템플릿 사용은 TSQL_Duration으로 지정해 놓고 〈실행〉 버튼을 클릭한다.

step 8

STUFF()를 이용해서 각 데이터의 마지막 10글자를 'C'와 '다'로 변경하자.

```
UPDATE maxTbl SET
    col1 = STUFF( (SELECT col1 FROM maxTbl),999991, 10, REPLICATE('C',10)),
    col2 = STUFF( (SELECT col2 FROM maxTbl),999991, 10, REPLICATE('다',10)) ;
```

step 9

열이름.WRITE() 함수를 이용해서 제일 끝의 5글자를 'D'와 '라'로 변경하자.

```
UPDATE maxTbl SET col1.WRITE('DDDDD',999996, 5), col2.WRITE('라라라라라',999996, 5) ;
```

UPDATE 구문의 열이름.WRITE() 함수는 VARCHAR(MAX) 및 NVARCHAR(MAX) 데이터 형식의 열에 사용하는 함수로써, 기존의 내용을 변경시켜 준다. 원형은 .WRITE(새로 입력될 문자, 문자 시작 위치, 길이)의 형식이며, 문자 시작 위치에서 길이 만큼을 잘라낸 후에, '새로 입력될 문자'를 그 위치에 복사해 넣는다.

step 10

프로파일러에서 성능차이를 확인해보자. STUFF() 함수에 비해서 .WRITE()를 사용하는 것이 훨씬 더 빠르다. 그러므로 VARCHAR(MAX) 및 NVARCHAR(MAX) 데이터 형식의 내용을 수정할 경우에는 되도록 '열이름.WRITE()' 함수를 사용하자.

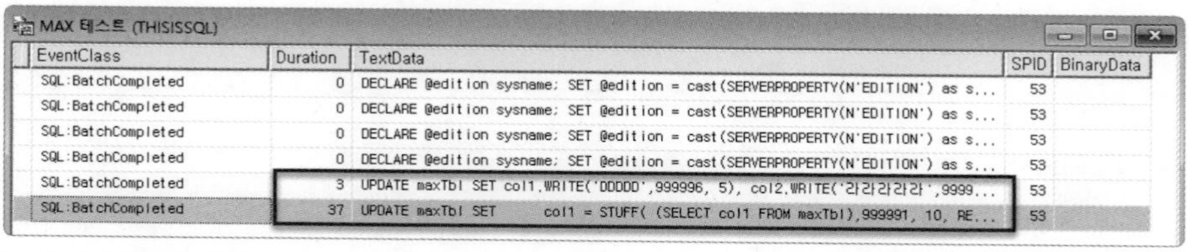

EventClass	Duration	TextData	SPID	BinaryData
SQL:BatchCompleted	0	DECLARE @edition sysname; SET @edition = cast(SERVERPROPERTY(N'EDITION') as s...	53	
SQL:BatchCompleted	0	DECLARE @edition sysname; SET @edition = cast(SERVERPROPERTY(N'EDITION') as s...	53	
SQL:BatchCompleted	0	DECLARE @edition sysname; SET @edition = cast(SERVERPROPERTY(N'EDITION') as s...	53	
SQL:BatchCompleted	0	DECLARE @edition sysname; SET @edition = cast(SERVERPROPERTY(N'EDITION') as s...	53	
SQL:BatchCompleted	3	UPDATE maxTbl SET col1.WRITE('DDDDD',999996, 5), col2.WRITE('라라라라라',9999...	53	
SQL:BatchCompleted	37	UPDATE maxTbl SET col1 = STUFF((SELECT col1 FROM maxTbl),999991, 10, RE...	53	

[그림 7-18] 성능 차이

step 11

제대로 데이터가 입력되었는지 확인하자.

```
SELECT REVERSE((SELECT col1 FROM maxTbl)) ;
SELECT REVERSE((SELECT col2 FROM maxTbl)) ;
```

(열 이름 없음)
1	DDDDDCCCCCBBBBBBBBBBBBBBBBBBBBBBBBBBBBBBBBBBBBBBB...

(열 이름 없음)
1	라라라라라다다다다다다다다나나나나나나나나나나나나나나나나나나나나나나나나나나나나나...

[그림 7-19] 데이터 확인

순위 함수

집계 함수는 GROUP BY 절에서 이미 설명하였으므로, 이번에는 순위 함수를 알아보자. SQL Server는 RANK(), NTILE(), DENSE_RANK(), ROW_NUMBER() 등 4가지 순위 함수를 제공한다. 이 기능은 순번을 처리하기 위해서 필요했던 복잡한 과정들을 단순화시켜서 쿼리의 작성 시간을 단축시켜 준다. 잘 알아두면 유용하게 사용할 수 있을 것이다.

순위 함수는 한마디로 결과에 순번 또는 순위(등수)를 매기는 역할을 하는 함수다. 순위 함수의 형식은 다음과 같다.

```
<순위함수이름>( ) OVER(
    [PARTITION BY <partition_by_list>]
    ORDER BY <order_by_list>)
```

순위 함수의 가장 큰 장점은 구문이 단순하다는 것이다. 단순한 구문은 코드를 명확하게 만들고, 수정을 쉽게 한다. 또한, 효율성(성능)도 뛰어나다. 즉, SQL Server에 부하를 최소화하면서 순위를 매기는 결과를 준다. 직접 실습을 통해서 사용법을 익히자.

실습3

순위 함수를 실습해보자.

step 0

데이터베이스는 sqlDB를 사용하겠다. sqlDB는 구조가 간단해 순위 함수를 쉽게 이해하는 데 도움이 된다. 6장 [그림 6-10]에 구조가 나와 있으며, 6장 〈실습 2〉에서 데이터베이스 및 테이블을 만들었다.

step 1

회원 테이블(userTbl)에서 키가 큰 순으로 순위를 정하고 싶을 경우에는 ROW_NUMBER( ) 함수를 사용하면 된다.

```
USE sqlDB;
SELECT ROW_NUMBER( ) OVER(ORDER BY height DESC)[키큰순위], name, addr, height
    FROM userTbl ;
```

	키큰순위	name	addr	height
1	1	성시경	서울	186
2	2	임재범	서울	182
3	3	이승기	서울	182
4	4	김경호	전남	177
5	5	바비킴	서울	176
6	6	은지원	경북	174
7	7	김범수	경남	173
8	8	조관우	경기	172
9	9	윤종신	경남	170
10	10	조용필	경기	166

[그림 7-20] 쿼리 실행 결과

동일한 키의 경우에는 특별한 출력 순서를 지정하지 않았다. 키가 동일할 경우에는 이름 가나다순으로 정렬하도록 수정하자.

```
SELECT ROW_NUMBER( ) OVER(ORDER BY height DESC, name ASC)[키큰순위],name, addr, height
    FROM userTbl ;
```

	키큰순위	name	addr	height
1	1	성시경	서울	186
2	2	이승기	서울	182
3	3	임재범	서울	182
4	4	김경호	전남	177
5	5	바비킴	서울	176
6	6	은지원	경북	174
7	7	김범수	경남	173
8	8	조관우	경기	172
9	9	윤종신	경남	170
10	10	조용필	경기	166

[그림 7-21] 쿼리 실행 결과

step 2

이번에는 전체 순위가 아닌 각 지역별로 순위를 주고 싶은 경우를 생각해보자. 즉, 경기별, 경남별 등 지역으로 나눈 후에 키 큰 순위를 매기는 경우다. 이 경우에는 PARTITION BY 절을 사용하면 된다.

```
SELECT addr, ROW_NUMBER( ) OVER(PARTITION BY addr ORDER BY height DESC, name ASC)
    [지역별키큰순위], name, height
    FROM userTbl ;
```

	addr	지역별키큰순위	name	height
1	경기	1	조관우	172
2	경기	2	조용필	166
3	경남	1	김범수	173
4	경남	2	윤종신	170
5	경북	1	은지원	174
6	서울	1	성시경	186
7	서울	2	이승기	182
8	서울	3	임재범	182
9	서울	4	바비킴	176
10	전남	1	김경호	177

[그림 7-22] 쿼리 실행 결과

경기, 경남, 서울의 경우에는 각 지역별로 별도의 순위가 매겨져 있다. 데이터의 개수가 작아서 그리 효과적이지 않은 듯 하지만, 대량의 데이터에서는 큰 효과를 느낄 수 있다.

이번에는 전체 순위 결과를 다시 살펴보자.

앞의 **step 1** 결과를 보면 '임재범'과 '이승기'는 키가 같은 182인데도 키 순위가 2등과 3등으로 나뉘어져 있다. 같은 키인데도 3등이 된 사람의 입장에서는 상당히 불공평하게 느껴질 것이다. 이럴 경우에, 두 개의 데이터를 동일한 등수로 처리하는 함수가 DENSE_RANK() 함수다.

```
SELECT DENSE_RANK( ) OVER(ORDER BY height DESC)[키큰순위], name, addr, height
    FROM userTbl ;
```

	키큰순위	name	addr	height
1	1	성시경	서울	186
2	2	임재범	서울	182
3	2	이승기	서울	182
4	3	김경호	전남	177
5	4	바비킴	서울	176
6	5	은지원	경북	174
7	6	김범수	경남	173
8	7	조관우	경기	172
9	8	윤종신	경남	170
10	9	조용필	경기	166

[그림 7-23] 쿼리 실행 결과

위의 결과가 만족스러울 수도 있겠지만, 2등이 두 명 나온 후에 3등(김경호)이 나왔다. 어떤 경우에는 2등이 두 명이라면 2등, 2등, 4등 식으로 3등을 빼고 4등부터 순위를 매길 필요도 있다. 이럴 때는 RANK() 함수를 사용하면 된다.

```
SELECT RANK( ) OVER(ORDER BY height DESC)[키큰순위], name, addr, height
    FROM userTbl ;
```

	키큰순위	name	addr	height
1	1	성시경	서울	186
2	2	임재범	서울	182
3	2	이승기	서울	182
4	4	김경호	전남	177
5	5	바비킴	서울	176
6	6	은지원	경북	174
7	7	김범수	경남	173
8	8	조관우	경기	172
9	9	윤종신	경남	170
10	10	조용필	경기	166

[그림 7-24] 쿼리 실행 결과

이번에는 전체 인원을 키순으로 세운 후에, 몇 개의 그룹으로 분할하고 싶은 경우다. 예를 들면 10명의 사용자를 키순으로 세운 후에, 2개의 반으로 분반하고 싶은 경우가 이런 경우다. 이럴 때는 단순히 5명씩 나눠지면 된다. 이때 사용하는 함수가 NTILE(나눌 그룹 개수) 함수다.

```
SELECT NTILE(2) OVER(ORDER BY height DESC) [반번호], name, addr, height
    FROM userTbl;
```

	반번호	name	addr	height
1	1	성시경	서울	186
2	1	임재범	서울	182
3	1	이승기	서울	182
4	1	김경호	전남	177
5	1	바비킴	서울	176
6	2	은지원	경북	174
7	2	김범수	경남	173
8	2	조관우	경기	172
9	2	윤종신	경남	170
10	2	조용필	경기	166

[그림 7-25] 쿼리 실행 결과

그런데 반을 3개로 분리하면 어떻게 될까? 답부터 얘기하면 우선 동일하게 나눈 후에, 나머지 인원을 처음 그룹부터 하나씩 배당하게 된다. 이 예에서는 1반 3명, 2반 3명, 3반 3명으로 한 후에 남는 1명을 처음인 1반에 할당한다. 만약, 4개로 분리하면 1반 2명, 2반 2명, 3반 2명, 4반 2명으로 나눈 후에, 남는 2명을 1반과 2반에 한 명씩 할당한다. 결국 1반 3명, 2반 3명, 3반 2명, 4반 2명으로 배정된다.

```
SELECT NTILE(4) OVER(ORDER BY height DESC) [반번호], name, addr, height
    FROM userTbl ;
```

	반번호	name	addr	height
1	1	성시경	서울	186
2	1	임재범	서울	182
3	1	이승기	서울	182
4	2	김경호	전남	177
5	2	바비킴	서울	176
6	2	은지원	경북	174
7	3	김범수	경남	173
8	3	조관우	경기	172
9	4	윤종신	경남	170
10	4	조용필	경기	166

[그림 7-26] 쿼리 실행 결과

이상으로 순위 함수를 소개하였다. 유용하게 사용될 수 있으므로 사용법을 잘 기억하자.

분석 함수

분석 함수는 집계 함수와 같이 행 그룹을 기반으로 계산되지만, 여러 개의 행을 반환할 수 있다. 분석 함수를 이용하면 이동 평균, 백분율, 누계 등의 결과를 계산할 수 있다. 분석 함수의 종류로는 CUME_DIST(), LEAD(), FIRST_VALUE(), PERCENTILE_CONT(), LAG(), PERCENTILE_DISC(), LAST_VALUE(), PERCENT_RANK() 등이 있다. 역시 실습을 통해 그 용도를 익히자.

⚠ 분석 함수는 SQL Server 2012부터 지원된다.

실습4

분석 함수를 실습해보자.

step 1

회원 테이블(userTbl)에서 키가 큰 순서로 정렬한 후에, 다음 사람과 키 차이를 미리 알려면 LEAD() 함수를 사용할 수 있다.

```
USE sqlDB;
SELECT  name, addr, height AS [키],
        height - (LEAD(height, 1, 0) OVER (ORDER BY height DESC)) AS [다음 사람과 키 차이]
    FROM userTbl ;
```

	name	addr	키	다음 사람과 키 차이
1	성시경	서울	186	4
2	임재범	서울	182	0
3	이승기	서울	182	5
4	김경호	전남	177	1
5	바비킴	서울	176	2
6	은지원	경북	174	1
7	김범수	경남	173	1
8	조관우	경기	172	2
9	윤종신	경남	170	4
10	조용필	경기	166	166

[그림 7-27] 쿼리 실행 결과

LEAD() 함수에서 사용되는 인자는 열이름, 다음 행 위치, 다음 행이 없을 경우 값을 지정할 수 있다. 여기서는 height 열을 사용했고, 다음 1번째 행(즉, 바로 다음 행)을 비교 대상으로 했다. 또, 다음 행이 없는 경우에는 0을 출력한다. 그래서 마지막 조용필은 다음 행이 없으므로 키 차이는 (height − 0)인 자신의 키가 출력되었다. OVER 절에서는 키 순서로 정렬했다.

거의 같은 용도로 LAG() 함수를 사용할 수 있는데, LEAD()가 다음 행과의 차이라면 LAG()는 이전 행과의 차이를 구하는 것만 다를 뿐이다.

step 2

이번에는 지역별로 가장 키가 큰 사람과의 차이를 알고 싶다면 FIRST_VALUE()를 활용하면 된다. 예를 들어, 바비킴의 경우 자신이 속한 지역(서울)의 가장 큰 키인 성시경의 키 186cm와 자신이 몇 cm 차이가 나는지 출력할 수 있다.

```
SELECT  addr, name, height AS [키],
        height - ( FIRST_VALUE(height) OVER (PARTITION BY addr ORDER BY height DESC) )
                AS [지역별 가장 큰 키와 차이]
    FROM userTbl ;
```

	addr	name	키	지역별 가장 큰 키와 차이
1	경기	조관우	172	0
2	경기	조용필	166	-6
3	경남	김범수	173	0
4	경남	윤종신	170	-3
5	경북	은지원	174	0
6	서울	성시경	186	0
7	서울	임재범	182	-4
8	서울	이승기	182	-4
9	서울	바비킴	176	-10
10	전남	김경호	177	0

[그림 7-28] 쿼리 실행 결과

OVER 문장의 PARTITION BY addr에 의해서 지역별로 그룹화한다. 또, ORDER BY height DESC에 의해서 키로 내림차순 정렬한 후에, FIRST_VALUE(height)로 각 지역별 첫 번째 값(즉, 가장 큰 키)를 추출하게 된다. 서울 지역의 결과를 보면 이해될 것이다.

step 3

누적 합계를 내보자. 예를 들면, 현 지역에서 자신보다 키가 같거나 큰 인원의 백분율을 구할 수 있다. CUME_DIST() 함수를 사용해보자.

```
SELECT  addr,name, height AS [가입일],
        (CUME_DIST() OVER (PARTITION BY addr ORDER BY height DESC)) * 100
                AS [누적인원 백분율%]
    FROM userTbl ;
```

	addr	name	가입일	누적인원 백분율%
1	경기	조관우	172	50
2	경기	조용필	166	100
3	경남	김범수	173	50
4	경남	윤종신	170	100
5	경북	은지원	174	100
6	서울	성시경	186	25
7	서울	임재범	182	75
8	서울	이승기	182	75
9	서울	바비킴	176	100
10	전남	김경호	177	100

[그림 7-29] 쿼리 실행 결과

경기의 결과를 보면 조관우는 전체 경기 인원 2명 중에서 자신보다 키가 크거나 같은 사람이 1명(자신 포함)이므로 50%가 된다. 또, 조용필은 2명 중에서 자신보다 키가 크거나 같은 사람이 2명이므로 100%가 출력되었다.

지금 필자가 든 예는 기존 테이블을 사용하느라고 좀 부자연스럽게 느껴지겠지만, 다른 예로 직원별 연봉이 소속 부서 중에서 몇 퍼센트 안에 드는지 확인하는 경우에는 유용하게 사용될 수 있다. 또, PERCENT_RANK()도 CUME_DIST()와 유사한 기능을 한다.

step 4

이번에는 각 지역별로 키의 중앙값을 계산하고 싶다면 PERCENTILE_CONT() 문을 사용할 수 있다.

```
SELECT  DISTINCT addr,
   PERCENTILE_CONT(0.5) WITHIN GROUP (ORDER BY height) OVER (PARTITION BY addr)
              AS [지역별 키의 중앙값]
   FROM userTbl ;
```

	addr	지역별 키의 중앙값
1	경기	169
2	경남	171.5
3	경북	174
4	서울	182
5	전남	177

[그림 7-30] 쿼리 실행 결과

PERCENTILE_CONT()의 인자로는 0.0~1.0 사이의 백분율 값이 올 수 있다. 이 예에서는 0.5를 입력했으므로 정확히 중앙값에 해당된다. WITHIN GROUP에는 정렬할 열을 지정한다. 예에서는 키로 정렬한 후에 그 중앙값(0.5)을 찾게 된다. PERCENTILE_DISC()도 동일한 용도로 사용할 수 있지만, PERCENTILE_CONT()가 적절한 값을 보간하여 결과를 반환하는 반면, PERCENTILE_DISC()는 정확한 위치값(중위수)을 추출하는 데 사용된다. 즉, 반환값은 항상 열의 값 중 하나가 된다.

PIVOT / UNPIVOT 연산자

PIVOT 연산자는 한 열에 포함된 여러 값을 출력하고, 이를 여러 열로 변환하여 테이블 반환 식을 회전하고 필요하면 집계까지 수행할 수 있다. 또한, UNPIVOT은 PIVOT의 반대되는 연산을 수행한다. 다음 예를 보자.

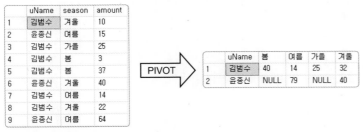

[그림 7-31] PIVOT 사례

왼쪽은 판매자 이름, 판매계절, 판매수량으로 구성된 테이블이다. 이를 각 판매자가 계절별로 몇 개 구매했는지 표로 나타내고 싶을 때 PIVOT 연산자를 활용할 수 있다.

PIVOT의 원형은 다음과 같다.

```
PIVOT  (  집계함수(열)
          FOR  새로운 열로 변경할 열이름
          IN (열 목록)  AS  피벗이름 )
```

실습5

간단한 PIVOT 연산자를 실습하자.

step 1

[그림 7-31]과 같은 샘플 테이블을 만든다.

```
USE tempdb;
CREATE TABLE pivotTest
   ( uName NCHAR(3),
     season NCHAR(2),
     amount INT );
```

[그림 7-31]과 왼쪽과 동일하게 데이터를 9건 입력한다.

```
INSERT  INTO  pivotTest VALUES
            ('김범수', '겨울', 10), ('윤종신', '여름', 15), ('김범수', '가을', 25),
            ('김범수', '봄',   3), ('김범수', '봄',   37), ('윤종신', '겨울', 40),
            ('김범수', '여름', 14), ('김범수', '겨울', 22), ('윤종신', '여름', 64) ;
SELECT * FROM pivotTest;
```

PIVIT 연산자를 수행한다. [그림 7-31]의 오른쪽과 같은 결과가 나온다.

```
SELECT * FROM pivotTest
   PIVOT ( SUM(amount)
           FOR season
           IN ([봄],[여름],[가을],[겨울]))   AS resultPivot ;
```

간단한 예이므로 별로 어렵지 않았을 것이다. PIVOT은 한 눈에 테이블 내용을 파악할 수 있는 장점이 있으므로 종종 유용하게 사용된다.

JSON 데이터

JSON^{JavaScript Object Notation}은 현대의 웹과 모바일 응용 프로그램 등과 데이터를 교환하는 개방형 표준 포맷을 말하는데, 속성(Key)과 값(Value)으로 쌍을 이뤄 구성된다. JSON은 비록 JavaScript 언어에서 파생되었지만, 특정한 프로그래밍 언어에 종속되어 있지 않은 독립적인 데이터 포맷이라고 생각하면 된다. 즉, 그 포맷이 단순하고 공개되어 있기에 거의 대부분의 프로그래밍 언어에서 쉽게 읽거나 쓸 수 있도록 코딩할 수 있다.

⚠ JSON은 SQL Server 2016부터 지원한다.

JSON의 가장 단순한 형태의 예를 들면 다음과 같다. 다음은 한 명의 사용자를 JSON 형태로 표현한 것이다. 속성^{Key}와 값^{Value}으로 쌍을 이루는 것을 확인할 수 있다.

```
{
    "아이디" : "BBK" ,
    "이름" : "바비킴" ,
    "생년" : 1973 ,
    "지역" : "서울" ,
    "국번" : "010" ,
    "전화번호" : "00000000" ,
    "키" : 178 ,
    "가입일" : "2013.5.5"
}
```

SQL Server에서는 'FOR JSON AUTO' 구문을 통해서 JSON으로 출력이 가능하며, ISJSON(), JSON_VALUE(), JSON_QUERY, OPENJSON() 등의 함수를 이용해서 JSON 데이터를 처리할 수 있다. 다음 그림을 보면서 이해해보자.

SQL Serve 테이블   **JSON 데이터**

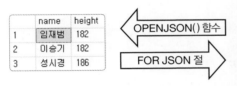

[그림 7-32] 테이블과 JSON의 변환 개념

[그림 7-32] 왼쪽의 테이블은 userTBL에서 키가 180이상인 사람의 이름과 키를 나타내며, 이것을 JSON으로 변환하려면 'FOR JSON' 절을 이용하면 된다.

```
USE sqlDB;
SELECT name, height FROM userTbl
WHERE height >= 180
FOR JSON AUTO;
```

결과 값:

```
[
    {"name":"임재범","height":182},
    {"name":"이승기","height":182},
    {"name":"성시경","height":186}
]
```

결과 값은 JSON 형태로 구성되었다. 이렇게 구성된 JSON을 SQL Server의 테이블로 변환할 수 있다. OPENJSON() 함수 및 WITH 절을 이용해. 그 외에 JSON 관련 함수의 사용법도 확인해보자.

```
DECLARE @json VARCHAR(MAX)
SET @json=N' { "userTBL" :
  [
          {"name":"임재범","height":182},
          {"name":"이승기","height":182},
          {"name":"성시경","height":186}
  ]
} '
SELECT ISJSON(@json);
SELECT JSON_QUERY(@json, '$.userTBL[0]');
SELECT JSON_VALUE(@json, '$.userTBL[0].name');
SELECT * FROM OPENJSON(@json , '$.userTBL')
WITH (
        name   NCHAR(8)      '$.name' ,
        height INT           '$.height' );
```

[그림 7-33] 쿼리 실행 결과

위 코드에서 @json 변수에 JSON 데이터를 우선 대입하면서 테이블의 이름은 userTBL로 지정했다. ISJSON() 함수는 문자열이 JSON 형식을 만족하면 1을 그렇지 않으면 0을 반환한다. JSON_

QUERY() 함수는 JSON 데이터 중 하나의 행을 추출할 수 있는데 파라미터 중에서 '$.userTBL'은 2행의 userTBL을 의미한다. JSON_VALUE()는 속성^{Key}이 가진 값^{Value}을 추출하는 데 사용된다. 마지막 SELECT 문에서 OPENJSON() 함수의 WITH 절에서 이름, 키 열을 지정했는데 '$.name' 및 '$.height'는 JSON 데이터의 속성^{Key}에 해당한다.

간단한 예로 SQL Server에서 지원하는 JSON을 확인해봤다. JSON과 관련된 내용은 앞으로 지속적으로 활용도가 높아질 것이므로 잘 기억해 두기 바란다.

7.2 조인

지금까지 우리는 대개 하나의 테이블을 다루는 작업을 위주로 수행했다. 이를 기반으로 해서 지금부터는 두 개 이상의 테이블이 서로 관계되어 있는 상태를 고려해보자.

조인^{Join}이란 두 개 이상의 테이블을 서로 묶어서 하나의 결과 집합으로 만들어 내는 것을 말한다.

지금부터 나오는 것은 1장에서 이미 나온 얘기도 있지만, 조인을 이해하기 위해서 꼭 필요한 개념이므로, 복습을 겸해서 다시 살펴보자.

데이터베이스의 테이블은 중복과 공간 낭비를 피하고 데이터의 무결성을 위해서 여러 개의 테이블로 분리하여 저장한다. 그리고 이 분리된 테이블들은 서로 관계를 맺고 있다. 그중에서 간단하지만 가장 많이 사용되는 보편적인 관계가 6장 [그림 6-10]에 나타난 sqlDB의 userTbl과 buyTbl의 관계인 '일대다'의 관계다. 이 데이터베이스는 간단한 가상의 쇼핑몰에서 운영하는 데이터베이스라고 가정한 것이며 [그림 6-10]은 그 중에서 회원의 기본 정보(userTbl)와 회원이 구매한 구매 정보(buyTbl)만 표시한 것이다. 일대다 관계란 한쪽 테이블에는 하나의 값만 존재해야 하지만, 다른 쪽 테이블에는 여러 개가 존재할 수 있는 관계다. [그림 6-10]을 계속 보면서 살펴보자.

먼저 회원 테이블(userTbl)을 보자. 김범수 사용자는 회원가입 시에 ID를 KBS로 생성했다. 그런데 만약 이 'KBS'를 다른 사람도 사용할 수 있을까? 아이디 열은 기본 키로 지정되어 있으므로 절대 동일한 아이디를 사용할 수가 없다. 그래서 KBS는 하나만 존재한다. 이것이 일대다 관계에서 '1'이다.

이번에는 구매 테이블(buyTbl)을 살펴보자. 구매 테이블의 아이디 열을 회원 테이블과 동일하게 기본 키로 지정한다면 어떻게 될까? 그럴 경우에는 기본 키는 한 번만 들어갈 수 있으므로 KBS라는 아이디를 가진 사람은 물건을 한 번 구매한 이후에는, 두 번 다시 이 가상의 쇼핑몰에서 물건을 살

수가 없다. 그래서 한 명의 회원이 구매를 여러 건 할 수 있도록 설정해야 한다. 이러한 설정이 바로 일대다 관계의 설정인 것이다. 그래서 회원 테이블의 아이디는 기본 키로 지정한 것이며, 구매 테이블의 아이디는 기본 키와 관련되는 외래 키로 지정한 것이다.

이러한 일대다 관계는 많은 현실의 업무에서 발견할 수 있다. 회사원 테이블과 급여 테이블도 마찬가지다. 회사원은 한 명이 여러 번 급여를 받아야 하므로 일대다 관계다. 또, 학생과 학점 테이블의 관계도 마찬가지다. 학생 한 명이 여러 과목의 학점을 받아야 하므로 일대다 관계로 설정된다.

아무튼, 직접 조인을 다루기 위한 SQL 문은 [그림 6-10]의 관계를 기준으로, 두 테이블을 조인해서 결과를 추출하는 방법을 통해 익혀보겠다.

7.2.1 INNER JOIN

INNER JOIN(내부조인) 가장 많이 사용되는 조인으로 대개의 업무에서 사용된다. 일반적으로 조인이라고 하면 INNER JOIN을 지칭하는 것이다.

INNER JOIN을 사용하는 경우를 생각해보자. 지금 구매 테이블을 보면, 물건을 구매한 사용자의 아이디와 물건 등의 정보만 나타난다. 그런데 물건을 배송하려면 구매한 회원의 주소를 알아야 한다. 이때 회원의 주소 정보를 알기 위해 주소 정보가 있는 회원 테이블과 결합하는 방법이 INNER JOIN이다. 우선, 형식을 살펴보자.

형식:

```
SELECT <열 목록>
FROM <첫 번째 테이블>
        INNER JOIN <두 번째 테이블>
        ON <조인될 조건>
[WHERE 검색조건]
```

위의 형식에서 INNER JOIN을 그냥 JOIN이라고만 써도 INNER JOIN으로 인식한다.

구매 테이블에서 JYP라는 아이디를 가진 사람이 구매한 물건을 발송하려면 다음과 같이 이름/주소/연락처 등을 조인해서 검색하면 된다.

```
USE sqlDB;
SELECT *
    FROM buyTbl
        INNER JOIN userTbl
            ON buyTbl.userid = userTbl.userid
    WHERE buyTbl.userid = 'JYP';
```

	num	userID	prodName	groupName	price	amount	userID	name	birthYear	addr	mobile1	mobile2	height	mDate
1	3	JYP	모니터	전자	200	1	JYP	조용필	1950	경기	011	4444444	166	2009-04-04

[그림 7-34] INNER JOIN 결과 1

⚠ ON 구문과 WHERE 구문에는 '테이블이름.열이름'의 형식으로 되어 있다. 그렇게 해야 하는 이유는 두 개의 테이블
(buyTbl, userTbl)에 동일한 열 이름이 모두 존재하기 때문이다. 그래서 두 개 테이블을 결합하는 경우에 동일한 열 이름
이 있다면 꼭 '테이블명.열이름' 형식으로 표기해야 한다.

위 결과를 생성하기 위해서 아래 그림과 같은 과정을 거친다.

우선, 구매 테이블의 userid(buyTbl.userid)인 'JYP'를 추출하게 된다. 그런 다음 'JYP'와 동일한
값을 판매 테이블의 userid(userTbl.userid) 열에서 검색한 후 'JYP'라는 아이디를 찾으면 구매
테이블과 판매 테이블의 두 행을 결합JOIN한다.

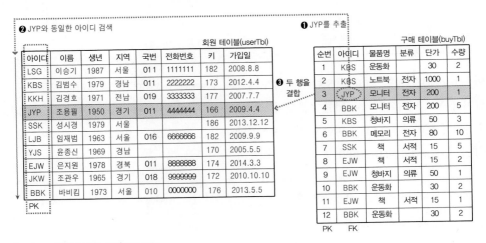

[그림 7-35] INNER JOIN의 작동

"WHERE buyTbl.userid = 'JYP' "을 생략하면 buyTbl의 모든 행에 대해서 위와 동일한 방식으
로 반복하게 된다. WHERE를 뺀 결과는 아래와 같다.

	num	userID	prodName	groupName	price	amount	userID	name	birthYear	addr	mobile1	mobile2	height	mDate
1	1	KBS	운동화	NULL	30	2	KBS	김범수	1979	경남	011	2222222	173	2012-04-04
2	2	KBS	노트북	전자	1000	1	KBS	김범수	1979	경남	011	2222222	173	2012-04-04
3	3	JYP	모니터	전자	200	1	JYP	조용필	1950	경기	011	4444444	166	2009-04-04
4	4	BBK	모니터	전자	200	5	BBK	바비킴	1973	서울	010	0000000	176	2013-05-05
5	5	KBS	청바지	의류	50	3	KBS	김범수	1979	경남	011	2222222	173	2012-04-04
6	6	BBK	메모리	전자	80	10	BBK	바비킴	1973	서울	010	0000000	176	2013-05-05
7	7	SSK	책	서적	15	5	SSK	성시경	1979	서울	NULL	NULL	186	2013-12-12
8	8	EJW	책	서적	15	2	EJW	은지원	1972	경북	011	8888888	174	2014-03-03
9	9	EJW	청바지	의류	50	1	EJW	은지원	1972	경북	011	8888888	174	2014-03-03
10	10	BBK	운동화	NULL	30	2	BBK	바비킴	1973	서울	010	0000000	176	2013-05-05
11	11	EJW	책	서적	15	1	EJW	은지원	1972	경북	011	8888888	174	2014-03-03
12	12	BBK	운동화	NULL	30	2	BBK	바비킴	1973	서울	010	0000000	176	2013-05-05

[그림 7-36] INNER JOIN 결과 2

열의 항목이 너무 많아서 복잡해 보이므로, 이번에는 필요한 열만 추출해보자. 아이디/이름/구매물품/주소/연락처만 추출하자.

```
SELECT userid, name, prodName, addr, mobile1 + mobile2 AS [연락처]
    FROM buyTbl
        INNER JOIN userTbl
            ON buyTbl.userid = userTbl.userid ;
```

```
오류 메시지:
메시지 209, 수준 16, 상태 1, 줄 1
열 이름 'userid'이(가) 불확실합니다.
```

열 이름 userid가 불확실하다는 오류 메시지가 나왔다. userid의 경우에는 두 테이블 모두에 들어 있어서 어느 테이블의 userid를 추출할지 명시해야 한다. 이 경우에는 어느 테이블의 userid를 추출할지 선택해야 한다. 동일한 값이기는 하지만 지금은 buyTbl을 기준으로 하는 것이므로, buyTbl의 userid가 더 정확하다.

```
SELECT buyTbl.userid, name, prodName, addr, mobile1 + mobile2
    FROM buyTbl
        INNER JOIN userTbl
            ON buyTbl.userid = userTbl.userid;
```

⚠ 아래와 같은 WHERE 구문으로도 INNER JOIN을 표현할 수 있다. 하지만, 호환성 등의 문제로 별로 권장하지 않는 방식이다. 개발자에 따라서 아래의 방식으로 조인하는 경우도 있으니 알아둘 필요는 있다.

```
SELECT buyTbl.userid, name, prodName, addr, mobile1 + mobile2
    FROM buyTbl, userTbl
    WHERE buyTbl.userid = userTbl.userid ;
```

	userid	name	prodName	addr	(열 이름 없음)
1	KBS	김범수	운동화	경남	0112222222
2	KBS	김범수	노트북	경남	0112222222
3	JYP	조용필	모니터	경기	0114444444
4	BBK	바비킴	모니터	서울	0100000000
5	KBS	김범수	청바지	경남	0112222222
6	BBK	바비킴	메모리	서울	0100000000
7	SSK	성시경	책	서울	NULL
8	EJW	은지원	책	경북	0118888888
9	EJW	은지원	청바지	경북	0118888888
10	BBK	바비킴	운동화	서울	0100000000
11	EJW	은지원	책	경북	0118888888
12	BBK	바비킴	운동화	서울	0100000000

[그림 7-37] INNER JOIN 결과 3

예상대로 구매 테이블의 12건에 대해서, 각각의 구매자 이름/주소/연락처 등을 조회할 수 있었다.

코드를 좀 더 명확히 하기 위해 SELECT 다음의 컬럼 이름(열 이름)에도 모두 '테이블이름.열이름' 식으로 붙여주자.

```
SELECT buyTbl.userid, userTbl.name, buyTbl.prodName, userTbl.addr,
        userTbl.mobile1 + userTbl.mobile2  AS [연락처]
    FROM buyTbl
      INNER JOIN userTbl
        ON buyTbl.userid = userTbl.userid;
```

각 열이 어느 테이블에 속한 것인지는 명확해졌지만, 코드가 너무 길어져 오히려 복잡해 보인다. 다음과 같이 각 테이블에 별칭Alias을 붙여 간편하게 할 수 있다. 아래 코드는 위와 동일하지만 훨씬 간결하다.

```
SELECT B.userid, U.name, B.prodName, U.addr, U.mobile1 + U.mobile2  AS [연락처]
    FROM buyTbl B
      INNER JOIN userTbl U
        ON B.userid = U.userid;
```

테이블에 별칭을 주려면 FROM 절에 나오는 테이블 이름 뒤에 별칭을 붙여주기만 하면 된다. 앞으로 여러 개의 테이블을 조인해야 한다면 별칭을 부여해 사용하는 방법을 적극 권장한다.

[그림 7-35]에서 아이디가 JYP인 사용자가 구매했던 것과 조인한 것을 다시 생각해보자. 결과는 같지만 다음과 같이 아이디/이름/물품/주소/연락처만 출력되도록 하고, 코드도 간결하게 수정했다.

```
SELECT B.userid, U.name, B.prodName, U.addr, U.mobile1 + U.mobile2  AS [연락처]
    FROM buyTbl B
      INNER JOIN userTbl U
        ON B.userid = U.userid
    WHERE B.userid = 'JYP';
```

	userid	name	prodName	addr	연락처
1	JYP	조용필	모니터	경기	0114444444

[그림 7-38] 구매 테이블 기준의 조회 결과

구매 테이블에 아이디가 JYP인 사용자가 구매한 물품을 배송하기 위해서 회원 테이블에서 JYP에 해당하는 이름/주소/연락처를 가져온 것이다. 이를 반대로 생각해보자. 이번에는 회원 테이블(userTbl)을 기준으로 아이디가 JYP인 사용자가 구매한 물건의 목록을 보자.

```
SELECT U.userid, U.name, B.prodName, U.addr, U.mobile1 + U.mobile2  AS [연락처]
    FROM userTbl U
      INNER JOIN buyTbl B
        ON U.userid = B.userid
    WHERE B.userid = 'JYP';
```

구매 테이블을 기준으로 한 것에서 순서 정도만 바꿨을 뿐 큰 차이는 없다. 결과도 [그림 7-38]과 같다.

이번에는 전체 회원이 구매한 목록을 모두 출력해보자. 지금 필자가 "전체 회원"이라고 말한 것에 주목하자. 위의 쿼리문에서 WHERE 조건만 빼면 된다. 그리고 결과를 보기 쉽게 회원ID 순으로 정렬하자.

```
SELECT U.userid, U.name, B.prodName, U.addr, U.mobile1 + U.mobile2  AS [연락처]
    FROM userTbl U
      INNER JOIN buyTbl B
          ON U.userid = B.userid
      ORDER BY U.userid;
```

	userid	name	prodName	addr	연락처
1	BBK	바비킴	모니터	서울	0100000000
2	BBK	바비킴	메모리	서울	0100000000
3	BBK	바비킴	운동화	서울	0100000000
4	BBK	바비킴	운동화	서울	0100000000
5	EJW	은지원	책	경북	0118888888
6	EJW	은지원	책	경북	0118888888
7	EJW	은지원	청바지	경북	0118888888
8	JYP	조용필	모니터	경기	0114444444
9	KBS	김범수	청바지	경남	0112222222
10	KBS	김범수	운동화	경남	0112222222
11	KBS	김범수	노트북	경남	0112222222
12	SSK	성시경	책	서울	NULL

[그림 7-39] 전체 회원의 구매 목록 조회

어차피 구매 테이블의 목록이 12건이었으므로 이상 없이 잘 나왔다. 위의 결과는 아무런 이상이 없기는 하지만, 필자가 조금 전에 말했던 '전체 회원'과는 차이가 있다. 위의 결과는 '전체 회원'이 아닌 '구매한 기록이 있는 회원'의 결과다.

위의 결과에서 한 번도 구매하지 않은 회원 이승기, 김경호, 임재범, 윤종신, 조관우는 나타나지 않았다. 여기서는 구매한 회원의 기록도 나오면서, 더불어 구매하지 않았어도 회원의 이름/주소 등은 나오도록 조인할 필요가 있다. 이렇게 조인해주는 방식이 OUTER JOIN이다.

INNER JOIN은 양쪽 테이블에 모두 내용이 있는 것만 조인되는 방식이고, OUTER JOIN은 INNER JOIN과 마찬가지로 양쪽에 내용이 있으면 당연히 조인되고, 한쪽에만 내용이 있어도 그 결과가 표시되는 조인 방식이다. OUTER JOIN은 잠시 후에 상세히 알아보겠다.

INNER JOIN이 한쪽에는 없는 목록만 나오기 때문에 유용한 경우도 있다. 예를 들어, "쇼핑몰에서 한 번이라도 구매한 기록이 있는 우수회원들에게 감사의 안내문을 발송하도록 하자"의 경우에는 아래와 같이 DISTINCT 문을 활용해서 회원의 주소록을 뽑을 수 있다.

```
SELECT DISTINCT U.userid, U.name,  U.addr
    FROM userTbl U
      INNER JOIN buyTbl B
         ON U.userid = B.userid
    ORDER BY U.userid ;
```

	userid	name	addr
1	BBK	바비킴	서울
2	EJW	은지원	경북
3	JYP	조용필	경기
4	KBS	김범수	경남
5	SSK	성시경	서울

[그림 7-40] 구매한 적이 있는 회원 조회

위의 결과를 EXISTS 문을 사용해서도 동일한 결과를 낼 수 있다.

```
SELECT U.userid, U.name,  U.addr
    FROM userTbl U
    WHERE EXISTS (
       SELECT *
       FROM buyTbl B
       WHERE U.userid = B.userid ) ;
```

하지만, EXISTS 문은 내부적인 처리과정이 JOIN보다 복잡해 성능이 떨어져서 별로 권장하지 않으므로, 되도록 JOIN을 사용하자.

이번에는 세 개의 테이블을 조인하는 방법을 살펴보자.

세 개의 테이블을 테스트하는 예를 살펴보자. 학생과 동아리의 관계를 생각해보자. 한 학생은 여러 개의 동아리에 가입해서 활동을 할 수 있고, 하나의 동아리에는 여러 명의 학생이 가입할 수 있으므로 두 개는 서로 '다대다many-to-many'의 관계라고 표현할 수 있다. 다대다 관계는 논리적으로는 구성이 가능하지만, 이를 물리적으로 구성하려면 두 테이블 사이에 연결 테이블을 둬서 연결 테이블과 두 테이블이 일대다 관계를 맺도록 구성해야 한다.

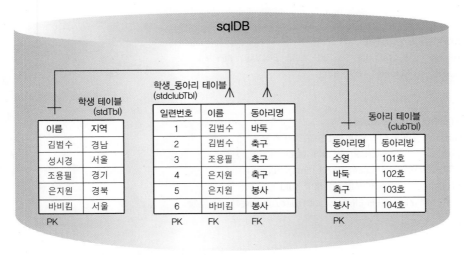

[그림 7-41] 세 개의 테이블 샘플

위 구조는 테이블의 복잡성을 없애려고, 학생의 이름 및 동아리명을 기본 키로 설정했다.

⚠ 실제로는 학생 이름을 기본 키로 설정하지 않는다. 왜냐하면, 이름이 같은 학생이 있다면 한 명만 빼고 나머지는 자퇴해야 하는 웃지 못할 상황이 생길 수 있다.

이 구조를 보면 학생 테이블과 동아리 테이블은 서로 직접적인 관련이 없다. 하지만, 중간의 학생_동아리 테이블이 두 테이블의 연관관계를 맺어주고 있다.

실습6

테이블 세 개의 조인을 실습하자.

[그림 7-41]을 보고 3개 테이블을 정의하고 데이터를 입력하자. 연습을 위해서 6장 [그림 6-10]을 만들 때 사용한 쿼리문을 참고해서, 다음 쿼리문을 보지 않고 위 그림을 정의해보자. 테이블 생성은 8장에서 배우지만, 미리 좋은 연습이 될 것이다.

step 1

테이블을 생성하고, 데이터를 입력하는 쿼리문을 작성하자.

```
USE sqlDB;
CREATE TABLE stdTbl
( stdName    NVARCHAR(10) NOT NULL PRIMARY KEY,
  addr       NCHAR(4) NOT NULL
```

```
);
GO
CREATE TABLE clubTbl
( clubName    NVARCHAR(10) NOT NULL PRIMARY KEY,
   roomNo     NCHAR(4) NOT NULL
);
GO
CREATE TABLE stdclubTbl
(  num int IDENTITY NOT NULL PRIMARY KEY,
    stdName     NVARCHAR(10) NOT NULL
    FOREIGN KEY REFERENCES stdTbl(stdName),
    clubName     NVARCHAR(10) NOT NULL
    FOREIGN KEY REFERENCES clubTbl(clubName),
);
GO
INSERT INTO stdTbl VALUES ('김범수','경남'), ('성시경','서울'), ('조용필','경기'),
     ('은지원','경북'),('바비킴','서울');
INSERT INTO clubTbl VALUES ('수영','101호'), ('바둑','102호'), ('축구','103호'),
     ('봉사','104호');
INSERT INTO stdclubTbl VALUES ('김범수','바둑'), ('김범수','축구'), ('조용필','축구'),
     ('은지원','축구'), ('은지원','봉사'), ('바비킴','봉사');
GO
```

step 2

학생 테이블, 동아리 테이블, 학생동아리 테이블을 이용해서 학생을 기준으로 학생 이름/지역/가입한 동아리/동아리 이름을 출력하자.

```
SELECT S.stdName, S.addr, C.clubName, C.roomNo
    FROM stdTbl S
        INNER JOIN stdclubTbl SC
            ON S.stdName = SC.stdName
        INNER JOIN clubTbl C
            ON SC.clubName = C.clubName
    ORDER BY S.stdName;
```

	stdName	addr	clubName	roomNo
1	김범수	경남	바둑	102호
2	김범수	경남	축구	103호
3	바비킴	서울	봉사	104호
4	은지원	경북	축구	103호
5	은지원	경북	봉사	104호
6	조용필	경기	축구	103호

[그림 7-42] 세 개의 테이블 조인 결과

이 쿼리문은 학생동아리 테이블과 학생 테이블의 일대다 관계를 INNER JOIN하고, 또한 학생동아리 테이블과 동아리 테이블의 일대다 관계를 INNER JOIN한다.

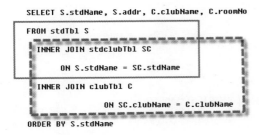

[그림 7-43] 조인의 묶음

위 그림에 나와 있듯이 세 개의 테이블이 조인되는 쿼리를 만드는 순서는, 처음에 실선 박스로 표시된 stdTbl과 stdclubTbl이 조인되고, 그 후에 점선 박스로 표시된 stdclubTbl과 clubTbl이 조인되는 형식으로 쿼리문을 작성하면 된다.

step 3

이번에는 동아리를 기준으로 가입한 학생의 목록을 출력하자.

```
SELECT C.clubName, C.roomNo, S.stdName, S.addr
   FROM  stdTbl S
      INNER JOIN stdclubTbl SC
            ON SC.stdName = S.stdName
      INNER JOIN clubTbl C
            ON SC.clubName = C.clubName
      ORDER BY C.clubName;
```

	clubName	roomNo	stdName	addr
1	바둑	102호	김범수	경남
2	봉사	104호	은지원	경북
3	봉사	104호	바비킴	서울
4	축구	103호	김범수	경남
5	축구	103호	조용필	경기
6	축구	103호	은지원	경북

[그림 7-44] 동아리 기준 결과

뭐 별거는 없다. 그냥 출력 차례만 바꾸고 정렬되는 기준만 동아리 이름으로 바꾼 것뿐이다.

7.2.2 OUTER JOIN

외부 조인Outer Join은 조인의 조건에 만족되지 않는 행까지도 포함시키는 것이라고 얘기했다. 자주 사용되지는 않지만, 가끔 유용하게 사용되는 방식이므로 알아둘 필요가 있다.

구문은 아래의 형식을 가진다.

형식:

```
SELECT <열 목록>
FROM <첫 번째 테이블(LEFT 테이블)>
<LEFT | RIGHT | FULL> OUTER JOIN <두 번째 테이블(RIGHT 테이블)>
      ON <조인될 조건>
[WHERE 검색조건] ;
```

좀 복잡한 것 같지만 "전체 회원의 구매기록을 보자. 단, 구매 기록이 없는 회원도 출력되어야 한다."의 쿼리문을 통해 살펴보자.

```
USE sqlDB;
SELECT U.userid, U.name, B.prodName, U.addr, U.mobile1 + U.mobile2  AS [연락처]
   FROM userTbl U
      LEFT OUTER JOIN buyTbl B
         ON U.userid = B.userid
   ORDER BY U.userid;
```

LEFT OUTER JOIN의 의미를 "왼쪽 테이블(userTbl)의 것은 모두 출력되어야 한다." 정도로 해석하면 기억하기 쉬울 것이다. 또, LEFT OUTER JOIN을 줄여서 LEFT JOIN이라고만 써도 된다.

	userid	name	prodName	addr	연락처
1	BBK	바비킴	모니터	서울	0100000000
2	BBK	바비킴	메모리	서울	0100000000
3	BBK	바비킴	운동화	서울	0100000000
4	BBK	바비킴	운동화	서울	0100000000
5	EJW	은지원	책	경북	0118888888
13	EJW	김경직	청비L	경북	0193298888
14	LJB	임재범	NULL	서울	0166666666
15	LSG	이승기	NULL	서울	0111111111
16	SSK	성시경	책	서울	NULL
17	YJS	윤종신	NULL	경남	NULL

[그림 7-45] LEFT OUTER JOIN의 결과

위와 동일한 결과를 위해서 구문을 RIGHT OUTER JOIN으로 바꾸려면 단순히 왼쪽과 오른쪽 테이블의 위치만 바꿔주면 된다.

```
SELECT U.userid, U.name, B.prodName, U.addr, U.mobile1 + U.mobile2  AS [연락처]
    FROM buyTbl B
        RIGHT OUTER JOIN userTbl U
            ON U.userid = B.userid
    ORDER BY U.userid;
```

INNER JOIN의 활용 중에서 구매한 기록이 있는 우수 회원의 목록만 뽑는 연습을 해 보았다. 이번에는 한 번도 구매한 적이 없는 유령(?) 회원의 목록을 뽑아보자.

```
SELECT U.userid, U.name, B.prodName, U.addr, U.mobile1 + U.mobile2  AS [연락처]
    FROM userTbl U
        LEFT OUTER JOIN buyTbl B
            ON U.userid = B.userid
    WHERE B.prodName IS NULL
    ORDER BY U.userid;
```

	userid	name	prodName	addr	연락처
1	JKW	조관우	NULL	경기	0189999999
2	KKH	김경호	NULL	전남	0193333333
3	LJB	임재범	NULL	서울	0166666666
4	LSG	이승기	NULL	서울	0111111111
5	YJS	윤종신	NULL	경남	NULL

[그림 7-46] 구매 기록이 없는 회원의 명단

이번에는 FULL OUTER JOIN(전체 조인 또는 전체 외부 조인)에 대해서 살펴보자. FULL OUTER JOIN은 LEFT OUTER JOIN과 RIGHT OUTER JOIN을 합친 것이라고 생각하면 된다. 그냥 줄여서 FULL JOIN이라고 부른다.

즉, 한쪽을 기준으로 조건과 일치하지 않는 것을 출력하는 것이 아니라, 양쪽 모두에 조건이 일치하지 않는 것을 모두 출력하는 개념이다. 활용도는 낮으므로 다음 실습에서 간단히 확인만 해두면 된다. 다음 실습에서는 테이블 3개의 LEFT/RIGHT OUTER JOIN 방식을 위주로 파악하자.

LEFT/RIGHT/FULL OUTER JOIN을 실습하자.

〈실습 6〉에서 테이블 세 개를 INNER JOIN했던 결과를 OUTER JOIN으로 고려하자. 또 두 개의 조인을 고려한 FULL JOIN을 테스트하자.

step 1

앞에서 했던 〈실습6〉 2번의 학생을 기준으로 출력된 결과를 보면, 동아리에 가입하지 않은 학생 성시경은 출력이 안 됐다. OUTER JOIN으로 동아리에 가입하지 않은 학생도 출력되게 수정하자.

간단히 INNER JOIN을 LEFT OUTER JOIN으로 변경하면 된다.

```
USE sqlDB;
SELECT S.stdName, S.addr, C.clubName, C.roomNo
    FROM stdTbl S
        LEFT OUTER JOIN stdclubTbl SC
            ON S.stdName = SC.stdName
        LEFT OUTER JOIN clubTbl C
            ON SC.clubName = C.clubName
    ORDER BY S.stdName;
```

	stdName	addr	clubName	roomNo
1	김범수	경남	바둑	102호
2	김범수	경남	축구	103호
3	바비킴	서울	봉사	104호
4	성시경	서울	NULL	NULL
5	은지원	경북	축구	103호
6	은지원	경북	봉사	104호
7	조용필	경기	축구	103호

[그림 7-47] 쿼리 실행 결과

step 2

이번에는 동아리를 기준으로 가입된 학생을 출력하되, 가입 학생이 하나도 없는 동아리도 출력되게 하자.

```
SELECT C.clubName, C.roomNo, S.stdName, S.addr
    FROM   stdTbl S
        LEFT OUTER JOIN stdclubTbl SC
            ON SC.stdName = S.stdName
        RIGHT OUTER JOIN clubTbl C
            ON SC.clubName = C.clubName
    ORDER BY C.clubName ;
```

클럽을 기준으로 조인해야 하므로 두 번째 조인은 RIGHT OUTER JOIN으로 처리해서 clubTbl이 조인의 기준이 되도록 설정하면 된다.

	clubName	roomNo	stdName	addr
1	바둑	102호	김범수	경남
2	봉사	104호	은지원	경북
3	봉사	104호	바비킴	서울
4	수영	101호	NULL	NULL
5	축구	103호	김범수	경남
6	축구	103호	조용필	경기
7	축구	103호	은지원	경북

[그림 7-48] 쿼리 실행 결과

step 3

위의 두 결과를 하나로 합쳐보자. 즉, 동아리에 가입하지 않은 학생도 출력되고 학생이 한 명도 없는 동아리도 출력되게 하자. LEFT/RIGHT OUTER JOIN 대신에 FULL OUTER JOIN을 사용하면 양쪽 방향으로 OUTER JOIN되는 효과를 거둔다.

```
SELECT S.stdName, S.addr, C.clubName, C.roomNo
    FROM stdTbl S
        FULL OUTER JOIN stdclubTbl SC
            ON S.stdName = SC.stdName
        FULL OUTER JOIN clubTbl C
            ON SC.clubName = C.clubName
    ORDER BY S.stdName ;
```

	stdName	addr	clubName	roomNo
1	NULL	NULL	수영	101호
2	김범수	경남	바둑	102호
3	김범수	경남	축구	103호
4	바비킴	서울	봉사	104호
5	성시경	서울	NULL	NULL
6	은지원	경북	축구	103호
7	은지원	경북	봉사	104호
8	조용필	경기	축구	103호

[그림 7-49] 쿼리 실행 결과

결과를 보면 가입한 학생이 없는 수영 동아리와 동아리에 가입하지 않은 성시경 학생이 모두 출력되었다.

7.2.3 CROSS JOIN

CROSS JOIN(상호 조인)은 한쪽 테이블의 모든 행과 다른 쪽 테이블의 모든 행을 조인시키는 기능이다. 그래서 CROSS JOIN의 결과 개수는 두 테이블 개수를 곱한 개수가 된다.

다음 그림과 같은 조인이 발생한다. 회원 테이블의 첫 행이 구매 테이블의 모든 행과 조인되고, 그것을 회원 테이블의 모든 행이 반복하는 것이다. 그러므로 회원 테이블의 개수인 10개와 구매 테이블의 개수인 12개가 곱해져서 결과는 120개가 된다. 이러한 CROSS JOIN을 카티션곱^{Cartesian Product}이라고도 부른다.

회원 테이블(userTbl)

아이디	이름	생년	지역	국번	전화번호	키	가입일
LSG	이승기	1987	서울	011	1111111	182	2008.8.8
KBS	김범수	1979	경남	011	2222222	173	2012.4.4
KKH	김경호	1971	전남	019	3333333	177	2007.7.7
JYP	조용필	1950	경기	011	4444444	166	2009.4.4
SSK	성시경	1979	서울			186	2013.12.12
LJB	임재범	1963	서울	016	6666666	182	2009.9.9
YJS	윤종신	1969	경남			170	2005.5.5
EJW	은지원	1978	경북	011	8888888	174	2014.3.3
JKW	조관우	1965	경기	018	9999999	172	2010.10.10
BBK	바비킴	1973	서울	010	0000000	176	2013.5.5

PK

구매 테이블(buyTbl)

순번	아이디	물품명	분류	단가	수량
1	KBS	운동화		30	2
2	KBS	노트북	전자	1000	1
3	JYP	모니터	전자	200	1
4	BBK	모니터	전자	200	5
5	KBS	청바지	의류	50	3
6	BBK	메모리	전자	80	10
7	SSK	책	서적	15	5
8	EJW	책	서적	15	2
9	EJW	청바지	의류	50	1
10	BBK	운동화		30	2
11	EJW	책	서적	15	1
12	BBK	운동화		30	2

PK   FK

[그림 7-50] CROSS JOIN(상호 조인) 방식

회원 테이블과 구매 테이블의 CROSS JOIN 구문은 아래와 같다.

```
USE sqlDB;
SELECT *
  FROM buyTbl
    CROSS JOIN userTbl ;
```

⚠ CROSS JOIN을 하려면 위와 동일한 구문으로 WHERE 구문 없이 FROM 절에 테이블 이름들을 나열해도 된다. 이 역시 별로 권장하는 바는 아니다.

```
SELECT *
  FROM buyTbl , userTbl ;
```

CROSS JOIN에는 ON 구문을 사용할 수 없다. CROSS JOIN은 테스트로 사용할 많은 용량의 데이터를 생성할 때 주로 사용한다. 예를 들어, AdventureWorks DB에서 약 12만 건이 있는 Sales.SalesOrderDetail 테이블과 약 3만 건이 있는 Sales.SalesOrderHeader를 CROSS JOIN시키면, 12만×3만 = 약 36억 건의 데이터를 생성할 수 있다. 진짜로 데이터를 생성하면, 시스템이 다운되거나 디스크 용량이 모두 찰 수 있으므로, 개수만 카운트해보자. COUNT(*) 함수는 INT 형이라서 약 21억 이상은 오버플로우 되므로 COUNT_BIG(*) 함수를 사용하자.

```
USE AdventureWorks;
SELECT   COUNT_BIG(*) AS [데이터개수]
    FROM Sales.SalesOrderDetail
      CROSS JOIN Sales.SalesOrderHeader;
```

	데이터개수
1	3817239405

[그림 7-51] 쿼리 실행 결과

⚠ 큰 샘플테이블을 실제로 생성하고자 한다면 SELECT ⋯ INTO와 함께 사용하면 된다.

7.2.4 SELF JOIN

SELF JOIN(자체 조인)은 별도의 구문이 있는 것이 아니라 자기 자신과 자기 자신이 조인한다는 의미다. 자체 조인을 사용하는 대표적인 예가 6장 〈실습 4〉에서 생성했던 empTbl이다.

6장 [그림 6-55]의 간단한 조직도를 다시 살펴보자. 그리고 바로 이어서 나온 데이터 표를 보자. 이부장을 보면 이부장은 직원이므로 직원 이름 열에 있다. 그러면서 동시에 우대리와 지사원의 상관이어서 상관 이름 열에도 있다.

이렇듯, 하나의 테이블에 같은 데이터가 있으나 의미가 다른 경우에는 두 테이블을 서로 SELF JOIN시켜서 정보를 확인할 수 있다. 만약, 우대리의 상관의 부서를 확인하고 싶다면 아래와 같이 사용할 수 있다.

⚠ 지금 샘플로 사용하는 empTbl에는 직원의 전화번호, 주소 등에 대한 정보를 생략했다. 하지만, 실무에서는 우대리 상관의 연락처를 알고 싶다거나, 주소를 알고 싶을 때 같은 방식으로 사용할 수 있다.

독자는 아래 쿼리가 실행되지 않을 것이다. 〈실습 1〉에서 sqlDB2016.bak으로 복원시켰기에 6장 〈실습4〉에서 생성한 empTbl이 없을 것이다. 아래 쿼리를 수행하기 전에 6장 〈실습4〉의 step 0 번을 먼저 수행해야 한다.

```
USE sqlDB ;
SELECT A.emp AS [부하직원] , B.emp AS [직속상관], B.department AS [직속상관부서]
    FROM empTbl A
        INNER JOIN empTbl B
            ON A.manager = B.emp
    WHERE A.emp = '우대리';
```

	부하직원	직속상관	직속상관부서
1	우대리	이부장	재무부

[그림 7-52] 쿼리 실행 결과

7.2.5 UNION, UNION ALL, EXCEPT, INTERSECT

UNION은 두 쿼리의 결과를 행으로 합치는 것을 말한다. 다음 그림을 보면 쉽게 이해될 것이다.

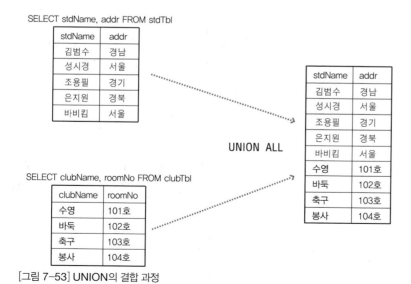

[그림 7-53] UNION의 결합 과정

형식과 사용 예는 다음과 같다.

```
SELECT 문장1
    UNION [ALL]
SELECT 문장2
```

대신 SELECT 문장1과 SELECT 문장2의 결과열의 개수가 같아야 하고, 데이터 형식도 각 열 단위로 같거나 서로 호환되는 데이터 형식이어야 한다. 당연히 문장1의 결과는 INT인데, 문장2의 결과는 CHAR이라면 오류가 발생한다. 또한 열 이름은 [그림 7-53]에 표현되어 있듯이 문장1의 열 이름을 따른다. UNION만 사용하면 중복된 열은 제거되고 데이터가 정렬되어 나오며, UNION ALL을 사용하면 중복된 열까지 모두 출력된다.

```
USE sqlDB;
SELECT stdName, addr FROM stdTbl
    UNION ALL
SELECT clubName, roomNo FROM clubTbl;
```

	stdName	addr
1	김범수	경남
2	바비킴	서울
3	성시경	서울
4	은지원	경북
5	조용필	경기
6	바둑	102호
7	봉사	104호
8	수영	101호
9	축구	103호

[그림 7-54] 쿼리 실행 결과

EXCEPT는 첫 번째 쿼리의 결과 중에서, 두 번째 쿼리에 해당하는 것을 제외하기 위한 구문이다. 예를 들어, sqlDB의 사용자를 모두 조회하되 전화가 없는 사람을 제외하고자 한다면, 다음과 같이 사용하면 된다.

```
SELECT name,mobile1+mobile2 AS [전화번호] FROM userTbl
    EXCEPT
SELECT name,mobile1+mobile2 FROM userTbl WHERE mobile1 IS NULL ;
```

	name	전화번호
1	김경호	0193333333
2	김범수	0112222222
3	바비킴	0100000000
4	은지원	0118888888
5	이승기	0111111111
6	임재범	0166666666
7	조관우	0189999999
8	조용필	0114444444

[그림 7-55] 쿼리 실행 결과

EXCEPT와 반대로 첫 번째 쿼리의 결과 중에서, 두 번째 쿼리에 해당되는 것만 조회하려면 INTERSECT를 사용한다. 예를 들어, 전화가 없는 사람만 조회하고자 할 때는 다음과 같이 사용한다.

```
SELECT name,mobile1+mobile2 AS [전화번호] FROM userTbl
    INTERSECT
SELECT name,mobile1+mobile2 FROM userTbl WHERE mobile1 IS NULL ;
```

	name	전화번호
1	성시경	NULL
2	윤종신	NULL

[그림 7-56] 쿼리 실행 결과

7.3 SQL 프로그래밍

이번에 소개할 내용은 C, C++, C#, Java 등의 프로그래밍 언어를 공부한 경험이 있는 독자라면 비교적 반가운 내용일 것이다. 11장, 12장, 13장의 저장 프로시저, 커서, 트리거의 기본이 되는 내용이므로 특별히 잘 알아두자. T-SQL에서도 다른 프로그래밍 언어와 비슷한 분기, 흐름 제어, 반복의 기능이 있다. 이러한 기능을 전에 소개했던 변수와 함께 잘 활용한다면 강력한 SQL 프로그래밍이 가능하다.

7.3.1 IF ... ELSE ...

조건에 따라 분기한다. 한 문장 이상이 처리되어야 할 때는 BEGIN ... END와 함께 묶어줘야만 하며, 습관적으로 실행할 문장이 한 문장뿐이라도 BEGIN ... END로 묶어주는 것이 좋다.

형식:

```
IF <부울 표현식>
   BEGIN
       SQL 문장들1..
   END
 ELSE
   BEGIN
       SQL 문장들2..
   END
```

간단한 구조다. <부울 표현식Boolean Expression> 부분이 참True라면 'SQL 문장들1'을 수행하고, 거짓False이라면 'SQL 문장들2'를 수행한다. 물론, SQL 문장들1 또는 SQL 문장들2가 한 개의 문장이라면 BEGIN ... END는 생략할 수 있다. 또, 거짓일 경우이면서 아무것도 할 것이 없다면 ELSE 이하는 생략한다.

```
DECLARE @var1 INT -- @var1 변수선언
SET @var1=100  -- 변수에 값 대입

 IF @var1 = 100   -- 만약 @var1이 100이라면,
   BEGIN
      PRINT '@var1이 100이다'
   END
 ELSE
   BEGIN
      PRINT '@var1이 100이 아니다.'
   END
```

위의 간단한 사용 예를 통해 쉽게 이해가 되었을 것이다.

⚠ 앞에 이야기한 바와 같이 DECLARE로 선언한 변수는 실행 후 바로 소멸하므로 앞의 문장은 모두 한 번에 드래그해서 실행해야 한다.

이번에는 AdventureWorks DB의 HumanResources.Employee 테이블을 사용해보자. 열에는 입사일(HireDATE) 열이 있는데, 직원번호 111에 해당하는 직원의 입사일이 5년이 넘었는지를 확인해보자.

```
USE AdventureWorks

DECLARE @hireDATE SMALLDATETIME -- 입사일
DECLARE @curDATE SMALLDATETIME -- 오늘
DECLARE @years DECIMAL(5,2) -- 근무한 년수
DECLARE @days INT -- 근무한 일수

SELECT @hireDATE = HireDATE  -- HireDATE 열의 결과를 @hireDATE에 대입
   FROM HumanResources.Employee
   WHERE BusinessEntityID = 111

SET @curDATE = GETDATE() -- 현재 날짜
SET @years = DATEDIFF(year, @hireDATE, @curDATE)  -- 날짜의 차이, 년 단위
SET @days =  DATEDIFF(day, @hireDATE, @curDATE) -- 날짜의 차이, 일 단위

IF ( @years >= 5)
  BEGIN
      PRINT N'입사한 지 ' + CAST(@days AS NCHAR(5)) + N'일이나 지났습니다.'
      PRINT N'축하합니다.'
  END
ELSE
  BEGIN
      PRINT N'입사한 지 ' + CAST(@days AS NCHAR(5)) + N'일밖에 안 되었네요.'
      PRINT N'열심히 일하세요.'
  END
```

결과 값:

```
입사한지 xxxx 일이나 지났습니다.
축하합니다.
```

7.3.2 CASE

IF 구문은 2중 분기라는 용어를 종종 사용한다. 즉, 참 아니면 거짓 두 가지만 있기 때문이다. 점수와 학점을 생각해보자. 90점 이상은 A, 80점 이상은 B, 70점 이상은 C, 60점 이상은 D, 60점 미만은 F로 분할할 수 있다. 이때 5가지의 경우에 따라 학점이 달라지므로, '다중 분기'라는 용어를 사용한다. IF 문으로 작성해보자.

```sql
DECLARE @point INT = 77, @credit NCHAR(1)

IF @point >= 90
    SET @credit = 'A'
ELSE
    IF @point >= 80
        SET @credit = 'B'
    ELSE
      IF @point >= 70
          SET @credit = 'C'
      ELSE
        IF @point >= 60
            SET @credit = 'D'
        ELSE
            SET @credit = 'F'

PRINT N'취득점수==> ' + CAST(@point AS NCHAR(3))
PRINT N'학점==> ' + @credit
```

결과 값:

```
취득점수==> 77
학점==> C
```

각각의 IF 문 안에서 실행할 문장이 하나라서 BEGIN... END를 뺏는데도 좀 복잡해 보인다. 2중 분기인 IF를 중첩해서 사용하면 다중 분기를 만들 수도 있다. 하지만, 이러한 경우에는 CASE 문을 사용하는 것이 더 간편하고 코드도 간결하다.

```
DECLARE @point INT = 77, @credit NCHAR(1)

SET @credit =
  CASE
    WHEN (@point >= 90)  THEN 'A'
    WHEN (@point >= 80)  THEN 'B'
    WHEN (@point >= 70)  THEN 'C'
    WHEN (@point >= 60)  THEN 'D'
    ELSE  'F'
  END

PRINT N'취득점수==> ' + CAST(@point AS NCHAR(3))
PRINT N'학점==> ' + @credit
```

위에서는 CASE 구문의 결과는 하나의 값만을 돌려주고, 그 값을 @credit 변수에 대입하였다.

IF 문을 사용하는 것보다 훨씬 코드가 간결해졌다. CASE 문은 혹시 조건에 맞는 WHEN이 여러 개 더라도 먼저 조건이 만족하는 WHEN이 처리된다. 그리고 CASE를 종료한다.

CASE 문의 활용은 SELECT 문에서 더 많이 사용된다.

실습8

CASE 문을 활용하는 SQL 프로그래밍을 작성하자.

sqlDB의 내용이 기억나지 않는다면 6장의 [그림 6-10]을 다시 보면서 실습하자.

sqlDB의 구매 테이블(buyTbl)에 구매액(price * amount)이 1500원 이상인 고객은 '최우수 고객', 1000 원 이상인 고객은 '우수고객', 1원 이상인 고객은 '일반고객'으로 출력하자. 또, 전혀 구매 실적이 없는 고객은 '유령고객'이라고 출력하자. 이번 실습의 최종 결과를 먼저 보면 다음과 같다.

	userid	name	총구매액	고객등급
1	BBK	바비킴	1920	최우수고객
2	KBS	김범수	1210	우수고객
3	JYP	조용필	200	일반고객
4	EJW	은지원	95	일반고객
5	SSK	성시경	75	일반고객
6	YJS	윤종신	NULL	유령고객
7	JKW	조관우	NULL	유령고객
8	KKH	김경호	NULL	유령고객
9	LJB	임재범	NULL	유령고객
10	LSG	이승기	NULL	유령고객

[그림 7-57] 고객등급의 분류 결과

step 0

sqlDB가 변경되었다면 필자와 동일하게 나오지 않을 수 있으므로, 백업해 놓은 것을 복원시키자(특별히 sqlDB를 변경하지 않았다면 생략해도 된다).

```
USE tempdb;
RESTORE DATABASE sqlDB FROM DISK = 'C:\SQL\sqlDB2016.bak' WITH REPLACE;
```

step 1

먼저, buyTbl에서 구매액(price * amount)을 사용자 아이디(userid)별로 묶는다. 또, 구매액이 높은 순으로 정렬한다.

```
USE sqlDB;
SELECT userid, SUM(price*amount) AS [총구매액]
    FROM buyTbl
    GROUP BY userid
    ORDER BY SUM(price*amount) DESC;
```

	userid	총구매액
1	BBK	1920
2	KBS	1210
3	JYP	200
4	EJW	95
5	SSK	75

[그림 7-58] 쿼리 실행 결과

사용자 이름이 빠졌으므로, userTbl과 조인해서 사용자 이름도 출력하자.

```
SELECT B.userid, U.name, SUM(price*amount) AS [총구매액]
    FROM buyTbl B
        INNER JOIN userTbl U
            ON B.userid = U.userid
    GROUP BY B.userid, U.name
    ORDER BY SUM(price*amount) DESC;
```

	userid	name	총구매액
1	BBK	바비킴	1920
2	KBS	김범수	1210
3	JYP	조용필	200
4	EJW	은지원	95
5	SSK	성시경	75

[그림 7-59] 쿼리 실행 결과

buyTbl에서 구매한 고객의 명단만 나왔을 뿐, 구매하지 않은 고객의 명단은 나오지 않았다. 오른쪽 테이블 (userTbl)의 내용이 없더라도 나오게 하기 위해 RIGHT OUTER JOIN으로 변경한다.

```
SELECT B.userid, U.name, SUM(price*amount) AS [총구매액]
    FROM buyTbl B
        RIGHT OUTER JOIN userTbl U
            ON B.userid = U.userid
    GROUP BY B.userid, U.name
    ORDER BY SUM(price*amount) DESC ;
```

	userid	name	총구매액
1	BBK	바비킴	1920
2	KBS	김범수	1210
3	JYP	조용필	200
4	EJW	은지원	95
5	SSK	성시경	75
6	NULL	윤종신	NULL
7	NULL	김경호	NULL
8	NULL	이승기	NULL
9	NULL	임재범	NULL
10	NULL	조관우	NULL

[그림 7-60] 쿼리 실행 결과

결과를 보니 name은 제대로 나왔으나, 구매한 기록이 없는 고객은 userid 부분이 null로 나왔다. 또, 메시지 탭을 보면 경고도 나왔다. 왜냐하면 SELECT 절에서 B.userid를 출력하기 때문이다. buyTbl에는 윤종신, 김경호 등이 구매한 적이 없으므로 아예 해당 아이디가 없다. userid의 기준을 buyTbl에서 userTbl로 변경하자.

```
SELECT U.userid, U.name, SUM(price*amount) AS [총구매액]
    FROM buyTbl B
        RIGHT OUTER JOIN userTbl U
            ON B.userid = U.userid
    GROUP BY U.userid, U.name
    ORDER BY SUM(price*amount) DESC
```

	userid	name	총구매액
1	BBK	바비킴	1920
2	KBS	김범수	1210
3	JYP	조용필	200
4	EJW	은지원	95
5	SSK	성시경	75
6	YJS	윤종신	NULL
7	JKW	조관우	NULL
8	KKH	김경호	NULL
9	LJB	임재범	NULL
10	LSG	이승기	NULL

[그림 7-61] 쿼리 실행 결과

이제는 총구매액에 따른 고객 분류를 처음에 제시했던 대로 CASE 문만 따로 고려해보자(아래는 실행하지 말자).

```
CASE
    WHEN (총구매액 >= 1500) THEN  N'최우수고객'
    WHEN (총구매액 >= 1000) THEN  N'우수고객'
    WHEN (총구매액 >= 1 ) THEN N'일반고객'
    ELSE N'유령고객'
END
```

작성한 CASE 구문을 SELECT에 추가한다. 최종 쿼리는 아래와 같다.

```
SELECT U.userid, U.name, SUM(price*amount) AS [총구매액],
       CASE
           WHEN (SUM(price*amount)  >= 1500) THEN N'최우수고객'
           WHEN (SUM(price*amount)  >= 1000) THEN N'우수고객'
           WHEN (SUM(price*amount)  >= 1 ) THEN N'일반고객'
           ELSE N'유령고객'
         END AS [고객등급]
    FROM buyTbl B
       RIGHT OUTER JOIN userTbl U
          ON B.userid = U.userid
    GROUP BY U.userid, U.name
    ORDER BY sum(price*amount) DESC ;
```

이로써 처음에 원했던 결과인 [그림 7-57]가 나오는 쿼리문을 작성했다. 무조건 제일 마지막의 쿼리문을 만들려고 하면 좀 어려울 수도 있으나, 하나씩 해결하면서 만들어 가면 그리 어렵지 않을 것이다.

7.3.3 WHILE, BREAK, CONTINUE, RETURN

WHILE 문은 다른 프로그래밍 언어의 WHILE과 동일한 개념이다. 해당 〈부울 식〉이 참인 동안에는 계속 반복되는 반복문이다.

형식:

```
WHILE 〈부울 식〉
BEGIN
      SQL 명령문들
END
```

1에서 100까지의 값을 모두 더하는 간단한 기능을 구현해보자.

```
DECLARE @i INT   = 1 -- 1에서 100까지 증가할 변수
DECLARE @hap BIGINT = 0 -- 더한 값을 누적할 변수

WHILE (@i <= 100)
BEGIN
  SET @hap += @i  -- @hap의 원래의 값에 @i를 더해서 다시 @hap에 넣으라는 의미
  SET @i += 1     -- @i의 원래의 값에 1을 더해서 다시 @i에 넣으라는 의미
END

PRINT @hap
```

결과 값:

```
5050
```

그런데 1에서 100까지 합계에서 7의 배수는 합계에서 것에서 제외시키려면 어떻게 할까? 또, 합계
가 1000이 넘으면 더하는 것을 그만두고, 출력을 하고 싶다면? 그럴 경우에는 CONTINUE 문과
BREAK 문을 사용할 수 있다. 다음을 보자.

```
DECLARE @i INT  = 1
DECLARE @hap BIGINT = 0

WHILE (@i <= 100)
BEGIN
  IF (@i % 7 = 0)
     BEGIN
        PRINT N'7의배수: ' + CAST (@i AS NCHAR(3))
        SET @i += 1
        CONTINUE
     END

   SET @hap += @i
   IF (@hap > 1000) BREAK
   SET @i += 1
END

PRINT N'합계=' + CAST(@hap AS NCHAR(10))
```

결과 값:

```
7의배수: 7
7의배수: 14
7의배수: 21
7의배수: 28
7의배수: 35
7의배수: 42
합계=1029
```

CONTINUE 문을 만나면 바로 WHILE 문으로 이동해서 다시 비교(@i <= 100)하고, BREAK를 만나면 WHILE 문을 빠져나온다. 그런데 만약 BREAK 자리에 RETURN을 쓰게 되면 현재 처리되는 것을 무조건 종료하고 호출자에게 값을 반환한다. 즉, 마지막의 '합계=1029'를 출력하지 않고 마친다. RETURN에 대한 내용은 11장 저장 프로시저에서 나오므로 그때 더 알아보자. 또한, WHILE 문의 주된 용도는 커서^{Cursor}과 함께 사용된다. 커서에 대한 내용은 12장에서 살펴볼 것이므로, 그때 WHILE의 활용도를 더 자세히 파악하자.

7.3.4 GOTO

GOTO 문을 만나면 지정한 위치로 무조건 이동한다. GOTO 문은 프로그램 자체의 논리를 흐름을 깨는 것이므로 꼭 필요할 때 외에는 사용하지 않는 것이 바람직하다. 어떤 프로그래밍 언어는 GOTO 문 자체가 아예 없는 것도 있다. 즉, GOTO 문 없이도 프로그래밍에 아무런 문제가 없다는 뜻이다.

앞의 예에서 BREAK 대신에, GOTO를 써서 동일한 결과를 얻을 수 있다.

```
… (중간 생략)
    SET @hap += @i
    IF (@hap > 1000) GOTO endprint
    SET @i += 1
END

endprint:
PRINT N'합계=' + CAST(@hap AS NCHAR(10))
```

7.3.5 WAITFOR

코드의 실행을 일시정지할 때 WAITFOR를 사용한다. WAITFOR에는 WAITFOR DELAY와 WAITFOR TIME이 있는데, WAITFOR DELAY는 지정한 시간만큼 일시정지시키는 효과가 있고, WAITFOR TIME은 지정한 시각에 실행시키는 효과가 있다.

다음은 WAITFOR의 간단한 예다.

```
BEGIN
  WAITFOR DELAY '00:00:05';
  PRINT N'5초간 멈춘 후 진행되었음';
END
```

결과 값:

```
5초간 멈춘 후 진행되었음
```

만약, 밤 11시 59분까지 정지하고 싶다면 WAITFOR TIME '23:59'을 사용하면 된다.

7.3.6 TRY/CATCH, RAISEERROR, THROW

TRY/CATCH는 SQL Server 2005부터 포함된 기능으로 오류를 처리하는 데 아주 편리하고 강력한 기능을 발휘한다. Visual C++, C#, Java 등에 있는 기능과 아주 유사하며, 기본적인 형식은 간단하다.

형식:

```
BEGIN TRY
    원래 사용하던 SQL 문장들
END TRY
BEGIN CATCH
    만약 BEGIN … TRY에서 오류가 발생하면 처리할 일들
END CATCH
```

원래 사용하고자 하던 SQL 문을 BEGIN TRY / END TRY 구문으로 묶으면 된다. 그러면 원래대로 실행된다. 만약 오류가 발생하면 BEGIN CATCH/ END CATCH로 묶은 부분이 실행된다.

간단한 예를 보면 더 쉽게 이해될 것이다.

sqlDB의 userTbl에 있는 'LSG'라는 아이디를 생성시켜 보자. userID 열은 기본 키로 지정되어 있으므로, 같은 ID를 입력할 수 없으므로 오류가 발생할 것이다.

```
USE sqlDB;

BEGIN TRY
    INSERT INTO userTbl VALUES('LSG', '이상구', 1988, '서울', NULL, NULL, 170,
GETDATE())
    PRINT N'정상적으로 입력되었다.'
END TRY

BEGIN CATCH
    PRINT N'오류가 발생했다.ㅠㅠ'
END CATCH
```

결과 값:

```
오류가 발생했다. ㅠㅠ
```

별로 설명할 것도 없이 구문과 결과만 봐도 이해될 것이다. 또한, 오류의 상태를 쉽게 파악할 수 있는 함수도 제공한다. 다음 함수를 BEGIN CATCH … END CATCH에 사용하면 오류의 원인을 쉽게 분석할 수 있다.

- ERROR_NUMBER(): 오류 번호
- ERROR_MESSAGE(): 오류 메시지
- ERROR_SEVERITY(): 오류 심각도
- ERROR_STATE(): 오류 상태 번호
- ERROR_LINE(): 오류를 발생시킨 행 번호
- ERROR_PROCEDURE(): 오류가 발생한 저장 프로시저나 트리거의 이름

위를 수정해서 오류의 원인을 파악해보자.

```
BEGIN TRY
    INSERT INTO userTbl VALUES('LSG', '이상구', 1988, '서울', NULL, NULL, 170,
        GETDATE())
    PRINT N'정상적으로 입력되었다.'
END TRY

BEGIN CATCH
    PRINT N'***오류가 발생했다***'
    PRINT N'오류 번호: '
    PRINT ERROR_NUMBER()
    PRINT N'오류 메시지: '
    PRINT ERROR_MESSAGE()
    PRINT N'오류 상태 코드: '
    PRINT ERROR_STATE()
    PRINT N'오류 심각도: '
    PRINT ERROR_SEVERITY()
    PRINT N'오류 발생 행번호: '
    PRINT ERROR_LINE()
    PRINT N'오류 발생 프로시저/트리거: '
    PRINT ERROR_PROCEDURE()
END CATCH
```

결과 값:

```
***오류가 발생했다***
오류 번호:
2627
오류 메시지:
PRIMARY KEY 제약 조건 'PK__userTbl__CB9A1CDF78AC8978'을(를) 위반했습니다. 개체 'dbo.
userTbl'에 중복 키를 삽입할 수 없습니다. 중복 키 값은 (LSG        )입니다.
오류 상태 코드:
1
오류 심각도:
14
오류 발생 행번호:
2
오류 발생 프로시저/트리거:
```

마지막에 프로시저/트리거 이름이 나오지 않는 것은, 프로시저나 트리거에서 호출한 것이 아니기 때문이다.

이 외에 강제로 오류를 발생시키는 방법으로는 RAISEERROR와 THROW가 있다.

⚠ THROW 문은 SQL Server 2012부터 지원한다.

RAISERROR의 원형은 다음과 같다.

```
RAISERROR ( { msg_id | msg_str | @local_variable }
    { ,severity ,state }
    [ ,argument [ ,...n ] ] )
    [ WITH option [ ,...n ] ]
```

msg_id는 50000~21억을 사용자가 메시지 번호로 지정할 수 있는데, 그 전에 해당 번호를 sp_addmessge 저장 프로시저를 이용해서 sys.messgae 카탈로그 뷰에 정의시켜 놓아야 한다. 또는 msg_str을 사용하여 출력할 문자열을 써주면 된다. severity로 오류의 심각도를 설정할 수 있는데 0부터 18까지 지정할 수 있다. state는 0부터 255까지 지정할 수 있는데, 이는 추후에 오류가 어디서 발생했는지 찾을 때 유용하다.

THROW의 원형은 다음과 같다.

```
THROW [ { error_number | @local_variable },
        { message | @local_variable },
    { state | @local_variable }
    ] [ ; ]
```

error_number는 예외 번호를 지정하는데 50000~21억 미만의 정수를 지정할 수 있다. RAISERROR와 error_number를 sys.message 카탈로그 뷰에 미리 등록시킬 필요는 없다. message는 출력할 문자열을 써주면 된다. state는 RAISERROR와 용도가 같다. THROW에서는 심각도severity가 생략되는데 항상 16으로 지정된 것으로 보면 된다.

간단히 다음과 같이 오류를 강제로 발생시킬 수 있다.

```
RAISERROR(N'이건 RAISEERROR 오류 발생', 16, 1);
THROW 55555, N'이건 THROW 오류 발생' , 1 ;
```

결과 값:

```
메시지 50000, 수준 16, 상태 1, 줄 1
이건 RAISEERROR 오류 발생
메시지 55555, 수준 16, 상태 1, 줄 2
이건 THROW 오류 발생
```

7.3.7. EXEC(동적 SQL)

EXEC 문장(또는 EXECUTE)은 SQL 문을 실행시켜주는 역할을 한다. 우선 다음의 간단한 문장을 실행하자.

```
use sqlDB
DECLARE @sql VARCHAR(100)
SET @sql = 'SELECT * FROM userTbl WHERE userid = ''EJW'' ' -- 모두 작은따옴표.
EXEC(@sql)
```

즉, **SELECT * FROM userTbl WHERE userid = 'EJW'** 문장을 바로 실행하지 않고, 변수 @sql에 입력시켜 놓고, EXEC() 함수로 실행할 수도 있다. 이렇게 EXEC()를 이용해서 쿼리문을 실행하는 것을 '동적 SQL'이라고 부른다. 이 동적 SQL은 종종 유용하게 사용된다.

테이블을 생성해야 하는데, 테이블의 이름이 'myTbl현재연월일'으로 항상 만들어져야 하는 경우를 가정해보자. 즉, 오늘이 2019년 12월 31일이면 테이블이름은 "myTbl2019_12_31"로, 2020년 1월 18일 이라면 "myTbl2020_1_18"과 같이 실행시킬 때마다 이름이 다른 테이블을 생성해야 하는 경우에 동적 SQL을 활용할 수 있다.

```
DECLARE @curDATE DATE
DECLARE @curYear VARCHAR(4)
DECLARE @curMonth VARCHAR(2)
DECLARE @curDay VARCHAR(2)
DECLARE @sql VARCHAR(100)

SET @curDATE = GETDATE()
SET @curYear = YEAR(@curDATE)
SET @curMonth = MONTH(@curDATE)
SET @curDay = DAY(@curDATE)

SET @sql = 'CREATE TABLE myTbl' + @curYear + '_' + @curMonth +'_' + @curDay
SET @sql += '(id INT, name NCHAR(10))'

EXEC(@sql)
```

위 구문은 결국 **CREATE TABLE myTbl2019_12_31(id INT, name NCHAR(10))**과 같은 형식의 구문을 실행한 것과 같다. 하지만, 항상 실행시킬 때마다 실행한 날짜에 따라서 테이블 이름이 변하게 될 것이다(당연히 같은 날에 두 번 실행하면 이미 테이블이 생성된 상태이므로 오류가 발생한다). 이상으로 SQL Server 프로그래밍 기능을 살펴보았다. 이후, 저장 프로시저나 트리거에서 적극적으로 활용될 내용이므로 잘 기억하자.

1. 데이터 형식 중 'char'와 'nchar'의 특징이다. 맞으면 O, 틀리면 ×로 표시해보자.

   (1) char(5)와 nchar(5)는 모두 5byte를 할당한다. ( )

   (2) nchar는 유니코드를 저장하기 위한 데이터 형식이다. (·)

   (3) 영어만 저장될 것이라면 nchar를 사용하는 것이 성능에 더 도움이 된다. ( )

   (4) nchar(3)을 지정하면 한글은 3글자, 영어는 6글자를 저장할 수 있다. ( )

2. 다음 각 설명의 데이터 형식을 써라.

   (1) 테이블 자체를 저장. 임시 테이블과 비슷한 기능이다.

   (2) 다른 데이터 형식의 저장이 가능한 데이터형이다.

   (3) XML 데이터를 저장하기 위한 형식으로 최대 2GB 저장된다.

   (4) 공간 데이터 형식으로 선, 점, 다각형 등 공간 데이터 개체를 저장하고 조작할 수 있다.

3. ISO 표준 데이터 형식과 SQL Server 데이터 형식을 짝지어라.

   > VARCHAR (n), VARBINARY, DECIMAL, FLOAT, NVARCHAR(N)

   (1) National Character Varying(n)　　(2) Double Precision

   (3) Dec　　　　　　　　　　　　　　　(4) Binary Varying

   (5) Character Varying(n)

4. nvarchar(5)를 사용자 정의 데이터 형식 myNvarchar로 정의하는 쿼리문을 써라.

5. 다음 각 내용을 저장할 데이터 형식을 써라.

   (1) 영어 소설 대본

   (2) 한글 소설 대본

   (3) 대용량 이미지 파일

6. 정수형 변수 myVar1을 선언하고 100을 대입한 후, 출력하는 쿼리문을 써라.

7. 데이터 형식 변환 함수 5개는?

8. 암시적 형변환에 대해서 간단히 설명하라.

9. 다음 각 쿼리문의 결과를 써라.

    (1) SELECT @@VERSION;

    (2) SELECT DATENAME(weekday, '2022/10/19');

    (3) SELECT EOMONTH('2019-3-3');

    (4) SELECT ROUND(1234.5678, 2), ROUND(1234.5678, -2);

    (5) SELECT CHOOSE(2, 'SQL' , 'Server', '2016', 'DVD');

    (6) SELECT SUBSTRING(N'대한민국화이팅', 3, 2);

    (7) SELECT REVERSE ('SQL Server 2016');

10. 순위 함수 RANK(), NTILE(), DENSE_RANK(), ROW_NUMBER()에 대해 설명하라.

SQL Server
데이터베이스 객체

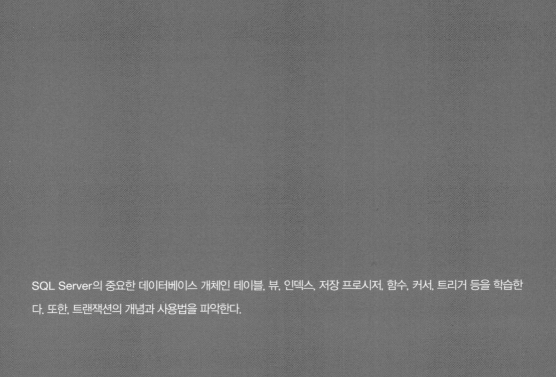

SQL Server의 중요한 데이터베이스 개체인 테이블, 뷰, 인덱스, 저장 프로시저, 함수, 커서, 트리거 등을 학습한다. 또한, 트랜잭션의 개념과 사용법을 파악한다.

테이블과 뷰

DBMS, 데이터베이스, 테이블에 대한 개념은 3장의 [그림 3-1]에 잘 표현되어 있다. DBMS를 사용한다는 것은 어떤 정보를 데이터베이스 안에 저장시켜 놓고 필요할때 꺼내 사용하는 것이다. 정보를 넣는 개체가 바로 '테이블Table'이다. 테이블은 데이터베이스를 구성하는 가장 기본적인 개체이며, 핵심이다.

테이블은 행과 열로 구성된다. 행은 로우row나 레코드record라고 부르며, 열은 컬럼column 또는 필드field라고 부른다. Microsoft 엑셀Excel을 사용해봤다면, 테이블은 Microsoft 사 엑셀의 시트Sheet와 거의 비슷한 구조로 되어 있다.

뷰View는 테이블과 거의 똑 같은 모양을 가진다. 뷰는 한마디로 말하면 '가상의 테이블'이다. 그래서 뷰View를 '뷰 테이블'이라고도 부르기도 하지만 정확히 얘기하면 올바른 표현은 아니다. 뷰는 실체가 없지만, 마치 실체가 있는 것처럼 보인다. 뷰 테이블이라 부르는 것은 뷰와 테이블을 사용하는 경우에, 단지 데이터베이스를 사용만 하는 애플리케이션의 입장에서는 두 개가 똑같이 보이기 때문이다. 즉, 일반 사용자는 지금 조회하고자 하는 것이 뷰인지 테이블 이던지 중요하지 않고, 단지 자신이 원하는 결과만 나오면 되기 때문이다.

하지만 데이터베이스 개발자라면 테이블과 뷰를 명확히 구분하고 사용할 수 있어야 한다.

이 장의 핵심 개념

8장은 데이터베이스의 핵심 개체인 테이블에 대해 상세히 살펴보고, 가상의 테이블인 뷰에 대해서도 함께 알아본다. 8장의 핵심 개념은 다음과 같다.

1. 테이블은 SSMS의 그래픽 환경 및 SQL 문을 사용한 텍스트 환경 모두에서 생성할 수 있다.

2. 제약 조건Constraint이란 데이터의 무결성을 지키기 위한 제한된 조건을 의미한다.

3. 제약 조건의 종류로는 기본 키, 외래 키, Unique, Default, Check, Null 제약 조건 등이 있다.

4. SQL Server는 스파스 열, 테이블 압축, 임시 테이블 기능을 지원한다.

5. 테이블 삭제는 Drop Table 문을, 테이블 수정은 Alter Table 문을 사용한다.

6. 메모리 테이블은 디스크가 아닌 메모리에 테이블이 있어서, 테이블에 읽기/쓰기 속도가 획기적으로 향상되었다.

7. 스키마Schema는 데이터베이스 내에 있는 개체들을 관리하기 위한 묶음이다.

8. 뷰란 한마디로 '가상의 테이블'이라고 생각하면 된다.

이 장의 학습 흐름

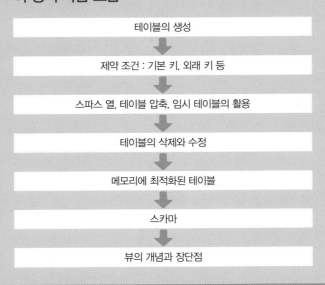

테이블의 생성

제약 조건 : 기본 키, 외래 키 등

스파스 열, 테이블 압축, 임시 테이블의 활용

테이블의 삭제와 수정

메모리에 최적화된 테이블

스카마

뷰의 개념과 장단점

8.1 테이블

테이블의 생성 및 사용은 지금까지 계속 반복해왔다. 별다른 설명을 하지 않았어도 사용에 별로 어려움을 느끼지 못했을 것이다. 다시 한번 확인 차원에서 간단히 테이블을 생성해보고, 제약 조건 Constraint과 테이블의 수정에 대해 자세히 알아보자.

⚠ SQL Server는 테이블의 압축 기능을 제공된다. 대용량의 데이터가 들어간 테이블의 저장 공간을 대폭 절약할 수 있다. 테이블 압축 기능은 SQL Server 2008부터 지원된다. 테이블 압축에 대한 상세한 내용은 『뇌를 자극하는 SQL Server 2012 (2권, 관리/응용편)』을 참고하자.

8.1.1 테이블 만들기

SSMS에서 테이블 생성

우리는 이미 3장에서 SSMS^{SQL Server Management Studio}를 이용해서 테이블을 만들어봤다. SSMS에서 테이블을 만드는 방법은 전혀 어렵지가 않았다.

테이블은 만드는 방법이 중요한 것이 아니라, 테이블을 어떻게 모델링(설계)했느냐가 훨씬 중요하다. 테이블은 설계에 따른 SQL 문법이나 SSMS의 사용법에만 맞춰서 생성하면 된다. 데이터베이스 모델링은 4장에서 알아보았으므로 이번 8장에서는 단지 테이블을 생성하고 관리하는 것에만 초점을 맞추자.

6장에서 실습했던 sqlDB와 동일한 형식의 tableDB를 만들자. 구조도는 아래와 같다.

tableDB

회원 테이블(userTbl)

아이디	이름	생년	지역	국번	전화번호	키	가입일
LSG	이승기	1987	서울	011	1111111	182	2008.8.8
KBS	김범수	1979	경남	011	2222222	173	2012.4.4
KKH	김경호	1971	전남	019	3333333	177	2007.7.7
JYP	조용필	1950	경기	011	4444444	166	2009.4.4
SSK	성시경	1979	서울			186	2013.12.12
LJB	임재범	1963	서울	016	6666666	182	2009.9.9
YJS	윤종신	1969	경남			170	2005.5.5
EJW	은지원	1978	경북	011	8888888	174	2014.3.3
JKW	조관우	1965	경기	018	9999999	172	2010.10.10
BBK	바비킴	1973	서울	010	0000000	176	2013.5.5

PK

구매 테이블(buyTbl)

순번	아이디	물품명	분류	단가	수량
1	KBS	운동화		30	2
2	KBS	노트북	전자	1000	1
3	JYP	모니터	전자	200	1
4	BBK	모니터	전자	200	5
5	KBS	청바지	의류	50	3
6	BBK	메모리	전자	80	10
7	SSK	책	서적	15	5
8	EJW	책	서적	15	2
9	EJW	청바지	의류	50	1
10	BBK	운동화		30	2
11	EJW	책	서적	15	1
12	BBK	운동화		30	2

PK   FK

[그림 8-1] 샘플로 사용할 tableDB

실습1

SSMS의 개체 탐색기에서 테이블을 생성하고, 데이터를 입력하자.

step 0

SSMS나 쿼리를 이용해서 기본 값으로 tableDB를 생성한다.

0-1 앞에서 실습했던 내용이 남아 있으면 보기 싫을 수 있으므로, 사용했던 데이터베이스들을 제거하자. 독자에 따라서 아래 구문이 오류가 발생할 수 있으나 관계없다(없는 데이터베이스는 당연히 제거도 안 된다).

```
USE tempdb;
GO
DROP DATABASE ShopDB, ModelDB, sqlDB;
```

0-2 tableDB를 생성하자.

```
CREATE DATABASE tableDB;
```

step 1

개체 탐색기에서 데이터베이스를 [새로 고침]한다. 그리고 'tableDB' 데이터베이스를 확장해서 '테이블'을 선택한 후에, 마우스 오른쪽 버튼을 클릭하고 [새로 만들기] 〉〉 [테이블]을 선택한다.

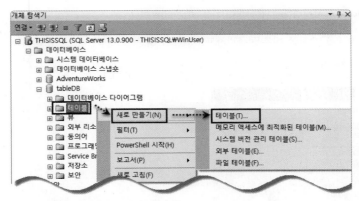

[그림 8-2] 개체 탐색기에서 테이블 생성

[그림 8-1]의 회원 테이블과 구매 테이블을 입력한다.

2-1 먼저 회원 테이블을 다음과 동일하게 입력한다. 아직 기본 키$^{Primary Key}$와 외래 키$^{Foreign Key}$는 설정하지 말고, 열 이름과 데이터 형식만 선택한다.

열 이름	데이터 형식	Null 허용
userID	char(8)	☐
name	nvarchar(10)	☐
birthYear	int	☐
addr	nchar(2)	☐
mobile1	char(3)	☑
mobile2	char(8)	☑
height	smallint	☑
mDate	date	☑
		☐

THISISSQL.tableDB - dbo.Table_1*

[그림 8-3] 회원 테이블(userTbl) 생성

⚠ 테이블 이름이나 열 이름은 한글로 지정할 수도 있다. 하지만, 다른 데이터베이스로 내보내기하는 경우에 문제가 발생할 소지가 있으므로 권장하지 않는다.

2-2 [그림 8-1]을 보면 회원 테이블은 아이디(userID)열이 기본 키로 되어 있다.

다음 그림과 같이 userID에서 마우스 오른쪽 버튼을 클릭하고 [기본 키 설정]을 선택한다. 설정 후에는 userID 앞에 작은 열쇠 모양이 표시된다.

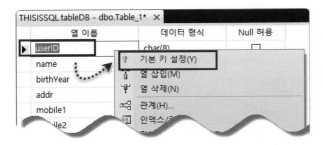

[그림 8-4] 회원 테이블의 기본 키 설정

2-3 저장 아이콘을 클릭하거나, SSMS 메뉴의 [파일] ≫ [Table_1 저장]을 선택해서 저장한다. 테이블 이름은 "userTbl"로 입력한다.

2-4 같은 방식으로 [새 테이블]을 선택해서 구매 테이블(buyTbl)을 입력한다.

THISISSQL.tableDB - dbo.Table_1* ✕		
열 이름	데이터 형식	Null 허용
num	int	☐
userid	char(8)	☐
prodName	nchar(6)	☐
groupName	nchar(4)	☑
price	int	☐
amount	smallint	☐
		☐

[그림 8-5] 구매 테이블(buyTbl) 생성

2-5 buyTbl도 num 열에서 마우스 오른쪽 버튼을 클릭하고 [기본 키 설정]을 선택해서 기본 키로 설정한다.

2-6 buyTbl의 순번(num)은 순차번호이므로 별도로 입력해주는 것보다 시스템이 자동으로 입력시켜 주는 것이 더 낫다. 이러한 속성을 identity라고 부르며, 6장에서 배웠다. 우선 num 열이 1부터 1씩 자동으로 증가되게 설정하자.

num 열을 클릭하면 아래에 열 속성이 나온다. 그중 'ID 사양' 앞의 '▷'를 클릭해서 확장한 후, '(ID)' 항목을 '예'로 선택하면 된다. 'ID 초기값'은 1이며, 'ID 증가값'도 1로 설정되어 있다.

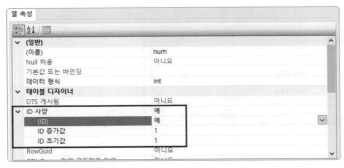

[그림 8-6] IDENTITY 설정

2-7 저장 아이콘을 클릭하거나, SSMS 메뉴의 [파일] 〉〉 [Table_1 저장]을 선택해서 저장한다. 테이블 이름은 "buyTbl"로 입력한다.

---

step 3

개체 탐색기에 테이블을 새로고침하면 생성된 테이블이 보인다. 그런데 테이블의 이름 앞에 'dbo.'이 붙어 있다. 이것은 기본 스키마로 테이블 생성 시에 붙는 스키마 이름이다. 이에 대해서는 잠시 후에 이야기하겠다. 지금은 그냥 테이블 이름만 주고 저장하면 앞에 자동으로 'dbo.'이 붙는다고 생각하자.

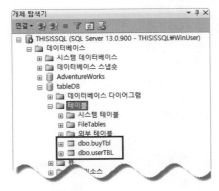

[그림 8-7] 생성된 테이블

---

step 4

이번에는 [그림 8-1]의 구매 테이블의 userID 열을 외래 키로 설정하자.

4-0 혹시 앞에서 사용하던 테이블 창이 닫혔으면 개체 탐색기에서 해당 테이블을 선택한 후, 마우스 오른쪽 버튼을 클릭하고 [디자인]을 선택하면 다시 디자인 창이 나온다.

4-1 buyTbl의 아무 곳에서나 마우스 오른쪽 버튼을 클릭하고 [관계]를 선택한다.

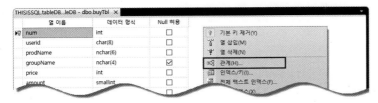

[그림 8-8] 관계 지정

4-2 외래 키 관계 창이 나오면 〈추가〉를 클릭한 후에, '테이블 및 열 사양'을 선택하고 오른쪽 〈…〉을 클릭한다.

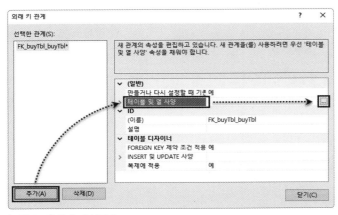

[그림 8-9] 외래 키 설정 1

4-3 먼저 '기본 키 테이블'을 [그림 8-1]과 같이 회원 테이블(userTbl)을 선택하고 열은 'userID'를 선택한다.

외래 키 테이블의 열은 'userid'을 선택한다. 그러면 자동으로 '관계 이름'이 FK_buyTbl_buyTbl에서 FK_buyTbl_userTbl로 변경될 것이다. 〈확인〉을 클릭한다.

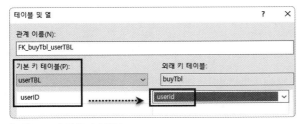

[그림 8-10] 외래 키 설정 2

4-4 다시 외래 키 관계 창의 '테이블 및 열 사양' 앞의 '▷'를 클릭해서 확장하면 그림과 같이 나타난다. 이는 [그림 8-1]의 외래 키 관계와 동일하게 구성된 것이다. 〈닫기〉를 클릭해서 창을 닫는다.

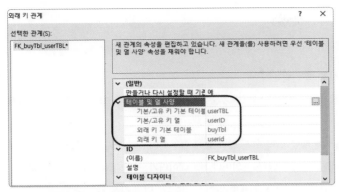

[그림 8-11] 외래 키 설정 3

4-5 테이블의 구조가 변경되었으므로, 각 테이블 창에서 〈저장〉 버튼을 눌러 저장하거나, SSMS 메뉴의 [파일] 〉〉 [모두 저장]을 선택해서 저장한 후, 열린 창을 모두 닫는다. 저장 시에 메시지 창이 뜨면 그냥 〈예〉를 클릭한다.

─── step 5 ─────────────────────────────

개체 탐색기를 새로 고침하면 [키] 부분을 확인할 수 있다.

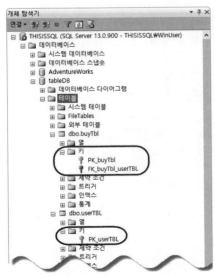

[그림 8-12] 설정된 키

설정 키 중에서 접두어가 'PK'인 것은 기본 키인 Primary Key를 의미하고, 'FK'인 것은 외래 키인 Foreign Key를 의미한다. 물론, 이 접두어를 다른 것으로 바꿀 수도 있으나, 그냥 사용하는 것이 바람직하다.

step 6

이번에는 데이터를 SSMS에서 입력하자.

6-0 개체 탐색기를 제외하고 열린 창을 모두 닫는다.

6-1 개체 탐색기에서 tableDB의 dbo.userTbl을 선택한 후, 마우스 오른쪽 버튼을 클릭하고 [상위 200개 행 편집]을 선택한다.

테이블이 열리면 [그림 8-1]의 값을 3개 행만 입력한다. 입력 중에 빨간색의 느낌표가 나오는 것은 아직 데이터가 커밋Commit (저장과 비슷한 개념)되지 않았다는 의미다. 행 데이터가 커밋되는 시점은 다른 행으로 마우스 커서가 이동되는 순간이다. 그러면 빨간색 느낌표도 없어질 것이다. 입력 창을 닫는다.

	userID	name	birthYear	addr	mobile1	mobile2	height	mDate
	LSG	이승기	1987	서울	011	1111111	182	2008-08-08
	KBS	김범수	1979	경남	011	2222222	173	2012-04-04
	KKH	김경호	1971	전남	019	3333333	177	2007-07-07
▶*	*NULL*	*NULL*	*NULL*	*NULL*	*NULL*	*NULL*	*NULL*	*NULL*

[그림 8-13] 샘플 데이터 입력 1

⚠ SSMS에서 데이터를 입력할 때는 별도로 '저장'이 필요 없다. 각 행에서 커서가 떠나는 순간에 커밋되어서 테이블 내에 행 데이터가 저장되기 때문이다.

6-2 이번에는 dbo.buyTbl에서 마우스 오른쪽 버튼을 클릭하고 [상위 200개 행 편집]을 선택해서, [그림 8-1]의 3개행만 입력하자. 입력 시에 num 열은 자동으로 입력되므로 NULL 값을 그대로 두면 되며, 나머지 열만 입력하면 된다.

	num	userid	prodName	groupName	price	amount
	1	KBS	운동화	*NULL*	30	2
	2	KBS	노트북	전자	1000	1
✎	*NULL*	JYP	❶ 모니터	❶ 전자	❶ 200	❶ 1 ❶
*	NULL	NULL	NULL	NULL	NULL	NULL

[그림 8-14] 샘플 데이터 입력 2

6-3 세 번째 행을 입력하고, 마우스 커서를 이동하면 아래와 같은 오류 메시지가 나온다.

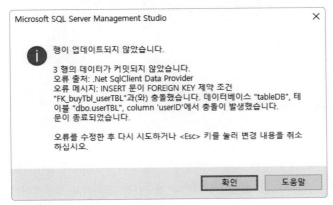

[그림 8-15] 오류 메시지

이 오류는 [그림 8-1]에 나와 있듯 회원 테이블과 구매 테이블은 외래 키로 연결되어 있으므로, 구매 테이블의 userID의 값은 반드시 회원 테이블의 userID로 존재해야 한다는 의미다. 우리는 회원 테이블에서 JYP(조용필)라는 회원은 아직 입력하지 않았기 때문에 생기는 문제다(이것은 회원가입을 하지 않고 물건을 구매하지 못하도록 업무 프로세스를 설정한 것과 같다).

6-4 〈확인〉을 클릭하고 Esc 키를 몇 번 누르면 세 번째 행은 취소가 될 것이다. 입력창을 닫는다.

6-5 그러므로 구매 테이블의 외래 키로 설정된 userid에 데이터를 입력하려면 그 기본 값이 회원 테이블의 userid 열에 있어야 한다.

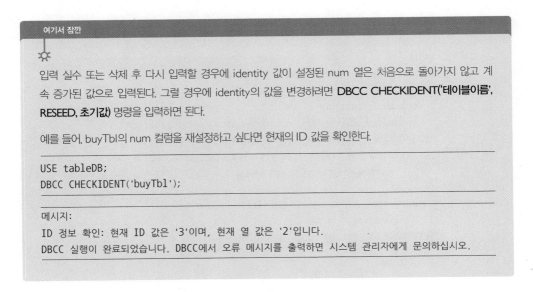

여기서 잠깐

입력 실수 또는 삭제 후 다시 입력할 경우에 identity 값이 설정된 num 열은 처음으로 돌아가지 않고 계속 증가된 값으로 입력된다. 그럴 경우에 identity의 값을 변경하려면 **DBCC CHECKIDENT('테이블이름', RESEED, 초기값)** 명령을 입력하면 된다.

예를 들어, buyTbl의 num 컬럼을 재설정하고 싶다면 현재의 ID 값을 확인한다.

```
USE tableDB;
DBCC CHECKIDENT('buyTbl');
```

```
메시지:
ID 정보 확인: 현재 ID 값은 '3'이며, 현재 열 값은 '2'입니다.
DBCC 실행이 완료되었습니다. DBCC에서 오류 메시지를 출력하면 시스템 관리자에게 문의하십시오.
```

이 정도로 SSMS에서 데이터를 입력하는 방법을 마치고, 이번에는 T-SQL로 테이블을 생성하고 데이터를 입력하자. 필자는 SSMS가 아닌 T-SQL 방법을 권장한다. SSMS는 편리하고 직관적이기는 하지만, SQL Server가 아닌 다른 DBMS에서는 통용되는 방법이 아니므로 T-SQL을 사용하는 것이 더 바람직하다. 초보자의 경우에는 SSMS가 편리하게 느껴질 수도 있으나, 어느 정도 SQL Server에 익숙해진다면 오히려 T-SQL의 편리함과 유연함을 느끼게 될 것이다.

T-SQL 로 테이블 생성

6장에서 sqlDB를 T-SQL로 생성해 왔지만, 시간이 조금 지났으므로 잊어버렸어도 상관없다. 처음부터 다시 T-SQL을 이용해서 테이블을 생성해보자.

SQL Server 2016 도움말에 나오는 테이블을 생성하는 기본적인 형식은 아래와 같다.

형식:

```
CREATE TABLE
    [ database_name . [ schema_name ] . | schema_name . ] table_name
    [ AS FileTable ]
    ( {   <column_definition>
        | <computed_column_definition> | <column_set_definition>
        | [ <table_constraint> ] | [ <table_index> ]   [ ,...n ] }
          [ PERIOD FOR SYSTEM_TIME ( system_start_time_column_name
            , system_end_time_column_name ) ]
      )
    [ ON { partition_scheme_name ( partition_column_name )
          | filegroup    | "default" } ]
    [ { TEXTIMAGE_ON { filegroup | "default" } ]
```

```
        [ FILESTREAM_ON { partition_scheme_name
                | filegroup   | "default" } ]
        [ WITH ( <table_option> [ ,...n ] ) ]
    [ ; ]
```

⚠ 위 CREATE TABLE 문은 일반적인 디스크에 기반하는 테이블일 경우이며, SQL Server 2014부터 지원되는 '메모리 액세스에 최적화된 테이블'은 옵션이 더 단순하다. '메모리 액세스에 최적화된 테이블'에 대해서는 잠시 후에 설명하겠다.

각 항목을 하나하나 설명하려면 형식만으로도 100여 줄이 넘는다. 너무 복잡해 보이지만 다양한 옵션이 모두 표현되어서 그렇지, 실제로 사용되는 것은 그렇게 복잡하지는 않다.

지금까지 실습에서 아주 간단한 테이블을 만들 경우에는 아래와 같이 사용했다.

```
CREATE TABLE test (num  INT);
```

아주 간단하다. 이러한 간단한 것에 살(?)을 잘 붙이기만 하면 테이블을 생성하는 훌륭한 T-SQL 문이 되는 것이다. 실습을 통해서 테이블을 생성하는 T-SQL 문을 하나씩 익히자.

실습2 ────────────────────────────────────

T-SQL을 이용해서 테이블을 생성하자.

step 0 ────────────────────────────────────

우선, 열린 창을 모두 닫고 쿼리창을 하나 연다. 〈실습 1〉에서 사용한 tableDB를 삭제하고, 다시 생성하자.

⚠ 사용 중이라는 오류가 나오고 삭제가 안 된다면 SSMS를 종료한 후 다시 열이 아래 쿼리를 다시 실행한다.

```
USE tempdb;
DROP DATABASE tableDB;
GO
CREATE DATABASE tableDB;
```

step 1 ────────────────────────────────────

[그림 8-1]을 보면서 하나씩 생성하자. 우선 기본 키, 외래 키, NULL 값 등을 고려하지 말고 테이블의 기본적인 틀만 구성하자. 열 이름은 [그림 8-1]과 [그림 8-5]를 참고하자.

```
USE tableDB;
CREATE TABLE userTbl -- 회원 테이블
( userID    char(8), -- 사용자 아이디
  name      nvarchar(10), -- 이름
  birthYear int,  -- 출생년도
  addr      nchar(2), -- 지역(경기,서울,경남 등으로 글자만 입력)
  mobile1   char(3), -- 휴대폰의국번(011, 016, 017, 018, 019, 010 등)
  mobile2   char(8), -- 휴대폰의 나머지 전화번호(하이픈 제외)
  height    smallint,  -- 키
  mDate     date  -- 회원 가입일
);
GO
CREATE TABLE buyTbl -- 구매 테이블
(  num int, -- 순번(PK)
   userid   char(8),--아이디(FK)
   prodName nchar(6), -- 물품명
   groupName nchar(4) , -- 분류
   price    int , -- 단가
   amount   smallint -- 수량
);
GO
```

간단하다. 1개의 열을 가진 테이블을 만들든, 100개의 열을 가진 테이블을 만들든 그냥 열 이름과 데이터 형식만 지정한 후 콤마(,)로 분리해서 계속 나열하면 된다. 즉, 데이터베이스 설계서만 있으면 테이블을 만드는 건 아주 쉬운 일이다.

step 2

추가 옵션을 설정해서 테이블을 다시 생성하자.

2-1 NULL 및 NOT NULL을 지정해서 테이블을 다시 생성한다. 아무것도 지정하지 않으면 디폴트로 NULL 허용으로 된다. 하지만, 혼란스러울 수도 있으니 직접 NULL이나 NOT NULL을 모두 써주도록 하자.

⚠ NULL은 빈 값을 허용한다는 의미이고, NOT NULL은 반드시 값을 넣어야 한다는 의미다.

```
DROP TABLE buyTbl, userTbl ;
GO
CREATE TABLE userTbl
( userID    char(8) NOT NULL ,
  name      nvarchar(10) NOT NULL,
  birthYear int NOT NULL,
```

```
    addr      nchar(2) NOT NULL,
    mobile1   char(3) NULL,
    mobile2   char(8) NULL,
    height     smallint NULL,
    mDate     date NULL
);
GO
CREATE TABLE buyTbl
(  num int NOT NULL ,
   userid  char(8) NOT NULL ,
   prodName nchar(6) NOT NULL,
   groupName nchar(4) NULL ,
   price      int  NOT NULL,
   amount     smallint  NOT NULL
);
GO
```

2-2 이번에는 buyTbl의 순번(num) 열에 IDENTITY 값을 설정한다. 6장에서 배웠지만 형식을 다시 확인하자.

```
IDENTITY [ (seed, increment) ]
```

seed는 처음 시작값이며, increment는 증가값을 말한다. 둘 다 생략할 경우에는 IDENTITY(1,1)이라고 써준 것과 동일하다. identity를 설정하면 사용자는 해당 열의 값을 입력할 수 없다.

```
DROP TABLE buyTbl;
GO
CREATE TABLE buyTbl
(  num int IDENTITY(1,1) NOT NULL ,
   ---중간 생략 ---
```

여기서 잠깐

identity가 설정된 열에 강제로 값을 입력하고 싶다면, **SET IDENTITY_INSERT 테이블이름 ON** 으로 설정한 후에 입력하면 된다. 하지만, 이것이 실제로 사용되는 경우는 드물다. 또, SET 명령은 현재의 세션(쿼리창)에만 해당되는 것이며, 세션이 종료되면(=쿼리창이 닫히면) 설정된 내용은 무효가 된다.

2-3 이번에는 각 테이블에 기본 키를 설정해보자. 기본 키로 설정하기 위해서는 'PRIMARY KEY' 문을 붙여주면 된다.

```
DROP TABLE buyTbl, userTbl;
GO
CREATE TABLE userTbl
( userID  char(8) NOT NULL PRIMARY KEY,
    ---중간 생략 ---
);
GO
CREATE TABLE buyTbl
(  num int IDENTITY(1,1) NOT NULL PRIMARY KEY,
    ---중간 생략 ---
);
```

그런데 기본 키로 설정된 열은 당연히 NULL 값이 허용되지 않는다. 그러므로 'NOT NULL'을 빼도 관계없다.

2-4 [그림 8-1]처럼 구매 테이블의 아이디 열을 회원 테이블의 아이디 열의 외래 키로 설정해보자.

```
DROP TABLE buyTbl;
GO
CREATE TABLE buyTbl
(  num int IDENTITY(1,1) NOT NULL PRIMARY KEY ,
   userid  char(8) NOT NULL
      FOREIGN KEY REFERENCES userTbl(userID),
      ---중간 생략 ---
);
```

FOREIGN KEY REFERENCES userTbl(userID)의 의미는 "userTbl 테이블의 userID 열과 외래 키 관계를 맺어라" 정도로 이해하면 된다(외래 키에 대해서는 잠시 후에 상세히 알아본다). 이렇게 해서 [그림 8-1]의 테이블 구조가 완성되었다.

`step 3`

이제는 데이터를 몇 건씩 입력하자.

3-1 먼저 회원 테이블에 3건만 입력하자.

```
INSERT INTO userTbl VALUES('LSG', N'이승기', 1987, N'서울', '011', '1111111', 182, '2008-8-8');
INSERT INTO userTbl VALUES('KBS', N'김범수', 1979, N'경남', '011', '2222222', 173, '2012-4-4');
INSERT INTO userTbl VALUES('KKH', N'김경호', 1971, N'전남', '019', '3333333', 177, '2007-7-7');
```

3-2 구매 테이블의 3건을 입력하자.

```
INSERT INTO buyTbl VALUES('KBS', N'운동화', NULL   , 30,   2);
INSERT INTO buyTbl VALUES('KBS', N'노트북', N'전자', 1000, 1);
INSERT INTO buyTbl VALUES('JYP', N'모니터', N'전자', 200,  1);
오류 메시지:
(1개 행이 영향을 받음)
(1개 행이 영향을 받음)
메시지 547, 수준 16, 상태 0, 줄 3
INSERT 문이 FOREIGN KEY 제약 조건 "FK_buyTbl_userid_2E1BDC42"과(와) 충돌했습니다. 데이터
베이스 "tableDB", 테이블 "dbo.userTbl", column 'userID'에서 충돌이 발생했습니다.
문이 종료되었습니다.
```

SSMS에서 했던 것과 동일하게, 두 개의 행은 잘 들어가고 세 번째 JYP(조용필)은 아직 회원 테이블에 존재하지 않아서 오류가 발생했다.

3-3 userTBL에 나머지 데이터를 먼저 입력한 후, 구매테이블의 3번째 데이터부터 다시 입력하자. 독자가 직접 한다.

지금까지 〈실습 1〉에서는 개체 탐색기로 〈실습 2〉에서는 T-SQL로 동일한 작업을 수행했다. 둘 다 똑 같은 설정을 할 수 있지만, 독자는 되도록 T-SQL 방법부터 익히고 SSMS에서 하는 방법을 익히는 것이 좋겠다.

8.1.2 제약 조건

제약 조건Constraint이란 데이터의 무결성을 지키기 위한 제한된 조건을 의미한다. 즉, 특정 데이터를 입력할 때 무조건적으로 입력되는 것이 아닌, 어떤 조건을 만족했을 때에만 입력되도록 제약할 수 있다.

간단한 예로, 인터넷 쇼핑몰에 회원가입을 해본 경험이 있을 것이다. 만약에 동일한 주민등록번호로 다시 회원가입을 하면 회원가입이 안 된다. 그 이유는 주민등록번호 열은 동일한 것이 들어갈 수 없는 조건이 설정되어 있기 때문이다.

이 외에도 제약 조건은 많은 것이 있으며, 지금까지 실습 중에 하나 둘씩 나왔다. 이제는 그것들을 체계적으로 정리해보자.

SQL Server는 데이터의 무결성을 위해서 다음 6가지 제약 조건을 제공한다.

- PRIMARY KEY 제약 조건

- FOREIGN KEY 제약 조건
- UNIQUE 제약 조건
- CHECK 제약 조건
- DEFAULT 정의
- NULL 값 허용

기본 키 제약 조건

테이블에 있는 많은 행의 데이터를 구분할 수 있는 식별자를 '기본 키Primary Key'라고 부른다. 예를 들어, 회원 테이블의 회원 아이디, 학생 테이블의 학번 등이 이에 해당된다.

기본 키에 입력되는 값은 중복될 수 없으며, NULL 값이 입력될 수 없다. 인터넷 쇼핑몰에 회원 가입한 것을 기억하자. 대부분의 인터넷 쇼핑몰에서는 회원 테이블의 기본 키를 회원 아이디로 설정해 놓았을 것이다.

⚠ 설계 방법에 따라서 회원 아이디가 기본 키가 아닐 수도 있다. 그리고 지금 필자가 얘기하는 것은 보편적인 경우다. 회원 아이디가 아닌 주민등록번호나 이메일 또는 휴대전화 번호로 회원을 구분하는 사이트도 많이 있다.

회원 가입 시에 생성하는 회원 아이디가 중복된 것을 본적이 있는가? 또, 회원 아이디 없이 회원 가입이 되는가? 아마도 없을 것이다. 이는 회원 아이디가 기본 키로 설정되어 있기 때문이다.

기본 키는 테이블에서 중요한 의미를 갖는다. 우선, 기본 키로 생성한 것은 자동으로 클러스터형 인덱스가 생성된다(인덱스는 9장에서 자세히 살펴본다). 또한, 테이블에서는 기본 키를 하나 이상의 열에 설정할 수 있다. 즉, 회원아이디처럼 하나의 열에만 기본 키를 설정할 수도 있고, 두 개의 열을 합쳐서 기본 키로 설정할 수도 있다.

대부분의 테이블은 기본 키를 가져야 한다. 물론, 기본 키가 없이도 테이블의 구성이 가능하지만 실무적으로는 대부분의 테이블에는 기본 키를 설정해 줘야 한다고 생각하자.

기본 키를 생성하는 방법은 앞에서 실습했던 CREATE TABLE 문에 PRIMARY KEY라는 예약어를 넣어주면 된다.

```
CREATE TABLE userTbl
( userID   char(8) NOT NULL PRIMARY KEY,
  name     nvarchar(10) NOT NULL,
   --- 중간 생략 ---
```

이렇게 설정함으로 회원 아이디(userID)는 회원 테이블(userTbl)의 기본 키가 되었으며, 앞으로 입력되는 회원 아이디는 당연히 중복될 수도 없고, 비어(NULL)있을 수도 없다.

모든 제약 조건은 이름을 가지게 되는데, 이렇게 CREATE TABLE 구문 안에서 기본 키를 지정하게 되면 제약 조건의 이름은 SQL Server가 알아서 설정해주게 된다.

아마도 PK__userTbl__CB9A1CDFE820F8B5 식으로 이름이 주어지게 된다. 여기서 우리는 이름만으로도 이것이 어떤 것이지 파악이 가능한다. 즉, 'userTbl 테이블에 기본 키로 지정된 것' 정도로 파악이 충분히 가능할 것이다. 그런데 이름만으로는 어느 열에 기본 키가 설정되었는지를 파악하기가 어렵다.

테이블의 정보를 보기 위해서는 sp_help 프로시저를 사용하면 된다.

```
EXEC sp_help userTbl;
```

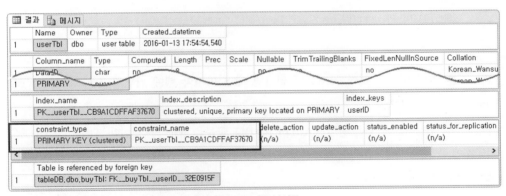

[그림 8-16] 테이블 정보 확인 – SQL Server가 자동으로 이름 붙여줌

제일 마지막에서 제약 조건의 타입과 제약 조건 이름, 그리고 제약 조건이 설정된 열도 확인된다. 이름이 조금 어려우므로, 직접 PK_userTbl_userID와 같은 이름을 붙여 주는 게 더 낫다. 즉, 이름만으로도 'PK가 userTbl 테이블의 userID 열에 지정됨'을 읽을 수 있다. 그러기 위해서는 아래와 같이 사용하면 된다.

```
CREATE TABLE userTbl
( userID   char(8) NOT NULL
         CONSTRAINT PK_userTbl_userID PRIMARY KEY ,
  name     nvarchar(10) NOT NULL,
    --- 중간 생략 ---
```

또 다른 방법으로 모든 열을 정의한 후에 제일 아래에 기본 키를 정의할 수도 있다. 이 방법은 다른 DBMS에서도 무난히 적용되는 방법이다.

```
DROP TABLE userTbl;
GO
CREATE TABLE userTbl
( userID     CHAR(8) NOT NULL ,
  --- 중간 생략 ---
  mDate      DATE,
  CONSTRAINT PK_userTbl_userID PRIMARY KEY (userID)
);
```

만약 기본 키의 이름을 지정할 필요가 없다면 제일 마지막 행에 간단히 'PRIMARY KEY (userID)'만 써줘도 된다.

제약 조건을 설정하는 또 다른 방법은 ALTER TABLE 구문을 사용하는 것이다. ALTER TABLE은 잠시 후에 좀 더 파악해보겠지만, 테이블을 수정하는 쿼리다.

다음과 같이 사용할 수 있다.

```
DROP TABLE userTbl;
GO
CREATE TABLE userTbl
( userID   char(8) NOT NULL,
  name     nvarchar(10) NOT NULL,
    --- 중간 생략 ---
);
GO
ALTER TABLE userTbl
    ADD CONSTRAINT PK_userTbl_userID
    PRIMARY KEY (userID);
GO
```

CREATE TABLE 안에 PRIMARY KEY 문으로 설정한 것과 동일한 결과다.

쉽게 알 수 있겠지만 다음과 같은 정도로 해석할 수 있다.

- ALTER TABLE userTbl: userTbl을 변경하자.
- ADD CONSTRAINT PK_userID: 제약 조건을 추가하자. 추가할 제약 조건 이름은 'PK_userTbl_userID' 이다.
- PRIMARY KEY (userID): 추가할 제약 조건은 기본 키 제약 조건이다. 그리고 제약 조건을 설정할 열은 userID 열이다.

기본 키는 각 테이블 별로 하나만 존재해야 하지만, 기본 키를 하나의 열로만 구성해야 하는 것은 아니다. 필요에 따라서 두 개 또는 그 이상의 열을 합쳐서 하나의 기본 키로 설정하는 경우도 종종 있다. 아래와 같은 간단한 '제품 테이블'을 생각해보자.

제품 코드	제품 일련 번호	제조일자	현 상태
AAA	0001	2019.10.10	판매완료
AAA	0002	2019.10.11	매장진열
BBB	0001	2019.10.12	재고창고
CCC	0001	2019.10.13	판매완료

만약 제품코드가 AAA가 냉장고, BBB가 세탁기, CCC가 TV라고 가정한다면 현재 제품코드만으로는 중복될 수밖에 없으므로, 기본 키로 설정할 수가 없다. 또한, 제품일련번호도 마찬가지로 각 제품별로 0001번부터 부여하는 체계라서 기본 키로 설정할 수 없다.

이러한 경우에는 '제품코드 + 제품일련번호'를 합친다면 유일한 값이 될 수 있으므로 기본 키로 사용할 수 있다.

```
CREATE TABLE prodTbl
( prodCode NCHAR(3) NOT NULL,
  prodID   NCHAR(4)  NOT NULL,
  prodDate SMALLDATETIME  NOT NULL,
  prodCur  NCHAR(10) NULL
);
GO
ALTER TABLE prodTbl
      ADD CONSTRAINT PK_prodTbl_proCode_prodID
      PRIMARY KEY (prodCode, prodID) ;
GO
```

또는 CREATE TABLE 구문 안에 직접 사용할 수도 있다.

```
DROP TABLE prodTbl;
GO
CREATE TABLE prodTbl
( prodCode NCHAR(3) NOT NULL,
  prodID   NCHAR(4)  NOT NULL,
  prodDate SMALLDATETIME  NOT NULL,
  prodCur  NCHAR(10) NULL,
  CONSTRAINT PK_prodTbl_proCode_prodID
        PRIMARY KEY (prodCode, prodID)
);
```

마지막 열 이후에 콤마(,)로 분리하고 제약 조건을 직접 지정할 수 있다.

EXEC sp_help prodTbl로 테이블의 정보를 확인하면 두 열이 합쳐져서 하나의 기본 키 제약 조건을 설정하고 있음이 확인된다.

	constraint_type	constraint_name	delete_action	update_action	status_enabled	status_for_replication	constraint_keys
1	PRIMARY KEY (clustered)	PK_prodTbl_proCode_prodID	(n/a)	(n/a)	(n/a)	(n/a)	prodCode, prodID

[그림 8-17] 두 열을 하나의 기본 키로 설정한 상태

또한, 개체 탐색기에서 해당 테이블을 선택한 후, 마우스 오른쪽 버튼을 클릭하고 [디자인]을 선택해서 확인하면 열쇠 모양이 두 개의 열에 표시되어 있다.

열 이름	데이터 형식	Null 허용
prodCode	nchar(3)	☐
prodID	nchar(4)	☐
prodDate	smalldatetime	☐
prodCur	nchar(10)	☑
		☐

[그림 8-18] SSMS의 개체 탐색기에서 확인

실무에서도 종종 발생되는 형태이므로 잘 기억해 두자.

외래 키 제약 조건

외래 키Foreign Key 제약 조건은 두 테이블 사이의 관계를 선언함으로써, 데이터의 무결성을 보장해주는 역할을 한다. 외래 키 관계를 설정하면 하나의 테이블이 다른 테이블에 의존하게 된다.

초보자의 경우에 외래 키를 정의하는 테이블과 외래 키가 참조하는 테이블을 가끔 혼동하는 경우가 있다.

[그림 8-1]의 예제를 통해 이해해보자. 쉽게 외래 키를 정의하는 테이블인 buyTbl을 '외래 키 테이블'이라고 부르고, 외래 키에 의해서 참고가 되는 테이블인 userTbl을 그냥 '기준 테이블'이라고 부르면 좀 더 직관적으로 이해하기가 쉬워진다.

우선, 외래 키 테이블에 데이터를 입력할 때는 꼭 기준 테이블을 참조해서 입력하므로, 기준 테이블에 이미 데이터가 존재해야 한다. 앞의 실습에서 buyTbl에 JYP(조용필)이 입력이 안 되는 것을 확인했다. 이것은 외래 키 제약 조건을 위반했기 때문이다.

또, 외래 키 테이블이 참조하는 기준 테이블의 열은 반드시 Primary Key이거나, Unique 제약 조건이 설정되어 있어야 한다. Unique 제약 조건은 잠시 후에 살펴보겠다.

외래 키를 생성하는 방법은 CREATE TABLE 내부에 FOREIGN KEY 키워드로 설정하는 방법이 있다.

```
DROP TABLE buyTbl, userTbl;
GO
CREATE TABLE userTbl
( userID   char(8) NOT NULL PRIMARY KEY,
   name     nvarchar(10) NOT NULL,
   --- 중간 생략 ---
);
GO
CREATE TABLE buyTbl
(  num int IDENTITY(1,1) NOT NULL PRIMARY KEY ,
   userid  char(8) NOT NULL
         FOREIGN KEY REFERENCES userTbl(userID),
   prodName nchar(6) NOT NULL,
   --- 중간 생략 ---
```

위 예제에서 보면 외래 키 테이블(buyTbl)의 열(userid)이 참조(references)하는 기준 테이블(userTbl)의 열(userID)은 기본 키로 설정되어 있는 것이 확인된다. 만약, 기준 테이블이 Primary Key 또는 Unique가 아니라면 외래 키 관계는 설정되지 않는다.

마찬가지로 직접 외래 키의 이름을 지정하기 위해서는 아래와 같이 사용하면 된다.

```
DROP TABLE buyTbl ;
GO
CREATE TABLE buyTbl
(  num int IDENTITY(1,1) NOT NULL PRIMARY KEY ,
   userid  char(8) NOT NULL
         CONSTRAINT FK_userTbl_buyTbl
         FOREIGN KEY REFERENCES userTbl(userID),
   prodName nchar(6) NOT NULL,
   --- 중간 생략 ---
```

외래 키 역시 제일 아래에 정의할 수도 있다.

```
DROP TABLE buyTbl;
GO
CREATE TABLE buyTbl
(  num    INT IDENTITY NOT NULL PRIMARY KEY,
   userID   CHAR(8) NOT NULL ,
   prodName NCHAR(6) NOT NULL,
   groupName    NCHAR(4)  ,
   price        INT  NOT NULL,
   amount       SMALLINT  NOT NULL,
   CONSTRAINT FK_userTbl_buyTbl
           FOREIGN KEY(userID) REFERENCES userTbl(userID)
);
```

만약 외래 키의 이름을 지정할 필요가 없다면 제일 마지막 행에 간단히 'FOREIGN KEY(userID) REFERENCES userTbl(userID)'만 써줘도 된다.

참고로, 이 예에서는 기준 테이블의 열 이름(userID)과 외래 키 테이블의 열 이름(userID)이 동일하지만 반드시 그래야 하는 것은 아니며 달라도 관계는 없다. 즉, buyTbl의 userID 열 이름이 myID 등으로 기준 테이블의 userID와 달라도 상관없다.

⚠ 열 이름은 대소문자를 안 가린다. 즉, userID와 USERid는 같은 이름이다.

또, 다른 방법으로는 ALTER TABLE 구문을 이용하는 것이다.

```
DROP TABLE buyTbl, userTbl;
GO
CREATE TABLE userTbl
(  userID  char(8) NOT NULL PRIMARY KEY,
   name     nvarchar(10) NOT NULL,
   --- 중간 생략 ---
);
GO
CREATE TABLE buyTbl
(  num int IDENTITY(1,1) NOT NULL PRIMARY KEY ,
   userid  char(8) NOT NULL ,
   prodName nchar(6) NOT NULL,
   --- 중간 생략 ---
```

```
    );
    GO
ALTER TABLE buyTbl
        ADD CONSTRAINT FK_userTbl_buyTbl
        FOREIGN KEY (userID)
        REFERENCES userTbl (userID) ;
```

설명을 덧붙이자면 다음과 같은 정도로 해석하면 된다.

- ALTER TABLE buyTbl: buyTbl 을 수정한다.
- ADD CONSTRAINT FK_userTbl_buyTbl: 제약 조건을 더한다. 제약 조건 이름은 'FK_userTbl_ buyTbl'로 명명한다.
- FOREIGN KEY (userID): 외래 키 제약 조건을 buyTbl의 userID에 설정한다.
- REFERENCES userTbl (userID): 참조할 기준 테이블은 userTbl 테이블의 userID 열이다.

설정된 외래 키 제약 조건은 마찬가지로 "EXEC sp_help buyTbl"로 확인할 수 있다.

	constraint_type	constraint_name	delete_action	update_action	status...	status_for_replication	constraint_keys
1	FOREIGN KEY	FK_userTbl_buyTbl	No Action	No Action	Enab...	Is_For_Replication	userID
2							REFERENCES tableDB,dbo,userTbl (userID)
3	PRIMARY KE...	PK__buyTbl__DF...	(n/a)	(n/a)	(n/a)	(n/a)	num

[그림 8-19] 외래 키 제약 조건 확인

여기서 잠깐

sp_help 저장 프로시저 외에도 sp_helpconstraint 저장 프로시저로 제약 조건을 확인할 수 있다. 또는 카탈로그 뷰를 사용할 수도 있다. 기본 키와 관련된 카탈로그 뷰는 sys.key_constraints이며, 외래 키와 관련된 것은 sys.foreign_keys가 있다. 사용법은 간단히 **SELECT * FROM 카탈로그뷰_이름**으로 확인하면 된다.

외래 키의 옵션 중에 ON DELETE CASCADE 또는 ON UPDATE CASCADE 옵션이 있는데, 이 옵션은 기준 테이블의 데이터가 변경되었을 때 외래 키 테이블도 자동으로 적용되도록 설정해준다.

예로, ON UPDATE CASCADE로 설정하면 [그림 8-1]에서 회원 테이블의 김범수의 ID인 KBS가 Kim으로 변경될 경우에, 구매 테이블의 KBS도 Kim으로 자동 변경된다.

```
ALTER TABLE buyTbl
        ADD CONSTRAINT FK_userTbl_buyTbl
        FOREIGN KEY (userID)
        REFERENCES userTbl (userID)
        ON UPDATE CASCADE;
```

별도로 지정하지 않으면 'ON UPDATE NO ACTION' 및 'ON DELETE NO ACTION'을 지정한 것과 동일하다. 즉, 회원 테이블의 회원 아이디가 변경되어도 아무런 일이 일어나지 않는다는 의미다. 더 자세한 사용법은 잠시 후에 실습에서 확인하자.

UNIQUE 제약 조건

UNIQUE 제약 조건은 '중복되지 않는 유일한 값'을 입력해야 하는 것이다. 이것은 기본 키와 거의 비슷하며 차이점은 UNIQUE는 NULL 값을 허용한다는 점뿐이다. 단, NULL도 한 개만 허용된다. NULL이 두 개라면 이미 유일^{unique}하지 않는 것이다.

회원 테이블을 예로 든다면 주로 Email 주소를 Unique로 설정하는 경우가 많이 있다.

다음은 기존의 회원 테이블에 E-Mail 열을 추가한 경우다. 세 문장은 모두 결과가 같다.

```
CREATE TABLE userTbl
( userID   char(8) NOT NULL PRIMARY KEY,
......
  email    char(30) NULL  UNIQUE
);

CREATE TABLE userTbl
( userID   char(8) NOT NULL PRIMARY KEY,
  ......
  email    char(30) NULL
         CONSTRAINT AK_email  UNIQUE
);

CREATE TABLE userTbl
( userID   char(8) NOT NULL PRIMARY KEY,
......
  email    char(30) NULL ,
  CONSTRAINT AK_email  UNIQUE (email)
);
```

위 두 번째 방법은 email 열의 정의와 같이 unique를 포함한 경우다. 그래서 콤마(,)로 분리되어 있지 않다. 위 세 번째 방법은 모든 열의 정의가 끝난 상태에서 별도로 Unique 제약 조건을 추가했다. 그래서 email 정의가 끝난 후에 콤마(,)로 구분되어 있다.

CHECK 제약 조건

CHECK 제약 조건은 입력되는 데이터를 점검하는 기능을 한다.

키에 마이너스 값이 들어올 수 없게 한다거나, 출생 연도가 1900년 이후이고 현재 시점 이전 이어야 한다든지 등의 조건을 지정한다. 간단한 사용 예를 몇 가지 보면 쉽게 이해될 것이다.

```
-- 출생년이 1900년 이후 그리고 현재의 연도 이전
ALTER TABLE userTbl
      ADD CONSTRAINT CK_birthYear
      CHECK  (birthYear >= 1900 AND birthYear <= YEAR(GETDATE())) ;
```

```
-- 휴대폰 국번 체크
ALTER TABLE userTbl
      ADD CONSTRAINT CK_mobile1
      CHECK  (mobile1 IN ('010','011','016','017','018','019')) ;
```

```
-- 키는 0이상이어야 함
ALTER TABLE userTbl
      ADD CONSTRAINT CK_height
      CHECK   (height >= 0) ;
```

CHECK 제약 조건을 설정한 후에는, 제약 조건에 위배되는 값은 입력이 안 된다. CHECK에 들어오는 조건은 SELECT 문의 WHERE 구문에 들어오는 조건과 거의 비슷한 것들이 들어오면 된다.

또한, ALTER TABLE 옵션 중에 'WITH CHECK'와 'WITH NOCHECK' 옵션이 있는데, 이는 기존에 입력된 데이터가 CHECK 제약 조건에 맞지 않을 경우에 어떻게 할지를 결정해준다.

예를 들어, userTbl의 mobile1 열에 이미 012(예전 삐삐 번호)가 입력된 사용자가 이미 있다면, 이 값을 무시하고 '전화번호 국번 체크' 제약 조건을 만들 것인지를 결정할 수 있다. 이미 입력된 012가 새로운 '전화번호 국번 체크' 제약 조건에 위배되지만, 무시하고 넘어가려면 아래와 같이 제약 조건을 생성한다.

```
        -- 전화번호 국번 체크
    ALTER TABLE userTbl
            WITH NOCHECK
            ADD CONSTRAINT CK_mobile1
            CHECK  (mobile1 IN ('010','011','016','017','018','019')) ;
```

자세한 사용법은 잠시 후 실습을 통해서 이해하자.

DEFAULT 정의

DEFAULT는 값을 입력하지 않았을 때, 자동으로 입력되는 기본 값을 정의하는 방법이다. 예를 들
어, 출생년도를 입력하지 않으면 그냥 현재의 연도를 입력하고, 주소를 특별히 입력하지 않았다면
서울이 입력되며, 키를 입력하지 않으면 170이라고 입력되도록 하고 싶다면 아래와 같이 정의할 수
있다.

```
    use tempdb;
    CREATE TABLE userTbl
    ( userID   char(8) NOT NULL PRIMARY KEY,
      name     nvarchar(10) NOT NULL,
      birthYear    int NOT NULL DEFAULT YEAR(GETDATE()),
      addr    nchar(2) NOT NULL DEFAULT N'서울',
      mobile1 char(3) NULL,
      mobile2   char(8) NULL,
      height    smallint NULL DEFAULT 170,
      mDate    date NULL unique
    );
```

또는, ALTER TABLE을 사용 시에 열을 지정하기 위해서 'FOR' 문을 사용한다.

```
use tempdb;
CREATE TABLE userTbl
( userID   char(8) NOT NULL PRIMARY KEY,
  name     nvarchar(10) NOT NULL,
  birthYear   int NOT NULL,
  addr    nchar(2) NOT NULL,
  mobile1 char(3) NULL,
  mobile2   char(8) NULL,
  height    smallint NULL,
  mDate    date NULL unique
);
GO
ALTER TABLE userTbl
       ADD CONSTRAINT CD_birthYear
              DEFAULT YEAR(GETDATE()) FOR birthYear;
GO
ALTER TABLE userTbl
         ADD CONSTRAINT CD_addr
              DEFAULT N'서울' FOR addr;
GO
ALTER TABLE userTbl
       ADD CONSTRAINT CD_height
            DEFAULT 170 FOR height;
GO
```

디폴트가 설정된 열에는 아래와 같은 방법으로 데이터를 입력할 수 있다.

```
-- default 문은 DEFAULT로 설정된 값을 자동 입력한다.
INSERT INTO userTbl VALUES ('LHL', N'이혜리', default, default, '011', '1234567',
       default, '2019.12.12');
-- 열이름이 명시되지 않으면 DEFAULT로 설정된 값을 자동 입력한다.
INSERT INTO userTbl(userID, name) VALUES('KAY', N'김아영');
-- 값이 직접 명기되면 DEFAULT로 설정된 값은 무시된다.
INSERT INTO userTbl VALUES ('WB', N'원빈', 1982, N'대전', '019', '9876543', 176,
       '2017.5.5');
GO
SELECT * FROM userTbl;
```

	userID	name	birthYear	addr	mobile1	mobile2	height	mDate
1	KAY	김아영	2016	서울	NULL	NULL	170	NULL
2	LHL	이혜리	2016	서울	011	1234567	170	2019-12-12
3	WB	원빈	1982	대전	019	9876543	176	2017-05-05

[그림 8-20] DEFAULT 확인

NULL 값 허용

계속 실습에서 나왔으므로, 이미 이해하고 있을 것이다. NULL 값을 허용하려면 NULL을, 허용하지 않으려면 NOT NULL을 사용한다. 하지만, PRIMARY KEY가 설정된 열에는 NULL 값이 있을 수 없으므로, 생략하면 자동으로 NOT NULL로 인식된다.

NULL 값은 '아무것도 없다'라는 의미다. 즉, 공백(' ')이나 0과 같은 값과는 다르다는 점에 주의해야 한다. 그 외에도 NULL 값에 대해서는 몇 가지 주목할 점이 있다.

⚠ NULL을 저장 시에 고정 길이 문자형(char, nchar)은 공간을 모두 차지하지만, 가변 길이 문자형(varchar, nvarchar)은 공간을 차지하지 않는다. 그러므로 NULL 값을 많이 입력한다면 가변 길이의 데이터 형식을 사용하는 것이 좋다.

실습3

NULL 값의 설정에 관한 내용을 확인해보자.

NULL 값을 허용하려면 각 열의 데이터 형식 다음에 'NULL'이라고 붙여주면 되고, 허용하지 않으려면 'NOT NULL'이라고 붙여주면 된다. 그런데 아무것도 붙이지 않았을 때, NULL 허용 여부는 얘기가 조금 복잡해진다.

데이터베이스의 옵션 중에 'ANSI_NULL_DEFAULT'(ANSI NULL 기본 값) 옵션이 있는데 이것이 OFF(또는 FALSE)로 설정되어 있으면, 아무것도 붙이지 않으면 NULL을 허용하지 않는 NOT NULL을 붙인 것과 동일하다.

우선 데이터베이스의 ANSI_NULL_DEFAULT를 OFF로 해놓고 테이블을 생성해보자.

```
USE tempdb;
CREATE DATABASE nullDB;
GO
ALTER DATABASE nullDB
    SET ANSI_NULL_DEFAULT OFF ; -- 따로 설정하지 않아도 기본은 OFF임
GO
USE nullDB;
CREATE TABLE t1 (id int);
GO
INSERT INTO t1 VALUES (NULL);
```

계획대로라면 위의 INSERT가 오류를 발생해야 한다. 데이터베이스에 아무것도 지정하지 않으면 NOT NULL이기 때문이다. 그런데도 NULL 값이 입력되었다.

테이블의 정보를 확인해보자.

```
EXEC sp_help t1;
```

	Name	Owner	Type	Created_datetime
1	t1	dbo	user table	2016-01-14 18:31:50,017

	Column_name	Type	Computed	Length	Prec	Scale	Nullable	TrimTrailingBlanks	FixedLenNullInSource	Collation
1	id	int	no	4	10	0	yes	(n/a)	(n/a)	NULL

	Identity		Seed	Increment	Not For Replication
1	column defined,	NULL		NULL	

[그림 8-21] t1 테이블 정보 확인

NULL 값이 허용으로 되어 있다. 왜일까? 답은 현재 세션(현재의 쿼리창)의 옵션 중에 ANSI_NULL_DFLT_ON 옵션이 있는데, 이 옵션이 ON으로 설정되어 있기 때문이다. 이 세션 옵션이 데이터베이스 옵션보다 더 우선 적용되기 때문에 아무것도 붙이지 않으면 NULL을 붙인 것과 동일한 효과를 주는 것이다.

세션의 옵션을 변경한 후에 실행해보자.

```
USE tempdb;
DROP DATABASE nullDB;
GO
CREATE DATABASE nullDB;
```

```
GO
ALTER DATABASE nullDB
    SET ANSI_NULL_DEFAULT OFF ;-- 따로 설정 하지 않아도 기본은 OFF임
GO
SET ANSI_NULL_DFLT_ON OFF ;
USE nullDB;
CREATE TABLE t1 (id int);
GO
INSERT INTO t1 VALUES (NULL);
```

오류 메시지:
메시지 515, 수준 16, 상태 2, 줄 1
테이블 'nullDB.dbo.t1', 열 'id'에 NULL 값을 삽입할 수 없습니다. 열에는 NULL을 사용할 수 없습니다. INSERT이(가) 실패했습니다.
문이 종료되었습니다.

다시 "EXEC sp_help t1"로 테이블 정보를 확인하면 [그림 8-23]의 Nullable이 no로 되어 있는 것이 확인된다.

step 3

지금 설정한 쿼리창의 옵션 ANSI_NULL_DFLT_ON 옵션은 새 쿼리창을 열면 다시 원래대로 돌아간다. 즉, SET 명령으로 변경한 ANSI_NULL_DFLT_ON 옵션은 세션(쿼리창)을 닫으면 다시 원래대로 돌아간다.

step 4

결론적으로 NULL과 NOT NULL을 직접 붙여주는 것을 적극 권장한다. 그러면 복잡하게 생각할 필요가 없으므로 실수할 일이 적어질 것이다.

step 5

nullDB를 삭제하자.

```
USE tempdb;
DROP DATABASE nullDB;
```

8.1.3 스파스 열

스파스 열Sparse Column은 간단히 'Null 값에 대해 최적화된 저장소가 있는 일반 열'로 정의할 수 있다.

⚠ 스파스 열은 SQL Server 2008부터 지원된다.

즉 NULL 값이 많이 들어갈 것으로 예상되는 열을 스파스 열로 지정해 놓으면, 공간 절약 효과가 커진다. 그러나 NULL 값이 별로 없는 열이라면 오히려 저장 공간의 크기가 더 필요해진다.

결국 스파스 열로 지정된 열에 NULL 값을 입력하면 지정된 데이터 크기보다 적게 공간을 차지하지만, 반대로 실제 값이 입력되면 오히려 공간을 더 차지하게 된다.

스파스 열로 지정하는 방법은 간단히 CREATE TABLE 또는 ALTER TABLE로 열을 정의할 때 뒤에 SPARSE 예약어만 써주면 된다. 간단한 실습을 통해서 이해하자.

실습4

스파스 열이 어떤 경우에 공간을 절약해 주는 효과를 얻는지 확인하자.

step 0

테스트용 DB를 생성한다.

```
USE tempdb;
CREATE DATABASE sparseDB;
```

step 1

동일한 열을 지닌 간단한 두 테이블을 생성한다. 단, 하나는 열 뒤에 SPARSE 예약어를 붙인다.

```
USE sparseDB;
CREATE TABLE charTbl ( id int identity, data char(100) NULL);
CREATE TABLE sparseCharTbl ( id int identity, data char(100) SPARSE NULL);
```

step 2

두 테이블에 데이터를 4만 건 정도 입력한다. 단, data 열에는 75%를 null 값으로 입력한다(아래 구문은 한꺼번에 선택한 후 실행해야 한다).

```
DECLARE @i INT = 0
WHILE @i < 10000
BEGIN
```

```
          INSERT INTO charTbl VALUES(null); -- null 값 3회
          INSERT INTO charTbl VALUES(null);
          INSERT INTO charTbl VALUES(null);
          INSERT INTO charTbl VALUES(REPLICATE('A',100)); -- 실제 데이터 1회
          INSERT INTO sparseCharTbl VALUES(null); -- null 값 3회
          INSERT INTO sparseCharTbl VALUES(null);
          INSERT INTO sparseCharTbl VALUES(null);
          INSERT INTO sparseCharTbl VALUES(REPLICATE('A',100)); -- 실제 데이터 1회
          SET @i += 1
      END
```

위 구문은 각 테이블에 3회 null 값, 1회 실제 데이터를 입력함으로써 null 3만 건, 실제 데이터 1만 건을 입력한 것이다.

---

step 3

현재 두 테이블에 들어간 데이터는 완전히 동일하다. 두 테이블의 저장 공간 크기를 비교해보자.

3-1 SSMS의 개체 탐색기에서 sparseDB의 '테이블'을 확장한 후에, 각 테이블을 선택한 후 마우스 오른쪽 버튼을 클릭하고 [속성]을 선택한다(sparseDB가 보이지 않으면 '데이터베이스'에서 새로 고침한다).

3-2 [테이블 속성] 창에서 [저장소] 페이지를 클릭하면 해당 테이블이 차지하는 데이터 공간을 확인할 수 있다.

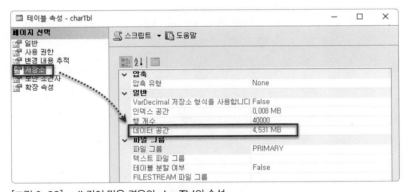

[그림 8-22] null 값이 많은 경우의 charTbl의 속성

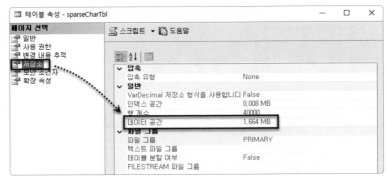

[그림 8-23] null 값이 많은 경우의 sparseCharTbl의 속성

이번 예제에서는 일반 열의 테이블 크기(약 4.5MB)보다 훨씬 작은 테이블 크기(약 1.6MB)를 가지고 있다. 즉, null 값이 많이 있는 열의 경우 sparse 예약어로 지정하면 공간 절약 효과가 있다.

step 4

null 값이 거의 없는 열에 SPARSE 예약어를 지정하면 그 크기가 어떤지 확인해보자.

4-1 이번에는 null 값이 없이 실제 데이터를 전부 4만 건 입력해보자.

```
TRUNCATE TABLE charTbl;  -- 전체 행 데이터삭제
TRUNCATE TABLE sparseCharTbl; -- 전체 행 데이터삭제
GO
DECLARE @i INT = 0
WHILE @i < 40000
BEGIN
    INSERT INTO charTbl VALUES(REPLICATE('A',100));
    INSERT INTO sparseCharTbl VALUES(REPLICATE('A',100));
    SET @i += 1
END
```

4-2 다시 각 테이블의 속성 정보의 [저장소] 페이지를 다시 확인해본다.

[그림 8-24] null 값이 없는 경우의 charTbl의 속성

[그림 8-25] null 값이 없는 경우의 sparseCharTbl의 속성

charTbl의 경우에는 null 값이 들어가든, 실제 데이터가 들어가든 그 크기의 차이가 없이 동일(약 4.5MB)하다.

⚠ char 데이터 형식은 고정 길이이므로 어떤 데이터가 들어가든지 그 크기만큼 확보하기 때문이라는 것을 기억할 것이다.

하지만, sparseCharTbl의 경우에는 null 값이 없자 오히려 더 크기가 charTbl보다 커진(약 5.0MB) 것이 확인된다. 즉, null 값이 별로 없는 경우에 스파스 열로 지정하면 오히려 공간을 더 낭비하는 역효과가 난다.

step 5

실습한 DB를 제거한다.

```
USE tempdb;
DROP DATABASE sparseDB;
```

이상 실습을 통해서 NULL 값이 많이 들어갈 예정인 열을 스파스 열로 지정해야 효과가 있었다. 또한, SELECT로 해당 열을 조회할 때 스파스 열로 지정된 경우 오히려 검색 속도가 느려진다. 그러므로 공간 절약이 약 40%는 되야 스파스 열로 지정하는 데 의미가 있다.

다음은 스파스 열로 지정할 때 약 40%의 공간절약 효과를 보기 위해서 각 데이터 형식별로 몇 %의 NULL 값이 있어야 하는지 나타낸 표다. 참고만 하자.

데이터 형식	NULL 비율	데이터 형식	NULL 비율
bit	98%	date	69%
smallint	86%	datetime2	57%
int	64%	varchar	60%
bigint	52%	char	60%
float	52%	nvarchar	60%
datetime	52%	nchar	60%

[표 8-1] 스파스 열로 지정 시 약 40%의 공간이 절약되는 주요 데이터 형식의 NULL 비율

또한, 스파스 열은 다음과 같은 몇 가지 제약 사항이 있다.

- geometry, geography, image, text, ntext, timestamp, UDT^{User Define data Type}에는 설정할 수 없다.
- 당연히 NULL을 허용해야 하며, IDENTITY 속성을 사용할 수 없다.
- FILESTREAM 특성을 포함할 수 없다.
- DEFAULT 값을 지정할 수 없다.
- 스파스 열을 사용하면 행의 최대 크기가 8,060바이트에서 8,018바이트로 줄어든다.
- 스파스 열이 포함된 테이블은 압축할 수가 없다.

위 제약 사항을 참조해서 스파스 열을 적절하게 잘 활용하면 공간 절약의 효과를 얻을 수 있다.

8.1.4 임시 테이블

임시 테이블은 이름처럼 임시로 잠깐 사용되는 테이블이다. 테이블을 만들 때 테이블 이름 앞에 '#' 또는 '##'을 붙이면 임시 테이블로 생성된다. 임시 테이블은 tempdb에 생성될 뿐, 나머지 사용법 등은 일반 테이블과 동일하게 사용할 수 있다.

#을 앞에 붙인 테이블은 로컬 임시 테이블이라고 부르는데, 이는 테이블을 생성한 사람만 사용할 수 있다. 즉 다른 사용자는 해당 테이블의 존재조차도 모른다. ##을 앞에 붙인 테이블은 전역 임시 테이블이라고 부르는데, 이는 모든 사용자가 사용할 수 있는 테이블이다.

임시 테이블이 삭제되는 시점은 아래와 같다.

- 사용자가 DROP TABLE 로 직접 삭제
- SQL Server가 다시 시작되면 삭제
  - → 임시 테이블은 tempdb에 생성되는데, SQL Server가 재시작되면 tempdb도 다시 생성
- 로컬 임시 테이블은 생성한 사용자의 연결이 끊기면 삭제됨(즉, 쿼리창이 닫히면 삭제됨)
- 전역 임시 테이블은 생성한 사용자의 연결이 끊기고 이 테이블을 사용 중인 사용자가 없을 때 삭제

실습5

임시 테이블을 사용하자.

step 0

모든 쿼리창을 닫고, 쿼리창을 하나 새로 연다('쿼리창1'이라고 부르겠다).

step 1

(쿼리창1) 로컬 임시 테이블(#)과 전역 임시 테이블(##)을 생성해보자.

```
USE tableDB;
CREATE TABLE #tempTbl (ID  INT,  txt NVARCHAR(10));
GO
CREATE TABLE ##tempTbl (ID  INT,  txt NVARCHAR(10));
GO
```

step 2

(쿼리창1)데이터를 입력한다.

```
INSERT INTO #tempTbl VALUES(1, N'지역임시테이블');
INSERT INTO ##tempTbl VALUES(2, N'전역임시테이블');
GO
```

step 3

(쿼리창1)테이블을 조회한다.

```
SELECT * FROM #tempTbl ;
SELECT * FROM ##tempTbl;
```

	ID	txt
1	1	지역임시테이블

	ID	txt
1	2	전역임시테이블

[그림 8-26] 임시 테이블 조회 1

step 4

(쿼리창1) 임시 테이블은 어느 데이터베이스에서도 동일하게 조회가 가능하다. 즉, 현재 선택된 데이터베이스와 관계없이 항상 tempdb에서 조회한다.

```
USE master;
SELECT * FROM #tempTbl ;
SELECT * FROM ##tempTbl ;
```

새로운 쿼리창을 하나 열고, 조회해본다(쿼리창2라고 부르겠다).

5-1 (쿼리창2)우선 전역 임시 테이블을 조회해본다. 결과가 잘 나온다.

```
SELECT * FROM ##tempTbl;
```

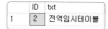

[그림 8-27] 임시 테이블 조회 2

5-2 (쿼리창2) 지역 임시 테이블은 세션(쿼리창)이 다르므로 조회가 안 된다.

```
SELECT * FROM #tempTbl;
```

메시지 208, 수준 16, 상태 0, 줄 1
개체 이름 '#tempTbl'이(가) 잘못되었습니다.

(쿼리창2) 아래를 수행한다. 이는 전역 임시 테이블을 계속 사용 중으로 설정하는 것이다.

```
BEGIN TRAN
        INSERT INTO ##tempTbl VALUES (2,  N'새 쿼리창에서 입력');
```

⚠ BEGIN TRAN이 나온 후에 Insert, Update, Delete 등이 나오면 COMMIT TRAN이 나올 때 까지는 실제로 완전히 적용된 상태가 아니다. 즉, 해당 테이블을 사용 중으로 보면 된다.

처음에 사용하던 쿼리창1을 닫는다(저장할 필요는 없다).
당연히 지역 임시 테이블은 자동 삭제된다.

트랜잭션을 커밋하고 전역 임시 테이블이 보이는지 확인하자.

8-1 (쿼리창2) 전역 임시 테이블을 조회해본다.

```
SELECT * FROM ##tempTbl;
```

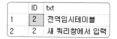

[그림 8-28] 임시 테이블 조회 3

전역 임시 테이블을 생성했던 쿼리창1이 닫히기는 했지만, step 6 에서 전역 임시 테이블을 사용 중이므로 아직은 잘 보인다.

8-2 (쿼리창2) 트랜잭션을 커밋하고, 다시 조회해본다.

```
COMMIT TRAN;
SELECT * FROM ##tempTbl;

메시지208, 수준16, 상태1, 줄2
개체이름'##tempTbl'이(가) 잘못되었습니다.
```

전역 임시 테이블도 더 이상 사용하는 사용자가 없고, 기존의 생성했던 세션(쿼리창1)도 이미 닫혔으므로 자동 삭제된다.

8.1.5 테이블 삭제

테이블 삭제는 간단히 다음과 같은 형식을 사용한다.

```
DROP TABLE 테이블이름 ;
```

단, 주의할 사항은 외래 키FOREIGN KEY 제약 조건의 기준 테이블은 삭제할 수가 없다. 먼저, 외래 키가 생성된 외래 키 테이블을 삭제해야 한다. [그림 8-1]의 경우에 구매 테이블(buyTbl)이 아직 존재하는데, 회원 테이블(userTbl)을 삭제할 수 없다. 먼저, 구매 테이블(buyTbl)을 삭제한 후에, 회원 테이블(userTbl)을 삭제해야 한다. 여러 개의 테이블을 동시에 삭제하려면 "DROP TABLE 테이블1, 테이블2, 테이블3" 식으로 계속 나열하면 된다.

8.1.6 테이블 수정

테이블의 수정은 ALTER TABLE 문을 사용한다. 앞에서 제약 조건을 추가할 경우에 ALTER TABLE 구문을 사용해 왔는데, 이미 생성된 테이블에 무엇인가를 추가/변경/수정/삭제하는 것은 모두 ALTER TABLE을 사용한다.

SQL Server 2016 도움말에 나오는 형식은 아래와 같다.

```
ALTER TABLE [ database_name . [ schema_name ] . ¦ schema_name . ] table_name
{
    ALTER COLUMN column_name
    {
        [ type_schema_name. ] type_name
            [ (
                {
                    precision [ , scale ]
                ¦ max
                ¦ xml_schema_collection
                }
            ) ]
        [ COLLATE collation_name ]
        [ NULL ¦ NOT NULL ] [ SPARSE ]
      ¦ { ADD ¦ DROP }
          { ROWGUIDCOL ¦ PERSISTED ¦ NOT FOR REPLICATION ¦ SPARSE ¦ HIDDEN }
      ¦ { ADD ¦ DROP } MASKED [ WITH ( FUNCTION = ' mask_function ') ]
    }
    [ WITH ( ONLINE = ON ¦ OFF ) ]
    ¦ [ WITH { CHECK ¦ NOCHECK } ]

    ¦ ADD
    {
        <column_definition>
      ¦ <computed_column_definition>
      ¦ <table_constraint>
      ¦ <column_set_definition>
    } [ ,...n ]
        ¦ PERIOD FOR SYSTEM_TIME
            ( system_start_time_column_name, system_end_time_column_name )
                [ system_start_time_column_name datetime2 GENERATED ALWAYS
                    AS ROW START [ HIDDEN ] [ NOT NULL ]
                  , system_end_time_column_name datetime2 GENERATED ALWAYS
                    AS ROW END [ HIDDEN ] [ NOT NULL ]
                ]
    ¦ DROP
    [ {
        [ CONSTRAINT ] [ IF EXISTS ]
        {
                constraint_name
                [ WITH
```

```
                 ( <drop_clustered_constraint_option> [ ,...n ] )
             ]
         } [ ,...n ]
         | COLUMN  [ IF EXISTS ]
         {
             column_name
         } [ ,...n ]
         | PERIOD FOR SYSTEM_TIME
     } [ ,...n ]    (… 중간 생략 …)
    }
    [ ; ]
```

아래 부분을 생략했음에도 구문이 상당히 길고 복잡하다. 특히, SQL Server 2016부터는 동적 데이터 마스킹과 관련된 'MASKED' 문이 추가되어 더욱 복잡해 보인다. 하지만, 실제로 많이 사용되는 것들은 그리 복잡하지 않다. 그냥 다음에 나오는 예로 익히자.

열 추가

[그림 8-1]의 회원 테이블(userTbl)에 회원의 홈페이지 주소를 추가하려면 아래와 같다.

```
USE tableDB;
ALTER TABLE userTbl
      ADD homepage NVARCHAR(30)  -- 열추가
          DEFAULT 'http://www.hanb.co.kr' -- 디폴트값
          NULL; -- Null 허용함
```

열을 추가하면 기본적으로 가장 뒤에 추가가 된다. 이 열의 순서를 변경하는 가장 쉬운 방법은 SSMS의 개체 탐색기에서 해당 테이블은 선택한 후에, 마우스 오른쪽 버튼을 클릭하고 [디자인]을 선택하고 아래 그림과 같이 위치를 옮길 열의 앞부분을 마우스로 드래그 해서 원하는 위치에 가져다 놓으면 된다. 변경 후에 저장 아이콘을 클릭해 변경사항을 저장한다.

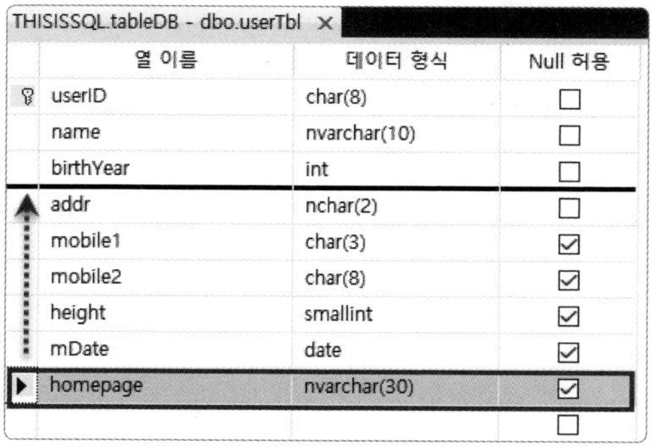

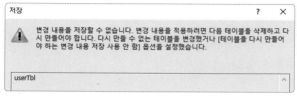

[그림 8-29] 열의 순서 변경

⚠ SQL Server의 개체 탐색기에서 테이블을 변경한 후에 저장 시에 다음과 같은 오류 메시지가 나올 수 있다.

[그림 8-30] 오류 창

이런 경우에는 우선 〈취소〉 버튼을 눌러서 취소한 후, SSMS 메뉴 [도구] 》》[옵션]을 선택해서 아래와 같이 [디자이너] 》》[테이블 및 데이터베이스 디자이너]를 클릭해서, 테이블 옵션 중에서 〈테이블을 다시 만들어야 하는 변경 내용 저장 사용 안 함〉의 체크를 끄면 된다. 그리고 테이블을 다시 저장하면 잘 저장된다.

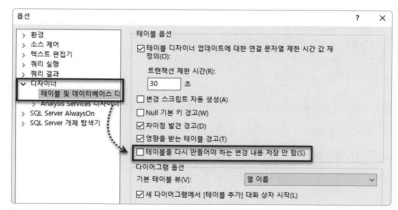

[그림 8-31] 옵션 변경

변경된 열의 순서는 SSMS의 개체 탐색기나 "EXEC sp_help userTbl"로 확인할 수 있다.

	Column_name	Type	Computed	Length	Prec	Scale	Nullable	TrimTrailingBlanks	FixedLenNullInSource	Collation
1	userID	char	no	8			no	no	no	Korean_Wansung_CI_AS
2	name	nvarchar	no	20			no	(n/a)	(n/a)	Korean_Wansung_CI_AS
3	birthYear	int	no	4	10	0	no	(n/a)	(n/a)	NULL
4	homepage	nvarchar	no	60			yes	(n/a)	(n/a)	Korean_Wansung_CI_AS
5	addr	nchar	no	4			no	(n/a)	(n/a)	Korean_Wansung_CI_AS
6	mobile1	char	no	3			yes	no	yes	Korean_Wansung_CI_AS
7	mobile2	char	no	8			yes	no	yes	Korean_Wansung_CI_AS
8	height	smallint	no	2	5	0	yes	(n/a)	(n/a)	NULL
9	mDate	date	no	3	10	0	yes	(n/a)	(n/a)	NULL

[그림 8-32] 열 순서 확인

열 삭제

[그림 8-1]의 전화번호 열을 삭제하려면 아래와 같다.

```
ALTER TABLE userTbl
        DROP COLUMN mobile1;
```

그런데 mobile1 열은 특별한 제약 조건이 없기 때문에 삭제에 별 문제가 없지만, 제약 조건이 걸린 열을 삭제할 경우에는 제약 조건을 먼저 삭제한 후에 열을 삭제해야 한다.

이는 잠시 후 실습을 통해서 확인하자.

열의 데이터 형식 변경

[그림 8-1]의 회원이름(name) 열의 데이터 형식을 NVARCHAR(10)로 변경하고, NULL 값도 허용하려면 아래와 같이 사용한다.

```
ALTER TABLE userTbl
        ALTER COLUMN name  NVARCHAR(20) NULL ;
```

마찬가지로 제약 조건이 걸려있는 열은 좀 문제가 있다. 이것도 잠시 후의 실습에서 확인해 보겠다.

열의 이름을 변경하기 위해서는 sp_rename 시스템 저장 프로시저를 사용해야 한다. 만약, name 열을 username으로 변경하려면 다음과 같이 사용한다.

```
EXEC sp_rename 'userTbl.name', 'username', 'COLUMN' ;
```

⚠ sp_rename 사용시, 결과 메시지에 "개체 이름 부분을 변경하면 스크립트 및 저장 프로시저를 손상시킬 수 있습니다."라는 주의가 나올 수는 있으나, 변경은 된다. 이 주의에 써진 것처럼 name 열을 사용하도록 지정된 저장 프로시저, 트리거 등은 문제가 발생할 수 있다는 의미다. 그러므로 되도록 열의 이름을 변경하지 않는 것이 바람직하다.

또, 다른 방법으로는 개체 탐색기에서 테이블을 선택한 후, 마우스 오른쪽 버튼을 클릭하고 [디자인]을 선택한다. 그리고 간단히 열 이름을 변경하면 된다. 그리고 테이블을 저장한다.

열 이름	데이터 형식	Null 허용
🔑 userID	char(8)	☐
username	nvarchar(20)	☑
birthYear	int	☐
homepage	nvarchar(30)	☑
▶ userAddress	nchar(2)	☐
mobile2	char(8)	☑
height	smallint	☑
mDate	date	☑
		☐

[그림 8-33] 개체 탐색기로 열 이름 변경

열의 제약 조건 추가 및 삭제

열의 제약 조건을 추가하는 것은 앞에서 여러 번 확인했다.

제약 조건을 삭제하는 것도 간단하다. 예를 들어, 사람 키의 DEFAULT 제약 조건을 삭제하려면 아래와 같이 사용한다(앞에서 CD_height 제약 조건을 설정한 userTbl은 tempdb에 만들었다).

```
ALTER TABLE userTbl
    DROP CONSTRAINT CD_height ; -- 제약 조건의 이름
```

실습6

지금까지 익힌 테이블의 제약 조건 및 수정 방법을 실습을 통해서 익히자.

step 1

조건을 제외하고 [그림 8-1]의 테이블을 다시 만들자. 단, 구매 테이블(buyTbl)의 num 열만 IDENTITY 속성을 준다.

```
USE tableDB;
DROP TABLE buyTbl, userTbl;
GO
CREATE TABLE userTbl
( userID   char(8),
  name     nvarchar(10),
  birthYear  int,
  addr     nchar(2),
  mobile1  char(3),
  mobile2  char(8),
  height   smallint,
  mDate    date
);
GO
CREATE TABLE buyTbl
(  num int IDENTITY,
   userid  char(8),
   prodName nchar(6),
   groupName nchar(4),
   price    int ,
   amount   smallint
);
GO
```

step 2

먼저 각각의 테이블에 데이터를 테이블당 4건씩만 입력하자. 입력 시에 김범수의 출생년도는 모르는 것으로 NULL 값을 넣고, 김경호의 출생년도는 1871년으로 잘못 입력해보자.

```
INSERT INTO userTbl VALUES('LSG', N'이승기', 1987, N'서울', '011', '1111111', 182, '2008-8-8');
INSERT INTO userTbl VALUES('KBS', N'김범수', NULL, N'경남', '011', '2222222', 173, '2012-4-4');
INSERT INTO userTbl VALUES('KKH', N'김경호', 1871, N'전남', '019', '3333333', 177, '2007-7-7');
INSERT INTO userTbl VALUES('JYP', N'조용필', 1950, N'경기', '011', '4444444', 166, '2009-4-4');
GO
INSERT INTO buyTbl VALUES('KBS', N'운동화', NULL   , 30,   2);
INSERT INTO buyTbl VALUES('KBS', N'노트북', N'전자', 1000, 1);
INSERT INTO buyTbl VALUES('JYP', N'모니터', N'전자', 200,  1);
INSERT INTO buyTbl VALUES('BBK', N'모니터', N'전자', 200,  5);
GO
```

아직 FOREIGN KEY 제약 조건이 설정된 것이 아니므로 userTbl에 BBK(바비킴) 회원이 없지만, 입력은 잘 되었다. 또, NULL이 기본적으로 모두 허용되어 있어서 NULL 값도 모두 들어갔다.

제약 조건을 생성하자.

3-1 우선 [그림 8-1]의 기본 키 제약 조건을 생성하자.

```
ALTER TABLE userTbl
    ADD CONSTRAINT PK_userTbl_userID
    PRIMARY KEY (userID);
```

오류 메시지:
메시지 8111, 수준 16, 상태 1, 줄 1
테이블 'userTbl'의 Null 허용 열에 PRIMARY KEY 제약 조건을 정의할 수 없습니다.
메시지 1750, 수준 16, 상태 0, 줄 1
제약 조건을 만들 수 없습니다. 이전 오류를 참조하십시오.

오류가 발생했다. 오류에 나온 것처럼 PRIMARY KEY로 지정하기 위해서는 NOT NULL로 열이 설정되어 있어야 한다.

3-2 기본 키로 지정할 userTbl의 userID와 buyTbl의 num을 NOT NULL로 지정하고, 기본 키로 설정한다.

```
ALTER TABLE userTbl
    ALTER COLUMN userID   char(8) NOT NULL ;
GO
ALTER TABLE userTbl
    ADD CONSTRAINT PK_userTbl_userID
        PRIMARY KEY (userID) ;
GO
ALTER TABLE buyTbl
    ADD CONSTRAINT PK_buyTbl_num
        PRIMARY KEY (num) ;
```

buyTbl의 num에는 NOT NULL을 지정하지 않았는데 오류가 나지 않고 PRIMARY KEY로 지정되었다. 왜냐하면 IDENTITY 속성을 지정하면 자동으로 NOT NULL 속성을 갖게 되기 때문이다.

외래 키를 설정해보자.

4-1 이번에는 [그림 8-1]의 외래 키 테이블 buyTbl의 userid 열에 FOREIGN KEY를 설정하자. 기준 테이블 userTbl의 userID를 기준으로 한다.

```
ALTER TABLE buyTbl
    ADD CONSTRAINT FK_userTbl_buyTbl
        FOREIGN KEY (userID)
        REFERENCES userTbl (userID);
```

오류 메시지:

메시지 547, 수준 16, 상태 0, 줄 1

ALTER TABLE 문이 FOREIGN KEY 제약 조건 "FK_userTbl_buyTbl"과(와) 충돌했습니다. 데이터베이스 "tableDB", 테이블 "dbo.userTbl", column 'userID'에서 충돌이 발생했습니다.

오류가 발생했다. 그 이유는 buyTbl에는 BBK(바비킴)의 구매기록이 있는데, BBK 아이디가 userTbl에는 존재하지 않기 때문이다.

여기서 회원 테이블에 BBK를 입력하면 간단히 해결되기는 한다. 하지만, 더 생각해볼 문제가 있다.

실제 업무에서는 테이블을 완벽하게 설계해 놓은 상태에서 데이터를 하나씩 입력하는 경우도 있겠지만, 그렇지 않은 경우도 많이 있다. 즉, 기존에 많은 데이터가 존재하고 그 데이터를 모두 입력한 상태에서 두 테이블의 외래 키 제약 조건을 설정해야 하는 경우도 종종 발생한다. 지금 같은 경우가 그러한 경우다.

외래 키 제약 조건이 맺어지려면 외래 키 테이블에 입력된 데이터는 모두 기준 테이블에 존재해야 하는 것이 원칙이지만, 수십~수백만 건의 데이터가 이미 입력된 상태라면 지금처럼 데이터 불일치가 발생하는 경우가 많이 있을 것이다. 그렇다면 모든 데이터를 완전하게 해놓은 상태에서 외래 키 관계를 맺어줄 것인가? 현실적으로 어려운 일이다.

그래서, 기존의 입력된 값이 서로 불일치 하더라도 무시하고 외래 키 제약 조건을 맺어줄 필요가 있다.

4-2 ALTER TABLE에서 WITH NOCHECK 문과 함께 사용하면 이미 입력된 데이터의 무결성을 무시하고 외래 키 관계가 설정된다. 아무것도 써주지 않으면 기본 설정이 WITH CHECK므로, 데이터의 무결성을 검사한다.

```
ALTER TABLE buyTbl WITH NOCHECK
    ADD CONSTRAINT FK_userTbl_buyTbl
        FOREIGN KEY (userID)
        REFERENCES userTbl (userID);
```

외래 키 관계가 잘 맺어졌을 것이다. 참고로 WITH NOCHECK 옵션은 FOREIGN KEY 제약 조건과 CHECK 제약 조건에만 설정되고, PRIMARY KEY나 UNIQUE 제약 조건에는 해당되지 않는다.

4-3 [그림 8-1] buyTbl의 다섯 번째 데이터를 하나 입력해보자. 잘 입력될 것이다.

```
INSERT INTO buyTbl VALUES('KBS', N'청바지', N'의류', 50,    3);
```

4-4 [그림 8-1] buyTbl의 여섯 번째 데이터를 하나 입력해보자.

```
INSERT INTO buyTbl VALUES('BBK', N'메모리', N'전자', 80, 10);
```

오류 메시지:
메시지 547, 수준 16, 상태 0, 줄 1
INSERT 문이 FOREIGN KEY 제약 조건 "FK_userTbl_buyTbl"과(와) 충돌했습니다. 데이터베이스 "tableDB", 테이블 "dbo.userTbl", column 'userID'에서 충돌이 발생했습니다.

외래 키가 연결되어 활성화된 상태이므로 새로 입력하는 데이터는 모두 외래 키 제약 조건을 만족해야 한다. BBK가 아직 userTbl에 없기 때문에 나오는 오류다.

물론, 여기서도 userTbl에 BBK를 입력한 후에, 다시 buyTbl에 입력해도 되지만, 어떤 경우에는 대량의 buyTbl을 먼저 모두 입력해야 하는 경우도 있다. 그 건수는 수백만 건 이상의 대용량일 수도 있다.

이럴 때는 buyTbl에 데이터를 입력하는 동안에 잠시 외래 키 제약 조건을 비활성화시키고, 데이터를 모두 입력한 후에 다시 외래 키 제약 조건을 활성화시키면 된다.

4-5 외래 키 제약 조건을 잠깐 비활성화하고, 데이터를 모두 입력한 후에 다시 외래 키 관계를 활성화하자.

제약 조건을 비활성화 시키려면 'NOCHECK CONSTRAINT 제약_조건_이름'을 사용하면 된다. 다시 활성화를 위해서는 'CHECK CONSTRAINT 제약_조건_이름'으로 사용한다.

만약, 모든 제약 조건을 체크하지 않으려면 'NOCHECK CONSTRAINT ALL'이라고 써주면 된다.

```
ALTER TABLE buyTbl
    NOCHECK CONSTRAINT FK_userTbl_buyTbl ;
GO
INSERT INTO buyTbl VALUES('BBK', N'메모리', N'전자', 80, 10);
INSERT INTO buyTbl VALUES('SSK', N'책'   , N'서적', 15,  5);
INSERT INTO buyTbl VALUES('EJW', N'책'   , N'서적', 15,  2);
INSERT INTO buyTbl VALUES('EJW', N'청바지', N'의류', 50,  1);
INSERT INTO buyTbl VALUES('BBK', N'운동화', NULL  , 30,  2);
INSERT INTO buyTbl VALUES('EJW', N'책'   , N'서적', 15,  1);
INSERT INTO buyTbl VALUES('BBK', N'운동화', NULL  , 30,  2);
GO
ALTER TABLE buyTbl
    CHECK CONSTRAINT FK_userTbl_buyTbl;
GO
```

buyTbl의 구성을 완료하였다.

이번에는 userTbl의 출생년도를 1900 ~ 현재까지만 설정하자.

```
ALTER TABLE userTbl
    ADD CONSTRAINT CK_birthYear
    CHECK
        (birthYear >= 1900 AND birthYear <= YEAR(GETDATE())) ;
```

위 구문은 오류가 발생한다. 이제는 오류의 원인을 알 수 있을 것이다. 입력 시에 김범수의 출생년도는 모르는 것으로 NULL 값을 넣고, 김경호의 출생년도는 1871년으로 잘못 입력했기 때문이다. 당연히 몇 십만 건의 데이터에서 이러한 오류를 잡아내는 것은 무리이므로 그냥 무시하고 CHECK 제약 조건을 설정하자.

```
ALTER TABLE userTbl
    WITH NOCHECK
    ADD CONSTRAINT CK_birthYear
    CHECK
        (birthYear >= 1900 AND birthYear <= YEAR(GETDATE())) ;
```

혹시, 혼동할 수 있을 것 같아 다시 정리하면, WITH NOCHECK 옵션은 제약 조건을 생성할 때 기존의 데이터를 검사하는 것을 무시하는 것이지, 설정한 후에는 당연히 제약 조건이 작동된다. 즉, WITH CHECK 옵션은 ADD CONSTRAINT 순간에만 기존 데이터가 제약 조건에 맞는지 검사하고, 검사 후에는 바로 소멸된다.

이와 달리, **4-5**의 NOCHECK CONSTRAINT는 한 번 설정하면, CHECK CONSTRAINT를 해줄 때까지 계속 입력되는 데이터의 검사를 생략한다.

나머지 userTbl의 데이터도 입력하자.

```
INSERT INTO userTbl VALUES('SSK', '성시경', 1979, '서울', NULL , NULL , 186, '2013-12-12');
INSERT INTO userTbl VALUES('LJB', '임재범', 1963, '서울', '016', '6666666', 182, '2009-9-9');
INSERT INTO userTbl VALUES('YJS', '윤종신', 1969, '경남', NULL , NULL , 170, '2005-5-5');
INSERT INTO userTbl VALUES('EJW', '은지원', 1972, '경북', '011', '8888888', 174, '2014-3-3');
INSERT INTO userTbl VALUES('JKW', '조관우', 1965, '경기', '018', '9999999', 172, '2010-10-10');
INSERT INTO userTbl VALUES('BBK', '바비킴', 1973, '서울', '010', '0000000', 176, '2013-5-5');
```

이제부터는 정상적으로 운영하면 된다.

이번에는 바비킴 회원이 자신의 ID를 변경해달라고 한다. 즉, BBK이 아니라 VVK으로 변경하는 경우다.

8-1 UPDATE 문으로 변경해보자.

```
UPDATE userTbl SET userID = 'VVK' WHERE userID='BBK';
```

오류 메시지:
메시지 547, 수준 16, 상태 0, 줄 1
UPDATE 문이 REFERENCE 제약 조건 "FK_userTbl_buyTbl"과(와) 충돌했습니다. 데이터베이스 "tableDB", 테이블 "dbo.buyTbl", column 'userid'에서 충돌이 발생했습니다.

오류가 발생했다. BBK는 이미 buyTbl에서 구매한 기록이 있으므로 바뀌지 않는 것이다.

어떻게 할까? 앞에서 나왔듯이 잠깐 제약 조건을 비활성화한 후에, 데이터를 변경하고 다시 활성화시켜보자.

8-2 NOCHECK CONSTRAINT를 사용하자.

⚠ 이쯤에서 제약 조건의 이름이 기억이 잘 안 나면 먼저 "EXEC sp_help 테이블_이름"으로 확인한다.

```
ALTER TABLE buyTbl
      NOCHECK CONSTRAINT FK_userTbl_buyTbl;
GO
UPDATE userTbl SET userID = 'VVK' WHERE userID='BBK';
GO
ALTER TABLE buyTbl
      CHECK CONSTRAINT FK_userTbl_buyTbl;
```

정상적으로 수행되었을 것이다.

8-3 이번에는 구매 테이블(buyTbl)의 사용자에게 물품 배송을 위해서 회원 테이블과 조인시켜보자.
즉, 구매한 회원 아이디, 회원 이름, 구매한 제품, 주소, 연락를 출력해보자(아래 구문이 이해가 안 되면, 7장의 INNER JOIN 부분을 다시 살펴본다).

```
SELECT B.userid, U.name, B.prodName, U.addr, U.mobile1 + U.mobile2  AS [연락처]
    FROM buyTbl B
      INNER JOIN userTbl U
        ON B.userid = U.userid ;
```

	userid	name	prodName	addr	연락처
1	KBS	김범수	운동화	경남	0112222222
2	KBS	김범수	노트북	경남	0112222222
3	JYP	조용필	모니터	경기	0114444444
4	KBS	김범수	청바지	경남	0112222222
5	SSK	성시경	책	서울	NULL
6	EJW	은지원	책	경북	0118888888
7	EJW	은지원	청바지	경북	0118888888
8	EJW	은지원	책	경북	0118888888

[그림 8-34] 결과 값 1

잘 나온 것 같지만, 눈치 빠른 독자는 뭔가 이상한 점을 느꼈을 것이다. 구매한 개수가 [그림 8-1]에는 12건이고 앞에서 12건을 모두 입력했는데, 지금은 8건밖에 나오지가 않았다. 4건은 어디 갔을까?

8-4 혹시 구매 테이블에 8건만 입력된 것은 아닌지 확인하자.

```
SELECT COUNT(*) FROM buyTbl;
```

데이터의 건수는 12건이 제대로 나왔을 것이다.

8-5 그렇다면 외부 조인(OUTER JOIN)으로 구매 테이블의 내용을 모두 출력해보자. 그리고 아이디로 정렬해보자.

```
SELECT B.userid, U.name, B.prodName, U.addr, U.mobile1 + U.mobile2  AS [연락처]
    FROM buyTbl B
      LEFT OUTER JOIN userTbl U
        ON B.userid = U.userid
    ORDER BY B.userid ;
```

	userid	name	prodName	addr	연락처
1	BBK	NULL	모니터	NULL	NULL
2	BBK	NULL	메모리	NULL	NULL
3	BBK	NULL	운동화	NULL	NULL
4	BBK	NULL	운동화	NULL	NULL
5	EJW	은지원	책	경북	0118888888
10	EJW	김범	책	경	011 888
11	KBS	김범수	노트북	경남	0112222222
12	SSK	성시경	책	서울	NULL

[그림 8-35] 결과 값 2

결과 값을 확인해보니 BBK라는 아이디를 가진 회원은 이름, 주소, 연락처가 없다. 즉, userTbl에는 존재하지 않는다. 앗! 기억이 난다. 우리가 앞에서 바비킴(BBK)의 아이디를 'VVK'로 변경해서 이러한 현상이 발생했다. 따라서 함부로 외래 키 제약 조건을 끊고 데이터를 수정하는 것은 주의해야 한다.

8-6 우선 바바킴의 아이디를 원래 것으로 돌려놓자.

```
ALTER TABLE buyTbl
    NOCHECK CONSTRAINT FK_userTbl_buyTbl;
GO
UPDATE userTbl SET userID = 'BBK' WHERE userID='VVK';
GO
ALTER TABLE buyTbl
    CHECK CONSTRAINT FK_userTbl_buyTbl;
```

일단은 정상적으로 돌아왔다. **8-3** 또는 **8-5**의 쿼리를 다시 수행하면 정상적으로 바비킴의 이름과 주소가 나올 것이다.

8-7 앞에서와 같은 문제를 없애기 위해서, 회원 테이블의 userID가 바뀔 때, 이와 관련된 구매 테이블의 userID도 자동 변경되도록 하고 싶다.

외래 키 제약 조건을 삭제한 후에 다시 'ON UPDATE CASCADE' 옵션과 함께 설정한다.

```
ALTER TABLE buyTbl
    DROP CONSTRAINT FK_userTbl_buyTbl;
GO
ALTER TABLE buyTbl WITH NOCHECK
    ADD CONSTRAINT FK_userTbl_buyTbl
        FOREIGN KEY (userID)
        REFERENCES userTbl (userID)
        ON UPDATE CASCADE;
GO
```

8-8 userTbl의 바비킴의 ID를 다시 변경하고, buyTbl에도 바뀌었는지 확인해본다.

```
UPDATE userTbl SET userID = 'VVK' WHERE userID='BBK';
GO
SELECT B.userid, U.name, B.prodName, U.addr, U.mobile1 + U.mobile2  AS [연락처]
FROM buyTbl B
  INNER JOIN userTbl U
    ON B.userid = U.userid
  ORDER BY B.userid;
```

	userid	name	prodName	addr	연락처
1	EJW	은지원	책	경북	0118888888
7	EJW	김범수	청바지	경북	01122988888
8	SSK	성시경	책	서울	NULL
9	VVK	바비킴	운동화	서울	0100000000
10	VVK	바비킴	메모리	서울	0100000000
11	VVK	바비킴	운동화	서울	0100000000
12	VVK	바비킴	모니터	서울	0100000000

[그림 8-36] 결과 값 3

buyTbl에도 따라서 VVK로 변경되었다.

8-9 이번에는 바비킴(VVK)이 회원을 탈퇴하면(회원 테이블에서 삭제되면) 구매한 기록도 삭제되는 지 확인하자.

```
DELETE userTbl WHERE userID = 'VVK';
```

오류 메시지:
메시지 547, 수준 16, 상태 0, 줄 1
DELETE 문이 REFERENCE 제약 조건 "FK_userTbl_buyTbl"과(와) 충돌했습니다. 데이터베이스 "tableDB", 테이블 "dbo.buyTbl", column 'userid'에서 충돌이 발생했습니다.

제약 조건 때문에 삭제가 되지 않았다. 이런 경우에는 기준 테이블의 행 데이터를 삭제할 때, 외래 키 테이블의 연관된 행 데이터도 함께 삭제되도록 설정할 필요가 있다.

8-10 "ON DELETE CASCADE"문을 추가하면 된다.

```
ALTER TABLE buyTbl
    DROP CONSTRAINT FK_userTbl_buyTbl ;
GO
ALTER TABLE buyTbl WITH NOCHECK
    ADD CONSTRAINT FK_userTbl_buyTbl
        FOREIGN KEY (userID)
        REFERENCES userTbl (userID)
        ON UPDATE CASCADE
        ON DELETE CASCADE ;
GO
```

8-11 다시 삭제한 후에 buyTbl에도 따라서 삭제되었는지 확인해보자.

```
DELETE userTbl WHERE userID = 'VVK' ;
GO
SELECT * FROM buyTbl ;
```

	num	userid	prodName	groupName	price	amount
1	1	KBS	운동화	NULL	30	2
2	2	KBS	노트북	전자	1000	1
3	3	JYP	모니터	전자	200	1
4	5	KBS	청바지	의류	50	3
5	8	SSK	책	서적	15	5
6	9	EJW	책	서적	15	2
7	10	EJW	청바지	의류	50	1
8	12	EJW	책	서적	15	1

[그림 8-37] 결과 값 4

바비킴(VVK)이 구매한 기록 4건은 삭제되고, 전체 8건만 남아 있음을 확인할 수 있다.

step 9

이번에는 userTbl에서 CHECK 제약 조건이 걸린 출생년도(birthYear) 열을 삭제해보자.

9-1 ALTER TABLE로 삭제하자.

```
ALTER TABLE userTbl
    DROP COLUMN birthYear ;
```

오류 메시지:
메시지 5074, 수준 16, 상태 1, 줄 1
개체 'CK_birthYear'은(는) 열 'birthYear'에 종속되어 있습니다.
메시지 4922, 수준 16, 상태 9, 줄 1
하나 이상의 개체가 이 열에 액세스하므로 ALTER TABLE DROP COLUMN birthYear이(가) 실패했습니다.

CHECK 제약 조건 CK_birthYear 때문에 삭제가 되지 않는다는 메시지가 나온다.

9-2 먼저 제약 조건을 삭제 한 후에, 열을 삭제하면 된다.

```
ALTER TABLE userTbl
    DROP CK_birthYear ;
GO
ALTER TABLE userTbl
    DROP COLUMN birthYear ;
GO
```

ALTER TABLE 문으로 제약 조건을 삭제할 때는 "DROP 제약_조건_이름"으로 하고, 열을 삭제할 때는 "DROP COLUMN 열_이름"으로 삭제하면 된다.

이상으로 테이블의 제약 조건에 대한 실습을 마치겠다. 이번 실습으로 충분히 제약 조건의 개념과 사용법에 대해서 익혔을 것이다.

8.1.7 메모리 액세스에 최적화된 테이블

메모리 액세스에 최적화된 테이블memory-optimized table (줄여서 '메모리 테이블'이라 부르겠다)은 SQL Server 2014에서 처음 지원되었으며, SQL Server 2016에서 그 기능이 더욱 개선되고 향상되었다.

이름에서 알 수 있듯이 메모리 테이블은 디스크가 아닌 메모리(RAM)에 테이블이 존재한다. 그 결과로 테이블에 읽기/쓰기 속도가 획기적으로 향상되었다. 문제는 메모리는 전원이 꺼지면 그 내용이 모두 사라지기 때문에 이를 방지하기 위해서 메모리의 테이블의 보조 복사본이 디스크에서도 유지 관리된다.

⚠ Microsoft는 메모리 테이블을 사용하면 서버 컴퓨터 한 대가 기존 서버 5~10대 분량의 처리되므로 하드웨어 비용이 획기적으로 줄어든다고 주장한다.

메모리 테이블을 사용하기 위해서는 다음과 같은 전제 조건이 만족되어야 한다.

- 64비트 SQL Server 2014 이후 버전의 Enterprise, Developer, Evaluation 에디션
- 충분한 RAM이 장착된 컴퓨터(일반적으로 32GB 이상 장착 권장)
- 메모리 테이블 크기의 2배에 해당하는 디스크 여유 공간
- 테이블에 기본 키 및 비클러스터형 인덱스 필요

비클러스터형 인덱스는 아직 배우지 않았지만, NONCLUSTERED 예약어를 PRIMARY KEY와 함께 사용된다는 정도만 기억하면 된다(인덱스는 9장에서 다룬다).

간단한 실습을 통해서 메모리 테이블의 성능이 디스크에 저장하는 일반 테이블보다 월등히 뛰어난 것을 확인해보자.

⚠ 이번 실습은 SQL Server 입문자라면 더욱 어렵게 느껴질 수 있다. 메모리 테이블은 가장 최근의 SQL Server의 특징이기도 하지만, 다른 고급 기능을 완전히 이해해야만 메모리 테이블이 완전히 이해되기 때문이다. 따라서 이번 실습은 일반 테이블보다 메모리 테이블이 월등히 속도가 빠르다는 점에만 주목하자.

실습7

메모리 테이블의 성능을 확인해보자.

step 1

실습용 데이터베이스를 만든다.

```
USE tempdb;
CREATE DATABASE memoryDB;
```

메모리에 최적화된 파일 그룹(앞으로 줄여서 '메모리 파일 그룹' 이라 부르겠다)을 데이터베이스에
추가해야 한다.

⚠ 파일 그룹이란 데이터 파일(*.mdf)의 묶음으로 보면 된다. 파일 그룹은 데이터베이스와 관련이 깊으며 관리자의 입장
에서 중요한 주제이므로 더 세부적인 고급 내용은 [뇌를 자극하는 SQL Server 2012 (2권. 관리/응용편)]을 참고하자.
참고로 SQL Server 2014부터 '메모리 액세스에 최적화된 파일 그룹'이 추가 되었다.

2-1 개체 탐색기에서 데이터베이스를 새로 고침 한 후에, memoryDB에서 마우스 오른쪽 버튼을 클릭한
후 [속성]을 선택하고 [파일 그룹] 페이지를 선택하자.

2-2 아래쪽의 '메모리 액세스에 최적화된 데이터' 아래의 〈파일 그룹 추가〉를 클릭하자. 이름은
memoryGroup 정도로 입력하자.

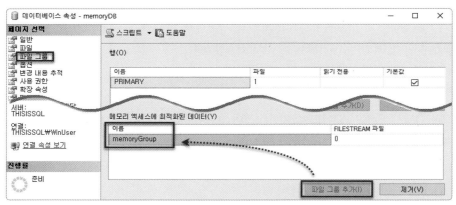

[그림 8-38] 메모리 파일 그룹 추가

2-3 추가한 메모리 파일 그룹에 메모리용 데이터 파일을 추가해야 한다. [파일] 페이지를 선택하고 〈추가〉
를 클릭한다. 논리적 이름에 memoryFile 정도로 입력하고 파일 형식은 'FILESTREAM 데이터'를 선택한
다. 그러면 자동으로 파일 그룹은 앞에서 만든 memoryGroup으로 지정된다. 〈확인〉을 클릭해서 적용시
킨다.

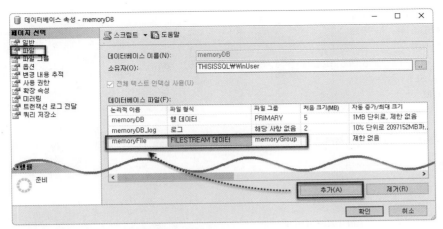

[그림 8-39] 메모리 파일 그룹에 데이터 파일 추가

step 3

일반 테이블과 메모리 테이블 2개를 만들자. 메모리 테이블에는 기본키 + 비클러스터형 인덱스가 필요하다. 또한, 예약어로 MEMORY_OPTIMIZED=ON을 사용해야 한다.

```
USE memoryDB;
CREATE TABLE diskTable ( a  INT  PRIMARY KEY NONCLUSTERED,  b NCHAR(100) ) ;
GO
CREATE TABLE memoryTable (a   INT PRIMARY KEY NONCLUSTERED,  b  NCHAR(100) )
     WITH (MEMORY_OPTIMIZED=ON) ;
GO
```

step 4

메모리 테이블은 저장 프로시저를 사용해야 효율이 확인된다. 일반 테이블과 메모리 테이블에 500건의 데이터를 입력하는 저장 프로시저를 우선 만들어 놓자.

⚠ 메모리 테이블은 저장 프로시저 중에서도 '컴파일된 저장 프로시저'를 사용해야 하며, 특별한 문법이 사용된다. 저장 프로시저는 11장에서 다루므로 지금은 그냥 데이터를 500건씩 입력하는 코드라고만 생각하자.

4-1 일반 테이블에 데이터를 500건 입력하는 저장 프로시저를 만들자.

```
CREATE PROCEDURE usp_diskInsert
@data NCHAR(100)
AS
```

```
            DECLARE  @i  INT = 1;
            WHILE @i  <= 500
            BEGIN
               INSERT INTO dbo.diskTable(a, b)  VALUES (@i,  @data);
               SET  @i += 1;
            END
        GO
```

4-2 메모리 테이블에 500건의 데이터를 입력하는 저장 프로시저를 만들자. 메모리 테이블을 위한 별도의
문법이 보이는데, 그대로 사용하면 된다.

```
        CREATE PROCEDURE usp_memoryInsert
        @data NCHAR(100)
        WITH NATIVE_COMPILATION, SCHEMABINDING
        AS
        BEGIN ATOMIC WITH (TRANSACTION ISOLATION LEVEL=SNAPSHOT, LANGUAGE=N'Korean')
            DECLARE  @i  INT = 1;
            WHILE @i  <= 500
            BEGIN
               INSERT INTO dbo.memoryTable(a, b) VALUES (@i,  @data);
                SET  @i += 1;
            END
        END
        GO
```

step 5 ───

이제는 저장 프로시저를 호출해서 데이터를 500건씩 입력하자. 그리고 시간을 확인해보자.

5-1 먼저 일반 테이블에 데이터를 입력하자.

```
        DECLARE @sendData NCHAR(100) = REPLICATE(N'가', 100);
        EXECUTE usp_diskInsert  @sendData;
```

[그림 8-40] 일반 테이블에 500건 입력 시 걸린 시간

필자는 일반 테이블에 입력하는데 약 1분 정도가 걸렸다

5-2 이번에는 메모리 테이블에 데이터를 입력하자.

```
DECLARE @sendData NCHAR(100) = REPLICATE(N'가', 100);
EXECUTE usp_memoryInsert @sendData;
```

[그림 8-41] 메모리 테이블에 500건 입력 시 걸린 시간

필자는 1초 미만으로 입력이 완료되었다. 단순계산하면 기존의 디스크 기반의 일반 테이블에 비해서 메모리 테이블이 수십 배가 빨라진 것이다.

step 6

두 테이블을 조회해보자. 당연히 동일한 데이터가 조회될 것이다.

```
SELECT * FROM diskTable ORDER BY a;
SELECT * FROM memoryTable ORDER BY a;
```

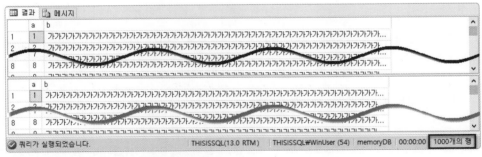

[그림 8-42] 일반 테이블과 메모리 테이블 조회 결과

간단한 실습이지만, 메모리 테이블이 얼만큼 획기적으로 성능이 좋아졌는지 확인할 수 있었다. Microsoft에서는 SQL Server 2014를 발표하면서 이 메모리 테이블을 상당히 크게 자랑(?)했으며, SQL Server 2016에서는 그 기능이 더욱 안정되고 확장되었다.

⚠ 메모리 테이블은 상당히 고급 내용이 많이 있다. 좀 더 세부적인 메모리 테이블과 관련된 내용은 Microsoft의 웹사이트 (http://msdn.microsoft.com/en-us/library/dn133165(v=sql.130).aspx)를 참고하자.

8.1.8 스키마

우선 데이터베이스 내에 있는 모든 개체(테이블, 뷰, 인덱스, 트리거, 프로시저 등)의 정식 명칭을 살펴보면 다음과 같은 형식을 갖는다.

> 데이터베이스_이름.스키마_이름.개체_이름

여기서 스키마^{Schema}는 데이터베이스 내에 있는 개체들을 관리하기 위한 묶음이라고 생각하면 된다. 지금까지 우리는 테이블의 이름에 별도의 스키마를 고려하지 않고 사용해왔다.

즉, 다음과 같은 형식으로 스키마를 고려하지 않고 테이블을 만들었다.

```
CREATE TABLE  myTbl (id int);
```

이렇게 스키마 이름을 생략하면 SQL Server는 자동으로 디폴트 스키마인 'dbo'를 자동으로 붙여준다. 그러므로 위 구문은 아래와 동일하다.

```
CREATE TABLE  myTbl (id int);
```

또한, 원칙적으로 테이블 이름 앞에 데이터베이스 이름을 모두 붙여서, 다음과 같이 테이블을 생성해야 한다.

```
CREATE TABLE  tableDB.dbo.myTbl (id int);
```

⚠ 여러 대의 서버를 운영 중이라면, 추가로 서버이름까지 제일 앞에 붙일 수 있다. 필자의 경우엔 서버 이름이 THISISSQL 이므로 다음과 같이 형식이 가능하다. 서버 이름에 하이픈(−)이나 공백이 들어가면 대괄호([ ])로 묶어줘야 한다.

```
CREATE TABLE  THISISSQL.tableDB.dbo.myTbl (id int);
```

위 구문에는 이미 데이터베이스 이름(tableDB)이 포함되어 있으므로, 꼭 **USE tableDB**로 데이터베이스를 선택할 필요는 없고, 어떤 데이터베이스가 선택되어 있든 관계없이 tableDB에 테이블을 생성할 수 있다.

그런데 위의 결과와 지금까지 사용해온 아래의 쿼리문의 결과는 동일하다. 즉, 동일한 쿼리라는 의미다.

```
USE tableDB;
CREATE TABLE  myTbl (id int);
```

스키마 이름을 생략하면, 디폴트로 'dbo' 스키마가 붙는다. 또, 현재 데이터베이스를 tableDB로 지정했으므로 디폴트로 'tableDB' 데이터베이스가 붙는다.

데이터베이스를 생성한 후에 별도의 스키마를 생성하지 않는다면, 디폴트인 'dbo' 스키마와 시스템에서 제공하는 스키마만 존재한다.

이번에는 사용자가 직접 스키마를 생성하고, 해당 스키마에 테이블을 생성해보자.

실습8

스키마를 실습하자. 테이블을 서로 다른 스키마에 생성해보자.

step 1

실습용 데이터베이스를 만든다.

```
USE tempdb;
CREATE  DATABASE  schemaDB;
```

step 2

스키마를 2개 만든다.

```
USE  schemaDB;
GO
CREATE SCHEMA  userSchema;
GO
CREATE SCHEMA  buySchema;
```

step 3

테이블을 생성하는 데 스키마를 지정해서 생성한다.

```
CREATE TABLE userSchema.userTBL (id int);
CREATE TABLE buySchema.buyTBL (num  int);
CREATE TABLE buySchema.prodTBL (pid  int);
```

개체 탐색기에서 새로 고침을 하고 확인하면 schemaDB의 테이블이 서로 다른 스키마 이름으로 생성된 것을 확인할 수 있다.

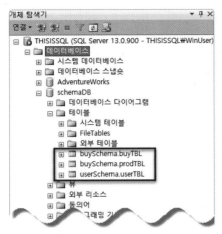

[그림 8-43] 스키마가 다른 테이블 확인

이제는 테이블에 접근할 때 그냥 테이블 이름만으로는 접근할 수 없으며 반드시 '스키마이름.테이블 이름'을 사용해야 한다.

```
SELECT * FROM userTBL;
```

```
오류 메시지:
메시지 208, 수준 16, 상태 1, 줄 1
개체 이름 'userTBL'이(가) 잘못되었습니다.
```

위 구문에서는 스키마를 생략했는데, 그럴 경우 dbo 스키마를 붙인다. 즉 "SELECT * FROM dbo.userTBL"에 접근했는데, schemaDB에는 userSchema.userTBL은 있어도 dbo.userTBL은 없으므로 당연히 접근할 수 없다.

사용한 데이터베이스를 삭제한다.

```
USE tempdb;
DROP DATABASE schemaDB;
```

스키마는 강력하게 묶는 개념이라기보다는 관리의 편리를 위해서 가볍게 테이블을 묶어준다고 생각하는 것이 좋다. 데이터베이스에 테이블이 몇 개 없다면 굳이 별도의 스키마에 테이블을 분류하지 않아도 괜찮다. 단, 테이블이 많고 주제에 따라 분류해야 한다면 스키마의 사용을 적극 고려하는 것이 좋다. SQL Server에서 제공하는 AdventureWorks 데이터베이스도 여러 개의 스키마를 사용한다.

개체 탐색기에서 AdventureWorks 데이터베이스의 [보안] 〉〉 [스키마]를 확인하면 된다. 'db_'가 붙은 것과 dbo, guest, INFORMATION_SCHEMA, sys을 제외하고는 사용자가 생성한 스키마다.

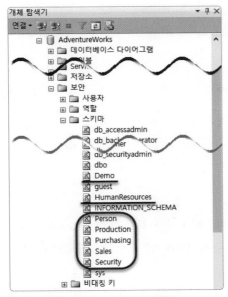

[그림 8-44] AdventureWorks 스키마

마지막으로 위 실습에서 만들었던 schemaDB를 그림으로 간단히 표현하면 다음과 같다.

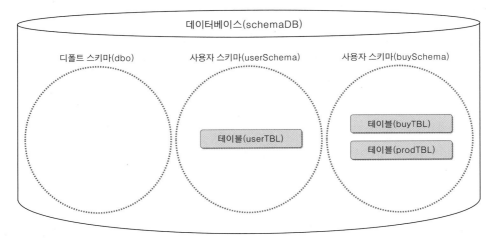

[그림 8-45] schemaDB의 스키마 구성도

⚠ 스키마는 보안 및 사용자와 밀접한 관련이 있다. 더 세부적인 고급 내용은 『뇌를 자극하는 SQL Server 2012 (2권, 관리/응용편)』을 참고하자.

8.2 뷰

뷰View는 일반 사용자 입장에서는 테이블과 동일하게 사용하는 개체다. 뷰는 한 번 생성하면 테이블이라고 생각하고 사용해도 될 정도로 사용자의 입장에서는 테이블과 거의 동일한 개체로 여겨진다.

8.2.1 뷰의 개념

쿼리창에서 SELECT 문을 수행해서 나온 결과를 생각해보자.

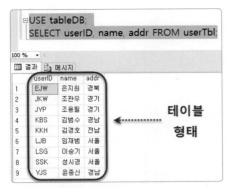

```
USE tableDB;
SELECT userID, name, addr FROM userTbl;
```

	userID	name	addr
1	EJW	은지원	경북
2	JKW	조관우	경기
3	JYP	조용필	경기
4	KBS	김범수	경남
5	KKH	김경호	전남
6	LJB	임재범	서울
7	LSG	이승기	서울
8	SSK	성시경	서울
9	YJS	윤종신	경남

테이블 형태

[그림 8-46] 테이블 쿼리와 그 결과

SELECT에서 아이디, 이름, 주소를 가져와서 출력한 결과다. 출력된 결과를 보니 SELECT의 결과가 결국 테이블의 모양을 하고 있는 것이 확인된다.

즉, 위에서 나온 결과를 userID, name, addr의 3개의 열을 가진 테이블로 봐도 무방하지 않을까?

뷰는 바로 이러한 개념이다. 그래서 뷰의 실체는 SELECT문 이 되는 것이다. 위의 예를 보면 "SELECT userID, name, addr FROM userTbl"의 결과를 v_userTbl이라고 부른다면, 앞으로는 v_userTbl을 그냥 테이블이라고 생각하고 접근해도 될 것 같다.

이렇게 뷰를 생성하는 구문은 아래와 같다.

```
USE tableDB;
GO
CREATE VIEW v_userTbl
AS
        SELECT userid, name, addr FROM  userTbl
GO
```

이제는 뷰를 새로운 테이블로 생각하고 접근하면 된다.

```
SELECT * FROM v_userTbl;   -- 뷰를 테이블이라고 생각해도 무방
```

	userid	name	addr
1	EJW	은지원	경북
2	JKW	조관우	경기
3	JYP	조용필	경기
4	KBS	김범수	경남
5	KKH	김경호	전남
6	LJB	임재범	서울
7	LSG	이승기	서울
8	SSK	성시경	서울
9	YJS	윤종신	경남

[그림 8-47] 뷰의 쿼리 결과

뷰를 생성한 후에는, 생성한 뷰를 그냥 테이블처럼 생각하고 접근하니 원래의 테이블을 접근한 것과 동일한 결과를 얻을 수 있었다. 이를 그림으로 나타내면 아래와 같다.

[그림 8-48] 뷰의 작동 방식

위 그림에서 사용자는 뷰를 그냥 테이블이라고 생각하고 접근하면 SQL Server가 나머지는 알아서 처리해준다.

뷰는 수정이 가능할까? 뷰는 기본적으로 '읽기 전용'으로 많이 사용되지만, 뷰를 통해서 원래 테이블의 데이터를 수정할 수 있다. 뷰를 통해서 테이블의 데이터를 수정하는 것이 그다지 바람직하지는 않지만, 꼭 필요한 경우도 있으니 어떠한 제한이 있는지 알아두어야 한다. 이 내용은 잠시 후에 살펴보자.

8.2.2 뷰의 장점

뷰를 사용하는 이유는 무엇일까? 뷰를 사용해서 얻을 수 있는 장점은 여러 가지다.

보안에 도움이 된다

위의 예에서 뷰 v_userTbl에는 사용자의 이름과 주소만이 있을 뿐, 사용자의 중요한 개인정보인 출생년도, 연락처, 키, 가입일 등의 정보는 들어 있지 않다.

예를 들어, 아르바이트생을 고용해서 회원의 이름과 주소를 확인하는 작업을 시킨다고 가정하자. 이때, 아르바이트생이 테이블 userTbl에 접근할 수 있다면, 사용자의 중요 개인정보(키, 가입일 등)를 모두 볼 수가 있다.

이를 방지하기 위해서 테이블의 데이터를 열로 분할할 수도 있지만, 데이터의 일관성 및 관리가 무척 복잡해져서 배보다 배꼽이 커지는 결과를 낳을 수도 있다.

이런 경우 위 예와 같이 아이디, 이름, 주소만 보이는 뷰를 생성해서, 아르바이트생은 userTbl에 접근하지 못하도록 권한을 제한하고 뷰에만 접근할 수 있게 권한을 준다면 이러한 문제를 쉽게 해결할 수 있다.

복잡한 쿼리를 단순화시킬 수 있다

다음은 물건을 구매한 회원들에 대한 쿼리다.

```
SELECT U.userid, U.name, B.prodName, U.addr, U.mobile1 + U.mobile2  AS [연락처]
FROM userTbl U
  INNER JOIN buyTbl B
    ON U.userid = B.userid ;
```

조금 복잡하다. 만약 이 쿼리를 자주 사용해야 한다면, 사용자는 매번 위와 같은 복잡한 쿼리를 입력해야 할 것이다. 이를 뷰로 생성하고 사용자가 해당 뷰에만 접근할 수 있게 하면 간단히 해결된다.

```
CREATE VIEW v_userbuyTbl
AS
    SELECT U.userid, U.name, B.prodName, U.addr, U.mobile1 + U.mobile2  AS [연락처]
    FROM userTbl U
       INNER JOIN buyTbl B
        ON U.userid = B.userid ;
```

접근할 경우에는 v_userbuyTbl을 그냥 테이블이라 생각하고 접근하면 된다. WHERE 절도 사용할 수 있다. '김범수'의 구매기록을 알고 싶다면 아래와 같이 사용하면 된다.

```
SELECT * FROM v_userbuyTbl WHERE name = N'김범수'
```

	userid	name	prodName	addr	연락처
1	KBS	김범수	운동화	경남	0112222222
2	KBS	김범수	노트북	경남	0112222222
3	KBS	김범수	청바지	경남	0112222222

[그림 8-49] 뷰의 쿼리 결과

실습9

뷰를 생성해서 활용하자.

step 0

기존에 사용하던 sqlDB를 사용할 것이다(C:₩SQL₩sqlDB2016.bak 파일이 없는 독자는 6장의 두 번째 실습을 다시 수행하거나, 책의 사이트인 http://cafe.naver.com/thisissql에서 sqlDB2016.bak을 다운로드해서 C:₩SQL₩에 저장하자).

0-1 우선 기존에 열린 쿼리창을 모두 닫는다.

0-2 기본 인스턴스를 선택하고, 〈새 쿼리〉 아이콘을 클릭해서 쿼리창을 열고, 아래 쿼리를 실행한다.

```
USE tempdb;
RESTORE DATABASE sqlDB FROM DISK ='c:\SQL\sqldb2016.bak' WITH REPLACE;
```

step 1

기본적인 뷰를 생성한다. 뷰의 생성 시에 뷰에서 사용될 열의 이름을 변경할 수도 있다.

```
USE sqlDB;
GO
CREATE VIEW v_userbuyTbl
AS
    SELECT U.userid AS [USER ID], U.name AS [USER NAME], B.prodName AS [PRODUCT NAME],
            U.addr, U.mobile1 + U.mobile2  AS [MOBILE PHONE]
        FROM userTbl U
            INNER JOIN buyTbl B
            ON U.userid = B.userid;
GO
SELECT [USER ID],[USER NAME] FROM v_userbuyTbl;
```

	USER ID	USER NAME
1	KBS	김범수
2	KBS	김범수
3	JYP	조용필
9	EJW	은비킴
10	BBK	바비킴
11	EJW	은지원
12	BBK	바비킴

[그림 8-50] 쿼리 실행 결과

step 2

뷰의 수정은 ALTER VIEW 구문을 사용하면 된다. 별로 권장하지는 않지만 한글 열 이름도 가능하다.

```
ALTER VIEW v_userbuyTbl
AS
    SELECT U.userid AS [사용자 아이디], U.name AS [이름], B.prodName AS [제품 이름],
              U.addr, U.mobile1 + U.mobile2  AS [전화 번호]
        FROM userTbl U
            INNER JOIN buyTbl B
                ON U.userid = B.userid ;
GO
SELECT [이름],[전화 번호] FROM v_userbuyTbl;
```

step 3

뷰의 삭제는 DROP VIEW를 사용하면 된다.

```
DROP VIEW v_userbuyTbl;
```

step 4

뷰에 대한 정보는 카탈로그 뷰인 sys.sql_modules 에 들어 있다.

4-1 간단한 뷰를 다시 생성하자.

```
USE sqlDB;
GO
CREATE VIEW v_userTbl
AS
    SELECT userid, name, addr FROM userTbl;
```

4-2 뷰의 소스를 확인해보자.

```sql
SELECT * FROM sys.sql_modules ;
```

[그림 8-51] sys.sql_modules 카탈로그 뷰 확인 1

⚠ 표 형태 때문에 코드가 잘 안 보이면 Ctrl+T를 눌러 텍스트로 결과를 표시한 후, 다시 실행하면 잘 보일 것이다. 다시 표 형태로 보려면 Ctrl+D를 누르면 된다.

4-3 그런데 지금은 뷰가 하나이지만, 뷰가 여러 개라면 object_id 로는 어떤 것인지 구분하기가 어렵다. OBJECT_NAME() 함수를 사용하면 쉽게 볼 수 있다.

```sql
SELECT OBJECT_NAME(object_id) AS [뷰 이름], definition FROM sys.sql_modules ;
```

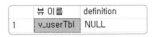

[그림 8-52] sys.sql_modules 카탈로그 뷰 확인 2

4-4 보안을 위해서 뷰의 소스를 확인하지 못하도록 할 수도 있다. WITH ENCRYPTION 옵션을 사용하면 된다.

```sql
ALTER VIEW v_userTbl
    WITH ENCRYPTION
AS
    SELECT userid, name, addr FROM userTbl ;
GO
SELECT OBJECT_NAME(object_id) AS [뷰 이름], definition FROM sys.sql_modules ;
```

	뷰 이름	definition
1	v_userTbl	NULL

[그림 8-53] 뷰의 소스 보호

소스(definition) 부분이 NULL로 나온다. 이것을 다시 풀 수는 없으므로 중요한 코드라면 미리 다른 곳에 저장시켜 놓아야 한다. 단, ALTER VIEW로 다시 뷰 정의를 수정할 수는 있다.

⚠ 뷰의 정보를 확인하는 다른 방법으로는 EXEC sp_help **뷰_이름** 또는 EXEC sp_helptext **뷰_이름**을 통해서도 확인이 가능하다.

뷰를 통해서 데이터를 변경해보자.

5-1 v_userTbl 뷰를 통해 데이터를 수정해보자.

```
UPDATE v_userTbl SET addr = N'부산' WHERE userid='JKW' ;
```

수정이 성공적으로 수행된다.

5-2 데이터를 입력해보자.

```
INSERT INTO v_userTbl(userid, name, addr) VALUES('KBM','김병만','충북') ;
```

오류 메시지:
메시지 515, 수준 16, 상태 2, 줄 1
테이블 'sqlDB.dbo.userTbl', 열 'birthYear'에 NULL 값을 삽입할 수 없습니다. 열에는 NULL을 사용할 수 없습니다. INSERT이(가) 실패했습니다.

v_userTbl이 참조하는 테이블 userTbl의 열 중에서 birthYear 열은 NOT NULL로 설정되어서 반드시 값을 입력해야 한다. 하지만 현재의 v_userTbl에서는 birthYear를 참조하지 않으므로 값을 입력할 수 없다. v_userTbl을 값을 통해서 입력하고 싶다면 v_userTbl에 birthYear를 포함하도록 재정의하거나, userTbl에서 birthYear를 NULL 또는 DEFAULT 값을 지정해야 한다.

⚠ 예외적으로 뷰를 통해 지정되지 않은 열의 값을 입력하는 방법으로 'INSTEAD OF 트리거'가 있다. 간단한 개념만 말하면, 입력되기 전에 미리 어떠한 작동이 일어나도록 정의해 놓음으로써, 뷰를 통해서도 정상적으로 입력될 수 있도록 조치하는 것을 의미한다. 이에 대한 내용은 13장에서 다룬다.

이번에는 그룹 함수를 포함하는 뷰를 정의해보자.

```
CREATE VIEW v_sum
AS
    SELECT userid AS [userid], SUM(price*amount) AS [total]
        FROM buyTbl GROUP BY userid;
GO
SELECT * FROM v_sum;
```

	userid	total
1	BBK	1920
2	EJW	95
3	JYP	200
4	KBS	1210
5	SSK	75

[그림 8-54] 그룹 함수를 뷰에 포함시킴

수정이 될까? 당연히 SUM( ) 함수를 사용한 뷰를 수정할 수는 없다. 이 외에도 수정할 수 없는 경우는 다음과 같다.

- 집계 함수를 사용한 뷰(집계 함수는 6장에서 설명)
- UNION ALL, CROSS JOIN 등을 사용한 뷰
- DISTINCT, GROUP BY 등을 사용한 뷰

step 7

지정한 범위로 뷰를 생성하고 데이터를 입력하자.

7-1 키가 177 이상인 뷰를 생성하자.

```
CREATE VIEW v_height177
AS
    SELECT * FROM userTbl WHERE height >= 177 ;
GO
SELECT * FROM v_height177 ;
```

	userID	name	birthYear	addr	mobile1	mobile2	height	mDate
1	KKH	김경호	1971	전남	019	3333333	177	2007-07-07
2	LJB	임재범	1963	서울	016	6666666	182	2009-09-09
3	LSG	이승기	1987	서울	011	1111111	182	2008-08-08
4	SSK	성시경	1979	서울	NULL	NULL	186	2013-12-12

[그림 8-55] 범위를 지정한 뷰

7-2 v_height177 뷰에서 키가 177 이하인 데이터를 삭제하자.

```
DELETE v_height177 WHERE height < 177 ;
```

결과 값:

(0개 행이 영향을 받음)

당연히 v_height177 뷰에는 177 미만인 데이터가 없으므로 삭제될 것이 없다.

7-3 v_height177 뷰에서 키가 177 미만인 데이터를 입력해보자.

```
INSERT INTO v_height177 VALUES('KBM', '김병만', 1977 , '경기', '010', '5555555', 158,
'2019-01-01') ;
```

결과 값:
(1개 행이 영향을 받음)

일단 입력은 된다. v_height177 뷰를 확인해보라. 입력된 값이 보이지 않을 것이다. 입력이 되더라도 입력된 값은 키가 177 미만이므로 v_height177 뷰에는 보이지 않는다. 직접 userTbl을 확인해야 김병만이 보인다.

7-4 그런데 키가 177 이상인 뷰를 통해서 158의 키를 입력한 것은 별로 바람직해 보이지 않는다. 즉, 예상치 못한 경로를 통해서 입력되지 말아야 할 데이터가 입력된 듯한 느낌이 든다. 키가 177 이상인 뷰이므로 177 이상의 데이터만 입력되는 것이 바람직할 듯하다. 이럴 때는 WITH CHECK OPTION을 사용한다.

```
ALTER VIEW v_height177
AS
        SELECT * FROM userTbl WHERE height >= 177
            WITH CHECK OPTION ;
GO
INSERT INTO v_height177 VALUES('WDT', '우당탕', 2006 , '서울', '010', '3333333', 155,
'2019-3-3') ;
```

오류 메시지:
메시지 550, 수준 16, 상태 1, 줄 2
대상 뷰가 WITH CHECK OPTION을 지정하거나 WITH CHECK OPTION을 지정하는 뷰에 걸쳐 있고 해당 연산의 하나 이상의 결과 행이 CHECK OPTION 제약 조건을 충족하지 않았으므로 삽입 또는 업데이트 시도가 실패했습니다.

키가 177 미만은 이제는 입력이 되지 않고, 177 이상의 데이터만 입력될 것이다.

`step 8`

두 개 이상의 테이블이 관련된 복합 뷰를 생성하고 데이터를 입력하자.

```
CREATE VIEW v_userbuyTbl
AS
  SELECT U.userid, U.name, B.prodName, U.addr, U.mobile1 + U.mobile2 AS mobile
   FROM userTbl U
       INNER JOIN buyTbl B
           ON U.userid = B.userid ;
GO
INSERT INTO v_userbuyTbl VALUES('PKL','박경리','운동화','경기','00000000000','2020-2-2');
```

오류 메시지:
메시지 4405, 수준 16, 상태 1, 줄 1
뷰 또는 함수 'v_userbuyTbl'은(는) 수정 시 여러 기본 테이블에 영향을 주므로 업데이트할 수 없습니다.

두 개 이상의 테이블이 관련된 뷰는 원칙적으로 업데이트할 수 없다. 이것은 13장 〈실습 3〉에서 배우는 'INSTEAD OF 트리거'를 사용해서 해결할 수 있다.

---

step 9

뷰가 참조하는 테이블을 삭제해보자.

9-1 두 테이블을 삭제한다.

```
DROP TABLE buyTbl, userTbl;
```

9-2 뷰를 다시 조회해본다.

```
SELECT * FROM v_userbuyTbl;
```

```
오류 메시지:
메시지 208, 수준 16, 상태 1, 프로시저 v_userbuyTbl, 줄 4
개체 이름 'userTbl'이(가) 잘못되었습니다.
메시지 4413, 수준 16, 상태 1, 줄 1
바인딩 오류로 인해 뷰 또는 함수 'v_userbuyTbl'을(를) 사용할 수 없습니다.
```

당연히 테이블이 없기 때문에 조회할 수 없다는 메시지가 나온다.

9-3 DB를 다시 복원하고 간단한 뷰를 다시 생성하자.

```
USE tempdb;
RESTORE DATABASE sqlDB FROM DISK ='c:\SQL\sqldb2016.bak' WITH REPLACE;
GO
USE sqlDB;
GO
CREATE VIEW v_userTbl
AS
    SELECT userid, name, addr FROM userTbl;
```

9-4 테이블을 삭제하기 전에 해당 테이블을 참조하는 뷰가 어떤 것이 있는지 확인한다.

```
EXEC sp_depends userTbl ;
```

	name	type
1	dbo.v_userTbl	view

[그림 8-56] 테이블을 참조하는 개체 확인

v_userTbl 뷰가 userTbl을 참조하고 있음이 확인된다. 그러므로 userTbl을 삭제하기 전에 v_userTbl을 확인해야 할 것이다. sp_depends 저장 프로시저는 뷰뿐 아니라 프로시저, 트리거 등의 정보도 조회할 수 있다.

⚠ 참고로 sp_depends 시스템 저장 프로시저는 sys.sql_dependencies 카탈로그 뷰를 참조한다.

8.2.3 뷰의 종류

지금까지는 기본적인 뷰를 설명하였다. 뷰의 종류를 나누면 아래와 같다.

표준 뷰

한 개 또는 그 이상의 테이블을 이용해서 만든 뷰를 표준 뷰라고 부른다. 위에서 한 예는 모두 표준 뷰이며 가장 사용빈도가 높다.

분할 뷰

한 대 또는 여러 대의 서버에 있는 테이블을 조인해서 하나의 테이블처럼 보이도록 하는 뷰를 분할 뷰partitioned view라고한다. 분할 뷰에는 로컬 분할 뷰local partitioned view와 분산형 분할 뷰distributed partitioned view가 있다. 로컬 분할 뷰는 여러 테이블이 모두 한 대의 SQL Server에 존재하는 것을 의미하며, 분산형 분할 뷰는 여러 테이블이 여러 대의 SQL Server에 존재하는 것을 의미한다.

로컬 분할 뷰는 대신에 분할된 테이블을 사용하는 것이 더 좋기 때문에 더 이상 얘기하지 않겠다.

분산형 분할 뷰의 경우에는 대용량 데이터베이스를 여러 서버에 걸쳐서 분산해서 처리하기 위한 방식으로 활용될 수 있다.

인덱싱된 뷰

뷰를 가상의 테이블이라고 부른다고 했다. 즉, 뷰의 실체는 SELECT 문이며 그 내용은 없고 뷰를 호출할 때 실시간으로 실제 테이블을 쿼리하게 된다.

하지만, 인덱싱된 뷰 Indexed View는 예외적으로 테이블처럼 실제 데이터가 뷰에 들어있다. 인덱싱된 뷰에는 인덱스를 구성하는 실제 데이터가 들어있다.

뷰의 단점 중 하나는 대량의 데이터를 조인하는 내용을 포함할 경우에, 실시간으로 쿼리가 수행되는 것이므로 SQL Server에 큰 부하를 줄 수밖에 없다(이것은 테이블을 직접 조회하는 것도 마찬가지로 느리기는 하다).

SQL Server의 부하를 줄이는 방법으로 뷰에 실제 데이터를 미리 가져다 놓는 것이다. 그러면 이 뷰가 조회될 경우에 더 이상 대량의 데이터를 조인하는 작업이 필요 없이, 직접 뷰에서 데이터를 가져오면 되므로 성능이 크게 향상될 수 있다. 이러한 구성은 성능을 향상시키는 장점도 있지만 동시에 단점도 생긴다. 표준 뷰는 데이터를 가지고 있지 않아서 공간을 차지하지 않지만, 인덱싱된 뷰는 별도의 공간이 필요하다.

또한, 실제 테이블의 데이터가 수정될 경우에 이 인덱싱된 뷰의 데이터도 수정되어야 하기 때문에 데이터의 변경이 잦을 경우 테이블의 수정뿐 아니라, 인덱싱된 뷰까지 동시에 수정되는 것이므로 시스템의 성능에 나쁜 영향을 줄 수 있다.

결론적으로 인덱싱된 뷰는 조회는 자주 있지만, 수정은 가끔 있는 테이블에 구성하는 것이 바람직하다.

⚠ 분할 뷰와 인덱싱된 뷰는 『뇌를 자극하는 SQL Server 2012 (2권, 관리/응용편)』을 참고하자.

시스템 뷰

SQL Server는 상태 및 내부의 정보를 관리하기 위한 시스템 테이블을 가지고 있다. 일반 사용자가는 시스템 테이블에 직접 접근하지 못하도록 되어 있다. 또한, 시스템 테이블에 대한 정보도 별로 문서화 되어 있지 않다. 그 대신 시스템의 상태를 파악하기 위해서 시스템 뷰를 사용하도록 제공한다.

시스템 뷰는 SQL Server의 상태 등에 관한 정보를 보여주는 뷰를 말한다. SQL Server의 시스템 뷰에는 카탈로그 뷰, 정보 스키마 뷰, 호환성 뷰, 복제 뷰, 동적 관리 뷰 함수 등으로 나뉘며 이 중에서 '카탈로그 뷰'가 가장 사용 빈도가 높다.

예를 들어서 **SELECT * FROM sys.databases**는 현재 인스턴스의 데이터베이스의 정보와 상태를 보여주는 카탈로그 뷰다.

	name	database_id	source_database_id	owner_sid	create_date	compatibility_level
1	master	1	NULL	0x01	2003-04-08 09:13:36,390	130
2	tempdb	2	NULL	0x01	2016-01-17 09:26:14,500	130
3	model	3	NULL	0x01	2003-04-08 09:13:36,390	130
4	msdb	4	NULL	0x01	2015-12-10 19:56:45,087	130
5	AdventureWorks	5	NULL	0x0101000000000000512000000	2015-12-29 23:09:54,233	130
6	tableDB	6	NULL	0x0105000000000000515000000928EA6A5DB225E...	2016-01-13 15:28:57,260	130
7	memoryDB	7	NULL	0x0105000000000000515000000928EA6A5DB225E...	2016-01-16 17:30:55,640	130
8	sqlDB	8	NULL	0x0105000000000000515000000928EA6A5DB225E...	2016-01-17 15:48:54,000	130

[그림 8-57] sys.databases 카탈로그 뷰

각각의 열은 나름대로의 의미를 가지고 있다. 예를 들어, compatability_level 열이 130인 것은
SQL Server 2016의 버전인 13.0을 의미한다. 120이라면 SQL Server 2014, 110이라면 SQL
Server 2012, 105라면 SQL Server 2008 R2, 100이라면 SQL Server 2008, 90이라면 SQL
Server 2005 버전의 데이터베이스를 의미하게 된다. 이러한 열 이름의 의미와 데이터 값을 하나하
나 나열하는 것이 독자에게 별로 큰 의미가 없을 것 같으므로 앞으로 필요할 때마다 설명하는 것으
로 하겠다. 또, 더 자세한 내용은 SQL Server 도움말의 시스템 뷰 항목을 참고하자.

1. 다음 중 테이블에 관련해 옳은 것을 모두 골라보자.

   (1) 열 이름은 한글을 사용할 수 없다.
   (2) 기본 키는 하나의 열에만 설정해야 하고, 두 열을 합쳐서 설정할 수 없다.
   (3) 기본 키는 꼭 테이블당 하나씩만 설정해야 한다.
   (4) 모든 테이블에는 꼭 기본 키를 설정해야 한다.
   (5) 기본 키에 null 설정이 가능하다.
   (6) IDENTITY 속성을 가진 열은 기본적으로 기본 키로 설정된다.
   (7) 메모리 테이블은 SQL Server 2016부터 지원된다.

2. 테이블 이름 앞에 '#'과 '##'을 붙이는 의미를 설명해보자.

3. userTbl 테이블에 email 열을 추가하는 ALTER TABLE 문을 작성해보자. 디폴트 값은 'sql2016@hanbit.co.kr'로 설정하고, NULL 값은 허용되지 않게 작성하자.

4. 다음은 일반적인 뷰View에 대한 내용이다. 틀린 것을 골라보자.

   (1) 보안상으로는 바람직하지 않다.
   (2) 뷰의 실체는 SELECT 문이다.
   (3) 뷰를 통한 업데이트도 가능하다.
   (4) 속도는 일반 쿼리문보다 더 빠르다.

5. 다음 6가지 제약 조건을 각각 요약해서 설명해보자.

   (1) PRIMARY KEY 제약 조건   (2) FOREIGN KEY 제약 조건
   (3) UNIQUE 제약 조건   (4) CHECK 제약 조건
   (5) DEFAULT 정의   (6) Null 값 허용

6. 다음 빈 칸을 알맞은 용어로 채우자.

   데이터베이스 내에 있는 개체를 관리하는 묶음을 (1)라고 하는데, 특별히 지정하지 않고 테이블을 만들면 디폴트인 (2)가 자동으로 앞에 붙는다.

인덱스

지금까지 테이블과 뷰 자체에 대해서만 이야기 했다. 어찌 보면 이번 장에서 배울 인덱스는 데이터베이스에 존재하지 않더라도 지금까지의 데이터를 조회하고 변경하는 데 아무런 문제가 되지는 않는다. 그럼에도 인덱스 자체는 데이터베이스의 성능에 아주 중요한 역할을 하기 때문에 없어서는 안 될 중요한 데이터베이스 개체다.

인덱스가 하는 가장 중요한 역할은 데이터를 조회할 때(특히 SELECT) 빠르게 접근하도록 도와주는 것이다. 따라서 인덱스를 잘만 사용하면 데이터에 접근하는 시간이 놀랄 만큼 빨라진다. 데이터베이스를 튜닝할 때도 가장 큰 효과를 볼 수 있는 부분이 인덱스다. 이 장을 잘 이해한다면 튜닝의 핵심내용도 이해하는 것이다.

모든 것에는 좋은 점이 있다면 단점도 있기 마련이다. 비타민이 사람 몸에 좋은 것은 누구나 아는 사실이지만, 적절한 용량을 적합한 시기에 먹어야만 효과를 볼 수 있다. 만약, 비타민이 좋다고 하루에 100알씩 먹는다면 그건 안 먹는 것보다 더 몸에 나쁜 영향을 줄 것이다.

이와 마찬가지로 인덱스도 적절히 잘 사용한다면 시스템의 성능에 큰 도움이 되지만, 그렇지 않다면 오히려 시스템의 성능을 떨어뜨릴 수도 있다. 실제로 인덱스의 좋은 점만을 이해하고 무리하게 인덱스를 생성했다가 오히려 전체 SQL Server의 성능을 떨어뜨리는 경우도 종종 보았다.

인덱스를 생성하는 문법은 'CREATE INDEX …'의 형식만 갖추면 된다. 간단하고 외우기도 쉽다. 하지만, 쉽다고 개념과 특성을 잘 이해하지 못하고 무분별하게 사용한다면 사용하지 않는 것보다 못할 결과를 낼 수도 있다.

인덱스는 개념을 잘 알고 사용해야 하므로 몇 번이고 반복해서 비슷한 패턴을 설명하게 될 것이다. 단순한 개념에서 시작해 점점 실제로 사용되는 내용에 가까운 개념들을 설명할 것이다. 비슷한 내용을 확실한 개념 파악을 위한 것이므로 잘 읽고 직접 실습해보기 바란다.

이 장의 핵심 개념

9장에서는 데이터베이스의 성능을 위해 중요한 역할을 하는 인덱스에 대해 살펴본다. 9장의 핵심 개념은 다음과 같다.

1. 인덱스를 생성하면 검색의 속도가 무척 빨라질 수 있다.

2. 인덱스에는 클러스터형 인덱스Clustered Index와 비클러스터형 인덱스Nonclustered Index가 있다.

3. 클러스터형 인덱스는 영어사전으로, 비클러스터형 인덱스는 책 뒤의 찾아보기로 비유할 수 있다.

4. Primary Key, Unique를 설정한 열에는 자동으로 인덱스가 생성된다.

5. 인덱스는 B-Tree 구조를 갖는다.

6. 클러스터형 인덱스는 테이블에 1개만 생성이 가능하며, 비클러스터형 인덱스는 테이블에 여러 개를 생성할 수 있다.

7. 인덱스를 생성하거나 삭제할 때는 CREATE INDEX/ DROP INDEX 문을 사용할 수 있다.

8. 클러스터형 인덱스가 보조 인덱스보다 검색 성능이 더 좋다.

이 장의 학습 흐름

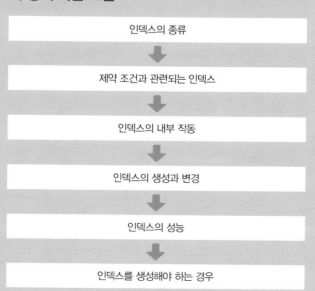

인덱스의 종류

↓

제약 조건과 관련되는 인덱스

↓

인덱스의 내부 작동

↓

인덱스의 생성과 변경

↓

인덱스의 성능

↓

인덱스를 생성해야 하는 경우

9.1 인덱스의 개념

인덱스의 개념을 설명할 때 가장 쉬운 것은 책의 예를 드는 것이다. 독자가 데이터베이스 이론에 관련된 책을 보고 있다고 가정해보자.

"책에서 '폭포수모델'이라는 단어가 나온 부분을 찾아보세요"라고 한다면 독자는 어떻게 할 것인가?

책의 첫 페이지부터 찾아보는 독자도 있겠지만, 조금 센스 있는 독자라면 책의 제일 뒤에 있는 〈찾아 보기〉를 이용할 것이다. 책의 제일 뒤에 있는 〈찾아 보기〉는 가나다 순서로 정렬되어 있어서 'ㅍ' 부분에서 '폭포수모델'이라는 단어를 쉽게 찾을 수 있다. 그 옆에 페이지 번호가 적혀 있어서 원하는 내용을 빨리 찾을 수 있게 된다.

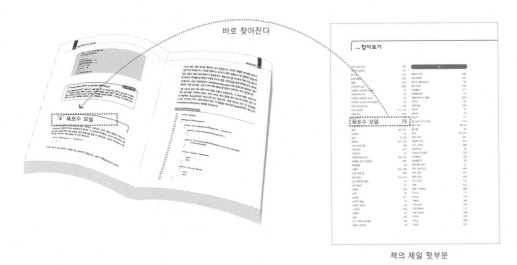

[그림 9-1] 책의 '찾아 보기' 개념

간혹 책의 뒷부분에 〈찾아 보기〉가 없는 책들도 있다. 그럴 경우에는 어떻게 할까? 책을 첫 페이지부터 넘겨가며 확인해보는 수밖에 없다. 운이 좋아서 책의 앞부분에서 폭포수모델이라는 글자를 찾았다고 좋아할 필요는 없다. 폭포수모델이라는 글자가 꼭 한 번만 나온다는 보장이 없으므로, 앞에서 나왔어도 또 나올 수 있으므로 책의 끝 페이지까지 계속 찾아봐야 한다. 〈찾아 보기〉가 있는 책의 경우에는 혹시 몇 개의 페이지에 폭포수모델이 나와 있어도, 그 몇 개 페이지가 모두 〈찾아 보기〉에 표시되기 때문에 책을 몇 번만 왔다갔다하며 펼치면 해당 내용을 모두 찾을 수 있다. 지금 이야기한 〈찾아 보기〉는 SQL Server의 인덱스와 상당히 비슷한 개념이다.

지금까지 우리가 사용한 테이블은 인덱스를 별로 고려하지 않았다. 즉, 뒤쪽에 〈찾아 보기〉가 없는 책과 마찬가지의 테이블을 사용해왔다. 그런데도 별 문제가 되지 않은 이유는 데이터의 양이 적었기 때문에 꼭 인덱스를 만들지 않아도 성능에는 별 문제가 되지 않았다. 책으로 치면 2~3페이지 분량의 책이어서 〈찾아 보기〉가 없어도 별 불편이 없는 것과 마찬가지다.

수천 페이지로 구성된 아주 두꺼운 책을 생각해보자. 〈찾아 보기〉가 없다면 책에서 무엇을 하나 찾을 때 몇 시간씩 걸릴 수가 있다. 그런데 만약 〈찾아 보기〉가 있다면 몇 십 초 또는 몇 초 만에 원하는 것을 찾을 수 있을 것이다. 실제 테이블에서도 이 정도의 성능차이가 날 수 있다. 특히, 대용량의 테이블일 경우에는 더욱 그렇다. 이것이 인덱스를 사용하는 이유다. 인덱스는 '데이터를 좀 더 빠르게 찾을 수 있도록 해주는 도구'인 것이다.

인덱스의 기본적인 개념은 이 정도면 이해했을 것이다. 여기서 인덱스의 문제점도 살펴보자. 인덱스의 개념 정도를 파악했다고 바로 인덱스를 만드는 것은, 글로 운전을 배운 후에 자동차를 끌고 도로로 나가는 상황과도 같다. 인덱스도 분명 단점이 있다. 이런 단점들로 인해 인덱스를 효율적으로 사용하는 일이 간단한 일은 아닌 것이다.

인덱스의 문제점도 개념적으로 우선 이해해보자. 계속 책의 예를 들면 지금까지는 무조건 〈찾아 보기〉를 찾아보는 것이 좋은 것처럼 이야기했다. 하지만, 다른 경우를 생각해보자. 지금 우리는 '데이터베이스 이론' 책을 보고 있다고 가정한다고 했다. 필자가 "책에서 데이터베이스라는 단어가 나온 곳을 찾아보세요" 한다면 어떻게 될까? 만약, 이 책에 〈찾아 보기〉가 있고 '데이터베이스'라는 단어에 대해서도 〈찾아 보기〉가 만들어져 있다면, 아마도 '데이터베이스'라는 단어는 거의 책의 모든 페이지에 나올 것이므로, 〈찾아 보기〉의 '데이터베이스'라는 단어 옆에 페이지 번호는 수 백 또는 수 천 개가 연속해서 나오게 될 것이다.

〈찾아 보기〉가 책의 내용보다 한참 적어야 정상인데, 이 경우에는 〈찾아 보기〉가 책의 본문내용만큼 되거나 오히려 책의 내용보다 더 두꺼워질 수 있다.

또, 〈찾아 보기〉를 통해서 '데이터베이스'를 찾아보려고 하니 〈찾아 보기〉 한 번, 실제 페이지 한 번, 〈찾아 보기〉 한 번, 실제 페이지 한 번……. 계속해서 〈찾아 보기〉와 실제 페이지를 왔다갔다하게 될 것이다. 이 얼마나 시간과 수고의 낭비인가? 차라리 책을 그냥 처음부터 넘기면서 찾아보는 것이 훨씬 빠르고 효율적이란 생각도 하게 될 것이다.

⚠ 이렇게 〈찾아 보기〉를 사용하지 않고 책의 처음부터 끝까지 차례로 넘겨서 찾는 것을 SQL Server는 '테이블 검색(Table Scan)'이라고 한다.

만들지 않았어야 할 '데이터베이스'라는 단어의 〈찾아 보기〉 때문에 책의 두께는 쓸데없이 두꺼워져서 무겁기만 하고, 또 〈찾아 보기〉를 사용하더라도 단어를 찾는 시간이 〈찾아 보기〉를 사용하지 않을 때보다 오히려 훨씬 오래 걸렸다.

실제 데이터베이스에서도 이와 비슷한 일이 일어난다. 필요 없는 인덱스를 만드는 바람에 데이터베이스가 차지하는 공간만 더 늘어나게 되고, 인덱스를 이용해서 데이터를 찾는 것이 전체 테이블을 찾아보는 것보다 훨씬 느려지게 된다.

⚠ 실제로 데이터베이스에 인덱스를 생성해 놓아도, 인덱스를 사용하는 것이 빠를지 아니면 그냥 전체 테이블을 검색하는 것이 빠를지를 SQL Server가 알아서 판단한다. 그렇더라도 쓸데 없는 인덱스를 만들어서 발생되는 문제점은 많이 있다.

인덱스는 튜닝Tuning에 즉각적인 효과를 내는 가장 빠른 방법 중 한 가지다. 즉, 인덱스를 생성하고 인덱스를 사용하는 SQL을 만들어 사용한다면, 기존보다 아주 빠른 응답속도를 얻을 수 있다. 또한 서버 입장에서는 적은 처리량으로 요청한 결과를 얻게 되므로, 다른 요청에 대해서도 많은 일을 할수 있게 된다. 결과적으로 전체 시스템의 성능이 향상되는 효과도 얻는다.

참고로, 인덱스와 테이블은 거의 동시에 접근하게 되므로 인덱스와 테이블을 별도의 디스크에 분리해서 만드는 것도 디스크 경합을 줄여서 더욱 빠른 결과를 얻을 수 있다.

먼저 인덱스를 만들어서 발생되는 장점과 단점을 살펴보자. 가장 큰 장점은 다음과 같다.

- 검색 속도가 무척 빨라질 수 있다(항상 그런 것은 아니다).
- 그 결과 해당 쿼리의 부하가 줄어들어서, 시스템 전체의 성능이 향상된다.

인덱스의 단점은 다음과 같다.

- 인덱스가 데이터베이스 공간을 차지해서 데이터베이스 크기의 10% 정도의 추가 공간이 필요하다.
- 처음 인덱스를 생성하는 데 시간이 많이 소요될 수 있다.
- 데이터의 변경 작업(Insert, Update, Delete)이 자주 일어날 경우에는 오히려 성능이 많이 나빠질 수도 있다.

지금 필자가 얘기한 것은 보편적인 경우를 얘기한 것이며, 예외적인 상황도 얼마든지 있다. 결국 인덱스는 잘 사용하면 검색(특히, Select) 속도가 월등히 향상되고, 시스템의 성능이 좋아지는 반면에 잘못 사용하게 되면 오히려 사용하지 않는 것보다 더 나쁜 결과를 초래할 수 있다.

9.2 인덱스의 종류와 자동 생성

9.2.1 인덱스의 종류

SQL Server에서 사용되는 인덱스의 종류는 크게 두 가지로 나뉘는데, 클러스터형 인덱스^{Clustered} ^{Index}와 비클러스터형 인덱스^{Nonclustered Index}다. 이 두 개를 비유하면 클러스터형 인덱스는 '영어 사전' 과 같은 책이고, 비클러스터형 인덱스는 책 뒤에 〈찾아 보기〉가 있는 일반 책과 같다.

비클러스터형 인덱스는 앞에서 설명했던 데이터베이스 이론 책과 같이 〈찾아 보기〉가 별도로 있고, 〈찾아 보기〉를 찾은 후에 그 옆에 표시된 페이지로 가야 실제 찾는 내용이 있는 것을 말한다. 클러스 터형 인덱스는 영어 사전처럼, 책의 내용 자체가 순서대로 정렬이 되어 있어서 인덱스 자체가 책의 내용과 같은 것을 말한다. 더 상세한 내용은 잠시 후에 다시 얘기하도록 하겠지만, 지금은 우선 아래 의 내용 하나만 기억해 두자. 지금은 이해가 잘 안 되도 계속 진행하면 당연한 얘기가 될 것이다.

클러스터형 인덱스는 테이블당 한 개만 생성할 수 있고, 비클러스터형 인덱스는 테이블당 여러 개 생성할 수 있다. 또, 클러스터형 인덱스는 행 데이터를 인덱스로 지정한 열에 맞춰서 자동 정렬한다.

여기서 잠깐

튜닝이란 SQL 서버가 기존보다 더욱 좋은 성능을 내도록 하는 전반적인 방법이다(자동차의 성능을 높이기 위한 자동차의 튜닝과 개념이 비슷하다). 튜닝은 크게 두 가지 관점으로 볼 수 있다. 하나는 응답시간^{Response Time}을 빨리 하는 것이다. 즉, A라는 사용자가 쿼리문을 실행하면 얼만큼 빨리 결과를 얻는가가 관점이 된다. 이것은 사용자의 입장에서는 아주 효과적인 것처럼 보일 수 있지만, 잘 생각해 봐야 한다. A 사용자는 기존에 1분 걸리던 것을 10초 만에 얻게 된다면, 아주 효과적으로 보일 수도 있고 마치 튜닝이 잘 된 것처럼 보여질 수는 있다. 하지만 서버의 입장에서는 1만큼 하던 작업을 100만큼 해야 하는 경우도 발생할 수 있다. 이런 경우에는 한 명의 사용자에게는 결과가 빨리 나오겠지만, 전체적인 시스템의 성능은 현격히 나빠질 수도 있다.

또 다른 하나는 서버의 부하량을 최소화하는 것이다. 즉, 한명 한명 사용자의 응답시간보다는 서버가 처리하는 총 작업량을 줄임으로써 시스템의 전반적인 성능을 향상시켜 서버가 더 많은 일을 할 수 있도록 하는 것이다.

물론, 사용자의 응답속도가 빠르다는 것은 서버에서 처리를 조금만 하도록 해서 빨라지는 경우도 많지만, 그렇지 않은 경우도 종종 있으므로 주의해야 한다.

9.2.2 자동으로 생성되는 인덱스

앞에서 얘기한 인덱스의 개념과 장단점을 이해했다면 이제는 본격적으로 테이블에 적용되는 인덱스를 생각해보자.

인덱스는 우선 테이블의 열(컬럼) 단위에 생성된다.

하나의 열에 인덱스를 생성할 수도 있고, 여러 열에 하나의 인덱스를 생성할 수도 있다. 우선은, 그냥 하나의 열당 기본적으로 하나의 인덱스를 생성할 수 있다고 생각하자. sqlDB의 userTbl을 가지고, 인덱스를 생각해보자.

회원 테이블(userTbl)

아이디	이름	생년	지역	국번	전화번호	키	가입일
LSG	이승기	1987	서울	011	1111111	182	2008.8.8
KBS	김범수	1979	경남	011	2222222	173	2012.4.4
KKH	김경호	1971	전남	019	3333333	177	2007.7.7
JYP	조용필	1950	경기	011	4444444	166	2009.4.4
SSK	성시경	1979	서울			186	2013.12.12
LJB	임재범	1963	서울	016	6666666	182	2009.9.9
YJS	윤종신	1969	경남			170	2005.5.5
EJW	은지원	1978	경북	011	8888888	174	2014.3.3
JKW	조관우	1965	경기	018	9999999	172	2010.10.10
BBK	바비킴	1973	서울	010	0000000	176	2013.5.5

PK

[그림 9-2] sqlDB의 회원 테이블

열 하나당 인덱스 하나를 생성하면, 이 테이블에는 8개의 서로 다른 인덱스를 생성할 수 있다.

테이블을 정의할 때는 아래와 같이 SQL 문을 사용한다(6장 참고).

```
CREATE TABLE userTbl
( userID   char(8) NOT NULL PRIMARY KEY,
  name     nvarchar(10) NOT NULL,
  birthYear   int NOT NULL,
  ......
```

userTbl를 정의할 때 userID를 Primary Key로 정의했다. 이렇게 Primary Key로 지정하면 자동으로 userID 열에 클러스터형 인덱스가 생성된다.

조금 전에 외우라고 했던 '클러스터형 인덱스는 테이블당 한 개만 생성'이라는 내용이 있었다. Primary Key는 테이블당 몇 개가 생성이 가능한가? 당연히 Primary Key는 테이블당 하나만 생성이 가능하다. 그러므로 기본 키(1개만 가능)가 지정된 열에 클러스터형 인덱스(1개만 가능)가 생성되는 것은 자연스러운 일이다.

물론, 강제로 기본 키를 지정하는 열에 비클러스터형 인덱스를 생성하게 할 수도 있다.

```
CREATE TABLE userTbl
( userID   char(8) NOT NULL PRIMARY KEY NONCLUSTERED,
  name     nvarchar(10) NOT NULL,
  birthYear   int NOT NULL,
  …
```

위와 같이 테이블을 생성하면, userID에는 비클러스터형 인덱스가 생성된다. 클러스터형 인덱스는 테이블당 한 개를 만들 수 있다고 했다. 따라서 지금 userTbl에는 클러스터형 인덱스가 없으므로, 한 개의 클러스터형 인덱스를 만들 여분이 있게 된다.

여기서 테이블 생성 시에 자동으로 생성되는 인덱스의 특징을 한 가지 더 짚고 넘어가자.

> **테이블 생성 시에 인덱스를 만들려면 반드시 제약 조건을 사용해야 하며, 인덱스가 만들어 지는 제약 조건은 Primary Key 또는 Unique 뿐이다.**

Primary Key는 당연히 중복이 되지 않으므로 클러스터형 인덱스를 생성할 수 있고, 중복되지 않는 제약 조건인 UNIQUE에도 클러스터형 인덱스를 생성할 수 있다. 단, 테이블에는 하나의 클러스터형 인덱스만 있다. 잠깐 실습에서 확인하자.

실습1

제약 조건으로 자동 생성되는 인덱스를 확인해보자.

step 0

tempdb에서 작업해보자.

step 1

간단한 테이블을 만들어보자.

1-1 아래 구문으로 테이블을 생성하자.

```
USE tempDB;
CREATE TABLE  tbl1
   (     a INT PRIMARY KEY,
         b INT,
         c INT
   );
```

1-2 구성된 인덱스의 상태를 확인하자(sp_help로 확인할 수도 있다).

```
EXEC sp_helpindex tbl1
```

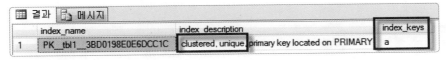

	index_name	index_description	index_keys
1	PK__tbl1__3BD0198E0E6DCC1C	clustered, unique, primary key located on PRIMARY	a

[그림 9-3] 인덱스 확인 1

예상대로 a 열에 클러스터형(clustered) 인덱스이며, 유일한(unique) 인덱스가 생성되는 것을 확인할 수 있다. 인덱스의 이름(index_name)은 SQL Server가 자동으로 생성한 것이므로 신경 쓰지 말자.

여기서 잠깐

Index의 종류는 Clustered Index, Nonclustered Index로 나눌 수 있고, 또 Unique Index, Nonunique Index로 나눌 수도 있다. Unique Index는 인덱스 값들이 서로 중복되지 않는 인덱스를 말한다. Primary Key나 Unique Key로 지정하면 당연히 서로 중복되는 데이터가 없기 때문에 Unique Index가 생성된다. 만약, Nonunique Index(인덱스 데이터가 중복되는 인덱스)를 생성하고 싶다면 Primary Key 및 Unique Key로 지정되지 않은 열에 인덱스를 지정하면 된다. 이는 잠시 후에 배울 'Create Index …' 구문으로 생성이 가능하다.

이 책은 주로 Clustered Index, Nonclustered Index에 대해서만 이야기하며, Unique Index, Nonunique Index에 대해서는 지금 얘기한 정도만 기억해 두면 되겠다.

Primary Key와 함께 Unique 제약 조건도 생성해보자. UNIQUE 제약 조건은 한 테이블에 여러 개 생성이 가능하다.

```
CREATE TABLE  tbl2
    (    a INT PRIMARY KEY,
         b INT UNIQUE,
         c INT UNIQUE,
         d INT
    );
GO
EXEC sp_helpindex tbl2;
```

	index_name	index_description	index_keys
1	PK__tbl2__3BD0198EA83723D8	clustered, unique, primary key located on PRIMARY	a
2	UQ__tbl2__3BD01989738F85F7	nonclustered, unique, unique key located on PRIMARY	c
3	UQ__tbl2__3BD0198E314A3D5D	nonclustered, unique, unique key located on PRIMARY	b

[그림 9-4] 인덱스 확인 2

UNIQUE 제약 조건으로 설정하면 비클러스터형 인덱스가 자동으로 생성되는 것을 확인할 수 있다. 비클러스터형 인덱스는 테이블당 여러 개가 생성될 수 있으므로 여러 개의 비클러스터형 인덱스가 생성된 것은 아무 문제가 안 된다.

이번에는 강제로 Primary Key를 비클러스터형 인덱스로 지정하자.

```
CREATE TABLE  tbl3
    (    a INT PRIMARY KEY NONCLUSTERED,
         b INT UNIQUE,
         c INT UNIQUE,
         d INT
    );
GO
EXEC sp_helpindex tbl3;
```

	index_name	index_description	index_keys
1	PK__tbl3__3BD0198F17E49AA7	nonclustered, unique, primary key located on PRIMARY	a
2	UQ__tbl3__3BD01989F04BAF7A	nonclustered, unique, unique key located on PRIMARY	c
3	UQ__tbl3__3BD0198EEC5E03A2	nonclustered, unique, unique key located on PRIMARY	b

[그림 9-5] 인덱스 확인 3

모두 비클러스터형 인덱스로 지정되었다. 클러스터형 인덱스가 비었다고 UNIQUE가 클러스터형 인덱스가
되는 것은 아니다.

step 4

이번에는 강제로 UNIQUE에 클러스터형 인덱스를 지정하자.

```
CREATE TABLE   tbl4
       (     a INT PRIMARY KEY  NONCLUSTERED,
             b INT UNIQUE  CLUSTERED,
             c INT UNIQUE,
             d INT
       );
GO
EXEC sp_helpindex tbl4;
```

	index_name	index_description	index_keys
1	PK__tbl4__3BD0198F1CD36819	nonclustered, unique, primary key located on PRIMARY	a
2	UQ__tbl4__3BD019890C1B3EEC	nonclustered, unique, unique key located on PRIMARY	c
3	UQ__tbl4__3BD0198F66FEAD6A	clustered, unique, unique key located on PRIMARY	b

[그림 9-6] 인덱스 확인 4

UNIQUE로 지정한 b 열에도 클러스터형 인덱스를 생성할 수 있다.

step 5

이번에는 클러스터형 인덱스를 두 개 지정해보자.

```
CREATE TABLE   tbl5
       (     a INT PRIMARY KEY  NONCLUSTERED,
             b INT UNIQUE  CLUSTERED,
             c INT UNIQUE  CLUSTERED,
             d INT
       );

GO
```

오류 메시지:
메시지 8112, 수준 16, 상태 0, 줄 1
테이블 'tbl5'의 제약 조건에는 클러스터형 인덱스를 하나만 추가할 수 있습니다.

오류 메시지가 클러스터형 인덱스는 하나만 만들 수 있다고 알려주고 있다.

이번에는 b 열에만 CLUSTERED를 명시하고, a 열에는 아무것도 명시하지 말자.

```
CREATE TABLE  tbl5
    (    a INT PRIMARY KEY  ,
         b INT UNIQUE   CLUSTERED ,
         c INT UNIQUE  ,
         d INT
    );
GO
EXEC sp_helpindex tbl5;
```

	index_name	index_description	index_keys
1	PK__tbl5__3BD0198F24B73448	nonclustered, unique, primary key located on PRIMARY	a
2	UQ__tbl5__3BD01989E59AE37D	nonclustered, unique, unique key located on PRIMARY	c
3	UQ__tbl5__3BD0198FAB599663	clustered, unique, unique key located on PRIMARY	b

[그림 9-7] 인덱스 확인 5

결과를 보면 Primary Key라고 지정하면 무조건 클러스터형 인덱스가 생성되는 것이 아니라, 테이블에 클러스터형 인덱스로 강제 지정된 다른 열이 없을 경우에만 Primary Key가 지정된 열에 클러스터형 인덱스가 지정되는 것을 확인할 수 있다.

앞에서 '클러스터형 인덱스는 행 데이터를 자신의 열을 기준으로 정렬'한다고 얘기했다. 사실 이것은 6장에서 sqlDB의 회원 테이블을 만들었을 때, 이미 확인한 것이나 마찬가지다. 물론 그때는 인덱스에 대해서 전혀 몰랐으므로 일부 예리한 독자는 그냥 '이상하다'라고 생각했을 정도일 것이다.

7-1 간단한 실습을 위해서 회원 테이블의 열만 정의하자.

```
USE tempdb;
CREATE TABLE userTbl
( userID   char(8) NOT NULL PRIMARY KEY,
  name     nvarchar(10) NOT NULL,
  birthYear   int NOT NULL,
  addr     nchar(2) NOT NULL
 );
```

7-2 데이터를 입력하고 확인해보자.

```
INSERT INTO userTbl VALUES('LSG', '이승기', 1987, '서울');
INSERT INTO userTbl VALUES('KBS', '김범수', 1979, '경남');
```

```
INSERT INTO userTbl VALUES('KKH', '김경호', 1971, '전남');
INSERT INTO userTbl VALUES('JYP', '조용필', 1950, '경기');
INSERT INTO userTbl VALUES('SSK', '성시경', 1979, '서울');
GO
SELECT * FROM userTbl;
```

	userID	name	birthYear	addr
1	JYP	조용필	1950	경기
2	KBS	김범수	1979	경남
3	KKH	김경호	1971	전남
4	LSG	이승기	1987	서울
5	SSK	성시경	1979	서울

[그림 9-8] 쿼리 결과

입력할 때는 이승기, 김범수, 김경호, 조용필, 성시경의 순서였으나, 확인해본 결과 입력되는 차례는 조용필, 김범수, 김경호, 이승기, 성시경이다. 이는 userID에 클러스터형 인덱스가 생성되어 있으므로 데이터가 입력되는 즉시 userID로 데이터를 정렬하기 때문이다. 이에 대한 내부적인 작동도 잠시 후에 살펴보겠다.

여기서 잠깐

제약 조건의 정의는 대개 테이블의 생성 구문에서 하거나 Alter 문으로 생성한다. 그러므로 아직 데이터가 입력되기 전에 Primary Key와 Unique 키의 열에는 인덱스가 생성되어 있기 때문에, 인덱스 자체를 구성하는 시간이 걸리지는 않는다. 하지만, 많은 데이터가 입력된 후에, Alter 문으로 Unique나 Primary를 지정하게 되면 인덱스를 구성하는 데 오랜 시간이 걸릴 수도 있다. 즉, 업무시간에 함부로 기존에 운영되는 대량의 테이블의 인덱스를 생성하면 시스템이 엄청나게 느려져 심각한 상황이 발생될 수도 있으니 주의해야 한다(최신의 SQL Server 버전에서는 이전 버전에 비해 인덱스 생성 속도가 향상되기는 했지만, 그래도 데이터의 양에 따라서 몇 시간이나 그 이상의 시간이 걸릴 수도 있다).

9.3 인덱스의 내부 작동

인덱스의 내부적인 작동을 이해하기 위해서는 몇 가지 개념부터 알아두어야 한다.

9.3.1 B-Tree

균형 트리B-Tree$^{Balanced\ Tree}$는 '자료 구조'에 나오는 범용적으로 사용되는 데이터의 구조다. 이 구조는 주로 인덱스를 표현할 때와 그 외에서도 많이 사용된다. 이름에서도 알 수 있듯이 B-Tree는 균형이 잡힌 트리다. 다음 그림을 보자.

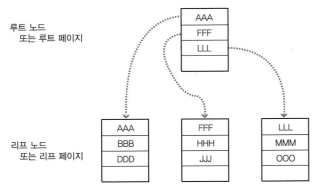

[그림 9-9] B-Tree의 기본 구조

노드^{Node}는 트리 구조에서 데이터가 존재하는 공간이다. 즉, 갈라지는 부분의 '마디'를 뜻한다. 위 그림에서는 노드가 4개가 있다. 루트 노드$^{Root\ Node}$는 노드의 가장 상위 노드를 말한다. 모든 출발은 이 루트 노드에서 시작된다. 리프 노드$^{Leaf\ Node}$는 제일 잎 노드, 말단 노드라는 의미로 마지막에 있는 노드를 말한다. [그림 9-9]에서는 두 단계의 레벨이 표현되었지만, 데이터가 많다면 세 단계나 그 이상으로 레벨이 깊어진다. 루트 노드와 리프 노드의 중간에 끼인 노드들은 그냥 '중간 수준 노드'라고 부르겠다.

노드^{Node}라는 용어는 개념적인 설명에서 주로 나오는 용어이며, SQL Server가 B-Tree를 사용할 때는 이 노드에 해당되는 것이 페이지^{Page}다. 페이지란 8Kbyte 크기의 최소한의 저장단위다. 아무리 작은 데이터를 한 개만 저장하더라도 한 개 페이지(8Kbyte)를 차지하게 된다는 의미다. 즉, 개념적으로는 노드라 부르지만, SQL Server에서는 노드가 페이지가 되며 인덱스를 구현할 때 B-Tree 구조를 사용한다.

⚠ [그림 9-9]의 예에서는 페이지당 데이터가 4개만 들어간다고 가정하고 그림을 표현했다.

B-Tree 구조는 데이터를 검색할 때(SELECT 구문을 사용할 때) 아주 뛰어난 성능을 발휘한다. [그림 9-9]에서 MMM이라는 데이터를 검색한다고 생각해보자. B-Tree 구조가 아니라면 루트 페이지 및 그 연결은 존재하지 않고 그냥 리프 페이지만 있을 것이다. MMM을 찾는 방법은 그냥 처음 부터 검색하는 방법밖에는 없으므로 AAA부터 MMM까지 8건의 데이터를 검색해야 그 결과를 알 수 있다.

⚠ 이렇게 데이터를 처음부터 끝까지 검색하는 것을 '테이블 검색'이라고 부른다.

이번에는 그림에 나온 대로 B-Tree 구조라면 우선은 루트 페이지를 검색하게 된다. 모든 데이터 는 정렬이 되어 있으므로 AAA, FFF, LLL 세 개를 읽으니 MMM은 LLL다음에 나오므로 세 번째 리 프 페이지로 직접 이동하면 된다. 세 번째 리프 페이지에서 LLL, MMM 두 개를 읽으니 찾고자 하는 MMM을 찾게 된다. 결국 루트페이지에서 AAA, FFF, LLL 세 개와 리프 페이지에서 LLL, MMM 두 개, 합쳐서 5건의 데이터를 검색해서 원하는 결과를 찾았으며, 페이지는 두 개 페이지를 읽었다.

⚠ 지금 필자가 이야기한 방식은 개념적으로 설명한 것이며, 실제 작동에는 차이가 좀 있다. 하지만, 개념적인 이해해야 실제 작 동을 쉽게 이해할 수 있으므로 개념적인 이해가 중요하다.

지금은 레벨이 2단계뿐이어서 그 효용성이 별로 크게 못 느낄 수도 있지만, 훨씬 많은 양의 데이터 (깊은 레벨)의 경우에는 그 차이가 기하급수적으로 나게 된다.

9.3.2 페이지 분할

앞에서 데이터를 검색하는 데는 B-Tree가 효율적임을 확인했다. 이 말은 인덱스를 구성하면 SELECT의 속도가 급격히 향상될 수 있다는 뜻이다.

⚠ 필자가 '향상된다'가 아닌 '향상될 수 있다'라고 표현한 이유를 알 것이다. 이 장의 앞부분에서 인덱스의 장단점을 설명할 때 인덱스가 항상 좋은 것은 아니라고 설명했다.

인덱스를 구성하면 데이터를 변경(INSERT, UPDATE, DELETE)할 때 성능이 나빠지는 단점이 있다고 했다. 특히, INSERT 작업이 일어날 때 성능이 급격히 느려질 수 있다. 그 이유는 '페이지 분 할'이라는 작업이 발생되기 때문이다. 이 작업이 일어나면 SQL Server가 느려지고 자주 일어나게 되면 성능에 큰 영향을 주게 된다.

[그림 9-9]에 III 데이터가 새로 INSERT되었다고 생각해보자. 다음과 같이 변경될 것이다.

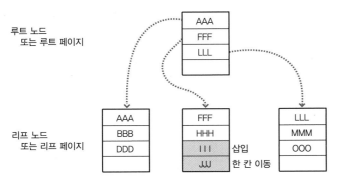

[그림 9-10] III 삽입 후

두 번째 리프 페이지에는 다행히(?) 한 칸의 빈 공간이 있어서 JJJ가 아래로 한 칸 이동되고 III가 그 자리에 삽입되었다. 정렬되어야 하기 때문에 JJJ가 한 칸 이동했을 뿐 별로 큰 작업은 일어나지 않았다.

이번에는 GGG를 입력해보자. 그런데 더 이상 두 번째 리프 페이지에는 빈 공간이 없다. 이럴 때 드디어 '페이지 분할' 작업이 일어난다. SQL Server는 우선 비어있는 페이지를 한 개 확보한 후에, 두 번째 리프 페이지의 데이터를 공평하게 나눈다.

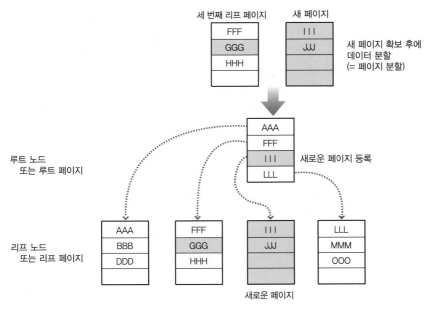

[그림 9-11] GGG 삽입 후

데이터를 한 개 밖에 추가하지 않았는데 많은 작업이 일어 났다. 우선, 페이지를 확보한 후 페이지 분할 작업이 1회 일어나고 루트 페이지에도 새로 등록된 페이지의 제일 위 데이터인 III가 등록이 되었다.

이번에는 PPP와 QQQ 두 개를 동시에 입력해 보도록 하자.

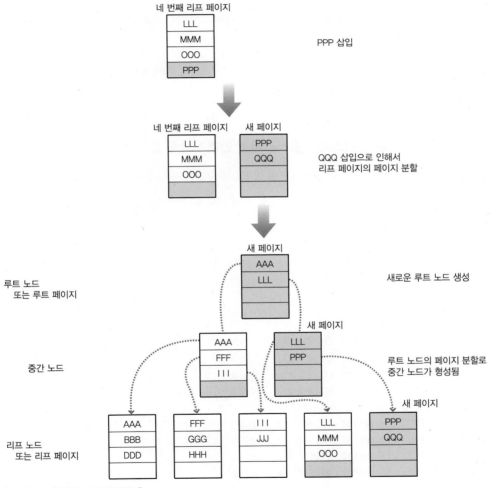

[그림 9-12] PPP, QQQ 삽입 후

[그림 9-12]를 잘 보면, PPP를 입력하면 네 번째 리프 페이지에 빈칸이 있으므로 제일 마지막에 추가하면 된다. 별 일이 일어나지 않았다. 이번에는 QQQ를 입력하자.

QQQ를 입력하려니 네 번째 리프 페이지에는 빈칸이 없으므로 페이지 분할 작업이 일어난다. 그리고 페이지 분할 후에 추가된 다섯 번째 리프 페이지를 루트 페이지에 등록하려고 하니, 루트 페이지도 이미 꽉 차서 더 이상 등록할 곳이 없어서, 루트 페이지도 다시 페이지 분할해야 한다. 그리고 루트 페이지가 있던 곳은 더 이상 루트 페이지가 아니라 중간 노드(중간 페이지)가 된다. 새로운 루트 페이지를 또 할당해서 중간 노드를 가리키는 페이지로 구성된다.

결국, QQQ 하나를 입력하기 위해서 3개의 새로운 페이지가 할당되고 2회의 페이지 분할이 발생되었다.

위 예제를 통해 인덱스를 구성하면 왜 데이터를 변경(INSERT, UPDATE, DELETE)할 때 서버가 느려지는지(특히, INSERT) 확인할 수 있었다.

9.3.3 클러스터형 인덱스와 비클러스터형 인덱스의 구조

이번에는 클러스터형 인덱스와 비 클러스터형 인덱스의 구조는 어떻게 다른지 파악해보자.

우선, 인덱스가 없이 테이블을 생성하고, 아래와 같이 데이터를 입력한 경우를 생각해보자.

```
USE tempdb;
CREATE TABLE clusterTbl
( userID   char(8) NOT NULL ,
  name     nvarchar(10) NOT NULL
);
GO
INSERT INTO clusterTbl VALUES('LSG', '이승기');
INSERT INTO clusterTbl VALUES('KBS', '김범수');
INSERT INTO clusterTbl VALUES('KKH', '김경호');
INSERT INTO clusterTbl VALUES('JYP', '조용필');
INSERT INTO clusterTbl VALUES('SSK', '성시경');
INSERT INTO clusterTbl VALUES('LJB', '임재범');
INSERT INTO clusterTbl VALUES('YJS', '윤종신');
INSERT INTO clusterTbl VALUES('EJW', '은지원');
INSERT INTO clusterTbl VALUES('JKW', '조관우');
INSERT INTO clusterTbl VALUES('BBK', '바비킴');
```

페이지당 4개의 행이 입력된다고 가정하면 이 데이터는 아래와 같이 구성될 것이다.

⚠ 아래 그림은 가정한 것이며, 실제 페이지는 8Kbyte이므로, 훨씬 많은 행 데이터가 들어간다.

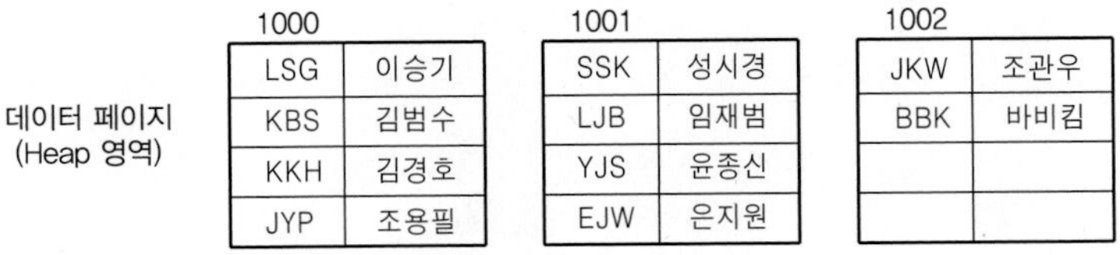

데이터 페이지
(Heap 영역)

1000	
LSG	이승기
KBS	김범수
KKH	김경호
JYP	조용필

1001	
SSK	성시경
LJB	임재범
YJS	윤종신
EJW	은지원

1002	
JKW	조관우
BBK	바비킴

[그림 9-13] 인덱스 없는 테이블의 내부 구성

정렬된 순서만 확인해보자. 입력된 것과 동일한 순서로 보일 것이다.

⚠ 실제로는 데이터량이 적어서 한 개 페이지에 모두 들어 있을 것이다.

```
SELECT * FROM clusterTbl;
```

	userID	name
1	LSG	이승기
2	KBS	김범수
3	KKH	김경호
4	JYP	조용필
5	SSK	성시경
6	LJB	임재범
7	YJS	윤종신
8	EJW	은지원
9	JKW	조관우
10	BBK	바비킴

[그림 9-14] 쿼리 결과

이 테이블의 userID에 클러스터형 인덱스를 구성해보자. 인덱스를 생성하는 구문에 대해서는 잠시 후에 살펴보고 userID를 Primary Key로 지정하면 클러스터형 인덱스로 구성된다고 앞에서 설명 했었다.

```
ALTER TABLE clusterTbl
    ADD CONSTRAINT PK_clusterTbl_userID
        PRIMARY KEY (userID);
```

데이터를 다시 확인하자.

```
SELECT * FROM clusterTbl;
```

	userID	name
1	BBK	바비킴
2	EJW	은지원
3	JKW	조관우
4	JYP	조용필
5	KBS	김범수
6	KKH	김경호
7	LJB	임재범
8	LSG	이승기
9	SSK	성시경
10	YJS	윤종신

[그림 9-15] 쿼리 결과

userID로 오름차순으로 정렬되었다. Primary Key로 지정했으므로 클러스터형 인덱스가 생성되었기 때문이다. 실제 데이터는 아래와 같이 데이터 페이지가 정렬되고 B-Tree 형태의 인덱스가 형성된다.

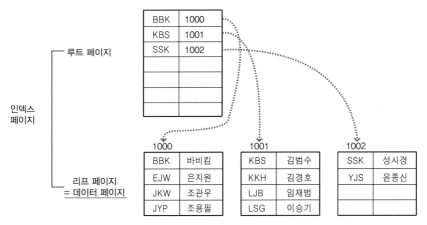

[그림 9-16] 클러스터형 인덱스의 구성 후

클러스터형 인덱스를 구성하려면 행 데이터를 해당 열로 정렬한 후에 루트 페이지를 만들어야 한다.

그런데 필자가 클러스터형은 영어사전과 같다고 얘기했다. 영어사전은 책 자체가 알파벳 순서로 찾아 보기(인덱스)가 구성되기 때문에 찾아 보기의 끝(리프 레벨)이 바로 영어 단어(데이터 페이지)다.

[그림 9-16]에서 볼 수 있듯 클러스터형 인덱스는 루트페이지와 리프페이지(중간 페이지가 있다면

중간 페이지도 포함)로 인덱스가 구성되어 있으며, 동시에 인덱스 페이지의 리프 페이지는 데이터 그 자체라는 것을 확인할 수 있다.

클러스터형 인덱스는 데이터의 검색 속도가 비클러스터형 인덱스보다 더 빠르다. 일부 예외 상황도 있지만, 그냥 클러스터형이 더 빠르다고 생각해도 무리가 없다. 검색의 비교는 잠시 후에 해보겠다.

이번에는 동일하게 비클러스터형 인덱스를 만들어보자.

```
USE tempdb;
CREATE TABLE nonclusterTbl
( userID   char(8) NOT NULL ,
  name     nvarchar(10) NOT NULL
);
GO
INSERT INTO nonclusterTbl VALUES('LSG', '이승기');
INSERT INTO nonclusterTbl VALUES('KBS', '김범수');
INSERT INTO nonclusterTbl VALUES('KKH', '김경호');
INSERT INTO nonclusterTbl VALUES('JYP', '조용필');
INSERT INTO nonclusterTbl VALUES('SSK', '성시경');
INSERT INTO nonclusterTbl VALUES('LJB', '임재범');
INSERT INTO nonclusterTbl VALUES('YJS', '윤종신');
INSERT INTO nonclusterTbl VALUES('EJW', '은지원');
INSERT INTO nonclusterTbl VALUES('JKW', '조관우');
INSERT INTO nonclusterTbl VALUES('BBK', '바비킴');
```

이렇게 하면 [그림 9-13]과 동일한 구조가 우선 형성된다. Unique 제약 조건은 비클러스터형 인덱스를 생성하는 것을 확인했으므로, Unique 제약 조건을 지정한다.

```
ALTER TABLE nonclusterTbl
      ADD CONSTRAINT UK_nonclusterTbl_userID
            UNIQUE (userID);
```

우선 데이터를 순서만 확인해보자.

```
SELECT * FROM nonclusterTbl;
```

	userID	name
1	LSG	이승기
2	KBS	김범수
3	KKH	김경호
4	JYP	조용필
5	SSK	성시경
6	LJB	임재범
7	YJS	윤종신
8	EJW	은지원
9	JKW	조관우
10	BBK	바비킴

[그림 9-17] 쿼리 결과

입력한 것과 순서의 변화가 없다. 내부적으로는 아래와 같이 구성되어 있을 것이다.

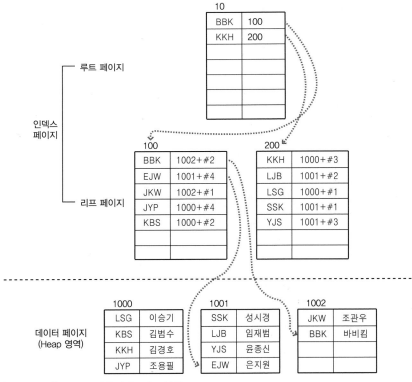

[그림 9-18] 비클러스터형 인덱스의 구성 후

[그림 9-18]을 보면, 비클러스터형 인덱스는 데이터 페이지를 건드리지 않고, 별도의 장소에 인덱스 페이지를 생성한다. 우선, 인덱스 페이지의 리프 페이지에 인덱스로 구성한 열(이 예에서는 userID)을 정렬한다. 그리고 데이터 위치 포인터를 생성한다. 데이터의 위치 포인트는 클러스터형 인덱스와 달리 '페이지 번호 + #오프셋'이 기록되어 바로 데이터의 위치를 가리키게 된다. BBK의 예를 들면 1002번 페이지의 두 번째(#2)에 데이터가 있다고 기록된다. 그러므로 데이터 위치 포인터는 데이터가 위치한 고유한 값이 된다.

여기서 잠깐

데이터 위치 포인터를 RID[Row ID]라고 부른다. 또한, 실제로는 해당하는 행의 익스텐트 번호+페이지 번호+행의 순번(오프셋)을 합쳐져서 만들어진다. 예로 들은 비클러스터형 인덱스는 테이블에 클러스터형 인덱스가 존재하지 않고, 비클러스터형 인덱스만 존재한다는 가정하의 예다. 한 테이블에 클러스터형 인덱스와 비클러스터형 인덱스가 함께 존재한다면 얘기가 조금 달라진다. 이는 잠시 후에 살펴보겠다.

이제 데이터를 검색(SELECT 문)해보자.

우선 [그림 9-16] 클러스터형 인덱스에서 검색해보자. 만약 JKW(조관우)를 검색한다면 단순히 몇 개 페이지를 읽을 것인가? 루트 페이지(100번)와 리프 페이지(=데이터 페이지, 1000번) 한 개씩만 검색하면 된다. 총 2개 페이지를 읽게 된다.

이번에는 [그림 9-18] 비클러스터형 인덱스에서 검색해보자. JKW를 검색 시에 인덱스 페이지의 루트 페이지(10번), 리프 페이지(100번), 데이터 페이지(1002번)를 읽게 되어 총 3개 페이지를 읽게 된다.

지금은 한 페이지 차이밖에 나지 않는 것처럼 보일 수도 있으나, 범위로 검색하는 것을 한 번 고려하자. userID가 'A'~'J'인 사용자를 모두 검색하는 것을 가정하자.

먼저 [그림 9-16] 클러스터형 인덱스의 경우에는 루트 페이지(100번)와 1000번 페이지 2개 페이지만 읽으면 원하는 데이터가 모두 들어 있다. 어차피 리프 페이지는 정렬되어 있고 리프 페이지가 곧 데이터 페이지이므로, 클러스터형 인덱스는 범위로 검색 시에 아주 우수한 성능을 보인다.

다음으로 [그림 9-18] 비클러스터형에서 생각해보자. 우선 루트 페이지와 리프페이지 중 100번 페이지를 읽으면 된다. 그런데 데이터를 검색하려 하니 범위에 해당하는 BBK, EJW, JKW, JYP 중에서 BBK와 EJW와 JYP가 서로 다른 페이지에 있다. 따라서 BBK, JKW 위해 1002페이지를,

EJW을 위해 1001페이지를, JYP를 위해 1000페이지를 읽어야 한다. 결과적으로 'A'~'J'인 사용자를 모두 검색하려면 비클러스터형 인덱스는 10번, 100번, 1000번, 1001번, 1002번 페이지를 읽어 총 5개 페이지를 읽어야 한다.

이 예제에서와 같이 결론적으로 클러스터형 인덱스가 비클러스터형 인덱스보다 검색이 더 빠르다고 보면 된다.

이번에는 [그림 9-16]의 클러스터 인덱스에 새로운 데이터의 입력을 생각해보자.

```
INSERT INTO clusterTbl VALUES('FNT', '푸니타');
INSERT INTO clusterTbl VALUES('KAI', '카아이');
```

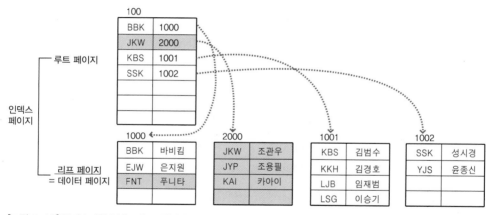

[그림 9-19] 클러스터형 인덱스에 두 행의 추가 후

예상대로 첫 번째 리프 페이지(데이터 페이지)가 페이지 분할이 일어났다. 그리고 데이터를 공평하게 분배한 후에, 루트 페이지에 등록되었다. 물론, 루트 페이지의 순서가 약간 변경되기는 했지만, 페이지 분할에 비해서 같은 페이지 내에서의 순서변경은 시스템에 영향이 미미하다(전에 얘기했듯이 페이지 분할은 시스템에 많은 부하를 발생시킨다).

이번에는 [그림 9-18]의 비클러스터형 인덱스에 동일한 입력을 생각해보자.

```
INSERT INTO nonclusterTbl VALUES('FNT', '푸니타');
INSERT INTO nonclusterTbl VALUES('KAI', '카아이');
```

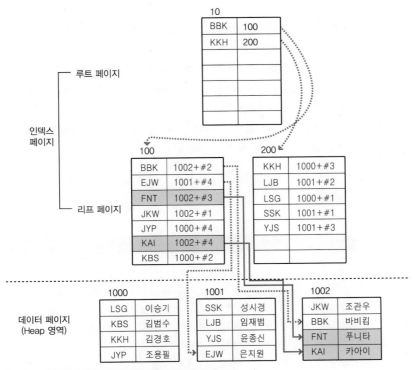

[그림 9-20] 비클러스터형 인덱스에 두 행의 추가 후

비클러스터형 인덱스는 데이터 페이지를 정렬하는 것이 아니므로, 그냥 데이터 페이지의 뒤쪽 빈 부분에 삽입된다. 그리고 인덱스의 리프 페이지에도 약간의 위치가 조정된 것뿐 페이지 분할은 일어나지 않았다. 결국, 클러스터형 인덱스보다 데이터 입력에서는 성능에 주는 부하가 더 적었다.

⚠ 지금 필자는 설명을 위해서 데이터의 양을 억지로 맞췄다. 하지만, 실제로 대용량의 테이블일 경우에 INSERT 작업이 대개는 클러스터형 인덱스가 더 시스템 부하가 많이 생긴다.

클러스터형 인덱스와 비클러스터형 인덱스의 개념을 설명하였다. 잘 이해했으리라 믿고 아래의 두 특징을 살펴보자.

- 클러스터형 인덱스의 생성시에는 데이터 페이지 전체가 다시 정렬된다. 이미 대용량의 데이터가 입력된 상태라면 업무시간에 클러스터형 인덱스를 생성하는 것은 심각한 시스템 부하를 줄 수 있으므로 신중하게 생각해야 한다.
- 클러스터형 인덱스는 인덱스 자체의 리프 페이지가 곧 데이터다. 인덱스 자체에 데이터가 포함이 되어있다고 볼 수 있다.

- 비클러스터형보다 검색 속도는 더 빠르다. 하지만, 데이터의 입력/수정/삭제는 더 느리다.
- 클러스터 인덱스는 성능이 좋지만 테이블에 한 개만 생성할 수 있다. 그러므로 어느 열에 클러스터형 인덱스를 생성하느냐에 따라서 시스템의 성능이 달라질 수 있다.
- 비클러스터형 인덱스의 생성 시에는 데이터 페이지는 그냥 둔 상태에서 별도의 페이지에 인덱스를 구성한다.
- 비클러스터형 인덱스는 인덱스 자체의 리프 페이지는 데이터가 아니라, 데이터가 위치하는 포인터(RID)다. 클러스터형보다 검색 속도는 더 느리지만, 데이터의 입력/수정/삭제는 덜 느리다.
- 비클러스터형 인덱스는 여러 개 생성할 수가 있다. 하지만, 함부로 남용할 경우에는 오히려 시스템 성능을 떨어뜨리는 결과를 초래할 수 있으므로, 꼭 필요한 열에만 생성하는 것이 좋다.

잠시 후에 위 결론 중에서 어떤 열에 클러스터형 인덱스를 생성하고 어떤 열에 비클러스터형 인덱스를 생성하는 것이 좋은지를 파악해보겠다.

> **여기서 잠깐**
>
> OLTP^{On-Line Transaction Processing}는 INSERT/UPDATE/DELETE가 실시간으로 자주 발생되므로, 꼭 필요한 인덱스만 최소로 생성하는 것이 바람직하다. 하지만, OLAP^{On-Line Analytical Processing}는 INSERT/UPDATE/DELETE가 별로 사용될 일이 없으므로 되도록 인덱스를 많이 만들어도 별 문제가 되지 않는다. 만약, 하나의 DB가 OLAP/OLTP 겸용으로 사용된다면 두 개를 분리하는 방법을 고려하는 것이 전반적인 시스템의 성능에 도움이 될 것이다. 이 책은 대부분 OLTP DB라는 가정하에 내용을 설명한다.

9.3.4 클러스터형 인덱스와 비클러스터형 인덱스가 혼합되어 있을 경우

지금까지는 테이블에 클러스터형 인덱스만 있거나, 비클러스터형 인덱스만 있는 경우를 살펴보았다. 하지만, 현실적으로 하나의 테이블에 클러스터형과 비클러스터형의 인덱스가 혼합된 경우가 더 많다.

인덱스가 하나씩만 있는 것보다는 두 형태의 인덱스가 혼합되어서 조금 어렵게 느껴질 것 같다. 그래도 차근차근 보면 그리 어려운 얘기는 아니다. 이번에는 실습을 통해서 이해해 보겠다.

실습2

한 테이블에 클러스터형 인덱스와 비클러스터형 인덱스가 모두 존재할 경우를 살펴보자.

이번에는 열이 3개인 테이블을 사용해 보겠다. userTbl 열에는 클러스터형 인덱스를, name 열에는 비클러스터형 인덱스를 생성해보겠다. 그리고 addr 열은 그냥 참고용으로 사용하자.

```
USE tempdb;
CREATE TABLE mixedTbl
( userID  char(8) NOT NULL ,
  name    nvarchar(10) NOT NULL,
  addr    nchar(2)
);
GO
INSERT INTO mixedTbl VALUES('LSG', '이승기', '서울');
INSERT INTO mixedTbl VALUES('KBS', '김범수', '경남');
INSERT INTO mixedTbl VALUES('KKH', '김경호', '전남');
INSERT INTO mixedTbl VALUES('JYP', '조용필', '경기');
INSERT INTO mixedTbl VALUES('SSK', '성시경', '서울');
INSERT INTO mixedTbl VALUES('LJB', '임재범', '서울');
INSERT INTO mixedTbl VALUES('YJS', '윤종신', '경남');
INSERT INTO mixedTbl VALUES('EJW', '은지원', '경북');
INSERT INTO mixedTbl VALUES('JKW', '조관우', '경기');
INSERT INTO mixedTbl VALUES('BBK', '바비킴', '서울');
```

페이지당 4개의 행이 입력된다고 가정하면 이 데이터는 아래와 같이 구성될 것이다.

데이터 페이지
(Head 영역)

1000		
LSG	이승기	서울
KBS	김범수	경남
KKH	김경호	전남
JYP	조용필	경기

1001		
SSK	성시경	서울
LJB	임재범	서울
YJS	윤종신	경남
EJW	은지원	경북

1002		
JKW	조관우	경기
BBK	바비킴	서울

[그림 9-21] 인덱스가 없는 데이터페이지

이 테이블의 userID에 클러스터형 인덱스를 먼저 생성해보자. Primary Key로 지정하고 별다른 얘기가 없으면 디폴트로 클러스터형 인덱스가 생성된다고 이야기했다.

```
ALTER TABLE mixedTbl
       ADD CONSTRAINT PK_mixedTbl_userID
              PRIMARY KEY (userID);
```

지금쯤은 독자도 아래의 그림을 안 보고 구성할 수 있을 것이다.

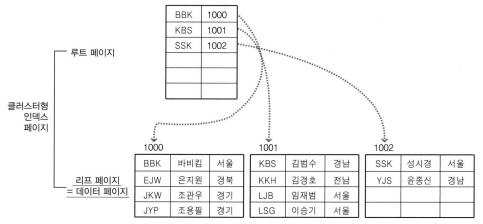

[그림 9-22] 혼합형 인덱스 중에서 클러스터형 인덱스의 구성 후

step 2

이번에는 UNIQUE 제약 조건으로 비클러스터형 인덱스를 추가하자.

```
ALTER TABLE mixedTbl
 ADD CONSTRAINT UK_mixedTbl_name
   UNIQUE (name) ;
```

step 3

클러스터형 인덱스와 비클러스터형 인덱스가 생성됐는지 확인하자.

```
EXEC sp_helpindex mixedTbl;
```

	index_name	index_description	index_keys
1	PK_mixedTbl_userID	clustered, unique, primary key located on PRIMARY	userID
2	UK_mixedTbl_name	nonclustered, unique, unique key located on PRIMARY	name

[그림 9-23] 생성된 인덱스 확인

step 4

그렇다면 두 인덱스가 혼합된 내부 구조를 예상해보자. 독자의 예상과는 조금 빗나가 있을 것이다.

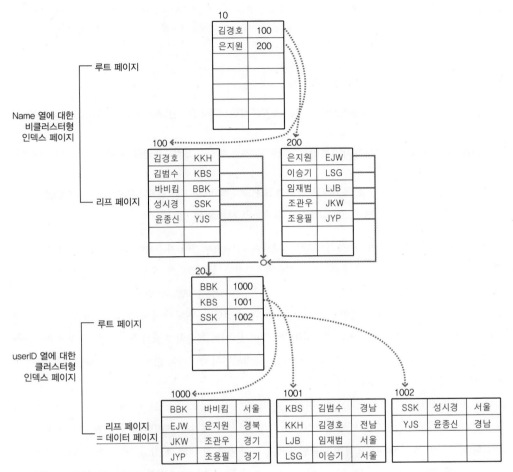

[그림 9-24] 혼합된 인덱스의 내부 구성

클러스터형 인덱스의 경우에는 그대로 변함이 없다. 하지만, 의외인 것이 비클러스터형 인덱스다.

우선, 비클러스터형 인덱스의 루트 페이지와 리프 페이지의 키 값(여기서는 name 열)이 이름으로 구성되었으므로 일단 이름으로 정렬되었다. 특히, 관심이 가는 것은 비클러스터형의 리프 페이지다. 클러스터형 인덱스 페이지가 없었다면, 아마도 '데이터 페이지의 번호 + #오프셋'으로 구성되어 있었을 것이지만, 지금은 클러스터형 인덱스의 키 값(여기서는 userID)을 가지게 된다. 또 한 가지 중요한 점은 비클러스터형 인덱스를 검색한 후에는 그림에 표현된 것처럼, 모두가 다시 클러스터형 인덱스의 루트 페이지부터 검색한다는 점이다. 예를 들어보자. '임재범'이란 사람의 주소를 알고 싶다면 다음의 쿼리를 실행하면 된다.

```
SELECT addr FROM mixedTbl WHERE name = '임재범';
```

⚠ 클러스터형 인덱스가 있든지, 비클러스터형 인덱스가 있든지, 두 가지가 혼합되어 있든지, 아니면 인덱스가 아예 없든지, 쿼리문의 실행 결과에는 아무런 차이가 없다. 인덱스는 단지 빨리 검색시켜주는 역할을 할 뿐 결과의 내용과는 상관이 없다. 혼동하지 말기 바란다.

위 쿼리를 수행하면 아래의 순서로 검색을 한다.

1. (페이지번호 10번 읽음) 비클러스터형 인덱스의 루트 페이지에서 '은지원'보다 큰 값이므로 200번 페이지에 있다는 것을 확인한다.
2. (페이지번호 200번 읽음) '임재범'은 클러스터형 인덱스의 키 값 LJB임을 확인한 후, 무조건 클러스터인덱스의 루트 페이지로 가서 찾는다.
3. (페이지번호 20번 읽음) 'LJB'은 'KBS'보다 크고 'SSK'보다 작으므로 1001번 페이지에 있는 것을 확인한다.
4. (페이지번호 1001번 읽음) 'LJB' 값을 찾고, 그 주소인 '서울'을 찾아낸다.

그런데 왜 이렇게 구성했을까? 비클러스터형 인덱스의 리프 페이지에 기존처럼 '데이터페이지의 번호 + #오프셋'로 하면 더 검색이 빠르고 효율적이지 않을까? 그렇다. 클러스터형 인덱스와 비클러스터형 인덱스를 분리해서 서로 관련 없이 구성한다면 검색에서는 더 우수한 성능을 보일 것이다. 하지만, 치명적인 단점 때문에 그렇게 구성되지 않는다. 만약 [그림 9-24]에 'MMI 멍멍이 서울' 행이 추가된다고 생각해보자. 클러스터형 인덱스는 페이지 분할 등의 작업이 발생될 것이다. 이는 기존의 방식과 동일하다. 그리고 비클러스터형 인덱스에도 100번 페이지에만 '멍멍이 MMI'가 추가되면서 데이터의 순서가 약간 변경될 뿐 그렇게 큰 변화가 발생하지는 않을 것이다.

하지만, 비클러스터형 인덱스의 리프페이지가 '데이터 페이지의 번호 + #오프셋'으로 되어 있었다고 가정해보자. 우선, 데이터의 삽입으로 인해 클러스터형 인덱스의 리프 페이지(데이터 페이지)가 재구성이 되어서 '데이터 페이지의 번호' 및 '#오프셋'이 대폭변경된다. 그러면 단 한 건의 행 삽입으로 데이터 페이지(클러스터형 리프 페이지)의 페이지 번호 및 오프셋이 대폭 변경되므로 비클러스터형 인덱스 역시 많은 부분이 다시 구성되어야만 한다. 엄청난 시스템의 부하를 발생시킬 소지가 있다.

그래서 비클러스터형 인덱스와 클러스터형 인덱스가 하나의 테이블에 모두 존재하는 경우에는 [그림 9-24]와 같이 구성되는 것이다. 그렇게 되면, 이름name으로 검색할 때 비클러스터형을 검색한 후에 다시 클러스터형을 검색해야 하므로 약간의 손해를 볼 수도 있지만, 데이터의 삽입 때문에 비클러스터형 인덱스를 대폭 재구성하게 되는 큰 부하는 걸리지 않는다. 그런 이유로 SQL Server에서는 [그림 9-24]와 같이 구성하는 것이다.

시스템 성능의 향상을 위해서 조금 더 고려해야 할 사항이 있다.

[그림 9-24]를 보면 클러스터형 인덱스의 키(KKH, KBS 등)를 비클러스터형 인덱스가 저장하는 것을 확인할 수 있다. 그러므로 클러스터형 인덱스를 지정할 열(여기서는 userID)의 자릿수가 크다면 비클러스터형에 저장되어야 할 양도 더불어서 많아진다. 그러면 차지하는 공간이 자연히 커질 수밖에 없다. 결국 비클러스터형 인덱스와 혼합되어 사용되는 경우에는 되도록이면 클러스터형 인덱스로 설정할 열은 적은 자릿수의 열을 선택하는 것이 바람직하다.

---

step 5

직접 검색을 해보자.

5-1 SSMS 메뉴의 [쿼리] >> [실제 실행 계획 포함]을 선택하거나, '실제 실행 계획 포함' 아이콘을 클릭해서 결과 창에 실행계획까지 포함시키자.

5-2 다음 쿼리를 실행하고, 결과의 [실행 계획] 탭을 클릭해서 확인해보자.

```
SELECT addr FROM mixedTbl WHERE name = '임재범';
```

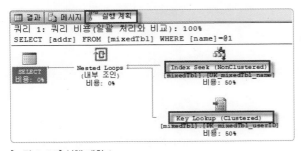

[그림 9-25] 실행 계획 1

결과를 보면 'Index Seek(NonClustered)'가 보인다. 이는 비클러스터형 인덱스를 검색했다는 의미다. 즉, [그림 9-24]의 10번과 200번 페이지를 읽었다는 뜻이다. "Key Lookup (Clustered)"는 클러스터형 인덱스를 검색했다는 의미다. 즉, [그림 9-24]의 20번과 1001번 페이지를 읽었다는 뜻이다. 즉, 이번 〈실습〉 4번에서 설명한 순서를 따른다. (각 플랜에 마우스를 가져가면 상세한 내용이 나올 것이다).

1. Table Scan: 테이블 검색. 데이터 페이지를 처음부터 끝까지 찾아본다는 의미로, 인덱스가 없을 경우거나 인덱스가 있어도 그냥 테이블을 찾아보는 것이 빠른 경우다.

2. Index seek: 비클러스터형 인덱스에서 데이터를 찾아본다는 의미이다.

3. RID Lookup: 비클러스터형 인덱스에서 키를 검색한 후에, 실제 데이터 페이지(Heap)를 찾아본다는 의미이다.

4. Clustered Index Seek: 클러스터형 인덱스에서 데이터를 찾아본다는 의미이다.

5. Key Lookup: 비클러스터형 인덱스에서 키를 검색한 후에, 클러스터형 인덱스에서 데이터를 찾아본다는 의미이다. 결국 Clustered Index Seek와 작동 방식이 비슷하다.

6. Clustered Index Scan: Table Scan(테이블 검색)과 비슷한 개념으로 전체를 찾아본다는 의미다. 클러스터형 인덱스의 리프 페이지는 결국 데이터 페이지이기 때문이다.

5-2 클러스터형 인덱스의 키로만 검색하는 것의 실행 계획을 살펴보자. 결과를 보기 전에 예상해보자.

```
SELECT * FROM mixedTbl WHERE userId = 'LJB';
```

[그림 9-26] 실행 계획 2

위 쿼리는 [그림 9-24]의 클러스터형 인덱스를 검색Clustered Index Seek해서 결과를 내는 것을 확인할 수 있다. 즉, 20번과 1001번 페이지를 읽었다.

5-3 이번에는 그냥 전체 데이터를 가져오는 것을 생각해보자. 과연 인덱스를 사용할 필요가 있을까?

```
SELECT * FROM mixedTbl;
```

[그림 9-27] 실행 계획 3

대충 훑어보면 앞과 같은 것으로 오해할 수도 있으나, 자세히 보면 'Seek'가 아닌 'Scan'으로 되어 있다. 이 결과는 Table Scan(테이블 검색)과 비슷하다. 즉, 클러스터형 인덱스를 Scan(Seek와 다르다)한다는 의미는 클러스터형 인덱스의 리프 페이지 전체를 검색한다는 의미다. 결국, 클러스터형 인덱스의 리프 페이지는 곧 데이터 페이지이므로 전체 페이지를 검색하게 되는 것이다. 이해가 안 되면 [그림 9-22]를 보자.

여기서 Cluster Index Seek를 하면 어떨까? 어차피 데이터 전체를 가져와야 하는데, 쓸데없이 클러스터 인덱스의 루트 페이지를 왔다 갔다 할 필요는 없기 때문에 그냥 전체 데이터를 검색(Clustered Index Scan 또는 Table Scan)하는 것이 더 효율적이다. 여기서 한 가지 더 짚고 넘어가자.

인덱스를 검색하기 위한 일차 조건은 WHERE 절에 해당 인덱스를 생성한 열의 이름이 나와야 한다. 물론, WHERE 절에 해당 인덱스를 생성한 열 이름이 나와도 인덱스를 사용하지 않는 경우도 많다.

이에 대한 실습은 인덱스 생성 구문을 익힌 후에 다시 해보겠다.

9.4 인덱스 생성/변경/삭제

이제는 제약 조건에서 자동으로 생성되는 인덱스 외에 직접 인덱스를 생성하는 구문을 살펴보자.

9.4.1 인덱스 생성

SQL Server 2016 도움말에 나오는 인덱스를 생성하는 문법은 아래와 같다.

형식:

```
CREATE [ UNIQUE ] [ CLUSTERED ¦ NONCLUSTERED ] INDEX index_name
    ON <object> ( column [ ASC ¦ DESC ] [ ,...n ] )
    [ INCLUDE ( column_name [ ,...n ] ) ]
    [ WHERE <filter_predicate> ]
    [ WITH ( <relational_index_option> [ ,...n ] ) ]
    [ ON { partition_scheme_name ( column_name )
        ¦ filegroup_name
        ¦ default
        }
    ]
    [ FILESTREAM_ON { filestream_filegroup_name ¦ partition_scheme_name ¦ "NULL" } ]
```

UNIQUE 옵션은 고유한 인덱스를 만들 것인지를 결정한다. 즉, UNIQUE로 지정된 인덱스는 동일한 데이터 값이 입력될 수 없다. 디폴트는 UNIQUE가 생략된(중복이 허용되는) 인덱스다.

CLUSTERED와 NONCLUSTERED는 클러스터형 및 비클러스터형 인덱스를 결정한다. 앞에서도 살펴본 바와 같이 이미 클러스터형 인덱스가 있다면 또 클러스터형 인덱스를 생성할 수 없다. 디폴트는 비클러스터형 인덱스다. 그 외에 ASC와 DESC는 정렬되는 방식이다. ASC가 기본값이며 오름차순으로 정렬되어서 인덱스가 생성된다.

INCLUDE 옵션은 '포괄 열이 있는 인덱스'를 생성하기 위한 옵션이다.

ON 파일 그룹 옵션은 인덱스를 별도의 파일그룹에 저장하게 된다. 이렇게 하면 디스크 입출력을 분산시켜서 성능에 도움이 될 수 있다. 이를 '분할 인덱스'라 부른다.

그 외에 WHERE 옵션은 필터링된 인덱스 및 통계를 생성하기 위한 것으로, 특정 조건에 맞는 데이터만 인덱스를 생성할 경우에 사용된다. 또, FILESTREAM_ON 옵션은 filestream 데이터와 관련된 옵션이다.

⚠ WHERE와 FILESTREAM_ON 두 옵션은 SQL Server 2008부터 지원한다. 그 외 인덱스 중고급 기능에 해당하는 포괄 열이 있는 인덱스, 필터링된 인덱스, 분할 인덱스, Filestream에 대한 상세한 내용은 『뇌를 자극하는 SQL Server 2012 (2권. 관리/응용편)』을 참고하자.

〈relational_index_option〉 부분에는 아래와 같은 옵션이 올 수 있다.

형식:

```
PAD_INDEX = { ON | OFF }
  | FILLFACTOR = fillfactor
  | SORT_IN_TEMPDB = { ON | OFF }
  | IGNORE_DUP_KEY = { ON | OFF }
  | STATISTICS_NORECOMPUTE = { ON | OFF }
  | DROP_EXISTING = { ON | OFF }
  | ONLINE = { ON | OFF }
  | ALLOW_ROW_LOCKS = { ON | OFF }
  | ALLOW_PAGE_LOCKS = { ON | OFF }
  | MAXDOP = max_degree_of_parallelism
  | DATA_COMPRESSION = { NONE | ROW | PAGE}
    [ ON PARTITIONS ( { <partition_number_expression> | <range> }
  [ , ...n ] ) ]
```

실제로 사용되는 옵션 몇 가지를 살펴보자.

PAD_INDEX와 FILLFACTOR

PAD_INDEX의 기본값은 OFF이며, 만약 ON으로 설정되었다면 FILLFACTOR에 설정된 값이 의미를 갖게 된다. 간단히 말하면 이는 인덱스 페이지를 생성할 때 얼마만큼의 여유를 두겠냐는 의미다.

기본적으로 이 값을 지정하지 않으면, SQL Server는 인덱스 생성시에 인덱스 페이지는 두 개의 레코드를 입력할 공간만 남겨 놓고 꽉 채운다. 그런데 그럴 경우에 인덱스의 갱신이 많이 발생되는 테이블의 경우에는 인덱스 페이지 분할이 자주 발생될 수밖에 없다. 그럴 경우에 이 FILLFACTOR을 높여주면 인덱스를 생성할 때 빈 공간의 비율을 높여서 페이지 분할이 일어날 확률은 낮춰주는 효과를 줄 수 있다.

FILLFACTOR를 50으로 설정하면 50%만 채우고 나머지 50%는 비워놓겠다는 의미가 된다. 이럴 경우에 여유 공간이 많이 생겨 추후에 인덱스에 데이터가 추가되더라도 페이지 분할이 거의 발생하지 않게 될 확률이 높아진다. 이는 시스템 성능에 큰 도움이 될 수 있다. 하지만, 예상하듯 이 50%는 처음에는 그냥 낭비하는 공간이 된다. 즉, 인덱스를 생성하기 위한 공간은 2배가 필요해진다. 또한, 데이터 검색에 읽어올 페이지가 늘어나므로 검색이 기존보다 느려진다.

특별한 경우가 아니라면 이것을 설정할 필요는 없지만, 데이터가 자주 입력되는 경우라면 이 값을 지정해주는 것도 성능향상에 도움을 줄 수 있다.

여기서 잠깐

PAD_INDEX와 FILLFACTOR 옵션은, 오라클의 PCTFREE 및 PCTUSED 등과 비슷한 역할을 하는 옵션이다. 하지만, 최근 버전의 SQL Server나 오라클은 이러한 것을 자동으로 잘 설정해주므로, 일부러 값을 지정하는 경우가 드물어졌다.

SORT_IN_TEMPDB

SORT_IN_TEMPDB를 ON으로 설정하면, 디스크의 분리 효과가 발생해 인덱스를 생성하는데 드는 시간을 줄일 수가 있다. 디폴트는 OFF이다. 인덱스도 생성할 때 필요로 하는 임시 파일의 읽기/쓰기 작업을 tempdb에서 수행하겠다는 의미다. 그러기 위해서는 우선 tempdb가 별도의 물리적으로 독립된 디스크여야 의미가 있으며, tempdb의 공간도 충분히 확보되어 있어야할 것이다.

ONLINE

ONLINE의 디폴트는 OFF이다. ON으로 설정하면 인덱스 생성 중에도 기본 테이블에 쿼리가 가능하다. 잠시라도 시스템이 중단되어서는 안 되는 시스템에서는 유용하게 사용될 수 있다.

MAXDOP

MAXDOP는 인덱스 생성시에 사용할 CPU의 개수를 강제로 지정하는 것이다. 최대 64까지 지정할 수 있다. 인덱스 생성작업은 디스크 및 CPU의 사용량이 높으므로, 적절히 지정한다면 인덱스의 생성시간을 줄일 수 있다. 디폴트는 0이며 이는 시스템이 알아서 설정해 준다는 의미다. 특별한 경우가 아니라면 이 옵션을 지정하지 않아도 시스템이 적절한 CPU의 개수를 사용한다.

DATA_COMPRESSION

DATA_COMPRESSION은 테이블의 압축과 동일한 개념으로 인덱스를 압축할 것인지를 지정할 수 있다.

⚠ ONLINE, MAXDOP 옵션은 SQL Server 2005 Enterprise/Developer 버전 이상부터, DATA_COMPRESSION 옵션은 SQL Server 2008 Enterprise/Developer 버전 이상부터 설정이 가능하다.

옵션은 이 정도면 될 것 같다. 다른 옵션의 내용은 SQL Server 2016 도움말을 참고하자. 사실 다른 옵션을 지정할 일은 특별한 경우가 아니라면 거의 없을 것이다.

⚠ 인덱스에 현재 설정된 값을 확인하려면, 카탈로그 뷰 중에서 sys.indexes를 확인하면 된다. 사용 예는 다음과 같다.

```
SELECT * FROM sys.indexes WHERE object_id('userTbl') = object_id ;
```

9.4.2 인덱스 변경

인덱스를 변경하려면 다른 개체를 수정하는 방식과 마찬가지로 ALTER INDEX 구문을 사용한다. SQL Server 2016 도움말에서는 아래와 같이 형식으로 변경한다.

형식:

```
ALTER INDEX { index_name | ALL }
    ON <object>
    { REBUILD
        [ [PARTITION = ALL]
        [ WITH ( <rebuild_index_option> [ ,...n ] ) ]
        | [ PARTITION = partition_number
            [ WITH ( <single_partition_rebuild_index_option>
                    [ ,...n ] )
            ]
        ]
    ]
    | DISABLE
    | REORGANIZE
        [ PARTITION = partition_number ]
        [ WITH ( LOB_COMPACTION = { ON | OFF } ) ]
    | SET ( <set_index_option> [ ,...n ] )
    }
```

REBUILD

REBUILD 옵션은 인덱스를 삭제하고 다시 생성하는 효과가 있다. 만약, 비클러스터형 인덱스에 어떠한 이유로 불일치가 생긴다면, 다시 생성해서 문제를 해결할 수도 있다. 아래의 예문은 sqlDB의 userTbl에 생성된 비클러스터형 인덱스의 문제를 해결해줄 것이다.

단, 예상하듯이 대용량 데이터베이스의 경우에는 오프라인 후에 전체 인덱스의 재생성이 오래 걸릴 수도 있다. 아래 구문처럼 ONLINE=ON 옵션을 추가해 주면 인덱스 재생성 중에도 시스템이 계속 가동된다. 단, 시스템이 느려질 수는 있다.

```
USE sqlDB;
ALTER INDEX ALL ON userTbl
    REBUILD
    WITH (ONLINE=ON);
```

REORGANIZE

REORGANIZE 옵션은 인덱스를 다시 구성해 준다. REBUILD와 달리 인덱스를 삭제하고 다시 생성해주는 것은 아니다. 이 옵션을 사용하는 경우는 테이블을 오랫동안 사용하면 인덱스가 조각화^{fragmentation}되어 있는 것을 모아주는 효과를 내서 시스템 성능에 약간의 도움을 줄 수 있다.

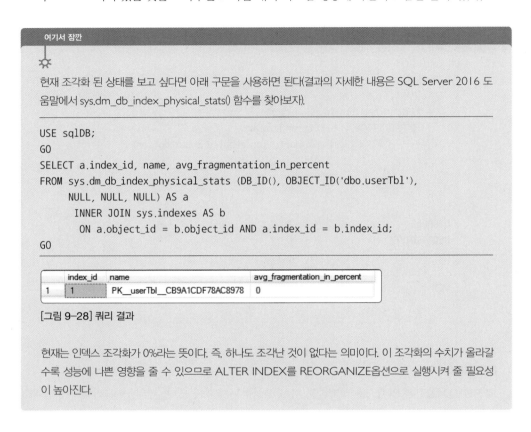

여기서 잠깐

현재 조각화 된 상태를 보고 싶다면 아래 구문을 사용하면 된다(결과의 자세한 내용은 SQL Server 2016 도움말에서 sys.dm_db_index_physical_stats() 함수를 찾아보자).

```
USE sqlDB;
GO
SELECT a.index_id, name, avg_fragmentation_in_percent
FROM sys.dm_db_index_physical_stats (DB_ID(), OBJECT_ID('dbo.userTbl'),
    NULL, NULL, NULL) AS a
    INNER JOIN sys.indexes AS b
    ON a.object_id = b.object_id AND a.index_id = b.index_id;
GO
```

	index_id	name	avg_fragmentation_in_percent
1	1	PK__userTbl__CB9A1CDF78AC8978	0

[그림 9-28] 쿼리 결과

현재는 인덱스 조각화가 0%라는 뜻이다. 즉, 하나도 조각난 것이 없다는 의미이다. 이 조각화의 수치가 올라갈 수록 성능에 나쁜 영향을 줄 수 있으므로 ALTER INDEX를 REORGANIZE옵션으로 실행시켜 줄 필요성이 높아진다.

그 외에 SET 옵션으로 지정할 수 있는 것은 CREATE INDEX의 SET 옵션과 동일하다.

9.4.3 인덱스 제거

인덱스를 삭제하는 것은 간단하지만 몇 가지 주의사항이 있다.

형식:

```
DROP INDEX 테이블이름.인덱스이름
```

Primary Key 제약 조건과, Unique 제약 조건으로 자동 생성된 인덱스는 DROP INDEX로 제거할 수 없다. 이 경우에는 ALTER TABLE 구문으로 제약 조건을 제거하면 인덱스도 자동으로 제거된다.

DROP INDEX로 시스템 테이블의 인덱스를 제거할 수 없다.

인덱스를 모두 제거할 때는 되도록 비클러스터형 인덱스부터 삭제하도록 한다. [그림 9-24]의 혼합된 인덱스를 보면, 만약 아래쪽의 클러스터형 인덱스를 먼저 삭제하면 클러스터형 인덱스의 루트 페이지가 없어진다. 비클러스터형 인덱스의 리프 페이지는 모두 루트 페이지를 지정하고 있으므로, 어쩔 수 없이 원래의 비클러스터형 인덱스의 리프 페이지에는 '페이지 번호 + #오프셋'으로 재구성되어야 한다. 그런데 재구성 후에 비클러스터형 인덱스도 삭제한다면 고생해서 재구성한 것을 또 삭제하는 결과가 된다.

[그림 9-24]의 위쪽 비클러스터형 인덱스를 먼저 삭제하면 클러스터형 인덱스는 전혀 변화가 없다. 그러므로 모든 인덱스를 삭제 시에는 비클러스터형 인덱스를 먼저 제거한다.

인덱스를 많이 생성해 놓은 테이블은 인덱스의 용도를 잘 확인한 후에, 인덱스의 활용도가 떨어진다면 과감히 삭제해 줄 필요가 있다. 그렇지 않으면 전반적인 SQL Server의 성능이 저하되는 문제를 야기할 수 있다. 한 달에 한 번 또는 일 년에 한 번 사용될 인덱스를 계속 유지할 필요는 없다.

실습3

인덱스를 생성하고 사용해보자.

step 0

sqlDB를 복원해서 사용해보자. C:\SQL\sqlDB2016.bak 파일이 없는 독자는 6장의 〈실습2〉를 다시 수행하거나, 책의 사이트인 http://cafe.naver.com/thisissql/에서 sqlDB2016.bak을 다운로드해서 C:\SQL\에 저장하자.

```
USE tempdb;
RESTORE DATABASE sqlDB FROM DISK ='c:\SQL\sqlDB2016.bak' WITH REPLACE;
```

0-1 userTbl을 주로 사용하자. 데이터의 내용을 확인해보자.

```
USE sqlDB;
SELECT * FROM userTbl;
```

	userID	name	birthYear	addr	mobile1	mobile2	height	mDate
1	BBK	바비킴	1973	서울	010	0000000	176	2013-05-05
2	EJW	은지원	1972	경북	011	8888888	174	2014-03-03
3	JKW	조관우	1965	경기	018	9999999	172	2010-10-10
4	JYP	조용필	1950	경기	011	4444444	166	2009-04-04
5	KBS	김범수	1979	경남	011	2222222	173	2012-04-04
6	KKH	김경호	1971	전남	019	3333333	177	2007-07-07
7	LJB	임재범	1963	서울	016	6666666	182	2009-09-09
8	LSG	이승기	1987	서울	011	1111111	182	2008-08-08
9	SSK	성시경	1979	서울	NULL	NULL	186	2013-12-12
10	YJS	윤종신	1969	경남	NULL	NULL	170	2005-05-05

[그림 9-29] 쿼리 결과

step 1

우선, userTbl 에 어떤 인덱스가 설정되어 있는지 확인해보자.

```
USE sqlDB;
GO
EXEC sp_helpindex userTbl;
```

PK__userTbl__???? 같은 인덱스가 보일 것이다. 이 인덱스는 클러스터형 인덱스며, 중복되지 않는 인덱
스다. 즉 UNIQUE CLUSTERED INDEX 다.

step 2

클러스터형 인덱스가 이미 있으므로 이 테이블에는 클러스터형 인덱스를 생성할 수 없다.

2-1 주소(addr)에 단순 비클러스터형 인덱스를 생성하자. '단순'은 중복을 허용한다는 의미로 고유[UNIQUE]
와 반대라고 생각하면 된다.

```
CREATE INDEX idx_userTbl_addr
       ON userTbl (addr);
```

다시 "EXEC sp_helpindex userTbl"로 확인해보자.

	index_name	index_description	index_keys
1	idx_userTbl_addr	nonclustered located on PRIMARY	addr
2	PK__userTbl__CB9A1CDF78AC8978	clustered, unique, primary key located on PRIMARY	userID

[그림 9-30] 단순 비클러스터형 인덱스 확인

2-2 출생년도(birthYear)에 고유 비클러스터형 인덱스를 생성하자.

```
CREATE UNIQUE INDEX idx_userTbl_birtyYear
        ON userTbl (birthYear);
```

오류 메시지:
메시지 1505, 수준 16, 상태 1, 줄 1
개체 이름 'dbo.userTbl' 및 인덱스 이름 'idx_userTbl_birtyYear'에 키가 중복되므로 CREATE
UNIQUE INDEX 문이 종료되었습니다. 중복 키 값은 (1979)입니다.

김범수와 성시경이 1979년이기에 중복된 값이 있어서 출생년도에는 고유 비클러스터형 인덱스를 생성할
수 없다.

2-3 이름(name)에 고유 비클러스터형 인덱스를 생성하자.

```
CREATE UNIQUE INDEX idx_userTbl_name
        ON userTbl (name);
```

다시 "EXEC sp_helpindex userTbl"로 확인해보자.

	index_name	index_description	index_keys
1	idx_userTbl_addr	nonclustered located on PRIMARY	addr
2	idx_userTbl_name	nonclustered, unique located on PRIMARY	name
3	PK__userTbl__CB9A1CDF78AC8978	clustered, unique, primary key located on PRIMARY	userID

[그림 9-31] 고유 비클러스터형 인덱스 생성

2-4 이름(name)열에 생성은 잘 되었다. 이번에는 김범수와 이름이 같은 사람을 입력해보자. 아이디는 다
르게 GPS로 하자.

```
INSERT INTO userTbl VALUES('GPS', '김범수', 1983, '미국', NULL  , NULL  , 162, NULL);
```

오류 메시지:
메시지 2601, 수준 14, 상태 1, 줄 1
고유 인덱스 'idx_userTbl_name'을(를) 포함하는 개체 'dbo.userTbl'에 중복 키 행을 삽입할 수 없습
니다. 중복 키 값은 (김범수)입니다.

조금 전에 생성한 고유 인덱스로 인해서 중복된 값을 입력할 수 없다. 이렇게 이름이 중복된 사람을 허용하
지 않는다면 실제 사용에는 문제가 발생될 수도 있다. 고유 인덱스는 현재 중복된 값이 없다고 무조건 설정
하면 안 되며, 업무 절차상 절대로 중복되지 않을 경우(예로 주민등록번호, 학번, 이메일 주소 등)에만 인덱스
생성 시에 UNIQUE 옵션을 사용해야 한다.

2-5 이번에는 이름(name)열과 출생년도(birthYear)열을 조합해서 인덱스를 생성해보자.

```
CREATE NONCLUSTERED INDEX idx_userTbl_name_birthYear
        ON userTbl (name,birthYear);
```

다시 "EXEC sp_helpindex userTbl"로 확인해보자.

	index_name	index_description	index_keys
1	idx_userTbl_addr	nonclustered located on PRIMARY	addr
2	idx_userTbl_name	nonclustered, unique located on PRIMARY	name
3	idx_userTbl_name_birthYear	nonclustered located on PRIMARY	name, birthYear
4	PK__userTbl__CB9A1CDF78AC8978	clustered, unique, primary key located on PRIMARY	userID

[그림 9-32] 두 열에 인덱스 생성

이 경우에는 아래와 같이 두 열이 조합된 조건문의 쿼리에도 해당 인덱스가 사용된다.

```
SELECT * FROM userTbl WHERE name = '윤종신' and birthYear = '1969'
```

위와 같이 name 및 birthYear가 조합된 쿼리에서는 이 인덱스가 무척 유용하지만, 이러한 쿼리가 거의 사용되지 않는다면 이 인덱스는 오히려 SQL Server의 성능에 나쁜 영향을 줄 수 있다.

⚠ 'name 열 인덱스'와 'name 열과 birthYear가 조합된 인덱스'가 모두 있을 경우에, 다음 문장은 'name 열 인덱스'가 아닌 'name 열과 birthYear가 조합된 인덱스'를 사용할 수도 있다. 이는 SQL Server가 알아서 더 효율적인 것을 선택하기 때문이다.

SELECT * FROM userTbl WHERE name = '윤종신';

2-6 휴대폰의 국번(mobile1) 열에 인덱스를 생성해보자.

```
CREATE NONCLUSTERED INDEX idx_userTbl_mobile1
        ON userTbl (mobile1);
```

당연히 잘 생성이 될 것이다. 그리고 다음의 쿼리를 생각해보자.

```
SELECT * FROM userTbl WHERE mobile1 = '011';
```

결과도 잘 나올 것이다. 그런데 이 인덱스는 없는 것이 훨씬 낫다. 그 이유는 국번에는 데이터의 종류가 얼마 되지 않기 때문이다. 즉, 데이터가 1000만 건이라도 결국 010,011,016,017,018,019의 데이터만이 존재할 것이기 때문이다. 이렇게 데이터의 종류가 적은 열에는 인덱스를 생성하지 않는 편이 훨씬 낫다. 이러한 경우에는 어차피 SQL Server가 알아서 인덱스를 사용하지 않는다. 이를 '선택도Selectivity가 나쁜 데이터'라고도 얘기하는데, 잠시 후 다시 살펴보겠다.

2-7 SSMS 메뉴의 [쿼리] 〉〉 [실제 실행 계획 포함]을 선택한 후, 앞의 구문을 다시 실행한다. 그리고 실행 계획을 살펴보자.

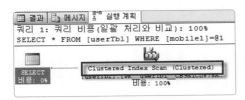

[그림 9-33] 실행 계획 확인

결과를 보면 'Clustered Index Scan'으로 나왔다. 이는 인덱스를 사용하지 않고, 전체 테이블을 조회한 'Table Scan(테이블 검색)'과 마찬가지라고 이미 설명했다. 즉, SQL Server는 생각보다 똑똑해서 인덱스가 있더라도, 인덱스를 사용하는 수행속도가 더 느리다면 인덱스를 사용하지 않는다.

step 3

인덱스를 삭제하자.

3-1 먼저 "EXEC sp_helpindex userTbl"로 인덱스의 이름을 확인하자.

3-2 앞에서 삭제 시에는 비클러스터형 인덱스를 먼저 삭제하는 게 좋다고 말했다. 비클러스터형 인덱스를 삭제한다. 또, 인덱스 이름 앞에 테이블 이름을 붙여줘야 한다(Drop Index에서는 IntelliSense 기능이 지원되지 않는다).

```
DROP INDEX userTbl.idx_userTbl_addr;
DROP INDEX userTbl.idx_userTbl_mobile1;
DROP INDEX userTbl.idx_userTbl_name;
DROP INDEX userTbl.idx_userTbl_name_birthYear;
```

3-3 이번에는 Primary Key 지정으로 자동 생성된 클러스터형 인덱스를 삭제해보자(필자와 독자의 인덱스 이름이 다를 수 있다).

```
DROP INDEX userTbl.PK_userTbl__CB9A1CDF8FC49A60;
```

```
오류 메시지 :
메시지 3723, 수준 16, 상태 4, 줄 9
인덱스 'userTbl.PK_userTbl__CB9A1CDF8FC49A60'에서는 명시적 DROP INDEX를 사용할 수 없습니
다. 이 인덱스는 PRIMARY KEY 제약 조건 설정에 사용 중입니다.
```

제약 조건으로 생성된 인덱스는 DROP INDEX 구문으로 삭제할 수 없다. 이는 제약 조건을 제거함으로써

자동으로 인덱스도 제거된다. 제약 조건의 제거는 8장의 〈실습 6〉에서 이미 했으므로 생략하겠다.

참고로 CONSTRAINT의 이름을 알려면 **EXEC sp_help 테이블이름**을 사용하면 된다. 또, 인덱스의 이름이 조금 어려우므로, sp_help의 결과를 마우스로 드래그해서 쿼리창에 가져다 놓으면 편리하게 사용할 수 있다(5장에서 설명했다).

인덱스를 생성하고 삭제하는 방법에 대해서 익혔으니, 이번에는 클러스터형 인덱스와 비클러스터형 인덱스와 인덱스가 없을 때의 성능의 차이를 직접 확인해보자.

이번 실습을 통해서 어떤 인덱스가 성능이 좋은지 또, 인덱스가 있어도 인덱스를 사용하지 않는 것은 어떤 경우인지를 파악해보자.

실습4

인덱스가 없을 때 클러스터형 인덱스, 비클러스터형 인덱스의 성능을 비교하자.

step 0

실습을 원활히 하기 위한 사전 준비를 하자.

0-1 [실제 실행 계획]이 켜 있으면 꺼놓자. SSMS 메뉴의 [쿼리] 〉〉 [실제 실행 계획 포함]을 선택해서 끄면 된다.

0-2 실습할 데이터베이스를 만든다.

```
USE tempdb;
CREATE DATABASE indexDB;
GO
```

0-3 우선 실습을 원활히 진행하기 위해서 테이블에 생성된 인덱스의 정보를 파악해주는 저장 프로시저를 생성해보자. 저장 프로시저에 대한 내용은 11장에서 배우고, 일단은 입력해서 사용하자.

지금은, **EXEC usp_IndexInfo 테이블_이름**을 실행하면 테이블의 인덱스 상태정보를 보여준다고 생각하면 된다.

```
USE indexDB;
GO
CREATE PROCEDURE usp_IndexInfo
        @tablename sysname
AS
    SELECT  @tablename AS '테이블이름',
            I.name AS '인덱스이름',
            I.type_desc AS '인덱스타입',
```

```
              A.data_pages AS '페이지개수', -- 사용된 데이터 페이지수
              A.data_pages * 8 AS '크기(KB)', -- 페이지를 KB(1page = 8KB)로계산
              P.rows AS '행개수'
    FROM sys.indexes I
        INNER JOIN sys.partitions P
            ON P.object_id = I.object_id
                AND OBJECT_ID(@tablename) = I.object_id
                AND I.index_id = P.index_id
        INNER JOIN sys.allocation_units A
            ON A.container_id = P.hobt_id ;
```

⚠ 인덱스의 정보를 보기 위해서 카탈로그 뷰인 sys.indexes, sys.partitions, sys.allocation_units를 조회하면 된다.
   SQL Server 2016 도움말에서 각 카탈로그 뷰의 이름을 확인하면 각 열에 대한 세부 정보를 확인할 수 있다.

---

step 1

테스트를 위해서 어느 정도 데이터가 있는 테이블을 복사하자. AdventureWorks의 Sales.Customer 테이블을 Cust(인덱스 없는 테이블), Cust_C(클러스터형 인덱스를 생성할 테이블), Cust_NC(비클러스터형 인덱스를 생성할 테이블) 세 개로 복사하자. 참고로 SELECT INTO 문은 제약 조건 등은 복사가 되지 않는다.

1-1 AdventureWorks의 Sales.Customer의 개수를 파악하자.

```
USE indexDB;
SELECT COUNT(*) FROM AdventureWorks.Sales.Customer;
```

특별히 이 테이블을 수정한 적이 없다면 19,820개가 나올 것이다. 테스트를 하기에 적절한 양이다.

1-2 테이블을 3개로 복사하자.

⚠ AdventureWorks.Sales.Customer는 CustomerID로 정렬이 되어 있으므로, 순서를 무작위로 만들기 위해서 NEWID()로 정렬했고 TOP(데이터개수)를 사용했다. 단지 데이터를 무작위로 섞기 위한 용도이므로 지금은 이 정도로 이해해도 된다.

```
SELECT TOP(19820) * INTO Cust FROM AdventureWorks.Sales.Customer ORDER BY NEWID();
SELECT TOP(19820) * INTO Cust_C FROM AdventureWorks.Sales.Customer ORDER BY NEWID();
SELECT TOP(19820) * INTO Cust_NC FROM AdventureWorks.Sales.Customer ORDER BY NEWID();
```

1-3 SELECT * FROM 테이블명으로 확인해 보면 세 테이블의 순서가 뒤섞여 있음을 확인할 수 있다.

```
SELECT TOP(5)* FROM Cust;
SELECT TOP(5)* FROM Cust_C;
SELECT TOP(5)* FROM Cust_NC;
```

결과 | 메시지 | 실행 계획

	CustomerID	PersonID	StoreID	TerritoryID	AccountNumber	rowguid	ModifiedDate
1	16976	17665	NULL	4	AW00016976	EDF31717-7392-42A9-BD61-24BAC0D4E5D4	2008-10-13 11:15:07.263
2	27777	2839	NULL	8	AW00027777	AF16D542-7B9C-43C5-A35F-B97F4E2830CE	2008-10-13 11:15:07.263
3	25788	16595	NULL	8	AW00025788	72697901-0F7E-4411-9D9A-45E876369B5F	2008-10-13 11:15:07.263
4	20124	2728	NULL	4	AW00020124	DD86BB84-5DF8-4F8C-B0C8-698708A24425	2008-10-13 11:15:07.263
5	12494	17913	NULL	7	AW00012494	F47D646F-FA6A-48CD-8B81-0A9EFF29AC17	2008-10-13 11:15:07.263

	CustomerID	PersonID	StoreID	TerritoryID	AccountNumber	rowguid	ModifiedDate
1	29713	809	810	10	AW00029713	31D75DE8-5F8D-4513-AB55-4269D29BAFFD	2008-10-13 11:15:07.263
2	18094	11158	NULL	4	AW00018094	AD9274E0-EE65-4932-BD0F-91D92C2300EB	2008-10-13 11:15:07.263
3	27470	6538	NULL	9	AW00027470	965550B8-0157-40DF-A4AB-3716D0AFDC8D	2008-10-13 11:15:07.263
4	25318	17887	NULL	8	AW00025318	83BFDC04-14D3-4899-8FDC-CD5863C359C9	2008-10-13 11:15:07.263
5	30027	1489	1490	4	AW00030027	029C27B5-72E5-4024-A5FA-53BDB42B98BC	2008-10-13 11:15:07.263

	CustomerID	PersonID	StoreID	TerritoryID	AccountNumber	rowguid	ModifiedDate
1	14938	5984	NULL	10	AW00014938	1E151B4C-401C-4166-8451-E1E668068D5B	2008-10-13 11:15:07.263
2	29656	687	688	9	AW00029656	D60E81BD-7E05-4BEE-BB49-125DEB47CD01	2008-10-13 11:15:07.263
3	24353	8297	NULL	4	AW00024353	91CE9382-5BE2-4F49-B9FB-AC072E5CB7FD	2008-10-13 11:15:07.263
4	17528	18877	NULL	1	AW00017528	2428A025-2900-4FF7-9D4E-BC102462CDB5	2008-10-13 11:15:07.263
5	20998	5499	NULL	9	AW00020998	6135C33F-CBAC-4940-820F-D97E7E5AD5F9	2008-10-13 11:15:07.263

[그림 9-34] 상위 5개 행 조회

1-4 테이블에 인덱스가 있는지 확인해보자. 혹, 필자와 페이지 개수가 좀 달라도 무시하자.

```
EXEC usp_IndexInfo Cust;
EXEC usp_IndexInfo Cust_C;
EXEC usp_IndexInfo Cust_NC;
```

결과 | 메시지 | 실행 계획

	테이블이름	인덱스이름	인덱스타입	페이지개수	크기(KB)	행개수
1	Cust	NULL	HEAP	155	1240	19820

	테이블이름	인덱스이름	인덱스타입	페이지개수	크기(KB)	행개수
1	Cust_C	NULL	HEAP	155	1240	19820

	테이블이름	인덱스이름	인덱스타입	페이지개수	크기(KB)	행개수
1	Cust_NC	NULL	HEAP	155	1240	19820

[그림 9-35] 세 테이블 모두 인덱스가 없음

SELECT INTO는 제약 조건 인덱스 등을 모두 제외하고 단지 테이블의 데이터만 복사하는 기능을 한다. 그러므로 세 테이블 모두 아직 인덱스는 없다. 인덱스 타입에 힙Heap이 의미하는 것은 인덱스가 없이 단지 데이터 페이지만 존재함을 의미한다. 그래서 인덱스 이름도 NULL로 나온다.

세 테이블 모두 [그림 9-13]과 같이 데이터 페이지만 있는 상태다. 모두 페이지의 개수는 155페이지를 가지고 있다. 한 페이지당 8KB이므로 용량은 1240KB이다. 행 개수는 그냥 참고만하자.

step 2

Cust_C에는 클러스터형 인덱스를 Cust_NC에는 비클러스터형 인덱스를 생성해보자.

2-1 인덱스를 두 테이블에 생성한다.

```
CREATE CLUSTERED INDEX idx_cust_c ON Cust_C (CustomerID);
CREATE NONCLUSTERED INDEX idx_cust_nc ON Cust_NC (CustomerID);
```

2-2 다시 데이터를 5건씩만 확인해보자.

```
SELECT TOP(5)* FROM Cust;
SELECT TOP(5)* FROM Cust_C;
SELECT TOP(5)* FROM Cust_NC;
```

결과 | 메시지 | 실행 계획

	CustomerID	PersonID	StoreID	TerritoryID	AccountNumber	rowguid	ModifiedDate
1	16976	17665	NULL	4	AW00016976	EDF31717-7392-42A9-BD61-24BAC0D4E5D4	2008-10-13 11:15:07.263
2	27777	2839	NULL	8	AW00027777	AF16D542-7B9C-43C5-A35F-B97F4E2830CE	2008-10-13 11:15:07.263
3	25788	16595	NULL	8	AW00025788	72697901-0F7E-4411-9D9A-45E876369B5F	2008-10-13 11:15:07.263
4	20124	2728	NULL	4	AW00020124	DD86BB84-5DF8-4F8C-B0C8-698708A24425	2008-10-13 11:15:07.263
5	12494	17913	NULL	7	AW00012494	F47D646F-FA6A-48CD-8B81-0A9EFF29AC17	2008-10-13 11:15:07.263

	CustomerID	PersonID	StoreID	TerritoryID	AccountNumber	rowguid	ModifiedDate
1	1	NULL	934	1	AW00000001	3F5AE95E-B87D-4AED-95B4-C3797AFCB74F	2008-10-13 11:15:07.263
2	2	NULL	1028	1	AW00000002	E552F657-A9AF-4A7D-A645-C429D6E02491	2008-10-13 11:15:07.263
3	3	NULL	642	4	AW00000003	130774B1-DB21-4EF3-98C8-C104BCD6ED6D	2008-10-13 11:15:07.263
4	4	NULL	932	4	AW00000004	FF862851-1DAA-4044-BE7C-3E85583C054D	2008-10-13 11:15:07.263
5	5	NULL	1026	4	AW00000005	83905BDC-6F5E-4F71-B162-C98DA069F38A	2008-10-13 11:15:07.263

	CustomerID	PersonID	StoreID	TerritoryID	AccountNumber	rowguid	ModifiedDate
1	14938	5984	NULL	10	AW00014938	1E151B4C-401C-4166-8451-E1E668068D5B	2008-10-13 11:15:07.263
2	29656	687	688	9	AW00029656	D60E81BD-7E05-4BEE-BB49-125DEB47CD01	2008-10-13 11:15:07.263
3	24353	8297	NULL	4	AW00024353	91CE9382-5BE2-4F49-B9FB-AC072E5CB7FD	2008-10-13 11:15:07.263
4	17528	18877	NULL	1	AW00017528	2428A025-2900-4FF7-9D4E-BC102462CDB5	2008-10-13 11:15:07.263
5	20998	5499	NULL	9	AW00020998	6135C33F-CBAC-4940-820F-D97E7E5AD5F9	2008-10-13 11:15:07.263

[그림 9-36] 상위 5개 행 조회

클러스터형 인덱스가 생성된 두 번째 테이블(Cust_C)만 정렬되어 있다. 그 이유는 클러스터형 인덱스만 데이터 페이지를 정렬하기 때문이라고 얘기했다. [그림 9-16]를 보면서 이해하면 될 것이다.

2-3 다시 테이블의 인덱스를 확인해보자.

```
EXEC usp_IndexInfo Cust;
EXEC usp_IndexInfo Cust_C;
EXEC usp_IndexInfo Cust_NC;
```

결과 | 메시지 | 실행 계획

	테이블이름	인덱스이름	인덱스타입	페이지개수	크기(KB)	행개수
1	Cust	NULL	HEAP	155	1240	19820

	테이블이름	인덱스이름	인덱스타입	페이지개수	크기(KB)	행개수
1	Cust_C	idx_cust_c	CLUSTERED	160	1280	19820

	테이블이름	인덱스이름	인덱스타입	페이지개수	크기(KB)	행개수
1	Cust_NC	NULL	HEAP	155	1240	19820
2	Cust_NC	idx_cust_nc	NONCLUSTERED	45	360	19820

[그림 9-37] 인덱스 생성 후

의미를 잘 파악해보자. Cust 테이블은 당연히 인덱스가 없이 그대로다.

두 번째 Cust_C를 보자. 인덱스 타입이 클러스터형(CLUSTERED)으로 되어 있고, 페이지의 개수가 조금 늘었다. 이는 [그림 9-16]의 구조로 된 것을 의미한다. 즉, [그림 9-13]의 데이터 페이지(리프 페이지)를 제외한 순수 인덱스 페이지는 5페이지(160-155)가 생성된 것이다. 여기서 페이지 숫자는 큰 의미가 없다. 단지 클러스터형 인덱스를 생성할 때 약간의 페이지 증가만 있다고 생각하면 된다. 클러스터형 인덱스는 추가되는 공간이 크지 않다는 것을 확인할 수 있다.

세 번째 Cust_NC를 보자. 인덱스 타입이 두 가지가 있다. 비클러스터형 인덱스는 인덱스를 생성해도 데이터 페이지를 건드리지 않는다는 것을 기억하는가? [그림 9-18]을 보면 데이터 페이지인 힙^{HEAP} 영역은 [그림 9-13]과 동일하다. 즉, 데이터는 아무런 변화가 없다. 그래서 힙의 페이지 개수는 인덱스를 만들기 이전과 동일하다. 단지 [그림 9-18]의 위쪽의 인덱스 페이지만 추가로 생성된 것이다. 여기서는 45페이지가 추가로 생성되었다. 그러므로 클러스터형 인덱스의 순수 인덱스 크기인 5페이지보다는 비클러스터형의 인덱스 크기가 훨씬 큰 공간을 요구한다.

step 3

결과를 잘 보기 위해서 옵션을 설정하자.

3-1 우선, 열린 쿼리창을 모두 닫는다.

3-2 SSMS 메뉴의 [도구] 〉〉 [옵션]을 선택한 후, [쿼리 실행] 〉〉[SQL Server] 〉〉[고급]을 선택하고 아래와 같이 'SET STATISTICS IO'를 체크해준다. 이는 쿼리 실행 시 결과 창에서 읽은 페이지수를 확인하기 위함이다.

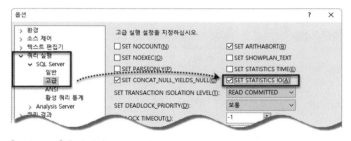

[그림 9-38] 옵션 설정

3-3 새 쿼리창을 열고 indexDB 데이터베이스를 선택해 놓는다.

    USE indexDB;

3-4 SSMS 메뉴의 [쿼리] 〉〉 [실제 실행 계획 포함]을 선택한다.

step 4

이제는 테이블을 조회할 때 인덱스를 사용하는 성능의 차이를 확인해보자.

4-1 인덱스가 없는 Cust 테이블을 조회하자.

```
SELECT * FROM Cust WHERE CustomerID = 100;
```

먼저, 실행 계획 창을 확인하자.

[그림 9-39] 실행 계획 1

테이블 스캔Table Scan(테이블 검색)을 했다. 테이블 스캔의 의미는 전체 데이터 페이지를 처음부터 끝까지 찾아본다는 의미라고 얘기했다. 즉, [그림 9-13]과 같이 인덱스가 없으므로 전체 페이지를 읽는 수 밖에는 없다.

이번에는 메시지 창을 확인하자.

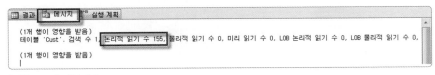

[그림 9-40] 메시지 1

논리적 읽기 155페이지를 읽었다. [그림 9-37]에서 Cust의 페이지수가 155인 것과 일치한다. 실제 대용량 데이터베이스의 경우에는 이러한 경우의 작업이라면 아주 오래 걸릴 수도 있다.

4-2 클러스터형 인덱스가 있는 테이블을 조회해보자.

```
SELECT * FROM Cust_C WHERE CustomerID = 100;
```

먼저, 실행계획을 보면 클러스터링 인덱스를 검색(Seek)하는 것을 확인할 수 있다.

[그림 9-41] 실행 계획 2

이번에는 메시지 창을 확인해보자.

[그림 9-42] 메시지 2

놀라운 결과다. 겨우 2페이지 만을 읽고 데이터를 찾아냈다. 앞에서 인덱스가 없이 테이블 검색 시에는 155 페이지 모두를 읽었던 것과 비교해보면 인덱스가 어느 정도로 유용한지 느낄 수 있을 것이다. [그림 9-16] 에서 'JKW'를 찾기 위해 Non-Leaf Page(여기서는 데이터가 적어서 루트 페이지 하나밖에 없음) 하나와 리프 페이지(데이터 페이지) 하나를 읽게 되어, 두 페이지만을 읽게 되는 것과 같은 방식이다.

4-3 비클러스터형 인덱스가 있는 테이블을 조회해보자.

```
SELECT * FROM Cust_NC WHERE CustomerID = 100;
```

앞의 것들보다는 실행 계획이 조금 복잡해 보이지만 별건 아니다.

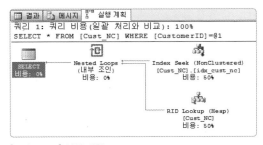

[그림 9-43] 실행 계획 3

우선 Index Seek는 [그림 9-18]의 위쪽의 비클러스터형 인덱스를 검색하는 과정이다. 또, RID Lookup 은 인덱스에서 검색된 RID[Row ID] (각 행의 고유번호)를 가지고 실제 데이터 페이지의 데이터로 찾아가는 과 정을 뜻한다. [그림 9-18]의 예에서 'BBK' 검색할 경우 인덱스 페이지에서 검색한 RID인 '1002+#2'의 데 이터 페이지로 찾아가는 과정이라고 생각하면 쉽게 이해될 것이다.

클러스터형에서 RID Lookup 과정이 생략된 것은 인덱스 페이지의 리프 페이지가 곧 데이터 페이지이기 때문에 인덱스 검색[Clustered Index Seek]의 결과가 곧 데이터의 검색과 같아지기 때문이다(영어 사전을 비교해서 생각하면 된다). 이와 달리 비클러스터형은 인덱스의 검색이 끝나도, 다시 실제 데이터로 찾아가야 하는 과 정이 있는 것이다.

이번에는 메시지 창을 확인해보자.

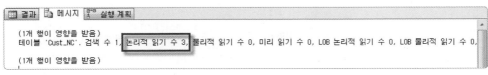

[그림 9-44] 메시지 3

왜 3페이지인지 예상이 될 것이다. [그림 9-18]을 보면 루트 페이지, 리프 페이지, 데이터 페이지 3개 페이지를 읽은 것으로 예상을 할 수 있다.

step 5

앞에서는 정확한 값(CustomerID가 100인 것) 하나를 조회되는 내부 방식을 확인해보았다. 이번에는 범위로 조회해보는 것을 확인해보자.

5-1 인덱스가 없는 테이블을 범위로 조회해보자.

```
SELECT * FROM Cust WHERE CustomerID < 100 ;
```

어차피 Cust에는 인덱스가 없으므로, 테이블 스캔을 하고 155페이지를 모두 읽어야 한다. 즉, 인덱스가 없다면 하나를 조회하든 범위로 조회하든 차이가 없다.

5-2 클러스터형 인덱스 테이블을 범위로 조회해보자.

```
SELECT * FROM Cust_C WHERE CustomerID < 100
```

실행 계획과 메시지를 확인해보자.

[그림 9-45] 실행 계획 4

[그림 9-46] 메시지 4

데이터는 무려 99개나 조회되었는데도 한 개를 읽었던 'CustomerID = 100' 조건과 동일하게 두 페이지만 읽었다. 왜 그럴까?

Cust_C 테이블의 구조를 예상해보면 아래 그림과 비슷하게 되었을 것이다.

⚠ 아래 그림은 정확한 것이 아니다. 숫자의 오차는 전혀 중요한 것이 아니므로, 대략적으로 그림과 같이 되었다고 생각하자.

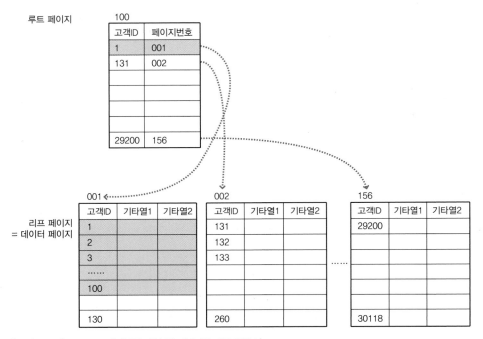

[그림 9-47] Cust_C 테이블의 내부 구조(클러스터형 인덱스)

위 그림을 보면서 답해보자. 이제 고객ID(CustomerID) 100이 하를 읽기 위해서는 어떤 페이지를 읽어야 하는가? 루트 페이지(100번 페이지)와 리프 페이지 1개(001번 페이지) 두 개만 읽으면 된다.

그렇다면, 아래의 쿼리는 몇 페이지를 읽을까? 예상해보자.

```
SELECT * FROM Cust_C WHERE CustomerID < 200
```

3페이지만 읽는다. [그림 9-47]을 보면 왜 3페이지인지 알 수 있을 것이다. 루트 페이지, 001번 페이지, 002번 페이지만 읽으면 고객ID 200까지를 모두 찾을 수 있다(실제로는 3페이지 이상을 읽을 수도 있다).

5-3 이번에는 아래 쿼리를 수행해보자.

```
SELECT * FROM Cust_C WHERE CustomerID < 40000
```

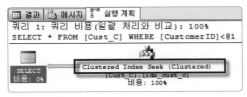

[그림 9-48] 실행 계획 5

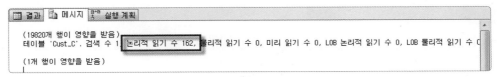

[그림 9-49] 메시지 5

CustomerID의 최대값은 30118인데 그것보다 큰 값을 지정했으므로 전체 페이지를 검색하게 된다. 그래서 전체 클러스터형 인덱스의 개수인 162개를 읽었다.

⚠ sys.allocation_units 카탈로그 뷰를 확인하면 data_pages는 155개이지만 total_pages는 161개다. 이 차이는 지금은 별로 중요한 얘기가 아니니 그냥 무시하자.

주의해서 볼 것은 전체의 데이터를 가져와야 하는데도, Where 조건에 'CustomerID'가 있으므로 Clustered Index Seek를 수행했다.

5-4 이번에는 WHERE 조건이 없는 쿼리를 수행해보자.

```
SELECT * FROM Cust_C ;
```

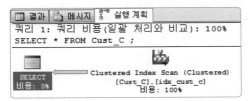

[그림 9-50] 실행 계획 6

메시지를 보면 읽은 페이지수는 162으로 동일하지만 실행계획을 보면 Clustered Index seek가 아닌 'Scan'으로 나온다. 즉, 인덱스를 검색할 필요 없이 '테이블 스캔'과 동일한 개념인 '인덱스 스캔'을 한 것이다.

5-5 이번에는 비클러스터형 인덱스 테이블을 범위로 조회해보자.

```
SELECT * FROM Cust_NC WHERE CustomerID < 100 ;
```

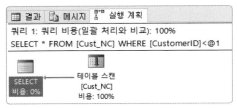

[그림 9-51] 실행 계획 7

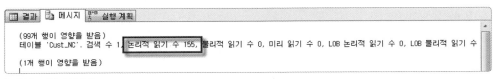

[그림 9-52] 메시지 7

	CustomerID	PersonID	StoreID	TerritoryID	AccountNumber	rowguid		ModifiedDate
1	85	NULL	1262	7	AW00000085	B44000F5-901B-4134-979D-F9A9BEA5A598		2008-10-13 11:15:07.263
2	51	NULL	1354	9	AW00000051	E4C69E3E-BE4B-4DCD-B2F0-1237B391BC44		2008-10-13 11:15:07.263
3	83	NULL	552	6	AW00000083	8E01F170-64D3-4B74-82E1-D1691AE9F37C		2008-10-13 11:15:07.263
4	71	NULL	530	2	AW00000071	91CC8AC7-27E5-437C-B940-DB47692754D3		2008-10-13 11:15:07.263
5	44	NULL	1000	5	AW00000044	FB4B073C-6B38-4233-83FE-4236558F4754		2008-10-13 11:15:07.263
6	60	NULL	1360	4	AW00000060	A029F31E-433B-4FA4-B442-B291D16A1B9F		2008-10-13 11:15:07.263
7	50	NULL	996	8	AW00000050	0A3E846A-2DCC-4B6E-8AB3-968B5AB859F4		2008-10-13 11:15:07.263
8	58	NULL	1280	3	AW00000058	E324FEE8-1EE7-4B96-854E-CFDA7B0CBBC8		2008-10-13 11:15:07.263
9	5	NULL	1026	6	AW00000005	83905BDC-6F5E-4F71-B162-C98DA069F38A		2008-10-13 11:15:07.263
10	47	NULL	998	6	AW00000047	0D9ABE85-D952-432D-831A-8BEB7F4E49D0		2008-10-13 11:15:07.263
11	78	NULL	790	4	AW00000078	8C8083AB-7943-44FA-B1AD-8E3ABD5D66EE		2008-10-13 11:15:07.263
12	54	NULL	1356	2	AW00000054	123B3EBF-4EB0-442A-8482-A4E001CCCF89		2008-10-13 11:15:07.263

[그림 9-53] 결과 7

약 2만 개 중에 100개밖에 검색을 하지 않았는데도 테이블 스캔(155페이지 모두 읽기)을 했다. 즉, 인덱스가 있는데도 불구하고 인덱스를 사용하지 않았다.

Cust_NC의 인덱스 구성도를 예상하면 아래 그림과 비슷할 것이다.

⚠ 아래 그림에서도 숫자에는 연연하지 말자. 이해가 쉽도록 가정하여 지정한 것이 더 많다.

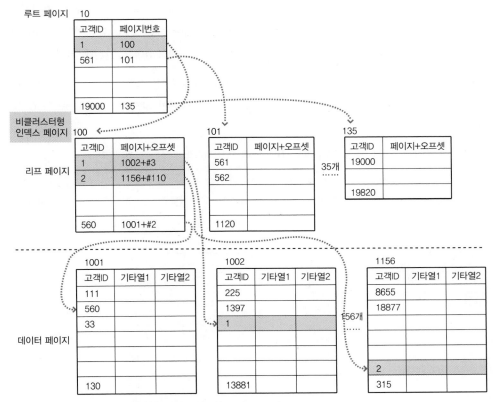

[그림 9-54] Cust_NC 테이블의 내부 구조 (비클러스터형 인덱스)

위 그림에서 비클러스터형 인덱스에서 1~100까지를 검색하는 것을 실행해보자.

- 루트 페이지인 10번 페이지를 읽어서 1번 고객 ID부터는 100번 페이지에 있는 것을 알아냈다.
- 인덱스의 리프 페이지인 100번 페이지에 가보니 1~100까지의 고객 아이디가 모두 있다.
- 고객 아이디 1을 찾기 위해서 페이지 1002번을 읽고, 세 번째(#3)의 데이터에 접근한다.
- 고객 아이디 2를 찾기 위해서 페이지 1137번을 읽고, 백십 번째(#110)의 데이터에 접근한다.
- 고객 아이디 3을 찾기 위해서 ⋯ ⋯
- ⋯ ⋯
- 고객 아이디 100번까지 반복

이렇게 데이터 페이지를 왔다갔다 하며 읽어야 한다. 이렇게 읽을 바에는 차라리 인덱스가 없는 것으로 치고 데이터 페이지에서 처음부터 찾아보는 것이 더 빠르다.

그래서 SQL Server가 알아서 인덱스가 있더라도 [그림 9−51]와 같이 테이블 스캔을 선택하여 수행하게 된다. [그림 9−53]의 결과를 보면 CustomerID가 정렬이 되어 있지 않다. 즉, 비클러스터형 인덱스의 10번이나 100번 페이지를 읽지 않고, 데이터페이지인 1001번 페이지부터 차례로 검색한 결과임을 알 수 있다.

5-6 앞의 **5-5**에서는 SQL Server가 인덱스를 사용하지 않았다. 강제로 인덱스를 사용하도록 지정해보자. 구문은 'FROM 테이블이름 WITH (INDEX(인덱스이름))'으로 사용하며, 강제로 지정한 인덱스를 검색하게 된다.

```
SELECT * FROM Cust_NC WITH (INDEX(idx_cust_nc)) WHERE CustomerID < 100 ;
```

⚠ 위 구문과 같이 WITH 절과 함께 강제로 인덱스를 사용하게 하는 것을 '테이블 힌트[Hint]'라고 한다. 이 테이블 힌트는 SQL Server의 실행 계획을 무시하는 것이므로 되도록 사용하지 않는 것이 좋다. 대부분의 경우에는 SQL Server가 최적의 실행 계획을 만들어 낸다.

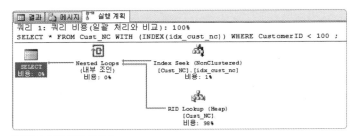

[그림 9−55] 실행 계획 8

[그림 9−56] 메시지 8

	CustomerID	PersonID	StoreID	TerritoryID	AccountNumber	rowguid	ModifiedDate
1	1	NULL	934	1	AW00000001	3F5AE95E-B87D-4AED-95B4-C3797AFCB74F	2008-10-13 11:15:07.263
2	2	NULL	1028	1	AW00000002	E552F657-A9AF-4A7D-A645-C429D6E02491	2008-10-13 11:15:07.263
3	3	NULL	642	4	AW00000003	130774B1-DB21-4EF3-98C8-C104BCD6ED6D	2008-10-13 11:15:07.263
4	4	NULL	932	4	AW00000004	FF862851-1DAA-4044-BE7C-3E85583C054D	2008-10-13 11:15:07.263
5	5	NULL	1026	4	AW00000005	83905BDC-6F5E-4F71-B162-C98DA069F38A	2008-10-13 11:15:07.263
6	6	NULL	644	4	AW00000006	1A92DF88-BFA2-467D-BD54-FCB9E647FDD7	2008-10-13 11:15:07.263
7	7	NULL	930	1	AW00000007	03E9273E-B193-448E-9823-FE0C44AEED78	2008-10-13 11:15:07.263
8	8	NULL	1024	5	AW00000008	801368B1-4323-4BFA-8BEA-5B5B1E4BD4A0	2008-10-13 11:15:07.263
9	9	NULL	620	5	AW00000009	B900BB7F-23C3-481D-80DA-C49A5BD6F772	2008-10-13 11:15:07.263
10	10	NULL	928	6	AW00000010	CDB6698D-2FF1-4FBA-8F22-60AD1D11DABD	2008-10-13 11:15:07.263
11	11	NULL	1022	6	AW00000011	750F3495-59C4-48A0-80E1-E37EC60E77D9	2008-10-13 11:15:07.263
12	12	NULL	622	6	AW00000012	947BCAF1-1F32-44F3-B9C3-0011F95FBE54	2008-10-13 11:15:07.263

[그림 9−57] 결과

위 [그림 9-57]을 보면 [그림 9-54]에서 10번, 100번 페이지 등을 차례로 읽었기 때문에 CustomerID 순으로 정렬되어 결과가 나왔다.

오해하기 쉬운 것이 비클러스터형 인덱스를 사용하니까 '페이지를 101페이지만 읽었으니까, 테이블 스캔을 한 155페이지를 읽는 것보다는 효율이 좋지 않을까?' 생각할 수도 있겠지만, 결과를 보면 CustomerID가 정렬되어 있는 것이 보일 것이다. 즉, 인덱스를 기준으로 데이터 페이지를 이리저리 왔다갔다하면서 읽게 되어서 데이터 페이지를 읽은 개수는 작지만, 실제 수행하게 되는 시스템의 부하는 더 크기 때문에 **5-5**와 같이 SQL Server가 알아서 테이블 스캔을 선택한 것이다.

5-7 범위를 약간 줄여서 수행해보자.

```
SELECT * FROM Cust_NC WHERE CustomerID < 60 ;
```

동일하게 테이블 스캔을 하고, 155페이지를 읽을 것이다.

5-8 범위를 좀 더 줄여서 수행해보자.

```
SELECT * FROM Cust_NC WHERE CustomerID < 50 ;
```

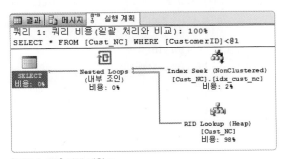

[그림 9-58] 실행 계획 9

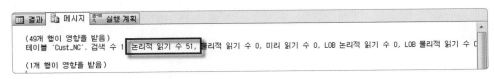

[그림 9-59] 메시지 9

메시지를 보니 51페이지만 읽었다. 그리고 실행 계획을 확인하니, 인덱스를 사용했다. 즉, 적정 수량의 데이터를 읽을 경우에는 SQL Server가 알아서 인덱스를 사용한다. 여기서 인덱스를 사용해야 하는 중요한 핵심을 찾을 수 있다. 기존에 생성해 놓은 비클러스터형 인덱스 중에서 전체 데이터의 1 ~ 3 % 이상을 스캔하는 경우에는 SQL Server가 인덱스를 사용하지 않고 테이블 검색을 실시한다는 것이다. 이것은 개략적인 추정

치이며 상황에 따라서 다르다. 이 테이블의 경우에는 0.3% 이상(약 60개)의 데이터만 검색을 해도 테이블 스캔을 한다.

즉, 비클러스터형 인덱스가 있어도 인덱스를 사용하지 않는다는 것이다. 만약에 응용 프로그램이 주로 전체 데이터의 1~3% 이상의 범위의 데이터를 검색(SELECT)하는 경우에는 차라리 인덱스를 만들지 않는 것이 시스템 성능에 도움이 된다. 이러한 사용하지 않는 비클러스터형 인덱스는 데이터의 변경 작업(특히 INSERT)이 발생했을 때, 시스템의 성능을 나쁘게 만들 소지가 있다.

⚠ 실무에서도 사용되지 않는 쓸모 없는 비클러스터형 인덱스를 몇 개만 삭제해도 성능이 향상된 경우가 종종 있다.

`step 6`

이번에는 다른 열에 인덱스를 생성해서 사용해보자.

6-1 테이블을 복사해서 이번에는 CustomerID 열이 아닌 TerritoryID열에 인덱스를 생성해보자.

```
SELECT TOP(19820) * INTO Cust2_C from AdventureWorks.Sales.Customer ORDER BY
    NEWID();
SELECT TOP(19820) * INTO Cust2_NC from AdventureWorks.Sales.Customer ORDER BY
    NEWID();
GO
CREATE CLUSTERED INDEX idx_cust2_c on Cust2_C (TerritoryID);
CREATE NONCLUSTERED INDEX idx_cust2_nc on Cust2_NC (TerritoryID);
```

6-2 클러스터형 인덱스에서 TerritoryID이 2인 고객을 검색해보자.

```
SELECT * FROM Cust2_C WHERE TerritoryID = 2 ;
```

[그림 9-60] 실행 계획 10

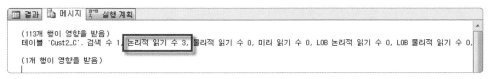

[그림 9-61] 메시지 10

클러스터형 인덱스의 경우에는 인덱스를 잘 사용한 것을 확인할 수 있었다.

6-3 이번에는 비클러스터형 인덱스에서 TerritoryID이 2인 고객을 검색해보자.

```
SELECT * FROM Cust2_NC WHERE TerritoryID = 2 ;
```

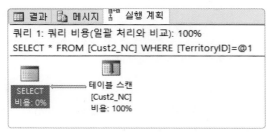

[그림 9-62] 실행 계획 11

[그림 9-63] 메시지 11

이번에는 인덱스를 사용하지 않고 테이블을 스캔했다.

6-4 우선, TerritoryID에 입력되어 있는 데이터의 개수를 파악해보자.

```
SELECT DISTINCT TerritoryID FROM Cust2_NC ;
```

	TerritoryID
1	1
2	2
3	3
4	4
5	5
6	6
7	7
8	8
9	9
10	10

[그림 9-64] TerritoryID의 데이터 값 종류

약 2만 개의 데이터에 TerritoryID은 10가지밖에 없다. 즉, 정확히 1~10까지 중에서 하나만 가져와도 엄청나게 많은 데이터(평균 10% = 약 2천 건)를 가져오게 되는 것이다. 이것은 **5-5**에서 **SELECT * FROM**

Cust_NC WHERE CustomerID < 100을 조회한 숫자(99건)보다 훨씬 많은 데이터를 가져오게 되어, 인덱스를 사용하는 것보다 테이블 전체를 검색하는 것이 더 빠를 것이다. 이렇듯 데이터의 종류가 적은 열(데이터의 중복도가 높은 열)의 경우에는 비클러스터형 인덱스를 만들어도 인덱스를 사용하지 않게 된다. 결국 사용하지도 않을 것이므로 인덱스를 만들지 않는 것이 더 낫다.

step 7

이번에는 인덱스가 있어서 사용해야 하는데도, 쿼리문을 잘못 만들면 인덱스를 사용하지 않는 경우를 확인해보자.

7-0 다음 쿼리문은 인덱스를 잘 사용했고, 겨우 2페이지만 읽은 쿼리임을 이번 실습의 **4-2**에서 확인했다.

```
SELECT * FROM Cust_C WHERE CustomerID = 100;
```

7-1 CustomerID에 어떤 가공을 해보자. 1이란 숫자는 곱해도 그 값이 바뀌지 않으므로 아래와 같은 쿼리도 동일한 쿼리가 된다. 실행해보자.

```
SELECT * FROM Cust_C WHERE CustomerID*1 = 100
```

[그림 9-65] 실행 계획 12

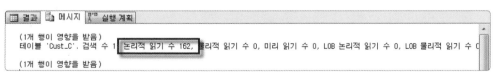

[그림 9-66] 메시지 12

겨우 CustomerID에 1을 곱하는 작업을 했을 뿐인데 Clustered Index Seek가 아닌 'Scan'을 해서, 전체 페이지를 읽어버렸다. 즉, SQL Server가 인덱스를 사용하지 못한 것이다.

만약, 위와 같은 경우라면 "CustomerID * 1 = 100" 부분에서 "* 1"을 우측으로 넘기면 된다. 더하기가 우측으로 넘어가면 빼기로 변하고, 곱하기가 우측으로 넘어가면 나누기로 바뀌므로, 다음과 같이 변경하면 SQL Server는 다시 인덱스를 사용하게 될 것이다. 독자가 직접 확인해보자.

```
SELECT * FROM Cust_C WHERE CustomerID = 100 / 1 ;
```

이 예에서 보았듯이 인덱스가 생성된 열에 함수나 연산을 가하게 되면, 인덱스를 사용하지 못할 수가 있으니 조심해야 한다. 즉, 인덱스가 생성된 WHERE에 들은 열 이름에는 아무런 함수나 연산을 가하지 말아야 한다.

⚠ 이러한 실수는 응용 프로그램 개발자들이 잘 일으키는 경향이 강하다. 이러한 이유로 응용 프로그램 개발자도 SQL 문을 공부해야 하는 것이다.

또한, 최근 버전의 SQL Server는 이전 버전에 비해서 많이 향상되어, 어떤 경우에는 열 이름에 함수가 적용되어도 인덱스를 사용하기도 한다. 하지만, 위 사례와 같이 그렇지 못한 경우도 많다. 그러므로, 최대한 열 이름에는 아무런 가공을 하지 말아야 한다.

9.5 결론: 인덱스를 생성해야 하는 경우와 그렇지 않은 경우

이제는 인덱스에 대한 결론을 확인하자. 인덱스는 잘 사용할 경우에는 쿼리의 성능이 급격히 향상되지만 그렇지 않을 경우에는 오히려 쿼리의 성능이 급격히 떨어지며 전반적인 SQL Server의 성능이 나빠질 수도 있다.

그럴 수밖에 없는 것이 인덱스를 만드는 절대 기준이 있는 것이 아니라, '테이블의 데이터 구성이 어떻게 되었는지, 어떠한 조회를 많이 사용하는지' 등에 따라서 인덱스를 생성해야 하기 때문이다. 다음 내용을 잘 기억하자.

인덱스는 열 단위에 생성된다

당연한 얘기다. 지금까지 실습에서 확인했다. 그리고 하나의 열에만 생성되는 것이 아니라 두 개 이상의 열을 조합해서 인덱스를 생성할 수 있었다.

WHERE 절에서 사용되는 열에 인덱스를 만들어야 한다

테이블을 조회 시에 인덱스를 사용하는 경우는 Where 절의 조건에 해당 열이 나오는 경우에만 주로 사용된다. sqlDB의 userTbl을 생각해보자.

```
SELECT name, birthYear, addr FROM userTbl WHERE userID = 'KKH'
```

위에서 name, birthYear, addr 열에는 인덱스를 생성해보았자 전혀 사용할 일이 없게 된다. Where 절에 있는 userID 열에만 인덱스를 생성할 필요가 있다.

⚠ 예외적인 경우도 있다. '포괄 열이 있는 인덱스'가 그런 경우다. 이에 관한 내용은 『뇌를 자극하는 SQL Server 2012 (2권, 관리/응용편)』을 참고하자.

WHERE 절에 사용되더라도 자주 사용해야 가치가 있다

위의 쿼리에서 userID 열에 인덱스를 생성해서 효율이 아주 좋아진다고 하더라도, 위 SELECT 문은 아주 가끔만 사용되고, userTbl 테이블에는 주로 INSERT 작업만이 일어난다면? 특히, 이 경우에 userID 열에 생성된 인덱스가 클러스터형 인덱스라면? 오히려 인덱스로 인해서 성능이 데이터를 입력하는 성능이 무척 나빠질 것이다.

[그림 9-19]의 클러스터형 인덱스에서 데이터가 입력되는 과정이 매번 일어나게 되어서, 페이지 분할 작업이 계속 일어나게 된다. [그림 9-20]의 비클러스터형 인덱스도 데이터 페이지의 분할은 클러스터형 인덱스에 비해서 덜 일어나지만 인덱스 페이지의 페이지 분할은 종종 발생하게 될 것이다.

⚠ 이미 userTbl에 대용량의 데이터가 운영되고 있는 상태라고 가정하자. 그렇다면 이미 userID 열은 Primary Key로 지정해 놓았으므로 자동으로 클러스터형 인덱스가 생성되어 있을 것이다. 앞에서도 살펴보았듯이 제약 조건에 의해 생성된 인덱스는 삭제할 수 없고, 제약 조건 자체를 제거해야 한다.
얘기가 복잡해진다. 그러므로 인덱스는 테이블을 정의하는 시점에 어디에 생성할 것인지를 잘 설계한 후에 지정하는 것이 가장 바람직하다. 이미 운영되고 있는 대용량의 테이블에서 인덱스를 변경하는 것은 쉽고 간단한 일이 아니다. 결국, 데이터베이스의 모델링을 잘하는 것이 성능에도 밀접한 영향이 있다.

데이터의 중복도가 높은 열은 인덱스를 만들어도 별 효용이 없다

앞의 실습에서 확인했듯이 TerritoryID 열처럼 데이터의 종류가 별로 없고, 거의 같은 데이터가 있는 열은 비클러스터형 인덱스를 만들어도 SQL Server가 사용하지 않는다. 그러므로 만들지 않는게 더 낫다. 이 중복도의 기준은 경우에 따라 다르겠지만 중복도가 1~3% 이상이라면 인덱스를 만들지 않는 것이 낫다.

예를 들어서 **SELECT * FROM table1 WHERE col1 = 'value1'**의 쿼리를 사용할 경우에 table1

의 데이터 건수가 10,000건이라면 이 쿼리의 결과가 100건~300건 미만이어야 'col1'에 비클러스터형 인덱스를 만들 가치가 있다는 것이다.

⚠ 이것은 절대적인 것이 아니다. 경우에 따라서는 결과가 50건 이하라도 인덱스를 사용하지 않을 수도 있다.

외래 키가 사용되는 열에는 인덱스를 되도록 생성해주는 것이 좋다

외래 키 제약 조건의 열에는 자동으로 인덱스가 생성되지 않는다. 그러므로 인덱스를 직접 생성해야 한다.

JOIN에 자주 사용되는 열에는 인덱스를 생성해주는 것이 좋다

INSERT/UPDATE/DELETE가 얼마나 자주 일어나는 지를 고려해야 한다

인덱스는 단지 읽기에서만 성능을 향상시키며, 데이터의 변경에서는 오히려 많은 부담을 주게 된다.

인덱스를 많이 만들어도 성능에는 문제가 되지 않는 테이블은 INSERT 작업이 거의 발생되지 않는 테이블이다. 예를 들어, 고전소설에 관한 테이블을 생각해보자. 테이블의 열을 "일련번호, 제목, 지은이, 작성연도, 주인공이름, 발견한 사람, 보관된 장소, 기타"로 설계했을 때, 이 모든 열에 인덱스를 생성해도 디스크의 공간을 추가로 차지하는 것 외에는 SQL Server의 성능에 별 나쁜 영향을 미치지는 않을 것이다. 고전소설의 경우에는 이미 데이터 구축이 완료된 후에는 특별히 변경될 일이 거의 없을 것이다. 즉, 이미 웬만한 고전소설은 다 발견되었기에 추가 발견은 아주 가끔 신문에 날 정도로 잘 일어나지 않을 것이다.

결국 이 경우에는 INSERT/UPDATE/DELETE가 거의 일어나지 않으므로, 혹시 조회에서 사용하지 않는 열에 인덱스를 만들어 놓아도 별 문제가 되지 않는다. 이 외에도 OLAP 데이터베이스도 비슷한 경우다.

하지만, 이러한 특별한 경우를 제외하고 대부분의 OLTP 데이터베이스는 데이터의 입력 및 갱신이 자주 일어나게 되므로 필요 없는 열에 인덱스를 생성하게 되면 성능에 나쁜 영향을 미칠 수밖에 없다.

그러므로 인덱스를 만들어서 SELECT의 성능을 높일 것인지, 만들지 않아서 INSERT, UPDATE, DELETE 시에 영향을 최소화할 것인지를 잘 결정해야 한다.

클러스터형 인덱스는 테이블당 하나만 생성할 수 있다

클러스터형 인덱스를 생성할 열은 범위(BETWEEN, 〉, 〈 등의 조건)로 사용하거나, 집계 함수를 사용하는 경우에는 아주 적절하다. 앞의 실습에서도 확인해보았지만, 클러스터형 인덱스는 데이터 페이지를 읽는 수가 최소화되어서 성능이 아주 우수하므로 가장 많이 조건에서 사용되는 열에 생성하는 것이 바람직하다. 또한, ORDER BY 절에 자주 나오는 열도 클러스터형 인덱스가 유리하다. 클러스터형 인덱스의 데이터 페이지(리프 페이지)는 이미 정렬되어 있기 때문이다.

그런데 범위로 자주 조회하는 열이 두 개 이상이라면? 예로, 아래의 두 쿼리는 비슷하게 자주 사용된다면 어떤 것에 클러스터형 인덱스를 생성해야 할까? 두 열 birthYear와 height의 중복도 등 모든 조건이 비슷하다면?

```
USE sqlDB;
SELECT userID, name, birthYear FROM userTbl WHERE birthYear < 1969;
SELECT userID, name, height FROM userTbl WHERE height < 175;
```

그럴 경우에는 하나는 클러스터형 인덱스를 생성하고, 다른 하나는 '포괄 열이 있는 인덱스'로 생성하면 된다. 그러면 둘 다 클러스터형 인덱스의 효과를 낼 수 있다. 물론, 그렇더라도 클러스터형 인덱스가 대부분 더 효율적이다.

클러스터형 인덱스가 테이블에 아예 없는 것이 좋은 경우도 있다

종종 오해하기 쉬운 것은 클러스터형 인덱스는 꼭 있어야 한다는 생각이다. 하지만, 클러스터형 인덱스가 없는 것이 더 나은 경우도 종종 있다. 예를 들어, [그림 9-2]의 회원 테이블을 생각해보자. 이 테이블의 정의는 다음과 같다.

```
CREATE TABLE userTbl
( userID   char(8) NOT NULL PRIMARY KEY,
  name      nvarchar(10) NOT NULL,
  birthYear    int NOT NULL,
   ......
```

이렇게 되면 데이터 페이지는 [그림 9-16]과 같이 정렬 된다. 이 상태에서 대용량의 데이터가 계속 입력되는 시스템이라고 가정할 때, 무작위로 'PBB', 'BJJ', 'KMM' 등 순서와 userID의 순서와 관계 없이 입력될 것이다. 클러스터형 인덱스로 구성되었으므로 데이터가 입력되는 즉시 정렬이 계속 수행되고 페이지 분할이 끊임 없이 일어나게 될 수도 있어서, 시스템의 성능에 문제가 심각해 질 수도 있다.

이런 경우에는 차라리 클러스터형 인덱스가 없는 편이 더 나을 수도 있다. 그러려면 테이블을 정의할 때 userID를 NONCLUSTERED로 지정하면 된다.

```
CREATE TABLE userTbl
( userID   char(8) NOT NULL PRIMARY KEY NONCLUSTERED ,
  name     nvarchar(10) NOT NULL,
  birthYear   int NOT NULL,
  ......
```

여기서 잠깐

☀ **실제로 다음과 같은 사례가 있을 수 있다.**

어느 쇼핑몰 사이트에서 회원 테이블의 회원ID 열을 Primary Key로 지정해서 자동으로 클러스터형 인덱스가 생성되었을 때, 처음에는 회원에 가입하는 사람이 많지 않아서 별 문제가 없다가, '이벤트' 할인 행사로 인해 갑자기 동시에 많은 사용자가 회원가입을 하게 되면 클러스터형 인덱스의 키 때문에 SQL Server 시스템의 성능에 심각한 문제가 발생되어 시스템이 마비되는 것과 비슷한 현상이 날 수도 있다.

사용하지 않는 인덱스는 제거하자

운영되는 응용 프로그램의 쿼리들을 분석해서 WHERE 조건에서 사용되지 않는 열 들의 인덱스는 제거할 필요가 있다. 그러면, 공간을 확보할 뿐 아니라 데이터의 입력 시에 발생되는 부하도 많이 줄일 수 있다.

계산 열에도 인덱스를 활용할 수 있다

계산 열이란 계산된 열로써 기본적으로는 데이터가 실제로 존재하지는 않지만, 테이블 생성 시에 'PERSISTED' 키워드를 붙이면 실제 테이블에 데이터를 저장할 수 있다.

실습5

계산 열에 인덱스를 생성해보자.

step 0

앞에서 사용한 indexDB를 계속 사용한다.

step 1

간단한 계산 열 테이블을 생성해보자.

```
USE tempdb;
CREATE TABLE computeTbl (input1 INT, input2 INT, hap AS input1+input2 PERSISTED) ;
```

step 2

값을 입력해본다. 입력 시 hap 열은 입력하지 않는다.

```
INSERT INTO computeTbl VALUES(100,100);
INSERT INTO computeTbl VALUES(200,200);
INSERT INTO computeTbl VALUES(300,300);
INSERT INTO computeTbl VALUES(400,400);
INSERT INTO computeTbl VALUES(500,500);
GO
SELECT * FROM computeTbl;
```

	input1	input2	hap
1	100	100	200
2	200	200	400
3	300	300	600
4	400	400	800
5	500	500	1000

[그림 9-67] 쿼리 결과

step 3

계산된 열에 인덱스를 생성하자.

```
CREATE CLUSTERED INDEX idx_computeTbl_hap ON computeTbl(hap);
```

step 4

계산 열을 조회 시에는 이제부터는 인덱스를 사용한다.

```
SELECT * FROM computeTbl WHERE hap <= 300;
```

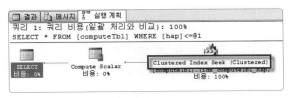

[그림 9-68] 계산 열의 실행 계획

클러스터형 인덱스를 사용한 것을 확인할 수 있다.

step 4

실제 실행 계획 및 통계 기능을 *끄자.*

4-1 메뉴의 [쿼리] 》 [실제 실행 계획 포함]을 선택해서 끈다.

4-2 메뉴의 [도구] 》 [옵션]을 선택한 후, 왼쪽의 [쿼리 실행] 》 [SQL Server] 》 [고급]을 선택하고 오른쪽의 'SET STATISTICS IO'의 체크를 끄고 〈확인〉을 클릭한다.

이로써 인덱스의 내용을 살펴보았다. 다시 한번 얘기하지만, 인덱스는 SQL Server의 성능에 아주 큰 영향을 미치게 되므로 잘 작성하고 활용해야 한다. 특히, 데이터베이스 모델링 시점에서 인덱스에 대한 결정을 잘 내려야만 실제로 운영되는 경우에 SQL Server가 원활히 운영이 될 수 있을 것이다. 또한, 인덱스는 한번 생성했다고 내버려 두는 것이 아니라 잘 활용되는 지를 살펴서, 활용이 되지 않는 인덱스라면 과감히 제거하고, 주기적인 재구성을 통해서 조각화를 최소화 해야만 시스템의 성능을 최상으로 유지하게 될 것이다.

9장에서 소개한 인덱스 외에도 실무에서 활용할 수 있는 포괄 열 인덱스, 인덱싱 뷰, 필터링 인덱스, 튜닝 관리자 등 더 알아둘 고급 내용이 있다. 이는 『뇌를 자극하는 SQL Server 2012 (2권, 관리/응용편)』을 참고하자.

1. 다음은 인덱스의 특징이다. 틀린 것을 모두 골라보자.

   (1) 검색 속도가 예외없이 항상 빨라진다.

   (2) 인덱스를 사용하면 시스템의 부하가 줄어들어서, 결국 시스템 전체의 성능이 향상된다.

   (3) 인덱스가 데이터베이스 공간을 차지해서 추가적인 공간이 최소 2배 이상 필요하다.

   (4) 대용량 테이블에 인덱스를 처음 생성 시, 시간이 많이 소요될 수 있다.

   (5) 데이터의 변경 작업(Insert, Update, Delete)이 자주 일어날 경우에 유리하다.

   (6) 인덱스가 있으면, SQL Server는 검색 시에 인덱스를 반드시 사용한다.

   (7) 인덱스는 자료구조 중에서 Binary Tree와 관련이 깊다.

2. 다음의 괄호를 채워보자.

   > (1) 인덱스는 테이블당 한 개만 생성할 수 있고, (2) 인덱스는 테이블당 여러 개 생성할 수 있
   > 다. 또, (3) 인덱스는 행 데이터를 인덱스로 지정한 열에 맞춰서 자동 정렬한다.

3. 다음의 내용 중 맞는 것은 O, 틀린 것은 X로 표시해보자.

   (1) 인덱스는 행 단위에 생성된다. (   )

   (2) Where 절에서 사용되는 열을 인덱스로 만드는 것이 좋다. (   )

   (3) 데이터의 중복도가 높은 열에 인덱스를 만들어야 효과적이다. (   )

   (4) 외래 키가 사용되는 열에는 인덱스를 되도록 생성해주는 것이 좋다. (   )

   (5) JOIN에 자주 사용되는 열에는 인덱스를 생성하지 않는 것이 좋다. (   )

   (6) 클러스터형 인덱스는 테이블당 한 개만 생성이 가능하다. (   )

   (7) 사용하지 않는 인덱스는 제거하는 것이 좋다. (   )

   (8) 계산 열에는 인덱스를 사용할 수 없다. (   )

트랜잭션

10장은 개념적인 내용이 많이 나오기 때문에 별로 재미있는 부분은 아니다. 하지만, DBMS를 다룰 때 반드시 알아야 하는 내용이므로 소홀히 해서는 안 된다.

우선 트랜잭션을 이해하기 전에 관련이 깊은 데이터베이스 파일과 트랜잭션 로그 파일을 살펴본 후에, 트랜잭션의 내부적인 작동 및 이론적인 내용을 좀 더 알아보자.

이 장의 핵심 개념

트랜잭션은 데이터베이스 로그 파일과 관련이 깊다. 10장에서는 트랜잭션의 개념을 이해하고, 트랜잭션이 어떻게 작동하는지 실습을 통해 확인한다.

1. 트랜잭션 로그 파일은 DBMS에서 매우 중요한 역할을 하는데, 정전 등의 응급상황이 발생했을 때도 입력된 데이터가 완전하도록 해준다.

2. 트랜잭션은 '하나의 논리적 작업 단위로 수행되는 일련의 작업'이라고 정의할 수 있다.

3. 트랜잭션은 BEGIN TRANSACTION과 COMMIT TRANSACTION으로 묶어준다.

4. 트랜잭션의 특성은 원자성, 일관성, 격리성, 영속성 등이 있다.

5. 트랜잭션의 종류에는 자동커밋 트랜잭션, 암시적 트랜잭션, 명시적 트랜잭션으로 나눈다.

이 장의 학습 흐름

데이터베이스의 기본 구조와 SQL 작동

⬇

트랜잭션의 개념과 작동 실습

⬇

트랜잭션의 개념과 작동 실습

⬇

트랜잭션의 종류

10.1 데이터베이스 트랜잭션 로그 파일과 트랜잭션의 관계

10.1.1 데이터베이스의 기본 구조와 SQL 작동 방식

이미 앞에서 여러 번 사용했던 데이터베이스를 생성하는 가장 간단한 구문을 다시 보자.

```
CREATE DATABASE sqlDB;
```

앞의 구문은 SQL 문의 연습을 위해서 생성했던 데이터베이스다. 우리는 6장에서 그 내부에는 사용자 테이블userTbl과 구매 테이블(buyTbl)을 만들었다. 위 구문은 단 세 단어만으로 데이터베이스가 생성되었다. 이제는 이 문장이 내포하고 있는 의미와, 별도로 설정하지 않았지만 데이터베이스 생성 시에 설정되는 디폴트 값들에 대해서 살펴보자.

데이터베이스 생성시의 'sqlDB'는 논리적인 이름이다. 즉, 'sqlDB'는 SQL Server 내에서만 불려지는 이름이며, 이것의 실체는 파일로 존재하게 된다. 그 파일을 기본인스턴스에 생성했다면 디폴트로 C:₩Program Files₩Microsoft SQL Server₩MSSQL13.MSSQLSERVER₩MSSQL₩DATA 폴더에 생성된다. 또, 데이터베이스 생성 시에는 최소 두 개의 파일이 생성된다.

이름	수정한 날짜	유형	크기
AdventureWorks2016CTP3_Data.mdf	2016-01-14 오후...	SQL Server Datab...	313,664KB
AdventureWorks2016CTP3_Log.ldf	2016-01-14 오후...	SQL Server Datab...	34,816KB
indexDB.mdf	2016-01-17 오후...	SQL Server Datab...	11,520KB
indexDB_log.ldf	2016-01-17 오후...	SQL Server Datab...	4,736KB
master.mdf	2016-01-14 오후...	SQL Server Datab...	5,504KB
modellog.ldf	2016-01-14 오후...	SQL Server Datab...	1,280KB
MSDBData.mdf	2016-01-14 오후...	SQL Server Datab...	16,576KB
MSDBLog.ldf	2016-01-14 오후...	SQL Server Datab...	5,184KB
sqlDB.mdf	2016-01-17 오후...	SQL Server Datab...	4,352KB
sqlDB_log.ldf	2016-01-17 오후...	SQL Server Datab...	1,088KB
tableDB.mdf	2016-01-17 오후...	SQL Server Datab...	4,352KB
tableDB_log.ldf	2016-01-14 오후...	SQL Server Datab...	1,088KB

[그림 10-1] 데이터 파일과 트랜잭션 로그 파일

하나는 확장명이 *.mdf인 '데이터 파일'이다. 이 파일에는 실제 데이터(테이블, 인덱스 등)와 그 행 데이터이 저장된다. 다른 하나는 확장명이 *.ldf인 '트랜잭션 로그 파일Transaction Log File'이다. 이 트랜잭션 로그 파일은 DBMS에서 매우 중요한 역할을 하는데, 정전 등의 응급상황이 발생했을 때도 입력된 데이터가 완전하도록 해준다. 필자가 지금 '완전'이란 표현을 썼는데, 여기서의 완전은 데이터베이스에서 흔히 얘기하는 전부 되거나, 전부 안 되거나^{All or Nothing}를 말한다. 더 자세한 사항은 잠시 후에 얘기해보기로 하고, 지금은 트랜잭션 로그 파일의 존재가 DBMS에서 아주 중요한 역할을 하는 것쯤으로 기억해 두자.

SQL Server에서 데이터베이스의 논리적 관점(사용자의 입장)과 물리적 관점(SQL Server의 입장)을 표현하면 [그림 10-2]와 같다. 물론, 단순화한 그림이지만 여기서 SQL 문이 작동하는 방식과, SQL Server의 내부 저장 구조를 살펴볼 수 있다.

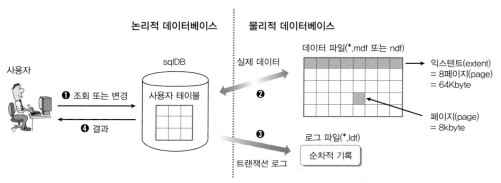

[그림 10-2] 데이터베이스의 간단한 구조

[그림 10-2]의 오른쪽 물리적 데이터베이스 부분을 보면, 실제 데이터베이스의 물리적인 형태를 보여준다. 데이터베이스는 데이터 파일인 ＊.mdf(또는 ＊.ndf)와 트랜잭션 로그 파일인 ＊.ldf로 구성된다.

여기서 잠깐

데이터베이스의 데이터 파일은 1개 이상으로 이루어진다. 그냥 1개로만 데이터 파일을 구성한다면 확장명을 ＊.mdf로 붙이며, 두 번째부터 추가된 데이터 파일은 확장명을 ＊.ndf로 붙인다. 이는 강제 조항을 아니지만, 특별히 확장명을 다른 것으로 쓸 이유는 없으므로 그냥 따르는 게 좋다. 한편, 트랜잭션 로그 파일도 1개 이상으로 구성할 수 있으나, 별도의 디스크로 구성할 것이 아니라면 여러 개의 작은 로그 파일보다는 1개의 큰 로그 파일이 성능에 더 도움이 된다.

데이터 파일(＊.mdf 또는 ＊.ndf)에 저장되는 데이터들은 그냥 순차적으로 저장되는 것이 아니라, [그림 10-2]와 같이 페이지(8Kbyte)라고 불리는 최소의 저장 단위에 저장되고, 하나의 테이블이

나 인덱스는 8개의 페이지로 구성된 익스텐트(64Kbyte)에 저장된다. 그리고 실제 내용인 행 데이터는 각 페이지에 저장된다. 그래서 한 행의 최대 크기는 한 페이지 크기와 동일한 약 8Kbyte(정확히는 8060byte)가 된다. 그러나 varchar, nvarchar, varbinary 데이터 타입은 예외로 8Kbyte 이상을 저장할 수 있다.

트랜잭션 로그 파일(*.ldf)은 데이터의 변경에 대한 내용을 기록해 두는 공간이다. 즉, 데이터베이스 내의 변경된 내용들이 순차적으로 기록되어 있다. [그림 10-2]에 보이듯 로그 파일은 페이지 단위로 구성되어 있지 않다.

[그림 10-2]를 보면서 다시 쿼리문이 실행되는 과정을 살펴보자. 현재는 테이블 및 행 데이터가 모두 입력된 상태라고 가정하겠다. 만약, 사용자가 "SELECT addr FROM userTbl" 문장으로 쿼리를 실행하면, 우리는 여태까지 논리적인 데이터베이스 sqlDB에 대해서 ❶번의 조회와 ❹번의 결과만을 생각해 왔지만 실제로 SQL Server에서는 다음의 과정을 거친다.

1. 사용자는 ❶번처럼 논리적인 데이터베이스에 저장된 데이터를 조회하는 것이지만,
2. 내부적으로는 ❸번처럼 데이터 파일(*.mdf)에 저장되어 있는 페이지에서 데이터를 검색해서 가져온 후에,
3. ❹번처럼 사용자에게 조회한 내용의 결과를 응답하게 된다.

여기서 트랜잭션 로그 파일(*.ldf)은 전혀 관계가 없다. 즉, SELECT 문은 트랜잭션 로그 파일과 관계가 없는 것이다.

이번에는 이승기의 주소를 변경하기 위해서 **UPDATE userTbl SET addr='경기' WHERE userid= 'LSG'** 의 문장으로 쿼리를 하면 어떤 과정을 거치는지 살펴보자(INSERT, DELETE도 동일한 과정이 일어난다).

1. 사용자는 **❶**번처럼 논리적인 데이터베이스에 저장된 이승기의 데이터를 변경하는 것이지만,

2. 내부적으로는 우선 **❸**번처럼 트랜잭션 로그 파일에 UPDATE userTbl SET addr='경기' WHERE userid= 'LSG' 문장을 그대로 기록한다. 좀 더 정확히 얘기하면 LSN^{Log Sequence Number}(시퀀스 번호) 및 트랜잭션 ID가 함께 기록되지만, 그냥 SQL 문장이 저장된다고 생각해도 무리는 없다.

⚠ 트랜잭션 로그 파일은 평소에는 UPDATE, DELETE, INSERT 문장에 대해서 순차적으로 기록만 할 뿐, DBMS가 정상적으로 작동하는 상황에서는 사용할 일이 없다. 그래서 [그림 10-2]의 **❸**번 화살표는 트랜잭션 로그 파일 쪽으로만 되어 있는 것이다. 반면, 데이터 파일의 경우 변경(UPDATE/INSERT/DELETE) 시에는 데이터 파일 쪽으로, 조회(SELECT) 시에는 '논리적 데이터베이스' 쪽으로 화살표가 향해야 한다. 따라서 **❷**번의 화살표는 양쪽 화살표로 표기된 것이다.

3. 데이터 파일의 데이터페이지에 저장된 '이승기'의 변경을 **❷**번처럼 수행하게 된다.

4. **❹**번처럼 사용자에게 변경한 결과를 응답하게 된다.

여기서, 주의 깊게 볼 점은 **❸**번 과정인 트랜잭션 로그 파일(＊.ldf)의 기록은 반드시 필요한 과정이 아니라는 것이다. 즉, **❸**번 과정으로 트랜잭션 로그 파일(＊.ldf)에 기록될 **UPDATE userTbl SET addr='경기' WHERE userid= 'LSG'**의 내용은 결과적으로 보면 **❷**번 과정에 의해서 데이터 파일(＊.mdf)에 적용이 되었다. 즉, **❸**번 과정이 없더라도 데이터 파일에 내용이 변경되는 것은 아무런 지장을 받지 않게 되는 것이다. 그러나 SQL Server는 **❸**번 과정을 거쳐서, 똑같은 내용(이승기의 주소를 변경하는 일)을 데이터 파일과 트랜잭션 로그 파일에 두 번 기록한다. 이러한 이중 기록은 당연히 시스템의 성능을 저하시킨다.

⚠ 트랜잭션 로그 파일에 UPDATE 내용을 기록하는 것(**❸**번)을 생략한다면 시스템의 성능은 월등히 향상될 것이다. 일부 DBMS 중에서는 이러한 트랜잭션 로그 파일의 기록을 하지 않는 것도 있다. 그러한 DBMS의 속도는 월등히 빠르다.

그럼에도 불구하고, SQL Server가 이러한 트랜잭션 로그 파일의 기록을 하는 이유는 무엇일까?

이 장의 도입 부분에서도 얘기했지만 이는 완전한 데이터, 즉 데이터베이스의 무결성을 위한 것이다. DBMS의 가장 근본적인 목적 중에 하나가 데이터베이스의 무결성에 있으므로 성능의 저하를 감수하면서라도 이 과정을 거치는 것이다.

가장 흔한 예로 은행의 사례를 많이 든다. 만약, 필자가 A라는 사람에게 100만 원을 송금할 경우를 생각해보자. 기본적인 과정은 〈필자의 통장에서 100만 원 빠짐〉 → 〈100만 원을 A라는 사람의 은행으로 전송〉 → 〈A의 통장에 100만 원 입금됨〉 정도일 것이다. 그런데 만약 두 번째 단계인 100만 원을 A라는 사람의 은행으로 전송하는 중에 네트워크 이상이나 정전 등으로 문제가 발생한다면 어떻게 될까? 이미 필자의 통장에서는 100만 원이 줄어들었는데, 돈을 받은 사람이 아무도 없다면? 문제가 심각해질 수 있다. 하지만, 실제로 그런 일은 발생하지 않는다. 그 이유는 트랜잭션 로그 파

일의 존재 때문이다.

SQL Server는 트랜잭션 로그 파일을 사용함으로써, 다시 전기가 들어왔을 때 A의 통장에 100만 원이 입금이 되거나, 필자의 통장에서 100만 원을 인출한 것을 취소시킨다. 물론, 후자의 경우에 필자가 다시 송금해야 하는 귀찮은 일이 발생하지만, 필자의 100만 원이 날아가는 대형(?)사고는 발생하지 않을 것이다. 이것이 데이터베이스의 무결성이며, 이를 위해서 트랜잭션 로그 파일을 사용하는 것이다.

10.1.2 트랜잭션의 개념과 작동 방식

트랜잭션Transaction의 개념은 DBMS에서 아주 중요한 부분 중 하나이므로, 잘 이해할 필요가 있다. 트랜잭션을 정의하면, '하나의 논리적 작업 단위로 수행되는 일련의 작업'이다. 단순히 얘기하면, 'SQL의 묶음'이라고 할 수 있다. SQL의 묶음에는 SELECT/INSERT/UPDATE/DELETE가 주로 해당된다. 특히, 트랜잭션은 '데이터를 변경시키는 INSERT, UPDATE, DELETE의 묶음'이라고 생각해도 된다.

⚠ 트랜잭션이 발생되는 SQL은 ALTER TABLE, FETCH, REVOKE, CREATE, GRANT, SELECT, TRUNCATE, TABLE, DROP, OPEN 등이 있지만, 대개는 INSERT/UPDATE/DELETE가 트랜잭션을 발생시킨다고 생각해도 큰 무리가 없다.

우리는 지금까지 이 트랜잭션, 즉 'SQL의 묶음'을 한 문장씩 사용해왔다. 아래의 예를 생각해보자.

```
USE sqlDB
GO
UPDATE userTbl SET addr = N'제주' WHERE userID = N'KBS' -- 김범수
UPDATE userTbl SET addr = N'미국' WHERE userID = N'KKH' -- 김경호
UPDATE userTbl SET addr = N'호주' WHERE userID = N'JYP' -- 조용필
GO
```

위 쿼리문에서 트랜잭션이 몇 번 발생했을까? UPDATE가 연속 3개 나왔으므로 3개를 하나로 묶어서 트랜잭션이 1번 발생한 것처럼 보일 수 있으나, 사실은 3번 발생했다. 각각의 UPDATE는 트랜잭션을 각각 하나씩 발생시킨다. SQL을 트랜잭션 단위로 묶기 위해서는 다음과 같이 SQL을 묶어줘야 한다.

형식:

```
BEGIN TRANSACTION(또는 BEGIN TRAN)
    SQL 문장들
COMMIT TRANSACTION(또는 COMMIT TRAN 또는 COMMIT WORK)
```

⚠ COMMIT TRANSACTION 대신에, ROLLBACK TRANSACTION을 사용하게 되면 현재의 트랜잭션들이 모두 취소된다. 즉 BEGIN TRAN ~~~ ROLLBACK TRAN 사이의 모든 데이터의 수정이 취소된다. 몇몇 특별한 경우를 제외하고는 일부러 ROLLBACK TRAN을 사용할 일은 별로 없으므로 그냥 알아만 두자.

요약하면 커밋COMMIT은 현재까지의 임시 작업 내용을 확정짓는 것이고, 롤백ROLLBACK은 현재까지의 임시 작업을 취소시키는 것으로 보면 된다.

SQL Server는 '자동 커밋 모드' 방식을 디폴트로 사용한다. 즉, 별도로 BEGIN TRANSACTION ⋯ COMMIT TRANSACTION으로 묶지 않는다면, 쿼리의 각 문장마다 BEGIN TRANSACTION ⋯ COMMIT TRANSACTION을 자동으로 포함시켜 준다. 결국 위의 세 UPDATE 문장은 아래와 동일하다.

```
BEGIN TRANSACTION
        UPDATE userTbl SET addr = N'제주' WHERE userID = N'KBS' -- 김범수
COMMIT TRANSACTION
BEGIN TRAN
        UPDATE userTbl SET addr = N'미국' WHERE userID = N'KKH' -- 김경호
COMMIT TRAN
BEGIN TRAN
        UPDATE userTbl SET addr = N'호주' WHERE userID = N'JYP' -- 조용필
COMMIT WORK
```

여러 개의 SQL을 트랜잭션으로 묶기 위해서는 직접 BEGIN TRANSACTION ⋯ COMMIT TRANSACTION으로 묶어 줘야 한다.

따라서 위의 3개의 트랜잭션을 1개의 트랜잭션으로 만들려면 아래와 같이 직접 BEGIN TRANSACTION ⋯ COMMIT TRANSACTION을 사용해서 하나로 묶어주면 된다.

```
    BEGIN TRAN
          UPDATE userTbl SET addr = N'제주' WHERE userID = N'KBS' -- 김범수
          UPDATE userTbl SET addr = N'미국' WHERE userID = N'KKH' -- 김경호
          UPDATE userTbl SET addr = N'호주' WHERE userID = N'JYP' -- 조용필
    COMMIT TRAN
```

트랜잭션은 트랜잭션 로그 파일(*.ldf)에 저장된다. 즉, 위의 3문장은 차례대로 트랜잭션 로그 파일에 기록된 후에 데이터 파일의 변경이 일어난다.

변경되는 순서를 잘 살펴보자. 간단한 예로 기존에 들어있던 1,2,3의 데이터를 11,22,33으로 변경하는 3문장을 실행한다고 가정해보자. 이 가정은 단순화한 것이므로 SQL 문법은 신경 쓰지 말자.

```
    BEGIN TRAN
          UPDATE 1 → 11
          UPDATE 2 → 22
          UPDATE 3 → 33
    COMMIT TRAN
```

BEGIN TRAN 실행

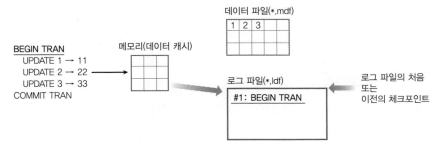

[그림 10-3] 트랜잭션 처리 과정 1

처음에 BEGIN TRAN 문장을 실행하면 지금부터 트랜잭션을 시작하는 것으로 인식된다. 그리고 BEGIN TRAN 문장이 일련번호와 함께 트랜잭션 로그 파일의 처음이나 이전의 체크포인트 이후에 바로 이어서 기록된다.

UPDATE 1 → 11 실행

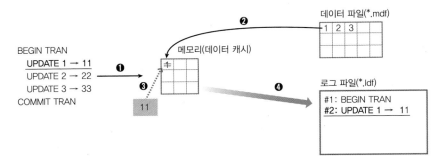

[그림 10-4] 트랜잭션 처리 과정 2

❶의 UPDATE 1→11이 실행되면, 먼저 ❷처럼 데이터 파일에 실제로 존재하는 데이터 '1'이 데이터 캐시Data Cache라고 부르는 메모리로 로딩Loading 된다. 그리고 메모리의 '1' 값을 ❸처럼 '11'로 변경한다. 메모리의 데이터가 변경되었다면, 실행된 트랜잭션 중 UPDATE 1→11을 트랜잭션 로그 파일에 일련번호를 붙여서 ❹처럼 순차적으로 기록하게 된다. 여기서 주의 깊게 볼 점은 아직 COMMIT TRAN을 실행하지 않았으므로, 트랜잭션 로그 파일(*.ldf)에만 UPDATE 문이 기록되었을 뿐, 데이터 파일(*.mdf)에는 아무런 변화가 없다는 것이다.

⚠ 설명을 쉽게 하기 위해서 그림상에는 한 페이지(8Kbyte)에 하나씩 데이터를 넣어 놓았지만, 실제로는 대개 한 페이지에 여러 개의 행이 들어간다. 그리고 로딩되는 단위는 페이지 단위이므로 해당되는 데이터가 들어있는 한 페이지(8Kbyte)가 모두 로딩된다.

UPDATE 2 → 22, UPDATE 3 → 33 실행

위와 동일한 과정을 거친다. 실행이 완료된 상태는 [그림 7-5]와 같다. 메모리의 데이터가 모두 변경되고, 트랜잭션 로그 파일에도 기록이 되었지만, 아직도 데이터 파일은 기존의 데이터가 그대로 있다.

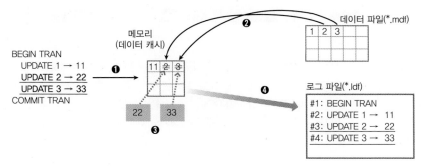

[그림 10-5] 트랜잭션 처리 과정 3

COMMIT TRAN 실행

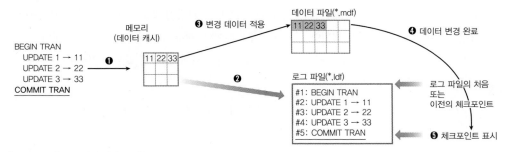

[그림 10-6] 트랜잭션 처리 과정 4

⚠ SQL Server는 미리 쓰기 로그WAL, Write-Ahead Logging을 사용한다. WAL 기능이란 트랜잭션 로그 파일에 먼저 기록되고 나서 데이터 파일에 수정이 일어나는 것을 의미한다. 이 WAL 기능으로 인해서 데이터의 일관성(무결성)이 유지된다.

트랜잭션 내의 모든 SQL이 실행된 후에, 마지막으로 ❶의 COMMIT TRAN 문을 실행하게 되면, 우선 ❷처럼 COMMIT TRAN 문장을 일련번호와 함께 트랜잭션 로그 파일에 기록한다. 그런데 COMMIT TRAN 문장은 트랜잭션의 처리를 완료했다는 의미이므로 ❸처럼 메모리의 변경된 데이터(11,22,33)를 차례로 데이터 파일(*.mdf)에 적용시킨다(이를 '데이터를 커밋 시켰다'라고 표현한다). 데이터 파일에 적용되는 약간의 시간 후에 ❹처럼 데이터 파일의 변경이 완료되면, ❺처럼 "#5: COMMIT TRAN" 바로 다음으로 체크포인트Checkpoint를 설정해 놓는다.

메모리(데이터 캐시)에는 변경되었지만 아직 데이터 파일에는 변경되지 않은 데이터(페이지)를 더티 페이지Dirty Page라고 부른다. 이 더티 페이지가 데이터 파일에 성공적으로 적용된 직후에, 체크포인트Checkpoint (자동 검사점)가 표시된다. 이 체크포인트를 강제로 발생시키려면 CHECKPOINT 문을 실행시키면 된다. 이 문을 실행하면 더티 페이지의 데이터가 모두 데이터 파일에 적용되고, 체크포인트의 표시도 추가된다. 이 외에도 체크포인트가 발생하는 경우는 주로 아래와 같다.

- ALTER DATABASE를 사용 시
- 정상적으로 SQL Server를 종료한 경우
- 각 데이터베이스에서 체크포인트를 주기적으로 생성하는 경우
- 데이터베이스를 백업한 경우

앞의 [그림 10-3]~[그림 10-6]까지의 트랜잭션 처리 1~4 과정이 바로 데이터의 무결성을 보장하는 처리과정이다. 앞에서 얘기 했지만 데이터의 무결성이란 '전부 되거나, 전부 안 되거나'이다. 즉, 하나의 트랜잭션이 전부 적용이 되거나 또는 전부 적용이 안되어야 하며, 일부만 적용된다면 데이터의 무결성을 보장할 수 없다.

아래의 사례를 통해 트랜잭션 로그 파일이 어떻게 데이터의 무결성을 보장하는지 확인해보자.

[그림 10-3] 트랜잭션 처리과정 1이 완료된 후, 정전이 되고 다시 전원이 들어온 경우

컴퓨터가 재부팅 되었으므로 메모리(데이터 캐시)에 있던 내용은 당연히 모두 없어졌고, 데이터 파일에는 아무런 변화를 가한 적이 없으므로 그대로 존재한다. 트랜잭션 로그 파일에는 단지 BEGIN TRAN만 적용된 상태이므로, 그냥 BEGIN TRAN만 취소시키면 된다. 이러한 것을 롤백ROLLBACK이라고 부른다. 롤백은 트랜잭션 로그 파일 중에서 아직 커밋이 되지 않은(데이터 파일에 적용되지 않은) 내용을 트랜잭션 로그 파일의 처음(또는 이전에 체크포인트가 발생된 시점)까지 취소(또는 삭제)시키는 과정을 말한다. 물론, 이 롤백 과정은 SQL Server가 자동으로 처리해주기 때문에 사용자는 간섭할 일이 없다.

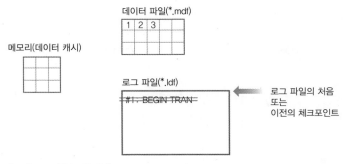

[그림 10-7] 복구된 상태 1

[그림 10-4] 트랜잭션 처리과정 2가 완료된 후, 정전이 되고 다시 전원이 들어온 경우

마찬가지로 트랜잭션 로그 파일의 처음이나 이전에 체크포인트 지점까지 롤백된다.

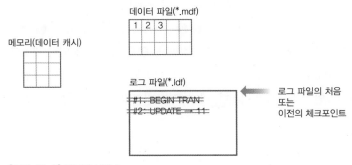

[그림 10-8] 복구된 상태 2

[그림 10-5] 트랜잭션 처리과정 3이 완료된 후, 정전이 되고 다시 전원이 들어온 경우

위와 동일하게 전부 롤백이 된다.

[그림 10-6] 트랜잭션 처리과정 4의 ❷번의 트랜잭션 로그 파일에 COMMIT TRAN을 기록한 직후에, 정전이 되고 다시 전원이 들어온 경우(즉, 트랜잭션 로그 파일에는 모두 적용이 되었으나 데이터 파일에는 적용되지 않고 정전된 경우)

이런 경우에 트랜잭션 로그 파일이 왜 필요한지를 이해할 수 있다. 이러한 상황에서는 롤포워드^{Roll} ^{Forward}가 일어나게 된다. 롤포워드는 트랜잭션 로그 파일의 처음이나 이전의 체크포인트 이후에 기록되어 있는 로그를 다시 수행하는 과정을 뜻한다. 즉, #1부터 #5까지를 다시 수행하게 된다.

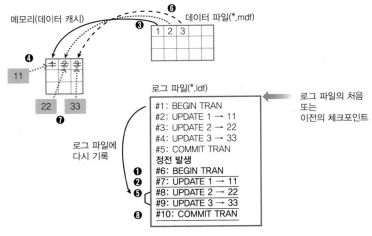

[그림 10-9] 복구된 상태 3-(1)

위 그림을 보면 쉽게 이해될 것이다. 결국 롤포워드란 특별한 과정이라기보다는 기존의 트랜잭션을 다시 수행하는 것과 거의 유사한 동작을 하는 것이다. 우선 ❶❷번의 로그를 기록한 후에 ❸❹번을 거쳐서 데이터 파일로부터 메모리로 데이터를 로딩하고 수정한다. ❺❻❼번도 동일한 과정이다. 그리고 마지막으로 ❽번의 COMMIT TRAN을 트랜잭션 로그 파일에 기록한 후에 아래 그림과 같이 데이터 파일에 적용 및 체크포인트 설정까지 마친다. 아래 그림은 [그림 10-6]과 거의 동일한 과정이다.

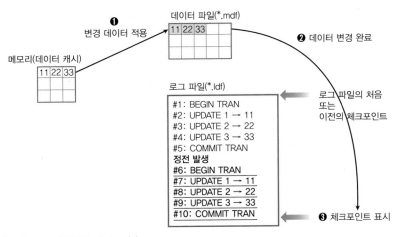

[그림 10-10] 복구된 상태 3-(2)

⚠ 정전 후에 다시 SQL Server를 시작했을 때 복구해주는 기능을 자동 복구Automatic Recovery라고 한다. 이름처럼 모든 롤백 및 롤포워드를 자동으로 처리해 주는 기능이다. SQL Server의 자동 복구 기능이 데이터베이스를 보호하고 데이터의 무결성을 보장해준다.

위의 설명에서 어느 정도 트랜잭션과 트랜잭션 로그 파일의 작동을 이해했을 것이다. 이제는 직접 위의 과정을 실습하자.

실습1

트랜잭션 로그 파일의 역할을 실습해본다.

step 0

계속 사용했던 sqlDB를 사용한다. 만약 sqlDB가 없다면 tempdb를 제외한 아무 DB에서 실습해도 상관 없다. 실습을 위한 간단한 테이블을 만든다.

```
USE sqlDB;
CREATE TABLE testTbl (num  INT);
GO
INSERT INTO testTbl VALUES(1);
INSERT INTO testTbl VALUES(2);
INSERT INTO testTbl VALUES(3);
```

step 1

아래를 우선 코딩만 하고, 실행은 하지 않는다.

```
BEGIN TRANSACTION
        PDATE testTbl SET num = 11 WHERE num = 1;
        UPDATE testTbl SET num = 22 WHERE num = 2;
        UPDATE testTbl SET num = 33 WHERE num = 3;
COMMIT TRANSACTION
```

step 2

첫 번째 행만 마우스로 드래그해서 선택하고 F5 키를 눌러 실행한다. 그러면 트랜잭션이 현재 진행 중인 상태로 설정된다. 즉 SQL Server의 상태는 [그림 10-3]과 같은 상태가 된다.

```
BEGIN TRANSACTION
    UPDATE testTbl SET num = 11 WHERE num = 1;
    UPDATE testTbl SET num = 22 WHERE num = 2;
    UPDATE testTbl SET num = 33 WHERE num = 3;
COMMIT TRANSACTION
```

[그림 10-11] 선택 후에 실행 1

두 번째 행을 선택하고 F5 키를 눌러 실행한다. 그러면, [그림 10-4]와 같은 상태가 된다.

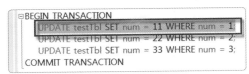

[그림 10-12] 선택 후에 실행 2

[그림 10-4]를 보면, 현재는 트랜잭션 로그 파일에만 두 행이 기록되어 있고, 데이터 파일에는 변경되지 않은 상태이다. 실제로 그런지 확인해보자.

4-1 〈새 쿼리〉 아이콘을 클릭해서, 새로운 쿼리창을 열고 아래를 실행하자.

```
USE sqlDB;
SELECT * FROM testTbl;
```

한참을 기다려도 결과가 나오지 않을 것이다. testTbl에 접근이 안 되는 것은 현재 testTbl에 트랜잭션이 진행 중이어서 잠금Lock이 발생했기 때문이다. 잠금이 발생되면 트랜잭션이 진행 중인 테이블에는 접근이 안된다. 〈쿼리 실행 취소〉 버튼을 클릭하거나 Alt+Break를 눌러서 현재 쿼리를 취소시키고, 새로 연 쿼리창도 닫는다.

4-2 처음의 쿼리창으로 돌아와서 아래쪽 빈 부분에서 아래 시스템 함수를 적은 후에, 마우스로 선택해서 호출해보자(반드시, BEGIN TRAINSACTION…을 수행하던 쿼리창이어야 한다).
@@TRANCOUNT 시스템 함수는 현재 진행 중인 트랜잭션의 수를 알려준다.

```
SELECT @@trancount ;
```

결과 값으로 1이 나올 것이다. 이는 현재 진행 중인 트랜잭션이 1개 있다는 의미다.

이제는 시스템의 정전 사태를 발생시키자. 정말로 컴퓨터의 전원을 뽑아버려도 되지만 컴퓨터에 무리가 갈수 있으므로 그렇게 하지 말고, 그 대신에 SQL Server의 프로세스를 강제 종료한다. 정전된 것과 동일한 효과를 낼 수 있다.

5-1 Windows 하단 메뉴바의 빈 곳에서 오른쪽 마우스를 클릭하고 [작업 관리자]를 선택하거나, Ctrl+ Ctrl+ Del 키를 눌러서 작업 관리자를 실행한다.

5-2 작업관리자 창에서 아래쪽 '자세히'를 클릭한 후 [세부 정보] 탭을 선택한다. 이름 중에서 'sqlservr. exe'를 선택한 후 〈작업 끝내기〉 버튼을 클릭한다. 경고창이 나오면 〈프로세스 끝내기〉를 클릭한다.

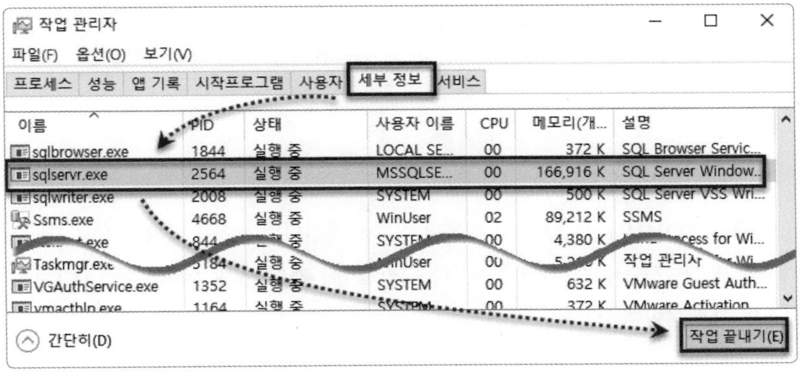

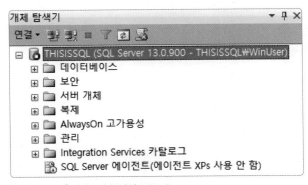

[그림 10-13] 강제 프로세스 종료

5-3 SQL Server 서비스가 중단된다. 잠시 후에 SSMS의 개체 탐색기를 보면 중단된 것이 보인다(아이콘 이 빨간색으로 변하면 중단된 것이다).

[그림 10-14] 서비스가 중단된 SQL Server

5-4 SQL Server를 다시 시작한다. SSMS의 개체 탐색기에서 인스턴스(필자의 경우에는 THISISSQL)를 선택한 후, 마우스 오른쪽 버튼을 클릭하고 [시작]을 선택한다. 경고창이 나오면 〈예〉를 누르고, 화면 상단 에 서비스를 시작하겠냐는 메시지 창이 나오면 〈예〉를 클릭한다.

정상적으로 서비스가 시작되었다.

기존 쿼리창에서 다시 현재 트랜잭션의 수를 확인한다.

```
SELECT @@trancount
```

결과는 0이 나왔을 것이다. 현재의 상태가 [그림 10-8]과 같이 기존 로그를 롤백시킨 상태가 된 것이다. 즉, SQL Server가 다시 시작되면서 자동 복구를 수행해서 로그에 체크포인트가 기록되지 않은 것들을 삭제한 것이다.

이번에는 [그림 10-6]의 ❶번 COMMIT TRAN까지 적용된 직후에 정전되는 상황을 생각해보자. 그런데 ❷번 커밋이 일어난 후에는 눈깜짝할 사이에(사실은 이보다 훨씬 빨리) ❸❹❺가 수행되어 데이터 파일에 적용된다. 그러므로 별도의 롤포워드 실습은 생략하겠다.

이번에는 [그림 10-5] 트랜잭션 처리과정 3의 상태를 직접 눈으로 확인해보자. 커밋을 수행하기 전에는 정말로 메모리(데이터 캐시)에만 변경되며, 데이터 파일에는 변경이 안 되는지를 확인한다.

8-1 기존의 쿼리창을 모두 닫은 후에, 두 개의 새 쿼리창을 연다. 편의상 쿼리창A, 쿼리창B로 부르겠다.

8-2 (쿼리창A) 우선, testTbl의 데이터가 1,2,3인지 확인하자.

아니라면, "DROP TABLE testTbl"을 수행하고, 이번 실습의 step 0 을 다시 한다.

```
USE sqlDB;
SELECT * FROM testTbl;
```

[그림 10-15] 쿼리 결과

아래의 쿼리 문을 수행한다.

```
USE tempdb;
ALTER DATABASE sqlDB SET ALLOW_SNAPSHOT_ISOLATION ON;
SET TRANSACTION ISOLATION LEVEL SNAPSHOT;
```

이 쿼리의 의미는 좀 어렵고, 얘기가 길어진다. 그냥 쉽게 생각하면, 이 SQL로 인해서 잠금Lock이 걸린 테이블이라도 메모리(데이터 캐시)가 아닌 데이터 파일의 내용을 무조건 읽어올 수 있도록 만들어 주는 것이라고 생각하면 된다. 잠시 후에는 [그림 10-5]의 오른쪽 위의 실제 데이터 파일(*.mdf)의 내용을 읽어오게 될 것이다. 이번 실습의 **4-1**에서 잠금이 걸린 경우에는 쿼리를 수행하지 못했던 것을 확인했었다.

8-3 (쿼리창B) 트랜잭션을 발생시키고, 커밋은 하지 않도록 하자.

```
USE sqlDB;
BEGIN TRAN
        UPDATE testTbl SET num = 11 WHERE num = 1;
        UPDATE testTbl SET num = 22 WHERE num = 2;
        UPDATE testTbl SET num = 33 WHERE num = 3;
```

이 상태가 메모리(데이터 캐시)의 데이터는 변경되었지만, 실제 데이터 파일(*.mdf)의 데이터는 변경되지 않은 상태다. 더티페이지(메모리의 데이터는 변경되었지만, 데이터 파일의 데이터는 변경되지 않은 것)을 읽어보자. 현재 세션(쿼리창)에서 읽을 경우에는 더티리드Dirty Read(변경된 메모리의 더티페이지를 읽음)를 수행하게 된다.

```
SELECT * FROM testTbl;
```

[그림 10-16] 쿼리 결과

8-4 (쿼리창A) 아래 SQL 문을 수행한다.

```
USE sqlDB;
SELECT * FROM testTbl;
```

[그림 10-17] 쿼리 결과

이 결과는 [그림 10-5]의 오른쪽 위, 실제 데이터 파일(*.mdf)의 내용을 읽어온 것이다. 여기서 메모리의 데이터는 변경되었지만, 데이터 파일의 데이터는 변경되지 않았음을 확인할 수 있다.

8-5 (쿼리창B) 커밋을 시킨 후에, 다시 SELECT 해본다. 당연히 아까와 마찬가지로 변경된 데이터가 보인다. 그러나 이번에 보이는 데이터는 더티페이지의 데이터가 아닌 데이터 파일의 데이터의 값이다.

```
COMMIT TRAN

SELECT * FROM testTbl ;
```

[그림 10-18] 쿼리 결과

8-6 (쿼리창A) 아래 SQL 문을 다시 수행한다.

```
USE sqlDB;
SELECT * FROM testTbl;
```

[그림 10-19] 쿼리 결과

[그림 10-5]의 오른쪽 위, 실제 데이터 파일(*.mdf)이 확실히 바뀌어 있음을 확인할 수 있다. 즉 [그림 10-6]과 같은 상태가 되었다.

8-7 sqlDB를 원상태로 만들어 놓자. 아래 쿼리를 수행한다(아무 창에서나 관계 없음).

```
USE tempdb;
ALTER DATABASE sqlDB SET ALLOW_SNAPSHOT_ISOLATION OFF;
```

8-8 쿼리창을 모두 닫는다.

이번 실습에서 꼭 기억해야 할 것은, 트랜잭션 로그 파일은 문제 발생 시에 데이터의 무결성을 보장해 준다는 점이다.

10.2 트랜잭션

트랜잭션의 특성을 비롯해 문법과 종류까지 살펴본다.

10.2.1 트랜잭션의 특성

트랜잭션의 개념을 다시 얘기하면 '하나의 논리적 작업 단위로 수행되는 일련의 작업'이다.

이 의미에서는 '전부 되거나, 전부 안되거나'의 의미가 포함되어 있다. 트랜잭션의 개념을 설명할 때 은행의 예를 들었던 것을 기억한다면, 내 통장에서 돈이 빠져나가고 상대편 통장에 돈이 입금되거나, 아니면 내 통장에서도 돈이 빠져 나가지 않고 상대편 통장에도 돈이 입금되지도 않은 상태를 말한다. 하나만 되고 다른 하나는 되지 않는 것은 허용할 수가 없다고 얘기했다.

트랜잭션은 아래와 같이 ACID(아래 항목의 각 첫 글자)라고 불리는 특성을 가지고 있다.

원자성

트랜잭션은 분리할 수 없는 하나의 단위로써, 작업이 모두 수행되거나 하나도 수행되지 않아야 한다. 원자성Atomicity이라 한다.

일관성

트랜잭션에서 사용되는 모든 데이터는 일관Consistency되어야 한다. 이 일관성은 잠금(Locking)과 관련이 깊다.

격리성

현재 트랜잭션이 접근하고 있는 데이터는 다른 트랜잭션에서 격리Isolation되어야 한다는 것을 의미한다. 트랜잭션이 발생되기 이전 상태나 완료된 이후 상태를 볼 수는 있지만, 트랜잭션이 진행 중인 중간 데이터를 볼 수 없다(단 예외도 있다. 이는 잠시 후에 알아보자).

영속성

트랜잭션이 정상적으로 종료된다면 그 결과는 시스템 오류가 발생하더라도 시스템에 영구적Durability으로 적용된다. 무슨 말인지 이해가 잘 안 되도 된다. 우선은 눈으로만 보아 놓고 계속 진행하게 되면 자연스럽게 이해가 될 것이다.

10.2.2 트랜잭션의 문법과 종류

이미 앞에서 확인했지만, 트랜잭션은 아래와 같은 간단한 형태를 가진다.

형식:

```
BEGIN TRAN
    SQL 문…
COMMIT TRAN (또는 COMMIT WORK 또는 ROLLBACK TRAN)
```

COMMIT TRAN과 COMMIT WORK는 거의 동일하게 사용되며, ROLLBACK TRAN과 ROLLBACK WORK도 마찬가지다.

⚠ COMMIT TRAN은 트랜잭션의 이름을 직접 지정해서 커밋시킬 수 있으나, COMMIT WORK는 현재의 가장 가까운 트랜잭션이 커밋된다.

트랜잭션이 문장들이 여러 줄 나와서 너무 길어 진다면 중간에 위치를 저장하기 위해서 다음과 같은 구문을 사용할 수 있다.

형식:

```
SAVE TRAN 저장점_이름
```

트랜잭션의 종류로는 세 가지가 있다.

자동 커밋 트랜잭션

자동 커밋 트랜잭션Autocommit Transaction은 각 쿼리마다 자동으로 BEGIN TRAN과 COMMIT TRAN이 붙여지는 것을 말한다. SQL Server는 디폴트로 자동 커밋 트랜잭션을 사용한다.

예로 다음의 구문과 같다.

```
UPDATE 문
GO
INSERT 문
→
```

```
BEGIN TRAN
   UPDATE 문
COMMIT TRAN
GO
BEGIN TRAN
   INSERT 문
COMMIT TRAN
```

지금까지 사용해온 대부분의 쿼리도 자동 커밋 트랜잭션이 작동해왔던 것이다.

명시적 트랜잭션

명시적 트랜잭션xplicit Transaction은 직접 BEGIN TRAN 문과 COMMIT TRAN 또는 ROLLBACK TRAN 문을 써 주는 것을 말한다. 명시적 트랜잭션을 사용하기 위한 전체 형식은 아래와 같다. 복잡해 보이지만, 대개는 BEGIN TRAN… COMMIT TRAN만 사용해 주면 된다.

형식:

```
BEGIN { TRAN | TRANSACTION }
    [ { transaction_name | @tran_name_variable }
      [ WITH MARK [ 'description' ] ]
    ]

        SQL 문...
        또는
        SAVE { TRAN | TRANSACTION } { savepoint_name | @savepoint_variable }
        ......

COMMIT { TRAN | TRANSACTION }
      [ transaction_name | @tran_name_variable ] ]
또는
ROLLBACK { TRAN | TRANSACTION }
      [ transaction_name | @tran_name_variable
      | savepoint_name | @savepoint_variable ]
```

암시적 트랜잭션

암시적 트랜잭션Implicit Transaction은 오라클 등의 데이터베이스와 호환을 위해서 사용될 수 있다. 암시적 트랜잭션은 어떤 쿼리가 나오면 자동으로 내부적으로 BEGIN TRAN을 붙여주지만, COMMIT TRAN 또는 ROLLBACK TRAN은 직접 써줘야 한다(오라클이 이러한 방식을 사용한다).

SQL Server에서는 암시적 트랜잭션을 별로 권장하지 않지만, 암시적 트랜잭션을 사용하려면 다음과 같이 설정을 해줘야 한다.

```
SET IMPLICIT_TRANSACTIONS ON
```

위와 같이 설정한 이 후부터는 쿼리가 실행되면 동시에 트랜잭션이 시작되게 되며, 직접 COMMIT 또는 ROLLBACK을 수행하기 전까지는 트랜잭션이 계속 진행 중인 상태가 된다.

암시적 트랜잭션이 시작되는 쿼리는 ALTER TABLE, FETCH, REVOKE, CREATE, GRANT, SELECT, DELETE, INSERT, TRUNCATE TABLE, DROP, OPEN, UPDATE 등이 있다.

단, 이미 암시적 트랜잭션이 시작되면(위의 구문이 그 이전에 하나라도 사용된 후에는), 위 구문이 다시 나오더라도 다시 암시적 트랜잭션이 시작되지는 않는다. 즉, 한 번 암시적 트랜잭션이 시작되면 COMMIT이나 ROLLBACK을 하기 전에는 암시적 트랜잭션이 중복으로 시작되지는 않는다.

⚠ 이 외에도 '일괄 처리 범위의 트랜잭션Batch-scoped transactions'도 있는데 거의 사용되지 않으므로 특별히 신경쓰지 않아도 된다.

실습2

트랜잭션을 사용해야 하는 이유를 확인해보자.

step 0

사전 준비를 한다.

0-1 모든 쿼리창을 닫고, 새 쿼리창을 연다.

0-2 간단한 통장테이블을 생성하자. 예금주는 '구매자'와 '판매자' 두 명이 있다. 또, 예금(money)은 마이너스가 되지 않도록 제약 조건을 설정했다.

```
USE tempdb;
CREATE TABLE bankBook
```

```
      ( uName NVARCHAR(10),
        uMoney INT ,
              CONSTRAINT CK_money
              CHECK  (uMoney >= 0)
  );
 GO
 INSERT INTO bankBook VALUES (N'구매자', 1000);
 INSERT INTO bankBook VALUES (N'판매자', 0);
```

step 1

현재 구매자가 판매자 계좌로 500원을 송금하려면, 우선 구매자 계좌에서 500원을 빼고 판매자 계좌에 500원을 더해주면 된다.

```
UPDATE bankBook SET uMoney = uMoney - 500 WHERE uName = N'구매자';
UPDATE bankBook SET uMoney = uMoney + 500 WHERE uName = N'판매자';
SELECT * FROM bankBook;
```

	uName	uMoney
1	구매자	500
2	판매자	500

[그림 10-20] 쿼리 결과

잘 송금이 되었다. 먼저, SQL Server의 트랜잭션 모드의 디폴트는 자동 커밋 트랜잭션이라고 했다. 위의 구문은 내부적으로 아래와 같이 자동으로 구성되어 실행되었을 것이다(다음 SQL은 수행하지 말자).

```
BEGIN TRAN
        UPDATE bankBook SET uMoney = uMoney - 500 WHERE uName = N'구매자';
COMMIT TRAN

BEGIN TRAN
        UPDATE bankBook SET uMoney = uMoney + 500 WHERE uName = N'판매자';
COMMIT TRAN
```

step 2

이번에는 구매자가 판매자에게 600원을 송금해보자.

```
UPDATE bankBook SET uMoney = uMoney - 600 WHERE uName = N'구매자';
UPDATE bankBook SET uMoney = uMoney + 600 WHERE uName = N'판매자';
SELECT * FROM bankBook;
```

	uName	uMoney
1	구매자	500
2	판매자	1100

[그림 10-21] 쿼리 결과

오류 메시지:
메시지 547, 수준 16, 상태 0, 줄 1
UPDATE 문이 CHECK 제약 조건 "CK_money"과(와) 충돌했습니다. 데이터베이스 "tempdb", 테이블 "dbo.bankBook", column 'uMoney'에서 충돌이 발생했습니다.

오류가 발생했는데도 불구하고, 결과를 확인해보니 구매자의 잔액은 그대로 인데, 판매자의 잔액은 600원이 더해졌다.

지금 이 상황이 실제라면 은행의 입장에서는 엄청나게 큰 대형 사고의 상황이다. 구매자의 돈이 빠지지 않았으므로 판매자에게도 입금되지 않아야 하는 데 입금되었다.

이유는 아래와 같다(다음 SQL 문도 실행하지 말자).

```
BEGIN TRAN  -- 1번 트랜잭션
    UPDATE bankBook SET uMoney = uMoney - 600 WHERE uName = N'구매자';
    -- 오류가 발생되어 수행이 안됨(현재 트랜잭션인 1번 트랜잭션에 롤백이 일어날 것으로 예상됨).
COMMIT TRAN

BEGIN TRAN  -- 2번 트랜잭션
    UPDATE bankBook SET uMoney = uMoney + 600 WHERE uName = N'판매자';
    -- 정상적으로 수행됨
COMMIT TRAN
```

기대하기로는 구매자의 통장에서 빠지지 않았으므로, 판매자의 통장에도 입금이 되지 않아야 되지만, 1번 트랜잭션과 2번 트랜잭션은 서로 관계없이 독립적으로 수행되므로 이러한 논리적인 오류가 발생된 것이다.

step 3

이러한 경우에는 두 개의 UPDATE를 하나의 트랜잭션으로 묶어야만 한다.

3-1 먼저 '판매자'의 계좌를 원래대로 만든다.

```
UPDATE bankBook SET uMoney = uMoney - 600 WHERE uName = N'판매자';
```

3-2 두 UPDATE를 묶는다.

```
BEGIN TRAN
```

```
            UPDATE bankBook SET uMoney = uMoney - 600 WHERE uName = N'구매자';
            UPDATE bankBook SET uMoney = uMoney + 600 WHERE uName = N'판매자';
    COMMIT TRAN
    SELECT * FROM bankBook;
```

	uName	uMoney
1	존뱅이	500
2	당탕이	1100

[그림 10-22] 쿼리 결과

```
    오류 메시지:
    메시지 547, 수준 16, 상태 0, 줄 2
    UPDATE 문이 CHECK 제약 조건 "CK_money"과(와) 충돌했습니다. 데이터베이스 "tempdb", 테이블 "dbo.
    bankBook", column 'uMoney'에서 충돌이 발생했습니다.2
```

뭔가 이상하다. 첫 번째 UPDATE에서 오류가 발생하였으므로 전체가 롤백되어서 판매자의 통장에는 500원만 있어야 하는데 판매자에게 600원이 입금되었다.

그 이유는 제약 조건(여기서는 CHECK)의 논리적 오류는 롤백이 되지 않기 때문이다. 그러므로, 제약 조건의 오류 발생시에는 강제로 롤백을 시켜줘야 한다. 즉, 첫 번째 UPDATE에서 구매자 계좌에서 600원을 뺏을 때, 오류가 발생되어 그 행만 실행이 되지 않은 것일 뿐, 롤백이 수행된 것은 아니다.

우선, 다시 판매자의 잔액을 원위치로 돌리자.

```
    UPDATE bankBook SET uMoney = uMoney - 600 WHERE uName = N'판매자';
```

3-3 TRY… CATCH 구문을 사용해보자. (7장 후반부에서 배웠다.)

```
    BEGIN TRY
        BEGIN TRAN
            UPDATE bankBook SET uMoney = uMoney - 600 WHERE uName = N'구매자';
            UPDATE bankBook SET uMoney = uMoney + 600 WHERE uName = N'판매자';
        COMMIT TRAN
    END TRY
    BEGIN CATCH
        ROLLBACK TRAN
    END CATCH
    SELECT * FROM bankBook;
```

	uName	uMoney
1	존뱅이	500
2	당탕이	500

[그림 10-23] 쿼리 결과

첫 번째 UPDATE에서 오류가 발생되었으므로, CATCH의 ROLLBACK TRAN이 실행되어서 전체 트랜잭션이 롤백된 결과다. 즉, 우리가 원했던 결과다. 실무에서도 이러한 방식이 많이 활용되어야 하므로 잘 기억해 두자.

실습3

명시적 트랜잭션과 암시적 트랜잭션을 실습하자.

step 0

실습을 설정한다.

0-1 모든 쿼리창을 닫고, 새 쿼리창을 연다.

0-2 tempdb를 사용하자.

```
USE tempdb;
```

step 1

자동 커밋 트랜잭션을 확인해보자.

1-1 현재 트랜잭션의 개수를 저장할 테이블을 생성한다.

```
CREATE TABLE testTbl (id int IDENTITY); -- INSERT 테스트용
CREATE TABLE tranTbl (save_id  int , tranNum int); -- 트랜잭션의 개수를 저장
```

testTbl에는 데이터를 insert할 용도이며, 그 insert시에 발생되는 자동 커밋 트랜잭션의 개수를 tranTbl에 저장하게 될 것이다.

1-2 testTbl에 트리거를 생성하자. 아직 트리거를 배우지 않았지만 미리 예습이라고 생각하고 그냥 아래를 실행해서 트리거를 생성하자.

```
CREATE TRIGGER trgTranCount
      ON testTbl
      FOR INSERT
   AS
      DECLARE @id int;
      SELECT @id = id FROM inserted;
      INSERT INTO tranTbl VALUES (@id, @@trancount);
```

위 트리거의 의미를 간단히 설명하면 testTbl에 insert가 발생될 경우에 testTbl의 id와 현재 발생된 트랜잭션의 개수(시스템 함수 @@trancount)를 tranTbl에 자동으로 저장한다(트리거에 대해서는 13장에서 배운다).

1-3 아래 구문을 3번쯤 실행하자.

```
INSERT INTO testTbl DEFAULT VALUES;
```

1-4 입력된 데이터를 확인하자.

```
SELECT * FROM testTbl;
SELECT * FROM tranTbl;
```

	id
1	1
2	2
3	3

	save_id	tranNum
1	1	2
2	2	2
3	3	2

[그림 10-24] 쿼리 결과

결과를 확인해보면 tranNum이 0이 아니므로, 각 INSERT를 실행 시마다 트랜잭션이 발생됨을 확인할 수 있다. 즉 자동 커밋 트랜잭션이 사용되고 있다.

step 2

명시적 트랜잭션을 확인해보자.

2-1 아래 구문을 실행하자.

```
BEGIN TRAN
      PRINT 'BEGIN 안의 트랜잭션 개수==> ' + CAST ( @@trancount AS CHAR(3));
COMMIT TRAN
PRINT 'COMMIT 후에 트랜잭션 개수==> ' + CAST ( @@trancount AS CHAR(3));

결과 값:
BEGIN 안의 트랜잭션 개수==> 1
COMMIT 후에 트랜잭션 개수==> 0
```

명시적 트랜잭션에 의해서 트랜잭션이 발생되는 것을 확인할 수 있다.

2-2 명시적으로 중첩된 트랜잭션을 확인해보자. 결과를 쉽게 예측할 수 있을 것이다.

```
BEGIN TRAN
      BEGIN TRAN
```

```
            PRINT 'BEGIN 2개 안의 트랜잭션 개수==> ' + CAST ( @@trancount AS CHAR(3));
        COMMIT TRAN
        PRINT 'BEGIN 1개 안의 트랜잭션 개수==> ' + CAST ( @@trancount AS CHAR(3));
    COMMIT TRAN
    PRINT 'COMMIT 후에 트랜잭션 개수==> ' + CAST ( @@trancount AS CHAR(3));

    결과 값:
    BEGIN 2개 안의 트랜잭션 개수==> 2
    BEGIN 1개 안의 트랜잭션 개수==> 1
    COMMIT 후에 트랜잭션 개수==> 0
```

2-3 이번에는 롤백시켜보자. 결과를 보기 전에 세 번의 select가 어떤 값이 나올지 예상해보자.

```
    CREATE TABLE #tranTest (id int);
    INSERT INTO #tranTest VALUES(0);

    BEGIN TRAN --- 1번 트랜잭션
        UPDATE #tranTest SET id = 111;
        BEGIN TRAN -- 2번 트랜잭션
            UPDATE #tranTest SET id = 222;
            SELECT * FROM #tranTest;
        ROLLBACK TRAN  -- 첫 번째 롤백
        SELECT * FROM #tranTest;
    ROLLBACK TRAN -- 두 번째 롤백
    SELECT * FROM #tranTest;
```

[그림 10-25] 쿼리 결과

```
    오류 메시지:
    메시지 3903, 수준 16, 상태 1, 줄 11
    ROLLBACK TRANSACTION 요청에 해당하는 BEGIN TRANSACTION이 없습니다.
```

결과 값이 예상한 대로 나오지 않았을 것이다. 예상하기로는 두 번째 SELECT 에서 111이 나올 것 같았지만, 그렇게 되지 않았다. 또, 오류 메시지를 보면 두 번째 ROLLBACK TRAN에서 오류가 발생했다.

아마도 예상하기로는 첫 번째 롤백에서는 '2번 트랜잭션' 까지만 롤백이 될 것이고, 두 번째 롤백에서 '1번 트랜잭션'까지 롤백될 것 같았지만, 첫 번째 롤백에서 바로 '1번 트랜잭션'까지 롤백되었기 때문에 두 번째 롤백에서는 더 이상 롤백할 트랜잭션이 존재하지 않기 때문에 발생하는 오류다. 즉, 롤백은 바로 앞의 트랜잭션까지만 롤백하는 것이 아니라, 모든 트랜잭션을 롤백하기 때문에 나오는 현상이므로 주의할 필요가 있다.

2-4 롤백이 원하는 지점까지만 되도록 하기 위해서는 SAVE TRAN을 사용하면 된다.

```
BEGIN TRAN --- 1번 트랜잭션
    UPDATE #tranTest SET id = 111;
    SAVE TRAN [tranPoint1]
    BEGIN TRAN -- 2번 트랜잭션
        UPDATE #tranTest SET id = 222;
        SELECT * FROM #tranTest;
    ROLLBACK TRAN [tranPoint1] -- 첫 번째 롤백
    SELECT * FROM #tranTest;
ROLLBACK TRAN -- 두 번째 롤백
SELECT * FROM #tranTest;
```

[그림 10-26] 쿼리 결과

이번에는 원하는 대로 수행되었다. SAVE TRAN을 활용하면 특점 지점까지만 롤백시킬 수 있다.

step 3

암시적 트랜잭션을 확인해보자.

3-1 암시적 트랜잭션을 사용하는 설정을 한다.

```
SET IMPLICIT_TRANSACTIONS ON;
```

3-2 몇 개의 문장을 수행해 본다.

```
USE tempdb;
```

```
CREATE DATABASE tranDB;
GO

USE tranDB;
CREATE TABLE tranTbl (id int); -- 이 순간에 트랜잭션이 시작됨
GO

INSERT INTO tranTbl VALUES(1);
INSERT INTO tranTbl VALUES(2);

SELECT * FROM tranTbl;
```

[그림 10-27] 쿼리 결과

3-3 〈새 쿼리〉를 클릭해서 새 쿼리창을 열고 아래를 수행한다.

```
USE tranDB;
SELECT * FROM tranTbl;
```

아직 tranTbl에 작동중인 트랜잭션이 커밋되지 않아서 아래쪽에는 계속 '쿼리를 실행하는 중…'으로 나올 것이다.

3-4 원래의 쿼리창에서 롤백시킨다.

```
ROLLBACK TRAN;
```

3-5 새로 연 쿼리창을 다시 보면 테이블이 없음이 확인된다.

```
오류 메시지:
메시지 208, 수준 16, 상태 1, 줄 2
개체 이름 'tranTbl'이(가) 잘못되었습니다.
```

새로 열었던 쿼리창을 닫는다.

3-6 아래를 수행해서 그 결과를 확인해보자.

```
CREATE TABLE tranTbl (id int); -- 이 순간에 트랜잭션이 시작됨
GO

INSERT INTO tranTbl VALUES(1);
SELECT @@trancount;
```

```
BEGIN TRAN -- 트랜잭션 1개 추가
        INSERT INTO tranTbl VALUES(2);
        SELECT @@trancount;
COMMIT TRAN -- 트랜잭션 1개 감소

SELECT @@trancount;

BEGIN TRAN -- 트랜잭션 1개 추가
        INSERT INTO tranTbl VALUES(3);
        SELECT @@trancount;
ROLLBACK TRAN -- 최초의 트랜잭션인 CREATE TABLE 까지 모든 트랜잭션이 취소

SELECT @@trancount;
SELECT * FROM tranTbl; -- 이미 롤백되서 없음(오류 발생)
```

트랜잭션의 개수는 1,2,1,2,0의 순서로 출력될 것이다. 마지막에 'tranTbl'이 잘못되었다는 오류가 발생하게 될 것이다. 그 이유는 앞에서도 나왔지만, ROLLBACK TRAN은 모든 트랜잭션을 롤백하기 때문이다. 이 경우에는 트랜잭션이 시작된 CREATE TABLE 문까지 취소되는 것이다.

3-7 다시 자동 커밋 트랜잭션 모드로 변경한다.

```
SET IMPLICIT_TRANSACTIONS OFF;
```

이상으로 트랜잭션과 관련된 내용을 마무리하겠다.

사실 트랜잭션과 관련된 내용은 필자가 얘기한 내용 외에도 많은 내용이 더 남아 있다. 특히, 잠금Locking, 블로킹Blocking, 교착상태Deadlock 등과 관련된 조금 어려운 내용도 공부할 필요가 있는데, 더 세부적인 고급 내용은 『뇌를 자극하는 SQL Server 2012 (2권, 관리/응용편)』을 참고하자.

1. 다음 빈 칸에 들어갈 용어는?

데이터베이스의 데이터 파일은 1개 이상으로 이루어 진다. 그냥 1개로만 데이터 파일을 구성한다면 확장명을 (1)로 붙이며, 두 번째부터 추가된 데이터 파일은 확장명을 (2)로 붙인다. 또 로그 파일의 확장명은 (3)로 붙이다.

2. 다음 보기의 용어와 설명을 연결해보자.

원자성(Atomicity), 일관성(Consistency), 격리성(Isolation), 영속성(Durability)

(1) 현재 트랜잭션이 접근하고 있는 데이터는 다른 트랜잭션으로부터 격리되어야 한다.

(2) 트랜잭션이 정상적으로 종료된다면 그 결과는 시스템 오류가 발생하더라도 시스템에 영구적으로 적용된다.

(3) 트랜잭션은 분리할 수 없는 하나의 단위로써, 작업이 모두 수행되거나 하나도 수행되지 않아야 한다.

(4) 트랜잭션에서 사용되는 모든 데이터는 일관되어야 한다. '잠금'과 관련이 깊다.

3. 트랜잭션의 종류 세 가지를 간략히 설명하시오.

저장 프로시저와
사용자 정의 함수

지금까지와 같이 일반적인 쿼리(이를 'Adhoc 쿼리'라고 부른다)를 계속 사용하다 보면 자주 사용되는 쿼리의 경우에는 매번 다시 입력해야 하는 불편함이 있다. 그래서 자주 사용하는 복잡한 쿼리는 하나로 묶어서 이름을 지정한 후에, 그 이름만 호출하면 쿼리가 실행되도록 설정하고 싶을 것이다.

저장 프로시저는 바로 이러한 것이다. 하지만, 저장 프로시저는 일반 쿼리를 묶어주는 것뿐 아니라, 프로그래밍 기능을 제공하고 나아가 시스템 성능향상에도 도움이 된다. 실제 현업에서도 일반적인 쿼리를 하나씩 사용하기 보다는 쿼리의 대부분을 저장 프로시저로 만들어서 사용한다. 또, 많은 데이터베이스 개발자가 거의 대부분의 시간을 저장 프로시저나 사용자 정의 함수를 생성하는 데 시간을 보내는 경우도 많다. 그만큼 편리하며 많은 장점을 가지고 있는 개체들이므로 잘 알아둘 필요가 있다.

이 장의 핵심 개념

저장 프로시저는 프로그래밍 기능을 제공하고 나아가 시스템 성능향상에도 도움이 된다. 11장은 저장 프로시저와 사용자 정의 함수에 대해 알아 본다.

1. 저장 프로시저는 SQL Server에서 제공하는 프로그래밍 기능이다.

2. 저장 프로시저는 매개변수도 사용 가능하며, execute 문으로 호출한다.

3. 저장 프로시저는 실행 시에는 메모리(캐시)에 저장된 것을 그대로 재사용하게 되어 수행시간이 많이 단축된다.

4. 사용자 정의 함수는 RETURN 문에 의해서 특정 값을 반환한다.

5. 사용자 정의 테이블 반환 함수는 테이블을 반환한다.

6. 스키마 바운드 함수란 함수에서 참조하는 테이블, 뷰 등이 수정되지 못하도록 설정한 함수다.

이 장의 학습 흐름

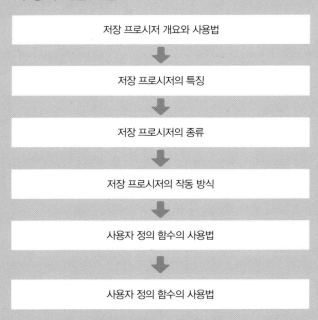

저장 프로시저 개요와 사용법

⬇

저장 프로시저의 특징

⬇

저장 프로시저의 종류

⬇

저장 프로시저의 작동 방식

⬇

사용자 정의 함수의 사용법

⬇

사용자 정의 함수의 사용법

11.1 저장 프로시저

저장 프로시저^{Stored Procedure}란 SQL Server에서 제공되는 프로그래밍 기능이라고 생각하면 된다. 일반적인 프로그래밍과는 조금 차이가 있지만, SQL Server 내부에서 사용하기에는 아주 적절한 방식을 제공해준다.

11.1.1 저장 프로시저의 개요

저장 프로시저는 한마디로 쿼리문의 집합으로, 어떤 동작을 일괄 처리할 때 사용된다. 자주 사용되는 일반적인 쿼리를 사용하는 것보다는 이것을 모듈화시켜서 필요할 때마다 호출만 하면 훨씬 편리하게 SQL Server를 운영할 수 있다.

⚠ 저장 프로시저도 데이터베이스의 개체 중 하나다. 즉, 테이블처럼 각 데이터베이스 내부에 저장된다.

저장 프로시저의 정의 형식

저장 프로시저는 다음과 같은 형식으로 저장한다.

```
CREATE { PROC ¦ PROCEDURE } [schema_name.] procedure_name [ ; number ]
    [ { @parameter [ type_schema_name. ] data_type }
        [ VARYING ] [ = default ] [ OUT ¦ OUTPUT ] [READONLY]
    ] [ ,...n ]
[ WITH <procedure_option> [ ,...n ] ]
[ FOR REPLICATION ]
AS { [ BEGIN ] sql_statement [;] [ ...n ] [ END ] }
[;]
```

위 형식 중 〈procedure_option〉에는 암호화를 위한 ENCRYPTION, 재컴파일을 위한 RECOMPILE 등이 올 수 있다.

⚠ SQL Server 2008부터 매개변수에 TABLE 데이터 형식을 사용할 수 있다. 그럴 때는 꼭 'READONLY'를 붙여줘야 한다.

상세한 내용은 실습은 통해서 알아보고, 지금은 간단한 저장 프로시저의 생성 예를 살펴보자.

```
USE sqlDB;
GO

CREATE PROCEDURE usp_users
AS
        SELECT * FROM userTbl; -- 저장 프로시저 내용
GO

EXEC usp_users;
```

기존에는 **SELECT * FROM userTbl**을 매번 사용해왔으나, 이제부터는 **EXEC usp_users**라고 호출만 하면 된다. 지금의 예에서는 간단히 한 줄짜리 쿼리만 저장 프로시저에 포함되었지만, 실무에서는 한 줄이 수백, 수천 줄이 될 수도 있다. 그렇게 아주 긴 프로시저도 호출은 마찬가지로 "EXEC 프로시저_이름"으로만 호출하면 된다.

저장 프로시저의 수정과 삭제

저장 프로시저의 수정은 간단히 ALTER PROCEDURE를 사용하면 되며, 삭제는 DROP PROCEDURE를 사용한다.

매개변수의 사용

저장 프로시저에는 실행 시에 입력 매개변수를 지정할 수 있다. 입력된 매개변수는 저장 프로시저의 내부에서 다양한 용도로 사용될 수 있다. 또한, 저장 프로시저에서 처리된 결과를 출력 매개변수를 통해서 얻을 수도 있다.

입력 매개변수를 지정하는 형식은 아래와 같다.

```
@입력_매개_변수_이름   데이터_형식   [ = 디폴트값]
```

디폴트 값은 프로시저의 실행 시에 매개변수에 값을 전달하지 않았을 때, 사용되는 값이다.

입력 매개변수가 있는 저장 프로시저를 실행하는 방법은 다음과 같다(EXECUTE를 줄여서 EXEC라고 써도 된다).

```
EXECUTE   프로시저_이름   [전달 값]
```

출력 매개변수를 지정하는 형식은 다음과 같다. 아래에서 OUTPUT을 OUT으로 줄여서 써도 된다.

```
@출력_매개_변수_이름   데이터_형식   OUTPUT
```

출력 매개변수가 있는 저장 프로시저를 실행하는 방법은 다음과 같다.

```
EXECUTE   프로시저_이름   @변수명   OUTPUT
```

실제 사용되는 것은 잠시 후의 실습에서 확인하겠다.

프로그래밍 기능

7장의 후반부에서 공부한 'SQL 프로그래밍'의 내용의 대부분이 저장 프로시저에 적용될 수 있다. 그렇게 함으로써 더 강력하고 유연한 기능을 포함하는 저장 프로시저를 생성할 수 있다. 이도 잠시 후 실습에서 확인한다.

리턴 값을 이용한 저장 프로시저의 성공 및 실패 확인

RETURN 문을 사용해서 리턴 값을 받으면 실행한 저장 프로시저가 성공적으로 수행되었는지 또는 실패했는지 확인할 수 있다.

저장 프로시저 내의 오류 처리

저장 프로시저 내부에서 오류가 발생했을 경우에는 @@ERROR 함수를 이용해서 오류 처리를 할 수 있다. 또한, TRY/CATCH 문을 이용해서 더욱 효과적으로 오류 처리를 할 수 있다.

임시 저장 프로시저

생성한 저장 프로시저는 현재의 데이터베이스 내에 저장된다. 그런데 저장 프로시저 이름 앞에 '#' 또는 '##'을 붙이면 임시 저장 프로시저로 생성이 되며, 이것은 현재의 데이터베이스가 아닌 tempdb에 저장된다(그러므로 SQL Server를 재 시작하면 임시 저장 프로시저는 없어진다).

⚠ 대용량의 데이터를 사용하는 경우에는 시스템의 성능을 위해 임시 저장 프로시저는 되도록 사용하지 않는 것이 바람직하다.

이어지는 실습은 좀 길지만, 저장 프로시저에서 가장 많이 사용되는 내용이므로 잘 익혀야 한다.

실습1

저장 프로시저 내용을 실습하자.

step 0

백업 받았던 sqlDB를 사용하자(C:₩SQL₩sqlDB2016.bak 파일이 없는 독자는 6장의 〈실습 2〉를 다시 수행하거나, 책의 사이트인 http://cafe.naver.com/thisissql/에서 sqlDB2016.bak을 다운로드해서 C:₩SQL₩ 폴더에 저장하자).

```
USE tempdb;
RESTORE DATABASE sqlDB FROM DISK = 'C:\SQL\sqlDB2016.bak' WITH REPLACE;
```

step 1

입력 매개변수가 있는 저장 프로시저를 생성하고 실행해보자.

1-1 1개의 입력 매개변수가 있는 저장 프로시저를 생성하자.

```
USE sqlDB;
GO
CREATE PROCEDURE usp_users1
        @userName NVARCHAR(10)
AS
        SELECT * FROM userTbl WHERE name = @userName;
GO

EXEC usp_users1  '조관우';
```

	userID	name	birthYear	addr	mobile1	mobile2	height	mDate
1	JKW	조관우	1965	경기	018	9999999	172	2010-10-10

[그림 11-1] 쿼리 결과

1-2 2개의 입력 매개변수가 있는 저장 프로시저를 생성하자.

```
CREATE PROCEDURE usp_users2
        @userBirth INT,
        @userHeight INT
AS
        SELECT * FROM userTbl
        WHERE birthYear > @userBirth AND height > @userHeight;
GO

EXEC usp_users2 1970, 178;
```

	userID	name	birthYear	addr	mobile1	mobile2	height	mDate
1	LSG	이승기	1987	서울	011	1111111	182	2008-08-08
2	SSK	성시경	1979	서울	NULL	NULL	186	2013-12-12

[그림 11-2] 쿼리 결과

1-3 출생년도와 키의 순서를 바꿔서 호출하고 싶다면, 매개변수 이름을 직접 지정하면 된다.

```
EXEC usp_users2  @userHeight=178, @userBirth=1970 ;
```

1-4 디폴트 매개변수를 지정해보자.

```
CREATE PROCEDURE usp_users3
        @userBirth INT = 1970,
        @userHeight INT = 178
AS
        SELECT * FROM userTbl
        WHERE birthYear > @userBirth AND height > @userHeight;
GO
EXEC usp_users3;
```

별도로 입력 매개변수에 값을 지정하지 않으면, 디폴트로 지정된 값을 사용한다. 결과는 앞 쿼리 결과와 같다.

1-5 출력 매개변수를 설정해서 사용해보자.

먼저 저장 프로시저를 생성한 후에, 테스트로 사용할 테이블을 생성하자.

```
CREATE PROCEDURE usp_users4
        @txtValue NCHAR(10),
        @outValue INT OUTPUT
AS
        INSERT INTO testTbl VALUES(@txtValue);
        SELECT @outValue = IDENT_CURRENT('testTbl');  -- 테이블의 현재 identity 값
GO

CREATE TABLE testTbl (id INT IDENTITY, txt NCHAR(10));
GO
```

usp_users4 프로시저를 생성 시에 testTbl이라는 테이블은 존재하지 않았다. 그런데도 저장 프로시저가 오류 없이 생성되었다. 이를 '지연된 이름 확인'이라고 부른다. 즉, 실제 테이블이 없어도 저장 프로시저는 만들어 진다는 의미다. 잠시 후에 저장 프로시저의 작동 부분에서 상세히 확인해보겠다.

1-6 저장 프로시저를 사용해보자.

```
DECLARE @myValue INT;
EXEC usp_users4  '테스트 값1' , @myValue OUTPUT;
PRINT '현재 입력된 ID 값 ==> ' + CAST(@myValue AS CHAR(5));
```

메시지:
(1개 행이 영향을 받음)
현재 입력된 ID 값 ==> 1

계속 반복해서 수행하면 결과 값이 2, 3, 4···로 증가하게 될 것이다.

`step 2`

저장 프로시저 안에 SQL 프로그래밍을 활용해보자.

⚠ 혹, 이 부분이 잘 이해되지 않으면 7장 후반부의 SQL 프로그래밍 부분을 함께 살펴본다.

2-1 IF··· ELSE 문을 사용해보자.

```
CREATE PROC usp_ifElse
        @userName NVARCHAR(10)
AS
        DECLARE @bYear INT -- 출생년도를 저장할 변수
        SELECT @bYear = birthYear FROM userTbl
            WHERE name = @userName;
    IF (@bYear >= 1980)
            BEGIN
                    PRINT '아직 젊군요..';
            END
    ELSE
            BEGIN
                    PRINT '나이가 지긋하네요..';
            END
GO

    EXEC usp_ifElse '조용필';
```

간단해서 별로 설명할 것은 없다. 여기서는 코드를 간단히 하기 위해서 PRINT를 사용했지만, 실제로는 이 부분에 주로 T-SQL이 들어오면 된다.

2-2 CASE 문을 사용해보자.

```
CREATE PROC usp_case
        @userName NVARCHAR(10)
```

```
        AS
                DECLARE @bYear INT
                DECLARE @tti NCHAR(3) -- 띠
                SELECT @bYear = birthYear FROM userTbl
                        WHERE name = @userName;

                SET @tti =
                        CASE
                                WHEN ( @bYear%12 = 0) THEN '원숭이'
                                WHEN ( @bYear%12 = 1) THEN '닭'
                                WHEN ( @bYear%12 = 2) THEN '개'
                                WHEN ( @bYear%12 = 3) THEN '돼지'
                                WHEN ( @bYear%12 = 4) THEN '쥐'
                                WHEN ( @bYear%12 = 5) THEN '소'
                                WHEN ( @bYear%12 = 6) THEN '호랑이'
                                WHEN ( @bYear%12 = 7) THEN '토끼'
                                WHEN ( @bYear%12 = 8) THEN '용'
                                WHEN ( @bYear%12 = 9) THEN '뱀'
                                WHEN ( @bYear%12 = 10) THEN '말'
                                ELSE '양'
                        END;
                PRINT @userName + '의 띠==> ' + @tti;
        GO

        EXEC usp_case '성시경';
```

호출한 사람의 띠를 알려주는 저장 프로시저다.

2-3 실제 사용될 만한 WHILE 문을 살펴보자. 이번 예제는 아직 배우지 않은 커서^{Cursor}가 나오기 때문에 조금 어렵다. 커서에 대한 내용은 12장에서 살펴보기로 하고 지금은 그냥 전체 행을 가져와서 처리하기 위한 것이라고 생각하자.

다음 예제는 고객 테이블(userTbl)에 고객 등급(grade) 열을 하나 추가한 후에, 각 구매 테이블(buyTbl)에서 고객이 구매한 총액에 따라서 고객 등급(grade) 열에 최우수 고객/우수 고객/일반 고객/유령 고객의 값을 입력하는 저장 프로시저다.

```
    USE sqlDB;
    GO
    ALTER TABLE userTbl
        ADD  grade NVARCHAR(5);  -- 고객 등급 열 추가
    GO
    CREATE PROCEDURE usp_while
    AS
```

```
DECLARE userCur CURSOR FOR-- 커서 선언
        SELECT U.userid,sum(price*amount)
        FROM buyTbl B
            RIGHT OUTER JOIN userTbl U
            ON B.userid = U.userid
        GROUP BY U.userid, U.name

OPEN userCur  -- 커서 열기

DECLARE @id NVARCHAR(10) -- 사용자 아이디를 저장할 변수
DECLARE @sum BIGINT -- 총 구매액을 저장할 변수
DECLARE @userGrade NCHAR(5) -- 고객 등급 변수

FETCH NEXT FROM userCur INTO @id, @sum -- 첫 행 값을 대입

WHILE (@@FETCH_STATUS=0) -- 행이 없을 때까지 반복(즉, 모든 행 처리)
BEGIN
    SET @userGrade =
        CASE
                WHEN (@sum >= 1500) THEN '최우수고객'
                WHEN (@sum  >= 1000) THEN '우수고객'
                WHEN (@sum >= 1 ) THEN '일반고객'
                ELSE '유령고객'
        END
  UPDATE userTbl SET grade = @userGrade WHERE userID = @id
   FETCH NEXT FROM userCur INTO @id, @sum -- 다음 행 값을 대입
END

CLOSE userCur  -- 커서 닫기
DEALLOCATE userCur -- 커서 해제
GO
```

데이터를 확인하면 아직은 저장 프로시저를 정의했을 뿐 실행하지는 않았으므로, 고객 등급을 위한 'grade' 열에는 NULL 값이 들어 있을 것이다.

```
SELECT * FROM userTbl;
```

저장 프로시저를 실행하고 다시 userTbl을 확인해보자. buyTbl에서 고객이 구매한 총 액수에 따라 고객등급이 들어가 있을 것이다.

```
EXEC usp_while;
SELECT * FROM userTbl;
```

	userID	name	birthYear	addr	mobile1	mobile2	height	mDate	grade
1	BBK	바비킴	1973	서울	010	0000000	176	2013-05-05	최우수고객
2	EJW	은지원	1972	경북	011	8888888	174	2014-03-03	일반고객
3	JKW	조관우	1965	경기	018	9999999	172	2010-10-10	유령고객
4	JYP	조용필	1950	경기	011	4444444	166	2009-04-04	일반고객
5	KBS	김범수	1979	경남	011	2222222	173	2012-04-04	우수고객
6	KKH	김경호	1971	전남	019	3333333	177	2007-07-07	유령고객
7	LJB	임재범	1963	서울	016	6666666	182	2009-09-09	유령고객
8	LSG	이승기	1987	서울	011	1111111	182	2008-08-08	유령고객
9	SSK	성시경	1979	서울	NULL	NULL	186	2013-12-12	일반고객
10	YJS	윤종신	1969	경남	NULL	NULL	170	2005-05-05	유령고객

[그림 11-3] 쿼리 결과

2-4 이번에는 RETURN 문을 이용해서 저장 프로시저의 성공 여부를 확인해보자.

```
CREATE PROC usp_return
        @userName NVARCHAR(10)
AS
        DECLARE @userID char(8);
        SELECT @userID = userID FROM userTbl
                        WHERE name = @userName;
        IF (@userID <> '')
            RETURN 0;  -- 성공일 경우, 그냥 RETURN만 써도 0을 돌려줌
        ELSE
            RETURN -1; -- 실패일 경우(즉, 해당 이름의 ID가 없을 경우)
GO
```

이 프로시저는 입력된 사용자의 이름이 사용자 테이블(userTbl)에 있는지 확인하고, 있다면 0을 돌려주고 그렇지 않으면 -1을 돌려주는 기능을 한다.

```
DECLARE @retVal INT ;
EXEC @retVal=usp_return '은지원' ;
SELECT @retVal;

DECLARE @retVal INT ;
EXEC @retVal=usp_return '나몰라' ;
SELECT @retVal;
```

'은지원'은 사용자 중에 있으므로 0을, '나몰라'는 사용자 중에 없으므로 -1을 돌려줬을 것이다.

2-5 오류처리를 위해서 @@ERROR 함수를 사용해보자.

```
CREATE PROC usp_error
        @userid char(8),
```

```
        @name NVARCHAR(10),
        @birthYear INT = 1900,
        @addr NCHAR(2) = '서울',
        @mobile1 char(3) = NULL,
        @mobile2 char(8) = NULL,
        @height smallInt = 170,
        @mDate date = '2019-11-11'
AS
        DECLARE @err INT;
        INSERT INTO userTbl(userID,name,birthYear,addr,mobile1,mobile2,height,mDate)
          VALUES (@userid,@name,@birthYear,@addr,@mobile1,@mobile2,@height,@mDate);

        SELECT @err = @@ERROR;
        IF @err != 0
        BEGIN
                PRINT  '###' + @name + '을(를) INSERT에 실패했습니다. ###'
        END;

        RETURN @err; -- 오류번호를 돌려줌.
GO
```

실행해보자.

```
DECLARE @errNum INT;
EXEC @errNum = usp_error 'WDT', '우당탕' ;
IF (@errNum != 0)
        SELECT  @errNum;
```

정상적으로 실행될 것이므로 아무런 오류 메시지도 나오지 않을 것이다. 위 구문을 한 번 더 실행하자. 이 번에는 오류 메시지가 나올 것이다. 오류 메시지 2627은 Primary Key 제약 조건의 위반으로 발생되는 오류다.

[그림 11-4] 두 번째 쿼리 결과(오류 번호)

오류 메시지:
메시지 2627, 수준 14, 상태 1, 프로시저 usp_error, 줄 12
PRIMARY KEY 제약 조건 'PK__userTbl__CB9A1CDF78AC8978'을(를) 위반했습니다. 개체 'dbo.
userTbl'에 중복 키를 삽입할 수 없습니다. 중복 키 값은 (WDT   )입니다.
문이 종료되었습니다.
###우당탕을(를) INSERT에 실패했습니다. ###

2-6 위 프로시저를 TRY … CATCH로 변경하자.

```
CREATE PROC usp_tryCatch
        @userid char(8),
        @name NVARCHAR(10),
        @birthYear INT = 1900,
        @addr NCHAR(2) = '서울',
        @mobile1 char(3) = NULL,
        @mobile2 char(8) = NULL,
        @height smallInt = 170,
        @mDate date = '2019-11-11'
AS
    DECLARE @err INT;
    BEGIN TRY
      INSERT INTO userTbl(userID,name,birthYear,addr,mobile1,mobile2,height,mDate)
        VALUES (@userid,@name,@birthYear,@addr,@mobile1,@mobile2,@height,@mDate);
    END TRY

    BEGIN CATCH
            SELECT ERROR_NUMBER()
            SELECT ERROR_MESSAGE()
    END CATCH
GO
```

실행해보자.

```
EXEC usp_tryCatch 'SYJ', '손연재' ;
```

정상적으로 입력될 것이다. 한 번 더 실행하자. 아래와 같이 오류 번호 및 오류 메시지가 별도로 출력될 것이다.

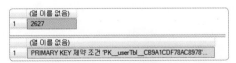

[그림 11-5] 두 번째 쿼리 결과(오류 번호와 오류 메시지)

현재 저장된 프로시저의 이름 및 내용을 확인해보자.

3-1 sys.objects와 sys.sql_modules 카탈로그 뷰를 조회하면 된다. sys.objects 카탈로그 뷰에 타입 (type)이 'P'로 설정된 것이 프로시저다.

```
USE sqlDB;
SELECT o.name, m.definition
FROM sys.sql_modules m
    JOIN sys.objects o
    ON m.object_id = o.object_id AND o.TYPE = 'P';
```

	name	definition
1	usp_users1	CREATE PROCEDURE usp_users1 @userName NVARCHAR(10) AS SELECT * FROM userTbl WHERE ...
2	usp_users2	CREATE PROCEDURE usp_users2 @userBirth INT, @userHeight INT AS SELECT * FROM userTbl
3	usp_users3	CREATE PROCEDURE usp_users3 @userBirth INT = 1970, @userHeight INT = 178 AS SELECT * FRO...
4	usp_users4	CREATE PROCEDURE usp_users4 @txtValue NCHAR(10), @outValue INT OUTPUT AS INSERT INTO...
5	usp_ifElse	CREATE PROC usp_ifElse @userName nvarchar(10) AS DECLARE @bYear INT -- 출생년도를 저장할 ...
6	usp_case	CREATE PROC usp_case @userName nvarchar(10) AS DECLARE @bYear INT DECLARE @tti NCHA...
7	usp_while	CREATE PROCEDURE usp_while AS DECLARE userCur CURSOR FOR-- 커서 선언 SELECT U.userid,s...
8	usp_return	CREATE PROC usp_return @userName nvarchar(10) AS DECLARE @userID char(8); SELECT @userID ...
9	usp_error	CREATE PROC usp_error @userid char(8), @name nvarchar(10), @birthYear INT = 1900, @addr nchar(...
10	usp_tryCatch	CREATE PROC usp_tryCatch @userid char(8), @name nvarchar(10), @birthYear INT = 1900, @addr nc...

[그림 11-6] 저장 프로시저 확인

3-2 다른 방법으로 sp_helptext 시스템 저장 프로시저를 이용하면 저장 프로시저의 소스 코드를 볼 수 있다.

```
EXECUTE sp_helptext usp_error;
```

'표 형태로 결과 표시'로 설정되어 있으면 소스코드의 각 줄마다 행으로 구분 되어져 보기가 어렵다. Ctrl +T 를 눌러 '텍스트로 결과 표시'로 변경하고, 다시 실행하자.

```
결과 값:
Text
-------------------------------------------------------
CREATE PROC usp_error
 @userid char(8),
 @name NVARCHAR(10),
~~~~~ 중간 생략 ~~~~~
 BEGIN
    PRINT  '###' + @name + '을(를) INSERT에 실패했습니다. ###'
 END;
 RETURN @err; -- 오류번호를 돌려줌.
```

이번에는 Ctrl + D 를 눌러서 앞으로의 결과를 표 형태로 바꾼다.

다른 사용자가 소스코드를 볼 수 없도록 저장 프로시저를 생성할 때 암호화하자.

4-1 WITH ENCRYPTION 옵션을 사용하면 암호화가 된다.

```
CREATE PROC usp_Encrypt WITH ENCRYPTION
AS
    SELECT SUBSTRING(name,1,1) + 'OO' as [이름],
                birthYear as '출생년도', height as '키' FROM userTbl;
GO

EXECUTE usp_Encrypt;
```

	이름	출생년도	키
1	바OO	1973	176
2	은OO	1972	174
3	조OO	1965	172
4	조OO	1950	166
5	김OO	1979	173
6	김OO	1971	177
7	임OO	1963	182
8	이OO	1987	182
9	성OO	1979	186
10	손OO	1900	170
11	우OO	1900	170
12	윤OO	1969	170

[그림 11-7] 쿼리 결과

4-2 소스코드를 확인해보자. 확인할 수 없을 것이다.

```
EXECUTE sp_helptext usp_Encrypt;
```

메시지:
개체 'usp_Encrypt'의 텍스트가 암호화되었습니다.

주의할 점은, 한 번 암호화하면 다시는 소스코드를 알아낼 수 있는 방법이 없다는 것이다. 그러므로 암호화된 저장 프로시저를 생성할 때는 원래의 소스코드를 별도로 잘 보관해야 돼야 한다.

임시 저장 프로시저를 생성하려면 프로시저이름 앞에 '#'이나 '##'을 붙여주면 된다.

5-1 임시 저장 프로시저를 생성하고 사용해보자.

```
CREATE PROC #usp_temp
AS
        SELECT * FROM userTbl;
GO
EXEC #usp_temp;
```

5-2 한 번만 사용될 저장 프로시저를 생성할 목적이라면 임시 저장 프로시저보다는 다음과 같이 sp_executesql 시스템 저장 프로시저를 활용하는 것이 시스템의 성능에 더 낫다.

```
EXEC sp_executesql N'SELECT * FROM userTbl';
```

테이블 형식의 '사용자 정의 데이터 형식'을 매개변수로 사용해보자.

⚠ 테이블 형식의 '사용자 정의 데이터 형식'은 SQL Server 2008부터 제공된다.

6-1 먼저 테이블 형식의 '사용자 정의 데이터 형식'을 만들자.

```
USE sqlDB;
CREATE TYPE userTblType AS TABLE
( userID   char(8),
  name     NVARCHAR(10),
  birthYear  int,
  addr     NCHAR(2)
)
GO
```

단순히, 아이디/이름/출생년도/주소만으로 구성된 사용자 정의 데이터 형식이다.

6-2 저장 프로시저를 만들자. 매개변수는 방금 만든 테이블 형식인 userTblType으로 하고, 간단히 그 매개변수에 들어 있는 값 중에서 1970년 이전 출생자만 출력하자.

```
CREATE PROCEDURE usp_tableTypeParameter
        @tblPara userTblType READONLY --테이블 형식의 매개변수는 READONLY를 붙여야 한다.
AS
BEGIN
        SELECT * FROM @tblPara WHERE birthYear < 1970;
```

```
END
GO
```

6-3 테이블 형식의 변수를 선언하고, 그 변수에 원래 회원 테이블(userTbl)의 데이터를 입력시킨 후에, 저장 프로시저를 호출하자.

```
DECLARE @tblVar userTblType;  -- 테이블 형식의 변수 선언
INSERT INTO @tblVar
        SELECT userID, name, birthYear,addr FROM userTbl; -- 테이블 변수에 데이터 입력
EXEC usp_tableTypeParameter @tblVar;  -- 저장 프로시저 호출
```

	userID	name	birthYear	addr
1	JKW	조관우	1965	경기
2	JYP	조용필	1950	경기
3	LJB	임재범	1963	서울
4	SYJ	손연재	1900	서울
5	WDT	우당탕	1900	서울
6	YJS	윤종신	1969	경남

[그림 11-8] 쿼리 결과

테이블 변수 @tblVar를 저장 프로시저에 넘기고, 저장 프로시저는 매개변수를 테이블 변수로 받아서 출력되었다. 이러한 방식은 앞으로 편리하게 활용할 수 있으므로 잘 기억하자.

11.1.2 저장 프로시저의 특징

SQL Server의 성능을 향상시킬 수 있다

저장 프로시저는 처음 실행하게 되면 최적화, 컴파일 등의 과정을 거쳐서 그 결과가 캐시(메모리)에 저장된다. 그 후에 같은 저장 프로시저를 실행하면 캐시(메모리)에 있는 것을 가져다 사용하므로, 다시 최적화 및 컴파일을 수행하지 않으므로 실행 속도가 빨라진다. 그러므로 동일한 저장 프로시저가 자주 사용될 경우에는 일반 쿼리를 반복해서 실행하는 것보다 SQL Server의 성능이 향상될 수 있다. 이에 대한 세부적인 내용은 잠시 후에 알아보자.

유지관리가 간편하다

C#이나 Java 등의 클라이언트 응용 프로그램에서 직접 SQL 문을 작성하지 않고 저장 프로시저 이름만 호출하도록 설정함으로써, 데이터베이스에서 관련된 저장 프로시저의 내용을 일관되게 수정/유지보수 등의 작업을 할 수 있다.

모듈식 프로그래밍이 가능하다

한 번 저장 프로시저를 생성해 놓으면, 언제든지 실행이 가능하다. 또한, 저장 프로시저로 저장해 놓은 쿼리의 수정, 삭제 등의 관리가 수월해진다. 더불어 다른 모듈식 프로그래밍 언어와 동일한 장점을 갖는다.

보안을 강화할 수 있다

사용자별로 테이블에 접근 권한을 주지 않고, 저장 프로시저에만 접근 권한을 줌으로써 좀 더 보안을 강화할 수 있다. 예를 들어, 우리가 자주 사용해온 sqlDB의 userTbl을 생각해보자. userTbl에는 고객이름/전화번호/주소/출생년도/키 등의 개인정보가 들어 있다. 만약, 배송 담당자가 배송을 하고자 한다면 당연히 userTbl에 접근해야 한다. 하지만, 배송담당자는 배송을 위한 정보인 주소/전화번호뿐만 아니라 다른 정보에 접근을 할 수가 있어서 보안상 문제가 발생할 소지가 있다.

이럴 경우에 아래와 같은 프로시저를 생성한 후에 배송 담당자는 userTbl에는 접근 권한을 주지 않고 저장 프로시저에만 접근 권한을 준다면 이 문제가 해결될 수 있다.

⚠ 뷰(View)도 저장 프로시저와 같이 보안을 강화할 수 있다고 8장에서 다뤘다.

```
CREATE PROC usp_Deliv
    @id NVARCHAR(10)
AS
  SELECT userID,name,addr,mobile1,mobile2
    FROM userTbl
    WHERE userID = @id;
GO
```

배송 담당자는 아래와 같이 저장 프로시저를 사용하면 된다.

```
EXEC usp_Deliv 'LJB';
```

네트워크 전송량의 감소

긴 코드로 구현된 쿼리를 실행하게 되면, 클라이언트에서 서버로 쿼리의 모든 텍스트가 전송되어야 한다. 하지만, 이 긴 코드의 쿼리를 서버에 저장 프로시저로 생성해 놓았다면, 단지 저장 프로시저 이름 및 매개변수 등 몇 글자의 텍스트만 전송하면 되므로 네트워크의 부하를 크게 줄일 수 있다.

11.1.3 저장 프로시저의 종류

사용자 정의 저장 프로시저

T-SQL 저장 프로시저

사용자가 직접 CREATE PROCEDURE 문을 이용해서 생성한 프로시저를 말하며, 그 내용에는 Transact SQL 문을 사용한다. 이 책에서 작성하는 저장 프로시저가 바로 T-SQL 저장 프로시저다. T-SQL 저장 프로시저를 정의할 때는 되도록 이름 앞에 'usp_' (User Stored Procedure의 약자)의 접두어를 사용하는 것이 좋다.

CLR 저장 프로시저

CLR 저장 프로시저는 T-SQL 저장 프로시저보다 효율적이고 강력한 프로그래밍이 가능하다. 이는 .NET Framework 어셈블리의 클래스에 공용의 정적 메소드로 구현되며, 사용자로부터 매개변수를 입력받아 결과를 반환하는 Microsoft .NET Framework CLR 메소드의 참조로 사용된다.

⚠ CLR 저장 프로시저는 이 책에서 다루는 범위에서 벗어나는 내용이므로 SQL Server 도움말이나 다른 책을 참고하자.

확장 저장 프로시저

C 언어 등을 이용하여 데이터베이스에서 구현하기 어려운 것들을 구현한 저장 프로시저다. SQL Server에서 제공하는 API를 이용하여 프로그래밍을 작성한다.

⚠ 확장 저장 프로시저는 이후 버전의 SQL Server에는 제거될 예정이므로, 대신 CLR 저장 프로시저를 사용하자.

시스템 저장 프로시저

시스템을 관리하기 위해서 SQL Server가 제공해주는 저장 프로시저로, SQL Server의 관리와 관련된 작업을 위해서 주로 사용된다. 시스템 저장 프로시저는 주로 'sp_' 접두어로 작성되어 있다. 그러므로 사용자가 생성한 프로시저는 'sp_' 접두어를 사용하지 않아야 시스템 저장 프로시저와 혼란을 방지할 수 있다.

SQL Server 도움말에 소개된 시스템 저장 프로시저의 분류는 다음과 같다.

범주	설명	예
카탈로그 저장 프로시저	ODBC 데이터 사전 기능을 구현하고 ODBC 응용 프로그램을 원본 시스템 테이블 변경으로부터 분리한다.	sp_databases sp_tables
변경 데이터 캡처 저장 프로시저	변경 데이터 캡처 개체를 사용하도록 설정 또는 해제하거나 해당 개체에 대해 보고한다.	sys.sp_cdc_add_job
커서 저장 프로시저	커서 변수 기능을 구현한다.	sp_cursor_list
데이터 수집기 저장 프로시저	데이터 수집기와 컬렉션 집합, 컬렉션 항목 및 컬렉션 유형 등의 구성 요소에 대한 작업을 수행한다.	sp_syscollector_create_collection_item sp_syscollector_create_collection_set sp_syscollector_delete_collection_item
데이터베이스 엔진 저장 프로시저	SQL Server 데이터베이스 엔진의 일반적인 유지 관리에 사용된다.	sp_detach_db sp_who sp_helptext sp_lock
데이터베이스 메일 저장 프로시저	SQL Server 인스턴스 내에서 전자 메일 작업을 수행한다.	sp_send_dbmail sysmail_add_account_sp
데이터베이스 유지 관리 계획 저장 프로시저	데이터베이스 성능을 관리하는 데 필요한 주요 유지 관리 작업을 설정한다(SQL Server 2005 이후에는 제거될 예정이므로 되도록 사용하지 말자).	sp_add_maintenance_plan
분산 쿼리 저장 프로시저	분산 쿼리를 구현하고 관리한다.	sp_addlinkedserver sp_indexes
Filestream 및 FileTable 저장 프로시저	FILESTREAM 및 FileTable 기능을 구성하고 관리한다.	sp_filestream_force_garbage_collection sp_kill_filestream_non_transacted_handles
전체 텍스트 검색 저장 프로시저	전체 텍스트 인덱스를 구현하고 쿼리한다.	sp_fulltext_database sp_fulltext_table
로그 전달 저장 프로시저	로그 전달 구성을 구성, 수정 및 모니터링한다.	sp_resolve_logins
자동화 저장 프로시저	표준 Transact-SQL 일괄 처리에서 표준 자동화 개체를 사용할 수 있도록 한다.	sp_OACreate sp_OAStop
정책 기반 관리 저장 프로시저	정책 기반 관리에 사용된다.	

범주	설명	예
복제 저장 프로시저	복제를 관리한다.	sp_adddistributor sp_adddistributiondb
보안 저장 프로시저	보안을 관리한다.	sp_addlogin sp_adduser sp_addrole
공간 인덱스 저장 프로시저	공간 인덱스의 인덱싱 성능을 분석하고 개선하는 데 사용된다.	sp_help_spatial_geometry_index sp_help_spatial_geometry_index_xml
SQL Server 프로파일러 저장 프로시저	SQL Server 프로파일러에서 성능 및 동작을 모니터링하는 데 사용된다.	sp_trace_create
SQL Server 에이전트 저장 프로시저	SQL Server 에이전트가 예약된 이벤트 단위의 동작을 관리하는 데 사용한다.	sp_add_job sp_add_jobschedule
XML 저장 프로시저	XML 텍스트 관리에 사용한다.	sp_xml_preparedocument sp_xml_removedocument
일반 확장 저장 프로시저	다양한 유지 관리 작업을 위해 SQL Server 인스턴스에서 외부 프로그램으로의 인터페이스를 제공한다.	xp_cmdshell xp_msver

[표11-1] 시스템 저장 프로시저(출처: Microsoft MSDN 도움말)

시스템 저장 프로시저의 종류는 꽤 많으므로, 외울 필요도 없으며 또 외워지지도 않는다. 각 장에서 나올 때마다 하나씩 익히는 것이 더 바람직하다.

위의 표에서 나온 '예' 중에서도 이미 소개된 것들도 있으며, 앞으로 소개될 것들도 있다.

⚠ API 시스템 저장 프로시저도 별도로 존재한다. 이에 대해서는 SQL Server 도움말을 참고하자.

11.2 저장 프로시저의 작동

대부분의 경우에는 저장 프로시저를 사용하게 되면, 일반적인 T-SQL을 사용하는 것보다 시스템의 성능을 상당히 향상시켜 준다. 그 이유는 T-SQL이 SQL Server 내부에서 처리되는 방식과, 저장 프로시저가 처리되는 방식을 비교해보면 알 수 있다.

11.2.1 일반 T-SQL의 작동 방식

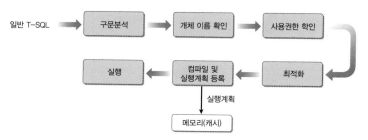

[그림 11-9] 일반 T-SQL의 1회 실행 시

위 그림은 일반적인 T-SQL 문을 처음으로 실행했을 경우의 순서다. 예를 들어, **SELECT name FROM userTbl**을 사용했다면 다음과 같은 순서로 실해된다.

- 구문 분석: SELECT, FROM 등의 단어에 오류가 없는지 분석한다. 예약어가 아니거나 오타일 경우에는 여기서 오류가 발생되어 더 이상 진행하지 않는다.
- 개체 이름 확인: userTbl 이라는 테이블이 현재 데이터베이스에 있는지 확인한다. 또, userTbl이 있다면 그 안에 name 열이 있는지를 확인한다.
- 사용 권한 확인: userTbl을 현재 사용자가 접근할 권한이 있는지 확인한다.
- 최적화: **SELECT name FROM userTbl**이 가장 좋은 성능을 낼 수 있는 경로를 결정한다. 주로 인덱스 사용 여부를 결정한다고 생각하면 된다. 이 경우에는 전체 행을 가져오는 것이므로 name에 인덱스가 생성되어 있더라도 전체 데이터를 가져오는 것이므로, 테이블 스캔(또는 클러스터 인덱스 스캔)을 하도록 결정될 것이다.
- 컴파일 및 실행 계획 등록: 최적화된 결과를 컴파일한다. 그 결과(실행계획)을 메모리(캐시)에 등록한다.
- 컴파일된 결과를 실행한다.

만약, 동일한 SQL 문을 실행하면 아래와 같이 간단한 작동을 하게 된다. 즉, 시간이 무척 단축된다.

[그림 11-10] 일반 T-SQL의 2회 실행 시(메모리에 있을 경우)

그러나 두 번째 실행 시라도 완전하게 똑같은 SQL 문의 실행 계획이 메모리에 없다면 [그림 11-9]의 과정을 다시 한다. 즉, 1글자라도 다르다면 위와 같이 하지 않는다. 실습에서 확인하자.

일반 T-SQL의 처리 시간을 비교해보자.

우선 처리되는 시간을 비교하기 위해서 구문 분석, 컴파일, 실행 시간을 표시하는 옵션을 설정한다. 그리고
데이터베이스는 AdventureWorks를 사용한다.

```
SET STATISTICS TIME ON ;
USE AdventureWorks;
```

다음의 쿼리를 실행하고 '메시지'를 확인해보자. 쿼리의 의미를 해석하거나 결과를 볼 필요는 없으며 그냥
실행되는 시간만 확인해본다(다음 쿼리는 공급업체 별 제품을 출력하는 쿼리다).

```
SELECT P.ProductNumber, P.Name AS Product, V.Name AS Vendor, PV.LastReceiptCost
FROM Production.Product AS P
    JOIN Purchasing.ProductVendor AS PV ON P.ProductID = PV.ProductID
    JOIN Purchasing.Vendor AS V ON V.BusinessEntityID = PV.BusinessEntityID
ORDER BY P.Name ;
GO
```

```
메시지 :
SQL Server 구문 분석 및 컴파일 시간:
   CPU 시간 = 140ms, 경과 시간 = 46ms.

(460개 행이 영향을 받음)

 SQL Server 실행 시간:
 CPU 시간 = 0ms, 경과 시간 = 106ms
```

시간을 확인해보면 구문 분석 및 컴파일의 경과 시간은 46ms(밀리초)가 걸렸다. [그림 11-9]의 과정의 마
지막 '실행'을 제외한 시간이라고 생각하면 된다(필자와 독자의 수치는 당연히 다를 것이다. 그냥 개략적으
로 보도록 하자).

다시 동일한 쿼리를 수행하고 메시지를 확인하자.

```
메시지 :
SQL Server 구문 분석 및 컴파일 시간:
```

```
     CPU 시간 = 0ms, 경과 시간 = 0ms.

  (460개 행이 영향을 받음)

     SQL Server 실행 시간:
     CPU 시간 = 0ms, 경과 시간 = 324ms
```

경과 시간이 단 0ms밖에 걸리지 않았다(1ms도 걸리지 않았다는 의미다). 이는 [그림 11-10]에서 이미 메모리(캐시)에 존재하는 실행계획을 가져다가 사용하는 것이므로 시간이 거의 걸리지 않다시피 했다.

step 3

이번에는 동일한 쿼리의 "SELECT"를 "sELECT"로 변경해보자. 즉, 글자 한 글자만 대문자에서 소문자로 변경해보자. 그리고 다시 실행해보자.

```
  메시지 :
  SQL Server 구문 분석 및 컴파일 시간:
     CPU 시간 = 0ms, 경과 시간 = 18ms.

  (460개 행이 영향을 받음)

     SQL Server 실행 시간:
     CPU 시간 = 0ms, 경과 시간 = 1531ms
```

구문 분석을 위한 경과시간이 0ms가 아닌 18ms라는 시간이 걸렸다. 여기서 쿼리를 실행 시에 문제점을 알수 있다. 즉, [그림 11-10]와 같이 동일한 쿼리로 인정되기 위해서는 글자 하나, 띄어쓰기 하나도 틀리지 않아야 동일한 쿼리로 인정되어서 메모리(캐시)의 것을 수행한다.

즉, 글자가 하나라도 다르면, 논리적으로는 동일한 쿼리이지만 SQL Server는 새로운 쿼리로 인식해서 [그림 11-9]의 과정을 다시 수행한다.

⚠ 여기서 경과시간이 초기의 46ms 보다는 훨씬 적게 들었지만, 0ms보다는 훨씬 많이 걸린 것에만 주목하자. 일부 데이터가 메모리에 존재하므로 재사용하게 되어서 초기 시간이 더 적게 걸렸지만 메모리의 것을 그냥 사용하는 것보다는 훨씬 더 오래 걸렸다.

step 4

다시 "sELECT"를 "SELECT"로 수정해서 실행해보자.

경과시간이 다시 거의 0ms로 줄어들 것이다. 이것은 아까 1번에서 메모리(캐시)에 저장된 실행 계획이 계속 메모리에 존재하기 때문이다(만약 0ms가 아니라면 다시 한번 실행하면 0ms가 될 것이다).

11.2.2 저장 프로시저의 작동 방식

저장 프로시저의 작동을 확인해보자. 우선, 저장 프로시저를 정의하게 되면 아래와 같은 작동이 일어난다.

[그림 11-11] 저장 프로시저의 정의 시 작동

위 그림은 저장 프로시저의 정의 시(CREATE PROCEDURE 수행 시)에 작동되는 순서다.

- 구문 분석: 일반 T-SQL과 마찬가지로 해당 구문의 오류 등을 파악하는 것이다.
- 지연된 이름 확인(deferred name resolution): 저장 프로시저의 특징으로 저장 프로시저를 정의하는 시점에서는 해당 개체(주로 테이블)가 존재하지 않아도 관계가 없다는 의미다. 즉, 테이블의 존재여부는 이 프로시저의 실행 시에 확인하게 된다. 그렇지만 이미 테이블이 존재한다면, 개체를 확인하므로 사용하는 열 이름이 틀리면 안 된다.

  예로 **CREATE PROCEDURE usp_users AS SELECT id, name FROM userTbl** 정의 시에 userTbl이 현재 데이터베이스에 존재하지 않아도 저장 프로시저가 문제없이 생성된다. 하지만, 현재 userTbl이 있는데 그 테이블에 id라는 열이 없다면 오류가 발생된다.

- 생성 권한 확인: 현재 사용자가 저장 프로시저를 생성할 권한이 있는지 확인한다.
- 시스템 테이블 등록: 저장 프로시저의 이름 및 코드가 관련 시스템 테이블에 등록된다. 이를 확인하기 위해서는 카탈로그 뷰 sys.objects 및 sys.sql_modules 등을 확인하면 된다. 이는 〈실습 1〉에서 확인했다.

정의된 저장 프로시저를 최초 1회 실행 시에는 아래와 같은 작동을 한다.

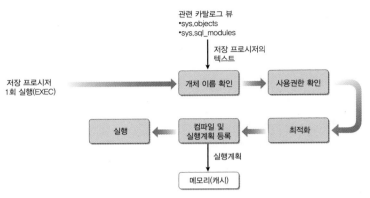

[그림 11-12] 첫 번째 저장 프로시저의 실행

일반적인 쿼리를 수행하는 것과 거의 비슷하지만, '구문 분석'과정은 이미 [그림 11-11]의 프로시저 정의 시에 했으므로 생략한다. 그리고 정의 시에 '지연된 이름 확인'을 처음으로 프로시저를 실행하는 순간에 '개체 이름 확인' 단계에서 수행하게 된다. 즉, 저장 프로시저의 실행 시에만 해당 개체가 존재하면 된다.

[그림 11-13] 두 번째 저장 프로시저의 실행 (메모리에 있을 경우)

두 번째 실행 시에는 메모리(캐시)에 저장된 것을 그대로 재사용하게 되어 수행 시간이 많이 단축된다.

실습3

저장 프로시저의 내부 작동을 확인하자.

---

step 0

데이터베이스는 AdventureWorks를 사용한다.

```
SET STATISTICS TIME ON ;
USE AdventureWorks;
```

〈실습 2〉에서 수행한 쿼리를 저장 프로시저로 생성하자.

```
CREATE PROCEDURE usp_Prod
AS
        SELECT P.ProductNumber, P.Name AS Product, V.Name AS Vendor, PV.LastReceiptCost
        FROM Production.Product AS P
           JOIN Purchasing.ProductVendor AS PV ON P.ProductID = PV.ProductID
           JOIN Purchasing.Vendor AS V ON V.BusinessEntityID = PV.BusinessEntityID
        ORDER BY P.Name ;
    GO
```

프로시저를 1회 실행하자.

```
EXEC usp_Prod;

메시지 :
SQL Server 구문 분석 및 컴파일 시간:
    CPU 시간 = 0ms, 경과 시간 = 0ms.
SQL Server 구문 분석 및 컴파일 시간:
    CPU 시간 = 31ms, 경과 시간 = 58ms.

(460개 행이 영향을 받음)

 SQL Server 실행 시간:
 CPU 시간 = 16ms, 경과 시간 = 790ms

 SQL Server 실행 시간:
 CPU 시간 = 47ms, 경과 시간 = 849ms
```

구문 분석 및 컴파일 시간의 '경과 시간'을 합치면 약 58ms정도가 소요되었다. 이는 [그림 11-12]와 같은 작동을 하기 때문이다.

⚠ 필자와 독자의 경과 시간이 환경에 따라서 많이 다를 수 있다. 그냥 시간이 좀 걸렸다는 것만 확인하면 된다.

다시 프로시저를 실행하자.

```
메시지 :
SQL Server 구문 분석 및 컴파일 시간:
    CPU 시간 = 0ms, 경과 시간 = 0ms.
SQL Server 구문 분석 및 컴파일 시간:
    CPU 시간 = 0ms, 경과 시간 = 0ms.

(460개 행이 영향을 받음)

 SQL Server 실행 시간:
 CPU 시간 = 15ms, 경과 시간 = 116ms

 SQL Server 실행 시간:
 CPU 시간 = 15ms, 경과 시간 = 116ms
```

메모리(캐시)에 저장된 것을 사용해서 시간이 거의 걸리지 않았다. 이는 [그림 11-13]과 같이 메모리(캐시)에서 있는 것을 사용했기 때문이다.

통계시간 옵션을 끝다.

```
SET STATISTICS TIME OFF;
```

이쯤에서 일반 쿼리도 마찬가지도 동일한 것을 계속 수행한다면, 메모리(캐시)에 저장된 내용을 계속 사용하기 때문에 꼭 저장 프로시저를 사용할 필요가 없지 않을까? 생각하는 독자도 있을 것이다.

하지만, 현실적으로 일반 쿼리는 아래와 같이 동일하지만 조건이 다른 것들이 주로 사용된다.

```
USE sqlDB;
SELECT * FROM userTbl WEHRE id = 'LSG';
SELECT * FROM userTbl WEHRE id = 'KBS';
SELECT * FROM userTbl WEHRE id = 'KKH';
```

SQL Server는 글자 하나라도 다르면 다른 쿼리로 인식하므로, 위 세 쿼리를 모두 다른 것으로 인식한다. 그러므로, 매번 최적화와 컴파일을 다시 수행하게 된다.

이를 저장 프로시저로 만들고 호출한다면, 우선 아래와 같이 정의한 후에 다음 내용을 실행하게 될 것이다.

```
CREATE PROC usp_userid
    @id NVARCHAR(10)
```

```
        AS
                SELECT * FROM userTbl WHERE userID = @id

        EXEC usp_userid 'LSG';
        EXEC usp_userid 'KBS';
        EXEC usp_userid 'KKH';
```

SQL Server는 이 프로시저를 실행 시에 첫 번째(**EXEC usp_userid 'LSG'**)만 최적화 및 컴파일을 수행하고, 나머지는 메모리(캐시)의 것을 사용하게 된다. 그러므로 일반적인 쿼리보다는 저장 프로시저가 시스템의 성능 및 여러 가지 면에서 더욱 바람직하다.

11.2.3 WITH RECOMPILE 옵션과 저장 프로시저의 문제점

저장 프로시저는 일반적인 쿼리(Adhoc 쿼리)보다 대부분 성능이 향상된다. 하지만, 예외적인 경우도 있다.

[그림 11-12]에서 처음으로 저장 프로시저를 실행 시에 '최적화' 단계를 수행한다. 최적화 단계에서 가장 중요한 부분은 '인덱스'를 사용할지 여부를 결정하는 것이다. 9장 인덱스에서 여러 번 얘기가 나왔듯, 인덱스가 생성되어 있는 경우에 인덱스를 사용해서 결과가 빨라지는 경우도 있지만 그렇지 않은 경우도 있었다. 예를 들어, 가져올 데이터가 몇 건 되지 않는다면 당연히 인덱스를 사용하면 검색이 빨라지지만, 가져올 데이터의 건수가 많을 경우에는 인덱스를 사용하는 것이 오히려 성능을 나쁘게 한다는 것을 기억할 것이다. 그래서 쿼리를 실행 시에 SQL Server가 인덱스를 사용할지 여부를 결정하는 '최적화' 단계를 거치게 된다. 일반적인 쿼리의 경우에는 글자가 하나라도 다르면 다시 컴파일 및 최적화를 거치게 되므로 별 문제가 없다([그림 11-9]에 표현되어 있다).

하지만, 저장 프로시저는 첫 번째 수행 시에 최적화가 이루어져서 인덱스의 사용 여부가 결정된다.

첫 번째 수행 시에는 몇 건의 데이터만 가져오도록 매개변수가 설정되었다면 [그림 11-12]에서 인덱스를 사용하도록 최적화가 컴파일되었을 것이다. 그런데 두 번째 수행 시에 많은 건수의 데이터를 가져오도록 매개변수가 설정되었다면 인덱스를 사용하지 않아야 더 유리함에도, [그림 11-13]과 같이 이미 메모리(캐시)에 등록된 실행계획은 인덱스를 사용하도록 설정되어 있으므로 인덱스를 사용하게 될 것이다. 잠시 후 실습에서 확인해보자.

⚠ 이와 같은 현상을 '매개변수 스니핑'이라고 부른다.

또는 대량의 인덱스가 추가되거나 변경되어도, 기존의 최적화에서 결정된 인덱스 사용 여부가 변경될 필요도 있다. 이 문제를 해결하기 위해서 저장 프로시저를 다시 컴파일 해야 한다. 다시 컴파일하는 방법은 4가지가 있다.

(1) EXECUTE(또는 EXEC)로 저장 프로시저를 실행 시에 'WITH RECOMPILE' 옵션을 사용해서 해결할 수 있다.

(2) CREATE PROCEDURE 문에서 'WITH RECOMPILE' 옵션을 추가하면 컴파일된 내용을 캐시에 저장하지 않으므로 항상 실행 시마다 다시 컴파일을 한다. 이러한 방식은 저장 프로시저를 실행 시마다 인덱스 사용 여부를 예측하지 못할 경우에 설정하는 것이 바람직하다.

(3) 'sp_recompile 테이블이름' 시스템 저장 프로시저를 사용하면 다음에 해당 테이블과 관련된 저장 프로시저를 사용시에 다시 컴파일 된다.

(4) **DBCC FREEPROCCACHE**를 사용하면 현재 메모리(프로시저 캐시 영역)의 내용을 모두 비우게 되므로 다음에 저장 프로시저를 실행 시에 다시 컴파일 한다.

⚠ SQL Server 2008부터는 저장 프로시저를 다시 컴파일 할 때, 전체를 다시 컴파일 하지 않고 다시 컴파일이 필요한 문장만 다시 컴파일하기 때문에 SQL Server 2005보다 다시 컴파일의 효율이 좋아 졌다.

실습4

저장 프로시저의 문제점을 파악하고 다시 컴파일 옵션을 사용해보자.

step 0

실습할 데이터를 준비하자.

0-1 조금 많은 양의 데이터를 준비하고, 인덱스를 생성해보자(약 2만여 건이 생성된다).

```
USE sqlDB;
SELECT * INTO spTbl from AdventureWorks.Sales.Customer ORDER BY rowguid;
CREATE NONCLUSTERED INDEX idx_spTbl_id on spTbl (CustomerID);
```

0-2 SSMS 메뉴의 [쿼리] 〉〉 [실제 실행 계획 포함]을 선택해서 실행 계획을 보자.

step 1

특정 id번호 이하를 검색하는 쿼리를 확인하자.

1-1 먼저, 번호가 10 미만인 쿼리를 실행하자.

```
SELECT * FROM spTbl WHERE CustomerID < 10;
```

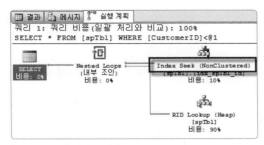

[그림 11-14] 인덱스 검색

전체 건수의 2만여건 중에서 10건 미만이므로 인덱스를 검색하는 것이 훨씬 효과적이다. 그래서 SQL Server가 비클러스터형 인덱스 검색Index Seek을 수행했다.

⚠ RID Lookup은 비클러스터형 인덱스에서 찾은 키를 가지고 실제 데이터 페이지를 검색하는 과정이라고 9장에서 얘기했었다. 혹 기억이 안 나더라도 지금은 그냥 Index 사용 여부에만 관심을 가지면 된다. 그리고 나중에 시간이 허락하면 9장을 다시 살펴보자.

1-2 번호가 5000 미만인 쿼리를 실행해보자. 인덱스를 사용하는 것이 빠를까?

```
SELECT * FROM spTbl WHERE CustomerID < 5000;
```

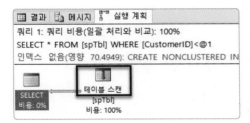

[그림 11-15] 테이블 스캔

이 정도는 독자도 예상을 했을 것이다. 전체 데이터의 약 25%를 검색하는 것이므로 당연히 테이블 스캔 (Table Scan)하는 것이 훨씬 효과적이고 SQL Server가 그렇게 최적화했다.

또, **1-1**에서 수행한 쿼리와 **1-2**에서 수행한 SQL 문이 다르므로 [그림 11-9]의 과정을 각각 진행하므로 서로 다른 '최적화' 결과(인덱스를 사용하는 것과 그렇지 않은 결과)가 나오게 된 것이다.

이를 저장 프로시저로 생성해보자.

2-1 번호를 매개변수로 하는 저장 프로시저를 생성하자. 내부적으로 [그림 11–11]의 작동이 일어날 것이다.

```
CREATE PROC usp_ID
        @id INT
AS
        SELECT * FROM spTbl WHERE CustomerID < @id;
GO
```

2-2 10 미만의 번호를 조회하기 위해서 처음으로 실행해보자.

```
EXEC usp_ID 10;
```

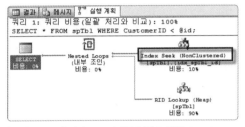

[그림 11–16] 저장 프로시저의 인덱스 사용 1

일반적인 쿼리와 마찬가지로 인덱스를 사용하도록 최적화되었다. [그림 11–12]의 과정을 수행한 것이다. 여기까지는 문제가 없다.

2-3 이번에는 5000 미만의 번호를 조회해보자.

```
EXEC usp_ID 5000;
```

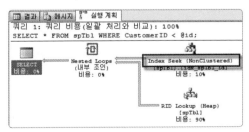

[그림 11–17] 저장 프로시저의 인덱스 사용 2

마찬가지로 인덱스를 사용했다. 가져올 데이터의 양이 25%나 되는데도 인덱스를 사용했다는 것은 엄청나게 시스템의 부하를 줄 것이다. 여기서는 몇 건 안 되므로 크게 체감되지 않지만, 실무에서 사용되는 대용량 데이터베이스의 경우라면 문제가 심각해질 수 있다. 이렇게 인덱스를 사용하는 이유는 [그림 11–13]의 과정처럼 메모리(캐시)에 이미 인덱스를 사용하도록 최적화된 실행 계획을 그대로 사용하기 때문이다.

step 3

4가지 방법을 위의 문제를 해결 할 수 있다.

3-1 실행 시에 다시 컴파일 옵션을 사용해보자.

```
EXEC usp_ID 5000 WITH RECOMPILE;
```

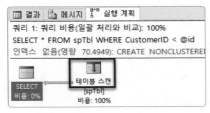

[그림 11–18] 테이블 스캔

기대한 대로 다시 컴파일을 하니까 테이블 검색으로 최적화를 했다.

⚠ SQL Server 2008 R2까지는 WITH RECOMPILE 옵션은 캐시에 등록하지 않고, 실행하는 순간에만 재컴파일해서 쓰고 버렸다. 하지만, SQL Server 2012부터는 WITH RECOMPILE을 해도 캐시에 등록을 하기 때문에, WITH RECOMPILE과 sp_recompile은 동일한 기능을 한다.

3-2 다른 방법으로는 sp_recompile를 사용해서 다시 컴파일하도록 설정하는 것이다.

```
EXEC sp_recompile spTbl;
EXEC usp_ID 10;
```

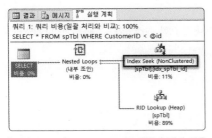

[그림 11–19] sp_recompile 이후 인덱스 사용

주의할 점은 sp_recompile은 다음에 처음 실행하는 usp_ID만 다시 컴파일하며, 두 번째 실행부터는 다시 컴파일하지 않는다. 이제는 인덱스를 사용해야 할 **EXEC usp_ID 5000**도 인덱스를 사용하게 된다. 이것 역시 문제다.

step 4

DBCC FREEPROCCACHE 문을 사용해서 캐시를 비울 수도 있다.

```
EXEC usp_ID 5000;
```

실행 계획을 살펴보면 인덱스를 사용한다.

```
DBCC FREEPROCCACHE;
EXEC usp_ID 5000;
```

메모리(프로시저 캐시)의 내용을 비운 후에 실행한다. 그래서 다시 최적화를 수행하게 되므로 실행 계획을 보면 테이블 스캔을 할 것이다.

⚠ **DBCC FREEPROCCACHE**는 전체 저장 프로시저와 관련된 실행 계획 캐시를 지운다. 그러므로 다음에 실행되는 모든 저장 프로시저는 다시 컴파일하게 되므로 일시적으로 시스템이 느려질 수 있다.

4-1 지금과 같이 인덱스를 사용할지 여부가 저장 프로시저를 실행할 때마다 불분명하다면, 저장 프로시저를 생성할 때 아예 실행 시마다 항상 컴파일이 되도록 설정하면 된다.

```
DROP PROC usp_ID;
GO
CREATE PROC usp_ID
      @id INT
WITH RECOMPILE
AS
      SELECT * FROM spTbl WHERE CustomerID < @id;
GO
```

이제는 usp_ID를 실행 시마다 다시 컴파일하게 되어서 그때그때 필요한 최적화가 수행될 것이다. **EXEC usp_ID 10과 EXEC usp_ID 5000**을 실행해서 독자가 직접 실행 계획을 확인하자.

4-2 SSMS 메뉴의 [쿼리] 〉〉 [실제 실행 계획 포함]을 클릭해서 해제하자.

11.3 사용자 정의 함수

이미 6장에서 SQL Server가 제공해주는 다양한 시스템 함수를 사용해보았다. SQL Server는 문자열 함수, 수학 함수, 집계 함수 등 많은 편리한 함수를 제공해주지만, 그 외에 사용자가 직접 함수를 정의해서 사용할 수 있는 '사용자 정의 함수' 기능을 제공해준다.

함수Function는 앞 절에서 살펴본 저장 프로시저와 조금 비슷해 보이지만, 일반적인 프로그래밍 언어에서 사용되는 함수와 같이 복잡한 프로그래밍이 가능하도록 지원해준다. 또, 함수는 RETURN 문에 의해서 특정 값을 돌려주는 기능을 한다.

함수와 저장 프로시저의 또 다른 차이라면 저장 프로시저는 EXECUTE 또는 EXEC에 의해서 실행되지만, 함수는 주로 SELECT 문에 포함되어서 실행(호출)된다.

⚠ 스칼라 함수의 경우 저장 프로시저처럼 EXECUTE로 실행할 수도 있다.

11.3.1 사용자 정의 함수의 생성/수정/삭제

사용자 정의 함수 중에서 스칼라 함수를 정의하는 방법은 아래와 같다.

형식:

```
CREATE FUNCTION [ schema_name. ] function_name
( [ { @parameter_name [ AS ][ type_schema_name. ] parameter_data_type
    [ = default ] [ READONLY ] }
    [ ,...n ]
  ]
)
RETURNS return_data_type
    [ WITH <function_option> [ ,...n ] ]
    [ AS ]
    BEGIN
        function_body
        RETURN scalar_expression
    END
```

다른 것도 마찬가지이지만 형식만 보면 어렵게 보인다. 그냥 간단한 예제를 살펴보자.

사용자 정의함수를 사용해보자.

sqlDB를 다시 복원하자.

```
USE tempdb;
RESTORE DATABASE sqlDB FROM DISK = 'C:\SQL\sqlDB2016.bak' WITH REPLACE;
```

출생년도를 입력하면 나이가 출력되는 함수를 생성해보자.

```
USE sqlDB;
GO

CREATE FUNCTION ufn_getAge(@byear INT) -- 매개변수를 정수로 받음
        RETURNS INT  -- 리턴값은 정수형
AS
        BEGIN
                DECLARE @age INT
                SET @age = YEAR(GETDATE()) - @byear
                RETURN(@age)
        END
GO
```

별로 어렵지 않게 이해가 될 것이다. 그냥 단순히 현재의 연도(YEAR(GETDATE()))에서 입력된 출생년도를 뺀 값(즉, 나이)을 돌려주는 함수다.

이 함수를 호출해보자.

2-1 함수 정의 시에 스키마 이름을 지정하지 않았으므로 디폴트 스키마인 dbo를 붙여줘야 한다.

```
SELECT dbo.ufn_getAge(1979); -- 호출시 스키마명을 붙여줘야 함
```

1979년 생의 현재 나이가 출력되었을 것이다.

2-2 EXECUTE 문을 사용해서 저장 프로시저를 실행하듯이 사용 할 수도 있다. 하지만, 좀 불편하다.

```
DECLARE @retVal INT;
```

```
EXEC @retVal = dbo.ufn_getAge 1979;
PRINT @retVal;
```

역시 현재 나이가 출력되었을 것이다.

step 3

함수는 주로 테이블을 조회할 때 활용할 수 있다.

```
SELECT userID, name, dbo.ufn_getAge(birthYear) AS [만 나이] FROM userTbl;
```

	userID	name	만 나이
1	BBK	바비킴	43
2	EJW	은지원	44
3	JKW	조관우	51
4	JYP	조용필	66
5	KBS	김범수	37
6	KKH	김경호	45
7	LJB	임재범	53
8	LSG	이승기	29
9	SSK	성시경	37
10	YJS	윤종신	47

[그림 11-20] 쿼리 결과

step 4

함수를 수정하려면 ALTER 문을 사용하면 된다. 우리나라 나이로 계산하도록 수정하자.

```
ALTER FUNCTION ufn_getAge(@byear INT)
    RETURNS INT
AS
    BEGIN
        DECLARE @age INT
        SET @age = YEAR(GETDATE()) - @byear + 1
        RETURN(@age)
    END
GO
```

step 5

삭제는 다른 데이터베이스 개체와 마찬가지로 DROP 문을 사용한다.

```
DROP FUNCTION ufn_getAge;
```

11.3.2 함수의 종류

함수의 종류로는 크게 기본 제공 함수와 사용자 정의 함수로 나눌 수 있다. 또, 사용자 정의 함수는 스칼라 함수와 테이블 반환 함수로 분리한다.

기본 제공 함수

6장에서 이미 살펴보았으므로 이 장에서는 언급하지 않겠다. SQL Server가 제공해주는 시스템 함수를 주로 말한다. 상세한 내용은 SQL Server 도움말을 살펴보거나, 또는 SSMS의 개체 탐색기에서 확인할 수 있다.

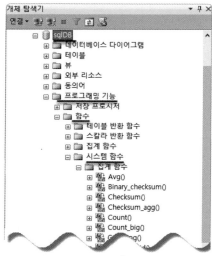

[그림 11-21] SSMS에서 시스템 함수 확인

사용자 정의 스칼라 함수

RETURN 문에 의해서 하나의 단일값을 돌려주는 함수를 스칼라 함수라고 한다.

6장에서 사용해본 시스템 함수들도 대부분 스칼라 함수였다. 예를 들면 SUM() 함수는 전체를 합한 하나의 값만을 돌려준다. 하지만, 시스템 함수에 모든 것이 있지는 않으므로, 직접 '사용자 정의 스칼라 함수'를 만들어서 사용할 수 있다. 잠시 후 〈실습 7〉에서 확인하자.

⚠ 스칼라 함수가 돌려주는 값의 데이터 형식은 text, ntext, image, cursor, timestamp를 제외한 모든 데이터 형식이 가능하다.

사용자 정의 테이블 반환 함수

그냥 '테이블 함수'라고도 부른다. 반환하는 값(RETURN 값)이 하나의 값이 아닌 '테이블'인 함수를 말한다. 종류로는 '인 라인 테이블 반환 함수(Inline Table-valued Function)'와 '다중 문 테이블 반환 함수Multistatement Table-valued Function' 두 가지가 있다.

인라인 테이블 반환 함수

간단히 테이블을 돌려주는 함수이며, 매개변수가 있는 뷰와 비슷한 역할을 한다. 인라인 테이블 반환 함수에는 별도의 내용이 없으며 단지 SELECT 문만 사용되어 그 결과 집합을 돌려줄 뿐이다.

쉽게 아래와 같은 형식으로 생각하면 된다.

형식:

```
CREATE FUNCTION 함수이름(매개 변수)
        RETURNS TABLE
AS
        RETURN (
                단일 SELECT 문장;
                )
        GO
```

인라인 테이블 반환 함수는 뷰와 같은 역할을 하게 된다. 즉, 위에서 '단일 SELECT 문장'의 결과를 테이블로 반환하는 것이다.

다중 문 테이블 반환 함수

다중 문 테이블 반환 함수의 내용에는 BEGIN ... END 로 정의되며, 그 내부에 일련의 T-SQL을 이용해서 반환될 테이블에 행 값을 Insert하는 형식을 가진다. 이것도 아래와 같은 형식으로 기억해 두면 된다.

형식:

```
CREATE FUNCTION 함수이름 (매개변수)
        RETURNS @테이블변수 TABLE
                ( 열이름과 데이터 형식 정의...)
AS
        BEGIN
                위(헤더)에서 정의한 테이블변수에 행을 INSERT시키는 작업들...
        RETURN;
    END
```

실습6

테이블 함수를 사용해보자.

step 1

인 라인 테이블 반환 함수를 정의해보자.

1-1 입력한 값보다 키가 큰 사용자들을 돌려주는 함수를 정의하자.

```
USE sqlDB;
GO
CREATE FUNCTION ufn_getUser(@ht INT)
        RETURNS TABLE
AS
        RETURN (
                SELECT userID AS [아이디], name AS [이름], height AS [키]
                FROM userTbl
                WHERE height > @ht
        )
GO
```

인 라인 테이블 함수는 뷰View와 거의 동일한 목적으로 사용될 수 있다.

1-2 177 이상인 사용자를 함수를 이용해서 호출해보자.

```
SELECT * FROM dbo.ufn_getUser(177);
```

	아이디	이름	키
1	LJB	임재범	182
2	LSG	이승기	182
3	SSK	성시경	186

[그림 11-22] 쿼리 결과

다중 문 테이블 반환 함수를 사용해보자. 고객의 등급을 분류했던 〈실습1〉의 **2-3**에서 생성한 저장 프로시저 'usp_while'과 비슷한 기능을 하는 함수를 생성해보자.

2-1 정수값을 매개변수로 받고 매개변수보다 출생년도가 이후에 태어난 고객들만 등급을 분류하는 함수를 만들자. 그런데 만약 입력한 매개변수 이후에 태어난 고객이 없다면 '없음'이라는 행 값을 반환하자.

```
CREATE FUNCTION ufn_userGrade(@bYear INT)
-- 리턴할 테이블의 정의(@retTable은 BEGIN..END에서 사용될 테이블 변수임)
    RETURNS @retTable TABLE
            ( userID char(8),
             name   NCHAR(10),
             grade  NCHAR(5) )
  AS
  BEGIN
      DECLARE @rowCnt INT;
      -- 행의 개수를 카운트
      SELECT @rowCnt = COUNT(*) FROM userTbl WHERE birthYear >= @bYear;

      -- 행이 하나도 없으면 '없음'이라고 입력하고 테이블을 리턴한다.
      IF @rowCnt <= 0
      BEGIN
          INSERT INTO @retTable VALUES('없음','없음','없음');
          RETURN;
      END;

      -- 행이 1개 이상 있다면 아래를 수행하게 됨
      INSERT INTO @retTable
          SELECT U.userid, U.name,
              CASE
                  WHEN (sum(price*amount) >= 1500) THEN '최우수고객'
                  WHEN (sum(price*amount) >= 1000) THEN '우수고객'
                  WHEN (sum(price*amount) >= 1 ) THEN '일반고객'
                  ELSE '유령고객'
              END
          FROM buyTbl B
            RIGHT OUTER JOIN userTbl U
                ON B.userid = U.userid
          WHERE birthYear >= @bYear
          GROUP BY U.userid, U.name;
      RETURN;
  END;
```

코드가 조금 길어지만, 천천히 읽어보면 별로 어려울 것은 없을 것이다. 위쪽(헤더)에서 정의된 테이블 변수(@retTable)의 형식에 값을 입력하고 입력이 끝나면 'RETURN' 문을 실행해서 테이블을 통째로 돌려준다.

2-2 실행해보자. 1970년 이후의 고객을 보자.

```
SELECT * FROM dbo.ufn_userGrade(1970);
```

	userID	name	grade
1	BBK	바비킴	최우수고객
2	EJW	은지원	일반고객
3	KBS	김범수	우수고객
4	KKH	김경호	유령고객
5	LSG	이승기	유령고객
6	SSK	성시경	일반고객

[그림 11-23] 쿼리 결과

결과가 잘 나왔다. 이번에는 1990년 이후의 고객을 살펴보자.

```
SELECT * FROM dbo.ufn_userGrade(1990);
```

	userID	name	grade
1	없음	없음	없음

[그림 11-24] 쿼리 결과

1990년 이후에 출생한 고객이 한 명도 없으므로 '없음'으로 입력되어 처리되었다.

11.3.3 그 외 함수와 관련된 알아둘 내용

스키마 바운드 함수

스키마 바운드 함수란 함수에서 참조하는 테이블, 뷰 등이 수정되지 못하도록 설정한 함수를 말한다.

⚠ 뷰에도 거의 동일한 개념으로 스키마 바운드 뷰가 있다.

예로 함수 A의 내용이 테이블 B, 뷰 C를 참조하고 있을 경우 테이블 B, 뷰 C가 삭제되거나 열 이름이 바뀐다면 함수 A의 실행에 문제가 발생할 것이다.

이것을 방지하는 것이 스키마 바운드 함수다. 스키마 바운드 함수의 생성은 옵션에 'WITH SCHEMABINDING'을 사용하면 된다.

테이블 변수

일반적인 변수의 선언처럼 테이블 변수도 선언해서 사용할 수 있다. 테이블 변수의 용도는 주로 임시테이블의 용도와 비슷하게 사용될 수 있다. 잠시 후 실습에서 확인해보자.

사용자 정의 함수의 제약 사항

- 사용자 정의 함수 내부에 TRY … CATCH 문을 사용할 수 없다.
- 사용자 정의 함수 내부에 CREATE/ALTER/DROP 문을 사용할 수 없다.
- 오류가 발생하면 즉시 함수의 실행이 멈추고 값을 반환하지 않는다.

실습7

스칼라 함수를 연습해보고, 스키마 바운드 함수 및 테이블 변수에 대해서 실습해보자.

---

step 0

필요하다면 sqlDB를 새로 복원시키자.

```
USE tempdb;
RESTORE DATABASE sqlDB FROM DISK = 'C:\SQL\sqlDB2016.bak' WITH REPLACE;
```

---

step 1

스칼라 함수를 정의하고 사용해보자.

1-1 buyTbl을 참조하는 스칼라 함수를 생성하자. 현재 할인행사 중이라고 가정하고 입력된 사용자의 총구매한 가격에 따라서 차등된 할인율을 적용하는 함수다.

```
USE sqlDB;
GO
CREATE FUNCTION ufn_discount(@id NVARCHAR(10))
        RETURNS BIGINT
AS
BEGIN
        DECLARE @totPrice BIGINT;

        -- 입력된 사용자id의 총구매액
        SELECT @totPrice = sum(price*amount)
                FROM buyTbl
                WHERE userID = @id
                GROUP BY userID ;
```

```
                -- 총구매액에 따라서 차등된 할인율을 적용
          SET @totPrice =
                    CASE
                            WHEN (@totPrice >= 1500) THEN @totPrice*0.7
                            WHEN (@totPrice >= 1000) THEN @totPrice*0.8
                            WHEN (@totPrice >= 500) THEN @totPrice*0.9
                            ELSE @totPrice
                    END;

                -- 구매기록이 없으면 0원
          IF @totPrice IS NULL
                    SET @totPrice = 0;

          RETURN @totPrice;
    END
```

1-2 함수를 사용해보자.

```
SELECT userID, name, dbo.ufn_discount(userID) AS [할인된 총 구매액] FROM userTbl;
```

	userID	name	할인된 총 구매액
1	BBK	바비킴	1344
2	EJW	은지원	95
3	JKW	조관우	0
4	JYP	조용필	200
5	KBS	김범수	968
6	KKH	김경호	0
7	LJB	임재범	0
8	LSG	이승기	0
9	SSK	성시경	75
10	YJS	윤종신	0

[그림 11-25] 쿼리 결과

1-3 buyTbl의 price 열의 이름을 cost로 변경해보자.

```
EXEC sp_rename 'buyTbl.price', 'cost', 'COLUMN' ;
```

'주의'는 나오지만 변경은 될 것이다.

1-4 다시 함수를 실행해보자.

```
SELECT userID, name, dbo.ufn_discount(userID) AS [할인된 총 구매액] FROM userTbl;
```

오류 메시지:
메시지 207, 수준 16, 상태 1, 줄 1
열 이름 'price'이(가) 잘못되었습니다.

함수에서 참조된 열 이름(price)이 없으므로 당연히 오류가 발생했다.

1-5 먼저, 열의 이름을 원래대로 돌려 놓자.

```
EXEC sp_rename 'buyTbl.cost', 'price', 'COLUMN' ;
```

step 2

위의 문제를 방지하기 위해서 스키마 바운드 함수로 변경해보자.

2-1 ALTER FUNCTION 명령으로 변경한다.

```
ALTER FUNCTION ufn_discount(@id NVARCHAR(10))
     RETURNS BIGINT
WITH SCHEMABINDING
AS
BEGIN
          ...내용 같음...
END
```

오류 메시지:
메시지 4512, 수준 16, 상태 3, 프로시저 ufn_discount, 줄 28
이름 'buyTbl'이(가) 스키마 바인딩에 적합하지 않으므로 함수 'ufn_discount'을(를) 스키마 바인딩할 수 없습니다. 이름은 두 부분으로 구성되어야 하며 개체는 자체 참조할 수 없습니다.

오류가 발생했다. 함수에서 사용하는 개체의 이름에 꼭 스키마 이름을 지정해야 한다.

즉, "FROM buyTbl"을 "FROM dbo.buyTbl"로 변경해야 한다.

2-2 스키마이름을 붙여서 다시 해보자.

```
ALTER FUNCTION ufn_discount(@id NVARCHAR(10))
     RETURNS BIGINT
WITH SCHEMABINDING
AS
BEGIN

     DECLARE @totPrice BIGINT;

     -- 입력된 사용자id 의총구매액
     SELECT @totPrice = sum(price*amount)
          FROM dbo.buyTbl
```

```
                WHERE userID = @id
                GROUP BY userID ;
            ...나머지 내용은 같음 ...

    END
```

성공적으로 실행될 것이다.

2-3 buyTbl의 열 이름을 변경해보자.

```
EXEC sp_rename 'buyTbl.price', 'cost', 'COLUMN' ;
```

오류 메시지:
메시지 15336, 수준 16, 상태 1, 프로시저 sp_rename, 줄 497
개체 'buyTbl.price'이(가) 강제적으로 종속성에 참여하고 있으므로 이름을 바꿀 수 없습니다.

스키마 바운드 함수에서 참조하는 열은 변경할 수가 없다.

`step 3`

〈실습 1〉의 `step 6` 에서도 사용해 보았지만, 테이블 변수를 다시 한번 연습해보자.

3-1 @tblVar 테이블 변수를 선언하고, 값을 입력해보자.

```
DECLARE @tblVar TABLE (id char(8), name NVARCHAR(10), addr NCHAR(2));
INSERT INTO @tblVar
        SELECT userID, name , addr FROM userTbl WHERE birthYear >= 1970;
SELECT * FROM @tblVar;
```

	id	name	addr
1	BBK	바비킴	서울
2	EJW	은지원	경북
3	KBS	김범수	경남
4	KKH	김경호	전남
5	LSG	이승기	서울
6	SSK	성시경	서울

[그림 11-26] 쿼리 결과

3-2 동일한 용도의 임시 테이블을 선언해서 사용해보자.

```
CREATE TABLE #tmpTbl
        (id char(8), name NVARCHAR(10), addr NCHAR(2));
INSERT INTO #tmpTbl
        SELECT userID, name , addr FROM userTbl WHERE birthYear >= 1970;
SELECT * FROM #tmpTbl;
```

결과는 동일하게 나왔고, 용도도 임시 테이블과 테이블 변수는 거의 같다. 차이점이라면 테이블 변수는 '메모리'에 생성이 되는 것이므로, 다른 변수와 마찬가지로 한 번 사용된 후에는 다시 사용될 수 없고, 임시 테이블은 'tempdb'에 생성되는 것이므로 SQL Server가 다시 시작되기 전까지는 계속 남아 있다.

이상으로 저장 프로시저와 함수에 대한 내용을 마치겠다. 지금 소개된 내용만 잘 기억해도 SQL Server에서 저장 프로시저 및 함수를 충분히 응용할 수 있을 것이다.

1. 다음 중에서 틀린 것을 모두 골라보자.

   (1) 저장 프로시저는 쿼리문의 집합으로 어떠한 동작을 일괄처리하기 위한 용도로 사용된다.

   (2) 저장 프로시저는 데이터베이스 개체에 속하지 않는다.

   (3) 저장 프로시저는 매개변수를 1개만 지정할 수 있다.

   (4) 저장 프로시저는 리턴 값을 사용해서 성공과 실패를 확인할 수 있다.

   (5) 임시 저장 프로시저는 대용량의 테이블에 사용할 경우에 시스템 성능에 도움이 된다.

2. 다음은 저장 프로시저의 특징을 나열한 것이다. 맞는 것은 O, 틀린 것은 X로 표시하자.

   (1) 일반적인 쿼리의 사용보다 SQL Server의 성능을 향상시킨다. ( )

   (2) 보안에는 좀 취약하다. ( )

   (3) 모듈식 프로그래밍이 가능하다. ( )

   (4) 네트워크의 전송량은 증가될 수 있다. ( )

3. 저장 프로시저를 재컴파일하는 방법 4가지를 서술하자.

4. 다음은 함수의 종류다. 설명과 연결해보자.

   > 기본 제공 함수, 사용자 정의 스칼라값 함수, 인라인 테이블 함수, 다중문 테이블 함수

   (1) 테이블을 돌려주는 함수로 매개변수가 있는 뷰와 비슷한 역할을 한다. 인라인 테이블 반환 함수에는 별도의 내용이 없으며 단지 SELECT 문만 사용되어 그 결과 집합을 돌려줄 뿐이다.

   (2) 함수의 내용에는 BEGIN … END로 정의되며, 그 내부에 일련의 T-SQL을 이용해서 반환될 테이블에 행 값을 Insert하는 형식을 가진다.

   (3) SQL Server가 제공해주는 시스템 함수를 말한다.

   (4) RETURN 문에 의해서 단일값을 돌려주는 함수다.

5. 다음 중 사용자 정의 함수의 제약사항을 모두 골라보자.

   (1) 사용자 정의 함수 내부에 TRY … CATCH 문을 사용할 수 없다.

   (2) 사용자 정의 함수 내부에 CREATE, ALTER, DROP 문을 사용할 수 없다.

   (3) 오류가 발생하면 즉시 함수의 실행이 멈추고 값을 반환하지 않는다.

커서

커서Cursor는 파일 처리 프로그래밍에 익숙한 개발자라면 쉽고 편리하게 사용할 수 있다. 하지만, 커서는 SQL Server의 성능을 떨어뜨리는 큰 요인 중 하나가 되기도 한다. 실제로 SQL Server를 운영하는 곳에서 커서의 무분별한 사용으로 시스템의 성능이 아주 나빠진 경우도 종종 있다. 결론적으로 말하면 되도록이면 커서를 사용하지 말고 일반적인 쿼리로 작성하는 것을 적극 권장한다. 커서를 꼭 사용해야 할 경우라면 되도록 그 데이터의 수를 최소화하는 것이 바람직하다.

이 장의 핵심 개념

커서는 행의 집합을 다루는 많은 편리한 기능을 제공한다. 12장에서는 커서의 사용법과 장단점에 대해 살펴본다.

1. 커서는 테이블에서 여러 개의 행을 쿼리한 후에, 쿼리의 결과인 행 집합을 한 행씩 처리하는 방식이다.

2. STATIC/KEYSET/DYNAMIC은 원본 테이블을 tempdb에 복사할 때, 어떻게 복사할지 그 방법을 지정한다.

3. 커서는 SQL Server의 성능에 별로 좋지 않은 영향을 준다.

4. 전역(GLOBAL)과 지역(LOCAL) 커서는 커서가 생존해 있는 범주를 결정한다.

이 장의 학습 흐름

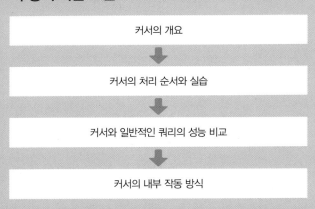

커서의 개요

↓

커서의 처리 순서와 실습

↓

커서와 일반적인 쿼리의 성능 비교

↓

커서의 내부 작동 방식

12.1 커서의 기본

커서는 행의 집합을 다루기에 많은 편리한 기능을 제공해준다. 커서는 크게 T-SQL을 이용하는 '서버 커서'와 ODBC, ADO.NET 등을 이용하는 '클라이언트 커서'로 나눌 수 있다. 이 책에서 다루는 것은 모두 서버 커서를 말하며, 클라이언트 커서는 이 책의 범주를 벗어나는 것이므로 다루지 않겠다.

12.1.1 커서의 개요

커서는 테이블에서 여러 개의 행을 쿼리한 후에, 쿼리의 결과인 행 집합을 한 행씩 처리하기 위한 방식이다. 혹, '파일 처리' 프로그래밍을 해본 독자라면 파일을 읽고 쓰기 위해서 파일을 오픈한 후에, 한 행씩 읽거나 썼던 것을 기억할 것이다. 한 행씩 읽을 때마다 '파일 포인터'는 자동으로 다음 줄을 가리킨다. 커서도 이와 비슷한 동작을 한다.

파일 포인터 →	파일의 시작(BOF)			
	LSG	이승기	1987	서울
	KBS	김범수	1979	경남
	KKH	김경호	1971	전남
	JYP	조용필	1950	경기
	SSK	성시경	1979	서울
	LJB	임재범	1963	서울
	YJS	윤종신	1969	경남
	EJW	은지원	1978	경북
	JKW	조관우	1965	경기
	BBK	바비킴	1973	서울
	파일의 끝(EOF)			

[그림 12-1] 파일 처리의 작동 개념

예를 들어 [그림 12-1]과 같은 텍스트 파일이 저장되어 있다고 생각해보자. 이 파일을 처리하는 순서는 다음과 같다.

1. 파일을 연다(Open). 그러면 파일 포인터는 파일의 제일 시작(BOF: Begin Of File)을 가리키게 된다.

2. 처음 데이터를 읽는다. 그러면 '이승기'의 데이터가 읽어지고, 파일 포인터는 '김범수'로 이동한다.

3. 파일의 끝(EOF: End Of File)까지 반복한다.
   3-1 읽은 데이터를 처리한다.

3-2 현재의 파일포인터가 가리키는 데이터를 읽는다. 파일포인터는 자동으로 다음으로 이동한다.

4. 파일을 닫는다(Close).

[그림 12-1]의 텍스트 파일을 이제는 테이블의 행 집합으로 생각해보자. 거의 비슷한 방식으로 처리가 가능하다.

12.1.2 커서의 처리 순서

커서는 대부분 다음의 순서를 통해서 처리된다.

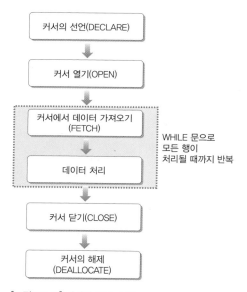

[그림 12-2] 커서의 작동 순서

커서를 하나씩 이해하기보다는 간단한 예제로 커서를 사용해보자. 아직은 세부 문법을 배우지 않았으므로 구문 전부 이해하지 못해도 된다. 단지, [그림 12-2]와 같이 커서를 사용하는 전반적인 흐름에 초점을 맞춰서 실습을 진행하자.

커서를 이용해서 고객의 평균 키를 구해보자.

백업받았던 sqlDB를 사용하자(C:₩SQL₩sqlDB2016.bak 파일이 없는 독자는 6장의 〈실습 2〉를 다시 수행하거나, 책의 사이트인 http://cafe.naver.com/thisissql/에서 sqlDB2016.bak을 다운로드해서 C:₩SQL₩ 폴더에 저장하자).

```
USE tempdb;
RESTORE DATABASE sqlDB FROM DISK = 'C:\SQL\sqlDB2016.bak' WITH REPLACE;
```

커서를 선언한다.

```
USE sqlDB;
DECLARE userTbl_cursor CURSOR GLOBAL
     FOR SELECT height FROM userTbl;
```

이 커서는 회원 테이블(userTbl)에서 키(height)의 행 집합을 가져오는 커서다.

커서를 연다.

```
OPEN userTbl_cursor;
```

커서에서 데이터를 가져오고, 데이터를 처리를 반복한다. 다음 코드는 한꺼번에 실행해야 한다.

```
-- 우선, 사용할 변수를 선언한다.
DECLARE @height INT -- 고객의 키
DECLARE @cnt INT = 0 -- 고객의 인원수(=읽은 행의 수)
DECLARE @totalHeight INT = 0 -- 키의 합계

FETCH NEXT FROM userTbl_cursor INTO @height -- 첫행을 읽어서 키를 @height 변수에 넣는다.

-- 성공적으로 읽어졌다면 @@FETCH_STATUS 함수는 0을 반환하므로, 계속 처리한다.
-- 즉, 더 이상 읽은 행이 없다면 (= EOF을 만나면) WHILE 문을 종료한다.
WHILE @@FETCH_STATUS = 0
BEGIN
```

```
        SET @cnt += 1 -- 읽은 개수를 증가시킨다.
        SET @totalHeight += @height -- 키를 계속 누적시킨다.
        FETCH NEXT FROM userTbl_cursor INTO @height -- 다음 행을 읽는다.
    END

    -- 고객 키의 평균을 출력한다.
    PRINT '고객 키의 평균==>' + CAST(@totalHeight/@cnt AS CHAR(10))

    결과 값:
    고객 키의 평균==> 175
```

step 4

커서를 닫는다.

```
    CLOSE userTbl_cursor;
```

step 5

커서의 할당을 해제한다.

```
    DEALLOCATE userTbl_cursor;
```

커서의 선언

커서가 어떻게 사용될 것이고, 또 어떠한 성격을 가지는지 여부가 이 커서의 선언부분에서 모두 결정된다. 조금 어려울 수도 있는 부분이지만 우선은 잘 읽어본 후에, 〈실습 3〉과 〈실습 4〉를 통해서 확실히 이해하자.

```
ISO 표준 문법
DECLARE cursor_name [ INSENSITIVE ] [ SCROLL ] CURSOR
   FOR select_statement
   [ FOR { READ ONLY ¦ UPDATE [ OF column_name [ ,...n ] ] } ]
```

```
Transact-SQL 확장 문법
DECLARE cursor_name CURSOR [ LOCAL ¦ GLOBAL ]
     [ FORWARD_ONLY ¦ SCROLL ]
     [ STATIC ¦ KEYSET ¦ DYNAMIC ¦ FAST_FORWARD ]
     [ READ_ONLY ¦ SCROLL_LOCKS ¦ OPTIMISTIC ]
     [ TYPE_WARNING ]
     FOR select_statement
     [ FOR UPDATE [ OF column_name [ ,...n ] ] ]
[;]
```

〈실습 1〉에서 나왔듯이 userTbl을 처리하는 커서는 다음과 같이 정의한다.

```
DECLARE userTbl_cursor CURSOR GLOBAL
  FOR SELECT height FROM userTbl;
```

옵션의 설명은 T−SQL 확장 문법을 가지고 설명하겠다.

[LOCAL | GLOBAL]

GLOBAL은 전역 커서를, LOCAL은 지역 커서를 지정한다.

전역 커서Global Cursor는 모든 저장 프로시저나 일괄 처리에서 커서의 이름을 참조할 수 있고, 지역 커서Local Cursor는 지정된 범위Scope에서만 유효하며 해당 범위를 벗어나면 자동으로 소멸한다. 예를 들어 저장 프로시저 안에서 지역 커서를 사용 시에는 저장 프로시저가 끝나는 시점에 커서도 소멸한다. 하지만, OUTPUT 매개변수로 저장 프로시저의 외부로 커서를 돌려주면 그 커서를 참조하는 변수가 해제되거나 소멸할 때 커서도 같이 소멸된다.

전역 커서의 경우에는 몇 가지 문제점이 있을 수 있으므로, 되도록 지역 커서를 사용하기를 권장한다. 별도로 GLOBAL이나 LOCAL을 지정하지 않을 경우, SQL Server의 디폴트는 데이터베이스 옵션 'default to local cursor'에 따라 달라지므로 명시적으로 지정하는 것이 바람직하겠다. 특별히 변경하지 않았다면 데이터베이스의 해당 옵션은 OFF로 되어 있으므로, 디폴트는 GLOBAL이 된다.

[FORWARD_ONLY | SCROLL]

FORWARD_ONLY는 시작 행부터 끝 행의 방향으로만 커서가 이동된다. 그러므로 사용할 수 있는 데이터 가져오기(인출)는 'FETCH NEXT'뿐이다.

SCROLL은 자유롭게 커서의 이동이 가능하기 때문에 'FETCH NEXT/FIRST/LAST/PRIOR' 등을 사용할 수 있지만, SCROLL 옵션은 자주 사용하지 않는다.

[STATIC | KEYSET | DYNAMIC | FAST_FORWARD]

조금 이해하기 어려운 부분이다. 지금은 개념을 잘 읽어보고 〈실습 4〉를 통해서 실제 작동을 확인해보자. STATIC/KEYSET/DYNAMIC은 원본 테이블을 tempdb에 복사할 때, 어떻게 복사할지 그 방법을 지정한다.

STATIC은 커서에서 사용할 데이터를 모두 tempdb에 복사한 후에 데이터를 사용하게 된다. 그러므로 커서의 선언 이후에 원본 테이블의 데이터가 변경되어도, 커서에서 데이터 인출 시에는 tempdb에 복사된 변경 전의 데이터를 가져오게 된다(즉, 원본 테이블의 변경된 사항을 알 수가 없다).

DYNAMIC과 KEYSET은 STATIC과 반대의 개념으로 커서에서 행 데이터를 접근할 때마다 원본 테이블에서 가져온다고 생각하면 된다. 두 개의 차이점은 DYNAMIC은 현재의 키 값만 tempdb에 복사하고, KEYSET은 모든 키 값을 tempdb에 저장하는 차이점이다. 그러므로 DYNAMIC으로 설정하면 원본 테이블의 UPDATE 및 INSERT된 내용이 모두 보이지만, KEYSET은 원본 테이블의 UPDATE된 내용만 보이며 INSERT된 내용은 보이지 않는다. 잠시 후 [그림 12-4]에서 다시 확인하겠다. 또한, KEYSET을 사용하기 위해서는 원본 테이블에 꼭 고유 인덱스^{Unique Index}가 있어야 한다.

FAST_FORWARD는 FORWARD_ONLY 옵션과 READ_ONLY 옵션이 합쳐진 것이다. 커서에서 행 데이터를 수정하지 않을 것이라면 성능에는 가장 바람직한 옵션이다.

되도록 필요한 옵션을 지정해서 커서를 정의하는 게 좋다. 특별히 서버의 옵션을 변경하지 않았다면, 디폴트로는 'DYNAMIC'으로 생성된다.

⚠ 커서에서 성능이 좋은 것 순서대로 나열하면, FAST_FORWARD > STATIC > KEYSET > DYNAMIC다. 커서는 되도록 사용하지 않는 것이 좋다고 얘기했다. 그래도 커서를 사용해야 한다면, 특별한 경우가 아니라면 DYNAMIC은 사용하지 말자. 성능에 가장 나쁜 방법이다.

[READ_ONLY | SCROLL_LOCKS | OPTIMISTIC]
READ_ONLY는 읽기 전용으로 설정하는 것이며, SCROLL_LOCKS는 위치 지정 업데이트나 삭제가 가능하도록 설정하는 것이다. OPTIMISTIC은 커서로 행을 읽어 들인 후에, 원본 테이블의 행이 업데이트 되었다면 커서에서는 해당 행을 위치 지정 업데이트나 삭제되지 않도록 지정한다.

TYPE_WARNING
요청한 커서 형식이 다른 형식으로 암시적으로 변환된 경우 클라이언트에 경고 메시지를 보낸다. 암시적인 변환의 예로는 고유 인덱스가 없을 경우에, KEYSET 커서로 만들려고 하면 암시적인 변환이 작동해서 STATIC 커서로 자동 변경된다. 그때, 이 옵션을 설정하지 않으면 아무런 메시지가 나오지 않는다. 그렇게 되면 원본 테이블의 업데이트된 데이터를 확인할 수 없으므로, 추후에 문제가 발생될 수 있다.

그러므로 TYPE_WARNING을 설정하면 이렇게 암시적인 변환으로 발생되는 문제를 미리 경고 메시지로 확인할 수 있다. 잠시 후 〈실습 5〉에서 확인해보자.

FOR select_statement

SELECT 문장을 이 부분에 사용한다. SELECT 문의 결과가 바로 커서에서 한 행씩 처리할 '행 집합'이 된다. COMPUTE, COMPUTE BY, FOR BROWSE, INTO 키워드는 사용할 수 없다.

FOR UPDATE [OF column_name [,...n]]

그냥 FOR UPDATE만 지정하면 SELECT 문의 모든 열을 업데이트 할 수 있으며, 특정 열을 지정하려면 'OF 열이름'을 지정하면 된다.

⚠ DECLARE CURSOR에서 READ_ONLY, OPTIMISTIC, SCROLL_LOCKS를 지정하지 않을 경우 기본값은 다음과 같다.

- ▶ 권한이 부족하거나 업데이트되지 않는 테이블일 경우, 커서는 READ_ONLY가 된다.
- ▶ STATIC 및 FAST_FORWARD 커서는 기본적으로 READ_ONLY가 된다.
- ▶ DYNAMIC 및 KEYSET 커서는 기본적으로 OPTIMISTIC이 된다.

커서 열기

커서를 여는 형식은 다음과 같다.

형식:

```
OPEN { { [ GLOBAL ] cursor_name } | cursor_variable_name }
```

커서를 여는 형식은 간단하다. 다음 예를 보자.

```
OPEN userTbl_cursor;
```

예제에서 userTbl_cursor 커서는 지역Local 커서에 동일한 이름이 없다는 전제하에, 현재 앞에서 선언한 전역Global 커서가 열린다. 하지만, 만약 전역 커서에도 userTbl_cursor 이름이 있고 지역 커서에도 userTbl_cursor 이름이 있다면, 먼저 지역 커서가 열리게 되므로 전역 커서를 열고자 한다면 꼭 GLOBAL 키워드를 써줘야 한다. 즉, '지역'이 '전역'보다 우선한다는 뜻이다. 이것은 FETCH/CLOSE/DEALLOCATE에서도 마찬가지다.

커서에서 데이터 가져오기 및 데이터 처리하기

커서에서 데이터를 가져오는 FETCH의 형식은 다음과 같다.

```
FETCH
        [ [ NEXT | PRIOR | FIRST | LAST
                | ABSOLUTE { n | @nvar }
                | RELATIVE { n | @nvar }
            ]
            FROM
        ]
{ { [ GLOBAL ] cursor_name } | @cursor_variable_name }
[ INTO @variable_name [ ,...n ] ]
```

FETCH는 커서에서 데이터를 가져오는 명령이다. 대부분 아래와 같은 형식으로 사용된다.

```
FETCH NEXT FROM userTbl_cursor -- 우선, 첫행을 읽는다.

-- 성공적으로 읽어졌다면 @@FETCH_STATUS 함수는 0을 반환하므로, 계속 처리한다.
WHILE @@FETCH_STATUS = 0
BEGIN
    -------------------------------
    -- 이 부분에서 데이터를 처리한다.
    -------------------------------
    FETCH NEXT FROM userTbl_cursor  -- 다음행을 읽고, WHILE문으로 간다.
END
```

커서 닫기

커서 닫기 형식은 다음과 같다.

형식:

```
CLOSE { { [ GLOBAL ] cursor_name } | cursor_variable_name }
```

```
CLOSE userTbl_cursor;
```

LOCAL 커서의 경우에는 범위^{Scope}를 빠져나가게 되면, 자동으로 커서가 닫히게 된다. 즉, 저장 프로시저나 트리거에서 커서를 사용하면 해당 프로시저나 트리거가 종료되면 커서도 닫히게 되므로, CLOSE문을 써주지 않아도 된다.

커서 할당 해제

커서 할당 해제 형식은 다음과 같다.

형식:

```
DEALLOCATE { { [ GLOBAL ] cursor_name } | @cursor_variable_name }
```

```
DEALLOCATE userTbl_cursor;
```

마찬가지로 LOCAL 커서의 경우에는 범위를 벗어나면 자동으로 할당도 해제된다.

⚠ 커서와 관련된 시스템 저장 프로시저로는 sp_cursor_list, sp_describe_cursor, sp_describe_cursor_columns, sp_describe_cursor_tables가 있다.

12.2 커서의 활용

12.2.1 커서의 성능과 일반적인 쿼리의 성능 비교

커서는 SQL Server의 성능에 별로 좋지 않은 영향을 준다. 적은 양의 데이터에 커서를 사용하는 것은 그다지 문제가 되지 않지만, 많은 양의 데이터나 자주 커서가 호출된다면 시스템의 부하가 많이 발생될 수밖에 없다.

실습2

커서와 일반 쿼리의 성능을 비교해보자.

step 0

실습에 사용할 DB를 생성하고 대량의 데이터를 복사하자.

```
USE tempdb;
CREATE DATABASE cursorDB;
GO
USE cursorDB;
SELECT * INTO cursorTbl FROM AdventureWorks.Sales.SalesOrderDetail;
```

cursorTbl은 약 12만 건의 데이터로 생성되었다. cursorTbl의 테이블에는 'LineTotal'열이 있는데 이는 각 행의 가격이라고 생각하면 된다. 12만 건의 총 가격 및 평균을 계산해보자.

step 1

〈실습 1〉과 비슷한 커서를 사용해보자. 그냥 'LineTotal'의 총 합계 및 평균을 구하기 위한 커서다.

```
DECLARE cursorTbl_cursor CURSOR GLOBAL FAST_FORWARD
  FOR SELECT LineTotal FROM cursorTbl;

OPEN cursorTbl_cursor;

-- 사용될 변수를 선언한다.
DECLARE @LineTotal money -- 각 행의 합계
DECLARE @cnt INT -- 읽은 행의 수
DECLARE @sumLineTotal money --  총 합계

SET @sumLineTotal = 0 -- 0으로 초기화
SET @cnt = 0 -- 0으로 초기화
```

```
FETCH NEXT FROM cursorTbl_cursor INTO @LineTotal

WHILE @@FETCH_STATUS = 0
BEGIN
        SET @cnt = @cnt + 1
        SET @sumLineTotal = @sumLineTotal + @LineTotal
        FETCH NEXT FROM cursorTbl_cursor INTO @LineTotal
END

PRINT '총 합계==> ' + CAST(@sumLineTotal AS CHAR(20))
PRINT '건당 평균==> ' + CAST(@sumLineTotal/@cnt AS CHAR(20))

CLOSE cursorTbl_cursor;
DEALLOCATE cursorTbl_cursor;

결과 값:
총 합계==>            109846381.43
건당 평균==>                905.45
```

결과값이 중요한 것이 아니라 이 커서를 실행하는 데 걸린 시간이 중요하다. 독자의 컴퓨터 성능에 따라서 다를 수 있겠지만, 아마도 몇 초 ~ 몇십 초가 걸렸을 것이다.

step 2

동일한 결과를 낼 수 있는 일반적인 쿼리를 실행해보자.

```
SELECT SUM(LineTotal) AS [총합계], AVG(LineTotal) AS [건당평균] FROM cursorTbl;
```

	총합계	건당평균
1	109846381.399888	905.449206

[그림 12-3] 쿼리 결과

시간이 얼마나 걸렸는가? 아마도 1초가 채 걸리지 않았을 것이다.

이 실습에서 동일한 결과를 내기 위해서 커서와 일반적인 쿼리의 확연한 성능차이를 확인해보았다. 물론, 지금은 단순한 내용이므로 커서를 일반적인 쿼리로 변환하기가 쉬웠지만, 실제로 사용되는 것들은 이렇게 일반적인 쿼리로 변경하기가 그렇게 쉽지만은 않다.

그렇더라도 가능한 한 커서를 일반적인 쿼리(특히 집합 함수)로 대치할 수 있다면 전반적인 시스템의 성능의 월등한 향상을 얻을 수 있을 것이다.

12.2.2 커서의 내부 작동 방식

지금쯤은 독자도 커서의 기본적인 사용에 대해서는 이해를 했을 것이다. 이번에는 앞에서 약간 설명이 나왔지만 조금 내용이 어려웠던, 커서가 내부적으로 생성되는 방식에 대해서 좀 더 생각해보자. 또한, 이번 실습에서는 데이터베이스 옵션의 변경 방법도 익혀보자.

GLOBAL / LOCAL

전역GLOBAL과 지역LOCAL 커서는 커서가 생존해 있는 범주를 결정해준다. LOCAL로 설정되면 커서가 살아있는 범위가 커서가 선언된 부분에 국한된다. 즉, 저장 프로시저나 트리거에 커서가 선언되었다면 그 곳을 빠져나오면 커서가 자동 소멸하게 된다. 디폴트는 특별히 설정을 변경하지 않았다면 GLOBAL로 설정되어 있다.

실습3

GLOBAL / LOCAL의 설정을 확인해보자. 커서의 유형을 확인해보자.

step 0

우선, 앞에서 사용한 cursorDB를 사용하자.

```
USE cursorDB;
```

step 1

데이터베이스 옵션인 기본 커서CURSOR_DEFAULT의 설정 값을 확인하자.

SSMS의 개체 탐색기에서 [데이터베이스] >> [cursorDB]를 선택한 후, 마우스 오른쪽 버튼을 클릭하고 [속성]을 선택한다. 그리고 페이지 선택에서 [옵션]을 클릭하고 기본 커서가 'GLOBAL'인 것을 확인한다. 〈취소〉를 클릭해서 창을 닫는다.

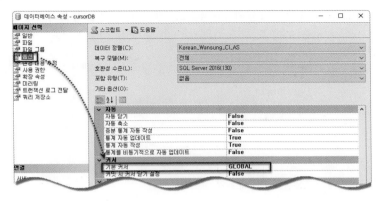

[그림 12-4] 기본 커서 확인

step 2

커서를 정의하고 그 형식을 확인해보자.

2-1 옵션을 주지 말고 커서를 정의하자.

```
DECLARE cursorTbl_cursor CURSOR
    FOR SELECT LineTotal FROM cursorTbl;
```

2-2 커서의 상태를 확인해보자. 아래 구문은 커서의 상태를 확인하는 방식이다. 'sp_describe_cursor' 시스템 저장 프로시저는 지정한 커서의 정보를 보여주는 기능을 한다. 구문 자체는 잘 이해되지 않아도 된다. 그 결과가 뜻하는 것만 확인해보자.

```
DECLARE @result CURSOR
EXEC sp_describe_cursor @cursor_return = @result OUTPUT,
        @cursor_source = N'GLOBAL',  -- GLOBAL 커서임을 지정
        @cursor_identity = N'cursorTbl_cursor' -- 커서이름을 지정

FETCH NEXT from @result
WHILE (@@FETCH_STATUS <> -1)
    FETCH NEXT FROM @result
```

	reference_name	cursor_name	cursor_scope	status	model	concurrency	scrollable	open_status
1	cursorTbl_cursor	cursorTbl_cursor	2	-1	3	3	0	0

[그림 12-5] 커서의 정보 확인

결과를 보면 'cursor_scope'가 2로 설정되어 있다. 1은 지역 커서를 2는 전역 커서를 뜻한다. 그러므로 디폴트로 전역 커서가 설정되어 있음을 확인할 수 있다.

⚠ 나머지 열에 대한 더 상세한 내용은 SQL Server 도움말에서 'sp_describe_cursor'를 검색해서 확인하자.

2-3 커서를 해제한다.

```
DEALLOCATE cursorTbl_cursor;
```

step 3

디폴트가 지역 커서가 되도록 데이터베이스 옵션을 변경해보자.

3-1 다시 SSMS의 개체 탐색기에서 [데이터베이스] 〉〉 [cursorDB]를 선택한 후, 마우스 오른쪽 버튼을 클릭하고 [속성]을 선택한다. [옵션] 페이지에서 기본 커서를 'LOCAL'로 변경하고 〈확인〉을 클릭한다.

3-2 옵션을 주지 말고 커서를 정의한다. 이제는 지역 커서로 정의될 것이다.

```
DECLARE cursorTbl_cursor CURSOR
  FOR SELECT LineTotal FROM cursorTbl;
```

명령이 잘 실행되었을 것이다.

3-3 다시 커서의 정보를 확인하자. 이번에는 @cursor_source를 'LOCAL'로 변경한다.

```
DECLARE @result CURSOR
EXEC sp_describe_cursor @cursor_return = @result OUTPUT,
        @cursor_source = N'LOCAL',  -- LOCAL 커서임을지정
        @cursor_identity = N'cursorTbl_cursor' -- 커서이름을지정

FETCH NEXT from @result
WHILE (@@FETCH_STATUS ◇ -1)
    FETCH NEXT FROM @result

오류 메시지:
메시지 16916, 수준 16, 상태 4, 프로시저 sp_describe_cursor, 줄 14
이름이 'cursorTbl_cursor'인 커서가 없습니다.
메시지 16950, 수준 16, 상태 2, 줄 2
변수 '@result'에 현재 할당된 커서가 없습니다.
```

그런데 왜 오류가 발생했을까? 지역 커서의 생존 범위는 해당 범위 뿐이다. **3-2**에서 두 줄만 실행했으니, 그 두 줄을 벗어나면 지역 커서는 자동으로 해제되기 때문이다.

3-4 위의 **3-2**와 **3-3**의 내용을 한꺼번에 선택한 후에 실행하자.

결과를 보면 'cursor_scope'가 1로 설정되어 있는 것을 확인할 수 있을 것이다. 즉, 지역 커서로 생성되어 있는 것이다.

3-5 별도로 커서를 해제해줄 필요는 없다. 이미 커서의 범위가 벗어난 것이므로 커서는 자동으로 소멸되었을 것이다.

3-6 다시 SSMS의 개체 탐색기에서 [데이터베이스] 〉〉 [cursorDB]를 선택한 후, 마우스 오른쪽 버튼을 클릭하고 [속성]을 선택한다. 그리고 [옵션] 페이지에서 기본 커서를 원래의 'GLOBAL'로 변경하고 〈확인〉을 클릭한다.

STATIC, DYNAMIC, KEYSET

각각의 의미는 앞에서 설명했지만, 좀 더 쉽게 이해하기 위해서 다음 그림을 보자. 다음 그림은 sqlDB의 userTBL의 예를 든 것이다. id 열에는 Primary Key가 설정되어서 고유 인덱스(클러스터형 인덱스도 고유 인덱스다)가 설정된 상태다.

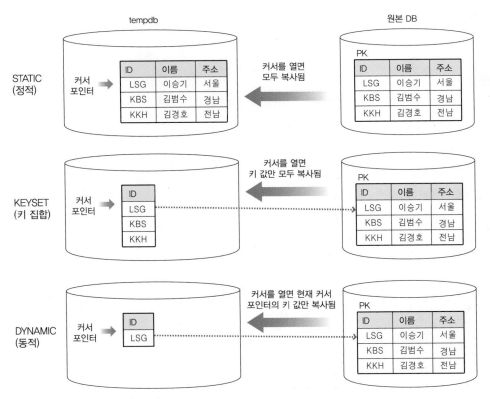

[그림 12-6] 커서를 열면(OPEN) 작동되는 STATIC, KEYSET, DYNAMIC의 차이점

[그림 12-6]은 'OPEN 커서이름'으로 커서를 여는 순간에 일어나는 작동이다. 우선 STATIC을 살펴보자. 처음에는 전체 데이터를 복사하느라고 오랜 시간이 걸릴 것이다. 하지만, 커서를 사용할 때는 tempdb의 것만 사용하게 되므로 결과적으로 성능이 다른 것보다는 좋다.

그런데 원본 DB의 테이블에서 '이승기'의 주소가 변경되면 어떻게 될까? [그림 12-6]에서 알 수 있듯이 이미 전체 데이터를 복사해온 것이므로 원본 DB의 변경UPDATE 및 삽입INSERT은 현재 커서에는 반영되지 않는다.

두 번째, KEYSET의 경우에는 테이블의 키로 설정된 열만 복사하는 개념이다. 그래서 원본 DB의 테이블에서 데이터가 변경UPDATE되면 커서에서도 확인이 가능하다. 하지만, 원본테이블에 새로운 열이 삽입INSERT된다면 커서에는 새로 삽입된 데이터의 ID가 존재하지 않으므로 알 수가 없다.

세 번째, DYNAMIC은 현재 커서 포인터의 키 값만 복사하게 된다. 그러므로 원본데이터가 변경UPDATE되거나, 삽입INSERT된 정보를 모두 커서에서 확인이 가능해진다.

실습4

커서의 형태(model)가 내부적으로 작동되는 것을 확인해보자.

step 1

데이터량이 조금 많아야 확인이 잘 되므로 cursorDB를 사용하자.

step 2

디폴트로 커서를 정의하고, 커서의 형태(model)를 확인해보자.

2-1 커서를 정의한다.

```
USE cursorDB;
GO
DECLARE cursorTbl_cursor CURSOR
  FOR SELECT LineTotal FROM cursorTbl;
```

2-2 커서의 정보를 확인한다.

```
DECLARE @result CURSOR
EXEC sp_describe_cursor @cursor_return = @result OUTPUT,
        @cursor_source = N'GLOBAL',  -- GLOBAL 커서임을 지정
        @cursor_identity = N'cursorTbl_cursor' -- 커서 이름을 지정
```

```
FETCH NEXT from @result
WHILE (@@FETCH_STATUS ◇ -1)
    FETCH NEXT FROM @result
```

	reference_name	cursor_name	cursor_scope	status	model	concurrency	scrollable
1	cursorTbl_cursor	cursorTbl_cursor	2	-1	3	3	0

[그림 12-7] 커서의 정보 확인 2

model이 '3'으로 설정된 것을 확인할 수 있다. 이것의 의미는 1은 STATIC(정적), 2는 KEYSET(키 집합), 3은 DYNAMIC(동적), 4는 FAST_FORWARD(빠른 전진)을 의미한다.

즉, 아무것도 설정하지 않았을 경우에는 디폴트로 DYNAMIC이 설정되어 있는 것이다. 그러므로 되도록 커서의 형태(model)을 지정해서 커서를 정의하도록 권장한다(DYNAMIC은 가장 성능이 나쁘다).

⚠ model 열의 오른쪽 concurrency는 1은 READ_ONLY(읽기 전용), 2는 SCROLL_LOCKS(스크롤 잠금), 3은 OPTIMISTIC(낙관적)을 의미한다. 또한 왼쪽 status가 -1은 커서가 아직 열리지 않은 상태를 의미한다.

2-3 커서를 해제한다.

```
DEALLOCATE cursorTbl_cursor;
```

step 3

커서를 STATIC(정적)으로 선언한다.

3-0 우선은 SalesOrderDetailID를 Unique Key로 지정해서 고유 인덱스가 생성되도록 한다.

```
ALTER TABLE cursorTbl
    ADD CONSTRAINT  uk_id
    UNIQUE (SalesOrderDetailID) ;
```

3-1 전역이며 정적인 커서로 선언한다.

```
DECLARE cursorTbl_cursor CURSOR GLOBAL STATIC
  FOR SELECT * FROM cursorTbl;
```

3-2 커서를 연다.

```
OPEN cursorTbl_cursor;
```

약간의 시간이 걸렸다. 컴퓨터 성능이 아주 좋은 독자는 잘 느끼지 못했을 지도 모르겠지만, 아무튼 [그림 12-6] 처음에 나온 STATIC(정적) 커서의 작동을 한 것이다. 즉, 원본 테이블을 전부 tempdb로 복사하는 대량의 작업이 수행된 것이다.

3-3 커서의 데이터를 인출해서 확인해보자.

```
FETCH NEXT FROM cursorTbl_cursor;
```

첫 행을 인출(Fetch) 한다. 즉, SalesOrderDetailID가 '1'인 데이터가 인출된다. 몇 번 더 수행해보자. 계속 다음 데이터가 인출되는 것을 확인할 수 있다.

3-4 원본데이터를 'SalesOrderID'를 전부 0으로 변경해보자.

```
UPDATE cursorTbl SET SalesOrderID = 0;
```

성공적으로 변경되었을 것이다.

3-5 커서에서 다시 인출해보자.

```
FETCH NEXT FROM cursorTbl_cursor;
```

SalesOrderID가 0으로 보이지는 않을 것이다. 그 이유는 [그림 12-6]에 나와 있듯, 정적(STATIC) 커서는 tempdb에 이미 변경되기 전의 모든 행을 복사해 놓았기 때문이다.

3-6 커서를 닫고, 해제한다.

```
CLOSE cursorTbl_cursor;
DEALLOCATE cursorTbl_cursor;
```

커서의 이동 및 암시적 커서 변환

이번 내용은 실습을 통해서 직접 확인해보자.

실습5

커서의 이동을 확인해 보고, 암시적 커서 변환에 대해서도 알아보자.

step 1

커서의 이동이 앞 또는 뒤로도 가능하도록 커서를 선언해보자.

1-1 sqlDB를 사용해보자. 그리고 데이터의 순서를 확인하자.

```
USE sqlDB;
SELECT name, height FROM userTbl;
```

	name	height
1	바비킴	176
2	은지원	174
3	조관우	172
4	조용필	166
5	김범수	173
6	김경호	177
7	임재범	182
8	이승기	182
9	성시경	186
10	윤종신	170

[그림 12-8] 쿼리 결과

1-2 커서를 스크롤 가능하도록 정의하고, 커서를 열자.

```
DECLARE userTbl_cursor CURSOR GLOBAL SCROLL
    FOR SELECT name, height FROM userTbl;


OPEN userTbl_cursor;
```

⚠ 사실 별도로 SCROLL을 지정하지 않아도, 디폴트로 '스크롤 가능'으로 설정된다. 단, 'FORWARD_ONLY' 또는 'FAST_FORWARD'로 지정된 경우에는 스크롤되지 않는다.

1-3 다음 구문을 두 번 실행하자.

```
DECLARE @name NVARCHAR(10)
DECLARE @height INT
FETCH NEXT FROM userTbl_cursor INTO @name, @height
SELECT @name, @height
```

'바비킴'과 '은지원'이 차례로 나왔을 것이다.

1-4 제일 뒤로 가보자.

```
DECLARE @name NVARCHAR(10)
DECLARE @height INT
FETCH LAST FROM userTbl_cursor INTO @name, @height
SELECT @name, @height
```

제일 뒤에 있던 '윤종신'이 나왔을 것이다.

1-5 다시 이전의 행으로 이동하자.

```
DECLARE @name NVARCHAR(10)
DECLARE @height INT
FETCH PRIOR FROM userTbl_cursor INTO @name, @height
SELECT @name, @height
```

'윤종신' 바로 위의 '성시경'이 나왔을 것이다.

1-6 이번에는 처음으로 돌아가 보자.

```
DECLARE @name NVARCHAR(10)
DECLARE @height INT
FETCH FIRST FROM userTbl_cursor INTO @name, @height
SELECT @name, @height
```

다시 '바비킴'이 나왔을 것이다. SCROLL로 지정 시에는 방향에 제한 없이 자유롭게 커서를 이동시킬 수 있는 것을 확인했다.

1-7 커서를 닫고 해제한다.

```
CLOSE userTbl_cursor;
DEALLOCATE userTbl_cursor;
```

---

step 2

'암시적인 커서 변환'을 실습해보자.

2-1 실습에 사용할 고유(Unique) 인덱스가 없는 테이블을 만들자.

```
USE sqlDB;
CREATE TABLE keysetTbl(id INT, txt CHAR(5));
INSERT INTO  keysetTbl VALUES(1,'AAA');
INSERT INTO  keysetTbl VALUES(2,'BBB');
INSERT INTO  keysetTbl VALUES(3,'CCC');
```

2-2 KEYSET 커서로 선언하자. 또한, 커서를 뒤로 돌릴 일이 없다면 FORWARD_ONLY 옵션을 사용하는 것이 성능에 약간의 도움이 된다.

```
DECLARE keysetTbl_cursor CURSOR GLOBAL FORWARD_ONLY  KEYSET
FOR SELECT id, txt FROM keysetTbl;
```

명령이 성공적으로 수행되었으니, 커서의 모델이 'KEYSET'(키 집합)으로 설정되었을 것이다. KEYSET의 내부 구성은 [그림 12-6]에 나타나 있다.

2-3 sp_describe_cursor 시스템 저장 프로시저를 이용해서 커서의 정보를 확인해보자.

```
DECLARE @result CURSOR
EXEC sp_describe_cursor @cursor_return = @result OUTPUT,
        @cursor_source = N'GLOBAL', @cursor_identity = N'keysetTbl_cursor'

FETCH NEXT from @result
WHILE (@@FETCH_STATUS ◇ -1)
    FETCH NEXT FROM @result
```

	reference_name	cursor_name	cursor_scope	status	model	concurrency	scrollable
1	keysetTbl_cursor	keysetTbl_cursor	2	-1	1	1	0

[그림 12-9] 커서의 정보 확인 3

결과를 보면 'model'이 '1'(STATIC)로 설정된 것을 확인된다. 그런데 커서의 선언 시에 KEYSET으로 설정했음에도 현재 커서는 STATIC으로 되어 있다. 그 이유는 테이블 keysetTbl에 고유 인덱스가 없기 때문에, '암시적인 커서 변환'이 일어나서 KEYSET이 STATIC으로 변환된 것이다. STATIC에서는 원본 테이블을 모두 tempdb에 복사한 후에 데이터를 인출^Fetch하게 되므로 원본 테이블의 변경을 감지할 수 없다. 앞 실습에서 확인해보았다.

2-4 이러한 암시적인 커서 변환을 모른 채, 첫 번째 행을 인출해보자.

```
OPEN keysetTbl_cursor;
FETCH NEXT FROM keysetTbl_cursor;
```

	id	txt
1	1	AAA

[그림 12-10] 쿼리 결과

2-5 원본 테이블의 데이터를 모두 변경한 후에, 다시 데이터를 인출해보자.

⚠ 현재, 우리는 이 커서가 암시적 커서 변환이 일어난 것을 모르고 있으므로 변경된 데이터가 나올 것을 기대하고 있는 상황이다.

```
UPDATE keysetTbl SET txt = 'ZZZ';
FETCH NEXT FROM keysetTbl_cursor;
```

	id	txt
1	2	BBB

[그림 12-11] 쿼리 결과

결과를 보니 변경된 데이터가 아닌 처음 커서를 선언할 시점의 데이터가 보인다. 현재 이 결과(BBB) 자체가 문제가 아니라, 우리가 기대한 값(ZZZ)이 아니라는 것이 문제인 것이다.

2-6 커서를 닫고 해제한다. 또, 샘플 테이블도 다시 만든다.

```
CLOSE keysetTbl_cursor;
DEALLOCATE keysetTbl_cursor;

DROP TABLE keysetTbl;
CREATE TABLE keysetTbl(id INT, txt CHAR(5));
INSERT INTO  keysetTbl VALUES(1,'AAA');
INSERT INTO  keysetTbl VALUES(2,'BBB');
INSERT INTO  keysetTbl VALUES(3,'CCC');
```

---

step 3

그래서 앞에서와 같은 암시적 커서 변환 시에 메시지를 보여줄 수 있다.

3-1 TYPE_WARNING 옵션을 사용해보자.

```
DECLARE keysetTbl_cursor CURSOR GLOBAL FORWARD_ONLY  KEYSET TYPE_WARNING
FOR SELECT id, txt FROM keysetTbl;
```

```
메시지 :
생성된 커서는 요청한 유형이 아닙니다.
```

메시지에 의해서 암시적 커서 변환을 예측할 수가 있다.

3-2 keysetTbl의 id열을 UNIQUE로 지정해서 고유 인덱스를 생성하자(Primary Key로 지정해도 된다).

```
ALTER TABLE keysetTbl
      ADD CONSTRAINT uk_keysetTbl
      UNIQUE (id);
```

3-3 커서를 해제하고, 다시 선언하자.

```
DEALLOCATE keysetTbl_cursor;

DECLARE keysetTbl_cursor CURSOR GLOBAL FORWARD_ONLY  KEYSET TYPE_WARNING
FOR SELECT id, txt FROM keysetTbl;
```

이번에는 잘 생성이 되었을 것이다.

3-4 커서의 정보를 확인해보자.

```
DECLARE @result CURSOR
EXEC sp_describe_cursor @cursor_return = @result OUTPUT,
      @cursor_source = N'GLOBAL', @cursor_identity = N'keysetTbl_cursor'

FETCH NEXT from @result
WHILE (@@FETCH_STATUS ◇ -1)
    FETCH NEXT FROM @result
```

모델이 2번 KEYSET(키 집합)임을 확인할 수 있을 것이다.

3-5 커서를 열고 데이터를 확인해보자.

```
OPEN keysetTbl_cursor;
FETCH NEXT FROM keysetTbl_cursor;
```

아직 원본 테이블이 변경되지 않았으므로 원래의 값(AAA)가 보일 것이다.

3-6 원본 테이블을 변경하고 확인해보자.

```
UPDATE keysetTbl SET txt = 'ZZZ';
FETCH NEXT FROM keysetTbl_cursor;
```

변경된 데이터(ZZZ)가 확인될 것이다. 그 이유는 KEYSET의 경우에는 [그림 12-6]와 같이 tempdb에 keysetTbl의 키인 id열만 가지고 있기 때문이다.

커서는 성능면에서 좋지 않기 때문에 되도록 사용하지 않는 것이 좋으며, 왜 사용하지 않는 것이 좋은지를 확인할 수 있었다. 커서에 대해서 이 책에서 다루지 않은 더 많은 내용이 있지만, 이 정도에서 마치겠다. 혹, 더 커서에 관심이 있는 SQL Server 도움말을 참고하자. 여기서 다룬 내용을 이해했다면 도움말을 보고도 충분히 내용을 이해할 수 있을 것이다.

1. 다음은 커서의 처리 단계이다. 순서대로 나열하라.

   A 커서 열기

   B. 커서 선언

   C. 데이터 처리

   D. 데이터 가져오기

   E. 커서 해제

   F. 커서 닫기

2. 다음의 용어를 각각의 괄호에 채워 넣어보자.

   TYPE_WARNING, SCROLL, FORWARD_ONLY, STATIC, GLOBAL CURSOR, LOCAL CURSOR, READ_ONLY, SCROLL_LOCKS, DYNAMIC, KEYSET

   (1   )는 모든 저장 프로시저나 일괄 처리에서 커서의 이름을 참조할 수 있고, (2   )는 지정된 범위에서만 유효하며 해당 범위를 벗어나면 자동으로 소멸한다.

   (3   )는 시작 행부터 끝 행의 방향으로만 커서가 이동된다. (4   )은 자유롭게 커서의 이동이 가능하다.

   (5   )은 커서에서 사용할 데이터를 모두 tempdb에 복사한 후에 데이터를 사용하게 된다.

   (6   )과 (7   )은 (5   )과 반대의 개념으로 행 데이터를 가져올 때마다 원본 테이블에서 가져온다고 생각하면 된다.

   (8   )는 읽기 전용으로 설정하는 것이며, (9   )는 위치 지정 업데이트나 삭제가 가능하도록 설정하는 것이다.

   (10   )을 설정하면 이렇게 암시적인 변환으로 발생되는 문제를 미리 경고 메시지로 확인할 수 있다.

트리거

트리거Trigger는 사전적 의미로 '방아쇠'를 뜻한다. 방아쇠를 당기면 '자동'으로 총알이 나가듯이, 트리거는 테이블에 무슨 일이 일어나면 '자동'으로 실행된다.

트리거는 기본적인 개념만 잘 파악하고 있다면 사용이 그다지 어렵지 않지만, 몇 가지 주의해야 할 점이 있다. 우선 트리거란 테이블에 삽입, 수정, 삭제 등의 작업(이벤트)가 발생 시에 자동으로 작동되는 개체로, 11장에서 배운 저장 프로시저와 모양이 비슷하다.

트리거에 많이 활용되는 사례 중 하나를 생각해보자. 누군가 A라는 테이블에 행을 고의 또는 실수로 삭제한다면, 삭제된 행의 내용을 복구하는 것도 어렵고, 누가 지웠는지 추적하는 것도 쉬운 일이 아니다. 이러한 경우에 A 테이블에서 행이 삭제되는 순간에 B 테이블에 A 테이블에서 삭제된 행의 내용, 시간, 삭제한 사용자를 기록해 놓는다면 이러한 문제점을 해결할 수 있을 것이다. 이번 장에서 배우는 트리거가 바로 이러한 기능을 수행한다.

트리거는 저장 프로시저와 달리 특별히 실행시키지 않아도 자동으로 실행되므로, 더 편리하게 사용될 수 있으나 시스템의 성능을 저하시키는 요인이 되기도 하므로 꼭 필요한 곳에만 사용해야 한다.

이 장의 핵심 개념

트리거Trigger는 제약 조건과 더불어 데이터 무결성을 위해 SQL Server에서 사용할 수 있는 또 다른 기능이다. 13장에서는 트리거의 특징과 작동에 대해 살펴본다.

1. 트리거는 테이블 또는 뷰와 관련되어 DML 문(Insert, Update, Delete 등)의 이벤트가 발생될 때 작동하는 데이터베이스 개체 중 하나다.

2. AFTER 트리거는 테이블에 이벤트가 작동한 후에 실행되지만, INSTEAD OF 트리거는 이벤트가 발생하기 전에 작동하는 트리거다.

3. 트리거에서 INSERT, UPDATE, DELETE 작업이 수행되면 임시로 사용되는 시스템 테이블이 두 개 있는데, 이름은 'inserted'와 'deleted'이다.

4. INSTEAD OF 트리거는 주로 뷰에 행이 삽입되거나 변경, 삭제될 때 사용된다.

5. 다중 트리거(Multiple Triggers)는 하나의 테이블에 동일한 트리거가 여러 개 부착된 것을 말한다

이 장의 학습 흐름

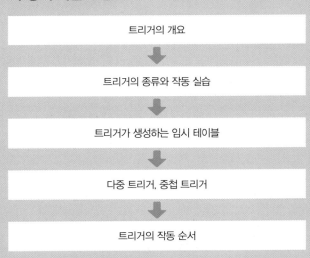

트리거의 개요

↓

트리거의 종류와 작동 실습

↓

트리거가 생성하는 임시 테이블

↓

다중 트리거, 중첩 트리거

↓

트리거의 작동 순서

13.1 트리거의 개념

13.1.1 트리거의 개요

8장에서 데이터의 무결성을 위한 제약 조건(Primary Key, Foreign Key 등)을 공부했다. 트리거는 제약 조건과 더불어서 데이터 무결성을 위해서 SQL Server에서 사용할 수 있는 또 다른 기능이다.

트리거는 테이블 또는 뷰와 관련되어 DML 문(Insert, Update, Delete 등)의 이벤트가 발생될 때 작동하는 데이터베이스 개체 중 하나다.

여기서 잠깐

트리거는 테이블에 적용되는 'DML 트리거', 서버나 데이터베이스 개체에 적용되는 'DDL 트리거', 사용자가 로그온 시에 실행되는 'LOGON 트리거'로 나눌 수 있다. DML 트리거는 테이블 또는 뷰와 관련되어 DML 문의 이벤트가 발생될 때 작동하고, DDL 트리거는 서버나 데이터베이스에 DDL 문(Create, Drop, Alter 등)의 이벤트가 발생될 때 작동되며, LOGON 트리거는 사용자의 로그온 이벤트가 발생하면 작동된다.

DDL(데이터 정의어) 트리거는 SQL Server 2005부터, LOGON 트리거는 SQL Server 2008부터 지원된다. 또한, SQL Server 2008부터는 변경 데이터 캡처(CDC, Change Data Capture)도 사용할 수 있는데, 이는 변경된 데이터를 추적할 수 있도록 함으로써 데이터의 일관성을 유지할 수 있도록 도와준다. 변경 데이터 캡처를 이용해서 기존의 DML 트리거에서 많이 활용되던 변경된 데이터의 기록 관리를 새로운 '변경 데이터 캡처' 기능으로 더 간편하고 강력하게 구성할 수도 있다. DDL 트리거, LOGON 트리거, 변경 데이터 캡처에 대해서는 『뇌를 자극하는 SQL Server 2012 (2권, 관리/응용편)』을 참고하자. 이 책에서 이야기하는 트리거는 모두 DML 트리거를 지칭하는 것이므로 혼동하지 말자.

트리거는 테이블 또는 뷰에 부착attach되는 프로그램 코드라고 생각하면 된다. 저장 프로시저와 거의 비슷한 문법으로 그 내용을 작성할 수 있다. 그리고 트리거가 부착된 테이블에 이벤트(입력, 수정, 삭제)가 발생하면 자동으로 부착된 트리거가 실행된다.

트리거는 저장 프로시저와 작동이 비슷하지만, 직접 실행시킬 수는 없고 오직 해당 테이블이나 뷰에 이벤트가 발생할 경우에만 실행된다. 트리거에는 저장 프로시저와 달리 매개변수를 지정하거나 반환값(Return 값)을 사용할 수도 없다.

우선, 간단한 트리거를 살펴보고 그 작동 이해해보자. 아직은 문법이 이해되지 않을 것이다. 그냥 작동되는 결과만 확인해보자.

실습1

간단한 트리거를 생성하고 결과를 확인해보자.

step 0

tempdb에 간단한 테이블을 생성하자.

```
USE tempdb;
CREATE TABLE testTbl (id INT, txt NVARCHAR(5));
GO
INSERT INTO testTbl VALUES(1, N'원더걸스');
INSERT INTO testTbl VALUES(2, N'애프터스쿨');
INSERT INTO testTbl VALUES(3, N'에이오에이');
```

step 1

testTbl에 트리거를 부착하자.

```
CREATE TRIGGER testTrg  -- 트리거 이름
ON testTbl -- 트리거를 부착할 테이블
AFTER  DELETE, UPDATE   -- 삭제,수정후에 작동하도록 지정
AS
        PRINT(N'트리거가 작동했습니다') ; -- 트리거 실행시 작동되는 코드들
```

step 2

데이터를 삽입, 수정, 삭제해보자. 다음을 한 줄씩 선택해서 실행해보자.

```
INSERT INTO testTbl VALUES(4, N'나인뮤지스');
UPDATE testTbl SET txt = N'에이핑크' WHERE id = 3;
DELETE testTbl WHERE id = 4;

결과 값:
(1개 행이 영향을 받음)

트리거가 작동했습니다
(1개 행이 영향을 받음)


트리거가 작동했습니다
(1개 행이 영향을 받음)
```

트리거가 부착된 테이블에 INSERT가 수행되면 '1개 행이 영향을 받음'이라는 메시지만 나오지만, UPDATE와 DELETE가 수행되자, 자동으로 트리거에서 지정한 SQL 문인 PRINT도 실행하는 것을 확인할 수 있다.

이렇듯 트리거는 테이블에 장착해서 사용할 수 있다. 이 예제에서 간단히 정의된 PRINT 문만 정의했지만, 그 부분을 실제로 필요로 하는 복잡한 SQL 문들로 대치하면 유용한 트리거로 작동할 것이다.

13.1.2 트리거의 종류

트리거(정확히는 DML 트리거)는 아래와 같이 구분할 수 있다.

AFTER 트리거

테이블에 INSERT, UPDATE, DELETE 등의 작업이 일어났을 때 작동하는 트리거를 말하며, 이름이 뜻하는 것처럼, 해당 작업 후에 작동한다. AFTER 트리거는 테이블에만 작동하며 뷰에는 작동하지 않는다.

INSTEAD OF 트리거

AFTER 트리거는 테이블에 이벤트가 작동한 후에 실행되지만, INSTEAD OF 트리거는 이벤트가 발생하기 전에 작동하는 트리거다. INSTEAD OF 트리거는 테이블뿐 아니라 뷰에도 작동되며, 주로 뷰에 업데이트가 가능하도록 할 때 사용된다.

AFTER 트리거와 마찬가지로 INSERT, UPDATE, DELETE 세 가지 이벤트로 작동한다.

CLR 트리거

CLR 트리거는 T-SQL 저장 프로시저 대신 .NET Framework에서 생성되는 트리거를 말한다. CLR 트리거는 이 책의 범주를 벗어나므로 별도로 다루지 않겠다. 자세한 사항은 SQL Server 도움말을 참고하자.

13.1.3 트리거의 사용

트리거를 정의하는 형식은 아래와 같다. 원래는 좀 더 복잡하지만 꼭 필요한 것만 추려서 단순화시켰다.

형식:

```
CREATE TRIGGER 트리거이름
ON { 테이블이름 | 뷰이름 }
[ WITH ENCRYPTION ]
{ FOR | AFTER | INSTEAD OF }
{ [ INSERT ] [ , ] [ UPDATE ] [ , ] [ DELETE ] }
AS
     실행할 SQL 문들
```

WITH ENCRYPTION

트리거의 내용을 암호화시켜서 추후에 내용을 확인할 수 없게 한다.

FOR | AFTER | INSTEAD OF

AFTER를 지정하면 해당 테이블에 SQL(INSERT, UPDATE, DELETE)이 수행되고, 작업이 정상적으로 끝난 후에 트리거의 내용이 실행된다. AFTER는 테이블에 대해서만 지정할 수 있으며, 뷰에 대해서는 지정할 수 없다.

INSTEAD OF는 테이블 및 뷰에 지정할 수 있지만, 주 용도는 뷰에 많이 사용된다. INSTEAD OF를 지정하면 해당 테이블이나 뷰에 지정한 SQL(INSERT, UPDATE, DELETE)이 작동하면, 시도된 SQL은 무시되고 트리거에 지정된 SQL 문이 대신 작동하게 된다.

FOR는 AFTER와 동일한 것으로 생각하면 된다.

INSERT | UPDATE | DELETE

트리거가 실행되는 이벤트를 지정한다. 하나 이상으로 조합해서 작동시킬 수 있다.

변경은 ALTER TRIGGER를 사용하면 되며, 삭제는 DROP TRIGGER를 사용하면 된다. 설명이 조금 복잡해 보이지만, 직접 실습으로 작동방식을 확인해 보면 쉽게 이해할 수 있다.

AFTER 트리거

다음 경우를 생각해보자. sqlDB의 고객 테이블(userTbl)에 입력된 회원의 정보가 종종 변경되지만 누가 언제 그것을 변경했고, 또 변경 전에 데이터는 어떤 것인지 알아야 한다면 다음 실습과 같이 트리거를 활용할 수 있다.

실습2

회원 테이블에 update나 insert를 시도하면, 수정 또는 삭제된 데이터를 별도의 테이블에 보관하고 변경된 일자와 변경한 사람을 기록하자.

step 0

기존의 sqlDB를 복원해서 사용하자.

0-1 복원하자(C:₩SQL₩sqlDB2016.bak 파일이 없는 독자는 6장의 〈실습 2〉를 다시 수행하거나, 책의 사이트인 http://cafe.naver.com/thisissql/에서 sqlDB2016.bak을 다운로드해서 C:₩SQL₩ 폴더에 저장하자).

```
USE tempdb;
RESTORE DATABASE sqlDB FROM DISK = 'C:\SQL\sqlDB2016.bak' WITH REPLACE;
```

0-2 insert나 update 작업이 일어나는 경우에, 변경되기 전의 데이터를 저장할 테이블을 하나 생성하자.

```
USE sqlDB;
DROP TABLE buyTbl; -- 구매테이블은실습에 필요없으므로삭제.
CREATE TABLE backup_userTbl
( userID   char(8) NOT NULL PRIMARY KEY,
  name     nvarchar(10) NOT NULL,
  birthYear   int NOT NULL,
  addr     nchar(2) NOT NULL,
  mobile1   char(3),
  mobile2    char(8),
  height     smallint,
  mDate     date,
  modType  nchar(2), -- 변경된 타입. '수정' 또는 '삭제'
  modDate  date, -- 변경된 날짜
  modUser  nvarchar(256) -- 변경한 사용자
)
```

변경 또는 삭제가 발생했을 때 작동하는 트리거를 userTbl에 부착하자.

```
CREATE TRIGGER trg_BackupUserTbl  -- 트리거 이름
ON userTbl -- 트리거를 부착할 테이블
AFTER  UPDATE,DELETE  -- 삭제,수정 후에 작동하도록 지정
AS
        DECLARE @modType NCHAR(2) -- 변경 타입

        IF (COLUMNS_UPDATED() > 0) -- 업데이트 되었다면
            BEGIN
                SET @modType = N'수정'
            END
        ELSE -- 삭제되었다면,
            BEGIN
                SET @modType = N'삭제'
            END

        -- delete 테이블의 내용(변경전의 내용)을 백업테이블에 삽입
        INSERT INTO backup_userTbl
            SELECT userID, name, birthYear, addr, mobile1, mobile2,
                    height, mDate, @modType, GETDATE(), USER_NAME() FROM deleted ;
```

여기서 마지막 행에 'deleted 테이블'이 나왔다. 잠시 후에 이 테이블에 대해서 상세히 알아보겠다. 지금은 'deleted 테이블'이란 update 또는 delete가 수행되기 전의 데이터가 잠깐 저장되어 있는 임시 테이블이라고 생각하면 된다.

데이터를 변경해 보고, 결과를 확인해보자.

2-1 데이터를 업데이트도 하고, 삭제도 하자.

```
UPDATE userTbl SET addr = N'몽고' WHERE userID = 'JKW';
DELETE userTbl WHERE height >= 177;
```

2-2 당연히 userTbl에는 수정이나 삭제가 적용되었을 것이다. 방금 수정 또는 삭제된 내용이 잘 보관되어 있는지, 결과를 확인해보자.

```
SELECT * FROM backup_userTbl;
```

	userID	name	birthYear	addr	mobile1	mobile2	height	mDate	modType	modDate	modUser
1	JKW	조관우	1965	경기	018	9999999	172	2010-10-10	수정	2012-09-20	dbo
2	KKH	김경호	1971	전남	019	3333333	177	2007-07-07	삭제	2012-09-20	dbo
3	LJB	임재범	1963	서울	016	6666666	182	2009-09-09	삭제	2012-09-20	dbo
4	LSG	이승기	1987	서울	011	1111111	182	2008-08-08	삭제	2012-09-20	dbo
5	SSK	성시경	1979	서울	NULL	NULL	186	2013-12-12	삭제	2012-09-20	dbo

[그림 13-1] 백업 테이블에 저장된 내용

수정 또는 삭제된 내용이 잘 저장되어 있다.

step 3

이번에는 테이블의 모든 행 데이터를 삭제해보자.

3-1 이번에는 DELETE 대신에 TRUNCATE TABLE 문으로 사용해보자. **TRUNCATE TABLE 테이블이름** 구문은 **DELETE FROM 테이블이름**과 동일한 효과를 낼 수 있다. 즉, 모든 행 데이터를 삭제한다.

```
TRUNCATE TABLE userTbl;
```

3-2 백업 테이블을 확인해보자.

```
SELECT * FROM backup_userTbl;
```

	userID	name	birthYear	addr	mobile1	mobile2	height	mDate	modType	modDate	modUser
1	JKW	조관우	1965	경기	018	9999999	172	2010-10-10	수정	2012-09-20	dbo
2	KKH	김경호	1971	전남	019	3333333	177	2007-07-07	삭제	2012-09-20	dbo
3	LJB	임재범	1963	서울	016	6666666	182	2009-09-09	삭제	2012-09-20	dbo
4	LSG	이승기	1987	서울	011	1111111	182	2008-08-08	삭제	2012-09-20	dbo
5	SSK	성시경	1979	서울	NULL	NULL	186	2013-12-12	삭제	2012-09-20	dbo

[그림 13-2] 백업 테이블에 변경 없음

백업 테이블에 삭제된 내용이 들어가지 않았다. 이유는 TRUNCATE TABLE로 삭제 시에는 트리거가 작동하지 않기 때문이므로, 주의해야 한다.

⚠ 지금 사용하는 트리거는 정확히는 DML 트리거라고 이야기 했다. TRUNCATE는 DDL 문이기 때문에 트리거가 당연히 작동하지 않는다.

이번에는 좀 다른 경우를 생각해보자. userTbl에는 절대 새로운 데이터가 입력되지 못하도록 설정하고 만약 누군가 수정이나 삭제를 시도했다면, 시도한 사람에게는 경고 메시지를 보이게 해서 약간이 겁(?)을 주자.

4-1 INSERT 트리거를 생성한다.

```
CREATE TRIGGER trg_insertUserTbl
ON userTbl
AFTER INSERT -- 삽입 후에 작동하도록 지정
AS

    RAISERROR(N'데이터의 입력을 시도했습니다.',10,1)
    RAISERROR(N'귀하의 정보가 서버에 기록되었습니다.',10,1)
    RAISERROR(N'그리고 입력한 데이터는 적용되지 않았습니다.',10,1)


    ROLLBACK TRAN;
```

RAISERROR() 함수는 오류를 강제로 발생시키는 함수다. 이 함수에 의해서 방금 데이터 입력을 시도한 사용자에게 경고 메시지를 보낸다. 그리고 마지막의 **ROLLBACK TRAN**을 만나면 사용자가 시도한 INSERT는 롤백이 되어 테이블에 적용되지 않는다.

이렇게 트리거에서 사용자의 작업을 취소시킬 수 있는 이유는 트리거가 완전히 종료되어야만 사용자의 트랜잭션도 정상적으로 커밋되기 때문이다.

4-2 데이터를 입력해보자.

```
INSERT INTO userTbl VALUES(N'ABC', N'에비씨', 1977, N'서울', N'011', N'1111111', 181,
'2019-12-25')

메시지:
데이터의 입력을 시도했습니다.
귀하의 정보가 서버에 기록되었습니다.
그리고 입력한 데이터는 적용되지 않았습니다.
메시지 3609, 수준 16, 상태 1, 줄 1
트리거가 발생하여 트랜잭션이 종료되었습니다. 일괄 처리가 중단되었습니다.
```

예상대로 메시지가 출력되고, 트랜잭션이 종료되었다. 경고 메시지가 출력된 후에, INSERT 작업은 롤백되고 userTbl에는 데이터가 삽입되지 않았다.

DROP TABLE 문은 테이블의 내용 및 테이블과 관련된 모든 것(테이블의 구조, 제약 조건, 인덱스 등)이 모두 삭제되지만, TRUNCATE TABLE은 테이블의 행 데이터만 삭제된다. 그러므로 **TRUNCATE TABLE 테이블이름과 DELETE 테이블이름**을 사용하는 것은 결과적으로 동일하게 모든 행 데이터를 삭제하게 된다.

하지만, TRUNCATE TABLE 문은 트랜잭션 로그 공간을 덜 사용하고, 잠금도 적게 사용하므로 시스템의 성능에는 DELETE 문보다 효율적이다. 특히, 대량의 행 데이터가 있는 테이블의 데이터를 모두 삭제할 경우에는 TRUNCATE TABLE 문이 훨씬 빠른 성능을 보여주면 시스템에 부하를 덜 주게 된다.

단, TRUNCATE TABLE 문은 각 행이 삭제된 내용을 'deleted' 테이블에 기록하지 않기 때문에 트리거가 작동하지 않는다. 그러므로 결과적으로 실행 속도는 더 빠른 것이다.

트리거가 생성하는 임시 테이블

트리거에서 INSERT, UPDATE, DELETE 작업이 수행되면 임시로 사용되는 시스템 테이블이 두 개 있는데, 이름은 'inserted'와 'deleted'이다.

이 두 테이블은 사용자가 임의로 변경 작업을 할 수는 없고, 단지 참조Select만 할 수 있다.

우선, inserted 테이블은 INSERT와 UPDATE 작업 시에 변경 후의 행 데이터와 동일한 데이터가 저장된다.

즉, 테이블에 INSERT 트리거나 UPDATE 트리거를 부착시켜 놓았다면 해당 테이블에 INSERT나 UPDATE 명령이 수행되면 해당 테이블의 데이터가 삽입 또는 변경되고, 그다음에 inserted 테이블에 삽입 또는 변경된 동일한 데이터가 저장된다(변경 전의 데이터가 아니라 변경 후의 데이터임을 주의하자). 그리고 deleted 테이블은 DELETE와 UPDATE 작업이 수행되면 우선 해당 테이블의 행 데이터가 삭제 또는 변경된 후에, 삭제 또는 변경되기 전의 데이터가 저장된다.

따라서 트리거의 작동 시에 변경된 후의 데이터를 참조하려면 inserted 테이블을 확인하고, 변경되기 전의 데이터를 참조하기 위해서는 deleted 테이블을 참조한다.

INSERT 작업이 수행되면 inserted 테이블에 삽입된 행이 저장되고, UPDATE 작업이 수행되면 inserted 테이블에 변경 후의 데이터가 저장된다. 또한 deleted 테이블에는 변경 전의 데이터가 저장된다. DELETE 작업이 수행되면 삭제되기 전의 데이터가 deleted 테이블에 저장된다.

성능 측면에서는 INSERT는 inserted 테이블 1개에, DELETE는 deleted 테이블에 1개에 저장하지만, UPDATE는 inserted와 deleted 테이블 2개 모두에 저장하므로 가장 성능이 나쁘다.

또한, inserted 테이블과 deleted 테이블은 메모리에 임시적으로 생성되는 테이블이다. 즉, 트리거가 작동되면 생성되고 트리거가 종료되면 자동 소멸한다.

INSTEAD OF 트리거

INSTEAD OF 트리거는 테이블에 변경이 가해지기 전에 작동되는 트리거다.

⚠ INSTEAD OF 트리거를 BEFORE 트리거라고 부르기도 한다.

INSTEAD OF 트리거는 주로 뷰에 행이 삽입되거나 변경, 삭제될 때 사용된다.

INSTEAD OF 트리거가 작동하면 시도된 INSERT, UPDATE, DELETE 문은 무시되므로 주의해야 한다. 즉, 해당 INSERT, UPDATE, DELETE 대신에 INSTEAD OF 트리거가 작동하는 것이다.

⚠ instead of의 사전적 의미가 '~ 대신에'이므로, 작동되는 쿼리 대신에 INSTEAD OF 트리거가 작동하는 것으로 생각하면 되겠다.

sqlDB의 내용을 가지고 하나의 시나리오를 가정해보자.

⚠ 이번 예는 sqlDB의 내용과 INSTEAD OF 트리거의 예를 짜맞추기 위해서 필자가 조금 억지스럽게 가정한 내용이다. 시나리오가 조금 어색해도 그냥 넘어가자.

택배 회사를 가정해보자. 고객 테이블(userTbl)과 구매 테이블(buyTbl)의 정보를 조합해서 배송 정보 뷰(uv_deliver)를 생성한다면, 이 배송 정보 뷰는 배송 담당자가 태블릿PC를 이용해서 배송 시에 조회하게 될 것이다. 그런데 배송 담당자가 해당 고객에게 물건을 배송할 때, 가끔은 고객이 직접 배송담당자에게 새로운 주문을 요청하는 경우가 발생한다. 그럴 때, 현장에서 직접 태블릿PC를 이용해서 배송 정보 뷰에 새로운 고객 정보 및 구매 정보를 입력해야 한다.

⚠ 배송 담당자는 고객 테이블과 구매 테이블에 직접 데이터를 입력할 권한은 없다고 가정한다.

INSTEAD OF 트리거를 실습하자.

⚠️ 8장의 〈실습 8〉 8번에서 복합 뷰를 생성하면 데이터가 입력되지 않는 것을 확인했었다. INSTEAD OF 트리거는 그러한 문제를 해결할 수 있다.

다시 기존의 sqlDB를 복원해서 사용하자.

0-1 복원하자.

```
USE tempdb;
RESTORE DATABASE sqlDB FROM DISK = 'C:\SQL\sqlDB2016.bak' WITH REPLACE;
```

0-2 배송정보 뷰를 생성하자.

```
USE sqlDB;
GO
CREATE VIEW uv_deliver -- 배송정보를 위한 뷰
AS
 SELECT b.userid, u.name, b.prodName, b.price, b.amount, u.addr
 FROM buyTbl b
    INNER JOIN userTbl u
    ON b.userid = u.userid;
```

배송 담당자는 배송 시에 계속 배송 정보 뷰를 확인하면서 배송을 한다.

1-1 배송 담당자가 사용할 배송 정보 뷰를 확인해보자.

```
SELECT * FROM uv_deliver;
```

	userid	name	prodName	price	amount	addr
1	KBS	김범수	운동화	30	2	경남
2	KBS	김범수	노트북	1000	1	경남
3	JYP	조용필	모니터	200	1	경기
4	BBK	바비킴	모니터	200	5	서울
5	KBS	김범수	청바지	50	3	경남
6	BBK	바비킴	메모리	80	10	서울
7	SSK	성시경	책	15	5	서울
8	EJW	은지원	책	15	2	경북
9	EJW	은지원	청바지	50	1	경북
10	BBK	바비킴	운동화	30	2	서울
11	EJW	은지원	책	15	1	경북
12	BBK	바비킴	운동화	30	2	서울

[그림 13-3] 배송정보 뷰

1-2 그런데 새로운 고객 '존밴이'에게 주문 요청을 받았다. 배송 정보 뷰에 주문사항을 입력해보자.

```
INSERT INTO uv_deliver VALUES ('JBI', N'존밴이', N'구두', 50, 1, N'인천');
```

```
오류 메시지:
메시지 4405, 수준 16, 상태 1, 줄 1
뷰 또는 함수 'uv_deliver'은(는) 수정 시 여러 기본 테이블에 영향을 주므로 업데이트할 수 없습니다.
```

배송 정보 뷰는 복합 뷰이기에 데이터를 입력할 수 없다. 이럴 때 배송 정보 뷰에 INSTEAD OF 트리거를 부착해서 해결할 수 있다.

---

step 2

배송정보 뷰에 INSTEAD OF 트리거를 생성하자.

2-1 배송 정보 뷰에 입력되는 정보 중에서 고객 테이블과 구매 테이블에 입력될 것을 분리해서 입력하도록 지정한다.

```
CREATE TRIGGER trg_insert
ON uv_deliver
INSTEAD OF INSERT
AS
BEGIN
    INSERT INTO userTbl(userid, name, birthYear, addr, mDate)
        SELECT userid, name, 1900 , addr, GETDATE() FROM inserted

    INSERT INTO buyTbl(userid, prodName, price, amount)
        SELECT userid, prodName, price, amount FROM inserted
END;
```

uv_deliver 뷰에 INSERT가 시도되면 우선 INSERT되는 내용이 inserted 테이블에 입력된다. 그러므로 inserted 테이블의 내용에서 각각 필요한 내용을 고객 테이블과 구매 테이블에 분리해서 입력하면 되는 것이다. 원래 uv_deliver 뷰에 수행된 INSERT 구문은 무시된다.

2-2 다시 '존밴이'에게 받은 주문을 입력하자.

```
INSERT INTO uv_deliver VALUES ('JBI', N'존밴이', N'구두', 50, 1, N'인천');
```

이번에는 정상적으로 수행되었을 것이다.

2-3 각 테이블에 데이터가 잘 입력되었는지 확인해보자.

```
SELECT * FROM userTbl WHERE userid = 'JBI';
SELECT * FROM buyTbl WHERE userid = 'JBI';
```

	userID	name	birthYear	addr	mobile1	mobile2	height	mDate
1	JBI	존밴이	1900	인천	NULL	NULL	NULL	2016-01-20

	num	userID	prodName	groupName	price	amount
1	13	JBI	구두	NULL	50	1

[그림 13-4] 쿼리 결과

정상적으로 트리거가 작동해서 데이터가 입력되었음이 확인된다. 그러므로 INSTEAD OF 트리거를 활용하면 데이터 삽입 및 수정이 불가능한 복합 뷰를 '업데이트가 가능한 뷰'로 변경할 수 있다.

step 3

생성된 트리거의 정보를 확인해보자.

3-1 쿼리창에서 확인하려면 sp_helptrigger를 사용한다.

```
EXEC sp_helptrigger uv_deliver;
```

	trigger_name	trigger_owner	isupdate	isdelete	isinsert	isafter	isinsteadof	trigger_schema
1	trg_insert	dbo	0	0	1	0	1	dbo

[그림 13-5] 트리거 정보

isupdate, isdelete, isinsert는 UPDATE, DELETE, INSERT 트리거 여부를 확인한다. 값이 1이면 설정된 것이다. 이 trg_insert 트리거는 INSERT 트리거이면서, INSTEAD OF 트리거임을 확인할 수 있다.

3-2. 해당 트리거의 내용을 보려면 sp_helptext를 사용하면 된다.

```
EXEC sp_helptext trg_insert;
```

트리거 내용이 출력되었을 것이다. 당연히 트리거의 생성 시에 'WITH ENCRYPTION' 옵션을 사용했다면 텍스트의 내용은 볼 수 없다.

3-3 SSMS에서 트리거의 정보를 확인하려면, 개체 탐색기에서 해당 데이터베이스의 테이블이나 뷰의 하위 메뉴에서 확인할 수 있다.

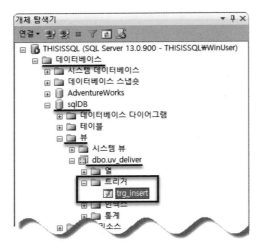

[그림 13-6] SSMS에서 트리거 확인

step 4

트리거를 변경해보자.

4-1 트리거의 내용을 변경하려면 ALTER TRIGGER를 사용하면 된다. 사용법은 다른 ALTER 문과 동일하므로 생략하겠다.

4-2 만약, 트리거의 이름을 변경하려면 sp_rename 시스템 저장 프로시저를 사용해야 한다.

```
EXEC sp_rename 'dbo.trg_insert', 'dbo.trg_uvInsert';
```

경고는 나오지만, 잘 변경이 되었을 것이다.

4-3 트리거를 삭제하려면 DROP TRIGGER를 사용하면 된다.

```
DROP TRIGGER dbo.trg_uvInsert;
```

```
오류 메시지:
메시지 3701, 수준 11, 상태 5, 줄 1
트리거 'dbo.trg_uvInsert'이(가) 없거나 권한이 없어서 삭제할 수 없습니다.
```

왜 삭제가 안 될까? 기존 트리거 이름인 trg_insert를 삭제해도 마찬가지로 삭제가 안 된다. 이유는 sp_rename 저장 프로시저를 사용해서 그렇다. sp_rename 저장 프로시저로 트리거의 이름을 바뀌지만, sys.sql_modules 카탈로그 뷰의 내용은 변경하지 않기 때문에 삭제되지 않는 것이다.

4-4 카탈로그 뷰를 확인해보자.

```
SELECT * FROM sys.sql_modules ;
```

	object_id	definition	uses_ansi_nulls	uses_quoted_identifier	is
1	885578193	CREATE VIEW uv_deliver -- 배송정보를 위한 뷰 AS SELECT b.u...	1	1	0
2	901578250	CREATE TRIGGER trg_insert ON uv_deliver INSTEAD OF INSER...	1	1	0

[그림 13-7] sys.sql_modules 카탈로그 뷰

definition 열의 내용은 변경이 되지 않았다. 결론적으로 트리거의 이름을 sp_rename으로 변경하는 것은 바람직하지 않다. 되도록 DROP하고 다시 CREATE하는 방법을 사용하자.

⚠ 트리거 뿐 아니라 뷰, 저장 프로시저, 함수 이름을 변경할 때는 sp_rename 시스템 저장 프로시저를 사용하지 말고, 삭제 (DROP) 후에 다시 생성(CREATE)하는 방법을 사용하는 것이 좋다. 또한, 트리거는 임시 트리거(#, ## 를 이름 앞에 붙임)로 생성할 수 없다.

4-5 뷰를 삭제하면 트리거는 뷰에 부착된 것이므로 같이 삭제된다.

```
DROP VIEW uv_deliver;
```

이 외에도 INSTEAD OF UPDATE 및 INSTEAD OF DELETE 트리거도 마찬가지로 사용할 수 있다.

13.2 기타 트리거에 관한 사항

13.2.1 다중 트리거

다중 트리거Multiple Triggers는 하나의 테이블에 동일한 트리거가 여러 개 부착되어 있는 것을 말한다. 예로, AFTER INSERT 트리거가 한 개 테이블에 2개 이상 부착되어 있을 수도 있다.

13.2.2 중첩 트리거

중첩 트리거Nested Triggers란 트리거가 또 다른 트리거를 작동하는 것을 말한다. 아래의 예를 보면서 이해하자.

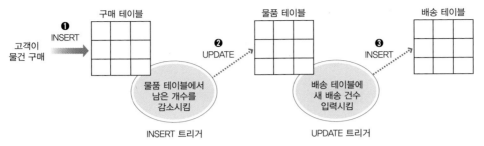

[그림 13-8] 중첩 트리거의 예

1. 고객이 물건을 구매하게 되면, 물건을 구매한 기록이 '구매 테이블'에 ❶INSERT 된다.
2. '구매 테이블'에 부착된 INSERT 트리거가 작동한다. 내용은 '물품 테이블'의 남은 개수를 구매한 개수만큼 빼는 ❷UPDATE를 한다(인터넷 쇼핑몰에서 물건을 구매하면, 즉시 남은 수량이 하나 줄어드는 것을 보았을 것이다).
3. '물품 테이블'에 장착된 UPDATE 트리거가 작동한다. 내용은 '배송 테이블'에 배송할 내용을 ❸INSERT하는 것이다.

하나의 '물건 구매(INSERT)' 작업으로 2개의 트리거가 연속적으로 작동했다. 이런 것은 중첩 트리거라고 한다. 이와 같은 중첩 트리거는 32단계까지 사용이 가능하다. SQL Server는 기본적으로 중첩트리거를 허용하며, 만약 중첩트리거를 허용하지 않으려면 서버 구성 옵션 중에 'nested triggers'를 OFF시켜야 한다. 중첩트리거를 허용하지 않도록 설정한 후에는, 트리거를 작동시키려면 직접 테이블에 INSERT나 UPDATE 작업을 수행해야만 한다. 위의 예에서 물품 테이블의 UPDATE 트리거를 작동시키려면 직접 UPDATE 문으로 물품 테이블의 데이터를 변경해야만 한다.

중첩트리거는 때때로 시스템의 성능에 좋지 않은 영향을 미칠 수 있다. 위의 경우에 고객이 물건을 구매하는 INSERT 작업이 일어나면 트랜잭션이 시작할 것이다. 이 트랜잭션은 마지막 배송 테이블에 정상적으로 입력이 수행되면 트랜잭션이 종료(커밋)된다. 즉, 만약 마지막 배송 테이블에 INSERT 작업이 실패한다면 그 앞의 모든 작업은 자동으로 ROLLBACK된다. 이것은 시스템에 부담이 되므로 성능에 나쁜 영향을 끼칠 소지가 있다. 잠시 후에, 실습에서 확인해보자.

13.2.3 재귀 트리거

재귀 트리거Recursive Trigger는 트리거가 작동해서 다시 자신의 트리거를 작동시키는 것을 말한다. 간접 재귀와 직접 재귀 두 가지 종류가 있다.

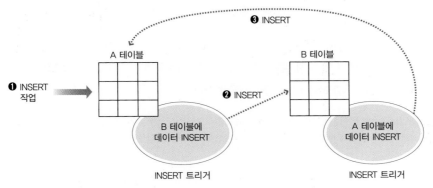

[그림 13-9] 간접 재귀 트리거의 예

간접 재귀 트리거는 두 테이블이 서로 트리거로 물려 있는 경우를 말한다. 위의 예에서 최초로 ❶INSERT 작업이 일어나면 A 테이블의 트리거가 작동해서 B 테이블에 ❷INSERT작업을 하게 되고, B테이블에서도 트리거가 작동해서 ❸INSERT 작업을 수행하게 된다. 그리고 다시 A 테이블의 트리거가 작동해서 ❹INSERT가 작동하게 되는 순환 구조를 갖는다.

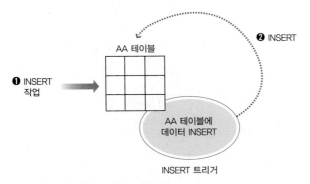

[그림 13-10] 직접 재귀 트리거의 예

직접 재귀 트리거는 [그림 13-10]과 같이 자신의 테이블에 자신이 순환적으로 트리거를 발생시키는 구조를 갖는다. 재귀 트리거는 32단계까지 반복되며, 반복 중에 문제가 발생시에는 모든 것이 ROLLBACK된다.

재귀 트리거도 다른 프로그래밍 언어와 마찬가지로 재귀를 빠져나올 수 있는 루틴을 마련해 놓아야 한다. 그렇지 않으면 무한루프를 돌게 된다.

⚠ 재귀 트리거는 32단계로 제한하므로 32단계까지 진행하고 모두 롤백이 된다. 즉, 아무런 작업도 하지 않고 32단계의 트랜잭션만 발생시키고 롤백되는 쓸데없는 일을 하는 결과가 된다.

재귀 트리거는 기본적으로 허용되어 있지 않다. 재귀 트리거를 허용하려면 ALTER DATABASE를 사용하여 RECURSIVE_TRIGGERS 설정을 활성화해야 한다.

⚠ 중첩트리거는 SQL Server의 전체에 영향을 미치는 '서버 구성 옵션'이므로 'sp_configure'로 설정해야 하며, 재귀트리거는 데이터베이스 옵션이므로 각 데이터베이스 별로 'ALTER DATABASE'로 설정해야 한다.

13.2.4 지연된 이름 확인

지연된 이름 확인^{deferred name resolution}은 11장 저장 프로시저 부분에서도 나왔던 것과 동일한 개념이다. 즉, 트리거를 정의 시에 해당 개체(주로 테이블)이 없더라도 트리거가 정의되는 것을 말한다. 실제로 개체의 존재여부는 트리거의 실행 시에 체크하게 된다.

13.2.5 트리거의 작동 순서

하나의 테이블에 여러 개의 AFTER 트리거가 부착되어 있다면, 트리거의 작동 순서를 지정할 수 있다.

⚠ INSTEAD OF 트리거의 경우에는 DML 문이 작동하기 이전에 작동하는 트리거이므로 순서를 지정하는 것이 의미가 없다.

몇 가지 주의할 점이 있는데, 작동 순서 전체를 지정할 수 없으며 '처음^{FIRST}'과 '끝^{LAST}'에 작동할 트리거만을 지정할 수 있다. 즉, INSERT/UPDATE/DELETE 트리거당 FIRST, LAST를 지정할 수 있으므로 총 6개를 지정할 수 있다. 예로 들어, trgA, trgB, trgC, trgD 네 개의 INSERT 트리거가 한 테이블에 부착되어 있다면 다음과 같이 작동 순서를 지정할 수 있다.

```
sp_settriggerorder @triggername= 'dbo.trgA', @order='First', @stmttype = 'INSERT';
sp_settriggerorder @triggername= 'dbo.trgD', @order='Last', @stmttype = 'INSERT';
```

trgA는 가장 먼저 작동하고, trgD는 가장 나중에 작동한다. 그 외 trgB, trgC는 작동 순서를 지정할 수 없는 'None'이 된다. 또한, ALTER TRIGGER로 트리거를 수정하게 되면, 지정된 수행 순서는 모두 취소되므로 다시 순서를 지정해야 한다.

트리거의 순서를 지정할 경우에는 되도록 SQL Server의 성능에 도움이 되도록 지정하는 것이 좋다.

예를 들어 trgA, trgB, trgC 세개의 INSERT 트리거의 순서를 지정 시에, trgA의 내용은 오류가 거의 일어나지 않고 trgC의 내용은 종종 오류가 발생된다고 가정해보자. 이런 경우에는 되도록 오류(또는 롤백)가 발생될 확률이 높은 trgC 트리거를 'FIRST'로, 오류가 발생될 확률이 낮은 trgA를 'LAST'로 지정하는 것이 바람직하다. 이유는 trgC가 맨 마지막이라면 오류 발생 시 그 앞의 trgA, trgB까지 모두 롤백시켜야 하므로 시스템에 부하가 발생될 수밖에 없다. 그러므로 오류가 발생될 거라면 차라리 맨 처음에 발생되어서 롤백될 내용을 최소화 하는 것이 좋다.

실습4

기타 트리거의 작동을 실습해보자. 주의할 점은 이번 실습의 전제조건은 한 번에 한 행씩 입력 또는 변경된다는 전제하에 실습하자.

⚠ 그 이유는 코드를 최대한 간단히 작성해서 이해를 쉽게 하기 위한 것이다. 한 번에 여러 건이 입력 또는 변경되는 것까지 고려하려면 코드가 좀 복잡해져서, SQL을 이해하느라 정작 이번 실습에서 이해하고자 하는 트리거를 이해하기 어려워질 것이다.

step 0

새로운 데이터베이스를 생성해서 실습하자.

0-1 기존의 쿼리창을 모두 닫고, 새 쿼리창을 하나 연다.

0-2 연습용 DB를 생성한다.

```
USE tempdb;
CREATE DATABASE triggerDB;
```

0-3 [그림 13-8]의 중첩 트리거를 실습할 테이블을 만든다. 실제로 물건을 구매하고 배송하려면 더 많은 열이 필요하지만, 지금은 중첩 트리거의 실습을 위해서 최소화한 테이블을 생성하자.

```
USE triggerDB;
CREATE TABLE orderTbl -- 구매 테이블
        (orderNo INT IDENTITY, -- 구매 일련번호
        userID NVARCHAR(5), -- 구매한 회원아이디
        prodName NVARCHAR(5), -- 구매한 물건
        orderAmount INT );  -- 구매한 개수
```

```
GO
CREATE TABLE prodTbl -- 물품 테이블
        ( prodName NVARCHAR(5), -- 물건 이름
        account INT ); -- 남은 물건수량
GO
CREATE TABLE deliverTbl -- 배송 테이블
        ( deliverNo  INT IDENTITY, -- 배송 일련번호
        prodName NVARCHAR(5), -- 배송할 물건
        amount INT ); -- 배송할 물건개수
```

물품 테이블에는 몇 건의 물건을 넣어 놓자.

```
INSERT INTO prodTbl VALUES(N'사과', 100);
INSERT INTO prodTbl VALUES(N'배', 100);
INSERT INTO prodTbl VALUES(N'귤', 100);
```

0-4 [그림 13-9], [그림 13-10]의 재귀 트리거 실습용 테이블을 생성하자.

```
CREATE TABLE recuA  (id INT IDENTITY, txt NVARCHAR(10)); -- 간접 재귀 트리거용 테이블A
GO
CREATE TABLE recuB  (id INT IDENTITY, txt NVARCHAR(10)); -- 간접 재귀 트리거용 테이블B
GO
CREATE TABLE recuAA (id INT IDENTITY, txt NVARCHAR(10)); -- 직접 재귀 트리거용 테이블AA
```

step 1

중첩 트리거를 실습해보자.

1-0 먼저 중첩 트리거가 수행될 수 있도록 서버 구성 옵션인 'nested triggers'가 ON되어 있는지 확인해보자. 디폴트는 ON되어 있다.

```
EXEC sp_configure 'nested triggers';
```

	name	minimum	maximum	config_value	run_value
1	nested triggers	0	1	1	1

[그림 13-11] 'nested triggers'의 설정

'run_value' 열이 1로 구성되어 있으므로, 현재 ON 되어 있는 상태이다(즉, 중첩트리거가 허용되어 있다).

1-1 [그림 13-8]의 트리거를 구매 테이블(orderTbl)과 물품 테이블(prodTbl)에 부착하자.

```
-- 물품 테이블에서 개수 감소시키는 트리거
CREATE TRIGGER trg_order
ON orderTbl
AFTER  INSERT
AS
        PRINT N'1. trg_order를 실행합니다.'
        DECLARE @orderAmount INT
        DECLARE @prodName NVARCHAR(5)

        SELECT @orderAmount = orderAmount FROM inserted
        SELECT @prodName = prodName FROM inserted

        UPDATE prodTbl SET account -= @orderAmount
                WHERE prodName = @prodName ;
GO
-- 배송테이블에 새 배송 건을 입력하는 트리거
CREATE TRIGGER trg_prod
ON prodTbl
AFTER  UPDATE
AS
        PRINT N'2. trg_prod를 실행합니다.'
        DECLARE @prodName NVARCHAR(5)
        DECLARE @amount INT
```

```
        SELECT @prodName = prodName FROM inserted
        SELECT @amount = D.account - I.account
               FROM inserted I, deleted D  -- (변경 전의 개수 - 변경 후의 개수) = 주문 개수

        INSERT INTO deliverTbl(prodName,amount)  VALUES(@prodName, @amount);
     GO
```

1-2 고객이 물건을 구매한 [그림 13-18]의 ❶INSERT 작업을 수행하자.

```
INSERT INTO orderTbl VALUES ('JOHN', N'배',5);
```

메시지 창:
1. trg_order를 실행합니다.
2. trg_prod를 실행합니다.

(1개 행이 영향을 받음)

(1개 행이 영향을 받음)

(1개 행이 영향을 받음)

트리거가 두 개 모두 작동한 것 같다.

1-3 중첩트리거가 잘 작동했는지 세 테이블을 모두 확인해보자.

```
SELECT * FROM orderTbl;
SELECT * FROM prodTbl;
SELECT * FROM deliverTbl;
```

	orderNo	userID	prodName	orderAmount
1	1	JOHN	배	5

	prodName	account
1	사과	100
2	배	95
3	귤	100

	deliverNo	prodName	amount
1	1	배	5

[그림 13-12] 결과 확인 1

[그림 13-8]의 중첩트리거가 작동해서 ❶INSERT, ❷UPDATE, ❸INSERT 가 모두 성공하였다.

1-4 이번에는 '배송 테이블'(deliverTbl)의 열 이름을 변경해서 [그림 13-8]의 ❸INSERT가 실패하도록 해보자.

```
EXEC sp_rename 'dbo.deliverTbl.prodName', 'productName', 'COLUMN';
```

주의 메시지는 나오지만 실행은 된다.

1-5 다시 데이터를 입력해보자.

```
INSERT INTO orderTbl VALUES ('DANG', N'사과', 9);
```

```
오류 메시지:
1. trg_order를 실행합니다.
메시지 207, 수준 16, 상태 1, 프로시저 trg_prod, 줄 14
열 이름 'prodName'이(가) 잘못되었습니다.
```

트리거는 작동했으나, 마지막에 열 이름 때문에 ❸INSERT가 실패했다.

1-6 테이블을 확인해보자.

```
SELECT * FROM orderTbl;
SELECT * FROM prodTbl;
SELECT * FROM deliverTbl;
```

	orderNo	userID	prodName	orderAmount
1	1	JOHN	배	5

	prodName	account
1	사과	100
2	배	95
3	귤	100

	deliverNo	productName	amount
1	1	배	5

[그림 13-13] 결과 확인 2

데이터가 변경되지 않았다. 중첩 트리거에서 [그림 13-8]의 ❸INSERT가 실패하면 그 앞의 ❶INSERT, ❷UPDATE도 모두 롤백되는 것을 확인할 수 있었다.

---

step 2 ───

간접 재귀 트리거를 실습해보자.

2-0 triggerDB에 간접 재귀 트리거가 허용되어 있는지 데이터베이스 옵션 'RECURSIVE_TRIGGERS'를 ON으로 설정해야 한다. 우선, 현재 설정된 값을 확인하자.

```
USE triggerDB;
SELECT name, is_recursive_triggers_on FROM sys.databases
        WHERE name = 'triggerDB';
```

0(OFF)로 설정되어 있을 것이다. 1(ON)으로 변경하자.

```
ALTER DATABASE triggerDB
        SET RECURSIVE_TRIGGERS ON;
```

다시 sys.databases 카탈로그 뷰를 확인하면 1(ON)으로 변경되었을 것이다.

2-1 [그림 13-9]와 같이 두 테이블이 서로 물려있는 간접 재귀 트리거를 테이블A(recuA)와 테이블 B(recuB)에 부착하자.

```
CREATE TRIGGER trg_recuA
ON recuA
AFTER  INSERT
AS
        DECLARE @id INT
        SELECT @id = trigger_nestlevel() -- 현재 트리거 레벨값

        PRINT N'트리거 레벨==> ' + CAST(@id AS CHAR(5))
        INSERT INTO recuB VALUES (N'간접 재귀 트리거')

GO

CREATE TRIGGER trg_recuB
ON recuB
AFTER  INSERT
AS
        DECLARE @id INT
        SELECT @id = trigger_nestlevel() -- 현재 트리거 레벨값

        PRINT N'트리거 레벨==> ' + CAST(@id AS CHAR(5))
        INSERT INTO recuA VALUES (N'간접 재귀 트리거')
```

2-2 [그림 13-9]의 ❶INSERT 작업을 수행해서, ❷ ❸INSERT 가 수행되는지 확인해보자.

```
INSERT INTO recuA VALUES (N'처음입력값');
```

```
결과 메시지:
트리거 레벨==> 1
트리거 레벨==> 2
```

트리거 레벨==> 3
　…(중간 생략) …
트리거 레벨==> 31
트리거 레벨==> 32
메시지 217, 수준 16, 상태 1, 프로시저 trg_recuB, 줄 10
저장 프로시저, 함수, 트리거 또는 뷰의 최대 중첩 수준(32)을 초과했습니다.

계속 서로 트리거가 수행되다가 32단계가 넘어서자 중지되었다. 만약, 32단계의 제한이 없었다면 '무한 루프'를 돌았을 것이다.

2-3 테이블에 무엇이 들어갔는지 확인해보자.

```
SELECT * FROM recuA;
SELECT * FROM recuB;
```

아무것도 들어가지 않았을 것이다. 마지막에 발생한 오류가 모든 트리거의 트랜잭션을 취소시켰기 때문이다.

2-4 그러므로 재귀 트리거는 재귀를 빠져나올 수 있는 루틴을 추가해야 의미가 있다. 트리거를 수정해보자.

```
ALTER TRIGGER trg_recuA
ON recuA
AFTER  INSERT
AS
        IF ( (SELECT trigger_nestlevel() ) >= 32 )
            RETURN

        DECLARE @id INT
        SELECT @id = trigger_nestlevel() -- 현재 트리거 레벨값

        PRINT N'트리거 레벨==> ' + CAST(@id AS CHAR(5))
        INSERT INTO recuB VALUES (N'간접 재귀 트리거')

GO

ALTER TRIGGER trg_recuB
ON recuB
AFTER  INSERT
AS
        IF ( (SELECT trigger_nestlevel() ) >= 32 )
            RETURN

        DECLARE @id INT
        SELECT @id = trigger_nestlevel() -- 현재 트리거 레벨값
```

```
PRINT N'트리거 레벨==> ' + CAST(@id AS CHAR(5))
INSERT INTO recuA VALUES (N'간접 재귀 트리거')
```

trigger_nestlevel() 함수는 현재의 트리거 레벨을 구하는 함수다. 즉, 현재의 트리거 레벨이 32가 넘으면 'RETRUN' 문으로 재귀를 빠져나간다.

2-5 다시 입력해보자.

```
INSERT INTO recuA VALUES (N'처음입력값');
```

이번에는 오류가 발생하지 않았을 것이다.

2-6 테이블을 확인해보자.

```
SELECT * FROM recuA;
SELECT * FROM recuB;
```

	id	txt
1	18	처음입력값
2	19	간접 재귀 트리거
3	20	간접 재귀 트리거
4	21	간접 재귀 트리거
13	30	간접 재귀 트리거
14	31	간접 재귀 트리거
15	32	간접 재귀 트리거
16	33	간접 재귀 트리거

	id	txt
1	17	간접 재귀 트리거
2	18	간접 재귀 트리거
3	19	간접 재귀 트리거
13	29	간접 재귀 트리거
14	30	간접 재귀 트리거
15	31	간접 재귀 트리거
16	32	간접 재귀 트리거

[그림 13-14] 쿼리 결과

16개씩 행이 입력되어 있다. 참고로 id 열의 값이 1부터 시작하지 않은 이유는 **2-2**에서 INSERT가 실패하더라도 IDENTITY값은 계속 증가하기 때문이다.

[그림 13-10]의 간접 재귀 트리거도 동일한 방식으로 recuAA 테이블을 사용할 수 있다. 이에 대한 실습은 직접 재귀 트리거와 거의 동일하므로 독자 스스로 해보자.

이상으로 트리거에 대한 내용을 마무리 짓겠다. 앞에서도 이미 얘기했지만, 지금 소개된 트리거는 SQL Server에서 주로 사용되는 내용을 정리했으며 모두 DML 트리거를 얘기한 것이다. 데이터베이스 개발자가 주로 활용해야 할 내용이므로 잘 기억하자.

1. 다음 중 맞는 것을 모두 골라보자.

   (1) 트리거는 제약 조건과 더불어서 데이터 무결성을 위해서 SQL Server에서 사용할 수 있는 또 다른 기능이다.

   (2) DML 트리거는 테이블 또는 뷰와 관련되어 DML 문(Insert, Update, Delete 등)의 이벤트가 발생될 때 작동한다.

   (3) DDL 트리거는 서버나 데이터베이스에 DDL 문(Create, Drop, Alter 등)의 이벤트가 발생될 때 작동된다.

   (4) LOGON 트리거는 사용자의 로그온 이벤트가 발생하면 작동된다.

   (5) 트리거는 필요할 경우에 직접 작동시킬 수도 있다.

2. AFTER 트리거와 INSTEAD OF 트리거에 대해서 간략히 설명해 보자.

3. 다음의 괄호를 채워보자.

   트리거가 사용하는 특수한 테이블인 (1) 테이블은 INSERT와 UPDATE 작업 시에 변경 후의 행 데이터와 동일한 데이터가 저장되고, (2) 테이블은 DELETE와 UPDATE 작업이 수행되면 우선 해당 테이블의 행 데이터가 삭제 또는 변경된 후에, 삭제 또는 변경되기 전의 데이터가 저장된다.

4 다음 항목을 각 설명과 연결해보자.

   재귀 트리거, 중첩 트리거, 다중 트리거

   (1) 하나의 테이블에 동일한 트리거가 여러 개 부착되어 있는 것
   (2) 트리거가 또 다른 트리거를 작동시키는 것
   (3) 트리거가 작동해서 다시 자신의 트리거를 작동 시키는 것

PART
04

SQL Server 활용

SQL Server의 활용적인 측면에서 전체 텍스트 검색 서비스가 어떻게 운영되고 실무에서 활용될 수 있는지를 파악한다. 또한, SQL Server에서 지원되는 XML에 대해서도 알아본다.

마지막으로 Visual Studio를 이용해서 응용 프로그램과 SQL Server가 어떻게 연동되는지 실습해본다.

전체 텍스트 검색

전체 텍스트 검색Full Text Search의 개념은 별로 어렵지 않다. 간단하게 정의하면 긴 문장으로 구성된 열의 내용을 검색할 때, 인덱스를 사용해서 빠른 시간에 검색하는 것이다.

인터넷의 뉴스 사이트를 생각해보자. 매일매일 많은 기사들이 등록될 것이다. 각 기사(대개는 몇 페이지 분량)는 테이블의 하나의 열에 저장되어 있을 것이다.

만약, 신문기사 중에서 특정 단어를 검색할 때 어떤 현상이 일어나게 될 것인가? **SELECT 신문기사 FROM 신문테이블 WHERE 신문기사 LIKE '%선거%'**로 검색한다면 아마도 테이블 스캔 작업이 일어나고 그 결과를 위해서 한참을 기다려야 할 것이다.

이러한 것을 해결하는 것이 전체 텍스트 검색이다. 전체 텍스트 검색을 사용하면 기사의 내용에 포함된 여러 단어에 인덱스가 설정되어서 검색 시에 인덱스를 사용하게 되므로 검색 속도가 월등히 빨라진다.

전체 텍스트 검색은 이전 버전의 SQL Server에서 모두 제공해주는 서비스지만, 각 버전별로 계속 기능이 향상되어 왔다.

이 장의 핵심 개념

14장은 SQL Server의 성능을 향상시키는 방법으로 전체 텍스트 검색을 학습한다. 14장의 핵심 개념은 다음과 같다.

1. 전체 텍스트 검색은 긴 문자의 텍스트 데이터를 빠르게 검색하는 기능이다.

2. 전체 텍스트 인덱스는 신문기사처럼 텍스트로 이뤄진 문자열 데이터의 내용으로 생성한 인덱스를 말한다.

3. 전체 텍스트 검색을 위한 쿼리는 일반 SELECT 문의 WHERE 절에 CONTAINS, FREETEXT, CONTAINSTABLE, FREETEXTTABLE 등을 사용하면 된다.

이 장의 학습 흐름

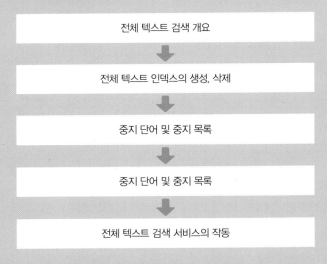

전체 텍스트 검색 개요

↓

전체 텍스트 인덱스의 생성, 삭제

↓

중지 단어 및 중지 목록

↓

중지 단어 및 중지 목록

↓

전체 텍스트 검색 서비스의 작동

14.1 전체 텍스트 검색 개요

이 장의 도입부에서 설명한 바와 같이 전체 텍스트 검색은 긴 문자로 구성된 구조화되지 않은 텍스트 데이터(예, 신문기사) 등을 빠르게 검색하기 위한 SQL Server의 부가적인 기능이다.

전체 텍스트 검색은 저장된 텍스트의 키워드 기반의 쿼리를 위해서 빠른 인덱싱이 가능하다.

다음과 같은 데이터가 들어 있는 테이블과 인덱스를 생각해보자(신문 기사 내용 중 ~~~ 부분은 여기서 생략된 것이지, 실제는 모두 들어 있다고 생각하자).

신문기사 인덱스

정렬되어 있음

인덱스	주소 값
교통 사고의 증가로 인해 오늘 ~~~~~	
국회의원 선거 결과는 ~~~~~	
미스코리아 대회가 오늘 ~~~~~	
한가로운 교통 상황으로 ~~~~~	

신문기사 테이블

일자	신문기사 내용
2016.12.12	미스코리아 대회가 오늘 ~~~~~
2017.5.5	한가로운 교통 상황으로 ~~~~~
2018.8.8	국회의원 선거 결과는 ~~~~~
2019.10.19	교통 사고의 증가로 인해 오늘 ~~~~~

[그림 14-1] 신문기사 테이블과 신문기사 인덱스 개념도

위 테이블의 구조는 아마도 다음과 같을 것이다. 내용은 필자가 설명을 위해서 억지로 만든 것이므로 세부적인 것은 무시하자.

```
CREATE TABLE 신문기사_테이블 (
    일자    DATE,
    신문기사내용 NVARCHAR(4000)
)
GO
CREATE NONCLUSTERED INDEX 신문기사_인덱스 ON 신문기사_테이블(신문기사내용);
GO
```

신문기사를 계속 입력할 때마다 테이블의 크기 및 인덱스의 크기가 커질 것이다.

이제 신문기사를 검색해보자.

```
SELECT * FROM 신문기사_테이블 WHERE 신문기사내용 = N'교통 사고의 증가로 인해 오늘 ~~~';
```

위와 같이 검색하면 당연히 인덱스를 잘 사용하게 될 것이다. 그런데 신문기사의 내용을 모두 안다면 위와 같은 검색을 할 이유가 없다. 그래서 아마도 6장에서 배운 LIKE 검색을 사용하게 될 것이다.

즉, 교통과 관련된 신문기사를 검색하려면 다음과 같이 사용하면 된다.

```
SELECT * FROM 신문기사_테이블 WHERE 신문기사내용 LIKE N'교통%'
```

이렇게 검색하면 인덱스가 정렬되어 있으므로, 해당되는 내용이 인덱스를 통해서 빠르게 검색이 된다.

아마도 결과는 "2019.10.19"일자 기사가 검색될 것이다. 문제는 "2017.5.5" 일자 기사도 '교통'과 관련된 기사라는 점이다. 앞에 들어 있든지 중간에 들어 있든지 모든 '교통'과 관련된 내용을 검색하려면, 다음과 같이 사용하면 된다.

```
SELECT * FROM 신문기사_테이블 WHERE 신문기사내용 LIKE N'%교통%'
```

이렇게 하면 '교통'이라는 글자가 들어간 모든 기사(이 예에서는 2019.10.19일자, 2017.5.5일자 2건)이 검색될 것이다. 그런데 문제는 이렇게 되면 인덱스를 사용할 수 없다는 점이다.

2017.5.5일자의 '교통'은 중간에 들어 있으므로 인덱스를 사용할 방법이 없으므로 당연히 SQL Server는 테이블 검색(전체 테이블을 읽는 것)을 하게 된다. 10년치 기사 중에서 검색했다면 SQL Server는 엄청난 부하가 발생되고 그 응답시간도 어쩌면 수 분~수 시간이 걸릴지도 모르겠다.

전체 텍스트 검색은 이러한 문제를 해결해준다. 즉, 전체 텍스트 검색은 첫 글자뿐 아니라, 중간의 단어나 문장으로도 인덱스를 생성해 주기 때문에 지금과 같은 상황에서도 인덱스(정확히는 전체 텍스트 인덱스)를 사용하기 때문에 순식간에 검색 결과를 얻을 수 있다.

개념은 이 정도면 이해가 되었을 것이라 믿고, 실제 어떻게 구동되는지 상세히 살펴보자.

우선 전체 텍스트 검색을 사용하려면, 설치 시에 지정을 해줘야 한다. 2장 설치 부분에서 '검색을 위한 전체 텍스트 및 의미 체계 추출' 기능을 선택해서 설치했다(2장의 [그림 2-15]를 참고하자).

그러면 자동으로 'SQL Full-text Filter Daemon Launcher'라는 서비스가 등록되고 자동으로 가동이 된다.

[그림 14-2] [SQL Server 구성 관리자]에서 SQL Full-text Filter Daemon Launcher 가동 확인

만약에 상태가 '중지됨'이라면, 서비스를 선택한 상태에서 마우스 오른쪽 버튼을 클릭하고 [시작]을 선택하면 된다(시작 모드가 '수동'이지만 SQL Server가 가동되면서 같이 가동하므로 독자도 '실행 중'으로 되어 있을 것이다).

14.2 전체 텍스트 인덱스와 전체 텍스트 카탈로그

14.2.1 전체 텍스트 인덱스

전체 텍스트 인덱스^{Full Text Index}는 신문기사와 같이, 텍스트로 이루어진 문자열 데이터의 내용을 가지고 생성한 인덱스를 말한다. SQL Server에서 생성한 일반적인 인덱스와는 몇 가지 차이점이 있다.

- 일반 인덱스는 테이블 당 여러 개를 생성할 수 있지만, 전체 텍스트 인덱스는 테이블 당 하나만 생성할 수 있다.
- 일반 인덱스는 Insert, Update, Delete 되면 인덱스도 자동으로 업데이트 된다. 전체 텍스트 인덱스에 데이터를 추가하는 채우기^{Population}는 일정 예약이나 특별한 요청에 의해서 수행되거나, 새로운 데이터를 Insert 시에 자동으로 수행되도록 할 수도 있다.
- 전체 텍스트 인덱스는 char, varchar, nchar, nvarchar, text, ntext, image, xml, varbinary(max), FILESTREAM 등의 열에 생성이 가능하다.
- 전체 텍스트 인덱스를 생성할 테이블에는 Primary Key나 Unique Key가 존재해야 한다.

⚠ SQL Server 2005에서는 char, varchar, nchar, nvarchar만 전체 텍스트 인덱스의 생성이 가능하다.

전체 텍스트 인덱스를 생성하는 형식은 아래와 같다.

형식:

```
CREATE FULLTEXT INDEX ON table_name
   [ ( { column_name
               [ TYPE COLUMN type_column_name ]
               [ LANGUAGE language_term ]
               [ STATISTICAL_SEMANTICS ]
         } [ ,...n]
      ) ]
   KEY INDEX index_name
   [ ON <catalog_filegroup_option> ]
   [ WITH [ ( ] <with_option> [ ,...n] [ ) ] ] ]
```

전체 텍스트 인덱스를 생성할 때는 저장될 전체 텍스트 카탈로그가 먼저 생성되어 있어야 한다(카탈로그는 바로 이어서 나온다). 생략 시에는 기본 카탈로그에 생성이 되며, 'ON' 구문으로 특정 카탈로그나 파일 그룹을 지정할 수도 있다. 또한, 변경은 ALTER FULLTEXT INDEX 문을, 삭제는 DROP FULLTEXT INDEX 문을 사용하면 된다.

사용법은 잠시 후 실습에서 확인해보자.

14.2.2 전체 텍스트 카탈로그

전체 텍스트 카탈로그Full Text Catalog는 전체 텍스트 인덱스가 저장되는 가상의 공간이라고 생각하면 된다. 하나의 전체 텍스트 카탈로그에는 여러 개의 전체 텍스트 인덱스가 저장된다.

기억할 점은 전체 텍스트 인덱스를 생성하기 전에 꼭 전체 텍스트 카탈로그를 생성해 놓아야 한다.

생성하는 구문은 아래와 같다.

형식:

```
CREATE FULLTEXT CATALOG catalog_name
      [ON FILEGROUP filegroup ]
      [IN PATH 'rootpath']
      [WITH <catalog_option>]
      [AS DEFAULT]
      [AUTHORIZATION owner_name ]
```

또한, 변경하기 위해 ALTER FULLTEXT CATALOG를 삭제하려면 DROP FULLTEXT CATALOG 구문을 사용한다. 이에 대한 사용법도 잠시 후에 실습에서 확인해보겠다.

⚠ SQL Server 2005에서는 전체 텍스트 인덱스가 외부에 저장되어야 하므로, 전체 텍스트 카탈로그의 저장 위치 등이 중요한 의미를 가졌지만, SQL Server 2008부터는 전체 텍스트 인덱스가 데이터베이스 내부에 저장되기 때문에 전체 텍스트 카탈로그의 의미가 별로 중요하지 않게 되었다. 그러므로 전체 텍스트 카탈로그를 전체 텍스트 인덱스를 위한 가상의 공간 정도로 생각하면 된다.

14.2.3 전체 텍스트 인덱스 채우기

전체 텍스트 인덱스를 생성하고 관리하는 것을 '인덱스 채우기Population'라고 부른다. 이 '채우기'의 방법에는 세 가지 종류가 있다.

전체 채우기

처음 전체 텍스트 인덱스를 생성할 때 지정한 열의 모든 데이터 행에 대해서 인덱스를 생성하는 것을 말한다. 일반적으로 처음에는 전체 채우기를 수행해야 한다.

변경 내용 추적 기반 채우기

전체 채우기를 수행한 이후에, 변경된 내용을 채우는 것을 말한다. SQL Server가 자동으로 변경되는 내용을 전체 텍스트 인덱스에 채우기 위해서는 "CREATE FULLTEXT INDEX" 문에서 "WITH CHANGE_TRACKING AUTO" 옵션을 사용한다. "WITH CHANGE_TRACKING MANUAL" 옵션을 사용하면 수동이나 SQL Server 에이전트에서 설정한 일정으로 변경된 내용을 업데이트할 수 있다.

⚠ 변경 내용 추적 기반 채우기는 시스템의 성능을 떨어뜨릴 수 있다. 성능 향상을 위해서 이를 사용하지 않으려면 "WITH CHANGE TRACKING OFF" 옵션을 사용하자.

증분 타임스탬프 기반 채우기

증분 채우기는 마지막 채우기 후 추가, 삭제, 수정된 행에 대해서 전체 텍스트 인덱스를 업데이트한다. 이를 사용하려면 테이블에 타임스탬프 데이터 형식의 열이 있어야 하며, 만약 타임스탬프 열이 없는 테이블에 대해 증분 채우기를 하면 전체 채우기 작업이 수행되므로 성능에 부하가 생길 수 있다.

14.2.4 중지 단어 및 중지 목록

전체 텍스트 인덱스는 긴 문장에 대해서 인덱스를 생성하기 때문에 그 양이 커질 수밖에 없다. 그러나 실제로 검색에서 무시할 만한 단어는 아예 전체 텍스트 인덱스로 생성하지 않는 편이 좋다.

전체 텍스트 인덱스를 생성 시에 다음과 같은 경우를 생각 해보자.

이번	선거는	아주	중요한	행사므로	모두	꼭	참여	바랍니다
1	2	3	4	5	6	7	8	9

위와 같은 문장에서 전체 텍스트 인덱스를 만든다면 '이번', '아주', '모두', '꼭' 등과 같은 단어로는 검색을 할 이유가 없으므로 제외시키는 것이 좋다. 이것이 중지 단어stopwords다.

위치로는 1,3,6,7번을 제외시키는 것이다. 이렇게 위치만 제외시킴으로써 기존의 다른 의미가 있는 단어들의 위치는 변동이 없게 된다. 문제는 이러한 '중지 단어'들을 사용자가 일일이 지정하기가 어렵기 때문에 SQL Server에서는 각 언어별로 기존에 많이 사용되는 중지 단어를 제공해준다(리소스 데이터베이스 안에 저장이 되어 있으나, 임의로 볼 수는 없다). 이의 사용 방법은 잠시 후에 살펴보겠다.

중지 목록stoplist는 이러한 중지 단어를 관리하기 위한 집합으로 생각하면 된다. 사용자는 중지 목록을 생성해서 그 중지 목록에 중지 단어를 추가하면 된다. 그리고 전체 텍스트 인덱스를 생성할 때 이 중지 목록에 있는 단어들을 적용시키면 SQL Server는 중지 목록의 중지 단어를 제외하고 전체 텍스트 인덱스를 만들어준다. 결국, 전체 텍스트 인덱스의 크기가 최소화될 수 있다. 잠시 후, 실습에서 확인해보자.

14.2.5 전체 텍스트 검색을 위한 쿼리

전체 텍스트 인덱스를 생성한 후에, 그것을 이용하는 쿼리는 일반 SELECT 문의 WHERE 절 또는 FROM 절에 관련된 키워드를 사용하면 된다.

CONTAINS

SQL Server 도움말에 나온 다음과 아래와 같다.

형식:

```
CONTAINS (
    {
        column_name ¦ ( column_list )
      ¦ *
      ¦ PROPERTY ( { column_name }, 'property_name' )
    }
    , '<contains_search_condition>'
    [ , LANGUAGE language_term ]
  )

<contains_search_condition> ::=
  {
        <simple_term>
    ¦ <prefix_term>
    ¦ <generation_term>
    ¦ <generic_proximity_term>
    ¦ <custom_proximity_term>
    ¦ <weighted_term>
    }
  ¦
    { ( <contains_search_condition> )
        [ { <AND> ¦ <AND NOT> ¦ <OR> } ]
        <contains_search_condition> [ ...n ]
    }
```

복잡해 보이지만 사용은 별로 어렵지 않다. 우선 기본적으로 기억할 사항은 CONTAINS는 WHERE 절에서 사용한다는 점이다. 예를 들어, 신문(newspaper)이라는 테이블의 기사 (article)이라는 열에 전체 텍스트 인덱스가 생성되어 있고 가정해보자.

- 정확히 '영화'라는 단어가 들어간 기사를 찾으려면 다음과 같이 한다. 여기서는 '한국영화', '실험영화' 등의 단어가 들어간 열은 검색되지 않는다.

```
SELECT * FROM newspaper
  WHERE CONTAINS(article, '영화')
```

- '영화' 또는 '배우'와 같이 두 단어 중 하나가 포함된 기사를 찾으려면

```
SELECT * FROM newspaper
    WHERE CONTAINS(article, '영화 OR 배우')
```

- '영화배우', '영화사', '영화상영관' 등과 같이 '영화'라는 글자가 앞에 들어간 단어의 기사를 모두 찾으려면

```
SELECT * FROM newspaper
    WHERE CONTAINS(article, ' "영화*" ')
```

- '영화'라는 글자가 앞에 들어간 단어가 들어갔거나 '배우'라는 글자가 앞에 들어간 단어의 기사를 모두 찾으려면

```
SELECT * FROM newspaper
    WHERE CONTAINS(article, ' "영화*" OR "배우*" ')
```

- '영화에 출연한 배우', '그 영화를 빛낸 최고의 배우' 등과 같이 '영화'와 '배우'라는 글자가 근접한 열을 찾고 싶다면

```
SELECT * FROM newspaper
    WHERE CONTAINS(article, 'NEAR((영화, 배우), 2)')
```

여기서 숫자 2는 영화와 배우 두 단어 사이의 최대 단어 수를 뜻한다. 즉, 두 단어 사이에 2개까지 단어가 들어가 있어도 검색이 된다.

⚠ 이와 같은 방식을 사용자 지정 근접 단어(custom proximity term)라고 부르며 SQL Server 2012부터 지원된다. SQL Server 2012 이전 버전을 사용 중이면 '영화 NEAR 배우' 형식을 사용하면 되는데 이를 일반 근접 단어(generic proximity term)이라고 부른다. 일반 근접 단어는 이후 버전의 SQL Server에는 제거될 예정이므로 되도록 사용자 지정 근접 단어를 사용하자.

- '영화'라는 단어에는 가중치를 많이 주고, '배우'라는 단어에는 가중치를 적게 줘서 검색하고 싶다면

```
SELECT * FROM newspaper
    WHERE CONTAINS(article, 'ISABOUT (영화 weight (1.0), 배우 weight (0.5))')
```

가중치는 0 ~ 1까지의 실수로 지정할 수 있으며 1이 가중치가 가장 높고 0은 가중치가 가장 낮다. 기사의 내용에 영화 및 배우라는 단어가 중복되어서 나오면 각각에 설정된 가중치에 따라서 최종 수치가 높은 열이 출력된다.

FREETEXT

단어에 정확하게 일치하지 않더라도 해당되는 열을 검색하고자 할 경우에 사용된다. 'FREETEXT'
도 'WHERE' 절에서 사용된다.

- '영화에 출연한 배우'와 비슷한 단어들을 포함한 기사의 내용을 검색하고 싶다면

```
SELECT * FROM newspaper
    WHERE FREETEXT(article, '영화에 출연한 배우')
```

FREETEXT의 결과는 CONTAINS에 비해서 정확도가 많이 떨어지므로, 확실한 결과를 얻으려
면 CONTAINS를 사용한다.

CONTAINSTABLE, FREETEXTTABLE

검색한 단어를 포함한 열의 인덱스의 키 값(KEY) 및 순위(RANK)를 돌려준다. 용도로는 가장 정
확도가 높은 열부터 출력하기 위해서 주로 사용되며 단독으로 사용되기 보다는 다른 테이블과 조인
해서 사용된다. 또한, CONTAINSTABLE과 FREETEXTTABLE은 WHERE 절이 아닌 FROM
절에서 사용된다.

- '영화'의 내용이 포함된 인덱스의 키와 해당 순위를 확인하려면

```
SELECT * FROM
    CONTAINSTABLE(newspaper, article, '영화')
```

실제 사용법은 잠시 후 실습에서 확인하겠다.

14.3 전체 텍스트 검색 서비스의 작동

전체 텍스트 검색 서비스의 처리과정은 개략적으로 아래 그림과 같이 작동된다.

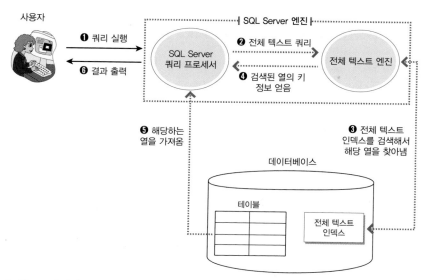

[그림 14-3] 전체 텍스트 검색의 개념도(필터 데몬 호스트 제외)

❶ 전체 텍스트 검색을 위한 쿼리를 실행한다. 쿼리 시에 WHERE 절에 CONTAINS, FREETEXT를 FROM 절에 CONTAINSTABLE, FREETEXTTABLE을 사용할 수 있다.

❷ 처리할 쿼리가 전체 텍스트 검색에 해당되면 SQL Server는 전체 텍스트 엔진에 쿼리문의 처리를 요청한다.

❸ 전체 텍스트 검색 서비스가 데이터베이스 내부에 저장된 전체 텍스트 인덱스를 검색해서 쿼리에서 요청한 내용의 열을 찾아낸다.

❹ 검색된 결과를 SQL Server 쿼리 프로세서에 알려준다(즉, 검색된 Unique Key를 알려준다).

❺ SQL Server는 해당하는 열의 내용을 테이블에서 가져온다.

❻ 결과 행의 내용을 사용자에게 출력해준다.

실습1

전체 텍스트 검색 서비스를 실습해보자.

step 0

이번 실습은 조금 긴 내용의 텍스트들이 필요하다. 주제는 영화로 선택하자.

0-1 데이터베이스 및 테이블을 생성하자. 고유한(UNIQUE) 인덱스가 필요하므로 id 열을 PRIMARY KEY로 지정해서 UNIQUE CLUSTERED INDEX가 자동으로 생성되도록 하자.

```
USE tempdb;
GO
CREATE DATABASE FulltextDB;
GO

USE FulltextDB;
CREATE TABLE FulltextTbl
  (id int IDENTITY CONSTRAINT pk_id PRIMARY KEY, -- 고유 번호
   title NVARCHAR(15) NOT NULL, -- 영화 제목
   description NVARCHAR(max) ); -- 영화 내용 요약
```

0-2 샘플 데이터를 몇 건 입력하자(입력 내용이 너무 많으면, 책의 사이트인 http://cafe.naver.com/thisissql/에서 쿼리문을 다운로드해서 사용하자).

```
INSERT INTO FulltextTbl VALUES('광해, 왕이 된 남자','왕위를 둘러싼 권력 다툼과 당쟁으로 혼란
이 극에 달한 광해군 8년');
INSERT INTO FulltextTbl VALUES('간첩','남한 내에 고장간첩 5만 명이 암약하고 있으며 특히 권력
핵심부에도 침투해있다.');
INSERT INTO FulltextTbl VALUES('피에타',' 더 나쁜 남자가 온다! 잔혹한 방법으로 돈을 뜯어내는
악마같은 남자 스토리.');
INSERT INTO FulltextTbl VALUES('레지던트 이블 5','인류 구원의 마지막 퍼즐, 이 여자가 모든 것
을 끝낸다.');
INSERT INTO FulltextTbl VALUES('파괴자들','사랑은 모든 것을 파괴한다! 한 여자를 구하기 위한,
두 남자의 잔인한 액션 본능!');
INSERT INTO FulltextTbl VALUES('킹콩을 들다',' 역도에 목숨을 건 시골소녀들이 만드는 기적 같은
신화 .');
INSERT INTO FulltextTbl VALUES('테드','지상최대 황금찾기 프로젝트! 500년 전 사라진 황금도시를
찾아라!');
INSERT INTO FulltextTbl VALUES('타이타닉','비극 속에 침몰한 세기의 사랑, 스크린에 되살아날 영
원한 감동');
INSERT INTO FulltextTbl VALUES('8월의 크리스마스','시한부 인생 사진사와 여자 주차 단속원과의
미묘한 사랑')
INSERT INTO FulltextTbl VALUES('늑대와 춤을','늑대와 친해져 모닥불 아래서 함께 춤을 추는 전쟁
영웅 이야기');
INSERT INTO FulltextTbl VALUES('국가대표','동계올림픽 유치를 위해 정식 종목인 스키점프 국가대
표팀이 급조된다.');
INSERT INTO FulltextTbl VALUES('쇼생크 탈출','그는 누명을 쓰고 쇼생크 감옥에 감금된다. 그리고
역사적인 탈출.');
INSERT INTO FulltextTbl VALUES('인생은 아름다워','귀도는 삼촌의 호텔에서 웨이터로 일하면서 또
```

다시 도라를 만난다.');
INSERT INTO FulltextTbl VALUES('사운드 오브 뮤직','수녀 지망생 마리아는 명문 트랩가의 가정교사로 들어간다');
INSERT INTO FulltextTbl VALUES('매트릭스',' 2199년.인공 두뇌를 가진 컴퓨터가 지배하는 세계.');

0-3 아직 전체 텍스트 인덱스를 만들지 않았다. 이 상태에서 '인류'란 단어를 검색해보자.

우선은 SSMS 메뉴의 [쿼리] 〉〉 [실제 실행 계획 포함]을 선택해서 실행계획을 확인해보자.

    SELECT * FROM FulltextTbl WHERE description LIKE '%남자%' ;

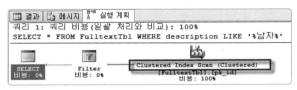

	id	title	description
1	3	피에타	더 나쁜 남자가 온다! 잔혹한 방법으로 돈을 뜯어내는 악마같은 남자 스토리.
2	5	파괴자들	사랑은 모든 것을 파괴한다! 한 여자를 구하기 위한, 두 남자의 잔인한 액션 본능!

[그림 14-4] 쿼리 결과

```
결과   메시지   실행 계획
쿼리 1: 쿼리 비용(일괄 처리와 비교): 100%
SELECT * FROM FulltextTbl WHERE description LIKE '%남자%'

  SELECT       Filter         Clustered Index Scan (Clustered)
  비용: 0%     비용: 0%        [FulltextTbl].[pk_id]
                                        비용: 100%
```

[그림 14-5] 클러스터형 인덱스 스캔

실행 계획을 보면 클러스터형 인덱스 스캔을 하였다. 이는 테이블 검색과 동일하게 모든 데이터 페이지를 검색한 결과다(9장에서 여러 번 얘기했다). 지금 데이터가 몇 건 되지 않아서 문제가 없지만, 대용량의 데이터라면 SQL Server에 상당한 부하가 생길 것이다.

step 1
───

전체 텍스트 카탈로그를 생성한다.

1-1 먼저 기존의 카탈로그 정보를 확인한다.

    SELECT * FROM sys.fulltext_catalogs;

아직 카탈로그를 만들지 않았으니, 아무것도 나오지 않을 것이다.

1-2 카탈로그를 생성한다.

    CREATE FULLTEXT CATALOG movieCatalog AS DEFAULT;

1-3 다시 카탈로그 정보를 확인한다.

	fulltext_catalog_id	name	path	is_default	is_accent_sensitivity_on	data_space_id	file_id	principal_id	is_importing
1	5	movieCatalog	NULL	1	1	NULL	NULL	1	0

[그림 14-6] 카탈로그 정보 확인

이제 'movieCatalog' 카탈로그가 현재 데이터베이스인 FulltextDB에 생성되었다. 'is_default' 열이 1로 설정되었으면, 이 카탈로그가 디폴트 카탈로그가 된다.

⚠ path, data_space_id, file_id 열은 아무 의미가 없고, 이전 버전과의 호환성 때문에 존재한다. 이후 버전의 SQL Server 에서는 이 열은 제거될 예정이다.

> **step 2**

전체 텍스트 인덱스를 생성한다.

2-1 인덱스를 생성한다.

```
CREATE FULLTEXT INDEX ON FulltextTbl(description)
        KEY INDEX pk_id
        ON movieCatalog
        WITH CHANGE_TRACKING AUTO ;
```

위 구문의 설명은 아래와 같다.

- **CREATE FULLTEXT INDEX ON FulltextTbl(description)**
  FulltextTbl 테이블의 description 열에 전체 텍스트 인덱스를 생성한다.

- **KEY INDEX pk_id**
  생성시에 키 열은 앞에서 Primary Key로 지정한 pk_id 로 설정한다.

⚠ 전체 텍스트 인덱스의 키 열은 Primary Key 또는 Unique Key여야 하며 되도록 클러스터형 인덱스인 것이 좋다. 또한, 성능 향상을 위해서는 정수형 데이터 형식의 열이 바람직하다.

- **ON movieCatalog**
  생성되는 카탈로그는 movieCatalog에 생성되도록 한다. 카탈로그 생성시에 디폴트를 movieCatalog로 설정했으므로, 이 옵션은 생략해도 된다.

- **WITH CHANGE_TRACKING AUTO**
  변경된 내용의 유지관리는 SQL Server가 자동으로 관리하도록 설정한다(이 옵션은 변경이 많이 일어날 경우 에 시스템의 성능에 나쁜 영향을 줄 수도 있다).

2-2 정보를 확인해보자.

```
SELECT * FROM sys.fulltext_indexes;
```

	object_id	unique_index_id	fulltext_catalog_id	is_enabled	change_tracking_state	change_tracking_state_desc
1	245575913	1	5	1	A	AUTO

[그림 14-7] 전체 텍스트 인덱스 정보 확인

'is_enabled'가 1로 설정되어 있어야 전체 텍스트 인덱스가 활성화 중인 것이다.

2-3. 이번에는 전체 텍스트 인덱스가 생성된 '단어'나 '문구'는 어떤 것들인지 확인해보자.

```
SELECT * FROM sys.dm_fts_index_keywords(DB_ID(), OBJECT_ID('dbo.FulltextTbl')) ;
```

	keyword	display_term	column_id	document_count
25	0xAD8CB825	권력	3	2
26	0xADC0B3C4	귀도	3	1
27	0xADC0B3C4B294	귀도는	3	1
28	0xADF8	그	3	1
29	0xADF8B9ACACE0	그리고	3	1
30	0xADF9	극	3	1
31	0xAE09C870	극조	3	1
32	0xAE30C801	기적	3	1
33	0xB05DB0B8B2E4	끝낸다	3	1
34	0xB098C05C	나쁜	3	1
35	0xB0A8C790	남자	3	2
36	0xB0A8C790AC00	남자가	3	1

[그림 14-8] 전체 텍스트 인덱스 내용 확인

아래로 어느 정도 스크롤 하면, 위 그림과 같이 보일 것이다. 의미는 'display_term'은 인덱스가 생성된 단어나 문구를 말하고, 'column_id'는 몇 번째 열인지를 의미한다. 이 테이블(FullTbl)은 3개의 열을 가지고 있고, 그 중에 세 번째 열인 description에 들어 있다는 뜻이다. 'document_count'는 몇 번이나 들어 있는지를 말한다. 예를 들어, '권력'이라는 단어는 영화 '광해'와 '간첩'에서 나오므로 2로 표시된 것이다. '남자'라는 단어도 마찬가지로 두 번 나왔을 것이다.

자세히 살펴보면 '그', '그리고', '극' 등의 단어도 인덱스로 생성되어 있는데, 아마도 검색할 때 이런 단어로 검색하지는 않을 것이므로, 전체 텍스트 인덱스로 생성될 필요가 없는 단어들이다. 이것들 때문에 전체 텍스트 인덱스가 쓸데 없이 커지게 될 것이다. 우선, 제일 아래로 드래그 해서 전체 텍스트 인덱스가 몇 단어로 생성되었는지 기억하자. 필자는 172개가 생성되었다(필자와 개수가 좀 달라도 상관없다).

`step 3`

전체 텍스트 인덱스의 크기를 줄이기 위해서 '중지 목록'을 만들고, 필요 없는 '중지 단어'를 추가해보자.

3-1 먼저 앞에서 생성한 전체 텍스트 인덱스를 삭제하자.

```
DROP FULLTEXT INDEX ON FulltextTbl;
```

3-2 중지 목록을 생성하자. SSMS의 개체 탐색기에서 [데이터베이스] 〉〉 [FulltextDB] 〉〉 [저장소] 〉〉 [전체 텍스트 중지 목록]을 선택한 후, 마우스 오른쪽 버튼을 클릭하고 [새 전체 텍스트 중지 목록]을 선택한다.

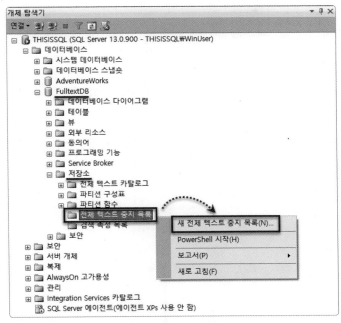

[그림 14-9] 중지 목록 생성 1

3-3 '전체 텍스트 중지 목록 이름'을 myStopList로 입력하고, '시스템 중지 목록에서 만들기'를 선택한 후에 〈확인〉을 누른다.

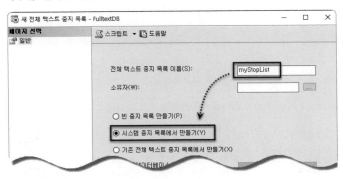

[그림 14-10] 중지 목록 생성 2

여기서 '시스템 중지 목록에서 만들기'의 의미는 기존에 SQL Server가 가지고 있는 중지 목록의 내용도 포함한다는 의미다.

⚠ 영어의 경우에는 시스템 중지 목록이 적절히 만들어져 있으나, 한글의 경우에는 아직 미흡하다. 그러므로, 이 경우에 '시스템 중지 목록에서 만들기'를 선택하지 않고 '빈 중지 목록 만들기'를 선택해도 큰 차이가 없다.

3-4 개체 탐색기에 방금 생성한 중지 목록이 보일 것이다.

⚠ 아이콘이 빨간색 네모이기 때문에 가동을 안 하는 듯이 보이지만 '중지 목록' 아이콘 자체가 그렇게 생긴 것이므로 혼동하지 말자.

이제 이 중지 목록에 새로운 '중지 단어'를 추가해보자. 방금 생성한 myStopList를 선택한 후, 마우스 오른쪽 버튼을 클릭하고, [속성]을 선택한다.

3-5 다음 그림과 같이 동작에 '중지 단어 추가'를 선택하고, 중지 단어는 앞에서 필요 없는 단어로 확인했던 "그"를 입력한다. 그리고 전체 텍스트 언어는 'Korean'을 선택한 후에 〈확인〉을 클릭한다.

그러면 현재 중지 목록에 새로운 중지 단어인 '그'가 추가가 되는 것이다.

[그림 14-11] 중지 단어 추가

3-6 같은 방식으로 '그리고', '극' 두 단어도 더 추가하자.

여기서 잠깐

중지 목록을 만들기 위해서 아래의 쿼리를 실행해도 동일한 결과를 얻을 수 있다.

```
CREATE FULLTEXT STOPLIST myStopList FROM SYSTEM STOPLIST;
```

또한 중지 단어를 추가하기 위해서 아래 쿼리를 직접 사용해도 된다.

```
ALTER FULLTEXT STOPLIST myStopList  ADD '그리고' LANGUAGE 'Korean';
```

3-7 다시 전체 텍스트 인덱스를 만들자. 이번에는 방금 만든 중지 목록인 myStopList를 옵션으로 지정하자. 아까는 쿼리문으로 만들었으니 이번에는 SSMS에서 만들어보자.

개체 탐색기의 FulltextDB의 FulltextTbl을 선택한 후, 마우스 오른쪽 버튼을 클릭하고 [전체 텍스트 인덱스] 〉〉 [전체 텍스트 인덱스 정의]를 선택한다.

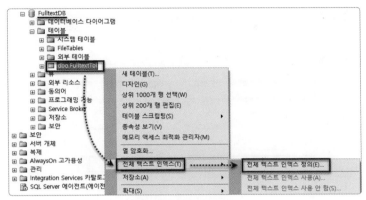

[그림 14-12] SSMS에서 전체 텍스트 인덱스 만들기 1

3-8 마법사에서 〈다음〉을 클릭한다.

3-9 [인덱스 선택] 창에서 '고유 인덱스'가 pk_id로 선택되어 있을 것이다. 〈다음〉을 클릭한다.

3-10 [테이블 열 선택] 창에서 다음과 같이 description 열을 체크하고 〈다음〉을 클릭한다.

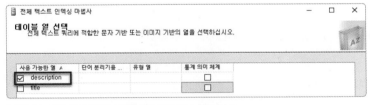

[그림 14-13] SSMS에서 전체 텍스트 인덱스 만들기 2

3-11 [변경 내용 추적 선택] 창에서 '자동'이 선택된 상태로 〈다음〉을 클릭한다.

3-12 [카탈로그, 인덱스 파일 그룹 및 중지 목록 선택] 창에서 다음과 같이 'movieCatalog'를 선택하고, 전체텍스트 중지 목록 선택에서는 앞에서 생성한 중지 목록인 'myStopList'를 선택한 후에 〈다음〉을 클릭한다.

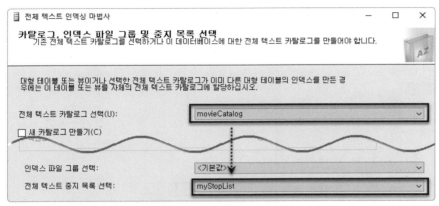

[그림 14-14] SSMS에서 전체 텍스트 인덱스 만들기 3

3-13 [채우기 일정 정의(옵션)] 창은 비워 두고 〈다음〉을 클릭한다.

3-14 [전체 텍스트 인덱싱 마법사 설명] 창에서 〈마침〉을 클릭하면 전체 텍스트 인덱스가 생성된다.

3-15 성공적으로 생성되면 〈닫기〉 버튼을 클릭한다.

⚠ 지금 SSMS에서 전체 텍스트 인덱스를 생성하는 것 대신에 아래 쿼리문을 사용해도 된다. 쿼리문이 훨씬 간단하게 느껴진다.

```
CREATE FULLTEXT INDEX ON FulltextTbl(description)
        KEY INDEX pk_id
        ON movieCatalog
        WITH CHANGE_TRACKING AUTO, STOPLIST = myStopList;
```

3-16 다시 전체 텍스트 인덱스가 생성된 '단어'나 '문구'는 어떤 것들인지 확인해보자.

```
SELECT * FROM sys.dm_fts_index_keywords(DB_ID(), OBJECT_ID('dbo.FulltextTbl'))
```

	keyword	display_term	column_id	document_count
25	0xAD8CB825	권력	3	2
26	0xADC0B3C4	귀도	3	1
27	0xADC0B3C4B294	귀도는	3	1
28	0xAE09C870	급조	3	1
29	0xAE30C801	기적	3	1
30	0xB05DB0B8B2E4	끝낸다	3	1
31	0xB098C05C	나쁜	3	1
32	0xB0A8C790	남자	3	2
33	0xB0A8C790AC00	남자가	3	1
34	0xB0A8C790C758	남자의	3	1
35	0xB0A8D55C	남한	3	1

[그림 14-15] 전체 텍스트 인덱스 내용 다시 확인

이번에는 조금 전에 추가한 중지 단어 3개(그, 그리고 극)는 보이지 않을 것이다([그림 14-8]과 비교해 보면 된다). 즉, 중지 목록에 추가된 중지 단어에 의해서 전체 텍스트 인덱스의 개수가 줄어 들었다.

제일 아래로 드래그하면 총 개수도 아까보다 줄어 들었음을 확인할 수 있다(혹, 개수가 정확히 3개가 줄지 않았더라도 줄었다는 점에 초점을 맞추자).

> step 4

이번에는 전체 텍스트 검색을 수행해보자.

4-1 '남자' 글자가 들어간 영화를 검색해보자.

```
SELECT * FROM FulltextTbl
  WHERE CONTAINS(description, '남자');
```

	id	title	description
1	3	피에타	더 나쁜 남자가 온다! 잔혹한 방법으로 돈을 뜯어내는 악마같은 남자 스토리.
2	5	파괴자들	사랑은 모든 것을 파괴한다! 한 여자를 구하기 위한, 두 남자의 잔인한 액션 본능!

[그림 14-16] 쿼리 결과

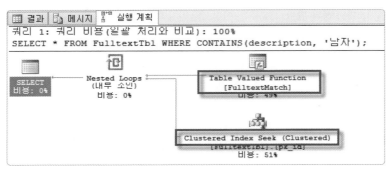

[그림 14-17] 실행 계획 확인

실행 계획을 보면 'Table Valued Function'이 보이고 그 아래 '[FulltextMatch]'를 확인할 수 있다. 그리고 Clustered Index Seek도 보인다. 즉, 전체 텍스트 인덱스를 사용해서 클러스터 인덱스 검색을 했다는 것을 확인 할 수 있다. 만일 이것이 대용량 데이터라면 0-3번에서 했던 LIKE 검색과는 비교가 되지 않을 정도로 우수한 성능을 보였을 것이다.

4-2 AND 조건과 OR 조건을 검색해보자.

```
SELECT * FROM FulltextTbl
   WHERE CONTAINS(description, '남자 AND 여자');
SELECT * FROM FulltextTbl
   WHERE CONTAINS(description, '남자 OR 여자');
```

4-3 이번에는 CONTAINS와 FREETEXT의 차이를 살펴보자.

```
SELECT * FROM FulltextTbl
   WHERE CONTAINS(description, '전쟁이야기');
```

아무런 결과가 나오지 않았을 것이다. 이번에는 FREETEXT를 사용해보자.

```
SELECT * FROM FulltextTbl
   WHERE FREETEXT(description, '전쟁이야기');
```

	id	title	description
1	10	늑대와 춤을	늑대와 친해져 모닥불 아래서 함께 춤을 추는 전쟁 영웅 이야기

[그림 14-18] 쿼리 결과

결과가 나왔다. 즉, '전쟁이야기'란 글자를 찾기 위해서 FREETEXT는 중간에 다른 글자가 삽입되어 있어도 좀 더 유연하게 검색해준다.

4-4 CONTAINSTABLE을 사용해보자.

```
SELECT * FROM CONTAINSTABLE(FulltextTbl, *, '남자');
```

	KEY	RANK
1	3	128
2	5	32

[그림 14-19] 쿼리 결과

결과의 의미를 보면 KEY는 전체 텍스트 인덱스로 생성된 키 (pk_id)의 값이며, RANK는 해당 열의 일치되는 가중치 값이다. 이 값은 0~1000까지 나올 수 있으며 높을수록 해당하는 값과 더욱 일치하게 되는 것이다.

pk_id가 3인 행의 description은 '더 나쁜 남자가 온다! 잔혹한 방법으로 돈을 뜯어내는 악마같은 남자 스토리.' 이므로 '남자'라는 단어가 2번 나온다. 그리고 pk_id가 5인 행의 description은 '남자' 단어가 한번 나온다. pk_id가 3인 행이 더욱 가중치가 높게 결과가 나온는 것이다. 이 결과만으로는 데이터의 확인이 조금 어려우므로 아래와 같이 테이블을 조인해서 주로 사용한다.

```
SELECT f.id, c.RANK AS [가중치], f.title, f.description
FROM FulltextTbl AS f
    INNER JOIN CONTAINSTABLE(FulltextTbl, *, '남자') AS c
    ON f.id = c.[KEY]
ORDER BY c.RANK DESC ;
```

	id	가중치	title	description
1	3	128	피에타	더 나쁜 남자가 온다! 잔혹한 방법으로 돈을 뜯어내는 악마같은 남자 스토리.
2	5	32	파괴자들	사랑은 모든 것을 파괴한다! 한 여자를 구하기 위한, 두 남자의 잔인한 액션 본능!

[그림 14-20] 쿼리 결과

FREETEXTTABLE도 비슷한 결과가 나올 것이지만, 조금 더 유연한 검색을 수행한다.

---

step 5

전체 텍스트 카탈로그를 백업하고 복원해보자. 기존의 백업과 동일하게 사용하면 된다.

5-1 백업한다.

```
BACKUP DATABASE FulltextDB TO DISK = 'C:\SQL\FulltextDB.bak' WITH INIT ;
```

메시지:
파일 1에서 데이터베이스 'FulltextDB', 파일 'FulltextDB'에 대해 416개의 페이지를 처리했습니다.
파일 1에서 데이터베이스 'FulltextDB', 파일 'FulltextDB_log'에 대해 4개의 페이지를 처리했습니다

BACKUP DATABASE이(가) 420개의 페이지를 0.101초 동안 처리했습니다(32.419MB/초).

5-2 삭제 후에 복원한다(개체 탐색기에서 FulltextDB가 선택되어 있으면 안 된다).

```
USE tempdb;
DROP DATABASE FulltextDB;
GO
RESTORE DATABASE FulltextDB FROM DISK = 'C:\SQL\FulltextDB.bak' WITH REPLACE;
```

메시지:
파일 1에서 데이터베이스 'FulltextDB', 파일 'FulltextDB'에 대해 416개의 페이지를 처리했습니다 .
파일 1에서 데이터베이스 'FulltextDB', 파일 'FulltextDB_log'에 대해 4개의 페이지를 처리했습니다
.
RESTORE DATABASE이(가) 420개의 페이지를 0.041초 동안 처리했습니다(79.863MB/초).

5-3 다시 전체 텍스트 인덱스가 생성된 '단어'나 '문구'는 어떤 것들인지 확인해보자.

```
USE FulltextDB;
SELECT * FROM sys.dm_fts_index_keywords(DB_ID(), OBJECT_ID('dbo.FulltextTbl'))
```

원래와 동일하게 확인이 될 것이다.

---

step 6

이번에는 전체 텍스트 인덱스 및 전체 텍스트 카탈로그를 삭제해보자.

6-1 전체 텍스트 카탈로그를 삭제하자.

```
DROP FULLTEXT CATALOG movieCatalog;
```

오류메시지:
메시지 7668, 수준 16, 상태 1, 줄 1

전체 텍스트 인덱스가 들어 있으므로 전체 텍스트 카탈로그 'movieCatalog'를 삭제할 수 없다. 전체 텍스트 카탈로그 안이 비어 있지 않기 때문에 지워지지 않는다. 전체 텍스트 인덱스를 먼저 삭제해야 한다.

6-2 전체 텍스트 인덱스를 먼저 삭제한다. 경고는 나오지만 잘 삭제될 것이다.

```
DROP FULLTEXT INDEX  on FulltextTbl;
DROP FULLTEXT CATALOG movieCatalog;
```

이상으로 전체 텍스트 검색의 실습을 마치겠다. 전체 텍스트 검색은 긴 텍스트 내용의 검색에서 뛰어난 성능을 발휘하게 되므로, 잘 활용한다면 SQL Server의 성능 향상에 많은 도움이 될 것이다.

1. 다음 중 맞는 것을 모두 골라보자.

   (1) 일반 인덱스는 대부분의 데이터 형식에 생성이 가능하지만, 전체 텍스트 인덱스는 char, varchar, nvarchar 등의 열에만 생성이 가능하다.

   (2) 전체 텍스트 인덱스를 생성하려면 해당 테이블에 Primary Key로 지정된 열이 있어야 한다.

   (3) 일반 인덱스는 테이블당 여러 개를 생성할 수 있지만, 전체 텍스트 인덱스는 테이블당 하나만 생성할 수 있다.

   (4) 전체 텍스트 인덱스는 SQL Server 외부의 별도 저장소에 저장된다.

   (5) 전체 텍스트 검색에서 속성 검색, 사용자 지정 가능한 NEAR 등은 SQL Server 2016부터 지원된다.

2. 전체 텍스트를 검색하기 위한 'CONTAINS'와 'FREETEXT'의 차이점은 무엇인지 서술해 보자.

3. 다음의 괄호를 채워라.

   전체 텍스트 인덱스는 긴 문장에 대해서 인덱스를 생성하기 때문에 그 양이 커질 수밖에 없다.
   따라서 실제로 검색에서 무시할 만한 단어들은 처음부터 전체 텍스트 인덱스로 생성하지 않는데, 이것을 (1)라고 부른다. 그런데 문제는 이러한 (1)들을 사용자가 일일이 지정하기가 어렵기 때문에, SQL Server에서는 각 언어별로 기존에 많이 사용되는 (1) 들을 제공해 준다. (2)는 이러한 (1)들을 관리하기 위한 집합으로 생각하면 된다. 그러므로 사용자는 (2)을 생성해서 (1)들을 추가하면 된다.

XML

SQL Server는 XML 데이터 처리를 위해 다양한 방식을 제공한다. XML eXtensible Markup Language은 데이터 표준을 위해 사용해야 하는 IT 업계의 주제 중 하나다. XML은 HTML과 같은 마크업 언어의 한 종류이며 데이터를 어떻게 표현할지를 나타내는 방식이다.

XML이 광범위한 분야에서 관심을 받는 이유는 데이터 교환의 표준 포맷으로 인정받기 때문이다. XML은 운영체제나 하드웨어 플랫폼, 프로그래밍 언어에 종속적이지 않고 중립적이므로 다양한 운영체제와 애플리케이션 간의 데이터를 주고받는 역할을 할 수 있다. XML 주제만을 위해서도 많은 양의 지면이 필요하고, 많은 책들이 그 주제로 출간되고 있다.

15장에서는 SQL Server에서 지원하는 XML의 기능을 위주로 간략하게 살펴보겠다. 이 장에서 다루는 XML의 내용은 빙산의 일각에 불과하므로 더 상세한 XML의 내용은 다른 책이나 인터넷, 그리고 SQL Server 도움말을 참고한다.

이 장의 핵심 개념

XML eXtensible Markup Language은 데이터 표준을 위해 사용해야 하는 IT 업계의 주제 중 하나다. 15장에서는 SQL Server가 제공하는 XML 데이터 처리방법을 학습한다.

1. XML은 일반적인 텍스트로 이뤄져 있으며, HTML보다 훨씬 엄격한 문법을 지켜서 작성되어야 한다.

2. SQL Server는 데이터 형식 중에 XML 형식을 지원하며, 데이터의 저장INSERT 시에 XML 데이터로 이상이 있는지를 자동 검사할 수 있다.

3. 다른 데이터 형식과 마찬가지로 XML 데이터 형식에도 인덱스를 생성할 수 있다. XML 인덱스는 기본 XML 인덱스와 보조 XML 인덱스로 나뉜다.

이 장의 학습 흐름

XML의 기본 구조

형식화된 XML과 XML스키마

형식화된 XML과 XML스키마

15.1 XML 기본

15.1.1 XML의 기본 구조

HTML의 경우에는 인터넷 웹 콘텐츠를 표현하기 위한 용도로 사용되며, 현재도 많은 웹사이트가 이 HTML로 구성되어 있다(지금은 다른 많은 인터넷 기술이 개발되었지만, 원칙적으로는 초창기의 웹은 거의 HTML로만 이루어져 있었다).

XML은 일반적인 텍스트로 이루어져 있으며 HTML과 비슷하게 태그^{tag}를 가지고 있어서 처음에는 비슷하게 보인다. 하지만, XML의 경우에는 HTML보다 훨씬 엄격한 문법을 지켜서 작성되어야 한다.

간단한 XML의 예는 아래와 같다.

```
<?xml version="1.0" ?>
<document>
  <userTbl name="이승기" birthYear="1987" addr="서울" />
  <userTbl name="김범수" birthYear="1979" addr="경북" />
  <userTbl name="김경호" birthYear="1971" addr="서울" />
  <userTbl name="조용필" birthYear="1950" addr="충남" />
</document>
```

첫 행은 XML 프롤로그^{prolog}라고 부르며, 이 문서가 XML 문서임을 나타내는 행이다. 그리고 〈 〉로 묶인 것을 요소^{Element}라고 부른다. 또한, 요소 안의 name, birthYear 등은 속성^{Attribute}이라고 부른다.

여기서 잠깐

XML과 함께 데이터 표준 교환 포맷으로 JSON이 많이 사용되고 있다. XML과 관련된 기능은 SQL Server 2005부터 제공되었으며, JSON과 관련된 기능은 SQL Server 2016부터 지원된다. 7장에서 JSON과 관련된 내용을 학습했다.

15.1.2 XML 데이터 형식

SQL Server는 데이터 형식 중에 XML 형식을 지원하며, 데이터의 저장(INSERT) 시에 XML 데이터로 이상이 있는지를 자동 검사할 수 있다.

실습1

XML 데이터 형식을 사용해보자.

step 0

백업 받았던 sqlDB를 복원해서 사용하자(C:\SQL\sqlDB2016.bak 파일이 없는 독자는 6장의 〈실습 2〉를 다시 수행하거나, 책의 사이트인 http://cafe.naver.com/thisissql/에서 sqlDB2016.bak을 다운로드해서 C:\SQL\ 폴더에 저장하자).

```
USE tempdb;
RESTORE DATABASE sqlDB FROM DISK = 'C:\SQL\sqlDB2016.bak' WITH REPLACE;
```

step 1

XML 타입의 열을 정의하자.

```
USE sqlDB;
CREATE TABLE xmlTbl (id INT PRIMARY KEY IDENTITY, xmlCol XML);
```

step 2

일반 데이터가 입력되는지 확인하자.

2-1 일반 텍스트를 입력하자. 일반 텍스트인데도 입력이 잘 된다.

```
INSERT INTO xmlTbl VALUES(N'일반 텍스트 입력');
```

2-2 html 형식을 입력해보자. 마찬가지로 입력이 잘 된다.

```
INSERT INTO xmlTbl VALUES(N'<html> <body> <b> 일반 텍스트 입력</b> </body> </html>' );
```

2-3 이번에는 html 태그 중 '</b>'를 지우고 입력해보자.

```
INSERT INTO xmlTbl VALUES(N'<html> <body> <b> 일반 텍스트 입력</body> </html>' );
```

오류 메시지:
메시지 9436, 수준 16, 상태 1, 줄 1
XML 구문 분석: 줄 1, 문자 32. 끝 태그와 시작 태그의 짝이 맞지 않습니다.

입력되지 않는다. html의 문서의 경우 ⟨b⟩로 시작하고 ⟨/b⟩로 끝나지 않더라도 오류를 발생시키지 않는다. 하지만, xml의 경우에는 문법 검사가 엄격해서 ⟨태그⟩로 시작된 것은 반드시 ⟨/태그⟩로 끝나야 한다.

step 3

XML 데이터를 입력해보자.

3-1 완전한 포맷의 xml을 입력해보자.

```
INSERT INTO xmlTbl VALUES(N'<?xml version="1.0" ?>
<document>
<userTbl name="이승기" birthYear="1987" addr="서울" />
<userTbl name="김범수" birthYear="1979" addr="경북" />
<userTbl name="김경호" birthYear="1971" addr="서울" />
<userTbl name="조용필" birthYear="1950" addr="충남" />
</document>
');
```

입력이 잘 된다.

3-2 이번에는 일부 데이터만 입력해보자. 역시 입력이 잘된다. 완전한 XML 데이터가 아니더라도 XML의 일부도 입력이 잘 된다. 그래서 **2-1**과 **2-2**에서도 XML의 일부로 간주되어서 입력이 잘 된 것이다.

```
INSERT INTO xmlTbl VALUES(N'
<userTbl name="이승기" birthYear="1987" addr="서울" />
<userTbl name="김범수" birthYear="1979" addr="경북" />
');
```

step 4

이번에는 XML 유형의 변수를 선언하고 사용해보자.

```
DECLARE @x  XML
SET @x = N'<userTbl name="김범수" birthYear="1979" addr="경북" />'
PRINT CAST(@x AS NVARCHAR(MAX))

출력 결과:
<userTbl name="김범수" birthYear="1979" addr="경북"/>
```

15.1.3 형식화된 XML과 XML 스키마

형식화된 XML^Typed XML^을 사용하려면 XML 스키마^Schema^를 지정해야만 한다. XML 스키마란 XML 데이터를 저장할 형식을 규정한 데이터를 말한다. 조금 복잡하므로 그냥 간단히 실습으로만 살펴보겠다. 혹, 좀 어려워서 잘 이해가 안 가도 이 책의 다른 내용과는 연관성이 없으므로 별로 염려하지 않아도 된다.

실습2

형식화된 XML을 사용해보자.

step 1

먼저 XML 스키마를 정의해보자. 그런데 XML 스키마의 형식을 직접 만들기에는 좀 복잡하므로 기존의 테이블에서 스키마를 추출해보자.

1-1 userTbl에서 스키마를 추출하자. FOR XML 절의 문법은 뒤에서 살펴볼 것이므로 지금은 그냥 입력만 하자.

```
SELECT * FROM userTbl FOR XML RAW, ELEMENTS, XMLSCHEMA;
```

XML_F52E2B61-18A1-11d1-B105-00805F49916B
1	<xsd:schema targetNamespace="urn:schemas-micros...

[그림 15-1] 스키마 추출

1-2 결과 창의 데이터를 클릭하면, 아래와 같이 새 창이 열린다.

```
<xsd:schema  targetNamespace="urn:schemas-microsoft-com:sql:SqlRowSet1"
xmlns:xsd="http://www.w3.org/2001/XMLSchema" xmlns:sqltypes="http://schemas.
microsoft.com/sqlserver/2004/sqltypes" elementFormDefault="qualified">
  <xsd:import  namespace="http://schemas.microsoft.com/sqlserver/2004/sqltypes"
schemaLocation="http://schemas.microsoft.com/sqlserver/2004/sqltypes/sqltypes.xsd" />
  <xsd:element name="row">
    <xsd:complexType>
      <xsd:sequence>
        <xsd:element name="userID">
          <xsd:simpleType>
            <xsd:restriction base="sqltypes:char" sqltypes:localeId="1042" sqltypes
:sqlCompareOptions="IgnoreCase IgnoreKanaType IgnoreWidth">
              <xsd:maxLength value="8" />
```

```
          </xsd:restriction>
        </xsd:simpleType>
      </xsd:element>
      <xsd:element name="name">
~~~ (중간 생략) ~~~
  </xsd:schema>
  <row xmlns="urn:schemas-microsoft-com:sql:SqlRowSet1">
    <userID>BBK      </userID>
    <name>바비킴</name>
    <birthYear>1973</birthYear>
    <addr>서울</addr>
    <mobile1>010</mobile1>
    <mobile2>0000000 </mobile2>
    <height>176</height>
    <mDate>2013-05-05</mDate>
  </row>
  <row xmlns="urn:schemas-microsoft-com:sql:SqlRowSet1">
    <userID>EJW      </userID>
    <name>은지원</name>
~~~ (중간 생략) ~~~
```

그 중, 아래 쪽에 있는 ⟨row xmlns= ⋯⟩부터 ⟨/row⟩까지는 실제 한 행의 데이터를 나타난다. 그러므로 XML 스키마 부분인 첫 행인 "⟨xsd:schema targetNamespace=⋯"부터 "⟨/xsd:schema⟩"까지 선택한 후에 복사한다.

1-3 다시 원래의 쿼리창에 와서 아래와 같은 형식에 붙여 넣고 실행하자.

```
CREATE XML SCHEMA COLLECTION schema_userTbl AS N'
    이 부분에 붙여 넣을 것!!
'
```

성공적으로 XML 스키마가 등록되었다.

step 2 ─────────────────────────────────────

형식화된 XML 테이블 사용해보자.

2-1 우선 형식화된 XML 테이블을 정의해보자.

```
USE sqlDB;
CREATE TABLE tXmlTbl (id INT IDENTITY, xmlCol XML (schema_userTbl) );
```

xmlCol은 앞에서 정의한 XML 스키마 schema_userTbl에 맞춘, 형식화된 XML 데이터만 들어가게 된다.

2-2 앞 〈실습 1〉에서 입력에 성공했던 데이터를 입력해보자.

```
INSERT INTO tXmlTbl VALUES(N'일반 텍스트 입력');
```

오류 메시지:
메시지 6909, 수준 16, 상태 1, 줄 1
XML 유효성 검사: 이 위치에서는 텍스트 노드를 사용할 수 없습니다. 유형이 요소 전용 콘텐츠 또는 단순
콘텐츠로 정의되었습니다. 위치: /

입력이 되지 않는다. 다른 데이터들도 마찬가지로 입력되지 않을 것이다.

2-3 이번에는 schema_userTbl XML스키마에 정확히 맞는 데이터를 입력해보자. **1-2**의 결과 창에서 데
이터부분을 복사해서 입력해보자.

```
INSERT INTO tXmlTbl VALUES(N'
<row xmlns="urn:schemas-microsoft-com:sql:SqlRowSet1">
    <userID>BBK    </userID>
    <name>바비킴</name>
    <birthYear>1973</birthYear>
    <addr>서울</addr>
    <mobile1>010</mobile1>
    <mobile2>0000000 </mobile2>
    <height>176</height>
    <mDate>2013-05-05</mDate>
</row>
');
```

성공적으로 입력이 되었을 것이다.

2-4 데이터의 차례를 약간 바꿔서 다시 입력해보자. 이름과 사용자 아이디의 차례를 바꿔보자.

```
INSERT INTO tXmlTbl VALUES(N'
<row xmlns="urn:schemas-microsoft-com:sql:SqlRowSet1">
    <name>은지원</name>
    <userID>EJW    </userID>
    <birthYear>1972</birthYear>
    <addr>경북</addr>
    <mobile1>011</mobile1>
    <mobile2>8888888 </mobile2>
    <height>174</height>
    <mDate>2014-03-03</mDate>
</row>
');
```

오류 메시지:

메시지 6965, 수준 16, 상태 1, 줄 1
XML 유효성 검사: 내용이 잘못되었습니다. 필요한 요소는 '{urn:schemas-microsoft-com:sql:SqlRowSet1}userID'인데 요소 '{urn:schemas-microsoft-com:sql:SqlRowSet1}name'을(를) 찾았습니다. 위치: /*:row[1]/*:name[1].

차례가 바뀌어도 입력이 되지 않는다.

일반적인 XML데이터 형식에는 잘 구성된 XML 데이터Well-Formed XML라면 별 문제없이 입력이 되는 것을 〈실습 1〉에서 확인했다. 이와 달리 형식화된 XML은 지정된 XML스키마에 맞춰진 XML 데이터의 입력만 허용되기 때문에, 입력되는 데이터의 검증이 한차례 더 되는 것이므로 오타 등의 실수로 다른 XML데이터가 입력되는 것을 막을 수 있다.

---

step 3

형식화된 XML 데이터 변수를 사용해보자. 변수를 선언하고 선언된 변수의 내용을 INSERT시켜보자.

```
DECLARE @tx XML(schema_userTbl)

SET @tx = N'
<row xmlns="urn:schemas-microsoft-com:sql:SqlRowSet1">
  <userID>JKW      </userID>
  <name>조관우</name>
  <birthYear>1965</birthYear>
  <addr>경기</addr>
  <mobile1>018</mobile1>
  <mobile2>9999999 </mobile2>
  <height>172</height>
  <mDate>2010-10-10</mDate>
</row>'

INSERT INTO  tXmlTbl VALUES(@tx)
```

변수의 데이터 형식에도 XML 스키마를 사용할 수 있는 것을 확인했다.

XML 스키마 정보를 확인해보자.

4-1 XML 스키마의 정의는 sys.xml_schema_collections 카탈로그 뷰를 확인하면 된다.

```
SELECT * FROM sys.xml_schema_collections;
```

	xml_collection_id	schema_id	principal_id	name	create_date	modify_date
1	1	4	NULL	sys	2009-04-13 12:59:13,390	2015-12-10 19:54:27,717
2	65536	1	NULL	schema_userTbl	2016-01-20 23:36:07,203	2016-01-20 23:36:07,203

[그림 15-2] XML 스키마 확인

4-2 스키마의 내용을 보기 위해서는 XML_SCHEMA_NAMESPACE() 함수를 사용한다.

```
SELECT XML_SCHEMA_NAMESPACE(N'dbo', N'schema_userTbl');
```

	(열 이름 없음)
1	<xsd:schema xmlns:xsd="http://www.w3.org/2001/XML...

[그림 15-3] XML 스키마 내용 확인

결과를 클릭하면 상세한 내용을 볼 수 있다.

XML 스키마를 삭제하자.

5-1 다른 것과 마찬가지로 DROP을 사용하면 된다.

```
DROP XML SCHEMA COLLECTION schema_userTbl ;
```

```
오류 메시지 :
메시지 6328, 수준 16, 상태 1, 줄 1
지정한 컬렉션 'schema_userTbl'을(를) 개체 'dbo.tXmlTbl'에서 사용하므로 삭제할 수 없습니다.
```

해당 XML 스키마를 tXmlTbl에서 사용 중이므로 삭제할 수 없다. 먼저, XML 스키마를 사용하는 테이블을 삭제해야 한다.

5-2 테이블을 먼저 삭제하고, XML 스키마를 삭제한다.

```
DROP TABLE tXmlTbl;
DROP XML SCHEMA COLLECTION schema_userTbl;
```

15.2 XML 활용

15.2.1 XML 인덱스

다른 데이터 형식과 마찬가지로 XML 데이터 형식에도 인덱스를 생성할 수 있다. XML 인덱스는 기본 XML 인덱스와 보조 XML 인덱스로 나뉜다.

XML 인덱스를 생성하는 구문은 다음과 같다.

형식:

```
CREATE [ PRIMARY ] XML INDEX index_name
    ON <object> ( xml_column_name )
    [ USING XML INDEX xml_index_name
        [ FOR { VALUE | PATH | PROPERTY } ] ]
    [ WITH ( <xml_index_option> [ ,...n ] ) ]
[ ; ]
```

보조 XML 인덱스는 기본 XML 인덱스를 생성해야만 생성할 수 있고, 독립적으로 존재할 수 없다. 그러므로 보조 XML 인덱스는 기본 XML 인덱스를 삭제하면 따라서 삭제된다. 우리는 기본 XML 인덱스만 실습해보겠다.

실습3

XML 인덱스를 생성하고 사용해보자.

step 0

우선 AdventureWorks의 대량의 데이터를 XML 데이터로 변환해서 사용해보자.

0-1 AdventureWorks의 Person.Person 테이블에서 필요한 부분만 xml로 변환이 가능한지 확인해보자.

```
USE sqldb;
SELECT PersonType, Title, FirstName, MiddleName, LastName
FROM  AdventureWorks.Person.Person
WHERE BusinessEntityID = 100
FOR XML RAW
```

[그림 15-4] XML 스키마 내용 확인

처음의 BusinessEntityID가 100번인 사용자의 데이터를 XML로 변환 테스트해보았다.

0-2 새로운 XML 인덱스를 실습한 테이블을 생성한다.

```
CREATE TABLE indexXmlTbl
(id INT NOT NULL PRIMARY KEY IDENTITY,
 fullName VARCHAR(30),
 xmlInfo XML );
```

fullname 열에는 Person.Person의 FirstName과 LastName을 합친 데이터를 넣을 것이고, xmlInfo 열에는 **0-1**의 결과와 같이 모든 AdventureWorks의 Person.Person 테이블의 행 데이터를 XML로 변환해서 입력할 것이다.

0-3 다음의 쿼리를 수행해서 약 2만여건의 데이터를 새로운 테이블로 입력하자. 아래 코드는 약 2만 건의 데이터를 xml 데이터로 변환하기 위한 T-SQL이다. 혹, 이해가 안가도 상관은 없으며 단지 indexXmlTbl에 2만 건의 데이터를 채운다고만 생각하면 된다.

```
DECLARE @xml XML -- XML 데이터
DECLARE @fullName VARCHAR(20)

DECLARE @BusinessEntityID INT = 1 -- BusinessEntityID 변수
DECLARE @i INT  = 1 -- 반복할 변수
DECLARE @cnt INT -- 전체 행 개수

SELECT @cnt = COUNT(BusinessEntityID) FROM AdventureWorks.Person.Person; -- 행 데이터
개수

WHILE (@i <= @cnt) -- 행데이터 개수 만큼
BEGIN
     SET @fullName = (SELECT FirstName + ' ' + LastName
                     FROM  AdventureWorks.Person.Person
                     WHERE BusinessEntityID = @BusinessEntityID )

     IF (@fullName <> '') -- 해당 BusinessEntityID의 사용자가 있다면..
     BEGIN
         SET @xml = (SELECT PersonType, Title, FirstName, MiddleName, LastName
                     FROM  AdventureWorks.Person.Person
                     WHERE BusinessEntityID = @BusinessEntityID
```

```
                    FOR XML RAW )
            INSERT INTO indexXmlTbl VALUES (@fullName, @xml);
            SET @i += 1
    END

    SET @BusinessEntityID += 1  -- 1 증가
END
```

0-4 샘플 데이터가 잘 생성되었는지 확인해보자.

```
SELECT * FROM indexXmlTbl;
```

	id	fullName	xmlInfo
1	1	Ken Sanchez	\<row PersonType="EM" FirstName="Ken" MiddleName="J" LastName="Sánchez" />
2	2	Terri Duffy	\<row PersonType="EM" FirstName="Terri" MiddleName="Lee" LastName="Duffy" />
3	3	Roberto Tamburello	\<row PersonType="EM" FirstName="Roberto" LastName="Tamburello" />
4	4	Rob Walters	\<row PersonType="EM" FirstName="Rob" LastName="Walters" />
5	5	Gail Erickson	\<row PersonType="EM" Title="Ms." FirstName="Gail" MiddleName="A" LastName="Erickson" />
6	6	Jossef Goldberg	\<row PersonType="EM" Title="Mr." FirstName="Jossef" MiddleName="H" LastName="Goldberg" />
7	7	Dylan Miller	\<row PersonType="EM" FirstName="Dylan" MiddleName="A" LastName="Miller" />

[그림 15-5] 샘플 테이블에 데이터 입력

0-5 동일한 테이블 noIndexXmlTbl을 indexXmlTbl로부터 복사하자. noIndexXmlTbl에는 인덱스를 생성하지 않을 것이다.

```
SELECT * INTO noIndexXmlTbl FROM indexXmlTbl;
```

step 1

indexXmlTbl에 기본 XML 인덱스를 생성하자.

```
CREATE PRIMARY XML INDEX xmlIdx_indexXmlTbl_xmlInfo
ON indexXmlTbl (xmlInfo);
```

step 2

수행 시간을 비교하기 위해서 SQL Server 프로파일러를 사용하자.

2-1 SSMS 메뉴의 [도구] 〉〉 [SQL Server Profiler]를 선택해서 실행한다.

2-2 〈연결〉 버튼을 클릭한 후에, 아래와 같이 '추적 이름'은 적절히 입력해 주고, '템플릿 사용'을 'TSQL_ Duration'으로 선택해준다.

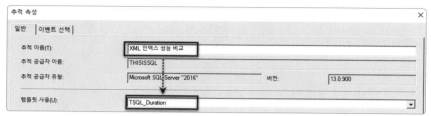

[그림 15-6] SQL Server 프로파일러 실행

step 3

XML 인덱스가 있는 데이터와 XML 인덱스가 없는 테이블의 수행 시간을 비교해보자.

3-1 xmlInfo 열의 LastName이 'Yukish'인 사람의 정보를 확인해보자. 먼저, 인덱스가 없는 noIndexXmlTbl에서 조회해보자.

```
SELECT * FROM noIndexXmlTbl
WHERE xmlInfo.exist('/row[@LastName="Yukish"]') = 1;
```

	id	fullName	xmlInfo
1	129	Gary Yukish	<row PersonType="EM" FirstName="Gary" MiddleName="W" LastName="Yukish" />
2	1270	Gary Yukish	<row PersonType="VC" Title="Mr." FirstName="Gary" LastName="Yukish" />

[그림 15-7] 쿼리 결과

결과는 잘 찾아졌을 것이며, 시간이 약간 걸렸을 것이다.

3-2 이번에는 인덱스가 있는 indexXmlTbl에서 조회해보자. 인덱스가 없는 noIndexXmlTbl과 어차피 데이터는 동일하므로 결과도 동일할 것이다(2회 실행해본다).

```
SELECT * FROM indexXmlTbl
WHERE xmlInfo.exist('/row[@LastName="Yukish"]') = 1;
```

아까보다 시간이 덜 걸렸을 것이다. 컴퓨터 성능이 좋은 독자는 잘 느끼지 못했을 수도 있으므로 SQL Server 프로파일러를 확인해보자.

XML 데이터를 쿼리하기 위해서는 'XQuery'를 사용할 수 있다. XQuery는 XML 문서를 조회, 수정 할 수 있는 언어라고 생각하면 된다. 〈실습 3〉에서 사용한 exist( ) 외에 value( ), query( ), modify( ) 등의 메서드가 지원된다. XQuery와 해당 메서드의 상세한 사용법은 SQL Server 2016 도움말을 참고하자.

3-3 SQL Server 프로파일러에서 수행 시간을 비교해보자.

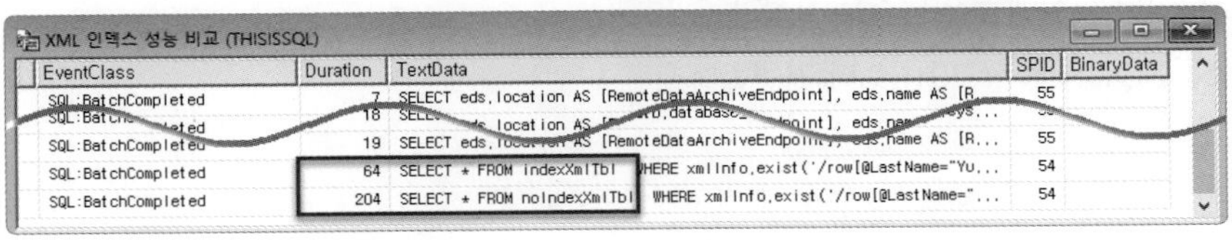

[그림 15-8] 수행 시간 비교

결과를 보면 먼저 수행한 indexXmlTbl을 조회했을 경우 시간이 훨씬 적게 걸린 것을 확인할 수 있다. 즉, XML 인덱스를 사용해서 수행속도가 월등히 빨라졌다.

XML에 관한 내용은 이쯤에서 마치도록 하겠다. 장의 도입부에서도 얘기했지만, 이 책에서 다룬 XML의 내용은 아주 작은 부분에 불과하므로 더 관심 있는 독자는 별도의 책이나 SQL Server 도움 말을 참고하자.

1. 다음 중 틀린 것을 모두 골라보자.

   (1) XML 데이터 형식은 SQL Server 2016부터 지원한다.

   (2) XML은 마크업 언어의 일종이다.

   (3) XML은 HTML보다 엄격하게 문법을 지킨다.

   (4) SQL Server는 데이터 저장(INSERT) 시에 XML 데이터로서 이상이 있는지를 자동 검사한다.

   (5) XML 데이터 형식에는 인덱스를 작성할 수 없다.

   (6) JSON은 SQL Server 2016부터 지원한다.

2. 다음과 같이 테이블을 정의했을 때, 오류가 발생되는 문장은?

   ```
   CREATE TABLE xmlTbl (id INT PRIMARY KEY IDENTITY, xmlCol XML);
   ```

   (1) INSERT INTO xmlTbl VALUES(N'일반 텍스트 입력');

   (2) INSERT INTO xmlTbl VALUES(N'⟨html⟩ ⟨body⟩ ⟨b⟩ 일반 텍스트 입력⟨/b⟩ ⟨/body⟩ ⟨/html⟩');

   (3) INSERT INTO xmlTbl VALUES(N'⟨html⟩ ⟨body⟩ ⟨b⟩ 일반텍스트입력⟨/body⟩ ⟨/html⟩');

SQL Server와
응용 프로그램의 연결

오늘날에는 우리가 알든 모르든 거의 대부분의 정보를 데이터베이스로 저장해 필요한 내용을 추출하면서 살아간다. 예를 들어, 스마트폰으로 보는 뉴스나 인터넷 쇼핑할 때 인터넷으로 보는 화면 대부분이 데이터베이스에 저장된 것이 추출된 것이다. 또, 인터넷 사이트에 글을 등록하든, 물건을 구매하든, 사진을 올리든, 심지어 편의점에서 삼각김밥을 사 먹을 때도 데이터베이스에 정보로 기록된다.

이렇게 데이터베이스는 실생활과 밀접하게 연결돼 있어 누구나 사용하게 된다. 그렇다면, 지금까지 배운 T-SQL 문이라든지 SSMS의 사용법을 모든 사람이 다 익혀야만 데이터베이스를 사용할 수 있단 말인가? 당연히 그럴 필요도 없고, 모든 사람에게 SQL Server를 배우라고 강요할 수도 없다.

그래서, 필요한 것이 응용 프로그램 개발이다. 대표적으로 웹 프로그래머가 SQL Server를 익혀서 SQL Server와 웹 프로그래밍을 연동해 편리하고 쉬운 웹 페이지들을 만들면, 일반 사용자는 스마트폰이나 웹 브라우저에서 웹 페이지를 사용하면 된다. 또, 회사에서 주로 사용하는 회계관리, 인사관리, 고객관리 등의 응용 프로그램도 모두 데이터베이스와 연결해서 작성된다. 프로그래머가 아닌 일반 회사원은 쉬운 화면으로 구성된 응용 프로그램만 사용하면 되는 것이다.

16장에서는 응용 프로그램과 SQL Server를 연결하는 기본적인 방법부터 살펴본다. 프로그램 코드의 세세한 부분까지 보여주지는 못하지만, SQL Server와 관련된 내용에 최대한 집중해 설명하겠다. 프로그램 코드는 오류 처리를 거의 하지 않도록 단순하게 작성할 것이므로, 이 장을 통해 SQL Server와 응용 프로그램의 연동 방법을 익힌 후, 독자가 별도로 관심이 가는 프로그래밍 언어(C, Java, C# 등)를 공부해서 더 완성도 있는 프로그램으로 변경해야 할 것이다.

이 장의 핵심 개념

SQL Server와 웹 프로그래밍을 연동해서 편리하고 쉬운 웹 페이지를 만들 필요가 있다. 16장에서는 응용 프로그램과 SQL Server를 연결하는 기본적인 방법을 익힌다.

1. 실제 개발 환경에서는 SQL Server가 설치된 컴퓨터와 개발자의 컴퓨터가 다른 컴퓨터와 분리되어 있다.

2. Microsoft Visual Studio Express 2015 for Windows Desktop을 설치한다.

3. 방화벽 설정에 대해 학습한다.

4. Visual Basic으로 응용 프로그램 코드를 작성한다.

이 장의 학습 흐름

외부에서 SQL Server와 응용 프로그램의 연결 확인

Microsoft Visual Studio Express 2015 for Windows Desktop 설치

방화벽 설정 방법

응용 프로그램 코딩

16.1 외부에서 SQL Server와 응용 프로그램의 연결

좀 오래되기는 했지만, 3장의 후반부에서 [Microsoft Visual Studio Express 2015 for Web]를 사용해서 간단하게 웹 서비스를 하는 방법을 배웠다.

이번에는 우선 [Microsoft Visual Studio Express 2015 for Windows Desktop] 줄여서 VS Express 2015 for Desktop이라 부른다)을 사용해서 SQL Server와 응용 프로그램을 연동하는 방법을 간단히 익혀보자. VS Express 2015 for Desktop은 무료로 사용할 수 있는 프로그래밍 툴로 Visual Basic, C#, C++ 등 3가지 프로그래밍 툴로 구성되어 있다. 이 책에서는 그 중 Visual Basic을 이용한다.

또한, 실제 개발 환경에서는 SQL Server가 설치된 컴퓨터와 개발자의 컴퓨터가 다른 컴퓨터가 분리되어 있다. 다음 그림을 보자.

[그림 16-1] DBMS 서버와 개발용 컴퓨터가 분리된 실무 개발 환경

위 그림을 보면 개발용 툴인 Visual Studio는 별도의 컴퓨터에 설치되어 있으며 DBMS 서버에 네트워크를 통해서 접속하게 된다. 우선 다음 실습에서 이와 같은 환경을 고려해서 실습을 진행하자.

> ⚠ 대부분의 독자는 1대의 컴퓨터에서 학습을 진행할 것이다. SQL Server와 Visual Studio를 동일한 컴퓨터에 설치해도 별 문제없이 실습이 진행되지만, 필자는 2대의 컴퓨터로 가정하고 서버 컴퓨터와 개발용 컴퓨터를 구분해서 실습할 내용을 표시하겠다.

실습1

[Microsoft Visual Studio Express 2015 for Windows Desktop]을 설치해서 SQL Server에 연결 시키자.

step 1

(개발용 컴퓨터) 먼저 [그림 16-1]의 개발용 컴퓨터에 VS Express 2015 for Desktop을 설치하자.

1-1 https://www.visualstudio.com/downloads/download-visual-studio-vs에 접속한 후,
[Express 2015 for Desktop] (파일명 : wdexpress_full_KOR.exe, 207 KB)을 다운로드하자(다운로
드 사이트의 링크는 변경될 수 있으므로, 책의 사이트인 http://cafe.naver.com/thisissql/에서 다운로드
해도 된다).

[그림 16-2] Microsoft Visual Studio Express 2015 for Windows Desktop 다운로드

1-2 다운로드한 wdexpress_full_KOR.exe 파일을 실행한다.

1-3 첫 화면에서 〈설치〉를 클릭한다.

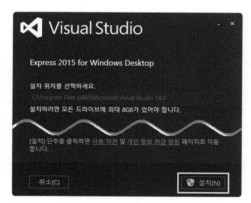

[그림 16-3] VS Express 2015 for Desktop 설치 1

1-4 한동안 다운로드와 설치가 진행된다.

1-5 설치가 완료되면 아직은 시작하지 말고, 오른쪽 위의 〈x〉를 눌러서 설치 창을 닫는다.

1-6 Windows의 [시작] 〉〉 [모든 앱]을 보면 'VS Express for Desktop' 메뉴가 확인된다.

[그림 16-4] VS Express 2015 for Desktop 설치 2

step 2

(서버 컴퓨터) [그림 16-1]의 서버 컴퓨터에 설치된 SQL Server에 외부에서 접속할 TCP 프로토콜을 허용해 주고, 개발용 컴퓨터에서 사용자로 접속이 가능하도록 SQL Server 서버 설정을 변경하자.

2-1 Windows의 [시작] >> [모든 앱] >> [Microsoft SQL Server 2016] >> [SQL Server 2016 구성 관리자]를 선택해서 SQL Server 구성 관리자를 실행한다.

2-2 아래 그림과 같이 [SQL Server 네트워크 구성] >> [MSSQLSERVER에 대한 프로토콜]을 선택한 후에 오른쪽 창의 TCP/IP가 '사용'으로 되어 있는지 확인해본다.

⚠ 만약, '사용 안 함'으로 되어 있다면, TCP/IP를 선택하고 마우스 오른쪽 버튼을 클릭하고 [사용]을 선택한다. 그러면 TCP/IP의 상태가 '사용'으로 변경될 것이다. 변경 후에는 SQL Server 서비스를 다시 시작해야 한다.

[그림 16-5] SQL Server Configuration Manager 프로토콜 설정

2-3 SQL Server 구성관리자를 닫는다.

2-4 SSMS를 실행해서 개체 탐색기에서 기본 인스턴스(필자는 THISISSQL)를 선택한 후, 마우스 오른쪽 버튼을 클릭하고 [속성]을 선택해서, 왼쪽의 [보안]페이지를 클릭해서 '서버 인증'을 〈SQL Server 및 Windows 인증 모드〉로 변경하고 〈확인〉을 클릭한다.

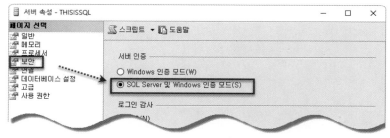

[그림 16-6] 인증 모드 변경

2-5 개체 탐색기의 기본 인스턴스에서 마우스 오른쪽 버튼을 클릭하고 [다시 시작]을 선택해서 SQL Server 를 다시 시작한다.

2-6 이제는 VS Express for Desktop에서 접속할 vsUser라는 이름의 로그인을 생성하고, 비밀번호는 간 단히 '1234'로 지정하자. 그리고 그 로그인에게 sysadmin 역할을 부여해서 모든 권한을 주도록 하자. 쿼리창을 열고 다음 T-SQL을 입력한다.

```
CREATE LOGIN vsUser -- 사용자생성
  WITH PASSWORD = '1234', -- 비밀번호
  CHECK_POLICY = OFF ;
GO
EXEC sp_addsrvrolemember vsUser, sysadmin ;
```

⚠ vsUser 로그인에게 sysadmin 권한을 주는 것은 바람직하지 않지만, 지금은 SQL Server와 응용 프로그램의 연결에 집 중하기 위해서 그렇게 한 것이다. 실제 운영되는 서버에서는 vsUser가 사용할 DB에만 적절한 권한을 줘야 한다. 사용자 및 권한에 대한 더 세부적인 고급 내용은 『뇌를 자극하는 SQL Server 2012 (2권, 관리/응용편)』을 참고하자.

2-7 백업 받았던 sqlDB를 사용하자(C:\SQL\sqlDB2016.bak 파일이 없는 독자는 6장의 〈실습 2〉를 다시 수행하거나, 책의 사이트인 http://cafe.naver.com/thisissql/에서 sqlDB2016.bak을 다운로드해 서 C:\SQL\ 폴더에 저장하자).

```
USE tempdb;
RESTORE DATABASE sqlDB FROM DISK = 'C:\SQL\sqlDB2016.bak' WITH REPLACE;
```

2-8 SSMS를 종료한다.

step 3

(서버 컴퓨터) [그림 16-1]과 같이 개발용 컴퓨터에서 SQL Server에 접속할 수 있도록, 서버 컴퓨터의 Windows 방화벽에서 포트(1433)을 열어주자.

3-1 Windows [시작] 버튼에서 마우스 오른쪽 버튼을 클릭하고 [제어판]을 실행한다. [시스템 및 보안] 》
[Windows 방화벽]을 실행해서 왼쪽 [고급 설정]을 클릭한다. (현재 필자는 Windows 10 환경에서 실습
중이다.)

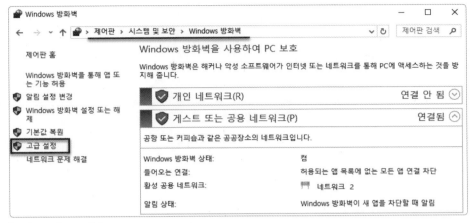

[그림 16-7] 포트 설정 1

3-2 왼쪽 [인바운드 규칙]을 클릭한 후, 오른쪽의 [새 규칙]을 클릭한다. [새 인바운드 규칙 마법사]가 실행
되면 [규칙 종류]에서 '포트'를 선택하고 〈다음〉을 클릭한다.

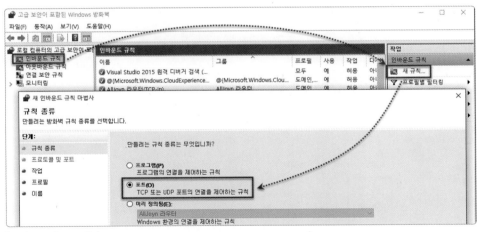

[그림 16-8] 포트 설정 2

3-3 [프로토콜 및 포트]에서 규칙은 디폴트인 'TCP'를 선택하고, 특정 로컬 포트에는 SQL Server의 포트인 1433을 입력한 후 〈다음〉을 클릭한다.

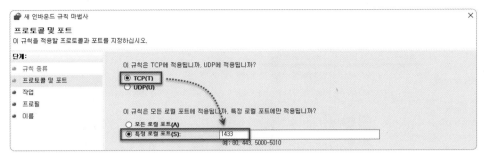

[그림 16-9] 포트 설정 3

3-4 [작업]에서 디폴트인 '연결 허용'이 선택된 상태에서 〈다음〉을 클릭한다.

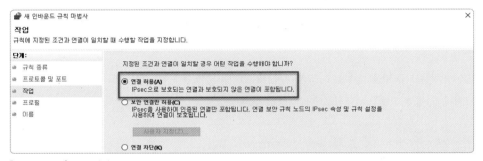

[그림 16-10] 포트 설정 4

3-5 [프로필]에서 디폴트인 모두 선택된 상태에서 〈다음〉을 클릭한다.

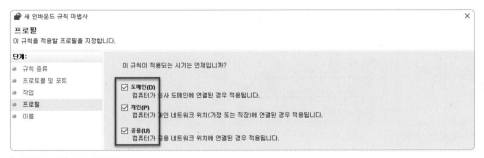

[그림 16-11] 포트 설정 5

3-6 [이름]은 적절히 "SQL Server"로 입력하고 〈마침〉을 누른다.

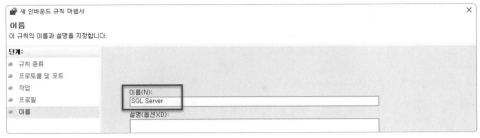

[그림 16-12] 포트 설정 6

3-7 인바운드 규칙에 'SQL Server'가 추가된 것이 확인된다. [고급 보안이 포함된 Windows 방화벽] 창을 닫는다. 또, [Windows 방화벽] 창도 닫는다.

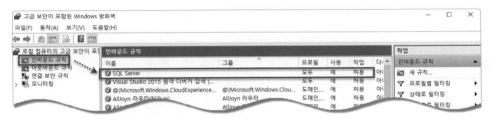

[그림 16-13] 포트 설정 7

3-8 [그림 16-1]의 서버 컴퓨터의 네트워크 카드에 설정된 IP주소를 확인하자. 명령 프롬프트를 열고, "ipconfig"를 실행해서 이더넷 어댑터 Ethernet0(또는 로컬 영역 연결) 부분의 IPv4 주소를 확인한다(필자의 경우엔 서버 컴퓨터의 IP가 192.168.111.137이다).

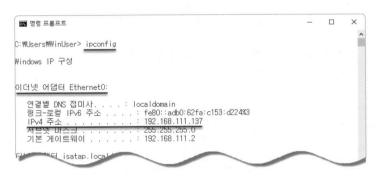

[그림 16-14] 서버 컴퓨터 IP 주소 확인

(개발용 컴퓨터) VS Express for Desktop을 실행한다. 시작 창에서 '나중에 로그인'을 클릭한다.

⚠ Microsoft Visual Studio Express 2015는 기본적으로 30일 동안 사용할 수 있다. 만약, 그 이상을 사용하고자 한다면 Microsoft 계정으로 로그인하면 된다. 물론, 무료로 가입할 수 있다.

4-0 처음 실행하면 잠시 시간이 걸린다.

4-1 메뉴의 [파일] 》 [새 프로젝트]를 선택한 후에, 템플릿을 'Visual basic' 》 'Windows Forms 응용 프로그램'으로 선택하고, 이름은 "simpleApp"로 입력한 후 〈확인〉을 클릭한다.

[그림 16-15] VS Express for Desktop 응용 프로그램 작성 1

4-2 먼저 왼쪽 위의 '도구 상자'를 클릭해서 창을 고정시킨 후, 기본적인 모양을 만들자. 도구 상자의 '공용 컨트롤' 부분을 클릭한 후에, 다음 그림과 같이 버튼(Button) 2개와 텍스트 상자(TextBox) 3개를 끌어다가 화면에 놓자.

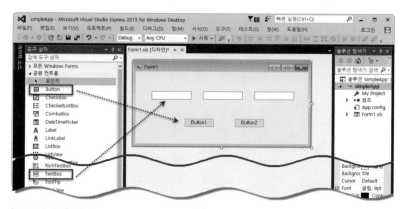

[그림 16-16] VS Express for Desktop 응용 프로그램 작성 2

4-3 폼의 제일 왼쪽 텍스트상자를 클릭하면, 이 텍스트상자의 속성이 오른쪽에 보이게 된다. 이 속성 중에서 이름(Name) 부분을 'tb_userID'라고 수정한다.

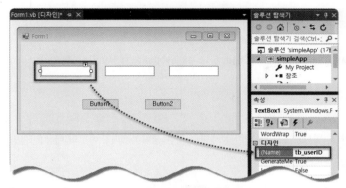

[그림 16-17] VS Express for Desktop 응용 프로그램 작성 3

4-4 같은 방식으로 두 번째 텍스트상자는 'tb_name', 세 번째 텍스트상자는 'tb_mDate'라고 변경한다.

4-5 이번에는 첫 번째 Button1을 클릭하고, 오른쪽의 속성에서 'Text' 부분을 "≪ 이전"으로 수정한다.

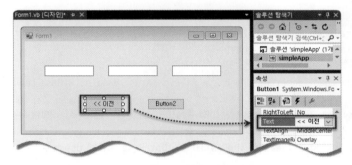

[그림 16-18] VS Express for Desktop 응용 프로그램 작성 4

4-6 같은 방식으로 두 번째 Button2의 'Text'를 "다음 ≫"으로 수정한다.

4-7 완성된 최종 폼은 다음과 같다.

[그림 16-19] VS Express for Desktop 응용 프로그램 작성 5

(개발용 컴퓨터) 이제는 폼의 코드를 추가해보자.

5-1 폼의 빈 부분을 더블클릭하면 코드창이 열린다.

```
1   Public Class Form1
2       Private Sub Form1_Load(sender As Object, e As EventArgs) Handles MyBase.Load
3
4       End Sub
5   End Class
```

5-2 이 코드를 다음과 같이 변경한다. 별도로 코드에 대한 상세한 설명은 생략하겠다(' 이후의 내용은 설명을 위한 주석이므로 입력하지 않아도 된다).

⚠ 코드 입력 시에 꼭 주의할 점은, 왼쪽의 행 번호가 같은 행은 꼭 한 줄에 써야 한다.

```
1   Imports System.Data  ' 데이터베이스 연동을 위한 네임스페이스 추가
2   Imports System.Data.SqlClient  ' SQL Server용 네임스페이스 추가
3
4   Public Class Form1
5       Public curNum As Integer  ' 현재 커서 번호 전역변수
6       Public dv As DataView  ' 데이터 뷰 전역변수
7       Public dr As DataRow  ' 데이터 행 전역변수
8
9       Private Sub Form1_Load(sender As Object, e As EventArgs) Handles MyBase.Load
10
11          ' SQL Server에 접속하는 연결스트링 (DB는 sqlDB, 사용자는 vsUser, 비밀번호는 1234)
12          Dim Conn As String = "Server=서버컴퓨터IP주소;DataBase=sqlDB;user=vsUser;password=1234"
13          Dim sqlCon As New SqlConnection(Conn)
14          Dim user_Data = New DataSet()
15          sqlCon.Open()
16
17  ' userTbl의 아이디,이름,가입일 조회
18          Dim strSQL As New SqlCommand("SELECT userID,name,mDate from userTbl", sqlCon)
19          Dim da As SqlDataAdapter = New SqlDataAdapter()
20          da.SelectCommand = strSQL
21          da.Fill(user_Data, "userTbl")
22
23          dv = New DataView(user_Data.Tables("userTbl"))
```

```
24
25            curNum = 0 ' 현재 행은 가장 첫행(0)을 가리킴
26
27            dr = dv.Item(0).Row
28            tb_userID.Text = dr.Item("userID") ' 아이디를 첫 번째 텍스트상자에 입력
29            tb_name.Text = dr.Item("name")   ' 이름을 두 번째 텍스트상자에 입력
30            tb_mDate.Text = dr.Item("mDate") ' 가입일을 세 번째 텍스트상자에 입력
31
32            da.Dispose()
33            sqlCon.Close()
34        End Sub
36  End Class
```

⚠️ 서버 컴퓨터와 개발자 컴퓨터가 동일하다면 12행의 "Server=서버컴퓨테IP주소" 부분을 "Server=localhost"로 변경해
도 된다.

5-3 코드 입력이 완료되었으면, 메뉴의 [디버그] 》 [디버깅 시작]을 선택해서 실행해 본다. 코드에
오류가 없다면 다음과 같은 창이 나올 것이다.

[그림 16-20] VS Express for Desktop 응용 프로그램 작성 6

즉, userTbl의 가장 첫 번째 행(0번행) 중에서 18행에서 SELECT한 아이디, 이름, 회원 가입일을 28~30
행에 의해서 세 개의 텍스트상자에 입력한 것이다. 아직은 〈이전〉 및 〈다음〉을 클릭해도 아무런 작동을 하
지 않는다. 우선, 실행된 Form1 창을 닫는다.

5-4 다음 그림과 같이 Form1.vb[디자인] 탭을 클릭해서, 디자인 창으로 온 후에 '<<이전' 버튼을 더블클릭한다.

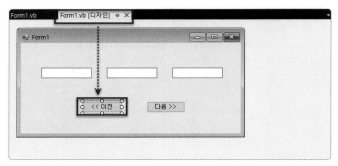

[그림 16-21] VS Express for Desktop 응용 프로그램 작성 7

5-5 코드창이 열리면 아래와 같이 추가한다.

```
1   Private Sub Button1_Click(sender As Object, e As EventArgs) Handles Button1.Click
2         If curNum = 0 Then    ' 첫 행이면 <이전>버튼을 눌러도 작동 안 하도록 함.
3             MsgBox("이미 처음 행입니다")
4             Exit Sub
5         End If
6         curNum = curNum - 1 ' 행 번호를 하나 앞으로
7
8         dr = dv.Item(curNum).Row
9         tb_userID.Text = dr.Item("userID")
10        tb_name.Text = dr.Item("name")
11        tb_mdate.Text = dr.Item("mDate")
12  End Sub
```

5-6 다시 Form1.vb[디자인] 탭을 클릭해서, 디자인 창으로 온 후에 [다음 >>] 버튼을 더블클릭해서 아래와 같이 추가한다.

```
1   Private Sub Button2_Click(sender As Object, e As EventArgs) Handles Button2.
    Click
2         If curNum + 1 = dv.Count Then   ' 마지막 행이면 <다음>버튼을 눌러도 작동 안 하도록 함.
3             MsgBox("마지막 끝 행입니다")
4             Exit Sub
5         End If
6         curNum = curNum + 1 ' 행 번호를 하나 다음으로
7
8         dr = dv.Item(curNum).Row
```

```
9              tb_userID.Text = dr.Item("userID")
10             tb_name.Text = dr.Item("name")
11             tb_mdate.Text = dr.Item("mDate")
12 End Sub
```

5-7 입력을 완료 했으면, 다시 메뉴의 [디버그] 〉〉 [디버깅 시작]을 선택해서 실행한다. 이번에는 〈이전〉과
〈다음〉이 잘 작동할 것이다.

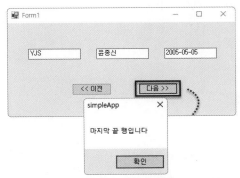

[그림 16–22] VS Express for Desktop 응용 프로그램 작성 8

---

step 6

Form1 프로그램을 닫고, 메뉴에서 [파일] 〉〉 [모두 저장]을 선택해서 프로젝트를 저장하고, 다시 [파일] 〉〉
[끝내기]로 프로젝트를 종료한다.

⚠ 지금 작성한 프로젝트의 실행 파일은 'C:₩Users₩사용자이름₩Documents₩Visual Studio 2015₩Projects₩
simpleApp₩simpleApp₩bin₩Debug₩' 폴더에 'simpleApp.exe' 파일로 존재한다. 이 파일을 더블 클릭해서 실
행해도 된다.

이상으로 SQL Server와 응용 프로그램을 연결하는 기본적인 방법을 확인해봤다. 지금은 간단히 조
회만 구현했지만, 데이터의 입력, 수정, 삭제하기 위한 내용도 그리 어렵지 않으므로 독자 스스로 해
보는 것이 좋겠다.

지금까지 『이것이 SQL Server다』를 필자와 함께 공부하느라고 수고가 많으셨습니다. 기본편에서
는 처음 데이터베이스에 처음 입문하는 독자를 위해서 필수적이고 비교적 접근하기 쉬운 내용으로
구성하였습니다.

이 책이 완벽한 책이 아니며, 많이 부족한 책이라는 점을 익히 알고 있습니다만, 이 책을 끝까지 공
부하고 잘 이해했다면 기본적인 데이터베이스를 충분히 익힌 것이며, SQL Server를 사용하기 위한

기본능력을 갖추게 된 것입니다.

시간이 허락한다면 다시 한번 책을 공부하기 바랍니다. 그때는 훨씬 적은 시간에 책을 볼 수 있을 것이며, 처음 볼 때와 달리 더 깊은 이해가 될 것입니다. 또한, SQL Server의 더 심화된 내용과 관리자가 알아야 할 『뇌를 자극하는 SQL Server 2012 (2권, 관리/응용편)』에 수록해 놓았으니, SQL Server를 더 심도있게 공부할 기회가 될 것입니다.

부족한 책을 끝까지 함께 해주신 독자님의 노고에 진심으로 감사합니다.

1. SQL Server 2016과 응용 프로그램을 연결하기 위해 무료 개발 도구로 Microsoft Visual Studio Express 2015 for Windows Desktop이 제공된다. 이에 포함되는 세 가지 프로그래밍 툴은 무엇인가?

2. DB 서버 컴퓨터와 개발용 컴퓨터가 분리된 개발 환경을 그림으로 그려보자.

3. 다음 연결 스트링은 데이터베이스 연결을 위한 Visual Basic 예제 코드다. 괄호 부분을 채워라.

```
Dim Conn As String = "( 1 )=서버컴퓨터IP주소;  ( 2 )=접속할DB;  ( 3 )=사용자ID;
( 4 )=비밀번호"
```

기호

.ldf 493, 494, 495, 496, 499,
500

.mdf 400, 494, 495, 496, 501,
509, 510

.Net Framework 20, 38, 41, 543,
603

.WRITE( ) 290, 291

@@IDENTITY 249

@@ERROR 529, 535, 536

@@trancount 506, 508, 518,
519, 520, 523

@@TRANCOUNT 시스템 함수
506

1대다(1:N) 10, 143

A

ADD 362, 364, 368

Adhoc 쿼리 553

AdventureWorks 467, 480

AFTER 트리거 603, 605

ALTER COLUMN 384

ALTER FUNCTION 561, 569

ALTER INDEX 459, 460

ALTER PROCEDURE 528

ALTER TABLE 362, 364, 367,
383, 461, 497

ALTER VIEW 413, 414, 417

AlwaysOn 23, 28, 31

Analysis Services 158

ANSI_NULL_DEFAULT 373

ANSI_NULL_DELT_ON 374

ANY 209. 211

ASP.NET 118, 120

Autocommit Transaction 512

AVG( ) 223

B

BEGIN TRAN 382, 498, 499

BEGIN TRANSACTION 498, 505

BEGIN..END 170, 565

BETWEEN…AND 208

BIGINT 223

BIT 266

Books Online 114

BREAK 330

B–Tree 436

C

CASE 325

CAST( ) 223, 277

CHAR 81, 267

CHECK CONSTRAINT 392

CHECK 제약 조건 398

CHECKIDENT 353

Checkpoint 501

CLR 저장 프로시저 543

CLR 트리거 603

CLUSTERED 384, 424

Clustered Index 424, 428

Clustered Index Seek 454

ColumnStore Index 23

COMMIT 246

COMMIT TRAN 382, 498

COMMIT TRANSACTION 498

COMMIT WORK 498

CONTAINS 638

CONTAINSTABLE 641

CONTINUE 330

CONVERT( ) 223, 277

COUNT( ) 215, 225

COUNT_BIG( ) 319

CPU 37, 458

CREATE 115

CREATE FUNCTION 559

CREATE INDEX 431

CREATE SCHEMA 405

CREATE TYPE 272

CREATE VIEW 409

CROSS JOIN 318

CSV 파일 174

CTE(Common Table Expression)
234

CTP 14
CUBE 231, 233
CUME_DIST( ) 297
CURSOR 269
cursor_scope 588

D

Data Cache 500
Data Qulity Service(DQS) 25
DATA_COMPRESSION 456
DATE 268
DATETIME 268
DATETIME2 268
DBA 71, 108
DBCC FREEPROCCACHE 554,
    558
DBMS 5, 74
dbo 스키마 405
DCL 246
DDL 246
DDL 트리거 601
DECIMAL 266
DEFAULT 354, 371
DELETE 255
deleted 테이블 606, 609
DENSE_RANK( ) 291
Developer 에디션 30
Dirty Page 502

Dirty Read 509
DISTINCT 213, 298
DML 245, 601
DML 트리거 601
DROP 104, 246
DROP COLUMN 387, 398
DROP CONSTRAIN 388
DROP FUNCTION 561
DROP INDEX 424, 460
DROP PROCEDURE 528
DROP TABLE 356
DROP VIEW 413
Duration 184
DYNAMIC 579

E

ENCRYPTION 527
Enterprise 에디션 31, 37
Evaluation 에디션 30
EXCEPT 320
EXEC 337
EXISTS 310
Express 에디션 32

F

FAST_FORWARD 579, 580
FETCH NEXT 218

FILESTREAM 21
FILETABLE 21
FIRST_VALUE( ) 297
FLOAT 266
FOR 581
FOR select_statement 581
FOR UPDATE 581
Foreign Key 347
FOREIGN KEY 358, 359
FORWARD_ONLY 578
FREETEXT 641
FREETEXTTABLE 641
FULL JOIN 315
Full text Catalog 636
Full Text Index 635

G

GEOMETRY/GEOGRAPHY 269
GLOBAL 579, 581
GO 91, 238
GROUP BY 238
GROUPING_ID( ) 231

H

HAVING 230
Heap 454, 468
HTML 659

I

IDENTITY 249

identity 348

IDENTITY_INSERT 357

IF…ELSE 323

IIS 127

Implicit Transaction 514

IN( ) 208

INCLUDE 455

Index Seek 100, 453

INNER JOIN 243

INSERT 247

INSERT INTO…SELECT 252

inserted 테이블 609

INSTEAD OF 604

INSTEAD OF 트리거 415, 603, 610

INT 266

Integration Services 158

IntelliSense 기능 90, 167

INTERSECT 320

ipconfig 681

ISABOUT 640

ISO 형식 270

K

Key Lookup 453

KEYSET 578, 579, 589

L

LAG( ) 297

LEAD( ) 296

Leaf Node 436

LEFT OUTER JOIN 315

LIKE 209

LINQ(언어 통합 쿼리) 20

LOB 273

LOCAL 579

LOCAL 커서 579

LOGON 트리거 601

M

Master Data Service(MDS) 25

MAX 지정자 288

MAXDOP 456

MERGE 258

MERGE SQL 구문 22

Microsoft Viusal Web Developer 2012 Express 124

Multiple Triggers 615

N

NCHAR 81, 267

NEAR 640

Nested Triggers 615

nested triggers 616

NOCHECK CONSTRAINT 392

Nonclustered Index 428

Nonunique Index 431

NOT NULL 356, 358, 364

NTILE 291

NULL 356,

NULL 값 347, 348

NULL 허용 91, 151

NVARCHAR 203, 259

NVARCHAR(MAX) 267, 273

O

OBJECT_NAME( ) 286

OFFSET 218

OLAP 158, 448

OLAP 데이터베이스 448

OLTP 448

OLTP 데이터베이스 485

ON DELETE CASCADE 368,

397

ONLINE 458

OPTIMISTIC 578, 580

ORDER BY 212

OUTER JOIN 309

OUTPUT 529

OUTPUT 매개변수 579

P

PAD_INDEX 421

Page 436

PARSE( ) 268

PERCENT_RANK( ) 277

PERCENTILE_CONT( ) 296

PERCENTILE_DISC( ) 296

PERSISTED 487

PL/SQL 13

Population 635

Power View 24

Primary Key 347

PRIMARY KEY 358, 359

R

RAISERROR 337

RANK( ) 291

RC 14

READ_ONLY 578, 580

READONLY 527

Reads 184

REBUILD 459

RECOMPILE 527

Recursive Trigger 616

RECURSIVE_TRIGGERS 618

REORGANIZE 460

replicate(문자, 개수) 함수 243

Reporting Services 158

RETURN 330, 529

REVERSE( ) 288

RID 445

RID Lookup 454, 555

RIGHT OUTER JOIN 315

Roll Forward 503

ROLLBACK 246, 498

ROLLBACK TRAN 498, 512

ROLLBACK WORK 512

ROLLUP 231

Root Node 436

ROW_NUMBER( ) 291

RTM 14

S

SAVE TRAN 512

Scope 579

SCROLL 579, 581

SCROLL_LOCKS 580

SELECT 87

SELECT INTO 219, 467

SELF JOIN 319

SEQUENCE 249

severity 337

SMALLINT 266

SORT_IN_TEMPDB 456

sp_depends 시스템 저장 프로시
    저 419

sp_describe_cursor 583

sp_help 프로시저 361

sp_helptext 414, 539

sp_helptrigger 613

sp_recompile 554, 557

sp_rename 387, 569

SPARSE 376

SPID 184

SQL 27, 86

SQL Azure 26

SQL Full-text Filter Daemon
    Lancher 635

SQL Server 30

SQL Server 2012 평가판 39

SQL Server Management studio 157
SQL Server 버전 17
SQL 표준 13
SSMS 76, 149
STATIC 579, 589
stoplist 638
stopwords 638
STUFF( ) 288
SUBSTRING( ) 290
SUM( ) 223
sys.indexes 458
sys.objects 538
sys.sql_modules 538
sys.sql_modules 카탈로그 뷰 538, 614
sysadmin 역할 678

T

TABLE 72, 269
Table Scan 426, 454
TABLESAMPLE 213
THROW 334
TIME 268
TINYINT 266
TOP(N) 213

TOP(N) PERCENT 216
Transact-SQL 190
TRUNCATE 257
TRUNCATE TABLE 607
TRY/CATCH 334, 529
TRY_CONVERT( ) 277
TRY_PARSE( ) 277
try…catch 517
T-SQL 27, 165
T-SQL 저장 프로시저 543
TSQL_Duration 670
TYPE_WARNING 580

U

UNION 320
UNION ALL 321
UNIQUE 360, 369, 430
UNIQUE CLUSTERED INDEX 462
Unique Index 431, 580
UNIQUE 제약 조건 360, 365
UNPIVOT 299
UPDATE 254
USE 193

V

VARBINARY 267
VARBINARY(MAX) 273
VARCHAR 273
VARCHAR(MAX) 273

W

WAITFOR 333
WHERE 207
WHILE 330, 577
Windows Update 40
Windows XP 67
Windows 방화벽 45
Windows 인증 160
Windows 인증 모드 48
WITH 191, 234
WITH CHECK 370, 393
WITH CHECK OPTION 417
WITH ENCRYPTION 414, 539
WITH NOCHECK 370, 391
WITH RECOMPILE 553, 557
WITH SCHEMABINDING 566
WITH TIES 216
Writes 184

X

x64용 37

XML 269, 545

XML 데이터 형식 660

XML 스키마 613, 617

XML 인덱스 667

XML 프롤로그(Prolog) 659

ㄱ

가변길이 문자형 267

간접 재귀 트리거 617

감사 18

개체 이름 89

개체 이름 확인 546

개체 탐색기 78, 163

객체관계형 DBMS 9

경과 시간 511

계층형 DBMS 25

고가용성 18

고유 비클러스터형 인덱스 463

고유(Unique) 594

고정길이 문자형 267

공간 데이터 타입 21

관계 연산자 207

관계(Relation) 143

관계형 DBMS 11

구문 분석 546, 549

구성 함수 284

균형 트리 436

기능 선택 46

기본 키 74, 141, 143, 358

기본 키 제약 조건 360

기준 테이블 365

ㄴ

날짜 및 시간 함수 283

내림차순(Descending) 212

내부조인 304

논리 함수 287

ㄷ

다대다(many-to-many) 310

다중 문 테이블 반환 함수 563, 565

다중 트리거 615

대괄호 93

더티 리드 509

더티 페이지 502

데이터 73

데이터 무결성 601

데이터 압축 19

데이터 인출 580

데이터 입력 85

데이터 캐시 502

데이터 컬렉션 20

데이터 파일 493

데이터 페이지 442, 446

데이터 형식 74, 145, 265

데이터 형식 변환 277

데이터베이스 5

데이터베이스 다이어그램 147

데이터베이스 모델링 72, 135

데이터베이스 미러링 18

데이터베이스 생성 79

데이터베이스 엔진 158

데이터베이스 연결 156

도움말 114

도킹 윈도우 162

독립성 6

동적 SQL 337

디버깅 기능 178

ㄹ

로그 스트림 압축 19

로컬 임시 테이블 380

롤백 498

롤포워드 503

루트 노드 436

루트 페이지 437
리소스 관리자 19
리프 노드 436
리프 페이지 437

ㅁ

망형 DBMS 10
매개 변수 528, 563
메타 데이터 함수 286
명시적 트랜잭션 513, 518
명시적인 변환 281
모듈식 프로그래밍 542
모듈화 527
무결성 6, 502, 601
문자열 함수 283
문자형 203

ㅂ

백업 압축 19
백업(Backup) 108
범위 579
변경 내용 추적 기반 채우기 637
변수 275
별칭(Alias) 200, 307
보안 7

복원(Restore) 112
부착(Attach) 601
분석 함수 296
분할 뷰 419
분할 인덱스 456
뷰(View) 100, 410
뷰의 장점 410
비재귀적 CTE 235
비클러스터형 인덱스 399, 401, 428, 447

ㅅ

사용 권한 확인 546
사용자 정의 데이터 형식 271, 540
사용자 정의 함수 527
샘플 데이터베이스 54
생성 권한 확인 549
서버 유형 158
서버 커서 575
서버에 연결 52, 157
서비스 팩 53, 64
선택도(Selectivity) 464
설치 지원 규칙 45
세미콜론 91
세션(쿼리 창) 509

소프트웨어 공학 136
소프트웨어 요구사항 38
속성(Attribute) 659
수치 연산 함수 283
순위 함수 283
스칼라 함수 283, 559, 562
스키마 바운드 함수 566
스키마 이름 196, 199
스키마(Schema) 83, 404
스파스 열(Sparse Column) 376
시스템 분석 71
시스템 뷰 420
시스템 설계 71, 136
시스템 저장 프로시저 199, 543
시스템 테이블 등록 549
시스템 함수 559
식별자(Identifier) 203
신뢰성 18
실행 계획 98
실행 계획 등록 546

ㅇ

암시적 커서 변환 592, 595
암시적 트랜잭션 514, 518
암시적인 변환 281
업무 분석 136

연결 속성 161

열 74

열 데이터 형식 변경 387

열 삭제 387

열 이름 74

열 추가 385

영속성 511

오름차순(Ascending) 212

오프셋 445

외래 키 75, 143, 309, 347

외래 키 관계 149

외래 키 제약 조건 365

외래 키 테이블 350

외부 조인 395

요소(Element) 659

운영체제 6

유니코드 267, 275

응용프로그램 191

익스텐트 495

익스텐트 번호 445

인덱스 96, 425

인덱스 검색 472

인덱스 채우기 637

인덱싱된 뷰 419

인라인 테이블 반환 함수 563

인스턴스 58

인증방식 160

임시 저장 프로시저 529, 540

임시 테이블 228, 380

입력 매개 변수 528

ㅈ

자동 복구 505, 508

자동 커밋 트랜잭션 512, 515, 523

잠금(Lock) 506, 509

재귀 트리거 616

재귀적 CTE 235

저장 프로시저(Stored Procedure)
527

전역 임시 테이블 380

전역 커서 579, 582

전체 채우기 637

전체 텍스트 검색 서비스 642

전체 텍스트 인덱스 642

전체 텍스트 카탈로그 653, 635

정보시스템 71

제거 60

제약 조건 6, 315

제약 조건 비활성화 392

제품 업데이트 44

조각화 460

조인(Join) 242

주석 93

중복 CTE 239

중지 단어 638, 648

중지 목록 638, 647

중첩 트리거 615, 619

증분 타임스탬프 기반 채우기 637

지역 커서 579, 582

지연된 이름 확인 509, 573

직접 재귀 트리거 617

집계 함수 221, 223

ㅊ

체크포인트 499, 501

최적화 541, 546

추가 인스턴스 58

추적 이벤트 184

출력 매개 변수 529

ㅋ

카탈로그 뷰 337

코드 조각 삽입 기능 167

큰따옴표 93

쿼리창 78, 165

클라이언트 커서 575

클라이언트 통계 포함 177

클러스터형 인덱스 428

클립보드 링 순환 기능 168

ㅌ

테이블 11
테이블 검색 99, 426, 437
테이블 변수 541, 567
테이블 별칭 307
테이블 삭제 383
테이블 생성 80, 164, 311
테이블 수정 383
테이블 파티션 분할 21
테이블 함수 563
테이블 힌트 478
텍스트 형태 172
통계 시간 옵션 552
투명한 데이터 암호화 18
튜닝 96, 427
트랜잭션 로그 파일 493, 494
트랜잭션(Transaction) 497
트리거(Trigger) 105

ㅍ

파일 처리 575
파일 포인터 575
파일시스템 8

페이지 436
페이지 번호 445
페이지 분할 437, 438, 446
페이지 크기 495
평가판 30
폭포수 모델 136
표 형태 172
표준 뷰 419
풍선 도움말 177
프로젝트(Project) 135
프로파일러(Profiler) 181

ㅎ

하드웨어 요구사항 37
하위쿼리 210
행 74
형식화된 XML 662
혼합 모드 49
확장 저장 프로시저 543
힙 468